Klassiker
der Naturphilosophie

KLASSIKER DER NATURPHILOSOPHIE

VON DEN VORSOKRATIKERN
BIS ZUR KOPENHAGENER SCHULE

Herausgegeben von
Gernot Böhme

VERLAG C. H. BECK MÜNCHEN

Mit 24 Porträts
und 4 Abbildungen

CIP-Titelaufnahme der Deutschen Bibliothek

Klassiker der Naturphilosophie : von den Vorsokratikern bis zur Kopenhagener Schule / hrsg. von Gernot Böhme. – München : Beck, 1989
ISBN 3-406-33613-2

NE: Böhme, Gernot [Hrsg.]

ISBN 3 406 33613 2

© C. H. Beck'sche Verlagsbuchhandlung (Oscar Beck), München 1989
Satz: Appl, Wemding
Druck und Bindung: May & Co, Darmstadt
Printed in Germany

INHALT

Gernot Böhme: Einleitung. Einer neuen Naturphilosophie
den Boden bereiten 7

Andreas Graeser: Die Vorsokratiker 13

Ekkehard Martens: Platon (428/427–348/347) 29

Ingrid Craemer-Ruegenberg: Aristoteles (384–322) 45

Enno Rudolph: Theophrast (ca. 371–287) 61

Paul Hoßfeld: Albertus Magnus (ca. 1200–1280) 74

Wolfgang Breidert: Spätscholastik (14. Jahrhundert) 86

Heinrich Schipperges: Paracelsus (1493–1541) 99

Hartmut Böhme: Giordano Bruno (1548–1600) 117

Martin Carrier/Jürgen Mittelstraß: Johannes Kepler (1571–1630) . . 137

Gernot Böhme: Jacob Böhme (1575–1624) 158

Werner Kutschmann: Isaac Newton (1643–1727) 171

Herbert Breger: Gottfried Wilhelm Leibniz (1646–1716) 187

Gereon Wolters: Immanuel Kant (1724–1804) 203

Wolf von Engelhardt/Dorothea Kuhn:
Johann Wolfgang Goethe (1749–1832) 220

Wolfdietrich Schmied-Kowarzik:
Friedrich Wilhelm Joseph Schelling (1775–1854) 241

Heinz Kimmerle: Georg Wilhelm Friedrich Hegel (1770–1831) . . 263

Helmut Fleischer: Friedrich Engels (1820–1895) 279

Ernest Wolf-Gazo: Alfred North Whitehead (1861–1947) 299

Klaus Michael Meyer-Abich: Der Holismus im 20. Jahrhundert . . 313

Günther Schiwy: Pierre Teilhard de Chardin (1881–1955) 331

Burghart Schmidt: Ernst Bloch (1885–1977) 345

Bernulf Kanitscheider: Albert Einstein (1879–1955) 357

Erhard Scheibe: Die Kopenhagener Schule 374

Anhang

Anmerkungen und Literatur 395
Personenregister 439
Sachregister 444
Verzeichnis der Porträts 453
Die Autoren 454

Gernot Böhme

EINLEITUNG
EINER NEUEN NATURPHILOSOPHIE
DEN BODEN BEREITEN

Versteht man unter einem klassischen Werk ein solches, das von zeitloser Gültigkeit, kontinuierlich überliefert und von jeder Generation neu angeeignet wird, so enthält die Rede von «Klassikern der Naturphilosophie» ein Paradox: Zwar können die Werke der in diesem Band vorgestellten Philosophen und philosophischen Schulen den Status von Klassikern beanspruchen, doch an der Kontinuität ihrer Tradition und Aneignung mangelt es. Wenn heute allenthalben ein Bedürfnis nach Naturphilosophie spürbar wird, so sind doch die Bemühungen um eine neue Naturphilosophie durch eine gewisse Bodenlosigkeit, durch den Mangel an Zusammenhang mit der Geschichte dieses Fachs gekennzeichnet.[1] Deshalb dient der vorliegende Band nicht nur, wie andere der Klassikerreihe des Beck-Verlages, der Präsentation eines Korpus kanonisierter Autoren und Werke, sondern der Rehabilitation von Verdrängtem und der Wiederherstellung einer abgerissenen Tradition. Dieser Band setzt sich zum Ziel, für gegenwärtige Bemühungen um Naturphilosophie die Ressourcen ihrer Geschichte wieder zu erschließen.

Für das Veröden der Tradition der Naturphilosophie kann man wohl im wesentlichen zwei Gründe benennen, die miteinander in eigentümlicher Weise verschränkt sind. Der eine ist die Ausdifferenzierung der Naturwissenschaft aus der Philosophie, der andere der Mißkredit, in den die Naturphilosophie durch die Verirrungen der Romantik und den Zusammenbruch des deutschen Idealismus geraten ist. Obgleich Geschichte nicht rückgängig gemacht werden kann, so stehen doch beide Ereignisse heute zur Revision an.

Man hat von drei großen Epochen der Naturphilosophie innerhalb der Geschichte der europäischen Philosophie gesprochen.[2] Als solche wurden von Joël die Zeit der Vorsokratiker, die Renaissance und die Periode des deutschen Idealismus bezeichnet. Obgleich dieses Urteil insofern einige Berechtigung enthält, als man diese Perioden als besonders produktiv ansehen kann, so wird doch der vorliegende Band durch Präsentation dazwischenliegender Stationen diese Bewertung modifizieren. Mir scheint aber, daß Joëls Sicht der Geschichte der Naturphilosophie bereits durch eine bestimmte Auffassung von Naturphilosophie vorgeprägt ist, nach der «große Naturphilosophie» spekulativ ist – im Unterschied nämlich zur Naturwissenschaft. Nach dieser Auffassung würde dann beispielsweise Isaac Newton nicht als großer Naturphilosoph mitgerechnet werden. Mir scheint hingegen gerade die Beziehung zur Naturwissenschaft viel gewichtiger zur Charakterisierung der Geschichte der Naturphilosophie im ganzen als die Höhen und Tiefen spekulativer Kreativität. Über die längste Zeit der europäischen Geschichte wurde, was man heute als Naturwissenschaft bezeichnet, in oder als Naturphilosophie betrieben. Der klassische Beleg für diese Tatsache ist, daß Newton seine Mechanik als «Mathematische Prinzipien der Naturphilosophie» vorstellte. Die Trennung von Naturwissenschaft und Philosophie wurde in gewisser Weise von Newton selbst eingeleitet.[3] Sie vollzog sich allmählich im 18. Jahrhundert und wurde schließlich durch die Einrichtung besonderer naturwissenschaftlicher Fakultäten und damit Studiengänge und Diplome besiegelt. Als einen Drehpunkt in dieser Entwicklung könnte man Kants «Metaphysische Anfangsgründe der Naturwissenschaft» bezeichnen. Auf der einen Seite erkennt Kant bereits die Selbständigkeit naturwissenschaftlicher Erkenntnis an, die, wie die Mathematik, bereits den königlichen Weg der Wissenschaft beschreite, auf der anderen Seite aber hält er es für nötig, ihr eine metaphysische Grundlage zu geben, die sich dann sogar noch als «reiner Teil» innerhalb der Naturwissenschaft soll isolieren lassen. Mit Kant begann die Philosophie ihren Anspruch, in der Frage, was Natur sei, mitzureden, zurückzunehmen und entsprach damit ihrerseits der Emanzipation der Naturwissenschaft von der Philosophie. Diese Selbstbescheidung ist aufs Ganze gesehen bis in unser Jahrhundert wirksam und bedeutet, daß, was sich akademisch als Naturphilosophie ausmachen läßt, im wesentlichen Erkenntnistheorie und Wissenschaftstheorie der Naturwissenschaften ist.

Das ist aber nicht die ganze Geschichte, so wie ja Geschichte überhaupt nie durch die Benennung eines mainstream adäquat wiedergegeben wird. Vielmehr hat die Verselbständigung der Naturwissenschaft auf der anderen Seite gerade auch einen eigentümlichen und sehr selbstbewußten Erkenntnisanspruch der Philosophie freigesetzt und damit überhaupt erst Naturphilosophie – wie manche sagen würden: im eigentlichen Sinne – möglich gemacht. Goethe, Schelling und die Romantik erkannten, daß die neuzeitliche Naturwissenschaft gerade als disziplinierte auch eine eingeschränkte Form der Naturerkenntnis darstellt. Das schien Raum zu geben teils für eine andere Form von Naturwissenschaft, teils für eine spezifisch philosophische Erkenntnis der Natur. Das Verhältnis dieser anderen Naturerkenntnis zur wissenschaftlichen Naturerkenntnis im Sinne der neuzeitlichen Naturwissenschaft blieb dabei ungeklärt. Einmal verstand sich diese andere Naturerkenntnis als Konkurrenzunternehmen, einmal als spekulativer Vorlauf von Naturwissenschaft, einmal als Begründung oder als Überhöhung von Naturwissenschaft. So konnte es nicht ausbleiben, daß die romantische und idealistische Naturphilosophie sich mit manchen ihrer Aussagen auf Gebiete wagte, die inzwischen der Zuständigkeit der Naturwissenschaft unterstanden, – und sich blamierte. Viel wichtiger noch für die Diskreditierung und schließliche Verdrängung der Naturphilosophie aus dem Korpus akademischer Disziplinen scheint mir die bewußte Hochschulpolitik von Naturwissenschaftlern wie Liebig, Johannes Müller, Virchow und von Helmholtz gewesen zu sein, durch die sie die inzwischen längst erreichte kognitive Unabhängigkeit der Naturwissenschaft auch institutionell durchsetzen wollten. Charakteristisch dafür, aus welcher Lage und aus welchen Erfahrungen das geschah, ist eine Äußerung Liebigs in seiner Schrift «Der Zustand der Chemie in Preußen»: «Ich selbst brachte einen Teil meiner Studienzeit auf einer Universität zu, wo der größte Philosoph und Metaphysiker des Jahrhunderts zur Bewunderung und Nachahmung hinriß; wer konnte sich damals vor Ansteckung sichern? Auch ich habe diese an Worten und Ideen so reiche, an wahrem Wissen und gediegenen Studien so arme Periode durchlebt, sie hat mich um zwei kostbare Jahre meines Lebens gebracht; ich kann den Schrecken und das Entsetzen nicht schildern, als ich aus diesem Taumel zum Bewußtsein erwachte.»[4] Nachdem diese institutionelle Selbständigkeit nun seit mehr als einem Jahrhundert Realität ist, dürften Naturwissenschaftler heute nicht nur Goethes Farbenlehre, sondern auch Schellings spekulative Physik gelassener beurteilen und vielleicht sogar durch manche Verwandtschaft in der Naturauffassung angezogen sein.

Die romantisch-idealistische Gegenbewegung hat also den mainstream einer Trennung von Philosophie und Naturwissenschaft nur verstärkt. Die Frage «Was ist Natur?» wurde um so eindeutiger der Zuständigkeit der Naturwissenschaft zugewiesen, und die akademische Philosophie wandte sich im Gegenzug dem Humanum zu. Dabei sollte aber nicht vergessen werden, daß sich in der zweiten Hälfte des 19. Jahrhunderts quasi von außerhalb der Philosophie, nämlich durch philosophierende Naturwissenschaftler, ein neuer Typ von Naturphilosophie entwickelte. Diese Naturphilosophie, die sich als induktive Metaphysik oder materialistische Naturphilosophie verstand, akzeptierte naturgemäß die Selbständigkeit der Naturwissenschaft und ihre alleinige Zuständigkeit für die Frage, was Natur sei. Sie versuchte, die Ergebnisse der Naturwissenschaft verallgemeinernd und überhöhend, zu einem naturwissenschaftlichen Weltbild zu kommen. Diese Auffassung, für die Namen wie Ludwig Büchner, Haeckel und Ostwald stehen, wird in diesem Band nicht repräsentiert, weil sie durch eine zu enge Bindung an den jeweiligen Stand der Wissenschaft sich selbst dazu verdammte, mit dem Fortschritt der Wissenschaft zu veralten. Charakteristisch für diese verständliche, aber doch verhängnisvolle Selbstbescheidung von Naturphilosophie ist eine Äußerung Büchners. Er schreibt in seinen Vorlesungen über die Darwinsche Theorie: «Sie (die

Naturphilosophie) wird ihre Grenzen oder Untersuchungen nicht weiter ausdehnen, als es der jedesmalige Zustand des realen Wissens gestattet. Diese Grenzen sind aber keine feststehenden, sondern rücken mit dem Fortschritt der Wissenschaft selbst jedes Jahr weiter hinaus.»[5]

Stil und Status einer Naturphilosophie sind bis heute durch ihr Verhältnis zur Naturwissenschaft bestimmt. Aufgrund der ursprünglichen Einheit von Naturphilosophie und Naturwissenschaft und in Abhängigkeit zur jeweiligen Nähe beider waren als Klassiker der Naturphilosophie auch Autoren aufzunehmen, die man heute rückblickend eher als Naturwissenschaftler bezeichnen würde. Dabei sollte die Darstellung dann weniger auf die Details ihrer wissenschaftlichen Leistung als vielmehr auf ihr Naturbild abheben.

Dies Buch ist ein Buch über die Klassiker der Naturphilosophie und hat deshalb tunlichst die Diskussion der gegenwärtigen Ansätze zu einer neuen Naturphilosophie zu vermeiden. Da es andererseits die historischen Ressourcen für die aktuelle Diskussion wieder zugänglich machen soll, mögen ein paar Perspektiven der gegenwärtigen Diskussion genannt werden, die zugleich auch als Perspektiven dienen können, unter denen heute die Klassiker zu betrachten sind.

Natürlich gibt es auch in unserer Zeit Ansätze zu einer neuen Naturphilosophie von bestimmten Resultaten der Naturwissenschaft her. Einstein-Podolsky-Rosen-Korrelationen und Phänomene der Nichtlokalität legen eine eher ganzheitliche Betrachtung der Natur nahe;[6] die Ergebnisse der Nichtleichtgewichtsthermodynamik und der Synergetik demonstrieren Natur als gestaltbildenden Prozeß.[7] Das Studium von Kreisprozessen und funktionalen Rückkopplungen, in denen auch der Mensch nur ein Faktor ist, legt ein Konzept von Natur als objektiver Geist nahe.[8] Diese Ansätze, so bedeutsam sie sind, haben aber prinzipiell keinen anderen Status als der energetische Monismus der Jahrhundertwende, der aus einer philosophischen Überhöhung des allgemeinen Energiesatzes sich entwickelt hatte.

Als wichtiger könnten sich deshalb solche Ansätze erweisen, die aus der Reflexion auf das Mensch-Natur-Verhältnis erwachsen. Die Notwendigkeit dieser Reflexion ist durch das Umweltproblem gegeben. Das Umweltproblem hat manifest gemacht, daß die dominante Art der Naturbeziehung innerhalb der europäischen Kultur eine entfremdete und verdinglichende ist, die zu einer rücksichtslosen Ausbeutung der Natur geführt hat, in deren Zuge der Mensch schließlich seine Lebensgrundlagen selbst gefährdet. Diese Art der Naturbeziehung bestimmt auch neuzeitliche Naturwissenschaft und Technik, die insofern strukturell mitverantwortlich für das Umweltproblem sind. Das Umweltproblem hat auf der anderen Seite den Menschen wieder gelehrt, daß er selbst Natur ist, das heißt nur existieren kann im Durchzug der Medien, die man nach traditioneller Lehre die vier Elemente nannte.

Dadurch ist deutlich geworden, daß der zivilisierte Mensch die Natur, die er selbst ist, unterdrückt und verdrängt hat. In seinem Selbstverständnis als Vernunftmensch definierte er die eigene Natur, den Leib, als Bestialität aus seinem Wesen heraus. Die Rache der zerstörten und vergifteten äußeren Natur wie das psychosomatische Aufbegehren der dressierten eigenen Natur verlangen nach einer Naturphilosophie, die die Beziehung des Menschen zur Natur einer fundamentalen Revision unterzieht.

Aufgabe einer solchen Naturphilosophie ist als erstes die Kritik ihrer eigenen Geschichte. In ihrem dominanten Strang hat sie in Verbindung mit neuzeitlicher Naturwissenschaft und Technik und als Teil der Vernunft- und Subjektphilosophie die Entfremdung des Menschen von der Natur vorangetrieben. Unter diesem Gesichtspunkt war in die Reihe der Klassiker auch die Naturphilosophie aufzunehmen, die sich diesem mainstream nicht fügte. Ihre Repräsentation kann gegenüber dem durch neuzeitliche Naturwissenschaft und Technik dominierten Naturbild wieder Alternativen sichtbar machen.

Das Umweltproblem gibt nicht nur Perspektiven für die Kritik der bisherigen Naturphilosophie, sondern auch für die Entwicklung einer neuen. Da sie einer Veränderung der Beziehung des Menschen zur Natur, sowohl der äußeren als der inneren, dienen soll, wird sie Naturphilosophie in praktischer Absicht[9] sein müssen und aus einer Philosophie des menschlichen Leibes hervorgehen. Diese Perspektive wird auch bei der Lektüre der Klassiker neue Seiten freilegen. Durch das herrschende Selbstverständnis der Naturphilosophie als theoretischer Philosophie des Nichtmenschlichen war sowohl die praktische Beziehung des Menschen zur Natur als auch das Verständnis der Natur, insofern wir sie selbst sind, in den Schatten getreten. Das vorliegende Buch wird aber zeigen, daß Alternativen durchaus vorhanden waren und daß sie Möglichkeiten bieten, an die es in der Entwicklung einer neuen Naturphilosophie anzuknüpfen lohnt.

Die Nähe zur praktischen Philosophie und zur Leibphilosophie wird es auch ermöglichen, eine künftige Naturphilosophie gegenüber der Naturwissenschaft abzugrenzen. Philosophie kann man als Wissenstyp von Wissenschaft dadurch unterscheiden, daß sie die Trennung von Wissen und Person nicht macht. Für Wissenschaft ist umgekehrt entscheidend, daß sie in ihrem Inhalt und in ihrer Begründungsbasis von der Person, die sie betreibt, unabhängig ist. Philosophie ist Bildungswissen in dem Sinne, daß sie sowohl zur Bildung der Person beiträgt als auch in ihrem Gehalt und ihrer Begründung vom Niveau der Persönlichkeitsentwicklung des Philosophen abhängig ist. Natürlich treten diese Charaktere von Philosophie erst deutlich heraus, nachdem sich die Wissenschaft ihrerseits von der Philosophie emanzipiert hat. Aber gerade diese Tatsache bestimmt ja auch die Lage der neueren Naturphilosophie. Was durch das Umweltproblem von der Naturphilosophie verlangt ist, stimmt insofern mit den Bedingungen überein, unter denen heute Naturphilosophie überhaupt nur noch etwas anderes als Naturwissenschaft sein kann. Was sie historisch in der Verfolgung der Frage, was ist Natur, eher beiläufig getan hat, muß heute ihre primäre Aufgabe sein, nämlich die Entwicklung der Verhältnisse des Menschen zur Natur. Und das heißt auch und primär die Entwicklung des Menschen zu sich selbst, insofern er nämlich Natur ist.

Die skizzierte Geschichte der Naturphilosophie macht deutlich, daß heute nicht mit einem festen Kanon von Klassikern in diesem Bereich der Philosophie gerechnet werden kann. Die Auswahl war deshalb nicht leicht, und sie war auch – wie sollte das anders sein – den Kontingenzen eines solchen Buchprojektes unterworfen. So mag mancher Leser den einen Philosophen vermissen, den anderen überflüssig finden. Möge trotzdem dieses Buch seinen Zweck erfüllen: nämlich die große Tradition europäischer Naturphilosophie zu verlebendigen und damit der notwendigen neuen Naturphilosophie den Boden zu bereiten.

Andreas Graeser

DIE VORSOKRATIKER

Antiker Überlieferung nach standen die Schriften der Philosophen vor Sokrates fast ausnahmslos unter dem Titel *Peri physeos*. Die gängige Übersetzung wäre «Über (die) Natur (vor allem)». «*Natura*» stammt aus dem Lateinischen und heißt eigentlich «Ort der Geburt», das dazugehörige Verb «*nasci*» bedeutet «geboren werden», «entstehen». Das Wort «*physis*» weist etymologisch *(phy-)* auf die Vorstellung des Keimens, Gebärens und Wachsens zurück und ist seiner Bildung nach *(-sis)* als nomen actionis einzuschätzen, d.h. als Bezeichnung des Vorganges selbst. Nun ist zweifelhaft, ob Schriften in jener Zeit überhaupt Titel hatten. Auch sind uns die Schriften wohl allzu bruchstückhaft überliefert, als daß sich sagen ließe, in welchem Sinn etwa nachträgliche Titelzuschreibungen dieser Art durchweg den Kern der Sache träfen. Doch hat das Bild von Wachstum und Wuchs im griechischen Denken offenbar frühzeitig beträchtliche Kraft entfaltet: Das, was wir heute Wirklichkeit nennen und mithin an der Idee des Wirkens bemessen, ist *physis*. So läßt sich sagen, daß das Wort «*physis*» im Kontext seiner philosophischen Verwendung den Inbegriff von Realität bedeutet bzw. im Begriff *physis* nun erst ein Begriff von Realität verfügbar wird.

Damit scheinen zwei Gesichtspunkte hervorzutreten, die besonderer Beachtung bedürfen. Erstens wird die Wirklichkeit als etwas vorgestellt, was über eigenen Bestand verfügt. Dies bedeutet wiederum eine Absetzung vom Mythos. Zwar sind die Schöpfungsmythen samt und sonders Ausdruck der Idee von Zeugung und Wachstum; und die Genealogie ist die Form der Erklärung schlechthin. Insofern stehen zumindest die frühen Philosophen durchaus in der Nähe zum Mythos. Wenn freilich die Realität etwas sein soll, was im Sinne der Wachstumssymbolik in eigenem Wuchs *(physis)* und sozusagen in eigenem Recht besteht, so besteht sie also auch unabhängig etwa von der im Mythos vorherrschenden Bindung an hintergründig wirkende Gottheiten. In besonders anschaulicher Weise findet dieser Gedanke bei Anaximander Ausdruck, der ein erzeugendes Grundpotential *(gonimon)* der gegensätzlichen Kräfte nennt, und bei Empedokles, der von den vier Grundelementen Feuer, Wasser, Erde und Luft als Wurzeln *(rhizomata)* alles Seienden spricht (*D.K.* 31 B 6,1)[1] und damit die Realität sozusagen in sich selbst verankert. Zweitens wird die Realität als etwas begriffen, was in solchen Vorstellungen wie Wachstum, Wuchs, Gewachsensein sinnfällig wird und vorzugsweise innerhalb dieser Sichtweise beschrieben und erklärt werden kann. Diese Vorstellung läßt sich sehr deutlich bei Anaxagoras nachweisen, der Samen *(spermata)* und Aggregate von Samen *(panspermia)* als Grundrealitäten postuliert *(D. K* 60 B 4). Hier besteht eine auffällige Übereinstimmung mit physiologischen Theorien medizinischer Autoren.

Nun nennt schon Aristoteles, der sein eigenes Denken geschichtlich versteht und in Auseinandersetzung mit seinen Vorgängern entwickelt, die frühen Philosophen gern «Physiker» *(physikoi)* und «Physiologen» *(physiologoi).* Ähnlich sprach auch Platon von denen, die sich der Erforschung der Natur zuwandten *(historia peri physeos,* vgl. Phaidon 96 a) und denen es dabei bekanntlich «doch nur um unsere Welt hier *(kosmos)* geht, wie sie geworden ist, was ihr widerfährt und was sie tut» (Philebos 59 a 2–4). Allerdings birgt diese Charakterisierung der frühen Denker bereits ein unhistorisches Moment. Denn Aristoteles' Verständnis der Alten als *physikoi* oder *physiologoi* impliziert die eigene Unterscheidung zwischen «Naturphilosophie» *(physike)* einerseits und «Erster Philosophie» andererseits (vgl. Metaph. VI 1); es setzt also eine Unterscheidung zwischen *physis* und Nicht-*physis* voraus und verbindet damit u.a. eben auch die Auffassung, daß die frühen Denker eigentlich metaphysische Fragestellungen außer Betracht gelassen hätten. Ähnlich reflektiert auch Platons Einschätzung der früheren Denker ein Philosophieverständnis, das bereits auf neuen Füßen steht und in Abhebung zum Denken der Naturphilosophen entstand; sie steht insbesondere unter den Prämissen der eigenen Zweiweltenlehre. Danach würde gelten, daß die Welt der Erfahrung von einer anderen Welt jenseits von Raum und Zeit transzendiert und zugleich fundiert wird. Eben diese Einschränkungen, die bereits spätere Unterscheidungen wie die zwischen *natura naturans* (schaffende Natur) und *natura naturata* (geschaffene Natur) usw. erahnen lassen, sind den frühen Denkern fremd.

Physis bedeutet hier keine Einschränkung der Realität und schon gar keine Segmentierung unterschiedlicher Seinsbereiche. Vielmehr steht *physis* für die Wirklichkeit schlechthin. Entsprechend gilt auch die Erforschung der *physis,* wie ein Zitat aus Euripides zeigt, als Sache höchster Dignität: «Selig ist, wer (...) der unsterblichen, alterslosen Natur *(physis)* Ordnung *(kosmos)* erblickend, welcher Art sie ist und wie und auf welche Weise sie zustande kam.»[2] Dies zeigt, daß die *physis*-Vorstellung, gepaart mit der Idee von Ordnung und Gestaltung, modern gesprochen den Status eines machtvollen Paradigmas, eines Leitbilds, gewonnen hat und damit einen weiten Rahmen verschiedenster Fragestellungen eröffnet. Das gilt nicht nur für kosmologische Fragen, die im Horizont einer alles umfassenden und selbst unvergänglichen Natur gestellt und beantwortet werden; es gilt ebenso für das Denken der Medizin, das von der *physis* als Norm und richtigem Zustand ausgeht; es gilt schließlich ebenso für das im weitesten Sinn moralphilosophisch orientierte Denken, das namentlich in der zweiten

Hälfte des 5. Jahrhunderts die Frage der Geltung ethischer Konventionen am Anspruch der *physis* bemißt.

I. «Physis» im außer- und vorphilosophischen Denken

Wie andere Worte, die zu philosophischen Termini werden und auf dem Wege der Übertragung sozusagen neue Gegenständlichkeiten schaffen, entstammt auch *«physis»* der Alltagssprache. Der früheste Beleg findet sich in der Odyssee, Buch X, 303. Hier wird Odysseus von Hermes auf ein Zauberkraut namens Moly hingewiesen: «Er bedeutete mir seine Natur *(physis)*, an der Wurzel war es schwarz, an der Blüte weiß wie Milch.» Antike Erklärer erläutern *physis* hier mittels des Wortes *«eidos»*, ein Wort, das etymologisch mit unserem Wort «wissen» und dem lateinischen *«videre»* (sehen) verwandt ist und eigentlich soviel wie sichtbare Gestalt heißt; in der Philosophie Platons und Aristoteles' wird es zu einem terminus technicus für das gewissermaßen geistig erschaubare und begrifflich definierbare Wesen einer Sache. Moderne Interpreten sprechen im Blick auf *physis* hier bisweilen von der äußeren Beschaffenheit, die sich am organischen Wuchs zu erkennen gibt. Damit wird vor allem die etymologische Bedeutung betont, die man der angenommenen Wurzel *bheu gern zuordnet, nämlich die Vorstellung von Wuchs und Wachstum. Möglicherweise liegt diese Wurzel auch unserem «bin» zugrunde. Doch ist dies keineswegs sicher.

Dieses Bedeuten der *physis* einer Sache scheint im philosophischen Denken aufgenommen worden zu sein. So schickt sich Heraklit an, die Ordnung der Welt zu erörtern: «nach seiner Natur *(physis)* ein jegliches zerlegend und erklärend, wie es sich verhält» *(D. K.* 22 B 1), und da er eine solche Darstellung mithin nicht für eine selbstverständliche Sache ansah, so liegt die Vermutung nahe, daß die Angabe der wesentlichen Beschaffenheit auf dem Wege einer genetischen Beschreibung zu erfolgen habe. Mithin hätte nur derjenige die Sache selbst verstanden, der ihre Herkunft und Entwicklung darzutun vermöchte und so gewissermaßen mit der Einsicht in die bildungsgesetzlichen Vorgänge auch das eigentliche Wesen offenlegen könnte. In diese Richtung weist auch Xenophanes' Belehrung bezüglich des Regenbogens: «Und was sie Iris nennen, ist seiner Natur nach (wörtl.: ist gewachsen) nur eine Wolke ...» *(D. K.* 21 B 32)

Hier wird zur Bezeichnung des wirklichen Wesens einer Sache statt *«physis»* ein entsprechendes Verb verwendet, das die Sache als Resultat eines Gewachsenseins akzentuiert und damit zugleich auf den inneren Bestand der Sache verweist. In der griechischen Sprache gibt es die Verben *«phynai»*, *«phyesthai»* (werden, wachsen) und *«phyein»* (wachsen lassen, zeugen, erzeugen) sowie die Erweiterungsbildung *«phyteuein»* (pflanzen, säen). Das Perfekt *«Pephykenai»* wird dabei im Sinn von «ich bin» verwendet. Für die philosophische Spekulation erweist sich dieser Zusammenhang als leitend: Sagen, daß etwas seiner Natur nach dieses oder jenes sei, heißt behaupten, daß es als dieses oder jenes *gewachsen* ist. So wird das Sein einer Sache von ihrem Bestand her verstanden.

Ein weiteres Substantiv ist *«phye»*. Dieses Wort findet in der homerischen Dichtung da Verwendung, wo der körperliche Wuchs besonders hervorgehoben werden soll (Ilias, XXIII, 370; III, 208 u. ö.). In späterer Zeit wird *«phye»* auch zur Bezeichnung der Gestalt von Tieren, Pflanzen und Gebilden wie z.B. einer Mauer verwendet. In der Dichtung gewinnt *«phye»* freilich auch die Bedeutung von «Blüte» (nämlich des Jugendalters: Pindar, ol.I, 167) oder «Genius»: «Weise *(sophos)* ist, wer vieles weiß durch Natur *(phya)*» (Pindar, ol.II,86). In der Aussage spiegelt sich das Bewußtsein einer Adelsethik, die Tüchtigkeit und Leistung als Sache der Abstammung sieht und hier sogar eine Übereinstimmung zwischen Innerem und äußerer Erscheinung annimmt. Offenbar gibt es einen Zusammenhang zwischen *physis* und *phye:* Die Natur von allem gewährt, indem sie das Werdende wachsen läßt, dem Wachsenden die Gestalt *(phye)*.[3] Der Sache nach schimmert diese Art der Betrachtungsweise auch noch bei Aristoteles durch, der sich ja stets auch am Sprachgebrauch orientiert und unter *«physis»* «im Sinne von Werden *(genesis)* den Weg zur Physis» versteht (Physik II 1, 193 b 12–13).

Spätestens hier wird ersichtlich, daß das Bild vom Wuchs und Wachstum von einem mehrschichtigen *physis*-Begriff begleitet wird. Da ist einmal der Werdeprozeß selbst, zweitens sein Resultat als *physis* im Sinne von So-Geworden-Sein und Wesen und drittens der eigentliche Bestand, aus dem heraus etwas wird bzw. der zu etwas wird; diese Aspekte lagen Aristoteles bereits klar vor Augen. Die frühen Philosophen scheinen hier freilich keine Abgrenzungen vorgenommen zu haben.

II. Das Gesetz des Lebens

Das zentrale Thema der frühgriechischen Spekulation über das Wesen der Wirklichkeit ist die Frage nach Werden und Vergehen. Laut Anaximander, der am Anfang der Philosophie steht, ist Vergehen die Strafe für Schuld: «(Woraus aber das Werden ist den seienden Dingen, in das hinein geschieht auch ihr Vergehen nach der Schuldigkeit); denn sie zahlen einander gerechte Strafe und Buße für ihre Ungerechtigkeit nach der Zeit Anordnung.» *(D.K.* 12 B 1) Diese Worte, die nach einhelliger Meinung als Zitat anzusehen sind und so als der früheste uns bekannte Satz der westlichen Philosophie überhaupt zu gelten haben,

Anaximander (610–546)

statuieren einen wesenhaften Zusammenhang zwischen Existenz und Schuld.

Frühere Interpreten haben diesen Gedanken auf dem Hintergrund orphischer Religiosität gesehen. Doch scheint ein solcher Zusammenhang wenig glaubhaft. Denn orphischer Überzeugung nach ist Leben als solches eine Strafe für Verfehlungen, die in einem früheren Leben begangen wurden. Aber eben diese Überlegung würde hier den Sinn von «einander» nicht erhellen können. So spricht Anaximander von Strafe und Kompensation als etwas, was dann eintritt, wenn ein Ding sozusagen auf Kosten eines anderen lebt und entsprechend der moralischen Forderung *(to chreon)* schließlich vor den Richterstuhl der Zeit gerät. In diesem Sinn nennt auch der Dichter und Staatsmann Solon Zeit *(chronos)* als Gericht *(dike)*, das Unrecht ans Licht bringt und durch Verfügungen *(taxeis)* die verlorene Ordnung wiederherstellt.[4]

Offenbar sieht Anaximander die Welt mithin als Schauplatz einer Ordnung, wie sie Rechtsgemeinschaften eignet. Doch wer sind die Mitglieder dieser Gemeinschaft? Bereits der Überlieferungszusammenhang, in dem dieses Fragment steht, legt den Gedanken nahe, daß Anaximander beispielhaft die Gegensatzpaare Warm, Kalt, Feucht und Trocken vor Augen hatte *(D.K.* 12 A 9): Sie sind es, die aus dem ebenso gestaltlosen wie unbegrenzten Reservoir *(to apeiron)* hervortreten und die Welt(en) aufbauen. Der Gedanke selbst wird noch verständlicher, wenn bedacht wird, daß die hier genannten Gegensätze in der frühen griechischen Philosophie eben nicht in unserem Sinne als Eigenschaften angesehen wurden. Sie galten vielmehr als Dinge, die sozusagen agieren und deshalb bisweilen auch Kräfte *(dynameis)* heißen. Die Vorstellung, daß die im Prinzip gleichberechtigten Elemente wechselseitig dominieren, findet sich z.B. bei Empedokles: «Abwechselnd aber gewinnen die Elemente und Kräfte die Oberhand im Umschwung des Kreises und vergehen ineinander und wachsen im Wechsel der Bestimmung.» *(D.K.* 31 B 26,1-2) «Jene Elemente und Kräfte nämlich sind alle gleich stark und gleich alt von Abstammung, doch jedes von ihnen hat ein verschiedenes Amt, jedes seine besondere Art, und abwechselnd gewinnen sie die Oberhand im Umlauf der Zeit.» *(D.K.* 31 B 17,27-29)

Diese Art der Betrachtung mag auch die Einschätzung des geordneten Wechsels von Tag und Nacht bestimmt haben: «Denn Helios wird seine Maße nicht überschreiten; sonst werden ihn die Erinnyen, der Dike Schergen, ausfindig machen», heißt es bei Heraklit *(D.K.* 22 B 94). Jedenfalls sieht Anaximander das Geschehen im Weltganzen als geordneten Austausch von Grundkräften. Diese Betrachtungsweise mag eine gewisse Affinität zur demokratischen Gerechtigkeitsvorstellung aufweisen; vielleicht ist es sogar so, daß die Natur selbst gewissermaßen als Ausdruck solcher Gerechtigkeit empfunden wurde. Vergleichbare Vorstellungen finden sich auch im Denken der Medizin. So meint der pythagoreische Arzt Alkmaion von Kroton: «Gesundheitsbewahrend sei die Gleichberechtigung *(isonomia[5])* der Kräfte, des Feuchten, Trockenen, Kalten, Warmen und Bitteren, Süßen usw., die Alleinherrschaft *(monarchia)* dagegen sei bei ihnen krankheitserregend. Denn verderblich wirke die Alleinherrschaft des einen Gegensatzes (...) die Gesundheit dagegen beruhe auf der gleichmäßigen Mischung der Qualitäten.» (*D. K.* 24 B 4) Ähnlich erläutert der Autor der Schrift *Über die alte Medizin:* «Im Menschen nämlich gibt es Salziges und Bitteres, Süßes und Scharfes (...) und eine Vielzahl anderer Dinge, die allerlei Wirkungen *(dynameis)* haben sowohl der Zahl nach als auch der Kraft nach. Solange sie gemischt und miteinander vermengt sind, treten sie weder hervor noch verursachen sie dem Menschen Schmerz. Wenn sich jedoch eines von ihnen absondert und für sich besteht, dann wird es sichtbar und verursacht dem Menschen Schmerz.» (Kpt. XIV, 31–39)

Wie sich Anaximander das Gleichgewicht der Kräfte genau vorstellte, entzieht sich unserer Kenntnis. Doch gewinnen seine Vorstellungen vielleicht dann weitere Konturen, wenn man sie im Lichte der Erörterungen Heraklits liest; und Heraklit sagte u. a.: «Man soll aber wissen, daß der Krieg gemeinsam (allgemein) ist und das Recht der Zwist und daß alles geschieht auf Grund von Zwist und Schuldigkeit.» (*D. K.* 22 B 80) Daß hier eine bewußte Auseinandersetzung mit Anaximander vorliegt, zeigen schon die Worte «Recht» und «Schuldigkeit». Besonders auffällig wird die Beziehung aber durch die Betonung «alles». Heraklit will hier – so auch mit der Feststellung «Krieg ist der Vater aller Dinge» (*D. K.* 22 B 53) – Anaximanders Vision einer sich sozusagen immer wieder einpendelnden Natur- und Rechtsordnung kritisieren: Die Vorgänge von Übergriff und Wiederherstellung sind nicht etwa als sukzessive Phasen anzusehen, sondern als dialektisches Zusammen. Indem ein Element wird, lebt es den Tod eines anderen (*D. K.* 22 B 36; 77); aber es gibt seinerseits zugleich etwas von sich ab (*D. K.* 22 B 31 und 30). Wie Heraklit auch sonst die einseitige und isolierende Sicht menschlichen Denkens kritisiert und korrigiert, so scheint er Anaximander hier vorhalten zu wollen: Was man gemeinhin unter einem Zustand des Rechts zu verstehen gewohnt ist, ist in Wirklichkeit Kampf. Harmonie ist Fügung von Widerstrebendem (*D. K.* 22 B 51).

III. Elemente der Naturvorstellung

So scheint das Bild von Wachstum und Wuchs da gewisse Grenzen aufzuweisen, wo der Wandel der Dinge und das Werden der Elemente auseinander beschrieben werden soll. Bei Anaximander vermissen wir eine eigentliche Darlegung solcher Vorgänge. Mehr Klarheit verrät diesbezüglich die Auffassung seines Nachfolgers Anaximenes. Dieser meinte nämlich, daß Luft durch Verdichtung zu Wasser und Erde und durch Verdünnung zu Feuer werde (*D.K.* 13 A 5). Der springende Punkt scheint also der zu sein, daß qualitative Veränderungen als Resultat quantitativer Veränderungen aufgefaßt werden können. Diese Vorstellung zeichnet sich durch eine gewisse Ökonomie aus. Denn alle Dinge, Ereignisse und Sachverhalte lassen sich so als Aspekte oder Funktionen eines einzigen gleichförmigen Prozesses beschreiben. Anaximenes' Idee liegt offensichtlich auch der Flußkonzeption Heraklits zugrunde; sie hat aber insbesondere auch bei Diogenes von Apollonia systematisch nachgewirkt. Dieser Denker war auch Arzt und steht sozusagen am Ende der Reihe der Vorsokratiker. Er dachte an die Existenz eines Stoffes, der verschiedene Gestalten annimmt, ohne je wirklich ein anderer zu werden (*D.K.* 64 B 2; 5). Diese Annahme eignete sich insbesondere auch für die Konzeption einer strikt monistischen Wirklichkeitsauffassung.

Eigentliche Theorien bezüglich Wandel und Veränderung begegnen uns wohl erst bei Empedokles. Dieser Denker, der ebenfalls Arzt war, versucht das Phänomen der Veränderung generell als Mischung und Entmischung bereits vorhandener und letztlich «unerschütterlicher» (*D.K.* 31 B 17,14) Stoffe zu erklären (*D.K.* 31 B 8; 11; 12). Mischung *(mixis)* und Austausch *(diallaxis)* heißt in diesem Zusammenhang, daß Stoffe anteilsmäßig klar angebbare Verbindungen eingehen. So wird Knochen als das beschrieben, was sich ergibt, wenn Feuer, Wasser und Erde im Verhältnis von 4:2:2 zusammenfinden (*D.K.* 31 B 96), Blut hingegen als das Resultat einer Mischung aller Elemente im Verhältnis von 1:1:1:1 (*D.K.* 31 B 98 und A 78).

Interessant ist daran nun die Auffassung, daß Empedokles, bei dem die Wachstumssymbolik besonders starke Ausprägung findet, als Material der Prozesse selbst Teilchen der Elemente voraussetzt bzw. von Splittern *(thrausmata)* der Grundstoffe spricht (*D.K.* 31 A 43). Dies paßt zu seiner Auffassung, daß die Elemente im Kreislauf der Geschehnisse selbst «unerschüttert» bleiben (s.o.) und mithin ihre Identität letztlich immer bewahren. So ist dann die Mischung nicht etwa als chemische Verbindung anzusehen.

Ähnliche Auffassungen finden sich dann auch bei den Atomisten, Leukipp und Demokrit, sowie bei Anaxagoras. Sie alle versuchen das Phänomen der Veränderung durch Neugruppierungen bzw. Umgruppierungen je schon vorhandener, ewiger Teile zu erklären. Die Atomisten denken hier an physikalisch unteilbare Körper, die ihrerseits über keine qualitativen Bestimmungen verfügen. Anaxagoras hingegen scheint an winzige, wenn nicht gar indefinit teilbare Anteile solcher Substanzen wie Fleisch, Knochen, Mark usw. gedacht zu haben. Zwar ist seine Theorie vor allem aufgrund widerstreitender Berichte nicht verläßlich rekonstruierbar. Doch zeigt sich, daß Anaxagoras' Auffassung der Stoffteile von der Vorstellung einer chemischen Einheit bestimmt war und jede Veränderung der Stoffe von ihm entsprechend nicht etwa als mechanische Ortsbewegung betrachtet, sondern in Analogie zur chemischen Reaktion gesehen wurde. Gleichwohl zeichnen sich hier bereits mechanistische Vorstellungen ab. Bei Demokrit entsteht die Welt ebenso wie andere gleichzeitig oder sukzessive existierende Welten dadurch, daß Atome aufeinanderprallen. Sie finden so zu Konfigurationen zusammen, die nach solchen Faktoren wie «Gestalt», «Anordnung» und «Lage» der Partikel erklärt werden können *(D.K. 67 A 6; D.K. 68 A 37)*. Bei Anaxagoras ist wohl eher an ein Urgemisch gedacht *(D.K. 59 B 4)*, in dem alles zusammen war, dann aber vom kosmischen, ebenfalls materiellen Geist *(nous)* in jene Bewegung versetzt wurde, die fortan alle Mischung und Scheidung bestimmt *(D.K. 59 B 12–14)*. Empedokles hingegen nannte mit Liebe und Streit zwei Kräfte, die wohl das Phänomen von Attraktion und Repulsion verständlich machen sollen. Doch ist unklar, wie diese von den Grundelementen selbst immerhin verschiedenen Kräfte genauer vorzustellen sind. Gewiß handelt es sich auch um Projektionen von Gefühlen in die Natur. Doch wie fügt sich die Annahme solcher fast magisch zu nennender Kräfte zu der Vorstellung der Mischung und Entmischung von Elementsplittern?

Sicher gefährdet das wissenschaftliche Interesse an Theorien bezüglich der Natur der Veränderung die Einheit des Bildes der *physis;* die Züge der Beschreibung passen nicht unbedingt zur Konzeption des Beschriebenen. Dies zeigt sich schließlich auch da, wo die *physis*-Vorstellung Momente integriert, die eher dem handwerklichen oder künstlerischen Bereich zugehören. Dies geht nicht nur, vergleichsweise abstrakt, aus der Verwendung der *kosmos*-Idee hervor. «*Kosmos*» kann im außerphilosophischen Denken Aufstellungen und Anordnungen jeglicher Art bezeichnen; die Anwendung dieses Wortes auf das, was wir Welt nennen, ist sicher eine besondere Symbolisierungsleistung.[6] Noch deutlicher wird diese Orientierung auch am Künstlerischen und Handwerklichen mit der Übernahme etwa der Harmonie-Vorstellung. Denn das entsprechende Verb *harmottein* bedeutet «fügen», «aneinanderfügen». Hier ist, wie etwa beim Flußbau, recht konkret an die Aneinanderfügung von Planken und deren Verstrebung durch andere Planken gedacht. Mehr noch als bei Heraklit scheint dieses Bild im Denken des Pythagoreers Philolaos von Kroton Ausdruck zu finden. Seine Texte galten lange Zeit als nachplatonische Fälschung. Heute werden wenigstens die ersten sieben Fragmente als authentisch angesehen. Gleich zu Anfang seiner Schrift sagt Philolaos: «Die Natur *(physis)* aber ward in der Weltordnung *(kosmos)* aus grenzlosen und grenzbildenden Stükken zusammengefügt *(harmochthe),* sowohl die Weltordnung als Ganzes wie alle in ihr vorhandenen Dinge» *(D.K. 44 B 1)*. Offenbar behandelt er, wie aus *D.K. 44 B 6* hervorgeht, *physis* und *harmonia* hier durchaus parallel, nämlich als Begriffe, die ein und dieselbe Sache sozusagen nur unter verschiedenen Gesichtspunkten zur Sprache bringen.

IV. Sein und Werden

Indes blieb die Wachstumsidee nicht unbestritten. Namentlich Parmenides von Elea, der als Begründer der abendländischen Metaphysik und Ontologie gilt, leugnete die Realität jeder Veränderung und bestritt insbesondere Werden und Vergehen: Der von Leben durchpulsten Welt sinnfälliger Erfahrung hält er das Bild einer absolut homogenen, starren Wirklichkeit entgegen. Der tiefere Sinn dieser als Offenbarung einer Gottheit mitgeteilten Lehre bleibt vielleicht für immer verborgen. Die Argumente freilich, die Parmenides für seine Thesen geltend macht, liegen offen zutage. Die geläufige Vorstellung, daß etwas *wird* bzw. *vergeht*, ist in seinen Augen deshalb unhaltbar, weil Werden immer ein Werden aus Nichts und Vergehen immer ein Vergehen zu Nichts sein müsse. Das Nichts bzw. Nicht-Sein entzieht sich aber – wie das «reine Nichts» bei Hegel – aller Denkbarkeit (D.K. 28 B 2, 6–7): Würden wir also das eigentliche Wesen der Wirklichkeit dem natürlichen Weltglauben folgend in solchen Begriffen wie Entstehen, Vergehen, Anders-Werden, Vielheit und Nicht-Identität zu denken versuchen, so müßte sich unser Denken alsbald in Negationen verstricken. Negationen erweisen sich als Unbestimmtheiten. Wie aber könnte das Nichts Gegenstand sprachlicher Referenz sein, geschweige denn Gegenstand eines Denkens, das seine Gehalte entweder ganz und gar trifft oder ganz und gar verfehlt?

Somit bleibt nur die Konzeption eines veränderungslosen, selbstidentischen Seins, das – einer Kugel vergleichbar (D.K. 28 B 8, 43) – als perfekte Totalität gedacht werden muß und offenbar mit dem Bereich der Wahrheit koextensiv sein soll. Die Vorstellung der Vollkommenheit mag bereits von Xenophanes und den Pythagoreern antizipiert worden sein. Bei Parmenides scheint sie jener Idee analog zu sein, die dem ontologischen Gottesbeweis (in der Anselmschen Version) zugrunde liegt: Vollkommenheit schließt Nicht-Sein aus. Dieser Gedanke findet bei Parmenides in der Weise Ausdruck, daß gilt: «und es war nie und wird nie sein, weil es im Jetzt zusammen vorhanden ist als Ganzes, Zusammenhängendes ...» (D.K. 28 B 8, 5–6) Wenn es keinen Wandel gibt, gibt es auch keine Ereignisse, aufgrund deren Zeitabschnitte erst als voneinander verschieden markiert werden könnten. Mithin konzipiert Parmenides eine zeitlose Realität, die – von außen her betrachtet – immer schon vollendet ist. Diese Konzeption beeinflußt Platon (Timaios 37) und die Neuplatoniker (Plotin, Enneade III 8). Über Boethius (Consolatio Philosophiae V) beeinflußt sie die Ewigkeitsvorstellung Thomas von Aquins (S.Th. I, 10: «tota simul existens»).

Nun hat Parmenides allerdings auch eine ‹Welt der Meinung› entworfen. Anders als in der Welt des Seins ist hier all das wirklich, was wir auch sonst als real erfahren: Wachstum, Veränderung, Vergehen und Vielheit. Insbesondere ist diese Welt der Meinung *(doxa)* von Gegensätzen durchzogen *(D. K.* 28 B 9 «Aber nachdem alle Dinge Licht und Nacht benannt wurden ...») und besteht aus Einzeldingen, die eigene Kräfte *(dynameis)* zu erkennen geben und als je distinkte Naturen *(physeis)* eingeschätzt werden *(D. K.* 28 B, 9,2; 10,1). – Wie sich diese Wirklichkeitskonzeption zur Welt des Seins verhält, wird nicht recht deutlich. Aus einer Stelle geht hervor, daß es sich bei der Welt der Meinung um das trügerische Resultat der fehlgeleiteten Auffassungen der Menschen handelt *(D. K.* 28 B 8,50 ff.); anderswo wird von einer «wahrscheinlich-einleuchtenden» Welteinrichtung gesprochen *(D. K.* 28 B 8,60 ff.). In diesem Sinn hat auch Platon seine naturphilosophischen Darlegungen im «Timaeus» als nur «wahrscheinliche Darstellung» (29 c–d, 47 c, 48 d, 59 c, 72 d, u. ö.) charakterisiert und damit von jenen Aussagen abgesetzt, die über die idealen, unveränderlichen Verhältnisse in der Ideenwelt handeln und mithin notwendig wahr sind. Vermutlich unternahm Parmenides mit der Konzeption einer Welt der Meinung den Versuch, die spezifisch menschliche Sichtweise auf Begriffe zu bringen und im gewissen Umfang auch zu erklären. Doch nimmt sich diese spezifisch menschliche Sichtweise vis-à-vis der Logik des Seins als falsch und scheinhaft aus; sie verfehlt die Wahrheit und ist daher letztlich zu verwerfen. Aber ist die wahrnehmbare Welt der veränderlichen *physeis* darum schon irreal oder gar nicht seiend?

Parmenides' Thesen sind denkbar radikal. Selbst Platon, der Parmenides in der Unterscheidung einer Seinslehre einerseits und einer Physislehre andererseits folgte, hatte hier Bedenken. So empfand er das Seiende der eleatischen Philosophie als geradezu «leblos» (Sophistes 248 A–B). Doch wurde Parmenides auch wirkungsvoll verteidigt. Zenons berühmte Paradoxien der Bewegung dienten u. a. dem Zweck, die Antipoden des Parmenides in Antinomien zu verstricken. Eindrucksvoll ist schließlich die monistische Seinskonzeption in der Philosophie des Melissos: Dieser Denker argumentiert insbesondere auch gegen die Vorstellung, daß das Seiende – die eine absolut identische Realität – «Schmerz empfinden» oder «leiden könnte» *(D. K.* 30 B 7, 4 ff.). Vielmehr gilt – und hier liegt wohl eine Abweichung von Parmenides vor – daß das Seiende «gesund ist» und mithin *a fortiori* keine Krafteinbuße erfahren kann (B 7,5). – Die nachfolgende Naturphilosophie hat den Forderungen der parmenideischen Seinslogik in dem Sinne Rechnung getragen, daß Werden und Vergehen tatsächlich als unzulängliche Vorstellungen empfunden wurden. Namentlich Empedokles und Anaxagoras versuchen, ihre Konzeption der stofflichen Prinzipien ausdrücklich im Lichte der Ontologie des Parmenides zu formulieren.

Darüber hinaus hat Parmenides' Logik des Seins insofern auf die Entwicklung der Naturspekulation Einfluß genommen, als der Gedanke der Ganzheitlichkeit, Selbständigkeit und Selbstgenügsamkeit des einen Seienden nun in die Konzeption der Natur als eigener Realität eingeht.

V. Die Natur und das Göttliche

Indem die Wirklichkeit im ganzen ebenso wie in ihren Teilen als *physis* gesehen wird, gilt sie als fundamental selbständige Realität. Dies bringt u. a. auch die Vorstellung mit sich, daß alles, was geschieht, sachgemäß als Äußerungsform der *physis* beschrieben werden kann. Ein solcher Naturalismus – um den heute vertrauten Ausdruck hier zu verwenden – scheint der Annahme der Existenz göttlicher Wesenheiten zunächst gar keinen Raum zu bieten; und dies ist auch nur konsequent. Denn die betont aufklärerische Ausrichtung des frühen philosophischen Denkens hat sich der Suche «natürlicher» Ursachen verschrieben und wendet sich nicht zuletzt gegen jene Vorstellungen im Mythos, die die Welt und die Geschehnisse in ihr als Produkt und Schöpfung göttlicher Mächte ausgeben. So ist es dann auch nicht verwunderlich, wenn die Verfechter des *physis*-Denkens ähnlich wie später Spinoza gelegentlich in den Verdacht des Atheismus gerieten. Manche schienen geradezu stolz darauf zu sein, die Annahme göttlicher Mächte entbehren zu können.

Doch ist dies nur die eine Seite des Bildes. Die andere Seite ist dadurch charakterisiert, daß die vertrauten Attribute göttlichen Seins auf die Natur selbst übertragen wurden. Dabei wird die *physis* – oder das sie bestimmende innere Prinzip – in jener Funktion gesehen, die vorzugsweise nur Zeus, dem höchsten Gott, eignet. Wenn Heraklit etwa sagt: «Eins, das allein Weise, will nicht und will doch mit dem Namen des Zeus *(zenos)* benannt werden» (*D.K.* 22 B 32), so scheint er damit sagen zu wollen, daß die Bezeichnung «Zeus» als Name für die weltbestimmende Kraft deshalb versagt, weil diese Kraft eben nicht mit dem Gott der Volksreligion identisch ist; aber sie scheint insoweit gerechtfertigt, als man mit «Zeus» eben eigentlich dieses Prinzip meint und die Bedeutung des Wortes («Leben», wie Heraklit fälschlicherweise annimmt) auch den Kern der Sache trifft: nämlich jene eine göttliche Realität, die alles ist und sich in alles verwandelt (*D.K.* 22 B 67).

Die Kritik an den religiösen Vorstellungen und Anschauungen kommt wohl besonders stark bei Xenophanes zum Ausdruck (*D.K.* 21 B 11–15). Den Bildern der homerischen Götterwelt hält er die geradezu rationalistisch anmutende Idee eines einzigen Gottes entgegen (*D.K.* 21 B 23–26), der mit der Wirklichkeit selbst identisch zu sein scheint. Hier also finden sich klare Ansätze zu solchen Positionen, die späteren Epochen unter den Begriffen Pantheismus und Panentheismus vertraut sein werden. Vielleicht gehören solche Auffassungen der Sache nach bereits zum frühesten Gedankengut der Philosophie. So soll Thales gesagt haben, «alles ist voll von Göttern» *(D.K.* 11A22). Die Nuance des damit Gemeinten läßt sich allerdings kaum mit Sicherheit eruieren. Handelt es sich um eine etwas blasphemische Relativierung des Göttlichen, wie wir sie beim Autor der Schrift *Über die heilige Krankheit* finden? Dieser meint nämlich, daß auch die Epilepsie wie jede andere Krankheit natürliche Ursachen habe und daß nichts Göttliches an ihr sei, es sei denn, man entschließe sich, alles Natürliche göttlich und alles Göttliche natürlich zu nennen. Oder handelt es sich einfach um den Versuch, Menschen mit dem Gedanken vertraut zu machen, daß das Göttliche auch andere Erscheinungen hat, als ihre «Homerweisheit sich träumen läßt»?[7]

Immerhin bezeichnet Anaximander seinen Urgrund allen Seins als ewig und alterslos und versieht das *apeiron* so mit jenen Epitheta, die im Mythos göttliche Dignität attestieren. Dies gilt auch für die Eigenschaft des alles Umfassens *(D.K.* 12A11; 15); sie kam rechtmäßig vor allem Okeanos zu, dem mythischen Entstehungsgrund *(genesis)* aller Dinge. Nicht weniger auffällig ist die Zuschreibung des Prädikats «steuern» *(D.K.* 12A15). «Steuern» *(kybernan)* bezeichnete ein Privileg des Zeus. Hier steht es für die fast schon teleologisch zu nennende Tätigkeit des Prinzips aller Wirklichkeit, das ansonsten freilich keine personalen Züge hat. Ähnlich spricht Anaximenes davon, daß die kosmische Luft alles zusammenhalte und beherrsche *(D.K.* 13B2). In diesem Zusammenhang gilt es nun auch zu bedenken, daß *«arche»,* das Wort für Anfang, Urgrund und Prinzip usw., auch Herrschaft bedeutet und politische Ämter bezeichnet. So wird es auch nicht erstaunen, daß Herrschaft das hervorstechende Merkmal des kosmischen Intellekts bei Anaxagoras ist, der ja alles ordnet und einrichtet *(D.K.* 59B12).

Hier nun begegnen wir einem Gesichtspunkt, der schon im Zusammenhang der künstlerischen bzw. handwerklichen Orientierung der *physis*-Vorstellung hervortrat und dem rechtlich-politischen Vorstellungsbereich sehr verwandt zu sein scheint: Wenn die Realität als gewachsene Ordnung angesehen werden kann, so liegt es nahe, die *physis* selbst auch als Baumeisterin und Künstlerin zu betrachten. Diese Auffassung läßt sich in ihren Ansätzen vielleicht wiederum am besten bei Empedokles beobachten: Unter der Herrschaft der Liebe bilden sich schließlich gelungene Gestaltungen heraus. Die Formung selbst liegt in den Händen der Aphrodite. Sie ist es, die die Erde wässert und dann Gestalten *(eide)* schafft *(D.K.* 31B73; 71,3). Neben der Bildung der Knochen *(D.K.* 31B96), die in Begriffen der Töpferei beschrieben wird, ist auch die Bildung der Augen zu erwähnen *(D.K.* 31B86), die wiederum die Göttin selbst vornimmt. Das Verb *«pegnynai»* (festigen) weist eigentlich in den Bereich der Zimmermannstätigkeit. So entstehen die Dinge durch die Kunst Aphrodites (*D.K.* 31 B 86). In wenigstens zwei Fällen wird sogar von Meisterwerken gesprochen, so im Blick auf die Kugel (*D.K.* 31 B 27) und das Blut (*D.K.* 31 B 98). Sicher wäre es übertrieben, in den dichterischen Bildern des Empedokles auch schon eine teleologische Konzeption zu suchen. Doch bietet Empedokles hier zweifellos Ansätze, die weiterwirken und namentlich im Denken Diogenes von Apollonia eine beträchtliche Rolle gespielt haben dürften (*D.K.* 64 B 4).

VI. Natur und Mensch

Die meisten frühen Philosophen sahen den Menschen recht unsentimental als Teil einer umfassenden *physis*. Hier bilden die Atomisten mit ihrer Analogie Makrokosmos/Mikrokosmos ebensowenig eine Ausnahme wie Heraklit, der vehemente Kritiker und Überwinder anthropozentrischer Fixierung, oder Empedokles, der so weit ging, die geläufigen Begriffe von Tod und Geburt als nichtssagende und allenfalls irreführende Denkstrukturen zu charakterisieren (*D.K.* 31 B 8–9). Wie stark die Einbettung eben auch des Menschen in den allgemeinen Lebensfluß empfunden worden sein mochte, läßt sich unter anderem daran ermessen, daß in der medizinischen Tradition die Tendenz bestand, die *physis* des Menschen im Lichte der umfassenden *physis* zu sehen.

Nun stammen die im *Corpus Hippocraticum* versammelten Traktate aus unterschiedlicher Zeit; und sie vermitteln als Ganzes keineswegs eine einheitliche Lehre. So birgt die Frage der Beziehung zwischen Philosophie und Medizin im Detail große Probleme und zahlreiche Unsicherheiten. Doch gibt es einige klare Anhaltspunkte. Daß die Einheit der Natur für viele Ärzte leitbildhafte Funktion hatte, geht insbesondere aus späteren Polemiken hervor. So z.B. aus der Schrift *Über die Natur des Menschen*, die von Aristoteles Polybos, dem Schwiegersohn des Hippokrates, zugeschrieben wird, von Galen, dem großen kaiserzeitlichen Arzt, hingegen Hippokrates selbst. Jedenfalls verwahrt sich der Autor dieser Schrift, sein Thema – entsprechend allgemeiner Erwartung – über die Grenzen der Medizin hinaus zu diskutieren (Kpt. I, 1 ff.). Insbesondere setzt er sich auch gegen Denker ab, die, wie Melissos, von massiven Annahmen monistischer Art ausgehen. Ähnliche Bedenken äußert auch der Autor *Über die alte Medizin*. Er kritisiert namentlich den Anspruch jener Ärzte und Philosophen, die da meinen, eine gründliche und vor allem erfolgreiche Kenntnis ärztlicher Praxis setze ein Wissen von der Natur und ihrer Evolution voraus (Kpt. XX, 1 ff.). Konkret kritisiert er freilich die Tendenz, medizinisches Tun an

Hypothesen oder Postulate zu binden (Kpt. I, 20 ff.; XV, 1 ff. u. ö.) und plädiert seinerseits für eine empiristische Grundhaltung. Daß es so etwas wie theoriefreie Beobachtung in Wirklichkeit nicht gibt, ist eine Einsicht, die sich erst in unserem Jahrhundert durchgesetzt hat.

Tatsächlich haben viele Ärzte ihre Kunst in den Zusammenhang umfassender Naturkenntnis zu stellen versucht. Hier ist nicht einmal an solch starke und vielleicht sehr abstrakt anmutende Thesen zu denken, wie sie gelegentlich aus Platons Bericht über Hippokrates im Dialog Phaidros 270 d-e herausgelesen werden. Danach hätte – zumindest nach einer Interpretation – dieser Arzt medizinische Einsichten von der Kenntnis des Alls *(to holon)* abhängig gemacht; solche Zusammenhänge finden sich z. B. in den von Heraklit inspirierten Schriften *Über die Lebensweise* (Kpt. I) und *Über die Nahrung* (Kpt. IX) (D. K. 22 C 1-2). Vielmehr genügt es zu sehen, daß selbst der Autor von *Über die Natur des Menschen* von Übereinstimmungen zwischen der Welt und dem Körper des Menschen spricht (Kpt. VII, 52 ff.) und vom Einfluß der Jahreszeiten auf die Krankheiten (Kpt. VIII, 1-14); Fragen dieser Art werden namentlich in der Schrift über die Umwelt *(Über Winde, Wasser, Orte)* erörtert (Kpt. I-XI). Hier mündet der Leitgedanke des Zusammenhangs zwischen geographischer Lage, Luft- und Wasserverhältnissen und menschlichem Gesundheitszustand sogar in eine ethnographische Betrachtung der Unterschiede im physischen und geistigen Erscheinungsbild der Völker Europas und Asiens ein (Kpt. XII-XXIV). Berührungen oder sogar Übereinstimmungen zwischen Medizinern und Philosophen gibt es auch in der Einschätzung der *physis* als ursprünglichem, d. h. richtigem Zustand, als selbstgenügsamer Kraft, als Norm und Richtmaß.

In diesem Sinne ist auch die moralphilosophische Relevanz des *physis*-Denkens unübersehbar. Zwar scheinen die Vorstellungen von Maß und Richtigkeit sehr alten Ursprungs zu sein. Doch erhalten sie in der kosmologischen Spekulation gewissermaßen naturrechtliche Dimensionen und bestimmen so auch das Denken der Mediziner. Zu einer besonderen Verdichtung dieser Ebenen kommt es nachweislich im Denken Platons und Aristoteles'. Gleichwohl ist es die moralphilosophische Reflexion, die die Funktion der *physis* als lebensumfassendes Leitbild fraglich erscheinen lassen mußte. So haben namentlich die Denker der Aufklärung im 5. Jahrhundert auf die Asymmetrie zwischen Natur und Moral aufmerksam gemacht und der Sache nach also zwischen Recht, wie es ist, und Recht, wie es sein sollte, unterschieden. Diese Diskussionen sind ebenso facettenreich wie provokativ. Sie reichen von der bloßen Feststellung des Anaxagoras-Schülers Archelaos, daß moralische Werte nichts Naturgegebenes *(physei)* seien, sondern Sache der Konvention *(thesei)* (D. K. 60 A 1), bis hin zum Aufruf nach Umwälzung der herrschenden Moral im Namen der *physis*. Thesen dieser Art finden sich nicht nur bei dem Sophisten Antiphon. Dieser plädierte für die Annahme der Gleichheit aller Menschen und suchte im übrigen nachzuweisen, daß sich die Einrichtung von Rechtssystemen für die Menschen keineswegs segensreich auswirke, sondern im Gegenteil hochgradig schädlich und naturwidrig sei (*D. K.* 87 B 44). Sie begegnen uns auch bei Kallikles, dem von Nietzsche bewunderten Verfechter des Rechts des Stärkeren, und ebenso in den Dramen des Euripides. Zweifellos hat das *physis*-Denken bereits viel von seiner einheitlichen Kraft verloren.

VII. Wirkung

Das Denken der frühen Philosophen hat nur partiell nachgewirkt. Der platonischen Inthronisierung des eigentlichen Menschen als Bürger einer anderen Welt entspricht nicht nur eine Abwendung von der *physis*-Welt als bloßer Schattenrealität. Sie begünstigt vor allem auch die moralische Verdächtigung vieler früher Philosophen als Materialisten und Atheisten (Gesetze, X). Aristoteles ist von dieser Tendenz zwar weitgehend frei. Doch ist die *physike* auch in seiner Sicht der Dinge buchstäblich nur «Zweite Philosophie». Positiv wirken viele Ideen der Vorsokratiker in den Medizinerschulen nach, sowie in der Stoa und im Epikureismus. Die Stoiker entwickelten die Vorstellung einer mit sich in allen Teilen sympathetischen Gesamtnatur. Dieser Gedanke war vielleicht bei Xenophanes und Diogenes von Apollonia vorgeformt. Sie empfanden hier namentlich aber Heraklit als kongenialen Denker und nahmen seine Vorstellungen vom «künstlerischen Feuer» *(pyr technikon)* auf, das die Materie unbeschränkt durchdringt und von der Substanz der Wirklichkeit selbst nicht verschieden sei. Von hier aus eröffnet sich auch ein Weg zu Spinozas «deus sive natura». Bei den Epikureern war es namentlich der römische Dichter Lukrez, der in seinem Lehrgedicht ‹De rerum natura› voller Bewunderung auf Empedokles zurückgreift. An dessen Weltvision schätzt er insbesondere die universale Macht der Liebe. Interessanterweise hat auch Plotin das Denken der Philosophen vor Platon – anders als dieser selbst – als tiefsinnigen Versuch gewürdigt, das Problem von Einheit und Entzweiung zu denken (Enneade V 1). Obschon *physis* in seinem System nur einen nachgeordneten Seinsbereich darstellt, verwendet Plotin gerade bei der Beschreibung höherstufiger metaphysischer Verhältnisse wie im Zusammenhang des Lebens des Geistes mit Vorliebe Begriffe aus dem Bereich organischen Wachstums. Hier liegt dann auch eine ideengeschichtliche Verbindung zur Goethezeit.

Ekkehard Martens

PLATON
(428/427–348/347)

I. Gesamtwerk und Zeitbezug

Als Naturphilosophie gilt im Gesamtwerk Platons meist nur sein später Dialog *Timaios*. Nachdem sich der Sokrates der frühen und mittleren Dialoge von den kosmologischen Spekulationen der Vorsokratiker abgewendet und statt dessen mit der Frage nach dem guten Leben beschäftigt habe, komme erst der späte Platon wieder auf die Naturphilosophie zurück. Diese Trennung läßt sich bis auf den Philosophiehistoriker Diogenes Laertios (um 275 n.Chr.) zurückführen. Nach ihm hat Sokrates «als erster über das Leben Gespräche geführt», die Naturphilosophie aber abgelehnt (II 20 f.). Offensichtlich beeinflußt durch die Dreiteilung der Philosophie bei den Stoikern, ordnet Diogenes Laertios die Physik (Naturphilosophie) den Vorsokratikern zu, die Ethik Sokrates und Platon die Logik bzw. Dialektik (III 56). Der Zusammenhang von Platons Naturphilosophie mit moralisch-praktischen Fragen wird jedoch bereits durch den Zeitbezug nahegelegt, in dem sein Gesamtwerk steht. Wie Platon in seinem autobiographischen, dem *VII. Brief* schreibt, ging es ihm um die praktische Neuorientierung der Polis durch Philosophie. Bis in das 5. Jahrhundert hinein orientierten sich die Griechen weitgehend an Homer, dem «Erzieher Griechenlands» (*Staat* X, 606 e). So ist etwa auf dem berühmten Schild des Achill Aufbau und Leben der Welt abgebildet (Ilias IIXX, 481–608). Und das Ganze ist ein Werk des göttlichen Handwerkers Hephaistos. Die Welt erscheint auf dem Schild als wohlgeordneter Kosmos, in dem die göttlichen Gestirne, die Menschen, Tiere, Pflanzen und Steine ihren angemessenen Ort haben. In der Schildbeschreibung kann man Prinzipien finden, die auch Platons Kosmologie im *Timaios* leiten, etwa Dichotomie, Kreis, Grenze, Anfang und Ende sowie den göttlichen Handwerker (Demiurg). Die Prinzipien gliedern die Bewegung der Gestirne und das Werden und Vergehen des menschlichen Lebens, etwa Pflügen und Ernten, Krieg und Frieden, Arbeit und Fest. Das Weltganze oder die Physis erscheint als dasjenige, was sich von sich selbst her bewegt und bestimmten Gesetzen folgt; sie ist «Dynamik, die sich immer geformt äußert», wie Schadewaldt die Schildbeschreibung deutet.[1] Das Grundmuster des homerischen Weltbildes durchzieht auch die vorsokratische Naturphilosophie, pointiert in der mathematischen Kosmosauffassung der Pythagoreer. Mit der neueren Naturphilosophie eines Anaxagoras

Platon (428/427 – 348/347)

jedoch und mit den Sophisten nach Art eines Protagoras begann er seine handlungsorientierende Kraft zu verlieren. Hinzu kamen die Erfahrungen des Peloponnesischen Krieges.

Platons gesamtes schriftstellerisches Werk aus nahezu fünfzig Jahren sowie seine Forschungstätigkeit an der etwa 387 v. Chr. gegründeten Akademie kreist um die zentrale Frage, wie sich das Handeln in der Polis an der Physis orientieren könne. Anaxagoras und Protagoras personifizieren dabei lediglich die Problemstellung, die bis in die mathematischen und astronomischen Forschungen der Akademie hineinreicht. Platon verbindet somit traditionelle Fragestellungen mit den neuesten Forschungsergebnissen seiner Zeit, etwa denen des Mathematikers Theätet und des Astronomen Eudoxos von Knidos. Seine Naturphilosophie ist also keinesfalls ein isoliertes Forschungsthema. Man kann sie aber auch nicht als Reaktion auf ökologische Probleme im modernen Sinne deuten. Zwar waren etwa die schädlichen Eingriffe in die Natur durch Abholzung und dadurch verursachte Verkarstung bereits zu Platons Zeiten sichtbar,[2] aber er selber weist nur an einer Stelle (*Kritias* 111 c) kurz darauf hin. Platon thematisiert Natur also weder als Selbstzweck kosmologischer oder naturwissenschaftlicher Forschung noch als Problemfeld menschlicher Eingriffe, sondern als Grundlage menschlichen Denkens und Handelns.

II. Die Doppelanklage in der «Apologie»

Der Zusammenhang von Naturphilosophie mit der Frage nach dem guten Leben läßt sich im Spannungsfeld der frühen bis zu den späten Dialogen Platons verfolgen. Er hält auch die Doppelanklage gegen Sokrates wegen Gottesfrevels und Jugendverderbung zusammen: «Sokrates frevelt, indem er die Jugend verdirbt und die Götter, welche der Staat annimmt, nicht annimmt, sondern anderes, neues Daimonisches.» (*Apologie* 24 b f.) Bei Platon ebenso wie bei Xenophon sind beide Anklagepunkte deutlich mit der neueren Naturphilosophie des Anaxagoras sowie der Eristik (Streitkunst) der Sophisten verbunden (*Apologie* 26 c–e; *Memorabilien* I 1.11, 14; IV 6–7). In beiden Anklagepunkten geht es um die Bedeutung der Physis für das menschliche Denken und Handeln. Daß die Physis für den Menschen als Teil des Weltganzen von Bedeutung ist, war unbestritten. Nur fragte sich, was Physis eigentlich sei, ob ein wohlgeordneter, vernünftiger Kosmos wie bei Homer oder ein Bereich blinder Kräfte und Bewegungen wie in der neueren Naturphilosophie. Beidesmal wird Physis als Norm für unser Denken und Handeln verstanden: entweder als Inbegriff vernünftiger Gesetze oder als Gesetz des Stärkeren.

Im Streit um den richtigen Physisbegriff waren für Platon Anaxagoras und Protagoras die Hauptgegner. Beide waren in Athen nach dem Asebiegesetz (Gottesfrevel) verurteilt worden. Sokrates trifft nun dieselbe Anklage. Dahinter stehen auch die Erfahrungen im Peloponnesischen Krieg (431–404 v.Chr.), durch den, nach Thukydides, «ganz Hellas in Bewegung geriet» (*Historien* III 82). Sämtliche traditionellen Tugendvorstellungen (arete) waren durcheinandergekommen. Im Prozeß gegen Sokrates (399 v.Chr.) will offensichtlich die traditionsorientierte Demokratenpartei mit allen Unruheherden spektakulär aufräumen. Bereits in der 423 v.Chr. aufgeführten Komödie des Aristophanes *Die Wolken* war Sokrates mit der «zersetzenden» Wirkung naturphilosophischer Spekulationen des Anaxagoras und eristischer Praktiken in Verbindung gebracht worden. Hieran erinnert die *Apologie* ausdrücklich (19b f.), auch an die übliche, daran anknüpfende Anklage auf Gottlosigkeit und Jugendverderbung (23d). Aber Sokrates verstehe weder etwas von Naturphilosophie (19c) – schon gar nicht gebe er die stadtbekannte Weisheit des Anaxagoras von den Gestirnen als «Steinen und Erde» als seine eigene aus (26c–e) –, noch verderbe er die Jugend mit eristischen Künsten. Ihm gehe es allein um Wissensprüfung nach dem Auftrag des Gottes.

Platons Verteidigung seines Lehrers ist jedoch kein Rückfall hinter die Aufklärung mit ihrer Kritik an der Vorstellung von Gestirnen als Göttern und von gottgegebenen Handlungsnormen. Vielmehr geht es ihm um eine Aufklärung der Aufklärung. Platon kritisiert ihren reduktionistischen Physisbegriff und den daraus folgenden falschen Begriff vom guten Leben. Gegen das Verständnis von Physis als Spiel von Druck und Gegendruck entwickelt er seine Vorstellung von einem vernunftorientierten Bewegungszusammenhang. Dabei kritisiert Platon nicht die Erfahrungsbasis der Aufklärung, sondern deren Deutung. So bestehen die Gestirne wirklich aus Steinen oder Metall. Anaxagoras hatte in der Nähe der kleinasiatischen Aigospotamoi 468/467 v.Chr. selber einen damals Aufsehen erregenden Meteoriten beobachten können (Diels-Kranz, 59 A 1). Gestirne können also nicht mehr ohne weiteres im mythologischen Sinne als Götter bezeichnet werden. Auch haben die Reisen der Kaufleute und Koloniegründer sowie nicht zuletzt die Erfahrungen im Krieg gezeigt, daß die Aretevorstellungen wandelbar sind und sich je nach Macht des Stärkeren formen. Man kann also tatsächlich auf keine festen Handlungsmuster als göttliche Gesetze zurückgreifen. Platon fragt jedoch in beiden Fällen zurück, wie diese Erfahrungen zu verstehen seien. So müßte Anaxagoras erklären können, was Materie eigentlich ist, ob sie mit der Sinneserfahrung hinreichend erfaßt werden kann oder ob sie allgemeinen, der Vernunfterkenntnis zugänglichen Gesetzen unterliegt. Platons eigene Antwort hierauf ist seine Theorie der Materie im Rahmen der Kosmologie des *Timaios* und seine Lehre von der Bewegung der Materie durch die Vernunftseele in den *Gesetzen*. An Protagoras lautet die Rückfrage, worin denn die Macht des Stärkeren eigentlich bestehe. Offensichtlich, so Platons Antwort, will auch der Tyrann das für ihn wirklich Gute *(Gorgias* 468b). Der sophistische Rhetor schließlich könne auch nicht beliebig manipulieren, sondern müsse zur Kunst der optimalen Täuschung durch die minimale Abweichung die Wahrheit gut kennen *(Phaidros* 261c ff.). Nur wer die Natur der Dinge und der menschlichen Seelen im Gesamtzusammenhang der Physis kenne, könne für die Polis ein nützlicher Rhetor und Politiker sein. Daher sei Perikles zu Anaxagoras in die Lehre gegangen, wie Sokrates im *Phaidros* voller Ironie bemerkt (269e ff.). Als wirkliches Vorbild stellt er jedoch die ganzheitliche Medizin des Hippokrates mit ihrer Orientierung an der vorgegebenen Physis hin (270c f.); bereits im *Charmides* aber soll die Heilung des ganzen Körpers nicht ohne die Heilung der Seele erfolgen (156d–157c).

III. Die Problemstellung im «Phaidon»

Im *Phaidon* führt die Frage nach dem guten Leben angesichts des bevorstehenden Todes des Sokrates zur Frage nach der Unsterblichkeit der Seele und nach ihrer Verbindung mit der menschlichen Physis wie der Physis insgesamt. Denn wenn der Mensch nichts als Knochen, Sehnen und Fleisch oder Materie ist, vergeht mit seinem Tod auch der Träger seiner Taten. Niemand kann und braucht dann Rechenschaft zu geben über seine Taten und sein Leben. Auf das Rechenschaftgeben über sein Leben aber kommt es Sokrates gerade an *(Apologie* 28 a ff.; *Phaidon* 114d ff.). Zu untersuchen ist daher, ob die Seele die Taten oder Bewegungen des Körpers in einem guten, vernünftigen Sinne steuern kann und ihn überlebt. Beim vierten Unsterblichkeitsbeweis (95a–107b) geht es nun darum, «im allgemeinen vom Entstehen und Vergehen die Ursache zu behandeln» (95e 9f.), um daraus Folgerungen speziell für das Entstehen und Vergehen der Seele zu ziehen und somit auf den Einwand des Kebes einzugehen, aus der Präexistenz der Seele (infolge ihrer vorgeburtlichen Ideenschau) folge nicht notwendig ihre Postexistenz oder Unsterblichkeit. Aufgrund eingehender Studien erläutert Sokrates, inwiefern weder «jene Weisheit, welche man Naturkunde nennt» (peri physeos historia, 96a 7f.), noch insbesondere die Schriften des Anaxagoras eine zufriedenstellende Erklärung für das Entstehen und Vergehen oder das Werden geben. Seine Kritik an den älteren, namentlich nicht genannten Naturphilosophen, vor allem aber wohl an Empedokles (Diels-Kranz, 31; im folgenden DK), richtet sich etwa gegen ihre Thesen zur Entstehung der Tiere, des Denkens oder der Himmels- und Erdbewegungen. Sokrates führt diese Kritik nicht im einzelnen aus, sondern faßt sie darin zusammen, daß mit dem behaupteten Grundprinzip von Trennung und Verbindung einzelner Materieteilchen «eine ganz entgegengesetzte Ursache» (97a 7f.) für dasselbe Phänomen herhalten müsse. So entsteht etwa «zwei» durch Zusammenbringen von zweien, aber eben auch durch die entgegengesetzte Ursache, nämlich der Zerlegung in zwei Teile. Offensichtlich geht Sokrates bei seiner Kritik von der Prämisse aus, daß Erklärungen nicht widersprüchlich sein sollen, weil sie sonst nicht vernünftig sind. Man könnte dann nämlich aus ihnen alles mögliche folgern, aber nicht, daß etwas gerade so und nicht anders ist. Dieser vorausgesetzte Vernunftanspruch geht aus der Hoffnung hervor, mit der sich Sokrates dann in einem zweiten Schritt den Schriften des Anaxagoras zuwendet (DK 59), von denen auch schon in der *Apologie* die Rede war. Nach Anaxagoras ist die «Vernunft» (nous) Ursache für alles Entstehen und Vergehen. Mit «Vernunft» verbindet sich für Sokrates, in der Tradition des griechischen Denkens, die Vorstellung von «Ordnung» und «Schmuck» (kosmos) sowie von «Bestzustand» (beltiston), wie er mehrfach hervorhebt (97c–98b). Die Physis des Ganzen ist ein Kosmos, in dem alles seinen angemessenen Platz hat, wie etwa in der homerischen Schildbeschreibung zu sehen war. Wer die Erklärung (aitia) für etwas angeben will, muß es in eine Gesamtordnung einfügen können (98b). Nur dann hat er eine gute, vernünftige Erklärung gegeben. Wenn also Sokrates Naturphilosophie mit der Frage nach dem Guten verbindet, ist mit diesem keine subjektive Zwecksetzung einer höchsten ordnenden Vernunft gemeint, sondern die objektive Struktur der Physis als Kosmos. Genau diese Vernunft bringen wir in uns, in der Seele, zur Geltung, wenn wir uns in unserem Denken und Handeln an der Struktur der Physis orientieren.

Nach Sokrates genügt Anaxagoras dem von ihm selbst erhobenen Vernunftanspruch nicht, sondern fällt auf die kritisierte materialistische Erklärungsbasis der älteren Naturphilosophen zurück (98b f.). Anaxagoras sei nämlich nicht imstande «zu unterscheiden, daß bei einem jeden Ding etwas anderes ist die Ursache und etwas anderes jenes, ohne welches die Ursache nicht Ursache sein könnte» (99b). So werde zwar der Körper des Sokrates durch «Knochen und Sehnen» bewegt, diese selbst aber werden «durch die Vorstellung des Besten in Bewegung gesetzt» (98e f.). Seine Handlungsabsichten verursachen seine materiellen Bewegungen. Wenn die gesamte Physis nach vernünftigen Prinzipien gegliedert ist, muß sich auch der Mensch als Teil dieser Physis an deren vernünftigen Prinzipien orientieren.

Sokrates lehnt nun, entgegen der seit Diogenes Laertios vorherrschenden Rezeption, Naturphilosophie nicht schlechthin ab, sondern nur ihren bisherigen Ansatz. Allerdings gibt *Phaidon* 99c–100a durchaus Anlaß zu diesem Mißverständnis. Dort redet nämlich Sokrates davon, daß er nach seiner unbefriedigenden Beschäftigung mit der Naturphilosophie die «zweitbeste Fahrt» antreten und «zu den logoi fliehen» wolle. Daraus könnte man bei oberflächlichem Hinsehen ein Scheitern der Naturphilosophie generell und ihren Ersatz durch die sokratischen «Aretedialoge» herauslesen. Dafür könnte auch die Anfangsszene des *Phaidros* sprechen, in der Sokrates Naturerfahrung gegen Reden einzutauschen scheint: «Ich bin eben lernbegierig, und Felder und Bäume wollen mich nichts lehren, wohl aber die Menschen in der Stadt». Auch Phaidros habe ihn ja nur mittels der «Rollen mit Reden» des Lysias aus der Stadt locken können, wie man «mittels vorgehaltenen Laubes und Körner hungriges Vieh» lockt (230d). Die Alternative «Natur oder Reden» stellt sich aber nur innerhalb einer mißverstandenen Zweiweltenlehre, die man hier keineswegs zu unterstellen braucht. Vielmehr geht es Sokrates genauer darum, «die Wahrheit der Dinge» nicht allein mittels der Sinneserfahrung zu suchen, sondern auch in den «logoi». Da «logos» im Griechischen ineins Rede, Gedanke, Vernunft bedeutet, wäre an dieser Stelle am ehesten die Übersetzung «vernünftige Rede» zu wählen. Gemeint ist damit der gemeinsame Dialog mit dem Ziel des «Rechenschaftgebens» (logon didonai). Dabei handelt es sich allerdings nur mit Blick auf die herkömmliche Naturphilosophie um eine «zweitbeste Fahrt», wie sich Sokrates selber verbessert: «Denn das möchte ich gar nicht zugeben, daß, wer das Seiende in der vernünftigen Rede betrachtet, es mehr in Bildern betrachtet, als wer es in den Dingen tut» (100a 1–3). Im Gegenteil, das Wesen der Dinge erschließt sich anläßlich der Sinneserfahrung erst durch die vernünftige Rede oder den Dialog. Dieser richtet sich auf die Ideen. Mit ihnen will Sokrates «nichts Neues» sagen, auch will er über ihre «Anwesenheit oder Gemeinschaft» in den Dingen «nichts weiter behaupten» (100b–d). Vielmehr formuliert er an dieser Stelle lediglich eine Prämisse für den speziellen Unsterblichkeitsbeweis. Danach entsteht z.B. «zwei» nicht durch Trennung oder Verbindung materieller Einheiten, sondern durch Teilnahme an der Idee der Zweiheit (101c). Die Idee der Zweiheit aber ist mit der Idee des Geraden verbunden und niemals mit der Idee des Ungeraden; auch kann sie selbst nie etwas anderes als Zweiheit sein. Daraus folgt für die Seele: sie bringt dem Körper Leben, nie Tod; wenn aber Seele und Tod unvereinbar sind, ist die Seele unsterblich und unvergänglich (102b–107b). Damit ist der Beweisgang allerdings nur vorläufig abgeschlossen. Denn Sokrates verlangt selbst eine genauere Prüfung der «ersten Voraussetzungen».

IV. Die Kosmologie im «Timaios»

Die verlangte Prüfung legt Platon im *Timaios* vor, indem er zeigt, wie der Ideenkosmos oder die göttliche Vernunft die Physis des Ganzen auf das beste ordnet. Bereits vom äußeren Aufbau her steht die Naturphilosophie des *Timaios* wieder im Zusammenhang mit praktischen Fragestellungen. Die Einleitung (17a–27b) knüpft an die Gespräche im *Staat* an und stellt einen Bericht des Kritias (im gleichnamigen Dialog) über Urathen und Atlantis in Aussicht. Als Vorbereitung für diesen handlungspraktischen Bericht soll der hervorragende (sonst unbekannte) Astronom und Pythagoreer Timaios «mit der Entstehung des Kosmos anfangen» und bei der «Natur des Menschen enden» (27a). Mit «Entstehung des Kosmos» ist nun keine Kosmo*gonie* als zeitlicher Schöpfungsbericht gemeint, sondern Kosmo*logie* als systematische Erklärung des Weltaufbaus. Im Mythos der Weltschöpfung durch den göttlichen Demiurgen (41a 7ff.) wird die zeitlose Struktur der Platonischen Ontologie als zeitliches Entstehen dargestellt. Daher liegen bei einer oberflächlichen Betrachtungsweise Analogien zu christlichen Schöpfungsvorstellungen nahe. Wie im *Phaidon* bereits angedeutet, haben die Sinneswelt, und somit auch der sinnlich wahrnehmbare Kosmos, an der Ideenwelt als ihrer Ursache teil. Diese wird in der doppelten Gestalt eines «Erzeugers» und eines «Urbilds» gleich zu Beginn eingeführt (27d–28c). Neben der Sinnes- und Ideenwelt unterscheidet Platon später (52d) den «Raum», in dem das Werden geschieht. Nur von diesen drei Grundprinzipien ist in der Kosmologie letztlich die Rede. Der «Erzeuger» oder «Demiurg» gehört demnach lediglich zur mythologischen Redeweise über die Ideenwelt oder «Ursache» des Kosmos. Diese Redeweise allerdings hat systematische Gründe und ist nicht nur ein Zugeständnis an die traditionelle kosmologische Mythologie nach Art eines Hesiod. Denn der zeitlose Anfang (arche) des Werdens und Vergehens tritt in der Zeit in Erscheinung, er ist «Urbild» eines «Abbildes» (eikon). Dem unwandelbaren Seienden entspricht eine unwandelbare, genaue Redeweise, dem Abbild dagegen eine «abbildhafte Darstellung» (eikos mythos; 29d 1f.). Platon will also mit seiner Kosmologie weder einen bloß dichterischen Mythos noch eine bloß wahrscheinliche Hypothese vorlegen, sondern mit der «abbildhaften Darstellung» genau die Wahrheit des abbildhaften Gegenstandes treffen; diese ist zudem der begrenzten menschlichen Erkenntnis angemessen, die nur in Ausnahmen zu reiner Ideenschau fähig ist. Wie im *Phaidon* ist der Kosmos ein wohlgerundetes, schönes Ganzes (30af.). Als Ursache (aitia) für den Kosmos tritt neben dem Erzeuger und Vorbild ein drittes teleologisches Moment in Erscheinung: im Gegensatz zu Homers Göttermythen (*Euthyphron, Staat* II) liegt der Güte Gottes jede Mißgunst fern; daher «wollte er, daß alles ihm möglichst ähnlich werde» (29e). Der Strukturierungsvorgang, aus dem der Kosmos hervorgeht, besteht darin, daß die «ordnungslose Bewegung» in «Ordnung» (taxis) überführt wird (30a). Weitere Erklärungsmomente des Kosmos bilden der Weltkörper und die Weltseele (31b–37c). Dabei mischen sich bloße Beobachtungen und exakte mathematische Überlegungen nach Art der Pythagoreer. Als Grundbestandteile des Weltkörpers nimmt Timaios wegen der Sichtbarkeit Feuer an und wegen der Tastbarkeit Erde; als beide nach dem Analogieverhältnis verbindendes Element sollen Wasser und Luft dienen. Nach der von Konrad Gaiser rekonstruierten «ungeschriebenen Lehre» Platons sind die vier Urelemente der Zahl, der Linie, der Fläche und dem Körper zuzuordnen und drücken durch das Analogieverhältnis eine mathematische Abfolge der Dimensionen aus, von der Zahl als Bereich der Einheit bis hinunter zum Körper als Bereich der Vielheit.[3] Auch für die Bildung der Weltseele lassen sich vor diesem esoterischen Lehrhintergrund mathematische Strukturgesetze erkennen. In der Weltseele verbindet sich dreierlei: das Selbe (als Ausdruck der gleichbleibenden Bewegung der Vernunft), das Verschiedene (als Ausdruck der ungeordneten Bewegung der Körper) und das Sein (als Mischung aus beidem). Die mathematischen Strukturgesetze der Verbindung innerhalb der Weltseele wiederholen sich in der Verbindung der Weltseele mit dem Weltkörper.[4] Somit folgen die Bewegungen der Physis und des Erkennens gleichen Gesetzen. Auch das Werden der Zeit (37c–39e) als «das in Zahlen fortschreitende äonische Abbild des im Einen verharrenden Äon» erfolgt nach mathematischen Gesetzen, die sich an den Planetenbahnen als ihrer «Uhr» ablesen lassen. Die Kreisbahnen der Planeten wiederum sind das angemessene Abbild der ewigen, in sich kreisenden Bewegung der einen, göttlichen Vernunft. Die Erschaffung der übrigen Götter und die ihnen in der Ansprache des Demiurgen aufgetragene Erschaffung der anderen Lebewesen samt den Menschen (39e–47e) zeigen deutlich mythologisch-dichterische Züge, vor allem in der Seelenwanderungslehre und den astrologischen Bemerkungen. Nach der Einleitung weist auch der Abschluß des ersten Hauptteils auf den praktischen Endzweck der Kosmologie hin (47a–e). Der Anblick der harmonischen Planetenbahnen erzeugt den Begriff der Zahl und Zeit, dies wiederum führt zu Untersuchungen über die «Natur des Alls» und somit zur Philosophie, verstanden als geordnete Bewegung des menschlichen Denkens und Handelns. Zu demselben Ergebnis trägt die ordnende Kraft der Rede, der Musik und des Taktmaßes bei, wie Timaios in deutlicher Anknüpfung an den pythagoreisierenden Ausbildungsgang der Philosophen im *Staat* (III 409dff., VII 521cff.) abschließend hinzufügt.

Im zweiten Hauptteil des *Timaios* (47e–58c) soll nach dem «durch die Vernunft Erzeugten» zusätzlich von dem «durch Notwendigkeit

Entstehenden» die Rede sein. Der Aufbau des Kosmos und insbesondere der Materie erfolgt nämlich nicht nur nach Gesetzen mathematischer Vernunft, sondern beruht auch auf einer unstrukturierten, unvernünftigen Basis. Mit seiner anschließenden Darstellung vom Aufbau der Materie greift Platon die Rückfrage an Anaxagoras aus dem *Phaidon* auf, was «Steine und Erde» eigentlich sind. Wenn er sich bei seiner Antwort mathematischer, exakter Erklärungen bedient, wird, insbesondere im Vergleich zu dem vorangegangenen mythologischen Teil, seine Redeweise exakter, wenn auch erneut mit der notwendigen Einschränkung auf das «Abbildhafte» (48 c f.). Platon entwickelt nun seine Theorie der Materie in doppelter Hinsicht. Zum einen soll die «Natur» (48 b 4) der beim Aufbau des Kosmos bisher als bekannt vorausgesetzten vier Grundelemente untersucht werden, zum anderen erscheint als Grenzbestimmung jeder Strukturierung die völlig unstrukturierte Materie (bei Aristoteles die «erste Materie») oder der «Raum» (chora) als «allen Werdens Aufnahme wie eine Amme» (49 a 5 f.). Beide Hinsichten, die mathematische Natur der Materie und ihre Einbettung in eine unstrukturierte Grundmaterie, ersetzen bei Platon die bisherige Lehre von kleinsten unteilbaren Körpern oder von vier Urelementen als letzten Bauteilen der Materie. Gegen diese Lehre spricht nämlich dreierlei. Erstens gehen die vier Elemente im Kreislauf der Aggregatzustände ineinander über (49 b–50 a). Die vier Elemente sind demnach nur ein jeweils «So-beschaffenes» eines zugrundeliegenden «Dieses». Zweitens widerspricht die Annahme von Elementen dem, was bei den Gestaltungsvorgängen etwa von Gold, Salbe oder Wachs zu beobachten ist (50 a–e). Der jeweilige Grundstoff darf nämlich keine eigene Gestalt oder Beschaffenheit besitzen, weil diese sonst den anderen Ausprägungen im Wege stünde, etwa beim Einritzen von Figuren in das Wachs. Genauso darf auch die Grundmaterie im Kreislauf der Aggregatzustände der vier Elemente selber keine eigene Gestalt haben (51 a f.). Drittens schließlich ist zwischen Ideen und materiellen Dingen zu unterscheiden, wie bereits im *Phaidon* gegen den Ansatz des Anaxagoras vorgebracht worden war: «*Ist* ein Feuer selbst für sich selbst und alles das, wovon wir stets in dieser Weise reden, als selbst gemäß sich selbst jedes seiend, oder *ist* allein das als solches Wahrheit besitzend, was wir sehen oder sonst vermittels des Körpers wahrnehmen?» (51 b 7–c 4; vgl. *Parmenides* 130 d 3 f.)

Platons letzte Antwort auf diese Frage ist jedoch nicht seine Theorie der Materie (53 d), sondern erst die Überlegung, was Ideen, etwa die des Urdreiecks, an sich selbst *sind*. Aber auch die Ideen können keine restlose Klärung des Seins geben. Denn der Ideenkosmos enthält immer schon Andersheit, Vielheit und Bewegung in sich, wie insbesondere der *Parmenides* aufzeigt. Dies mag noch als Strukturgefüge der Ideen selbst verstehbar sein. Die Vernunft stößt aber nach Platon auf ein anderes ihrer selbst, insofern ihre geordneten Bewegungen nur zusammen mit den ungeordneten Bewegungen der «Notwendigkeit» die Physis des Ganzen bilden (52e). Sie durchdringt also nur «das meiste» zum Besten hin (48a 3; 53b 5f.), nicht alles. Auch die Götter Homers waren ja den Schicksalsgöttinnen unterworfen, und in der Mathematik stoßen die rationalen Zahlen auf die irrationalen. Nach Platon tritt das völlig Gestaltlose als eigenes Moment neben die reinen Ideen und das Werdende (52d).

Vor diesem Hintergrund der Platonischen Ontologie ist auch seine mathematische Erklärung der Materie (53c–55c) als «abbildhafte», wenn auch keineswegs beliebige oder nur plausible Darstellung zu lesen. Gemäß der bereits im *Phaidon* hervorgehobenen Vorstellung von Vernunft leitet wieder der Gesichtspunkt der Schönheit und Ordnung die Konstruktion der Materie, genauer, der Gesichtspunkt der Gleichheit.[5] Bei dieser Konstruktion stützt sich Platon offensichtlich auf den Nachweis seines Freundes, des Mathematikers Theätet, daß es genau fünf reguläre («Platonische») Körper gibt. Ein regulärer Körper ist nach der Definition im XIII. Buch des Euklidschen Lehrbuchs «eine Figur, die von untereinander gleichen, gleichseitigen und gleichwinkligen Flächen umfaßt wird»; später entdeckte man noch die Gleichheit aller entstehenden räumlichen Ecken, und im *Timaios* kommt noch die Gleichheit der Bewegungen hinzu (57e). Nach Gernot Böhme[6] liegt der Sinn der geometrischen Konzeption der Elemente darin, daß die fünf Platonischen Körper Gleichgewichtsformen für die als solche chaotisch geschüttelte Chora sind. Die fünf Körper werden auf zwei Formen von Dreiecken zurückgeführt, das gleichseitige und das gleichschenklige. Nach einer genauen Konstruktionsanweisung setzen sich Tetraeder, Oktaeder und Ikosaeder aus der ersten Dreiecksform zusammen, der Würfel aus der zweiten Form. Sodann werden den mathematischen Figuren die vier Elemente zugeordnet, und zwar je nach ihren beobachtbaren Qualitäten. So entspricht der unbeweglichen, festen Erde die Würfelform, und nach zunehmender Beweglichkeit entspricht dem Wasser das Ikosaeder, der Luft das Oktaeder und dem beweglichsten Element, dem Feuer, das Tetraeder (Pyramide). Mathematische Erklärung und empirische Beobachtung sind aufeinander abgestimmt. Im Zweifelsfall aber entscheidet die vernünftige «Ansicht» (griech. «eidos») über das, was wir sinnlich zu sehen oder wahrzunehmen meinen. Daher korrigiert Timaios seine vorherigen Bemerkungen über den Kreislauf der vier Elemente: «der Anschein (phantazomena) war nicht richtig» (54b 8; vgl. 56c–57d), weil ja die Erde aus einem anderen Dreieckstyp als die übrigen drei Elemente gebildet wird und nicht mit ihnen kombiniert werden kann.

Der dritte, abschließende Hauptteil (58c–92d) umfaßt dann noch eine Fülle von nicht immer einsehbaren Erklärungen auf dem Gebiet der Chemie (Eigenschaften und Umwandlungen der Elemente), der Sinneswahrnehmung, der Physiologie (Körperbau), der Zoologie, Botanik und Medizin. Dabei stimmen mathematische und empirische Erklärung wiederum möglichst weitgehend überein. So wird etwa die Wärme des Feuers auf «die Schärfe seiner Kanten, das Spitze der Winkel sowie die Winzigkeit seiner Teile und die Schnelligkeit seiner Bewegungen» zurückgeführt (61e), alles leicht vorstellbare Eigenschaften des Tetraeders. Mit dem Grundprinzip seines Erklärungsmusters hat Platon die Grundlage für die mathematisch-empirische Naturwissenschaft gelegt. Auch die normative Ausrichtung seiner Naturphilosophie kommt im dritten Teil zum Tragen, wenn er etwa seelische und körperliche Gesundheit auf Gleichgewichtsverhältnisse zurückführt (86bff.), auf die Einordnung unserer körperlichen und seelischen «Bewegungen» in die «Gedanken und Umschwünge des Weltganzen» (90cf.).

V. Die Bewegungslehre im X. Buch der «Gesetze»

Die strukturelle Ordnung der Physis aus dem *Timaios* ergänzen die *Gesetze* um das fehlende Gegenstück der dynamischen Ordnung. «Physis» hat ja nach Schadewaldt die Grundbedeutung von «Dynamik, die sich immer geformt äußert». In seinem letzten Werk zieht Platon bei aller Fülle der konkreten Bestimmungen einer Polisgründung gleichsam die Summe seiner Auseinandersetzungen mit Protagoras und Anaxagoras. Protagoras stellt er den Satz entgegen, daß Gott das Maß aller Dinge sei (IV 716c) und nicht der Mensch (*Theätet* 152a); Anaxagoras setzt er den Primat der Vernunftbewegungen vor den Körperbewegungen entgegen. In beiden Fällen geht es um die richtigen Maßverhältnisse in der gesamten Physis. Im Rahmen der Strafgesetzgebung zu Beginn des X. Buches führt der Athener gesetzloses Handeln auf einen dreifachen Irrtum über die Götter zurück: auf ihre Leugnung, ihr angebliches Unbesorgtsein um die Welt und ihre Bestechlichkeit. In allen drei Fällen aber hängt gesetzloses und gottloses Handeln von einem falschen Physisbegriff ab, nach dem die vier Elemente oder Körper und nicht die Seele «das Erste» sind (891cff.). Deutlich also greift Platon die Doppelanklage des Sokrates auf und bezieht sich, wenn auch ohne ausdrückliche Namensnennung, wieder auf die umstrittene Naturphilosophie des Anaxagoras (vgl. XII 967bf.), und dies im Zusammenhang mit den «naturgemäßen» Gesetzen (X 889bff.). Indem Platon nun zeigt, was die Bewegungen des Körpers oder der Materie ihrerseits bewegt, begegnet er dem Atheismus- oder Asebievorwurf, der gegen die aufklärerische Naturphilosophie erhoben worden war (893b–897b). Insgesamt unterscheidet er nach der dialektisch-dihairetischen Methode «in Gattungen vermittels der Zahl» (894a 8f.) das Werden und Vergehen der Physis nach zehn Bewegungen. Die Einteilung gerade dieser Bewegungen läßt sich wieder vor dem Hintergrund der «ungeschriebenen Lehre» Platons als Ableitung nach dem Prinzipiengegensatz von Einheit und Vielheit verstehen; dabei greift die Bewegung Schritt für Schritt stärker die Substanz selbst an[7]: 1. Rotation, 2. gleitende Bewegung, 3. rollende Bewegung, 4. Wachstum, 5. Schwund, 6. Zugrundegehen (irgendeiner Formung), 7. Entstehen, 8. Vergehen (der Formung insgesamt), 9. und 10. (auf die bisherigen Bewegungsarten insgesamt bezogen) Bewegung durch anderes und Selbstbewegung. Selbstbewegung hat aus zwei Gründen Priorität vor allen anderen Bewegungsarten. Einmal ist sie der Anfang oder die Ursache von ihnen allen, was bereits in ihrer Definition enthalten war. Im Begriff der Selbstbewegung, verstanden als vollkommene Bewegung, die sich und alles andere verursacht, liegt jedoch noch nicht ihre Existenz beschlossen. So wird vor allem Kant gegen den ontologischen Gottesbeweis später argumentieren. Die Ursachenkette in der Welt könnte ja bis ins Unendliche weitergehen. Eine derartige Vorstellung widerspräche allerdings der griechischen Kosmosvorstellung fundamental. An dieser Stelle kann Platon auch auf sinnliche Erfahrungen zurückgreifen, nach denen Leben und Selbstbewegung untrennbar miteinander verbunden sind, Selbstbewegung also als reales Phänomen des Lebens existiert. Dabei geht er von alltäglichen Naturphänomenen aus, etwa vom Wachsen der Pflanzen, dem «Erdigen», oder vom Aufkommen von Dunst und Nebel, dem «Wäßrigen», und dem Flackern des Feuers, dem «Feurigen», wie im Text allerdings nur angedeutet wird (895 c). Die Physis der Körper lebt und bewegt sich selbst, ohne mechanischen Druck und Gegendruck. Beides aber, Leben und Selbstbewegung, macht das Wesen der Seele aus, wie Platon als selbstverständlich voraussetzt (vgl. *Phaidros* 245 c–e). Offensichtlich geht er von einem bis auf Homer zurückreichenden Vorverständnis aus, nach dem «psyche» so etwas wie «Lebensodem» bedeutet, der «den Menschen ‹beseelt›, d.h. am Leben hält».[8] Demnach ist mit der Priorität der Selbstbewegung und des Lebens zugleich der Vorrang der Seele vor dem Körper erwiesen. Wenn aber die Seele alle Körper bewegt, dann auch die Himmelskörper und den gesamten sinnlich wahrnehmbaren Kosmos.

Was aber noch fehlt, ist der Nachweis, daß die vernünftige, gute Seele das Ganze der Physis lenkt. Der Beweis schließt vom Zustand der Himmelskörper auf den Zustand der lenkenden Seele zurück, verläuft also in umgekehrter Blickrichtung zum *Timaios*. Dort wurde vom guten Demiurgen auf das Gutsein der Welt als Kosmos geschlossen (29 d ff.). Die Sinneswelt erscheint uns immer schon im Licht der Ideenwelt, und diese scheint auf die Sinneswelt zurück. Im Beweisgang der *Gesetze* muß in einem Zwischenschritt noch geklärt werden, worin die Selbstbewegung der vernünftigen Seele als Lenker eigentlich bestehe, was sie vernünftig mache. Man könnte sich ja auch eine torkelnde, «umherirrende» Selbstbewegung der «Planeten» (griech. «Irrsterne») vorstellen. Da wir Menschen die Vernunft, ebenso wie die Sonne, nicht direkt anschauen können, benutzt Platon ein Bild (eikon), um die Selbstbewegung der vernünftigen Seele zu bestimmen. Das angemessene Bild sei die zuerst genannte Bewegungsart des Kreisels, die Rotation. Die gleichmäßige Bewegung des Kreisels an *ein und derselben* Stelle sei das geeignete Bild für die Vernunft als geordneter Bewegung (897c). Wieder hängt «Vernunft» mit «Kosmos» und «Selbigkeit» zusammen. Wenn man sich etwa an die Dialogpraxis des Sokrates erinnert, geht es immer darum, das Denken im Durchgang durch die vielen, wechselnden Phänomene und Definitionsstücke auf ein und dieselbe Idee, als Einheit in der Vielheit, zu richten. Von der Einheit der Idee her ordnet die Vernunft in der Seele die Vielheit der Bewegungen. Nach dieser Klärung der vernünftigen Seelenbewegung weiß der Athener also, wonach er im Hinblick auf die Lenkung des Kosmos suchen soll. Da sich der Kosmos nun genau in der gesuchten Rotationsbewegung zeigt, wird er von einer vernünftigen, guten Seele bewegt. Offensichtlich bezieht sich Platon hier auf die Berechnungen des Astronomen Eudoxos von Knidos, nach denen die scheinbaren «Irrsterne» in Wirklichkeit gleichförmige Kreisbewegungen vollziehen. Schon vorher, als es um Fragen des Lehrplans ging, hatte der Athener die «Täuschung» des «Augenscheins» über die vermeintlichen «Irrsterne» zurückgewiesen (VII 821 a–822 c). Mit den Forschungen des Eudoxos von Knidos (408–355 v. Chr.) hatten sich Platons Hoffnungen auf eine «vernünftige» Astronomie im Lehrplan des *Staates* (VII 527 d–530 c) erfüllt. Die Gestirne sind zwar nach den empirischen Beobachtungen des Anaxagoras «Steine und Erde», sie gehören aber dennoch zu einem vernünftigen, göttlichen Kosmos.

Nach der Klärung des richtigen Physisbegriffs sind die beiden übrigen Hauptirrtümer des gesetzlosen Handelns schnell aufgelöst (899 d–907 d). Die göttliche Fürsorge besteht darin, daß die «Bestform» (arete) des Menschen nach der Harmonie des Kosmos bemessen wird. Sie ist Ausdruck der göttlichen Güte und schließt die Bestechlichkeit der Götter aus. Bei der Bestimmung des «naturgemäßen Lebens» (890a) sollte man also, zusammenfassend, mindestens drei Bedeutungen von «physis» unterscheiden: 1. die sinnlich erfahrbare Natur der Pflanzen, der Landschaft, der Tiere, Menschen und Gestirne; 2. der wohlgeordnete Kosmos des Weltganzen im Unterschied zu einem mechanischen Kräftespiel von Druck und Gegendruck oder einer beliebig verfügbaren Ressource; 3. das Wesen der Dinge im Unterschied zu beliebigen Setzungen. Platon bestimmt «naturgemäßes Leben» nicht in einem naturalistischen Fehlschluß, der vom ersten Physisbegriff ausgeht, sondern im Ausgang vom bereits normativ gefaßten zweiten Physisbegriff; und dieser erschließt sich, als Wesen der Sache selbst (eidos), nicht bloßem

Hinsehen, sondern nur der vernünftigen «Ansicht» im Durchgang durch den Dialog. Physis als von sich her gegliederte Einheit ist die Basis der Dialektik (*Phaidros* 270c, e, 273d; *Sophistes* 258 a f.). Menschliche Freiheit besteht nach Platon gerade darin, sich auf das Gesamtgefüge der Physis einzulassen und sich nicht partikularen Interessen oder unsachgemäßen Meinungen zu unterwerfen. Hierin unterscheiden sich beispielsweise freie von unfreien Ärzten (*Gesetze* IV 719e–720e).[9] Nicht «pleonexia» als egozentrisches «Mehrhabenwollen» (*Gorgias* 493d), sondern harmonische Abstimmung der einzelnen Handlungsweisen gewährleistet das gute Leben der Polis und des einzelnen, gleichsam nach dem kategorischen Imperativ der objektiven Vernunftform. An dem Prinzip der harmonischen Abstimmung orientieren sich auch die Definitionen der vier Kardinaltugenden im *Staat* (IV. Buch). Und auch die oft rigiden und zweifelhaften «naturgemäßen» Anordnungen Platons für die Erziehung, Gesetzgebung und Einrichtung der Polis lassen sich daran bemessen.

VI. Wirkung

Die Wirkung der Naturphilosophie Platons geht deutlich in zwei Richtungen. Entweder wird seine Naturphilosophie in ihrer normativen Orientierung oder bloß in ihrer mathematischen Fundierung übernommen. Die normative Orientierung haben vor allem die Stoiker betont, wenn auch eher in direkter Berufung auf Heraklit. Zugespitzt gesagt, waren für sie Physik und Logik bloße Hilfsdisziplinen der Ethik, ohne eine vergleichbare mathematische Fundierung wie bei Platon. Auch sie verstanden das gute Leben als Angleichung an die Ordnung des göttlichen Kosmos. Von allen Schriften Platons beeinflußte der *Timaios* bis ins Mittelalter am stärksten das philosophische Denken, allerdings fast nur in der spekulativen Kosmologie. Cicero übersetzte den Anfang des Dialogs ins Lateinische, Proklos fertigte einen Kommentar an, und Calcidius legte eine kommentierte Teilübersetzung (bis 53c) vor. Noch auf Raffaels berühmtem Gemälde «Die Schule von Athen» steht der *Timaios* für Platons gesamtes Denken in Absetzung von Aristoteles. Dort weist Platon mit der rechten Hand zum Himmel und hält den Dialog in der anderen Hand, während Aristoteles zur Erde zeigt, mit den *Ethiken* in der linken Hand. Die in dieser Darstellung ausgedrückte Trennung von Naturphilosophie und Ethik sowie von Ideenwelt und Sinneswelt kann bis heute als vorherrschendes Platonverständnis gelten. Noch Kepler und Galilei allerdings beriefen sich in ihrer Begründung der neuzeitlichen mathematischen Naturwissenschaft auf Platon und stellten sich gegen die Autorität des Empiristen Aristoteles. Vor allem Kepler preist in seiner *Welt-Harmonik* die Planetenbahnen als Schöpfung Gottes, die der Naturforscher nachzuzeichnen versuche.

Mit Kants Fundierung der Erkenntnis in der allgemeinen Menschenvernunft jedoch wurde der göttliche Kosmos zu einer bloß subjektiven Idee. Der Nous eines Anaxagoras, Pythagoras und Platon gilt Kant als «Schwärmerei» (*Kritik der Urteilskraft*, § 62); «der bestirnte Himmel über mir und das moralische Gesetz in mir» vermitteln lediglich die Vorstellung von Unendlichkeit und Erhabenheit, bilden aber keine objektiv fundierte Einheit des Kosmos selbst (*Kritik der praktischen Vernunft*, Beschluß). Noch entschiedener lehnen gegenwärtig Naturphilosophen, ausgehend vom szientistischen Wissenschaftsparadigma, Platons Denken ab. So tadelt etwa Kanitscheider in seiner *Kosmologie* Platon wegen seines «animistischen Hylozoismus» als wissenschaftshemmend, wenn er auch sein Programm einer mathematischen Naturwissenschaft anerkennt.

Dagegen fühlte sich Werner Heisenberg durch Platons *Timaios* zu seiner Theorie der Elementarteilchen animiert *(Der Teil und das Ganze)* und weist auf die Bedeutung der Schönheit in der antiken Kosmosvorstellung seit den Pythagoreern, Platon, Kepler und Galilei bis zur gegenwärtigen exakten Wissenschaft hin *(Schritte über Grenzen)*. Noch fundamentaler sieht Carl Friedrich von Weizsäcker in seinem Durchgang durch die *Platonische Naturwissenschaft im Laufe der Geschichte* die Aufgabe der gegenwärtigen Naturphilosophie darin, die Gedanken Platons *und* Kants weiterzuführen; dabei ließe sich Platons Vorstellung eines überzeitlichen Kosmos auch mit Darwins Evolutionstheorie durchaus vereinbaren. Für die moralisch-praktischen und die naturwissenschaftlichen Probleme der gegenwärtigen Ökologiediskussion hat vor allem Klaus Michael Meyer-Abich Platons «praktische Naturphilosophie» fruchtbar zu machen versucht.

Ingrid Craemer-Ruegenberg

ARISTOTELES
(384–322)

I. Einleitung

1. Leben

Im Jahre 384 v. Chr. wurde Aristoteles als Sohn des Arztes Nikomachos in Stagira geboren. Als er siebzehn Jahre alt war, kam er nach Athen, wo er sein Studium an der Akademie Platons begann. Zuerst Schüler, dann Mitarbeiter blieb er fast zwanzig Jahre dort. Nach dem Tode des Lehrers verließ er Athen. Möglicherweise war er nicht einverstanden mit einigen Lehrmeinungen des designierten Nachfolgers Platons, Speusipp, sicherlich aber war er zu jener Zeit in Athen politisch gefährdet, denn seine Verbindung zu promakedonischen Kreisen machte ihn verdächtig, mit den Eroberungsplänen des Königs Philipp von Makedonien zu sympathisieren. Aristoteles zog zunächst nach Atarneus bei Assos, zwei Jahre später nach Mytilene auf Lesbos. 343/342 folgte er dem Ruf Philipps von Makedonien, der ihn beauftragte, die Erziehung seines dreizehnjährigen Sohnes Alexander abzuschließen. Diese Unterrichtsarbeit währte nur zwei oder drei Jahre. 341 lebte Aristoteles wieder in Stagira. Von 335/334 bis 323/322 wirkte er noch einmal in Athen, wo er in den Räumen des Lykeion, eines staatlichen Gymnasiums, Unterricht erteilt haben soll. Nach dem Tode Alexanders (323) wurde die politische Stimmung in Athen für Aristoteles wieder bedrohlich; er verließ Athen und übersiedelte nach Chalkis auf Euboia. Dort starb er, ein Jahr später, im Alter von 63 Jahren.

2. Vorkenntnis und Vorverständnis von «Natur»

Da die Eltern des Aristoteles beide aus Arztfamilien stammten, der Vater selbst als Arzt im Dienste des makedonischen Königs Amyntas III. stand, dürfte die Naturkenntnis des jungen Philosophen von Kindheit an durch die Medizin beeinflußt gewesen sein. Dieser Umstand bot denkbar günstige Voraussetzungen. Seit dem 5. vorchristlichen Jahrhundert nämlich war die Medizin diejenige Disziplin, in der sowohl der technisch-praktische als auch der wissenschaftliche Umgang mit der Natur (vor allem mit der lebenden Natur) am intensivsten betrieben und überliefert wurde. Natur war das Gewachsene, das als organisierte Einheit Vorgegebene, dessen Gesetzlichkeiten man zu erkunde suchte. Das vielbändige Corpus Hippocraticum[1] ist ein beeindruckendes Dokument der Geschichte der griechischen Naturdeutung. Um das Funktionieren der Organismen und die innerlich oder umweltlich bedingten Krankheiten erklären zu können, griffen die Verfasser der verschiedenen medizinischen Abhandlungen die allgemeiner konzipierten Welterklärungsmodelle der (vorsokratischen) Philosophen auf. So finden sich hier in Grundzügen fast alle Gedanken der Vorgänger des Aristoteles, mit denen Aristoteles sich in seinen naturphilosophischen Schriften auseinandersetzt: Die Prinzipienlehre der ionischen Naturphilosophen (Thales, Anaximander, Anaximenes), die Harmonie-Auffassung der Pythagoreer, die Lehre von den Elementen sowie dem Entstehen und Vergehen der Naturkörper aus ihnen (Heraklit und Empedokles), ebenso die von vielen Philosophen vertretene Ansicht, daß der Mensch ein Mikrokosmos im Makrokosmos sei, ähnlich strukturiert wie dieser (Heraklit, Empedokles, die Pythagoreer und die Atomisten).[2]

Neben der medizinischen Tradition, die er zweifellos in der Familie kennenlernte, haben auch eigene Beobachtungen und Erkundungen das Naturinteresse des jungen Aristoteles gefördert. Aus seinen einschlägigen Schriften läßt sich eine gründliche Kenntnis der Flora und Fauna Makedoniens belegen.

Der mehr handfest-konkrete, handwerkliche oder bäuerliche Umgang mit der Natur war im Griechenland der klassischen Zeit den niederen Ständen vorbehalten. Außer zu sehr allgemeinen (mathematischen) Problemen der Erdvermessung und der Klima- und Wetterkunde gab es hier keinerlei Theorie oder Dokumentation. Die wenigen Beispiele des Aristoteles aus diesem Bereich (Hausbau, Schiffsbau, Landbewässerung) sind eher Topoi und lassen nicht auf besondere Sachkenntnis schließen.

Während seines Studiums wird Aristoteles die Philosophie der Eleaten (Parmenides, Melissos, auch Zenon) kennengelernt haben, die das bunte und bewegte Naturgeschehen zum bloßen Schein erklärten. Auch sein Lehrer Platon schätzte die wahrnehmbare Welt als etwas eher Zweitrangiges ein, zweitrangig gegenüber der wahren Welt des Denkens. (Später hat Aristoteles ihm vorgeworfen, daß er unter Mißachtung der Phänomene Naturerklärungen bloß konstruiert habe).

Ein einheitliches Weltbild fand Aristoteles gewiß nicht vor. Die unterschiedlichen Auffassungen erschienen ihm als Ansätze, die auf Probleme hinweisen, jedoch keine Lösungen boten.

Aristoteles (384–322)

II. Das Werk

1. Allgemeines

«Philosophie» ist für Aristoteles gleichbedeutend mit «Wissenschaft». Die Wissenschaft oder Philosophie hat es stets mit dem Allgemeinen zu tun, mit Grundgesetzen und generellen Strukturen. Das unterscheidet sie von der bloßen «Kunstfertigkeit», die auf Einübung in den erfolgreichen Umgang mit einzelnem beruht. ‹Wissen› im strengen Sinne bedeutet: beweisen können. Die logischen Schriften des Aristoteles, das sogenannte *Organon*, geben Anweisung, wie ein solches Beweisenkönnen – gegen alle Fallstricke trügerischer Redekunst – aufzubauen ist.

Für die eigentliche Wissenschaft (Philosophie) selbst nimmt Aristoteles mehrere Einteilungen vor. Die oberste Einteilung ist die in theoretische und praktische Philosophie. Diese Einteilung bezieht sich auf die unterschiedliche Zielsetzung der Wissenschaftsarten. Das Ziel der theoretischen (=betrachtenden) Wissenschaft ist das Wissen selbst, die Erkenntnis um des Erkennens willen, während die praktischen Wissenschaften, z.B. Ethik und Politik, auf die Verwirklichung der erkannten Gesetze und Normen in der Praxis abzielen.

Die theoretischen Wissenschaften wiederum werden in drei Grunddisziplinen eingeteilt. Hier wird die Einteilung nach den Gegenstandsbereichen vorgenommen, die jeweils erforscht werden sollen. Kriterium für die Unterscheidung der Gegenstandsbereiche ist die Gebundenheit oder Nicht-Gebundenheit der Gegenstände eines Bereiches an Materie und ‹Bewegung› (Prozeßhaftigkeit im allgemeinen). Prozeßhaft und materiegebunden und in Absehung davon überhaupt nicht faßbar ist das Naturseiende, die Naturkörper, das, woraus sie bestehen, und die Prozesse an ihnen. Dem Naturseienden wird die Naturphilosophie zugeordnet. Es gibt jedoch Vorkommnisse in der Natur, die unabhängig von ihrem realen Bestand, ‹getrennt› von Stofflichkeit und ‹Bewegung› gedacht werden können; dies sind die abstrakt betrachtbaren Größen, die Zahlen und die reinen Ausdehnungen. Sie sind Gegenstände der zweiten theoretischen Grunddisziplin, der Mathematik. Die dritte und höchste Form der theoretischen Wissenschaft ist die «Erste Philosophie», später «Metaphysik» benannt. In ihr wird betrachtet, was in seinem Bestand materie-unabhängig ist, unkörperlich, ohne Bewegung und Veränderung. Dazu gehören «das Göttliche» (immaterielle Substanzen), die ersten Ursachen und Prinzipien des Seienden sowie ‹das Seiende, insofern es seiend ist›.

Dem Programm seiner Einteilung der Wissenschaften ist Aristoteles weitgehend gefolgt. Neben verschiedenen Schriften zur praktischen Philosophie gibt es eine Fülle von Arbeiten zur Naturphilosophie (auf die im folgenden näher einzugehen ist), allerdings keine mathematischen Abhandlungen. Von philosophiegeschichtlich großer Bedeutung sind die Untersuchungen zur «Ersten Philosophie», die meistenteils in den Büchern der ‹Metaphysik› zusammengestellt worden sind.

Zur Überlieferungslage des Gesamtwerkes ist noch anzumerken, daß die von Aristoteles selbst zu dessen Lebzeiten veröffentlichten Schriften ausnahmslos verlorengegangen sind. Was uns heute als «Corpus Aristotelicum» bekannt ist, war lange Zeit verschollen und ist erst etwa zweihundertfünfzig Jahre nach dem Tode des Aristoteles wiederentdeckt, zusammengestellt und veröffentlicht worden. Bei den im «Corpus» enthaltenen Werken handelt es sich im wesentlichen um Lehrschriften, die zu Forschungs- und Unterrichtszwecken verwendet wurden (Vorlesungsentwürfe, Skripten), und nicht um sprachlich ausgefeilte, zur Publikation bestimmte Abhandlungen. Diese Sachlage hat die Bearbeitung und Deutung der Schriften des Aristoteles seit jeher erschwert.

2. Grundsätzliches zur Naturphilosophie

Aristoteles bestimmt die Naturphilosophie also als theoretische Wissenschaft vom Naturseienden. Das Naturseiende ist wesentlich prozeßhaft, d. h. in «Bewegung» befindlich und «bewegbar», und darin zeigt sich seine Materialität an. «Bewegung» ist das Hauptmerkmal von «Natur». Wer – wie die Eleaten – ‹Bewegung› und Vielfalt des ‹Bewegten› für bloßen Schein hält, verbaut sich jeden Zugang zu einer vernünftigen Erkenntnis des Naturhaften (Phys. I 1 184 b 25–185 a 10). Bei genauerer Betrachtung zeichnet sich das Naturseiende dadurch aus, daß es aus sich selbst heraus prozeßhaft ist; es hat das Prinzip seiner «Bewegung» und seines Stillstandes in sich selbst – im Unterschied zum Hergestellten, zu den Artefakten, über deren Prozeßhaftigkeit der Mensch bestimmt. Gemeint ist, daß die Wesensform des Naturseienden und das Material, aus dem es besteht, von vornherein festlegen, auf welche Weise es in «Bewegung» ist, was es wirken und erleiden kann und wann ein Prozeß, den es aktiv oder passiv durchläuft, zum Stillstand kommt. Schwere Körper z. B. fallen von Natur aus nach unten, und wenn sie dort angekommen sind, haben sie ihren natürlichen Ort erreicht (vgl. Phys. II 1).

Vor jeder Einzeluntersuchung muß der Naturphilosoph ausfindig machen, unter welchen Bedingungen Naturprozesse überhaupt ablaufen können. Die allgemeinsten Bedingungen nennt Aristoteles hier «Prinzipien der Natur»; das Gefüge der jeweils notwendigen und hinreichenden Bedingungen wird unter dem Titel «Ursachen» eingeführt. Die einschlägige Ermittlung ist unerläßlich, denn ohne die Einsicht in die charakteristischen Letztbedingungen eines Bereiches kommt keinerlei wissenschaftliches Erkennen zustande (Phys. I 1, Met. Δ 1–3).

Damit Naturprozesse, gleich welcher Art, stattfinden können, ist mindestens zweierlei erforderlich: eine Bestimmtheit (Form), die in ihr Gegenteil hinein überwechselt – aus Weiß wird z.B. Schwarz oder Grau –, und ein Zugrundeliegendes für dieses Überwechseln, die Materie. Als generell gegenteilige Bestimmtheit führt Aristoteles die «Beraubung» ein, das Fehlen, die Abwesenheit der ursprünglichen Bestimmtheit. Damit sind drei «Prinzipien der Natur» ermittelt: Form, Beraubung und Materie (Phys. I 9).

Die Faktoren insgesamt, die für das Zustandekommen von Naturprozessen und für das Entstehen von Naturprodukten verantwortlich sind, heißen «Ursachen». «Ursachen» werden angegeben auf die Frage: «Warum ist (entsteht) etwas so, wie es ist (entsteht); warum geschieht gerade an diesem dieser bestimmte Vorgang?» Aristoteles nennt vier Grundtypen von Ursachen: (1) das «Woraus», das Material, aus dem etwas besteht (oder entsteht); (2) die Bestimmtheit, die «Form», das Gestaltmuster, wie wir sie im begrifflichen Erkennen einer Sache erfassen; (3) das, «woher der Anfang des Wechsels oder des Stillstandes kommt», die später so benannte «Wirkursache»; (4) das Ziel, der Abschluß eines Vorgangs, das, «worumwillen etwas geschieht» (Phys. II 1, Met. Δ 2). Aristoteles erläutert seine Aufzählung vorwiegend mit Beispielen aus dem Umfeld menschlicher Tätigkeit; eine Statue wird hergestellt, ein Ratgeber setzt eine Handlung in Gang, ein Mensch tut alles Mögliche für seine Gesundheit (und dergleichen). In diesen Beispielen lassen sich die genannten Faktoren auseinanderhalten; so bearbeitet der Hersteller einer Statue ein bestimmtes Material, um eine bestimmte Gestalt (Form) herauszubilden; diese Gestalt ist Zielpunkt des Herstellungsprozesses, der vom Bildhauer ausgelöst wird. Wenn wir Naturseiendes und Naturprozesse auf diese Weise erklären wollen, stellen wir fest, daß hier in der Regel die «Materialursache» einer «Form» gegenübersteht, die drei Ursachefunktionen auf einmal übernehmen kann: Sie ist Gestaltmuster, Auslösendes des Vorgangs (zumal beim Wechsel des Lebendigen) und zugleich «Zielursache», das, worin sich der Vorgang vollendet. Es scheint, daß für Aristoteles Naturseiendes in erster Linie Lebendiges ist und daß er die Vorgänge im anorganischen Bereich in Analogie zu den Lebensprozessen deutet.

Aristoteles zählt selbst auf, was er zum Naturseienden rechnen will (und darin bestätigt sich obige Vermutung). Er nennt: die Sinnenwesen (also Tiere und Menschen), deren Teile, die Pflanzen sowie die «einfachen Körper» (Feuer, Luft, Wasser und Erde) (Phys. II 1, 192b 8f.).

Diese Aufzählung zeigt ineins, wie umfassend der Forschungsbereich des Naturwissenschaftlers ist. Zu erforschen sind die Sinnenwesen insgesamt, deren Teile (Organe), das Entstehen der Sinnenwesen und überhaupt ihre Lebensfunktionen; ebenso müssen die Pflanzen erkundet werden. Die Lehre von den einfachen (und den aus ihnen zusammengesetzten) Körpern gehört ebenfalls zur Naturphilosophie, und zwar als Theorie des Entstehens und Vergehens generell der einfachen Körper auseinander sowie der zusammengesetzten Körper aus ihnen (und in sie hinein).

Damit ist das Gegenstandsfeld der Naturphilosophie aber noch nicht vollständig abgegrenzt. Was hier aufgezählt wurde, sind die Naturprodukte des sublunaren Bereiches, d.h. desjenigen Teils des Universums, der sich als Kugel der Mondumlaufbahn um die Erde herum (den Mittelpunkt des Universums) darstellt. Innerhalb dieser Kugel gibt es die Lebewesen insgesamt und die ‹einfachen Körper›, die sich ständig ineinander umwandeln; innerhalb dieser Kugel finden unaufhörlich Entstehen und Vergehen statt, Zeugung, Wachstum, Verfall und Tod. Außerhalb des sublunaren Bereiches drehen sich die Kugelschalen der Himmelskörper – bis hin zur Grenze des Universums im Fixsternhimmel. Auch die Himmelskörper sind prozeßhaft, denn sie bewegen sich in immerwährender Rotation. Insofern muß der Naturphilosoph auch deren Verfaßtheit und Bewegungsart erklären.

Die Bewegung der dem Entstehen und Vergehen entzogenen Himmelskörper ist zudem von besonderer Bedeutung für die Vorgänge im sublunaren Bereich; sie ist notwendige Bedingung dafür, daß dort unaufhörlich Prozesse stattfinden, solche des Entstehens und Vergehens, des Lebens und Sterbens und ebenso die (natürlichen) Ortsbewegungen der anorganischen Körper (De gen. et corr. IIa 11). Auf dieses Bedingungsverhältnis ist im Zusammenhang der Lehre vom ‹unbewegt Bewegenden› noch näher einzugehen (s. unten S. 57).

3. «Möglichkeit» und «Erfüllung»

Vorbemerkung

Die gesamte Naturtheorie des Aristoteles bildet ein, wenn auch nicht immer einheitliches, enzyklopädisches System der Erklärung von Naturphänomenen. Sie umfaßt eine Vielzahl verschiedenartiger Abhandlungen. So gesehen entzieht sich *die* Naturphilosophie des Aristoteles einer zusammenfassenden Darstellung. Es erscheint also als zweckmäßig, ein tragendes Lehrstück aus diesem Gedankenkosmos herauszugreifen, um Typisches der aristotelischen Theorie zu charakterisieren. – Nun ist «Prozeß» der zentrale Begriff der Naturphilosophie, und in der entscheidenden Definition von «Prozeß» (Phys. III 1, 201 a 10f.) tritt das von Aristoteles erstmals gedachte Begriffspaar «Möglichkeit» – «Erfüllung» auf. Dieses Begriffspaar, durch welches das Eigentümliche von Prozeßhaftigkeit überhaupt erfaßt wird, ist Angelpunkt für die Lösung einer Reihe von wichtigen Problemen der Naturtheorie. Die Definition von «Prozeß» und einige dieser Probleme sollen im folgenden behandelt werden.

a) Die Definition von «Prozeß»
Diese Definition wird am Anfang des dritten Buches der «Physikvorlesung» schrittweise entwickelt; sie lautet: «Prozeß ist die Erfüllung (=Verwirklichung) des der Möglichkeit nach Seienden als solchem, wie zum Beispiel die Veränderung (Erfüllung ist) des qualitativ Veränderbaren, sofern es derart veränderbar ist wie das Wachsen und Schrumpfen von dem, was wachsen und verkleinert werden kann, wie das Entstehen und Vergehen von dem, was entstehen und vergehen kann, die Ortsbewegung von dem, was örtlich bewegt sein kann.»

Die Definition hat einen Kernsatz: «Prozeß ist die Erfüllung (=Verwirklichung) des der Möglichkeit nach Seienden als solchem» und eine Erläuterung, in der diese abstrakte Bestimmung auf die vier Grundarten von «Prozeß» angewendet wird. Der Möglichkeit nach Seiendes bzw. Sein-Könnendes als solches ist, so erfahren wir: erstens, das qualitativ Veränderbare; zweitens, dasjenige, was wachsen und kleiner werden kann (was sich also quantitativ verändern kann); drittens, dasjenige, was entstehen und vergehen kann, sowie schließlich, viertens, dasjenige, was örtlich bewegbar ist. Vom Sein-Können ist also jeweils in einer bestimmten Hinsicht die Rede. Die vier Hinsichten entsprechen den Kategorien Qualität, Quantität, Substanz und Ortsbestimmtheit. Diese Kategorien geben Bestimmtheitsspielräume an, die Prozesse zulassen. Sein-Können, das zur Erfüllung gebracht wird, gibt es also jeweils innerhalb eines solchen Bestimmtheitsspielraumes. Ein Sein-Können wird im Prozeß zum Abschluß gebracht.

Die Erläuterung des Aristoteles macht deutlich, daß dieser Abschluß jeweils innerhalb derjenigen Bestimmtheitsgattung liegt, in welcher der Prozeß stattfindet, und daß es bei jeder Wandlung zwei entgegengesetzte Zielrichtungen geben kann: Großwerden – Kleinwerden, Entstehen von etwas – Vergehen. Bei der qualitativen Veränderung müssen wir von Unterarten ausgehen, z.B. dem Temperaturwechsel; hier gibt es als extreme Abschlußpunkte «Warm» und «Kalt». Bei der Ortsbewegung wären die entgegengesetzten Extreme zu deuten als Ort A, von dem weg, und Ort B, auf den zu die Bewegung verläuft, wobei die Bewegung ebensowohl von A nach B als von B nach A gehen kann.

Insgesamt ergibt sich folgendes: Bei jedem Prozeß ist ein Zugrundeliegendes anzusetzen, nämlich das «der Möglichkeit nach Seiende als solches», das, was in einer bestimmten Hinsicht etwas sein kann. Das Sein-Können des Zugrundeliegenden ist bezogen auf eine qualitative Bestimmtheit, eine Größenbestimmtheit, eine Ortsbestimmtheit und auf Substantialität, wobei «Substantialität» konkret bedeuten mag: Wassersein, Menschsein, Löwesein (u. dergl.). Im Prozeß wird das spezifische Sein-Können erfüllt. Die Erfüllung verläuft jeweils zwischen zwei entgegengesetzten Polen, ist jedoch immer Erfüllung in Richtung auf eine der beiden Möglichkeiten hin. Auch das Entstehen und Vergehen hat sein Zugrundeliegendes, letztlich die «erste Materie»; beim Entstehen verschwindet eine Form, die zuvor eine Substanz als solche geprägt hat, und durch eine andere Form wird eine neue Substanz gebildet.

b) Der Zusammenhang zwischen Prozeß und Zeit
Im vierten Buch der «Physikvorlesung» wird die Definition von «Zeit» entwickelt. Die Kurzformel lautet bekanntlich: «Zeit ist Zahl der Bewegung (des Prozesses) hinsichtlich des Früher und Später» (Phys. IV, 10–14; 11, 220a 24–25). Diese Formel hat viele Probleme aufgeworfen, auf die hier nicht eingegangen werden kann. Ein Kernproblem hängt an den Ausdrücken «früher» und «später»; die Verwendung dieser Ausdrücke in einer Definition von «Zeit» erweckt den Eindruck, daß Aristoteles hier zirkelhaft verfahre, denn «früher» und «später» sind doch offensichtlich relative Zeitangaben. Falls Aristoteles nicht zirkelhaft gedacht haben sollte, müssen in Prozessen ein «Früher» und ein «Später» im unzeitlichen Sinne antreffbar sein.

Daß es sich so verhält, ist der oben angeführten Definition von «Prozeß» zu entnehmen. Jeder Prozeß verläuft zwischen dem Etwas-Sein-Können eines Trägers, eines Zugrundeliegenden, und dessen Ankommen im Etwas-Sein. Das Etwas-Sein-*Können* ist ein anderer Seinszustand als das Etwas-*Sein*. Die Erfüllung des spezifischen Sein-Könnens ist Übergehen zum Etwas-Sein und darin Ankommen. An der qualitativen Veränderung läßt sich das noch einmal verdeutlichen: Etwas Kaltes wird erwärmt. Als Kaltes ist es im Zustand des Warmsein-Könnens. Mit der Erreichung des Zustandes des Warmseins ist der Prozeß abgeschlossen. Zwischen dem bloßen Warmsein-Können und dem wirklichen Warmsein liegen Phasen der Erfüllung, die sich genau einordnen lassen. Man könnte sie etwa durch Temperaturmessungen bestimmen oder auch durch Ausdrücke in qualitativer Sprache: kalt, weniger kalt, lauwarm, körperwarm, heiß. Die Folge dieser Phasen hängt vom Grad der Erfüllung des Warmsein-Könnens ab. Wie die Phasen hinsichtlich ihrer Folgeordnung benannt werden, ist Sache der Konvention. Aristoteles nun nennt eine Prozeßphase, die dem Ausgangszustand näher ist, «das Frühere», eine Phase, die dem Zielzustand näher ist, «das Spätere».

Im Prozeß gibt es demnach deswegen ein «Früher» und ein «Später», weil der Prozeß eine Richtung hat. Diese Richtung ist eindeutig bestimmt, nämlich als Richtung auf eine spezifische Erfüllung hin, und der so gerichtete einzelne Prozeß ist nicht umkehrbar. Würde etwa das Warme wieder erkalten, dann hätten wir es – so Aristoteles – mit einem ganz anderen, neuen Prozeß zu tun, nämlich mit der Erfüllung eines Kaltsein-Könnens im Kaltsein. Aristoteles behauptet somit implizit: Jeder Prozeß, für sich genommen, ist gerichtet und irreversibel. Insofern gibt es für jeden Prozeß eine eigensinnige Folgeordnung von «früher» und «später». Auf diese Folgeordnung bezieht sich die aristotelische Definition von «Zeit». Diese Definition ist somit keineswegs zirkelhaft. Dieser Definition zufolge hat jeder einzelne Naturprozeß seine eigene Zeit. Die Einheit der Zeit (und somit ihre Meßbarkeit) wird nach Aristoteles durch eine kosmische Uhr gewährleistet, nämlich durch die absolut periodische Rotationsbewegung des «ersten Himmels».

c) Das Problem des Unendlichen
Die Frage nach dem Unendlichen wird im dritten Buch der «Physikvorlesung» abgehandelt (Kap. 4–8). Diese Frage ist für Aristoteles eine primär physikalische Frage. Zahlen an sich, unabhängig von etwas, das abgezählt wird, oder Ausmaße an sich ohne etwas Abzumessendes stehen nicht ernsthaft zur Debatte. Es geht also um solches, was abmeßbar bzw. abzählbar ist. Gibt es einen unendlich großen Körper? Kann es eine unendlich große Anzahl von etwas geben? Daß es einen unendlich großen – einfachen oder zusammengesetzten – Körper nicht geben könne, wird in langen und komplizierten Überlegungen begründet. Bedeutsamer für uns ist die Frage, ob es eine unendlich große Anzahl von etwas geben könne. Diese Frage trifft sich mit dem Problem des Kontinuums; zahlreiche Gegebenheiten der Natur sind Kontinua: die Körper, die Orte, welche sie einnehmen, die an Körpern ablaufenden Prozesse und deren Zeit. Ein Kontinuum nun ist – per definitionem – eine unendlich teilbare, als Ganzes gegebene Größe. Es legt sich folgende Überlegung nahe: Was unendlich teilbar ist, das muß auch aus unendlich vielen Teilen bestehen. Auf dieser Überlegung beruhen die Paradoxien des Zenon, der – im Sinne der Eleaten – nachweisen wollte, daß es Bewegung, Veränderung und dergleichen überhaupt nicht geben könne, daß diese Phänomene bloßer Schein seien. (Man denke etwa an das berühmte Paradoxon vom Wettlauf des Achilles mit der Schildkröte; niemals holt Achilles den Vorsprung der Schildkröte auf, weil er eine unendliche Folge von immer kleiner werdenden Streckenabschnitten überwinden muß). Die Annahme von unendlich vielen Teilen eines unendlich Teilbaren ist also nicht haltbar. Andererseits ist es aber auch nicht möglich, daß Unendliches überhaupt nicht existiert. In diesem Falle hätte die Teilbarkeit von Kontinua ein Ende (was nicht der Fall ist), und es gäbe für uns, die Abzählenden, eine letzte größte Zahl (was auch nicht der Fall ist, denn zu jeder gegebenen Zahl können wir eine weitere hinzuaddieren).

Um diese Schwierigkeit aufzulösen, benutzt Aristoteles das Begriffspaar Möglichkeit – Erfüllung bzw. Möglichkeit – Verwirklichung («Erfüllung» und «Verwirklichung» sind fast durchgängig synonym). Das unendlich Teilbare und das unendlich Hinzufügbare sind nur der Möglichkeit nach Seiendes, Sein-Könnendes, für das es keine Erfüllung im Unendlich-Vieles-Sein gibt. Die von uns Menschen in Gedanken vollzogenen Prozesse des Teilens von Kontinua und des Hinzuaddierens einer Zahl zu einer größten gegebenen Zahl bleiben also prinzipiell ohne Abschluß.

Für das scheinbar real Unendliche, die «immerseiende» Zeit, die keinen Anfang und kein Ende haben kann, und die «immerwährende» Abfolge von Naturprozessen, findet Aristoteles eine andere Erklärung: Solches Unendliches ist uns niemals vollständig gegeben; jede gegebene und erfaßte Ganzheit hat Gleichartiges außer sich. Dieses Unendliche «enthält nicht, sondern ist – als Unendliches – eher enthalten»; es entspricht der formlosen und ungreiflichen Materie, die immer nur als Teil eines Ganzen mit erfaßt werden kann (Phys. III 6, 207 a 19–30). Aber auch hier gilt vom Unendlichen: Es ist niemals als Ganzes vollständig gegeben.

d) Das Problem der Zusammensetzung organischer Körper aus den «einfachen Körpern»
Die Theorie über das unaufhörliche Entstehen und Vergehen von Naturseiendem in der sublunaren Welt (anderswo gibt es weder Entstehen noch Vergehen) wird in den beiden Büchern ‹Über Entstehen und Vergehen› entwickelt.

Die letzten konkreten Bestandteile der sublunaren Natur sind die traditionellerweise so benannten vier ‹Elemente›: Erde, Wasser, Luft und Feuer. Sie sind allerdings keine wahren Elemente, sondern Träger von elementaren Qualitäten, den Tastqualitäten Heiß, Kalt, Naß und Trocken. Diese paarweise einander entgegengesetzten Qualitäten treten in vier möglichen Kombinationen paarweise an diesen Trägerkörpern auf und konstituieren sie als solche: Heiß und trocken ist das Feuer, heiß und naß die Luft, kalt und naß das Wasser, kalt und trocken die Erde. Indem jeweils eine der beiden Qualitäten gegen die ihr entgegengesetzte ausgetauscht wird, wandeln sich die «einfachen Körper» ineinander um.

Nun sollen diese «einfachen Körper» mit ihren Grundqualitäten nicht nur auseinander entstehen und ineinander vergehen, sie sollen vielmehr auch die Grundbestandteile aller Naturkörper, sogar der organischen Körper ausmachen, der Leiber von Tieren und Menschen.

Wie können nun aus diesen Quasi-Elementen Fleisch und Knochen und anderes dieser Art gebildet werden, fragt Aristoteles (De Gen. et Corr. II 7, 234 a 20 ff.). Eine Bauklötzchentheorie, nach welcher kleine Stücke der verschiedenen «einfachen Körper» zusammengefügt werden wie Steine und Ziegel zum Mauerwerk, hilft hier nicht weiter. Diese Theorie impliziert nämlich, daß die Teile der Grundkörper als solche – mitsamt ihren Qualitäten – im Mischkörper erhalten bleiben. Das widerspricht dem Augenschein, denn Fleisch und Knochen und andere Teile der Leiber sind nur in Teile von gleicher Beschaffenheit zerlegbar. Man trifft nicht auf Partikel von Erde, Wasser, Luft oder Feuer.

Mit Hilfe des Begriffspaares Möglichkeit – Erfüllung findet Aristoteles hier wieder eine Lösung. Was durch eine von zwei einander (extrem) entgegengesetzten Eigenschaften bestimmt ist, das ist der Möglichkeit nach auf deren Gegenteil hin angelegt. Was heiß ist, kann kalt werden, und umgekehrt. Ebenso verhält es sich mit Naß und Trocken. Wenn nun die extrem qualifizierten Grundkörper in einem organischen Leib zusammentreffen, dann müssen ihre wechselseitig einander entgegengesetzten Qualitäten aufeinander einwirken: Das Heiße, dem Sein-Können nach Kalte, wird abgekühlt, das Kalte erwärmt, das Trockene befeuchtet, das Nasse wird trockener. Das Ergebnis dieses Vorgangs der wechselseitigen Einwirkung der elementaren Qualitäten aufeinander – wobei immer eine Erfüllung in Richtung auf das jeweilige Gegenteil hin stattfindet – ist ein «Mittleres»,[3] das weder heiß noch kalt, noch naß, noch trocken ist. Auf diese Weise entstehen auch die verschiedenen Teile der organischen Körper als jeweils in ihrer Eigenbestimmtheit spezifisch ausgewogene «Mittlere».

e) Die Wesensbestimmung von «Seele»

Auch die Lebewesen, die Organismen, sind Naturkörper, Naturseiendes, und sie haben das Prinzip «ihrer Bewegung und ihres Stillstandes» in sich. Wie jedermann weiß, sind die für Organismen eigentümlichen «Bewegungen» (bereits die grundlegenden «Bewegungen» von Stoffwechsel und Fortpflanzung) an das Leben in ihnen gebunden. Eine tote Maus funktioniert nicht mehr als Maus, sondern nur noch als Anhäufung verschiedener Materialien. Die philosophische Tradition lehrt, daß Leben und Seele eng miteinander zusammenhängen. Was aber ist «Seele»?

Im ersten Buch *Über die Seele* analysiert Aristoteles – unter anderem – auf höchst differenzierte Weise verschiedene Versuche seiner Vorgänger, die Seele in ihrer Wirksamkeit für das Leibliche zu deuten. Er weist diese Ansätze zurück. Die Seele ist weder ein zumeist Sich-selbst-Bewegendes, was anderes mitbewegt, noch ein allerfeinster Körper, auch kann sie nicht aus den Grundbestandteilen der Naturkörper zusammengesetzt sein. Was – außer Inkonsistenzen in einigen der besprochenen Theorien – diesen Deutungen entgegensteht, ist, verkürzt gesagt, das Phänomen der Zentralisiertheit von Leben und Erleben in einem Lebendigen. Die Seele läßt stets den ganzen Leib und zumeist in komplexer Koordination funktionieren; sie ist nicht mit ihm teilbar. Sie bildet ein einheitliches Lebenszentrum, in dem sich auch, bei wahrnehmungsfähigen Wesen (den Sinnenwesen), die Informationen aus dem Sinnenbereich versammeln und ganzheitliche Reaktionen oder Aktionen hervorrufen. Die Seele ist also gewiß kein Körperteil oder eine isolierbare Eigenschaft an einem solchen. Sie muß ein Sein für sich haben. In der Terminologie des Aristoteles heißt das: Sie ist «unkörperliche Substanz».

Selbst wenn man, wie Aristoteles dies hier auch tut, das schwierige Problem des Denkens beiseite läßt, ist dieses Ergebnis der kritischen Analyse nicht sonderlich zufriedenstellend. Es erklärt nämlich nicht, wieso alles, was seelisch geschieht, was wir z. B. an Emotionen und Regungen an uns selbst beobachten können, seine leibliche Komponente hat. – Im zweiten Buch setzt Aristoteles neu an und versucht festzustellen, «was die Seele ist, welches ihr allgemeinster Begriff ist» (De An. II 1, 412 a 5). Er geht dabei vom Begriff des «Naturkörpers» aus. Es heißt dann: «Von den natürlichen (Körpern) haben die einen Leben, die anderen nicht. Leben heißen wir Ernährung, Wachstum, Abnahme durch sich selbst. Und so ist jeder Naturkörper, der am Leben Anteil hat, Substanz und zwar im Sinne zusammengesetzter Substanz. Da er aber auch ein so und so beschaffener Körper ist, nämlich Leben hat, ist die Seele nicht der Körper. Denn der Körper (...) ist eher wie die Unterlage und Materie. Notwendig ist also die Seele Substanz im Sinne der Form des natürlichen Körpers, der seiner Möglichkeit nach Leben hat. ... (Sie) ist Erfüllung, Erfüllung also eines solchen Körpers.» (De An. II a 1, 14–22). Es folgen ausführliche Erläuterungen und Detailuntersuchungen. Die entscheidende Entdeckung ist jedoch gemacht: Die Seele ist Erfüllung eines Körpers, der seiner Möglichkeit nach Leben hat, und zwar handelt es sich dabei um eine «vorläufige Erfüllung», die noch weitere Erfüllungen von verschiedenen möglichen Lebensfunktionen nach sich ziehen muß. Das Wahrnehmen-Können z. B. wird erst durch die Anwesenheit eines spezifisch Wahrnehmbaren erfüllt, aktualisiert. Die Erfüllungen der zweiten Art, die Aktualisierungen der einzelnen Fähigkeiten des Lebens, sind Prozesse im Sinne der oben gegebenen Definition. Die Seele selbst ist freilich kein Prozeß, sondern eher Prozeßauslösendes, Prinzip der Verwirklichung gegenüber einem Körper, der im Sein-Können auf sie ausgerichtet ist. Das Begriffspaar Möglichkeit – Erfüllung bietet einen wichtigen (und auch heute noch diskutablen) Zugang zum rätselhaften Phänomen der psycho-physischen Einheit.

4. Die Lehre vom «unbewegt Bewegenden»

Wie bereits angedeutet, gehört der «Himmel» in den Gegenstandsbereich der Naturphilosophie, zum einen, weil auch hier naturhafte Prozesse ablaufen, zum anderen, weil die Vorgänge im «Himmel» von erheblicher Bedeutung für das sublunare Geschehen sind. Als Letztinstanz steht hinter der Wirkung der Gestirnsphären noch das Göttliche als «unbewegt Bewegendes» des «ersten Himmels», der Fixsternsphäre.

Aristoteles entwickelt diese Lehre im wesentlichen in Buch VIII der «Physikvorlesung» und im zwölften Buch (λ) der *Metaphysik*. Hierzu wird jeweils ein Prämissengefüge ausgearbeitet, das im folgenden jedoch nur kurz und schematisch dargestellt werden kann.

Die erste Voraussetzung ist: Es gibt immer Naturprozesse; «Bewegung» hat ebenso wie Zeit weder einen Anfang noch ein Ende.

Die zweite Voraussetzung ist: Es muß etwas geben, was auf einheitliche Weise ununterbrochen in immerwährender «Bewegung» ist. Erst ein derartiges «Bewegtes» garantiert zuverlässig das Immersein von «Bewegung». Es gibt ein solches «Bewegtes», nämlich den Himmel. Aristoteles zeigt, daß dessen Kreisbewegung die einzige Art von Ortsbewegung ist, die ohne Anfang und ohne Ende ablaufen kann.

Die dritte und schwierigste Voraussetzung ist: Alles, was «in Bewegung» ist, wird durch ein anderes «bewegt», und die Reihe der «Bewegenden» ist endlich. – Diese Voraussetzung läßt sich zum Teil aus der aristotelischen Definition von «Prozeß» erklären; «Bewegung» oder Prozeß ist die Erfüllung einer spezifischen Bestimmtheitsmöglichkeit. Nun kann, wie im Anschluß an diese Definition auch ausgeführt wird (Phys. III 2–3), nichts, was im Zustand der Möglichkeit ist, sich selbst in die Erfüllung dieser Möglichkeit bringen; es wäre ineins Mögliches und Verwirklichtes. Folglich ist für jeden Prozeß ein Verwirklichendes, ein «Bewegendes» erforderlich. Beim Lebendigen ist dieses Verwirklichende die Seele. Wie steht es aber mit den seelenlosen Naturkörpern, den «einfachen Körpern»? Diese haben, wenn sie auf naturhafte Weise ihren «natürlichen Ort» aufsuchen (das Leichte «oben», das Schwere «unten»), kein «bewegendes» Moment in sich; sie sind ja einfache Kontinua. – Wo ist hier ein «Bewegendes», und was soll überhaupt die Annahme einer Reihe von «Bewegenden» bedeuten? Eine kurze Bemerkung im zweiten Buch der «Physikvorlesung» (194a 13) und die Schlußkapitel von *Über Entstehen und Vergehen* geben hierzu mehr Aufschluß als die langwierigen Überlegungen, die Aristoteles in der «Physikvorlesung» (VII und VIII) und in der *Metaphysik* anstellt. Die kurze Bemerkung lautet: «Der Mensch zeugt den Menschen und die Sonne.» Am Schluß von *Über Entstehen und Vergehen* wiederum wird vermerkt, daß das «ewige» zyklische Entstehen und Vergehen der «einfachen Körper» auseinander nur möglich ist, weil die Sonne unaufhörlich im wechselnden Umlauf die sublunare Sphäre umkreist. So ist die Sonne auch notwendige Bedingung für die physisch-elementaren Vorgänge bei der Zeugung eines Lebendigen. Nun stehen aber Wirkung und Umlauf der Sonne ihrerseits unter der Bedingung, daß die höheren Himmelssphären rotieren. Die Bewegung jeder Sphäre ist bedingt durch die Bewegung der jeweils höheren Sphäre. Wir haben es hier also mit einer Reihe von notwendigen Bedingungen zu tun, wobei jedes Glied in der Reihe notwendige Bedingung dafür ist, daß das nächstniedere wieder notwendige Bedingung für das folgende sein kann. Die Elemente der Reihe der notwendigen Bedingungen, der «Bewegenden» also, müssen alle zugleich existieren. Damit ist die Möglichkeit, daß es endlos viele «Bewegende» gebe, ausgeschlossen, denn das ergäbe eine aktuell unendliche Menge von «Bewegenden». Da der «erste Himmel» die Fixsternsphäre, das letzte «bewegte Bewegende» ist, ist zu fragen, woher sein «Bewegtsein» kommt. Aristoteles diskutiert mehrere Möglichkeiten der Bestimmung eines «ersten Bewegenden». Es erweist sich, daß es kein «Sich-selbst-Bewegendes» sein kann. Folglich bleibt nur ein «unbewegt Bewegendes», ein Göttliches, übrig. Dem zwölften Buch der *Metaphysik* (λ 7–9) ist zu entnehmen, daß dieses Göttliche, «als Geliebtes», bewegt (1072b 3–4). Die Seinsweise einer absolut prozeßfreien, absolut wirklichen und im Denken ihrer selbst restlos erfüllten Substanz wird vom «Himmel» erstrebt, und dies hat dessen immerwährende Kreisbewegung zur Folge.

III. Wirkung

Nachdem die Lehrschriften des Aristoteles wiederentdeckt und publiziert worden waren, setzte sogleich eine rege Kommentiertätigkeit ein. Bereits in der Antike bildeten sich verschiedene Schulen des Aristotelismus. Zwischen dem 8. und 10. Jahrhundert n. Chr. fanden das «Corpus Aristotelicum» sowie zahlreiche griechische Kommentierwerke auf abenteuerlichen Übersetzungswegen Eingang in die islamisch-arabische Welt. Dort schon schätzte man «den Philosophen» als den eigentlichen Vertreter eines vollständigen Systems aller Weltwissenschaften. Es gab allerdings auch heftige, größtenteils theologisch motivierte Diskussionen. Die Naturphilosophie im besonderen wurde – in Kommentaren wie in eigenständigen Schriften – um neue arabische Erkenntnisse (vor allem medizinischer Art) erweitert. Ab dem 11. nachchristlichen Jahrhundert wanderte dieses Kompendium des Wissens in das lateinisch-christliche Abendland ein, wo es eine weitreichende Umwälzung des Denkens bewirkte. Etliche der großen christlichen Philosophen des Mittelalters – die bekanntesten sind wohl Albertus Magnus und Thomas von Aquin – verstanden sich als Aristoteliker. Die Lehren «des Philosophen» wurden für sie zum Maßstab für das, was durch die natürliche Vernunft des Menschen eingesehen werden kann. Auch jüdische Denker des Mittelalters wurden über die islamische Philosophie aristotelisch beeinflußt (z. B. Moses Maimonides). Einige Thesen aus der Naturphilosophie des Aristoteles wurden freilich von den philosophischen Vertretern der drei großen monotheistischen Religionen zurückgewiesen, so z. B. die Auffassung, daß die Welt ungeschaffen sei und «von Ewigkeit her» bestanden habe. Im allgemeinen setzte sich die aristotelische Naturerklärung jedoch durch. Das ging soweit, daß man (im christlich-lateinischen Kulturbereich) das modifizierte aristotelische Weltbild für genuin christlich hielt und gegen abweichende Theorien streng verteidigte; man denke etwa an den «Fall Galilei».

Die Dogmatisierung dieser Naturauffassung provozierte den Widerstand gegen sie. Interessanterweise bereitete sich die nächste wissenschaftliche Revolution, die «Mechanisierung» des Weltbildes, vorwiegend in Kommentaren zu den naturphilosophischen Schriften des Aristoteles vor; die aristotelischen Lehren wurden mehr immanent als experimentell überprüft und kritisiert. – Nach dem zunächst endgültigen Sieg des «mechanistischen Weltbildes» (Newton) wurde die aristotelische Naturphilosophie nahezu bedeutungslos.

Erst philosophierende Vertreter der modernen, nach-relativistischen Physik entdeckten wieder den Wert einiger aristotelischer Erklärungen. C.F. von Weizsäcker beispielsweise beruft sich bei seiner Theorie über die Zeitlichkeit (Geschichtlichkeit) der Natur ausdrücklich auf Aristoteles; auch die Lehre vom endlichen, nicht-leeren Universum gewinnt neue Aktualität. Überprüft führt die allgemeine Erschütterung des mechanistisch-deterministischen Weltbildes dazu, daß die aristotelischen Deutungen vieler Naturphänomene wieder unbefangen rezipiert und gewürdigt werden.

Wesentliche Anregungen vermittelt Aristoteles als Problemdenker. In seinem Bemühen, jeweils Letztgründe für einen gegebenen Untersuchungsbereich auszumachen, in seinem disziplinierten Suchen nach endgültigen Definitionen für Kernbegriffe der Naturtheorie stellt er stets die entscheidenden Fragen, die Fragen, auf die es ankommt und die auch heute noch den eigentlichen Forschungsimpuls auslösen. Die Fragegründlichkeit des Aristoteles – gehe es um Zeit, um Ort und Raum, um die Gestalt des Universums, um das Lebendige als solches und vieles andere – ist schlechterdings vorbildlich (auch wenn etliche seiner Antworten überholt sein sollten). Diese Fragegründlichkeit läßt einsehen, daß wirkliche Wissenschaft «theoretische Philosophie» im Sinne des Aristoteles ist: Anstrengung im Dienste der Erkenntnis um des Erkennens willen.

Enno Rudolph

THEOPHRAST
(ca. 371–287)

I. Problemlage und Wirkung

Die Aufnahme eines Beitrages über Theophrasts Naturphilosophie in eine Anthologie naturphilosophischer Klassiker ist angesichts des Bildes, das die Tradition jahrhundertelang von diesem wohl bedeutendsten Aristotelesschüler gezeichnet hat, nicht selbstverständlich. Eine treffliche Zusammenfassung dieses erst in neuester Zeit ebenso gründlich wie grundsätzlich in Frage gestellten Bildes hat Eduard Zeller seinerzeit geliefert.[1] Nach diesem Bild war Theophrast der Nachfolger des Aristoteles, der die Philosophie seines Lehrers treu bewahrte, der zwar in Einzelheiten auf Schwierigkeiten hinwies, die Grundlagen des aristotelischen Systems aber keineswegs veränderte. «Eine wirkliche Abweichung von der aristotelischen Lehre dürfen wir indessen Theophrast nicht zuschreiben, sondern wie es überhaupt seine Art ist, ihre Schwierigkeiten zwar zu erkennen, aber sie deshalb doch nicht aufzugeben, so machte er es auch hier.» Diese letzte Formulierung Zellers bezieht sich auf das Verhältnis von Philosophie und Naturwissenschaft, wie es nach Zellers Darstellung nicht nur bei Aristoteles sondern auch bei Theophrast entwickelt ist.

Auf eine Forschungs- und Darstellungstradition, die in diesem Urteil eine repräsentative Zusammenfassung findet, bezieht sich wohl auch Fritz Wehrlis Feststellung, daß das Werk Theophrasts «bis heute nicht adäquat erforscht worden sei». Diese Bemerkung steht am Anfang desjenigen Paragraphen des *Grundrisses der Philosophie,*[2] der der Darstellung der Philosophie Theophrasts gewidmet ist. Wehrli fährt fort: «Lange Zeit sah man Theophrast ganz im Schatten des Aristoteles und behandelte ihn in Gesamtdarstellungen der Philosophie gleichsam als Anhänger zu seinem bedeutenden Vorgänger (...) Erst neuerdings bahnt sich hier eine Wende an.»[3] Diese Sätze wurden 1983 veröffentlicht, und es läßt sich dokumentieren, daß die Forschung inzwischen konsequent auf dem Weg ist, die angekündigte «Wende» zu vollziehen. Die philologischen Analysen von Krämer, Steinmetz, Gaiser u.a.[4] sind daran, ein Theophrastbild sichtbar zu machen, das diesen Aristotelesschüler und -kollegen als einen Denker von höchst originärer Qualität gegenüber der platonischen Akademie im allgemeinen sowohl als auch gegenüber Aristoteles im besonderen ausweist. Worin die philosophische Originalität und Besonderheit und damit die spezifische philosophische Botschaft des Theophrast im Kontext der antiken Philosophie der Griechen besteht, ist allerdings letztlich eine Frage der philosophischen Hermeneutik, die in diesem Falle auf besonders extensive Weise komparatistisch zu verfahren hat. Das heißt, es kommt nicht nur darauf an, die werkimmanente Interpretation theophrastischer Texte zu befreien von dem Vorurteil der durchgängigen Aristotelesabhängigkeit, sondern vor allem auch darauf, seine Philosophie mit derjenigen seiner epochalen Vorgänger zu vergleichen.

II. Die Texte

Für diese Absicht kommen dem Leser des theophrastischen Werkes sein Stil und sein Programm entgegen. Theophrast philosophiert dialogisch, und das zum großen Teil kritisch, skeptisch, polemisch, eristisch. Seine «Gesprächspartner» sind die Philosophenfürsten der platonischen Akademie, und es läßt sich zeigen, daß er diese methodischen Eigenschaften durchaus in vielerlei Hinsicht mit Aristoteles teilt. Nur scheinen sie bei ihm in einem nicht unwesentlichen Sinne radikaler, kompromißloser, ja skrupelloser vertreten zu sein. Dies gilt nicht in demselben Maß für die im engeren Sinne naturwissenschaftlichen Schriften Theophrasts wie für eine Schrift, von der bis heute in der Forschung umstritten ist, wie sie sich überhaupt zur Tradition des Theophrast verhält. Die Rede ist von dem sogenannten *Metaphysischen Fragment*.

Umstritten ist, ob es sich bei dieser Schrift um einen kritischen Kommentar zur aristotelischen Metaphysik oder um Prolegomena zu einem eigenen größeren metaphysischen Entwurf, wenn nicht gar um eine abgeschlossene selbständige metaphysische Theorie handelt.[5] Das *Metaphysische Fragment* ist für die Frage nach der naturphilosophischen Bedeutung Theophrasts aus zwei Gründen als einschlägige Textbasis anzusehen.

Zum einen stellt dieser Text ein repräsentatives Dokument für diejenige Spezies klassischer Naturphilosophie der Antike dar, in der Naturtheorie und Ontologie direkt miteinander verknüpft werden und in der diese Verknüpfung als das eigentliche Problem der Abhandlung definiert ist. Es geht um den Zusammenhang von Natur *(physis)* und «ersten Dingen» *(ta prota)* oder Prinzipien *(archai)* und damit zugleich um die Vermittelbarkeit von Metaphysik und Physik im aristotelischen Sinne.

Zum anderen sind die der im engeren Sinne empirischen Naturforschung gewidmeten Schriften Theophrasts, unter diesem Aspekt gesehen, kaum oder gar nicht mit dem Titel «Naturphilosophie» zu überschreiben. Ein exemplarisches Beispiel für diesen Typ theophrastischer Naturlehre, durch den er vornehmlich in der Tradition des Mittelalters berühmt wurde, liegt in seiner Schrift *Über das Feuer (De igne)* vor. Von

Theophrast (ca. 371–287)

Konrad Gaiser ist jüngst eine neue Auswertung dieser Schrift erschienen.[6] Sie bestätigt exemplarisch, daß Theophrast von Jugend auf Naturforschung in empirisch-phänomenologischer Absicht betrieb, indem er sie bewußt und ausdrücklich von der traditionellen Prinzipienorientierung im Sinne Platons und im Sinne der platonischen Akademie trennte. Gaiser zeigt in seiner Untersuchung, daß diese kompromißlose Zuwendung des Theophrast zur empirisch-phänomenologischen und deskriptiven Forschungsmethode gerade auch in einer Zeit seiner Biographie nachzuweisen ist, in der Theophrast mit Aristoteles besonders eng zusammenarbeitete. Es handelt sich um diejenige Lebensphase, in der, soweit wir rekonstruieren können, beide, Lehrer und Schülerkollege, in der kleinasiatischen Stadt Assos zusammenlebten, wohin sie neben Xenokrates und anderen repräsentativen Vertretern der damaligen griechischen Philosophenwelt gerufen wurden, um unter der Schirmherrschaft des Fürsten Hermias von Atarneus eine platonische Politeia, eine philosophisch geführte Staatsform also, zu begründen.

Theophrasts Schrift *Über das Feuer*, die in dieser Zeit entstanden sein dürfte, enthält kaum Reflexionen von der Art, wie wir sie als naturphilosophisch-spekulative, etwa im Sinne der aristotelischen Physik – darin besonders in den Büchern über die Zeit (IV) oder über den ersten Beweger (VIII) – oder auch der Schrift *Über den Himmel* u. a. kennen. Es findet sich vielmehr der Beleg dafür, daß Theophrast solche, auf metaphysische Probleme führenden «Aitiologien» bewußt unterläßt. Er bricht mit der traditionellen Verbindung von Elementenlehre, in die die Erforschung des Feuers gehört, einerseits und Prinzipienspekulation andererseits, um der empirischen Detailforschung seine ganze Konzentration zu widmen. Das platonische Programm der «Rettung der Phänomene» *(sozein tai phainomena)* wird in neuer Wendung wahrgenommen: nicht, indem die Phänomenwelt der Natur zurückgeführt wird auf übersinnliche Ursachen, sondern durch exakte und peinlich-pedantische Naturbeschreibung. So erfahren wir vieles über die Wärmewirkung bestimmter Gesteinsarten, die als Sarkophagsteine Verwendung fanden. Und wir werden anhand detaillierter Beobachtungen über die Differenz zwischen Sonnenwärme und Erdwärme belehrt. Auch werden Bezüge zur traditionellen Elementenlehre hergestellt, allerdings ohne Reduktionen der Elemente auf letzte Ursachen.

Doch was für diese naturwissenschaftlichen Einzelstudien zutrifft, gilt nicht oder jedenfalls nicht in derselben Weise von der theophrastischen Physik und noch weniger von der theophrastischen Metaphysik. Die erstere, die Physik, ist nicht vollständig erhalten. Wir rekonstruieren sie aus einer Fülle von Fragmenten, die systematisch zu interpretieren sich angesichts der Textlage verbietet.

In seiner Abhandlung über *Die Physik des Theophrastos von Eresos* hat

Peter Steinmetz[7] durch eine anhand der doxologischen Überlieferungstradition vorgenommene Rekonstruktion auf eine achtzehn Bücher umfassende Physik des Theophrast geschlossen, in der die ersten beiden Bücher allgemeinen Fragen gewidmet sind – etwa dem Stoff und der Methode physikalischer Forschung und den Grundbegriffen der Physik, wie Ursprung *(arche)* und Bewegung *(kinesis)*. Und Steinmetz hat in bislang unbestrittener Weise gezeigt, daß zur Rekonstruktion dieser für die Naturphilosophie Theophrasts relevanten Fragestellungen außer den relativ zahlreichen Fragmenten Schlüsse nur aus der Metaphysik und den drei erhaltenen Schriften *Über die Winde (De ventis), Über die Steine (De lapidibus)* und die erwähnte *Über das Feuer* möglich sind. Für diese letzten Schriften – die einzigen vollständig erhaltenen physikalischen Untersuchungen Theophrasts – gilt aber, was oben festgestellt wurde: Sie sind keine Dokumente antiker Naturphilosophie im Sinne einer philosophischen Theorie der Natur *(physis)* und damit einer Verknüpfung von Metaphysik und Physik. Die Fragmente können und sollten allenfalls nur als Ergänzung zu vollständig überlieferten Schriften ausgewertet werden, wenn es um eine systematisierende Rekonstruktion und Darstellung der Naturphilosophie Theophrasts geht.

Bleibt einzig und vorrangig das sogenannte *Metaphysische Fragment*, das gerade auch für den Problembereich, um den die ersten Bücher der Physik gerungen haben dürften, nämlich um die Frage nach den Ursprüngen *(archai)* der Naturdinge, unumgänglich ist. Steinmetz: «Untersucht man die Art und Weise, in welcher Theophrast in der Physik die *archai* behandelt hat, so muß man notgedrungen zu vorsichtigen Formulierungen greifen. Wir sind nämlich weitgehend auf Rückschlüsse aus der Metaphysik und den drei erhaltenen Vorlesungsreihen angewiesen.»[8] Nun ist es gerade die Auslegung der Metaphysikschrift, die besonders dazu beiträgt und wohl noch dazu beitragen wird, das bei Zeller beschriebene Theophrastbild zu korrigieren.

III. Der Ansatz der Naturphilosophie Theophrasts

Im folgenden soll nicht einfach eine Inhaltsangabe dieses *Metaphysischen Fragments* gegeben werden. Es geht hier vielmehr darum, durch einige Akzente auf klassisch-griechische Problemstellungen, wie sie für die akademische bzw. peripatetische Naturphilosophie kennzeichnend sind, zu dem Versuch anzusetzen, die Besonderheit, die Originalität des theophrastischen naturphilosophischen Ansatzes zu verdeutlichen.

Anders als etwa bei Gaiser, dessen Theophrastinterpretation zwar keineswegs auf der Linie derjenigen Zellers liegt, der aber das *Metaphysische Fragment* des Theophrast doch noch wesentlich (wenn nicht ausschließlich) von seiner Aristotelesabhängigkeit her versteht, soll hier gezeigt werden, daß Theophrast im Rahmen einer konsequenten Kritik an seinen Vorgängern, gerade auch an Aristoteles, zu einer neuen Methode und Aufgabenbestimmung der philosophischen Lehre von der Natur ansetzt.

Die leitende Problemstellung des *Metaphysischen Fragments* liegt ausdrücklich in der Frage nach einer «Verbindung» zwischen den «ersten Prinzipien» und der Natur. Der spezifisch theophrastische Begriff für die geforderte «Verbindung» lautet *synaphe*, eine Vokabel, die verbaliter auch außerhalb des theophrastischen Werkes vorkommt, allerdings nicht als terminus technicus für das metaphysische Fundamentalprogramm der Vermittlung zwischen «ersten Prinzipien» und den sinnlich wahrnehmbaren Gegenständen der Natur, kantisch gesprochen: zwischen Sinnenwelt und intelligibler Welt. Das Neue an Theophrasts Fragestellung, auf das hier aufmerksam gemacht werden soll, liegt nicht in der prinzipiellen ontologischen Unterscheidung zwischen den ersten Prinzipien und der Natur oder wie sie, durchaus traditionsgemäß, bei ihm auch begegnet: zwischen den Vernunftgegenständen *(noeta)* und den Wahrnehmungsgegenständen *(aistheta)*. Diese Unterscheidung ist bekanntlich gut platonisch. So ergibt sie sich etwa aus der ontologischen Hierarchie, wie sie uns im platonischen Liniengleichnis überliefert ist. Und auch die Frage nach den Prinzipien als ontologisch ersten, als «Seinsprinzipien», also den *prota*, wie Theophrast sie nennt, im Verhältnis zu den von ihnen abzuleitenden wahrnehmbaren Dingen, den Objekten der Natur, ist nicht als das originelle Moment der theophrastischen Philosophie anzusehen. Auch diese Frage ist platonisch ebenso wie aristotelisch formulierbar.

Neu ist, daß Theophrast die metaphysische Leitfrage nach dem Verhältnis zwischen ersten Prinzipien einerseits und der Natur andererseits als eine Frage nach der Verbindung *(synaphe)* dieser beiden Ebenen stellt, ja, daß er implizit fordert, diese Verbindung müsse geleistet werden, wenn eine Unterscheidung zwischen der Natur als dem Inbegriff der sinnlich wahrnehmbaren Dinge *(aistheta)* einerseits und den neotisch genannten Prinzipien andererseits überhaupt sinnvoll sein soll. So gesehen läßt sich Theophrasts Schrift auch lesen als ein Kriterienkatalog, an dem sich jede Verbindung von Metaphysik und Physik in naturphilosophischer Absicht zu messen hat. Dabei wird die skeptische Konsequenz, daß eine solche Deduktion sich überhaupt als unmöglich erweist, ausdrücklich offengelassen.

Theophrasts Forderung nach einer gesicherten *synaphe* wird dadurch polemisch unterstrichen, daß er an nahezu allen überlieferten Positionen der philosophischen Kosmologie, vor allem an denen der platonischen Akademie, bemängelt, daß sie keine überzeugende, d.h. keine lückenlose und logisch stringente Deduktion der Natur aus den ersten Prinzipien geleistet haben. Allerdings bleibt der Text nicht, wie zahlreiche Ausleger meinen, bei einem kritischen Räsonnement über die Defizite kosmologischer Deduktionen in der Tradition von den Vorsokratikern, über Platon, die Akademie bis hin zu Aristoteles stehen. Er enthält vielmehr Vorschläge zur Überwindung dieser Defizite, die auszuwerten eine kaum zu überschätzende Aufgabe der Würdigung von Theophrasts Bedeutung in der antiken Naturphilosophie sein dürfte.

Zu diesem Zweck seien zwei Beispiele von Problemlösungsvorschlägen ausgewählt, an denen sich zum einen zeigen läßt, daß Theophrast nicht so glatt auf die große Linie der aristotelischen Metaphysik zu reduzieren ist, wie gemeinhin angenommen, und an denen zum anderen sichtbar wird, daß Theophrast eine Richtungsanweisung für den Weg angibt, den eine Philosophie der Natur angesichts der mehr oder weniger gescheiterten Modelle der Tradition zu gehen hätte.

1. Theophrast verwendet zur Charakteristik der fundamentalen Unterscheidung zwischen den ersten Prinzipien, den *prota,* oder – moderner formuliert – der übersinnlichen Welt einerseits und der wahrnehmbaren Welt, der *physis,* andererseits das genuin aristotelische Begriffspaar: *energeia* und *kinesis.* Aristoteles benutzt dieses Begriffspaar, um die ontologische Differenz zwischen der Seinsweise des ersten göttlichen Bewegers des Alls und derjenigen des Naturkosmos zu beschreiben. Bei Aristoteles wird der Begriff der *energeia,* sofern er das göttliche Sein charakterisiert, als eine «Tätigkeit» oder «Wirksamkeit» beschrieben, die nicht um eines Zweckes oder Zieles willen vollzogen wird, das noch aussteht, das also an einem zeitlichen Ende des Prozesses steht. Die göttliche *energeia* ist in sich vollkommen und vollendet, so daß sie auf keine Vollendung außerhalb ihrer Tätigkeit ausgerichtet ist. Aristoteles beschreibt diese Seinsweise als «Tätigkeit ohne Stoff» *(energeia aneu hyles),* als eine Wirksamkeit ohne Materie, wobei Materie oder Stoff hier steht für die materielle Möglichkeit, eine Veränderung im Sein bzw. in der Zeit erfahren zu können.

Die Schwierigkeit, die Aristoteles dem Leser hier zu denken aufgibt, ist zwiefältig: Zum einen beschreibt der Begriff der *energeia* bei Aristoteles nicht den Zustand einer absoluten Ruhe, sondern ein veränderungsloses Sein, das gleichwohl in sich durch eine gewisse Aktivität gekennzeichnet ist. Zum anderen verwendet Aristoteles einen Begriff von *energeia,* den er in den Schriften der «Physik» direkt mit der Fundamentalkategorie seiner Naturlehre überhaupt, nämlich der der Bewegung *(kinesis),* korreliert. In der «Physik» bezeichnet Aristoteles die Bewegung selbst als eine Art von *energeia,* allerdings ohne eine Äquivokation zu begehen, denn er präzisiert: Bewegung ist als eine «unvollendete», d.h. als eine ihr Ziel noch nicht erreicht habende *energeia* anzusehen *(energeia ateles,* 201b 31). Demnach bezeichnet Bewegung einen Zustand von Dingen, die deshalb in Bewegung sind, weil sie auf etwas ausgerichtet sind, das als Bewegungsziel ihre Bewegung verursacht und erhält. Dieses Modell läßt sich teleologisch auf die gesamte Natur übertragen: Die Natur ist (in) Bewegung, weil sie auf ein Ziel als Zweck ihrer selbst ausgerichtet ist.[9]

In der zentralen Metaphysikschrift, dem XII. Buch, auf das hier im Blick auf die Physikschriften zu rekurrieren ist, erweist sich der Gott, der erste Beweger, der «wie ein Geliebtes» die Welt bewegt, als dasjenige *telos*, um dessentwillen die Natur in Bewegung ist. Indem aber hier der Begriff der *energeia* ausdrücklich und trennscharf von der *kinesis* unterschieden wird, löst Aristoteles ihn aus dem Kontext der Physik heraus. Und es ist diese Herauslösung, die als der Ansatzpunkt von Theophrasts Kritik an Aristoteles betrachtet werden darf. Theophrast diskutiert im «Metaphysischen Fragment» die Frage, welche Seinsweise dem «ersten Beweger» zukommen soll. Er entscheidet sich für die *energeia*, da sie im Vergleich zur Bewegung sowohl von höherem ontologischen Rang als auch von höherer Würde sei (7b 14). Aufgrund dieser Qualifizierung verwirft Theophrast den Gedanken, daß Ruhe, der Zustand absoluter Nicht-Bewegung also, dem ersten Beweger zukommen könnte.

Das Auffällige an Theophrasts Entscheidung liegt in der Begründung für die Verwerfung des Ruhezustandes: Ruhe kann als Zustand des ersten Bewegers nicht in Frage kommen, weil Ruhe eine Art Bewegungsmangel ist. In dieser These liegt die entscheidende Besonderheit Theophrasts gegenüber Aristoteles. Auch Aristoteles schließt auf die *energeia* als Seinsweise des ersten Bewegers, weil sie einen Mangel ausschließt. Doch Aristoteles muß die Aufhebung dieses Mangels explizit durch ein zusätzliches Prädikat zum Ausdruck bringen. Der erste Beweger ist eben «*energeia* ohne Materie», ohne Möglichkeit zur Veränderung also. Dieser spezifizierende Zusatz ist im aristotelischen Kontext nötig, weil der Begriff *energeia* in den physikalischen Schriften des Aristoteles für die Charakteristik der Bewegungswelt der Natur reserviert ist. Damit gewinnt Aristoteles für die Charakteristik der Seinsweise des ersten Bewegers einen Begriff von *energeia*, der sich durch die ausdrückliche Zusatzbestimmung «ohne Materie» ontologisch unterscheidet von den wirklichen Dingen in der Natur, den *energeia onta* oder *pragmata*, wie Aristoteles sagt, und vermeidet so eine Äquivokation.

Diese Unterscheidung entspricht vollends der aristotelischen Differenz zwischen dem Wesen *(ousia)* einer Sache und ihren Eigenschaften. Diese Unterscheidung ist – vermittelt durch die lateinische Tradition des Aristotelismus – bekannt als Differenz zwischen Substanz und Akzidenzien.

In denjenigen Schriften, die von einem späteren Bibliographen mit dem Titel «Metaphysik» versehen worden sind, lehrt Aristoteles, daß das Wesen eines Seienden abgesondert, also von abgetrenntem Sein gegenüber den Eigenschaften eines Seienden, sei. Der Ausdruck, den

Aristoteles für diese Trennung benutzt, ist der des *choriston*, ein Wort, das Aristoteles andernorts (1029a 28) in kritischer Polemik gegen die von ihm abgelehnte Trennung der Ideen von der Wirklichkeit bei Platon, den *chorismos*, verwendet (1040a 9).

Da Aristoteles im Rahmen seiner Theologie den ersten Beweger nicht zum sinnfälligen Sein zählt, sondern als das Wesen schlechthin, als *ousia ousion*, als Inbegriff aller Wesenheiten bestimmt, vollzieht er eine ontologische Absonderung des Naturkosmos von dessen Bewegungsursache, um diese als bewegungsunabhängig, als unbewegt, zu charakterisieren. Die Frage, wie ein Unbewegtes bewegen kann, wie also der erste Beweger seine Tätigkeit einer Welt vermittelt, die sich zur Unbewegtheit des ersten Bewegers in einem ontologischen Gegensatz verhält, bleibt bei Aristoteles ein ungelöstes Vermittlungsproblem. Theophrast verweist auf diese Unzulänglichkeit des aristotelischen Konzepts der Vermittlung von Natur und Seinsprinzip.

Indem Theophrast nun den *energeia*-Begriff *unspezifiziert* auf den ersten Beweger überträgt und argumentiert, daß nur so gewährleistet sei, daß der erste Beweger nicht der Bewegung ermangle, sieht er die *energeia* Gottes nicht im absoluten ontologischen Gegensatz zu der von ihm bewegten Welt. Eine Auslegung der spezifisch theophrastischen Bedeutung des *energeia*-Begriffes, sofern er die Seinsweise des ersten Bewegers beschreibt, hat sich mithin umgehend der Frage zu stellen, was es heißt, daß der erste Beweger zwar die schlechthinnige Bewegungsursache sei, aber nicht der Bewegung derart ermangle, wie es dem verworfenen Ruhezustand eigen wäre. Zwei Antworten sind hier denkbar: Entweder betätigt Theophrast sich als Korrektor, als Redaktor des Aristoteles. Er würde dann die aktive Bedeutung des *energeia*-Begriffes stark machen, auf die es auch Aristoteles ankommt, um hervorzuheben, daß der erste Beweger sich zur Bewegung nicht verhält wie reine Bewegungslosigkeit, wie reine Negation von Bewegung ohne zusätzliche Charakteristik. Damit wäre allerdings nicht erklärt, warum Theophrast betont, daß der erste Beweger keinen Mangel an Bewegung haben darf.

Oder aber Theophrast will darauf abheben, daß der *energeia*-Zustand des ersten Bewegers eine besondere, eine ausgezeichnete Art von Bewegung ist, platonisch gesprochen gleichsam die Idealform, das eidos von kinesis. Diese Erklärung würde ausgezeichnet mit der in der aristotelischen Metaphysik einschlägig vorgetragenen Unterscheidung zwischen *kinesis* und *energeia* zusammenstimmen. Denn dort legt Aristoteles definitiv fest, daß *kinesis* ein Prozeß ist, in dem das Ziel des Prozesses außerhalb des Prozesses liegt, während *energeia* als ein Prozeß bezeichnet wird, in dem Prozeß und Ziel des Prozesses zusammenfallen (wie etwa beim Sehen des Auges: Ich sehe etwas und habe es immer zugleich gesehen) (1048b 34).

Theophrast würde allerdings im Unterschied zu Aristoteles *energeia* und *kinesis* nicht in einem ontologischen Gegensatz, sondern eher im Sinne einer graduellen Unterscheidung einander zuordnen. Er nähme damit die aristotelische Theologie beim Wort. Natur strebt auf ein Ziel, um dessentwillen sie in Bewegung bleibt. Dieses Ziel ist nicht die Aufhebung des Seins der Bewegung. Dies widerspräche der aristotelischen Auffassung von der Ewigkeit der Bewegung. Das Ziel ist die Aufhebung des Mangels, durch den Bewegung ausgezeichnet ist. Das Ziel der Bewegung des Kosmos wäre ein Zustand, in dem das Erreichen des Ziels mit der Erhaltung des Bewegungszustandes zusammenfällt. Der Name für diesen Zustand ist *energeia*. Theophrast bringt Gott und Natur also einander entschieden näher, als es bei Aristoteles der Fall ist. Tendenziell hebt er die ontologische Differenz zwischen Gott und Welt auf und vermeidet einen kosmologischen Dualismus zwischen Gott und Natur, den Aristoteles noch nicht überwunden hat. Dies entspricht der Kritik an seinen Vorgängern und begründet sein Programm einer *synaphe*.

Bei Aristoteles scheint zwar die Übertragung des physikalischen *energeia*-Begriffes – übrigens eine aristotelische Wortneuschöpfung – auf den theologisch-metaphysischen Bereich, also auf die Seinsweise des Gottes, schon anzudeuten, daß auch bei ihm eine unplatonische bzw. platonkritische Tendenz der Vermittlung zwischen sinnlicher und übersinnlicher Welt leitend ist. Diese Tendenz wird aber im platonischen Sinne korrigiert durch die ontologische Diastase zwischen Bewegung (der Welt) und Bewegungslosigkeit (des ersten Bewegers). Diese Diastase führt bei Aristoteles zu der Schwierigkeit, nicht erklären zu können, wie im ersten Beweger die Tätigkeit des Bewegens mit dem Zustand der Unbewegtheit zusammenkommt.

Die Position Theophrasts kann also gedeutet werden im Sinne des Vorschlages, die *energeia* als das Paradigma von Bewegung zu deuten und so die Kluft zwischen dem ersten Beweger und der bewegten Welt, zwischen Gott und Natur, damit aber auch zwischen Naturphilosophie und Metaphysik, zur Aufhebung zu bringen.

2. Man darf wohl vermuten, daß die in den Schriften der Naturforschung entwickelte empirische Methode des Theophrast auch für seine Differenz zu Aristoteles entscheidend ist. So sehr sich Aristoteles in einer Phase seiner Entwicklung und in einem Teil seiner Schriften auch gemeinsam mit Theophrast von der Tradition der Akademie entfernt haben mag,[10] um ausschließlich empirisch motivierte Forschung zu treiben, die nicht mit ontologischen Grundlagenreflexionen verbunden wurde, so sehr vollzieht sich die aristotelische Verhältnisbestimmung zwischen Naturbewegung und erstem Beweger in den physikalischen und in den metaphysischen Schriften nach dem Schema der ontologischen Kluft zwischen Natur und Seinsgrund der Natur bzw. der Differenz zwischen *esse* und *essentia*. Indem Theophrast auf die Notwendig-

keit einer *synaphe* zwischen Seinsprinzipien einerseits und der Natur anderseits verweist, kritisiert er den aristotelischen *chorismos* zwischen Wesen *(ousia)* und Seiendem *(on)*, und damit kritisiert er das platonische Erbe in der aristotelischen Figur dieser «ontologischen Differenz». Es entbehrt nicht einer gewissen Ironie, festzustellen, daß sich die Figur der Platonkritik des Aristoteles in der Aristoteleskritik des Aristotelesschülers Theophrast gleichsam zu wiederholen scheint. Man kann also sagen, daß Theophrast den Ansatz der empirischen Forschung gegen die Tradition einer Ableitung des Seins der Natur aus einem mit der Natur nicht vermittelbaren übersinnlichen Sein wendet.

Analog zu der Spannung zwischen dem Bewegungsbegriff und dem Begriff der *energeia* läßt sich dies am Problem der Naturteleologie aufzeigen. Nach Aristoteles ist Bewegung *(kinesis)* die Fundamentalkategorie der Naturlehre. In der grundlegenden Definition von *kinesis* im III. Buch der Physik erklärt Aristoteles den Bewegungsbegriff durch eine weitere Wortneuschöpfung, deren Bedeutung für die Wirkungsgeschichte des Aristotelismus kaum zu überschätzen ist. Es handelt sich um den Begriff der «Entelechie» (201a 11). Dieser Begriff wird im Kontext durch die erwähnte Formel der «unvollendeten Tätigkeit» *(energeia ateles)* erläutert. Damit ist gut belegt, daß Aristoteles mit dem Wort «Entelechie» nicht einen Zustand der Vollendung oder der Erfüllung beschreibt, wie oft übersetzt wird, sondern daß er unter «Entelechie» etwas Unvollendetes und auf Vollendung hin sich Entwickelndes versteht. Entelechie ist nicht Zustand, sondern Zustandsveränderung. Der Begriff Entelechie beschreibt Bewegung als einen Spannungszustand, der zwischen einer bewegten Sache und dem Ziel ihrer Bewegung liegt, ein Ziel, dessen Möglichkeit das Sein der bewegten Sache wesentlich auszeichnet. In dieser Spannung liegt der Ansatz zur Naturteleologie des Aristoteles. «Teleologie» ist die Lehre von der Zielabhängigkeit und Zweckausrichtung von Dingen, Zuständen oder Prozessen. So wie jede Einzelbewegung in dem Ziel, auf das hin bzw. um dessentwillen sich etwas bewegt, ihre Finalursache hat, so hat sie der gesamte Naturkosmos im ersten Beweger, der die Welt wie ein Geliebtes bewegt. Der erste Beweger ist als Finalursache das Beste, das *ariston*, um dessentwillen Bewegung, und das heißt letztlich die Natur überhaupt ist. Der Charakter der aristotelischen Naturteleologie ist also (analog zu seinen ethischen Schriften) als eine Entwicklung vom Schlechteren zum Besseren aufzufassen.

Theophrast nun bezweifelt im «Metaphysischen Fragment» ausdrücklich das Teleologieprinzip und seine optimistische Tendenz. Theophrast fragt, gleichsam rhetorisch, warum das Schlechtere in der Natur denselben Anteil wie das Bessere hat bzw. warum die Natur, ja das gesamte Universum, aus Gegensätzen besteht. Das Unerhörte und gleichsam Ketzerische an dieser Infragestellung des teleologischen Programms und damit eines Überwiegens des Besseren über das Schlechtere ist der damit verknüpfte Hinweis auf die Struktur der Gegensätzlichkeit, die für die Natur kennzeichnend sei. Theophrast scheint also in dieser von Aristoteles selbst beschriebenen Struktur einen Widerspruch zur Teleologie zu sehen. Auch hiermit nimmt er in auffällig modern anmutender Weise eine Position ein, die einen naturphilosophischen und ontologischen Ansatz des Aristoteles positiv aufnimmt, um ihn sodann gegen einen anderen zentralen Ansatz, ja ein übergeordnetes Lehrstück, nämlich das der Teleologie, auszuspielen.

Aristoteles selbst interpretiert das Grundphänomen der Natur, die *kinesis*, von ihrer gegensätzlichen Struktur her, also etwa ausgehend von ihrem Übergangscharakter von etwas Möglichem zu etwas Wirklichem. Bewegung sei die Entelechie oder auch die unvollendete Tätigkeit im Sinne eines Übergangs von Nichtsein (von etwas) zum Sein (von etwas). Sein und Nichtsein sind logisch gesehen kontradiktorische Gegensätze; kinetisch aber ist das Nichtsein von etwas dessen Möglichkeit, welche durch Bewegung in einen wirklichen, tatsächlich vorliegenden Zustand überführt wird. Das der Möglichkeit nach Seiende ist also einerseits, andererseits ist es nicht. Der Möglichkeitsbegriff enthält eine Doppeldeutigkeit, ja einen scheinbaren Widerspruch, und dieser scheinbare Widerspruch wird im Bewegungsbegriff vollends zum Austrag gebracht durch die Definition der Bewegung als unvollendeter Tätigkeit oder als «En-tel-echie», also als etwas, was ein Bewegungsziel der Möglichkeit nach in sich hat. Man kann sagen, daß sich die Doppeldeutigkeit des Möglichkeitsbegriffs in der Definition der Bewegung widerspiegelt, insofern eine Sache durch das In-sich-Haben von etwas, das (noch) nicht ist, nämlich das Ziel, in Bewegung gehalten wird.

Diese Doppeldeutigkeit des Bewegungsbegriffes, wie sie in den physikalischen Schriften durch die Definition von Bewegung zum Ausdruck kommt, wird in den metaphysischen Schriften noch vertieft. Aristoteles spricht hier von der «zwiefältigen» Bedeutung *(dichos)* des Seienden (1009 a 32), und er erläutert dies mit dem Begriff der *dynamis*, der Möglichkeit, mit dem die Bewegungslehre der Physik arbeitet. Das der Möglichkeit nach Seiende kann eben sein und auch nicht sein. Als potential Seiendes kommt ihm diese Doppeldeutigkeit definitiv zu, ein Problem, das Aristoteles im Kontext veranlaßt, sich mit den Grenzen der Gültigkeit des Widerspruchsprinzips auseinanderzusetzen.

Es läßt sich leicht zeigen, daß die Konzeption der aristotelischen Lehre vom ersten Beweger darauf abzielt, diese Möglichkeit des Nichtseins für das Sein des Naturkosmos auszuschließen, indem der erste Beweger als Ursache für die Ewigkeit der Bewegung des Kosmos definiert wird. Die aristotelische Bewegungslehre als Lehre von der Unvollendetheit aller Naturprozesse basiert auf dieser Doppeldeutigkeit des Möglichkeitsbegriffes. Die Teleologie hingegen gründet auf der Aufhebung des negativen, ja des defizienten Aspekts des Möglichkeitsbegriffes durch die Wirksamkeit der causa finalis, also letztlich Gottes. Die Teleologie kompensiert also die «Gefahr» des Umschlagens vom Sein ins Nichtsein, durch dessen Struktur die Naturbewegung wie alle Bewegung charakterisiert ist.

Theophrast macht auf die Unlösbarkeit dieser Spannung zwischen Teleologie und Bewegungslehre rigoros aufmerksam. Sein methodischer Empirismus akzeptiert zwar die aristotelische Bewegungslehre als Kern der Naturlehre, da Bewegung nach der theophrastischen Definition die unmittelbar sinnfällige Eigenschaft der natürlichen Dinge ist. Von diesem Ansatz aus kritisiert Theophrast die Teleologie als widersprüchliche, empirisch nicht fundierte und daher nicht einleuchtende metaphysische Konstruktion. So gesehen enthält Theophrasts Teleologiekritik ein Stück Ideologiekritik, die durch immanente Kritik an den Konzeptionen traditioneller Naturphilosophie deren Widersprüche sichtbar macht und damit zugleich ein Plädoyer für das Recht empirischer Phänomenologie gegen logisch ungerechtfertigten metaphysischen Konstruktivismus anmeldet. Die programmatische Forderung nach einer *synaphe* zwischen Natur und Seinsprinzipien basiert auf der Kritik am Erbe des platonischen Chorismos, der auch noch für die aristotelische Naturphilosophie grundlegend ist.

Paul Hoßfeld

ALBERTUS MAGNUS
(ca. 1200–1280)

I. Leben

Kurz vor 1200 n.Chr. wurde der Schwabe Albert oder Albertus de Lauing, später Albertus Theutonicus oder Albertus Coloniensis, in Lauingen geboren. Bekannt wurde er unter seinem Ehrentitel Albertus Magnus (Albert der Große).[1] Der Vater gehörte zum staufischen Dienstadel. Schon in seinen frühen Jahren zeigte Albert Interesse an der Natur, nicht selten für auffallende Gegenstände und Erscheinungen. Als junger Mann wurde er in Italien, wo er gerade studierte, für den Orden der Predigerbrüder (Dominikaner) gewonnen, der seinen Priestern das Studium der Theologie vorschrieb. Die Novizenzeit verbrachte Albert in Köln, das ihm zur zweiten Heimat wurde. Albert hat in seinem Orden ziemlich schnell eine bedeutende Rolle gespielt. Nach Lehrtätigkeit in verschiedenen deutschen Ordenshäusern wurde er in Paris nach entsprechenden Studien Professor (um 1246), begründete auf Veranlassung seiner Ordensleitung ein Generalstudium der Dominikaner in Köln, also eine Ordensuniversität, war zwischen 1254 und 1257 Provinzial der deutschen Ordensprovinz seines Ordens und wenige Jahre später Bischof von Regensburg und somit Reichsfürst. Es ist für die damalige Lage der Kirche im Reich mit seinen Bischöfen in Staatsfunktion bezeichnend, daß der Ordensgeneral Humbert von Romans Albert gleichsam auf den Knien beschwor, das Bischofsamt nicht zu übernehmen, auch wenn der Papst dies wünsche. Albert möge an sein Seelenheil denken und an das schlechte Beispiel, das er seinen Mitbrüdern gebe.[2] Albert gehorchte dem Papst, sah zu, möglichst schnell einen guten Nachfolger zu finden, und legte dann sein Amt nieder. Doch er bestand darauf, über eigenes Vermögen verfügen zu dürfen. Das machte ihn wohl von seinen Ordensvorgesetzten unabhängig, wenn er hin und wieder neue Bücher kaufen mußte. Seine «heidnischen» Studien (Aristoteles) wird man nicht überall in seinem Orden gerne gesehen haben; deshalb ging er auch schon einmal mit jenen Mitbrüdern scharf ins Gericht, die für seine Aristotelesstudien kein Verständnis hatten.[3] Übrigens hat Albert sein geerbtes Vermögen teils dem Dominikanerkonvent zu Köln für den Bau der Klosterkirche, teils den Dominikanerinnen vermacht. Albert war bis ins hohe Alter geistig tätig, wie auch im Dienst seiner Kirche und seines Ordens. Beim Streit der Bürgerschaft der Stadt Köln mit ihren Erzbischöfen, aber auch

Albertus Magnus (ca. 1200–1280)

anderswo, war Albert ein gesuchter Vermittler. Im Jahr 1280 starb dieser wissenshungrige und umfassend gelehrte Dominikanerprofessor. Er liegt in Köln begraben (St. Andreas).

In die lange Lebenszeit Alberts fiel der Höhepunkt der weltlichen Macht der lateinischen Kirche, ferner der Kampf des letzten Stauferkaisers Friedrich II. mit den Päpsten Gregor IX. und Innozenz IV. um die weltliche Vorherrschaft im christlichen Abendland, der schnelle Niedergang der kaiserlichen Macht und der anfangs noch langsame Machtverlust des Papsttums, während England und Frankreich nationalstaatlich erwachten und im Heiligen Römischen Reich (Deutscher Nation) die Territorialherren, also die Kurfürsten, Herzöge, Landgrafen, Bischöfe und Äbte, mächtiger wurden. In Norditalien vor allem hatten sich Städte unabhängig gemacht und eine Stadt- und Laienkultur entwickelt. Hier wie in Südfrankreich gab es eine starke Ketzerbewegung. Europa war feudalstaatlich geordnet, und nur die Städte waren Mittelpunkte des Handels und vieler Zweige des Handwerks und drängten nach Freiheit: «Stadtluft macht frei». In Paris und Köln konnte Albert sehen, wie Kupfer mit Zink zu Messing verarbeitet wurde, und hier oder anderswo das Härten von Eisen zu Stahl verfolgen und wie man aus Stahl Instrumente anfertigte. Alchemistengold und -silber ließ er durch eine sechs- bis siebenfache Feuerprobe auf ihre Echtheit überprüfen und konnte es als «faex» (Bodensatz) entlarven. In nicht wenigen Städten begann oder blühte geistiges Leben, wie in Paris, Bologna, Padua, Oxford und auch Köln.

Schon seit geraumer Zeit setzte sich die Christenheit mit den mohammedanischen Arabern und ihrem Anhang kriegerisch auseinander, die etwa die Hälfte des Mittelmeerraums erobert hatten. In Spanien drangen christliche Heere der «Lateiner» langsam südwärts vor, in Kleinasien schmolz das Byzantinische Reich griechisch-orthodoxen Christentums vor dem Ansturm der Seldschuken, später der Osmanen, dahin. Und die «Lateiner» oder das christliche Abendland hatten schon erfahren, daß sie gegenüber den Mohammedanern kulturell im Rückstand lagen. Wie wäre es sonst möglich, in den Werken Alberts immer wieder auf Namen mohammedanischer Gelehrter zu stoßen, die bisweilen kurz unter dem Firmenschild «Araber» oder «die Araber» geführt wurden!

II. Werk

Zu seiner Zeit wurde Albert von keinem Gelehrten an Universalität der Interessen, des Wissens und der geistigen Produktion übertroffen. Deshalb nannte man ihn später «Doctor universalis». Sein Gesamtwerk von umgerechnet etwa zwanzigtausend(!) Druckseiten zu neunundvierzig Zeilen umspannt umfangreiche Kommentare zu Teilen der Bibel, «summenartige» Bücher zur systematischen Theologie, einen mehrere Bände umfassenden Kommentar zur Sentenzenschrift des Petrus Lombardus, einem Standardwerk des Hochmittelalters, und umfangreiche Kommentare zu den Schriften des (Pseudo-)Dionysius Areopagita. Ausführliche Kommentare zu den logischen, ethischen, naturphilosophischen und naturphilosophisch-naturwissenschaftlichen Schriften des Aristoteles sowie zu dessen Politik und Metaphysik schließen sich an, darunter auch Kommentare zu Schriften, von denen Albert und seine Zeit meinten, sie stammten ganz oder teils von Aristoteles wie *De proprietatibus elementorum* (Über die Eigentümlichkeiten der Elemente), *De plantis* (Über die Pflanzen) und *Liber de causis* (Buch über die Ursachen). Schließlich sei noch der unvollständige Kommentar zu den Elementen des Euklid erwähnt,[4] also eine geometrische Arbeit. Zwei Traktate vom Schluß der Physik, die Werke *De caelo et mundo* und *De natura loci* vollständig, fast das ganze Werk *De causis proprietatum elementorum,* ferner *De animalibus* und *Super Matthaeum* sind heute noch in Alberts Handschrift vorhanden. Zu den naturphilosophisch-naturwissenschaftlichen Schriften hat Albert gut über hundert eigene Beobachtungen beigesteuert, darunter einige aufgrund eines einfachen Experiments. Sie zeugen von einem naturverbundenen Menschen, der vor allem auf den Gebieten der Mineralogie und der Tierkunde aufmerksam, wenn auch nicht immer scharf und unvoreingenommen beobachtete; magische und astrologische Betrachtungsweisen schlichen sich ein. Albert war entsprechend der Geisteshaltung seiner Zeit vorwiegend ein «literarischer» Naturwissenschaftler, der aus den Schriften anderer zusammentrug, was sich nur zusammentragen ließ, und der den mehr oder weniger durchgearbeiteten Stoff meist in einen schon vorhandenen Denkrahmen einordnete. Seine Schriften *De natura loci* (Über die Natur des Orts) und *Mineralia* scheint er eigenständig komponiert zu haben, wahrscheinlich auch den Schluß seiner Tierkunde, Teile der Pflanzenkunde und einiges der *Parva naturalia* (Kleine Naturschriften). Methodisch fiel er insofern hinter die griechische Antike zurück, als er die vergleichende Anatomie von Tieren bei Aristoteles hätte lernen können, die er bei seiner eigenen Anatomie der Biene nicht anwandte.[5]

Schon vor seiner Studien- und Lehrzeit in Paris hatte sich Albert mit den Schriften des Aristoteles beschäftigt. Aber erst nachdem ihn Ordensbrüder wiederholt gebeten, sogar bedrängt hatten, ihnen alle Werke des Aristoteles auszulegen und nicht bloß die logischen Schriften oder die *Nikomachische Ethik,* nahm er in Köln, in einem Alter von über fünfzig Jahren, diese schwere Aufgabe nach einem vorgefaßten Plan in Angriff. Dieses Unternehmen so lange hinauszuzögern mochte darin begründet gewesen sein, daß es noch ein päpstliches Verbot gab, abgesehen von den logischen Schriften, die Werke des Heiden Aristoteles zu benutzen, es sei denn, sie würden von jenen Gedanken gereinigt, die dem christlichen Glauben widersprechen. Auch konnte Albert wissen, was an Arbeit auf ihn zukam, wenn er nicht nur die Schriften des Aristoteles umschreibend erklärte, sondern zusätzlich die seines Hauptkommentators Averroes (Ibn Ruschd) und die Werke des Avicenna (Ibn Sina) sowie noch weitere Literatur antiker und «arabischer» Herkunft heranzöge, um gewissenhaft auszulegen und verbliebene Fragen zu beantworten. Hatte man aber entschiedener als Roland von Cremona, erster Magister regens (Lehrstuhlinhaber) der Dominikaner in Paris, oder als Alexander von Hales oder als der Verfasser der *Summa Halensis* oder als Robert Grosseteste begriffen, daß das umfangreiche Gedankensystem des Aristoteles trotz einiger Unklarheiten und gedanklicher Mängel als natürliche Wahrheit die übernatürliche Wahrheit der Bibel und der kirchlichen Überlieferung ergänzen konnte oder sollte, dann gab es für einen erkenntnissuchenden Menschen nur dies eine, sich jenes System, zusammen mit den späteren fortführenden Gedanken, anzueignen und lehrend weiterzugeben. Und hiermit war auch die Methode der paraphrasierenden Kommentierung selbstverständlich. Die Bibel enthält Gottes Wort und bringt die Erkenntnis der übernatürlichen Welt der göttlichen Gnade, des göttlichen Seins, Wollens und Wirkens sowie des Reiches Gottes. Das Wort des Aristoteles führt zu einer umfassenden Erkenntnis der natürlichen Welt der wirkmächtigen Gestirne und des Entstehens und Vergehens im Untermondbereich, also auf der Erde, im Wasser, in der Luft und in der darüberliegenden Kugelschale des reinen, nicht leuchtenden Feuers. Stützte man sich in der Tradition der Kirche bei der Auslegung der Bibel als Gottes Wort seit Jahrhunderten auf die Schriften der griechischen und lateinischen Kirchenväter und nachfolgender anerkannter Theologen, so lag es nahe, bei der Auslegung der Werke des Aristoteles die Schriften der Peripatetiker, also der Aristotelesanhänger und somit der Aristotelestradition, heranzuziehen; für die Zeit der Antike kamen dafür die Werke des Themistius und des Alexander von Aphrodisias in Frage – wenn auch durch den Kommentar des Averroes vermittelt –, aber auch die *Naturales quaestiones* von Kaiser Neros Lehrmeister Seneca und die Schriften «unseres Boethius», wie Albert schreibt;[6] für die neuere Zeit vor allem die *Sufficientia* (Hinlängliches), *De congelatione et conglutinatione lapidum* (Über das Zusammengerinnen und Zusammenleimen der Steine), die Metaphysik, die Tierkunde und der medizinische Kanon des Avicenna sowie die Kommentare des Averroes. Die Elemente des Euklid und die Werke des Ptolemäus unterstützten den Aristotelesausleger Albert mit ihrem speziellen Fachwissen. Aber zwischen der Auslegung von Gottes Wort und der Auslegung der Gedanken des Aristoteles, dieses Erzgelehrten (archidoctor), Philosophen schlechthin und Fürsten (princeps) der Peripatetiker, also seiner «Schule», bestand ein wichtiger Unterschied: Das Wort Gottes war unfehlbar und konnte höchstens tiefer erfaßt werden; Aristoteles jedoch war fehlbar und konnte, mußte sogar da und dort verbessert werden. Die Lehre von der Ewigkeit der Welt(materie) widersprach dem Wort Gottes der Bibel, daß die Welt und mit ihr die Zeit durch einen Schöpfungsakt Gottes existiert und in einer großen Katastrophe ein Ende finden werde, worin sich Albert durch die Philosophie Platons bestärkt sah; und das Schicksal der individuellen menschlichen Geistseele nach der Auflösung des irdischen Leibes war nach Aristoteles unklar. Die Auslegung «gewisser», daß nur eine überindividuelle Vernunft weiterleben werde, mußte Albert aus religiöser Überzeugung ablehnen.[7]

Auf die eben dargelegte Weise arbeitete sich Albert in schneller Folge durch die einzelnen Schriften des *Corpus Aristotelicum* und durch jene Schriften, die dem Aristoteles zugeschrieben wurden. In knapp zehn Jahren hatte er seine große naturphilosophisch-naturwissenschaftliche Summa (Lehrbuch) von Einzelsummen mit klarem Aufbau und einer Unterteilung in Bücher, Traktate, Kapitel für das Auslegen des jeweils anstehenden Textes und mit Kapiteln für die Diskussion zweifelhafter Gedanken und anstehender Fragen fertiggestellt und wie in einer vulkanischen Eruption Werk auf Werk getürmt, klar nach Plan, wenn auch nicht immer sorgfältig in der Gedankenverarbeitung. Wie die gotischen Kathedralen seiner Zeit, gestaltete Steinmassen von bisweilen faszinierender Größe und Wucht, so stellt Alberts naturphilosophisch-naturwissenschaftliches Gesamtwerk einen Gedankenbau von imponierender Größe dar.

Albert faßte wie Aristoteles die Welt als eine Kugel auf, die durch ihre Gestalt endlich und vollkommen sein mußte. Im Mittelpunkt der Welt befindet sich die runde, aber ruhende Erde, deren Durchmesser Albert aufgrund eines Rechenfehlers mit 927 Meilen angibt.[8] Um die kugelförmige schwere und kalte Erde legt sich kugelschalenförmig das kalte und feuchte Wasser (der Ozeane), um dieses die warme und feuchte Luft, die ihrerseits kugelschalenförmig vom leichten und heißen Feuer umgeben wird. Diese Welt des Entstehens und Vergehens der Elemente Erde, Wasser, Luft und Feuer mit den Wesensqualitäten trokken-kalt, naß-kalt, feucht-warm und trocken-heiß sowie mit der Herrschaft der geradlinigen Bewegung, nämlich für hochgeworfene Erde und Steine nach unten und für das auf Erden brennende und sichtbare Feuer nach oben, wird von den Kugelschalen der acht Himmel umgeben, des Monds, der nach Albert ein Planet ist, der Planeten Merkur und Venus, der Sonne, von der alle Gestirne ihr Licht beziehen und die Albert schon mal zu den Planeten rechnet, der Planeten Mars, Jupiter und Saturn und endlich der Fixsterne. Jede Himmelskugelschale oder jeder Himmel besteht aus einem sichtbaren Teil, dem Gestirn, aus einem unsichtbaren Teil und aus einer Intelligenz, die durch ihren Willen die Planetenbewegung in Gang hält. Jenseits dieser Welt weilt der «unbewegte Beweger», der die Kreisbewegung der Gestirne und die Welt des Entstehens und Vergehens dadurch bewegt, daß er sich in seiner Vollkommenheit ersehnen läßt; die Fülle seines Wesens kann durch immerwährende Bewegung und Veränderung nachgeahmt werden, allerdings nur unvollkommen.

Albert hat an dieser natürlichen Weltauffassung des Aristoteles dreierlei auszusetzen. Gegen Aristoteles und anders als Alpetragius (al-Bitrūjī) vertritt er mit Ptolemäus, daß es nicht bloß acht oder neun, sondern zehn Himmel gibt. Angeregt von einem Gedankengang des Ptolemäus und ausgerüstet mit neuplatonischen Ideen, wendet er den Satz des Aristoteles, die Natur mache keine Sprünge, sondern bewege sich von einem Extrem zum andern über eine lückenlose Stufenfolge, so an. Man habe beobachtet, daß der Fixsternhimmel drei Bewegungen vollziehe. Da die Natur keine Sprünge mache, müsse es über dem achten Himmel einen solchen mit zwei Bewegungen geben und über diesem einen weiteren mit nur einer Bewegung. Allerdings seien der neunte und der zehnte Himmel unsichtbar.

Der zweite Punkt von Alberts Kritik bezieht sich auf jene Lehrmeinung des Aristoteles, nach der sich die mittleren Planeten um so langsamer bewegen, je näher sie zum Fixsternhimmel stehen; dies treffe so allgemein nicht zu. Nach Aristoteles befinde sich der Planet Merkur über der Sonne, obwohl wir mit unseren Augen sähen, daß der Merkur schneller als die Sonne bewegt werde, und Albert bemerkt dazu, der Maure Abonycer habe mit Recht gesagt, wenn Aristoteles lebte, müßte er seine Lehrmeinung widerrufen.

Drittens mußte Albert Anstoß am unbewegten Beweger der Welt nehmen. Das drückte er dadurch aus, daß er zwar manchmal Gott und den unbewegten Beweger gleichzusetzen scheint, dann aber doch einen deutlichen Unterschied macht zwischen diesem unbewegten Beweger als erster Ursache einer Gattung von Bewegungsursachen und Gott als einer einmaligen ersten Ursache, der die Welt aus dem Nichts entstehen ließ.

Im Weltbild des Aristoteles und somit Alberts gibt es in den Himmeln und im Bereich des Entstehens und Vergehens Bewegung; in den Himmeln die vollkommene Kreisbewegung, im sogenannten sublunaren Bereich (Untermondbereich) von Erde, Wasser, Luft und Feuer die minderwertigere geradlinige Bewegung. Während sich darüber hinaus im Himmel nichts verändert, ist der sublunare Bereich der Ort der Veränderungen und der Bewegung im engeren Sinn. Beide Begriffe, örtliche Bewegung und Veränderung, fallen unter den Oberbegriff der Bewegung (im allgemeinen). In der Physik des Aristoteles und somit in der Physik Alberts spielt der Begriff Bewegung eine zentrale Rolle. Was Aristoteles hierbei griechisch ausdrückt, gibt Albert lateinisch wieder und zwar an Hand zweier verschiedener Übersetzungen. Lange vor

Albert hatten sich mehrere Übersetzer, vorab in Spanien und Italien, darangemacht, die Werke des Aristoteles entweder aus dem Arabischen ins Lateinische zu übersetzen, so daß es in der Tat griechisch-syrisch-arabisch-lateinische Übersetzungstexte waren, oder unmittelbar aus dem Griechischen ins Lateinische. Albert, der weder die griechische noch die arabische Sprache beherrschte, zog in seiner Gewissenhaftigkeit bei der Textauslegung, wenn vorhanden, zwei oder drei Übersetzungen heran. Seiner Physikparaphrase lag eine griechisch-lateinische Übersetzung zugrunde, zu der da und dort eine zweite griechisch-lateinische Übersetzung trat, während er die arabisch-lateinische Übersetzung, die dem ins Lateinische übersetzten Kommentar des Averroes abschnittsweise beigegeben war, ziemlich oft für Zweitformulierungen oder als Wortersatz seines Haupttextes benutzte. Das brachte mit sich, daß Albert zwei etwas verschiedene Definitionen der Bewegung kannte und sich auf dieser Basis mit der Frage beschäftigte, was letztlich die treffende Wesensbestimmung der Bewegung sei. Nach Aristoteles ist Bewegung die Verwirklichung des der Potenz nach Seienden, insofern es ein solches ist (K. Prantl). Albert kannte neben der griechisch-lateinischen die aus dem Arabischen ins Lateinische übersetzte Formulierung: motus est perfectio eius, quod est in potentia, secundum quod est tale; Bewegung ist die Vervollkommnung (oder: Vollendung) dessen, was sich im Vermögen befindet, insofern es so beschaffen ist.[9] Da nach der Physik des Aristoteles die Bewegung keine besondere Kategorie darstellt, ist sie doch unvollkommenes Sein, fragt Albert im Anschluß an Avicenna und Averroes, ob sich z.B. das Schwarzwerden als eine Veränderung von der endlich erreichten Schwärze, bei der die Veränderung aufhört, nur dem Sein nach unterscheidet oder wesensgemäß. Albert entscheidet sich begründet gegen die Auffassung des Avicenna und vertritt einen bloß seinsgemäßen Unterschied. So kommt er über die Lehre des Aristoteles hinaus zu einer eigenen Lehrmeinung vom Wesen der Bewegung im allgemeinen, in diesem Fall der Veränderung.

Eine große Bedeutung hat im Weltbild des Aristoteles, der Peripatetiker und Alberts der Ort oder der örtliche Raum. Albert nennt ihn einmal mit Porphyrius «Prinzip des Entstehens wie ein Vater».[10] Der oberste Himmel ist mit seiner Innenfläche der Ort oder der örtliche Raum für alles, was Welt ausmacht. Die Innenseite der Kugelschale des untersten Gestirns, also des Mondes, ist der Ortsraum für das Feuer, dessen sphärische Innenseite der Ortsraum für die Luft usw. In jedem natürlichen Ortsraum wirken sich die Kräfte des Himmels aus, und je nach Entfernung vom obersten Himmel ist die produktive Kraft des Ortes anders beschaffen. Was ist das Wesen des örtlichen Raums? Nach Aristoteles nicht seine Dreidimensionalität, sonst müßte man ein Vakuum zugestehen, sondern die innere Oberfläche eines «umraumenden» Körpers; Wein oder Wasser in einem Gefäß werden von der Innenfläche des Gefäßes «umraumt». Albert geht nun einen Schritt weiter, von Avicennas Schrift *Sufficientia* angeregt. Wesentlich sind dem Ortsraum nur zwei Dimensionen, nämlich Länge und Breite, während der dritten Dimension, der Tiefe, nur wirkmächtige Bedeutung zukommt. Man denke an einen Eimer Wasser, dessen wesentlicher Teil die Grundfläche wäre, während der runden Eimerwand die Aufgabe zufiele, das Wasser zusammenzuhalten. Oder man denke an jede der erwähnten Kugelschalen des Weltenbaus, deren sphärische Innenfläche zweidimensional ist, die sich aber durch ihre Krümmung zusammenhaltend auswirkt. Alberts Auffassung vom Ort als örtlichem Raum liegt also zwischen der Definition des Orts als einer reinen Fläche und unserer Wesensbestimmung des Raums durch seine Dreidimensionalität.

Man werfe erneut einen Blick auf die skizzierte Darstellung vom Aufbau der natürlichen Welt, wie er sich nach Aristoteles und hiermit auch nach Albert ergab. Der Himmel oder die Himmel bewegen sich vollkommen, das heißt kreisförmig; die Vollkommenheit des Kreises ergibt sich daraus, daß er wesensgemäß kein durch Zuwachs verschiebbares Ende kennt wie die gerade Linie und in ihm Anfang und Ende zusammenfallen. Ob man nun die Bewegung des sehr langsamen Fixsternhimmels oder die tägliche Bewegung der Sonne um die Erde betrachtet, alles, was sich im Bereich des Entstehens und Vergehens bewegt oder verändert, wird durch die Zahl der Himmelsbewegung gemessen. Die Zeit hat also als Grundlage die Bewegung, ist selbst aber weder Bewegung noch Veränderung; vielmehr, wie der Raum eine Kontinuität des Vorher und Nachher besitzt, so die durch den Raum verlaufende örtliche Bewegung ein Früher und Später der Bewegungsmomente, so schließlich die Zeit als Zahl der Bewegung das Früher und Später der Zeitmomente oder des Jetzt. An der Zeit läßt sich eine stoffliche Grundlage von ihrer formalen Ausprägung unterscheiden, wobei die Materie der Zeit im ununterbrochenen Fluß des unteilbaren Jetzt besteht, während die Form als der Wesensausdruck der Zeit Zahl ist. Der vom Neukantianismus herkommende «Aristoteliker» und Naturphilosoph des 20. Jahrhunderts Nicolai Hartmann könnte einwerfen, hier werde Zeit mit Zeitlichkeit verwechselt; die Zeit sei der unumkehrbare eindimensionale Fluß des Jetzt, die Zeitlichkeit jeder Zeitangabe ergebe sich jedoch erst durch eine seinsmäßig spätere Quantifizierung des zugrundeliegenden Zeitflusses als des Substrats der Zeitlichkeit.[11] Auch Albert stellt im Anschluß an Avicennas und Alfarabis Lehrmeinungen – letztere dem Kommentar des Averroes entnommen – einen ununterbrochenen Zusammenhang heraus, aber nicht nur des Jetztflusses; vielmehr betont er die «Kontinuität der Quantität»[12] der Zeit, das heißt, der Zeit als einer Folge diskreter oder klar unterschiedener und geschiedener Zahlen. Diese herausgehobene Betrachtungsweise der Zeit eignet sich schlecht dazu, die Zeit als eine Dimension zu verstehen, die man später einmal mit den Dimensionen des Raums zu einer vierdimensionalen Raum-Zeit-Einheit zusammenfassen könnte, um wirklichkeitsgerechter zu denken. Eine stark astrologische Einfärbung erhielt das bis dahin vorwiegend aristotelische Weltbild Alberts durch die Benutzung der pseudo-aristotelischen Schrift *De proprietatibus elementorum* (Über die Eigentümlichkeiten der Elemente) in seinem vierten naturphilosophisch-naturwissenschaftlichen Werk *De causis proprietatum elementorum* (Über die Ursachen der Eigentümlichkeiten der Elemente). Bei einem kritischen Textvergleich hätte Albert vielleicht den Mangel an aristotelischer Nüchternheit und Knappheit feststellen können, bei etwas genauerer Kenntnis der griechischen Geschichte den Anachronismus erkannt, das Leben des Sokrates in die Zeit Philipps II. von Makedonien verlegt zu sehen. Albert kommentiert nach Art einer Paraphrase diese aus dem 9. Jahrhundert n. Chr. stammende, ursprünglich arabisch abgefaßte Schrift, die ausführlich von der Wirkung der Planeten auf die Erde und auf die Menschen handelt, insbesondere vom Einfluß der Planeten Jupiter und Saturn auf die Meere und auf das Feuer, so daß es zu begrenzten oder erdweiten Überschwemmungen und Feuersbrünsten kommen kann.

Vom sechsten Werk seiner naturphilosophisch-naturwissenschaftlichen Reihe an, den *Meteora*, kann man von den *naturwissenschaftlich-naturphilosophischen* Werken Alberts sprechen, die neben den *Meteora* vorab die *Mineralia* und nach der spekulativen Seelenlehre *(De anima)* die *Parva naturalia* (sog. Kleinere naturphilosophische Schriften), die Pflanzenkunde und die sehr umfangreiche Tierkunde umfassen. Alberts eigene Beobachtungen sind denn auch fast ganz auf diese Werke verteilt. Bei den vier Büchern seiner *Meteora* hatte er für die drei ersten eine arabisch-lateinische Übersetzungsvorlage des entsprechenden aristotelischen Textes, für das vierte Buch eine griechisch-lateinische. Mit der arabisch-lateinischen Übersetzung ist er wenig zufrieden; der aristotelische Text ist ihm bisweilen zu unklar, und Aristoteles führt zu wenig die Ansichten anderer Autoren an, als daß Albert im Streit der Meinungen seine eigene Position finden könnte. Daher zieht er zusätzlich die *Naturales quaestiones* (Naturfragen) des Seneca heran, die er an weit über hundert Stellen mit oder ohne Namensnennung des Autors wörtlich, fast wörtlich oder sinngemäß ausschreibt; manchmal sind es lange Textpassagen. Bei dieser schnellen Schreibarbeit versteht er einen Satz peinlich falsch und macht aus den römischen Städten Pompeji und Herculaneum zwei Philosophen namens Pompeius und Herculaneus.[13] Das rein Geschichtliche hat bei Albert keinen hohen Stellenwert, so wenig wie das rein Geographische.[14]

Albert hat auch bei seiner Bibelauslegung und bei anderen theologischen Werken die naturphilosophisch-naturwissenschaftlichen Schriften des Aristoteles benutzt, so zum Beispiel in dem kurz nach der Tierkunde verfaßten Kommentar zum Matthäusevangelium. Wenn Albert dadurch auch zu den progressiven Denkern seiner Zeit gehörte, heißt es nicht gerade einen Text richtig verstehen, wenn man ihn auf dem Hintergrund eines fremden Weltbildes und mit den naturphilosophisch-naturwissenschaftlichen Begriffen einer anderen Kultur auslegt. Das beweist nur einmal mehr, daß «progressiv» nicht unbedingt «fortschrittlich» bedeutet, es sei denn indirekt, als weiterführender Fehlversuch. Andererseits hat es Albert verstanden, in seinen naturphilosophisch-naturwissenschaftlichen Schriften auf Bibelzitate und Wunderberichte zu verzichten. Er konzentrierte sich darauf, in seinen Begründungen innerweltlich-kausal vorzugehen. Hierbei bleibt der Begriff der Kausalität nicht bloß auf die natürliche Wirkursache beschränkt, sondern umfaßt auch die Stoffursache, die Formursache und das natürliche Ziel oder den Zweck. Aus heutiger Sicht darf man allerdings sagen, daß die Bedeutung der Zweckursache oder des sog. teleologischen Prinzips in der Natur überbewertet wurde; die Welt scheint bei Aristoteles und Albert stark nach dem Modell eines beseelten Organismus und eines sowohl nachahmenden als auch prägenden Künstlers entworfen zu sein. Es bleibt aber das Verdienst Alberts, der naturphilosophisch-naturwissenschaftlichen Betrachtungsweise einen derart selbständigen Platz im Wissenschaftsaufbau seiner Zeit zugewiesen zu haben, wie ihn sein wesentlich älterer Zeitgenosse Robert Grosseteste, Bischof von Lincoln, nicht zuzugestehen vermochte, auch wenn er der Mathematik eine bedeutendere Stellung einräumte.

III. Wirkung

Albertus Coloniensis und Doctor universalis fand leider keinen Nachfolger für sein umfangreiches naturphilosophisch-naturwissenschaftliches Gesamtwerk. Weder hat jemand dieses Œuvre bewahrend weitergereicht, noch bemühte sich jemand darum, alle Beurteilungen und Schlußfolgerungen Alberts zusammenzutragen, um zu sehen, wie weit Albert die aristotelisch-peripatetische Tradition weitergeführt hatte. Es fand sich auch keiner, der im Anschluß an Alberts Werk weitergedacht hätte, sei es vorsichtig, sei es «revolutionierend». Alberts Werk ist daher zwischen Antike und Neuzeit eine einmalige große Eruption, der sich keine naturphilosophische Schule anschloß; auch als Mineraloge, Pflanzenkundler und Zoologe steht er im lateinischen Europa zwischen Antike und Neuzeit allein. Als sich mit Beginn der Neuzeit unter der Einwirkung der Renaissance und des Humanismus das wissenschaftliche Bewußtsein und Selbstbewußtsein veränderten, stand man ihm kritisch gegenüber oder vergaß ihn einfach. Der Mineraloge Georg Agricola (1494–1555) lehnte seine autoritätsbezogene Methode ab und stellte die eigene Erfahrung und Beobachtung in den Vordergrund; Andreas Caesalpinus, der im 16. Jahrhundert eine umfangreiche wissenschaftliche Pflanzenkunde verfaßte, berief sich auf viele antike Autoren, auch auf Avicenna und Averroes, nur Albertus Magnus wird nicht erwähnt! Wenn auch Alberts Tierkunde mindestens bis ins 17. Jahrhundert hinein neu aufgelegt wurde, besagt das noch nichts über einen Einfluß auf den eigentlichen Wissenschaftsbetrieb. Alberts jüngerer Zeitgenosse Petrus Peregrinus hatte mit seiner kleinen Schrift *Epistola de magnete* – das Ergebnis einfacher Experimente – vielleicht mehr Fernwirkung als Albert mit seinem Gesamtwerk; William Gilbert knüpfte um 1600 in *De magnete* an die Arbeit des Petrus an. Allerdings sollte man nicht vergessen, daß naturphilosophische Gedanken Alberts das 14. Jahrhundert anregten, das in gewisser Hinsicht ein Jahrhundert der Naturphilosophie wurde.

Es liegt eine Tragik darin, daß Albert ziemlich bald nach seinem Tod in der Volkslegende als der große Alchemist und Zauberer galt, daß man ihm Bücher alchemistischer und magischer Art zuschrieb, die er nie verfaßt hatte, daß man sogar bewußt solche Bücher unter seinem Namen erscheinen ließ, während sein tatsächliches Schaffen keinen Nachfolger fand.

Wolfgang Breidert

SPÄTSCHOLASTIK
(14. Jahrhundert)

I. Hauptvertreter

Die Naturphilosophie der Spätscholastik wird vor allem von zwei bedeutenden Pariser Philosophen beherrscht: Johannes Buridan († 1358) und Nicole Oresme († 1382). Über das Leben dieser Gelehrten ist nur sehr wenig bekannt.

Buridan, der nie der theologischen Fakultät, sondern nur der Artistenfakultät angehörte, war zweimal Rektor der Universität von Paris (1328, 1340). Bei Gelegenheit einer Reise zum päpstlichen Hof nach Avignon machte er meteorologische Beobachtungen am Mont Ventoux, wenige Jahre bevor Petrarca 1336 diesen Berg bestieg. Buridan vertrat zwar den Nominalismus, doch in einer gemäßigten Form, so daß er in die Kritik an Nikolaus von Autrecourt mit einstimmen konnte, der in Paris radikal antimetaphysische Auffassungen gelehrt hatte, woraufhin seine Bücher verbrannt wurden. Buridans wichtigste Schriften gehören zu den Gebieten der Naturphilosophie *(Quaestiones super... de caelo et mundo, Quaestiones super octo physicorum libros)*, der Logik *(Sophismata, Consequentiae)* und zur Ethik (Kommentare zur *Nikomachischen Ethik* und Quaestiones zur *Politik* des Aristoteles). Es war vor allem seine Impetuslehre, die Buridan den Ruf eines «Vorläufers» von Galilei eintrug, doch die «Impetus-Lehre war eine Ausbesserung der aristotelischen Physik, nicht deren Überwindung».[1]

Nicole Oresme verbrachte um die Mitte des 14. Jahrhunderts einige Jahre an der Universität von Paris, war Tutor des späteren Königs Karl V. und ab 1377 Bischof von Lisieux. Unter seinen zahlreichen Schriften befinden sich auch mehrere in französischer Sprache. Einige Schriften des Aristoteles hatte er im Auftrag von Karl V. ins Französische übersetzt. Oresme hat u. a. einen bedeutenden Traktat über das Geld und eine Kritik der Astrologie verfaßt. Er schrieb auch Kommentare zu den *Sentenzen* und zur Aristotelischen *Physik*, die aber leider verlorengegangen sind. Die wichtigsten erhaltenen naturphilosophischen Schriften sind die mathematisch-physikalische Abhandlung *De configurationibus qualitatum et motuum* und der astronomisch-kosmologische *Commentaire aux livres du ciel et du monde*, in dem er die Erddrehung in bezug auf die Sonne als eine mögliche Hypothese darlegt, denn die Ruhe der Erde lasse sich nicht beweisen.

Auch wenn Oresme selbst diese Hypothese nicht akzeptiert, so hält er sie immerhin doch für ökonomischer als die Hypothese von der Erdruhe.

II. «Natur» und «Naturgesetz»

Ob wir «Natur» als zu schützende Umwelt verstehen oder als «Gegenstand» der die Neuzeit mitbestimmenden Naturwissenschaften, der Begriff, den wir von Natur haben, hat sich im Laufe der Zeit ebenso gewandelt wie unser Verhältnis zu ihr. Durch zahlreiche Widrigkeiten sind wir gezwungen, unser Verhältnis zur Natur zu überdenken und in diesem Zusammenhang auch die Naturwissenschaften als historische Erscheinungen zu begreifen. Die Naturwissenschaften, die ja das prinzipiell «wiederholbare» Experiment zu ihren Methoden zählen und die sich oft von den Unsicherheiten und Zufälligkeiten der Geschichte abzusetzen versuchten, nehmen nicht nur immer mehr ihre Geschichte als «Entdeckungsgeschichte» und als kumulativen oder expansiven «Erkenntnisfortschritt» wahr, sondern bemerken in zunehmendem Maße, daß auch ihre grundlegenden Begriffe, Fragestellungen und Methoden historisch entstandene Produkte des menschlichen Geistes sind. Selbst die uns schon institutionell vertraute Trennung von sachorientierten Natur*wissenschaften* und ontologisch-methodologischer, über diese Wissenschaften reflektierender Natur*philosophie* gehört zu dem historisch Gewordenen, also zu dem, was nicht immer selbstverständlich war. Mag es auch heuristisch manchmal nützlich erscheinen, mit den uns geläufigen Vorstellungen in die Vergangenheit zu blicken, so müssen wir doch darauf gefaßt sein, daß sie dort vielleicht ihren heuristischen Wert verlieren können. Die Betrachtung der Wissenschaftsgeschichte der Antike und des Mittelalters kann u. a. dadurch faszinieren, daß hier oft erst die Begriffe und Fragen gebildet werden, die wir als grundlegend für die Naturwissenschaften ansehen.

Selbst «Bewegung», «Geschwindigkeit» und «Kraft» können in der Scholastik noch nicht als endgültig begrifflich getrennt angesehen werden. Der Begriff des «Naturgesetzes» warf zu jener Zeit nicht nur wissenschaftstheoretische Präzisierungsprobleme auf, sondern ist noch kaum als grundlegender Begriff erkannt, was jedoch nicht ausschließt, daß man de facto nach Zusammenhängen suchte, die sich aus der Natur ergeben, wobei «Natur» einerseits das «Wesen» der untersuchten Dinge *(natura rerum)* bedeuten kann, andererseits den gesamten Kosmos bzw. die den Kosmos durchsetzende oder lenkende Kraft. Ibn Sina hatte diese Unterscheidung terminologisch durch *natura particularis* bzw. *natura universalis* vorgegeben.

III. Platonismus, Aristotelismus, Theologie

Der scholastischen Philosophie war durch die Tradition des christlichen Platonismus die Vorstellung einer mathematisch geordneten Schöpfung erwachsen, denn der christliche Gott übernahm nicht nur die aus der jüdischen Religion gewonnene Funktion des Weltschöpfers, sondern auch die aus der pythagoreisch-platonistischen Philosophie stammende Funktion des Demiurgen, der die Welt aufgrund mathematischer Prinzipien schafft. Während sich die erste Funktion des Schöpfers an markanter Bibelstelle (Genesis) findet, konnte man die zweite nur auf eine periphere, aber dann oft zitierte Stelle aus dem *Buch der Weisheit* (XI, 21) stützen, wonach Gott alles nach Zahl, Maß und Gewicht geordnet oder erschaffen hat. (Es gibt die Formulierungen «disposuit», «constituit», «fecit» und «creavit».)

Diesem Schöpfungsverständnis gemäß ist es nur konsequent, in der Natur nach Manifestationen der mathematischen Schöpfungsordnung zu suchen. Doch die Auskunft, daß «alles» mathematisch geordnet sei, gibt noch keine Information darüber, wie sich dies im einzelnen darstelle. Solange man sich noch nicht einmal darüber klar war, ob mit «Bewegung» so etwas wie eine eigene, quantitativ erfaßbare Form gemeint ist oder eher ein Zustand, der durch das Verhältnis von Bewegungsraum und Zeit bestimmt ist, oder auch etwas, das vom Volumen des bewegten Körpers abhängt, konnte man an eine Messung der zugehörigen Größe kaum denken, falls man es überhaupt gewollt hätte. Gehörte nicht auch die «Wucht» oder «Kraft» einer Bewegung zu ihren wesentlichen Merkmalen? Der scholastische Naturphilosoph hatte nicht nur an einer «Forschungsfront» zu kämpfen.

Die Tradition, vor allem die aristotelische, hatte der Scholastik ein umfangreiches, teilweise sehr differenziertes Begriffssystem überliefert, das in seiner Komplexität und Ausgefeiltheit eine suggestive Wirkung ausübte. Der aristotelische Begriff der Bewegung *(Kinesis, Motus)* war aber so weit, daß er auch die Vermehrung und Verminderung, die qualitative Veränderung sowie das Werden und Vergehen neben der Ortsveränderung umfaßte. Das wirkte zwar einerseits befruchtend, weil die Diskussion der «Bewegung» auch von theologischer Seite her angefacht wurde (z.B. die qualitative Veränderung des Brotes beim Altarsakrament, Zu- und Abnahme der *Caritas*), aber der Begriff war damit gleichzeitig zu schwerfällig, um als ein scharfes Instrument der Naturerfassung zu dienen.

Die scholastischen Auseinandersetzungen im Bereich der Naturphilosophie gingen aber keineswegs nur aus der Konfrontation von Bibel- und Aristotelesexegese hervor, sondern auch aus dem Versuch, das aristotelische Begriffssystem immanent konsequent fortzuentwickeln. Wie sollte man z. B. das Verhältnis von Bewegungsraum und Zeit bei Rotationsbewegungen auf aristotelischer Basis bestimmen? Der Aufschlußwert der zahlreichen schematischen Wissenschaftsklassifikationen in jener Zeit, in der die verschiedenen Kontexte oft nur die Gelegenheit und nicht so sehr der Grund für die Erörterung naturphilosophischer Fragen waren, ist daher gering, denn die Diskussionsorte für solche Probleme liegen nicht innerhalb bestimmter Fakultätsgrenzen. Gewiß sind die Kommentare zur aristotelischen *Physik* ein bevorzugter Ort für die Behandlung physikalischer Themen, doch gibt es daneben ausgedehnte naturphilosophische Passagen in den Genesis-Kommentaren (Hexaemeron), wo die Schöpfungsordnung behandelt werden mußte, oder in den Sentenzenkommentaren, wo die «Bewegung» der Engel ausführlich diskutiert wurde. Dabei war traditionsgemäß zu erörtern, ob Engel einen Ort einnehmen. Hierbei ging es nicht nur um Spitzfindigkeiten («Wie viele Engel haben auf einer Nadelspitze Platz?»), sondern die Begriffe von Ort und Ausdehnung sowie ihre Implikationen mußten geklärt werden – Begriffe, ohne die die neuzeitliche Physik kaum denkbar ist. Die Frage nach der Möglichkeit und Art der Engelsbewegung gab auch Anlaß, die Begrifflichkeit der kontinuierlichen oder diskontinuierlichen, körperlichen oder unkörperlichen Ortsveränderungen zu entwickeln. Da ein Engel nicht nur aufgrund seiner körperlichen Erscheinung, sondern vor allem aufgrund seiner Aktivität, seiner Kraftausübung und Wirkungen an einem Ort anwesend ist, gab es in diesem Kontext Überlegungen, die in die Frühgeschichte des Kraftbegriffs gehören. Selbst scheinbar so spezifisch theologische Themen wie das Altarsakrament wurden so sehr mit mathematisch-naturwissenschaftlichen Diskussionen verquickt, daß z.B. Wilhelm von Ockham seinen Traktat *De sacramento altaris* mit einer umfangreichen Einleitung über die Beziehung von Punkt, Linie, Fläche und Körper zur Quantität beginnt, denn in diesem Kontext wurde auch die Diskussion ausgetragen, wie Veränderung zu denken sei. Auf der anderen Seite werden die Quaestionen zur aristotelischen *Physik* auch mit Hilfe theologischer Beispiele beantwortet.

IV. Die spätscholastische Bewegungslehre

Ein von Aristoteles nur unbefriedigend gelöstes Problem war die Erklärung der Bewegung eines geworfenen oder fallenden Objektes, nachdem es den Beweger (die werfende Hand) verlassen hat. Der aristotelischen Physik fehlte zur Erklärung solcher Phänomene vor allem der Begriff der Trägheit. Nicht einmal der Newtonsche Begriff der Gravitation stand für die Erklärung solcher Fälle zur Verfügung, sondern nur die «Schwere» (*gravitas*) als eine Neigung des Körpers, seinen «natürlichen Ort» aufzusuchen. Auf diese animistische Weise konnte man die Fallbeschleunigung noch einigermaßen plausibel machen (je näher das fallende Objekt seinem natürlichen Ort kommt, um so mehr beeilt es sich, dorthin zu kommen, weil es gleichsam einen «Stalltrieb» hat), doch das Zurückprallen eines auf den Boden fallenden Balles konnte so nicht mehr verständlich gemacht werden. Der elastische Stoß ist im aristotelischen System nicht gut erklärbar, zumal Aristoteles ausdrücklich die These vertreten hatte, daß jede geradlinige Hin- und Herbewegung während einer – wenn auch noch so kurzen – Zeitspanne im Umkehrpunkt ruhe *(quies media)*. Das hieß aber für das fallende Objekt, daß es sich nach Erreichen des Zieles aus einer Ruhelage am natürlichen Ort spontan wieder nach oben bewegte. Ein Verteidiger des Aristoteles konnte dem zwar noch entgegenhalten, daß die vom fallenden Objekt nach unten getriebene Luft ihrerseits wieder nach oben zu ihrem natürlichen Ort strebe und so das Mobile hinauftreibe, doch gab es zwei weitere Einwände gegen die aristotelische Erklärung: 1. Wie Buridan bemerkte, hängt die Beschleunigung nicht von der Nähe zum natürlichen Ort ab.[2] 2. Man kann mit Grund daran zweifeln, ob die Ruhe im Umkehrpunkt *(quies media)* notwendig ist.

Die erste Behauptung belegt Buridan mit Hilfe einer «Beobachtung», die er zwar wohl nicht tatsächlich gemacht hat, von der er aber annimmt, jeder Leser habe einschlägige Erfahrungen: Fällt ein Stein weit oben (auf der «Turmspitze der Kirche Beata Maria») um zehn Fuß auf einen Menschen, der dort oben steht, so verletzt er diesen ebensosehr, wie wenn dieser Mensch irgendwo in einem tiefen Brunnen von einem um zehn Fuß herabfallenden Stein getroffen wird. Aus der Unschärfe der «Versuchsanordnung» ist hinreichend deutlich, daß Buridan kaum an ein «Experiment» im modernen Sinne gedacht hat, stattdessen appelliert er an die allgemeine Erfahrung der Leser. So verfuhr auch schon Aristoteles, doch sieht man, daß das Experiment so beschrieben ist («zehn Fuß», «Kirche Beata Maria»), daß man es leicht realisieren und präzisieren könnte. Wozu sollte man aber allgemein bekannte Erfahrungen experimentell überprüfen? Erst in der Neuzeit bestätigt man auch Allerweltserfahrungen mit großem wissenschaftlichen Aufwand (z.B. «Im Durchschnitt übersteigt die Kauflust die Kaufkraft»).

Buridans Überlegungen zeigen, wie unklar es war, was man überhaupt hätte messen sollen, wenn man gewollt hätte. Er macht sich offenbar keine Gedanken darüber, ob es richtig sei, aus der gleichen Stärke der Verletzung (Wucht des Aufschlags) auf die Gleichheit der Geschwindigkeiten bzw. Beschleunigungen zu schließen. Unter Rückgriff auf Gedanken von Philoponus, Ibn Sina und Franciscus de Marchia gibt Buridan eine Erklärung der Fallbewegung, die von der aristotelischen Erklärung erheblich abweicht: Die Schwere ist ortsunabhängig und setzt nicht nur anfangs den fallenden Körper in Bewegung, sondern erteilt ihm in jedem Augenblick seiner Bewegung einen Antrieb. Während die Antriebskräfte der Himmelssphären (Intelligenzen, Engel) und die Schwere bzw. Tendenz zum natürlichen Ort nach scholastischem Verständnis niemals nachlassen, hören alle anderen Bewegungsursachen auch ohne äußeren Einfluß von selbst auf («ermüden»). Als Argument dafür, daß die Schwerkraft nicht ermüdet, konnte man auf den Gedanken verweisen, daß sonst ein fallender Körper zur Ruhe kommen könnte, bevor er auf einen anderen Körper getroffen wäre. Die Schwerkraft erzeugt nun im ersten Augenblick des Falls («genauer»: am Ende des ersten Augenblicks) im fallenden Objekt einen «Impetus», der proportional zur hervorgerufenen Geschwindigkeit ist. Dabei ist die Verknüpfung von Geschwindigkeit des Objekts und Impetus bei Buridan keineswegs klar. Es steht nicht einmal fest, ob eine der beiden «Größen» von der anderen quantitativ abhängt, denn einerseits heißt es, die Bewegung werde schneller, je größer der Impetus ist, andererseits aber wird die schnellere Bewegung als Ursache für die Zunahme des Impetus angesehen.[3] Jedenfalls bildet der so entstandene Impetus eine zusätzliche bewegende «Kraft», die allerdings, wie auch alle übrigen Kräfte, unabhängig vom wirkenden Widerstand von selbst vergeht.

Daß die Buridansche Impetuslehre vor den anderen Lehren seiner Zeitgenossen ausgezeichnet wird, liegt vor allem an der Tatsache, daß er dem Impetus eine permanente Natur *(res naturae permanentis)* zuschreibt. Die Interpretation dieses Ausdrucks hat allerdings zu Kontroversen geführt. Eine modernistische Auslegung tendierte dazu, den Impetus bei Buridan im Sinne der neuzeitlichen Trägheitskraft als einen konstant bleibenden Antrieb aufzufassen. Abgesehen davon, daß Buridan mit einer solchen Ansicht allzusehr aus dem Rahmen der seinerzeit vertretenen Auffassungen herausfiele – was aber immerhin denkbar wäre –, spricht gegen diese Interpretation, daß bei ihm der Impetus tatsächlich als zerstörbar gilt.[4] Buridan versuchte mit seiner Einordnung des Impetus unter die permanenten Dinge nur, ein Dilemma zu lösen, vor dem sich Franciscus de Marchia sah, der in seinem Sentenzenkommentar von einer im Mobile «deponierten» Bewegungskraft sprach, sich aber in der Verlegenheit befand, sich diese als ein Mittleres zwischen den permanenten und den sukzessiven «Formen» vorstellen zu müssen.[5] Entsprechend der ockhamistischen Tendenz, die sukzessiven Formen zugunsten der permanenten aus der Naturphilosophie zu verdrängen, hebt Buridan den permanenten Charakter des Impetus hervor. Der Versuch, *«permanens»* von *«permano»* (eindringen, fließen) abzuleiten, den Stillman Drake machte und dem sich Michael Wolff anschloß, scheitert nicht nur philologisch, sondern steht auch in krassem Gegensatz zu der von Drake favorisierten Deutung «being present all at once» bzw. «all being there at the same time». Der Impetus «bleibt» insofern, als er nicht sofort verschwindet, er hört erst nach und nach auf. Er bleibt beim fallenden Körper aber so lange, daß sich viele Impetus aufsummieren, denn in jedem Augenblick der Fallbewegung entsteht aufgrund dieser Bewegung ein zusätzlicher neuer Impetus. Durch diese Überlagerung oder Summation der Impetus wird die Beschleunigung des Falls erklärt. (Da die Scholastik keinen expliziten Integralbegriff hat, ist der Ausdruck «Summation» wohl angebracht.)

Der Vorteil der Buridanschen Impetuslehre gegenüber der aristotelischen Erklärung von Wurf- und Fallbewegungen liegt darin, daß mit dem Impetus eine bewegende Kraft vom Beweger in das Mobile verlegt wird, so daß die unbefriedigende Antiperistasis überflüssig wird, nach der das Projektil durch einen Luftwirbel fortbewegt wird, indem die vorne verdrängte Luft von hinten schiebt. Gegen diese Aristotelische Lehre konnte Buridan drei gewichtige Gründe ins Feld führen:[6] 1) Ein Kreisel und ein rotierender Mühlstein behalten ihre Bewegung auch ohne Antrieb noch lange bei, obwohl es bei ihnen keine Antiperistasis gibt. 2) Bei einer am Ende zugespitzten Lanze kann die Luft schlechter schieben, trotzdem fliegt sie genausogut (Buridan sagt «nicht besser») wie eine mit stumpfem Ende. 3) Zieht man ein Schiff gegen den Strom und überläßt es sich dann selbst, so spürt der Bootsmann auf dem Schiff zwar einen Luftzug von vorne, aber keine von hinten schiebende Luft.

Buridans Impetuslehre hat vor allem insofern anregend gewirkt, als sie erstens einen neuen Ansatz zur Erklärung von Wurf- und Fallbewegungen lieferte, zweitens dadurch, daß mit ihr die ungleichmäßige Fallbewegung letztlich auf eine gleichmäßige Einwirkung der Schwerkraft unabhängig von der Erdnähe zurückgeführt werden konnte. Buridan entfernte sich zwar damit von der «richtigen» aristotelischen Auffassung, daß die Schwere mit der Erdnähe zunimmt, er lenkte aber durch diesen dynamischen «Rückschritt» zunächst einmal die Aufmerksamkeit auf eine adäquate kinematische Beschreibung der Fallbewegung, nämlich auf die *gleichmäßige* Zunahme der Geschwindigkeit.[7] Buridans Erklärung der Fallbewegung mittels des Impetus rückt damit in den Bereich der zahlreichen scholastischen Versuche, Difformität auf Uniformität zurückzuführen. Nur aus dieser Tendenz zur Gleichmäßigkeit lassen sich jene merkwürdigen Begriffsbildungen wie «Gesamtbewegung» *(motus totalis)* und «Gesamtgeschwindigkeit» *(velocitas totalis)* verstehen. In diesen Bereich gehören auch die Bemühungen um Durchschnittsbildungen, wie sie dem «Mertonschen Gesetz» («Oresmesche Regel») zugrunde liegen.[8]

Oft wurde von Wissenschaftshistorikern festgestellt, daß ein wichtiger Unterschied zwischen der mittelalterlichen Naturphilosophie und der neuzeitlichen Naturwissenschaft darin besteht, daß die scholastischen Wissenschaftler nicht quantitativ-empirisch vorgingen. Die für naturwissenschaftliche Verfahren heute charakteristischen Messungen gehörten damals nicht zum wissenschaftlichen Standard. Wenn man diese Tatsache nicht nur vorschnell mit dem Hinweis auf scholastische Borniertheit abtun will, wird man sich vielleicht darüber wundern, weil doch die mathematische Struktur des Kosmos zu den Grundüberzeugungen des mittelalterlichen Denkens gehört. Man wird dann aber vielleicht auch erkennen, daß die Scholastik gewisse begriffliche Hindernisse zu überwinden hatte, um zu einer messenden Naturwissenschaft zu gelangen. Hans Blumenberg verwies in diesem Zusammenhang vor allem auf die Unfähigkeit der Scholastik, auf das Ideal der Exaktheit des in die Schöpfung gelegten «göttlichen Maßes» zu verzichten, obwohl dieses doch alle menschlichen Fähigkeiten weit überforderte.[9] Aber auch innerhalb der aristotelischen Physik standen Schwierigkeiten im Wege. Wenn wir z.B. die Temperatur oder den Luftdruck durch Längen (Höhen von Quecksilbersäulen) oder die elektrische Spannung durch einen Winkel (Zeigerausschlag) messen, so «verstoßen» wir gegen das aristotelische Gebot, daß das Maß und das Gemessene homogen sein müssen.[10] Darüber hinaus forderte Aristoteles, daß beide kommensurabel sind und das Maß in bezug auf das zu Messende eine erste (d.h. kleinste) Einheit ist.[11] Diesem Maßbegriff entsprechen in erster Linie die natürlichen Zahlen, doch wird er, wie schon Aristoteles bemerkte, von hier auch auf stetige Größen übertragen.[12] Während die Zahlen eine natürliche Einheit besitzen, ist die Einheit, was Buridan ausdrücklich hervorhebt,[13] bei kontinuierlichen Größen willkürlich gewählt, weswegen eine Messung kontinuierlicher Größen stets von geringerem Rang und schon daher von geringerem Interesse war. Dies geringe Interesse wurde zudem durch das Wissen von den inkommensurablen geometrischen Größen noch gemindert.

Zu den Problemen der Inkommensurabilität und der Beliebigkeit der Einheit kam noch das Problem der Homogenität hinzu. Strenggenommen dürfte man immer nur Zeiten durch Zeiten, Flächen durch Flächen messen usw. Doch auch im mittelalterlichen Alltag wurden Flächen durch Zeiten (z.B. die für eine bestimmte Landbestellung: «Morgen») oder Entfernungen durch Zeiten («eine Stunde entfernt») angegeben. Ohne solche indirekten Maße ist eine komplexe Naturwissenschaft kaum denkbar. Die Festlegung von Maßen für Größen, die nur indirekt meßbar sind, enthält einige Beliebigkeit, wobei man allerdings mehr oder weniger «geschickt» wählen kann. Ein typisches scholastisches Beispiel war die quantitative Bestimmung der «Bewegung» eines rotierenden oder auf einer Kreisbahn umlaufenden Körpers. Es fällt uns schwer, uns in eine Zeit zurückzuversetzen, in der die Begriffe «Bewegung», «Geschwindigkeit», «Winkel- und Bahngeschwindigkeit», «Impuls», «Drehimpuls» «kinetische Energie» usw. noch nicht begrifflich getrennt waren. Die aristotelische Aussage, daß das Schnellere in

Nicole Oresme (1320/1325–1382)

der gleichen Zeit einen größeren Weg zurücklege als das Langsamere, ließ sich noch so weit ausdehnen, daß man sagte: von zwei sonst gleichen Körpern, die auf verschiedenen Kreisbahnen in gleicher Zeit um das gleiche Zentrum laufen, hat das mit größerem Bahnradius eine «größere Bewegung». Wie sollte man diesen Gedanken aber z. B. auf eine rotierende Kreisscheibe oder Kugel übertragen? Ist die «Bewegung» des rotierenden Körpers durch die Bewegung des schnellsten Punktes zu messen, oder soll man eher einen Punkt mittlerer Geschwindigkeit wählen? Sind die «Bewegungen» eines Kreisrings und einer Kreisscheibe mit gleichen äußeren Radien, die in gleichen Zeiten um ihren Mittelpunkt rotieren, gleich groß? Wir sind vielleicht geneigt, solche Fragen als «scholastisch» abzutun. So sah etwa Anneliese Maier in solchen Fragen einen deutlichen Beweis, «wie wenig konkreten Problem- und Erkenntnisgehalt diese Fragen und die darauf gegebenen Antworten haben».[14] Derartige Fragen wurden z. B. von Thomas Bradwardinus, Albert von Sachsen, von Buridan und Oresme in Fortsetzung der Behandlung durch Gerhard von Brüssel diskutiert, und diese Diskussionen haben überhaupt erst zur begrifflichen Trennung von Winkel- und Bahngeschwindigkeit geführt, womit man schließlich ein Instrument entwickelt hatte, um Rotationsbewegungen physikalisch adäquat zu erfassen.

Die quantitative Erfassung von «Formen», d. h. von Qualitäten, wie Wärme, Kälte, Geschwindigkeit, Liebe usw., war aber nur möglich mittels indirekter Maße. Dabei war die Scholastik nicht nur auf die Maße solcher Größen gerichtet, sondern immer auch schon auf die Veränderungen dieser Größen, auf ihre Zu- und Abnahme *(intensio et remissio formarum)*. Auch hier gilt: Am Anfang der Wissenschaftsentwicklung steht nicht immer das Einfachste.

Die Darstellung von Intensitäten mit Hilfe von Linien findet sich zwar schon bei Roger Bacon,[15] doch fehlt ihm noch das deutliche Bewußtsein dafür, daß bei der Behandlung von Wärmegraden im Zusammenhang mit Mischungen nicht nur die Intensitäten, sondern auch die extensive Verteilung derselben zu berücksichtigen ist. Die extensive Verteilung von Intensitäten wird erst nach und nach bei Johannes Dumbleton, Richard Swineshead und Johannes Buridan in Betracht gezogen. Es war vor allem aber Nicole Oresme, der ein volles Bewußtsein davon entwickelte, daß jedem Extensionspunkt eines betrachteten Objektes eine Intension zuzuordnen sei, die ihrerseits als Strecke bildlich dargestellt werden konnte. Bei dreidimensionalen Objekten führt diese Betrachtungsweise zwar auf vierdimensionale, bei Einbeziehung der zeitlichen Veränderung sogar auf fünfdimensionale Darstellungen, doch behilft sich Oresme, indem er sich den Körper in unendlich viele Flächen zerlegt denkt – eine Vorstellung, die sich mindestens bis zu Gerhard von Brüssel (13. Jh.) zurückverfolgen läßt – und jede dieser Flächen mit dem «Körper» seiner Intensitäten versieht. Diese unendlich vielen «Körper» würden sich gegenseitig durchdringen, sie lassen sich daher nur mit der Einbildungskraft vorstellen. De facto beschränkte man die Betrachtungen jedoch auf zweidimensionale Ausschnitte, zumal man sich besonders für punktförmige Qualitätsträger (Seele, Engel) interessierte.[16] Abgesehen von dem sich hier ausdrückenden Dimensionsverständnis besaß Oresme vor allem ein deutliches Bewußtsein davon, daß all die geometrischen Darstellungen von Intensitäten auf einer imaginativen Übertragung beruhen, denn Wärme, Liebe und Geschwindigkeit sind keine unmittelbar extensiv meßbaren Größen. Alle intensiven Qualitäten werden nur aufgrund einer Isomorphie durch geometrische Größen dargestellt, nur ihr funktionaler Strukturzusammenhang wird repräsentiert.[17]

Vor dem Hintergrund der allgemeinen geometrischen Darstellung intensiver Qualitäten erscheint schließlich die vielzitierte Mertonsche Regel nachträglich nur als eine spezielle Anwendung jener Methode. Eine gleichförmig beschleunigte Bewegung *(motus uniformiter difformis)* ist «äquivalent» zu einer Bewegung mit konstanter Geschwindigkeit, die dem Mittelwert aus Anfangs- und Endgeschwindigkeit gleich ist. Die Motivation für einen derartigen Vergleich mag in zwei Punkten liegen: 1) Die eleatisch-platonistische Tradition hatte die Aufmerksamkeit auf die Gleichförmigkeit als die stärkste Annäherung an die Konstanz gelenkt. 2) Bei Geschwindigkeiten entspricht das nach der Mertonschen Regel erzeugte Rechteck dem zurückgelegten Weg. Dieser zweite Punkt könnte zu dem Gedanken verleiten, man habe sich für die «Wirkung» der Veränderung interessiert. Doch braucht man statt einer Geschwindigkeit nur den Wärmegrad einzusetzen, um davon wieder abzukommen, denn die Durchschnittstemperatur mag wohl im Zeitalter der Regelungstechnik von Interesse sein, aber es ist kaum zu sehen, warum sich ein Scholastiker für sie interessiert haben sollte. Schon die bei Gerhard von Brüssel durchgeführten Berechnungen der Durchschnittsgeschwindigkeit aller an einer Rotation beteiligten Körperpunkte hatten damals kaum eine physikalische Relevanz, sondern dienten eher dem Ziel, Ungleichförmigkeit auf Gleichförmigkeit (rechnerisch) zurückzuführen. Daher ist es auch nicht verwunderlich, daß Oresme gar nicht sagt, daß die in der Mertonschen Regel betrachteten Figuren den durchlaufenen Weg darstellen. Die Motive, aus denen heraus man eine Theorie betreibt, ändern sich eben mit dem Kontext, in dem sie betrieben wird.

Obwohl Buridan mit seiner Impetuslehre eine Möglichkeit nahegelegt hatte, die Bewegungen der Himmelskörper durch natürliche Kräfte bzw. einen einmaligen «Anstoß» bei der Schöpfung zu erklären, lehnte Oresme diese Möglichkeit ausdrücklich ab und griff bewußt wieder auf die Willenskraft der Intelligenzen (Engel) als Antrieb für die himmlischen Bewegungen zurück, wobei Oresme die Aristotelische Auffassung vom prinzipiellen Unterschied zwischen der «himmlischen» und der «irdischen» Physik, die der neuzeitlichen Himmelsmechanik so sehr im Wege stand, noch bekräftigte.

Zu den originellsten Gedanken Oresmes gehört das Gedankenexperiment vom Rohr durch den Erdmittelpunkt. Er will damit zeigen, daß der «natürliche Ort» eines Elementes nicht, wie Aristoteles es wollte, absolut durch den Abstand vom Erdmittelpunkt, sondern nur relativ in bezug auf die ihn umgebenden Körper bestimmt ist. Wäre nämlich das Rohr vom Erdmittelpunkt bis zum Rand der sublunaren Sphäre mit Feuer gefüllt, in dem sich eine kleine Portion Luft befindet, so würde diese bis zum Erdmittelpunkt absinken, weil sie schwerer als Feuer ist. Wäre das Rohr aber statt mit Feuer mit Wasser gefüllt, so stiege die leichtere Luft ganz nach oben. Die Luft sucht also nicht ihren natürlichen Ort, sondern strebt nach ihrem Platz nur mit Bezug auf die anderen Elemente.

Dieses Oresmesche «Experiment» gehört zu jenem Typ von Überlegungen, in denen die Aristotelische Theorie, die im alltäglichen Bereich zutrifft, auf die Probe gestellt wird, indem man sie auf ungewöhnliche Fälle anwendet. So ließ sich zeigen, daß sie nicht mit Notwendigkeit gilt. Um die Vorstellung solcher außergewöhnlichen Situationen zu ermöglichen, griffen die spätscholastischen Naturphilosophen oft auf die göttliche Allmacht zurück, denn mit ihrer Hilfe wurden solche extremen Konstellationen «herstellbar».

V. Wirkung

Galt Buridan als «Vorläufer» Galileis, so nannte man Oresme einen «Vorläufer» des Kopernikus, weil Oresme die Argumente zugunsten der Erdrotation so intensiv erörtert hat, daß die Argumentationsbasis des Kopernikus keineswegs als besser angesehen werden kann. Das Ungenügen an der ptolemäischen Astronomie mit ihren vielen Hilfskonstruktionen (Epizyklen) konnte lange Zeit durch den Fortschrittsglauben der Wissenschaft überbrückt werden, doch kamen dann in der Spätscholastik zwei wichtige Philosopheme zusammen, die eine prinzipielle Veränderung weniger herbeiführten als ermöglichten, nämlich die göttliche Abundanz eines allmächtigen, voluntaristischen Gottes, wodurch der Glaube an die Einfachheit des Kosmos erschüttert wurde, und die sich daraus ergebende Notlage der menschlichen Erkenntnis, aus der sich die Empfehlung zur strikten Einhaltung des nominalistischen Ökonomieprinzips ergab. Die Spätscholastik vollzog durch ihr Abrücken von der Erkennbarkeit der wahren kosmologischen Ordnung zwar einen Schritt der Resignation, die zu einer eher skeptischen Haltung bei Oresme führt, sie schafft sich damit aber auch die Möglichkeit und zugleich die Last der hypothetischen Modellbildungen. Die Hypothesen erheben dann nicht mehr den Anspruch auf Wahrheit, sondern unterliegen nur noch der Forderung zur «Wahrung der Phänomene» («apparentia salventur») und dem Ökonomieprinzip. Darum stellt Oresme fest, daß die Achsenrotation der Erde anstelle der Rotation der Himmelssphären zu den gleichen astronomischen Beobachtungen führen würde wie bisher und daß diese Hypothese mit geringeren Mitteln auskomme als die gewöhnliche, denn sie erfordere nur die Drehung der Erde, die im Vergleich mit dem Gesamtkosmos sehr klein sei. Dieser Gedankengang Oresmes macht deutlich, wie das durch die Irrationalität des Kosmos provozierte Ökonomieprinzip und das zugehörige Bewußtsein von der Winzigkeit des Menschen im ausgehenden Mittelalter implizit gerade eine Wende zugunsten einer rationaleren Kosmologie nahelegen.

Obwohl die spätscholastischen Naturphilosophen sich noch gezwungen fühlten, in dezisionistischer Weise Stellung für eine der damals üblichen Lehrmeinungen zu beziehen, so waren sie doch damit beschäftigt, kosmologische, astronomische und physikalische Argumentationsarsenale aufzubauen und die zugehörigen Diskussionsmöglichkeiten zu erweitern. Oresme entscheidet z. B. die Frage nach der Pluralität von Welten mit der Berufung auf die Allmacht Gottes dahin, daß dieser mehrere Welten hätte schaffen *können* und daß Aristoteles diese Möglichkeit nicht widerlegt habe.[18] Oresme zögert keineswegs bei der Entscheidung, daß Gott allerdings in der Tat nur eine einzige körperliche Welt erschaffen habe. Was bei diesem Gedankenspiel so fasziniert, ist Oresmes Beschreibung der möglichen Welten als selbständiger Gravitationszentren, wobei die einzelnen Teile der verschiedenen Welten nicht zu ihrem «natürlichen» angestammten Zentrum tendieren, sondern zu demjenigen, in dessen Anziehungsbereich sie sich gerade befinden. Damit hat Oresme zwar nicht den Gedanken der allgemeinen Massenanziehung gefaßt, aber man sieht, wie sich die aristotelische Lehre aufgrund solcher Gedankenexperimente auflösen läßt und wie mit Hilfe der göttlichen Allmacht Vorstellungen möglich werden, die in Richtung auf die allgemeine Gravitation weisen.

Heinrich Schipperges

PARACELSUS
(1493–1541)

I. Einführung

Im Übergang vom Mittelalter zur Neuzeit begegnet uns eine der abenteuerlichsten Gestalten in der Wissenschaftsgeschichte: Theophrastus Bombastus von Hohenheim, der sich später – nach der Manier der Humanisten – Paracelsus nannte. Schon zu seinen Lebzeiten schlagen sich faszinierte Anhänger und gehässige Gegner in feindliche Lager: Ein neuer «Luther der Medizin» bedeutet er den einen, den anderen ein Verderber von Wissenschaft und Religion, wie der Humanist Thomas Erastus ihn nannte, einen Genossen des Satans, *socius diaboli*, ein grunzendes Schwein und seine Schüler schlechtweg *indocti asini*, ein ungebildetes Eselspack.

Eine wahrhaft umstrittene Gestalt – und nicht weniger streitbar! Auch Paracelsus hat gewettert gegen die «Geldpfaffen» und «Kälberärzte», hat sie »Requiemsdoktoren» geheißen und «lausige Sophisten», nichts als «Polsterprofessoren», die in den Büchern der Alten rumpelten wie die Sau im Trog. Überaus selbstbewußt tritt er auf und mit jenem selbstsicheren Sendungsbewußtsein, wie es sich in seinem Wahlspruch kundtut, der lautet: «Alterius non sit, qui suus esse potest». Wer sein eigen sein kann, soll niemand anderem folgen: «Ein jeder bleibe wie ein Fels in seinem Wesen», und noch eindringlicher in seinen theologischen Schriften: Wer sein eigen ist, «soll keines andern Diener sein, sondern sein eigener Herr mit Herz und Verstand; dann kann er frei und gebefreudig schalten und walten» und sich «ein freies Herz behalten» (in *De felici liberalitate*).

Ein Kind seiner Zeit ist Paracelsus gewesen, und ihr doch ganz entwachsen und auf das Neue gerichtet: deswegen wohl auch so widerspruchsvoll und aufregend. Ein Mensch der neuen Zeit aus einer alten Welt, voller Rebellion gegen die Autoritäten, in der vollen Zerreißprobe aller Spannungen im Übergang! Abenteuerlich wird uns auch sein Werk werden, wenn wir uns nur entschließen, es als ein Ganzes zu nehmen, mit einem naturphilosophisch überraschend geschlossenen Hintergrund, der denn auch in erster Linie den Arzt Paracelsus zu einem «Klassiker der Naturphilosophie» hat werden lassen.

Was die Frage nach der Eingebundenheit in die Überlieferungslandschaft angeht, so müssen die naturphilosophischen Gedanken des Paracelsus durchgehend in ihrer Beziehung zu den theosophischen und kosmologischen Ideen der Renaissance gesehen werden, allerdings jeweils von konkreten Texten aus und mit aller Kritik. Nicht übersehen werden sollten die intensiven Zusammenhänge des paracelsischen Weltbildes mit neuplatonischen Überlieferungen und einer zeitgenössischen Gnosis, Wechselwirkungen, auf die vor allem Walter Pagel bereits 1962 hingewiesen hatte. Verbindungen mit dem traditionellen Hermetismus lassen sich fraglos überall dort herstellen, wo von der Makrokosmos-Mikrokosmos-Entsprechung die Rede ist, wo Geistiges gegen Irdisches oder der «Leib» gegen die «Seele» ausgehandelt werden, wo das Unsichtige im Sichtbaren zur Erscheinung kommen soll. Weniger überzeugend werden solche Vergleiche, wenn konkrete Begriffe wie der neuplatonische Materiebegriff, die *logoi spermatikoi* der gnostischen Überlieferung, die Drei-Prinzipien-Lehre hermetischer Provenienz oder auch die gegenseitige Durchdringung des Lichtes der Natur und des Lichtes der Gnade zur Debatte stehen.

Demgegenüber ist von der neueren Paracelsus-Forschung vor allem die alchimistische Mitgift des Neuplatonismus im Gedankengut des Paracelsus in das historiographische Blickfeld gerückt worden, wobei es zu überraschenden Einsichten in den Charakter spätmittelalterlicher *alchimia* kam. Als besonders interessant erscheint ein methodischer Duktus, den Walter Pagel und Marianne Winder (1975) angewandt haben, ein Denkweg, der mit der Frage verbunden ist, ob sich exemplarische Lehrstücke der Renaissancenaturalisten (wie Pico oder Agrippa) über die Unterschiede der «höheren» und «niederen» Elemente nicht auch auf Paracelsus anwenden lassen. Dieser «Rückschluß» verliert allerdings an Bedeutung, wenn neben den «echten» Schriften (wie *Labyrinthus*) auch die mit großer Wahrscheinlichkeit unechten Traktate (wie *De vita longa*) herangezogen werden. Mit dem 16. Jahrhundert verließ die «magia naturalis» überdies mehr und mehr ihr erkenntnistheoretisches Fundament und wurde zu einer rasch vulgarisierten *magia artificialis*, die sich den Methoden und Fortschritten der Naturwissenschaften kaum noch anzupassen vermochte und die denn auch von der Naturphilosophie der Neuzeit nicht mehr berücksichtigt wurde.

Wir beziehen uns bei unserer Übersicht auf die von Karl Sudhoff 1922 bis 1933 in 14 Bänden herausgegebenen *Sämtliche Werke*, in die mit Sicherheit auch «unechte» Werke aufgenommen wurden. Die noch in der Herausgabe befindlichen *Theologischen und religionswissenschaftlichen Schriften* wurden nur gelegentlich herangezogen. Vom Schrifttum des Paracelsus aus ist seit der Mitte des 16. Jahrhunderts eine eigenständige, wenn auch kaum einheitliche Bewegung ausgegangen, die das wissenschaftliche Leben des 16. und 17. Jahrhunderts entscheidend geprägt hat und die wir als «Paracelsismus» bezeichnen. An diesem Punkte gilt es, besonders kritisch zu unterscheiden, wenn von Paracelsus als einem «Klassiker der Naturphilosophie» die Rede sein soll, wobei wir gut beraten wären, zunächst einmal einen kurzen Blick auf seinen Lebensweg und sein als einigermaßen sicher geltendes Werk zu werfen.

II. Leben und Werk

Theophrastus von Hohenheim wurde 1493 an der Teufelsbrücke bei Einsiedeln geboren; er starb 1541, einsam und verarmt, zu Salzburg. Dazwischen liegt ein unstetes Wanderleben, das den jungen Mediziner durch die Bergwerke treibt und an die Hohen Schulen bringt, über die Pilgerstraßen Spaniens und Frankreichs führt und auf die Schlachtfelder der Nordischen Kriege, bis er sich 1524 in Salzburg zu ärztlicher Praxis niederläßt. In die Bauernaufstände verwickelt, muß er bald fliehen, wandert abermals, erwirbt 1526 zu Straßburg das Bürgerrecht und wird als Stadtarzt nach Basel berufen, mit dem Recht, an der dortigen Universität Vorlesungen zu halten.

Paracelsus las zunächst *De Gradibus*, eine lateinische Rezeptenlehre nach galenischem Schema sowie in deutscher Sprache über chirurgische Krankheiten. Eine weitere Vorlesungsreihe über die Syphilis fand nicht mehr statt, da es zu immer heftigeren Konflikten mit der Fakultät, mit dem Magistrat, mit den Kollegen, auch mit den Studenten kam. Immer systematischer wurde die Position des Theophrastus erschüttert. Eine Verhaftung wegen «Aufsässigkeit» drohte. Paracelsus mußte fliehen! Ein Jahr darauf finden wir ihn in Esslingen und Nürnberg. Die Schrift *Von Ursprung und Herkommen der Franzosen* wird vollendet und erstmals mit dem Autorennamen versehen, der zum Ruhm der Welt wurde: Paracelsus!

Im Jahre 1530 erfolgt die letzte Bearbeitung des Buches *Paragranum*, das den Untertitel trägt *Liber quatuor columnarum artis medicae*. Die nächsten Jahre finden wir ihn wiederum auf den Landstraßen, von Regensburg über Nördlingen nach St. Gallen, wo er sich für längere Zeit niederläßt. Die Zweifel an seiner Berufung wachsen. Nach Diskussionen mit Theologen schreibt er die *Auslegung der Psalmen* und andere theologische und sozialkritische Schriften nieder, die Paracelsus als einen längst nicht gewürdigten Laienprediger, Gesellschaftskritiker und Sozialreformer ausweisen.

Nach einem Aufenthalt in verschiedenen Orten am Bodensee, in Tirol, in Kärnten finden wir Paracelsus im August 1540 zum zweiten Male in Salzburg, auch diesmal offensichtlich mit dem Versuch einer ärztlichen Niederlassung. Ende September 1541 diktiert der frühgealterte, sterbenskranke Paracelsus im Wirtshaus «Zum weißen Roß» seinen letzten Willen. Drei Tage nach diesem Testament, am 24. September 1541, stirbt er und wird noch am gleichen Tage auf dem Armenfriedhof von Sankt Sebastian zu Grabe getragen.

Paracelsus (1493–1541)

Ein nur fragmentarisch zu fassendes Werk liegt vor uns. In seinem Mittelpunkt steht der Leib des gesunden und kranken Menschen, ein Schlüssel, der die Architektonik des *endokosmos* Mensch öffnet, des *kosmos anthropos*. Am Leitfaden des Leibes gelangt Paracelsus im Labyrinth der stofflichen Differenzierungen zur Erkenntnis des Organismus als eines zweiten Kosmos, eines Unendlichen an Komplexität, eines wahren *mesokosmos*. Der Arzt wird dabei zum gebildeten Fachmann für den Menschen, der auch den anderen Fakultäten den Eckstein legt. Nach ihm erst kommt der Theologe, der um den Leib zu wissen hat, danach erst der Jurist, der diese edle Kreatur nicht wie ein Kalb verurteilen soll, danach erst der praktische Arzt, der das göttliche Bildnis im Menschen bedenken möge, um dessentwillen er die Not wendet und die Bildung zum Heile einleitet.

Bei unserer kursorischen Übersicht über die *Opera Paracelsi* haben wir zu bedenken, daß nur wenig zu seinen Lebzeiten in den Druck kam, das Gesamtwerk also mühsam nachkonstruiert werden muß, was besonders für seine Stellung in der Geschichte der Naturphilosophie bedeutsam wird. Im Jahre 1529 erschienen der Traktat *Vom Holtz Guiaco gründlicher Heylung* sowie bei Peypus in Nürnberg *Von Ursprung und Herkommen der Franzosen*. Vor dem Jahre 1530 wurden die großen «Para»-Werke abgeschlossen: das frühe *Volumen medicinae Paramirum* (vermutlich um 1520), das die Lehre von den «fünf Entien» enthält; das Grundwerk *Paragranum* sowie das *Opus Paramirum* mit einer Krankheitsursachenlehre und der Lehre von den «Tartarischen Krankheiten».

Im Jahre 1536 geht bei Heinrich Steiner in Augsburg die *Große Wundarznei* in den Druck. Eine weitere Schriftengattung widmet Paracelsus 1537 den Kärntner Ständen: neben einer *Chronik* das *Buch von den Tartarischen Krankheiten*, die *Sieben Defensiones* sowie den *Labyrinthus medicorum errantium*, die sog. «Kärntner Schriften», die in dieser Form erst 1955 zu Klagenfurt in den Druck kamen. Um das Jahr 1537 legt Paracelsus erste Entwürfe zu einer *Astronomia Magna* nieder, mit der Absicht, «zu erklären die ganze Religion aller Kreaturen, in was Grund und Kunst nach der Ordnung sie gestellt wird». Die Texte sind handschriftlich nicht gesichert; sie kamen erstmals 1571 als *Die ganze Philosophia sagax der großen und kleinen Welt* in den Druck. Als unecht angesehen werden müssen aus äußeren wie inneren Kriterien: die *Philosophia de generationibus*, die *Philosophia ad Atheniensis*, der Traktat *De vita longa*, die Bücher *De natura rerum* sowie große Teile der Entwürfe zur *Philosophia Magna*.

Hinter dem Gesamtwerk aber leuchtet eine große Erfahrung auf, das Suchen nach den Zeichen und das Wissen um die Signatur, die in der Schöpfung eingeborgen ist. Von diesem großen Wissen sind alle naturphilosophisch orientierten Texte getragen; zu diesem Wissen bekennt Paracelsus sich, wenn er schreibt: «Wir Menschen auf Erden erfahren alles das, was in den Bergen liegt, durch die äußeren Zeichen ... ebenso die Eigenschaften der Kräuter und Steine. Und nichts ist in der Tiefe des Meers, in der Höhe des Firmaments: der Mensch vermag es zu erkennen!» Jede gewachsene Frucht hat ihr Zeichen, so auch der Mensch. «Und die Natur ist der Fabricator in die Figur; so gibt sie die Form, die zugleich das Wesen ist, und die Form zeigt das Wesen an.»

III. Der naturphilosophische Hintergrund

Im Mittelpunkt von Hohenheims philosophischem System steht das Postulat: «daß einer wisse und nit wähne». Unser Philosophieren soll kommen aus dem «Licht der Natur», nicht «aus der Listigkeit unserer gemachten Sinnen, die wir uns selbst schaffen». Maßgebend sind für uns Menschen «Erfahrenheit und Wissen», nicht aber das «Gedünken und Vermeinen» (I, 243). Das Licht der Natur ist der Meister, «nit unser hirn, nit unser fünf sinn» (I, 325). Dies gilt in besonderer Weise für den Fachmann für die natürlichen Dinge, für den Arzt: «Die erfahrenheit des liechts der natur macht den arzt und sein experienz» (I, 151). Nicht die experimentell erarbeiteten Einzeltatsachen sind wichtig, sondern die Erfahrenheit als solche: «Die experimenten machen keinen arzt; das liecht der natur macht einen arzt.» (I, 354)

Immer wieder ist vom Licht der Natur die Rede: «Aus dem Licht der wachsenden Dinge müßt ihr sehen der wachsenden Dinge Eigenschaft, nicht durch eure Phantasei oder Spekulation, sondern aus dem Licht, das euch aus den wachsenden Dingen entspringt. Also geht die Theorica der Arznei her im Erkennen der natürlichen Kräfte, die Arcana geheißen werden, und sie sind die Mysteria, aus denen der Arzt wachsen soll» (IX, 568). Gott zeigt uns in der Schule des Lichts der Natur, «daß wir nit allein uns die Augen sollen ersättigen, sondern uns verwundern und nachforschen den natürlichen Dingen, so der Augen Gesicht nicht begreift». Auf das Auftun der Augen ist alles Tun gerichtet: «dieweil im liecht der natur so heiter gezeiget wird, unsichtbare ding sichtbar zu sehen ...» (IX, 253). Also ist auch die Natur selber ein Licht, das noch über das Licht der Sonne scheint! Die Natur schaut gleichsam in ihr eigenes Wesen «und hat ein Auge, das in all ihre Heimlichkeiten sieht» (XII, 152). Im Licht dieser Natur sollen wir suchen und «nit ersaufen im werk» (IX, 255). Das «auftun der augen» erst läßt sie in Erfahrung bringen: die «magnalia» der vollen Wirklichkeit (IX, 253).

Das Licht macht die Lichtung offenkundig: Aller «augenscheinliche verstand» der Dinge (VIII, 70) will aus sich selber heraus sichtig und offenbarlich werden. «Denn wo ein Herz ist, da ist auch ein Mund, da ist auch eine Stimme, da ist nun die Erforschung des Herzens.» Das

Auge, das ins Geheime der Natur geschaut hat, es ist dem Munde gleich, der aus dem Herzen spricht (XII, 152). Im Auge liegen die «Künste des Suchens», die «Wege der Offenbarung», und sie alle wollen nun an das «Herz der Dinge» (XII, 155).

Paracelsus geht davon aus, daß alles in der Natur seine rationale Ordnung hat. Aber auch der wahren Mysteria in der Natur und Kunst sind wunderbar viele, und es gibt zahlreiche unbegreifliche Wege, die dahin führen als in ein großes Sinnreich. Denn *scientia* ist kein Geheimwissen; des Arztes Werke sind augenscheinlich; die Dinge der Natur werden offenbarlich und kennen «nichts Verborgenes». Alles erweist sich im Licht der Natur, was sagen will: in den leibhaftigen Phänomenen der großen Welt wie der kleinen Welt! Man kann das *scientia* nennen, auch *sapientia* oder *prudentia*, auch *philosophia*, ja sogar *magica inventrix*, die als *praeceptor* alles forschende Eingreifen in die Welt pädagogisch instruiert und den Menschen zum wissenden Partner der Natur macht, und dies so sehr – sagt Paracelsus –, daß, «ob als dan alle bücher verdürben und stürben und alle erznei mit inen, so ist doch noch nichts verloren; dan das buch inventrix findet alles wider und noch mehr dazu» (XI, 206).

Paracelsus will damit sagen, daß die damals allgemein übliche Säftelehre galenischer Tradition ruhig aufgegeben und das ganze Bücherwissen vergessen werden darf, wenn nur die naturgegebenen Bedingungen des Lebens beachtet werden, leibhaftig gegebene Voraussetzungen, wie sie in gesunden und kranken Tagen in Erscheinung treten. Paracelsus glaubt es dabei jedesmal der Natur abgelesen zu haben, wenn er einer Lokalisation bestimmter Krankheiten das Wort redet.

Mit dieser seiner Wendung zur konkreten Natur stellt sich Paracelsus eindeutig gegen das humoralpathologische Konzept jahrhundertelanger Überlieferung. Daß im Menschen die vier *humores* eine spezifische Funktion ausüben könnten, das erscheint ihm «hart zu glauben». Die Heilkunst aber soll nicht im Glauben stehen, sondern in den Augen. Die Natur ist für Paracelsus ein unerschöpflicher Operationsraum des Menschen, eine brachliegende Werkstatt, in der nichts schon vollendet ist, nichts geschlossen an den Tag gebracht werden kann: «sondern der Mensch muß es vollenden».

Das Auge des Naturforschers erkennt im «Licht der Natur» erst die verschlüsselte Wirklichkeit, wenn es nur «der Figur folgt, welche die Natur bezeichnet hat». Das Zeichen *(signum)* führt uns ins Verborgene, Heimliche, dem man sein Geheimnis entreißen muß, um die Dinge «augenscheinlich und greifbar» zu machen. Liegt doch der Sinn aller sinnlichen Bindung in der leibhaftigen Bildung der Welt. Denn der Mensch ward «in die Gestalt geschaffen, auf daß alle *magnalia naturae* durch ihn sichtiglich geschehen mögen». Alle natürlichen Mysterien der Schöpfung wollen offenbar werden, «welches ohne den Menschen nit hätt' mögen geschehen. Und Gott will, daß die Dinge sichtbar werden, die unsichtbar sind.» Denn die Schöpfung ist noch nicht zu Ende: Der Mensch soll sie vollenden, und er wird sie bilden zu einer «güldenen Welt».

Die von den modernen Wissenschaftshistorikern immer wieder angeführten Ungereimtheiten und «Widersprüche» in des Paracelsus Naturphilosophie würden sich bald auflösen, würde man sich bei der Interpretation mehr auf das vermutlich «echte» Schrifttum stützen und nicht mit Vorliebe auch sicherlich «unechte» Traktate zum Vergleich heranziehen. So kann der «innere» und der «äußere» Mensch bei Paracelsus einfach nicht mit dem gnostischen System des «elementalischen» und des «spiritualischen» Leibes gleichgesetzt werden, wie es immer wieder (vgl. Pagel, 1984, 98) versucht wird, etwa mit der Wendung vom «auswendig» zum «innern menschen» (VIII, 145). Die vermuteten Widersprüche lassen sich auch nicht dadurch beheben, daß man von einer «inneren Entwicklung» bei Paracelsus spricht, wobei der ursprünglichen «Erfahrenheit» eine spätere metaphysische oder auch gnostische «Spekulation» aufgesetzt wird. Man sollte sich daher eher an diejenigen Texte halten, die zu des Paracelsus Lebzeiten in den Druck kamen, in einem so engen Zeitraum übrigens, daß von einer «Entwicklung» oder gar von «Sprüngen» kaum die Rede sein kann. Dies gilt in Sonderheit, wenn wir nun aus der kleinen Welt des Menschen einen Blick werfen auf die «große Welt»!

IV. Das kosmologische System

Wie in einem überdimensionalen Koordinatensystem wird das Bild des Menschen an der Welt sichtbar. Wie die Sonne Himmel und Erde samt ihrem elementarischen Leibe erleuchtet, also leuchten die Augen ihrem Leib. «Aber die sonn ist das auge seins leibs, also inwirkend und zündend die augen als vil dem leib not ist» (III, 471). Die Dinge der Natur kommen nicht nur zur Erscheinung, sondern auch zu ihrer Enthüllung. Der Kräuter Kräfte sind unsichtbar, und sie werden doch aufgespürt. Die Tiere bleiben stumm, und doch bringt der Mensch ihr Wesen in Erfahrung. «Dan also wil got im liecht der natur, das nichts in ir sei, das unwissend bleibe. wan alle ding so in der natur sind, sind von des menschen wegen. so es nun um seintwegen geschaffen ist und ist der Mensch der des selbigen so bedarf, so folgt nun auf das, das er erforschen sol alles das, so in der natur heimlich ligt» (XII, 149).

Die große Welt erscheint bei Paracelsus zunächst auf dem traditionellen Hintergrund des scholastischen Elementargefüges. Die vier Elemente sind es, die als Luft und Wasser, als Feuer und Erde die Weltstoffe gliedern und ihre kosmischen Funktionen vermitteln: ein weltenweites Signaturensystem in einem omnivalenten Entsprechungsnetz! Aus dem Wasser ward im Ursprung die Welt. Wasser war die archetypische Matrix des Kosmos und aller seiner Geschöpfe, «als wär's ein Sack, in dem alle Samen wären und würden gesät, so wächst ein jegliches Genus und Species in seine Art und Eigenschaft» (III, 41). So ward Leben in Fülle gesät auch über diese Erde. Inmitten der Erde aber steht der Mensch, an Statur zwar klein, an Kräften seines geistigen Vermögens jedoch gewaltig. Er spannt sich aus in die Elemente und hält sie und wird von ihnen unterhalten: «bedenken, wie groß und wie so edel der mensch geschaffen sei und wie so groß seine anatomei begriffen wird» (VIII, 180).

Damit ist der große Bogen der Schöpfung vorgezeichnet. «Also hat nun Gott den Sternen den Lauf gegeben, daß sie geworfen werden von der Hand Gottes in den Kreis des ganzen Firmaments, ein jeglicher Stern in seinen Kreis und Gang.» Nichts in diesem Kreislauf darf feiern, alles ist in täglicher Übung, um die Natur wachzuhalten. Der Mensch steht in diesem permanenten Schöpfungsprozeß einer «creatio continua» als das letzte Geschöpf, weshalb man auch über ihn nicht sinnvoll reden kann, ehe nicht das ganze Universum beschrieben wurde. Ist doch der Mensch ein «Sohn der ganzen Welt»!

Vor diesem universalen Hintergrund erscheint nun die immer noch unerschlossene Entienlehre, die wir durchaus als naturphilosophisches Konzept interpretieren dürfen, wobei das *ens astrale* und das *ens veneni* im Mittelpunkt stehen.

Unter dem *ens astrale* haben wir zunächst die pathogenen Einflüsse der Gestirne auf den menschlichen Organismus zu verstehen, und es gibt in der Tat Stellen, die auf astromedizinische Konstellationen hinweisen. Was sich hingegen immer stärker durchsetzt, ist ein *astrum*-Begriff, der ganz und gar der Naturlehre entstammt, sich rein dynamisch auswirkt und als Zeitgeber auftritt. Der Arzt soll daher «die zeit bedenken, damit er die zeit wisse». Wie der Raum, so ist auch die Zeit ein machtvoller Realzusammenhang, der in seiner Ordnung, eben der Geschichte, gesehen werden muß, weniger Zeitraum als Prozeß, der nur in seiner Reifung, der *maturatio*, der «Erwartung der Zeit», erfahren werden kann.

Für die Krankheitslehre des Paracelsus bedeuten solche Erfahrungen, daß eine geschichtslose Naturordnung gar nicht denkbar wäre, wie wir ja auch «nicht zu der Gesundheit noch zu der Krankheit verordnet sind», sondern beide nehmen, wie der Lauf sie führt. Es ist die Zeit, die alle Dinge verändert und immer wieder neues Gewölk aufsteigen läßt; es sind die *astra*, die dieses Zeitgefälle verstehen lassen. «Ein jeglich ding, das in der zeit stet, das stehet im himel» (VIII, 173). In diesem Weltraum allein kommt der Mensch zur «erwartung seiner zeit» (VII, 245) und damit zur *maturatio!*

Im Prozeß der wachsenden und reifenden Zeit erst gewahren wir den vollen Reichtum der Wirklichkeit, «ohn' unterlaß bis zum end der welt» (II, 317). Im Prozeß selber steht das *astrum*, das nur Sinn hat in einer leibhaftigen Existenz; denn *homo* und *coelum*, die beiden gehören zusammen als «ein Ding», so «wie die Röte im Wein ein Ding ist oder die Weiße im Schnee» (IX, 600). Wie nun der Himmel derart vielgestaltig in sich konstelliert ist, so ist auch der Mensch «für sich selbs gewaltiklich»! Und wie das Firmament in sich selber steht, von keinem Geschöpf regiert, «also wenig wird das firmament im menschen, das in ihm ist, von andern geschöpfen gewaltiget, sonder es ist alein ein gewaltig frei firmament on alle bindung» (I, 202/203).

Das ist ein klares, ein klärendes Wort! Hier ist weder Emanation noch Influenz zu finden, sondern nur die eher trockene Konstatierung einer naiven Erfahrung: daß eben die Sonnenwärme aus dem Einfluß der Sonne stammt oder der Sommer aus dem «Schein von der Sonnen» kommt: «Nicht weiter sind sie in uns noch wir in ihnen» (I, 179). Der äußere Himmel dient nur, er dient uns, dient uns in jeder Hinsicht; er ist der «wegweiser des innern himels» (VIII, 97), des Firmaments, in welchem der Mensch mit seinem Leib steht.

Von der Natur astrologischer Influenz weiß Paracelsus lediglich zu sagen, «das sie den anfang gibt, welcher zu wachsen der zeit unterworfen wird. dise zeit sol den astronomum unterrichten, on welche kein practik gesezt wird» (VII, 465). Die Astrologie kann daher keine Aussage über «des himels lauf» machen, wenn sie nicht auch den «himel im menschen» in ihre Überlegungen einbezieht (VII, 466). Von den Gestirnen selbst geht nur ein «fünklin» in die sublunare Sphäre aus, das schnell erlischt und keinerlei Wirkung auf den Menschen ausübt (XI, 241). Denn wenn auch vom Gestirn aus uns etwas treffen sollte, «so ist es doch ein fünklin von dem ein merers wechst und auf das selbig gepflanzt wird wie ein zweig auf ein andern stecken».

Dieser «Himmel», ein solches «Gestirn», mit anderen Worten: die anthropologische Zeitstruktur, will immer wieder neu verstanden sein, weil jede Zeitphase ein ander «Glück zu heilen» anbietet: «So du solchs nicht weißt, was meinest du, das du für ein arzt seiest? nichts als ein rumpler.» (VIII, 174)

Weitaus näher und aufregender erscheint der zweite Aspekt: das *ens veneni*, das uns die Umwelt mitsamt ihrer toxischen Situation zu demonstrieren vermag. Je nach dem Bezugssystem kann alles «Gift» bedeuten: «Allein die Dosis macht's, daß ein Gift kein Gift sei.» Um mit diesen Giften – im Nahrungsmittel, im Arzneimittel, in allen Lebensmitteln – fertig zu werden, braucht der Mensch einen Beschützer. Das *ens veneni* behandelt zunächst einmal die simple Frage, ob nicht doch auch im Gift noch ein Mysterium der Natur verborgen sei? (XI, 136). Und wieder die klare Antwort: Auch das Gift ist ein Teil der Natur und daher nicht zu verachten. Nur soll ein jedes Ding dazu gebraucht werden, wozu es geordnet und verordnet ist. Wer ein Gift verachtet, der weiß nicht um die Kraft, die wirklich drin ist im Gift.

Eine solche geheimnisvolle Wirklichkeit aber muß nun näher erklärt werden: Wollte man nämlich jedes Gift gerecht auslegen, was gäbe es dann noch in der Natur, was nicht Gift wäre? «Alle ding sind gift, und nichts on gift; alein die dosis macht das ein ding kein gift ist. als ein exempel: eine ietliche speis und ein ietlich getrank, so es uber sein dosin eingenommen wird, so ist es ein gift; das beweist sein ausgang. ich geb auch zu, das gift gift sei, das aber darum möge verworfen werden, das mag nicht sein» (XI, 138).

In seinen *Defensiones*, den Verteidigungsreden aus dem Jahre 1537, hatte Paracelsus seinen Gegnern die mehr als bedenkliche Frage gestellt: Ob sie denn wohl wirklich wüßten, was Gift sei oder was nicht Gift sei? «Oder aber ob im Gift kein Mysterium der Natur sei?» Soll ich, nur weil der eine Teil Gift enthält, den anderen auch mitverachten? Sollte man nicht lieber unterscheiden lernen: das Giftige verwerfen, aber seine Heilkraft suchen? «Der Gift verachtet, der weiß umb das nit, das im gift ist. dan das arcanum, so im gift, ist gesegnet dermaßen, das im das gift nichts nimpt noch schat» (XI, 137). Der Alchimist erst scheidet das Gute vom Bösen. «Dieser Alchimist wohnt im Magen, welcher sein Instrument ist, darin er kocht und arbeitet» (I, 194). Der Magen kann somit als der Alchimist par excellence bezeichnet werden, gleichsam als Prototyp aller Alchimie.

Die Natur ist hier nicht mehr die statisch abgeschlossene Schöpfung, sondern der dynamische Auftrag des Menschen zur dramatischen Entfaltung, zur Transmutation der Welt. Vulcanus ist der archaische Feuergott, der im Mikro- wie im Makrokosmos wirkt: «Was das feur tut, ist alchimia.» (XI, 187) Es allein macht die Welt der Naturstoffe zu einer Welt der Kunststoffe: Aus der primitiven Natur wird die reiche Zivilisation. Von daher versteht sich der Kernsatz: «Alchimia heißt eine Kunst, Vulcanus ist der Künstler in ihr.» Und so ist Vulcanus der «Bereiter» der großen Welt, der die Schöpfung erst vollendet. Unter dem Aspekt des *ens veneni* erscheint der Mensch in einem ständigen Assimilationsprozeß und damit in einer konkreten Symbiose mit seiner Umwelt, in stetiger Rezeption und ständiger Exkretion, in einem in sich geschlossenen biozönotischen Verbundsystem.

Die dritte Dimension der Daseinsverfassung bildet das *ens naturale*, unsere natürliche Konstitution. Der Mensch in seiner Leiblichkeit ist nicht zu verstehen ohne jene drei stofflichen Prinzipien, die Paracelsus *sulphur, mercurius, sal* genannt hat: *sulphur* als das Prinzip des Brennbaren, *mercurius* als Phänomen des Flüssigen, *sal* als erstarrender Restbestand. Mit diesen drei Prinzipien unserer leibhaftigen Existenz erfahren wir nicht nur «Ursache, Ursprung und Erkenntnis der

Krankheiten», ihre Ätiologie also, sondern auch ihre Zeichen und ihren Verlauf, die Pathogenese und was daraus «einem Arzt not ist zu wissen» (IX, 40).

Zunächst und zuoberst haben wir zu wissen, daß der Mensch gesetzt ist in drei Substanzen. «Denn wiewohl der Mensch aus nichts gemacht ist, so ist er doch in Etwas gemacht, das geteilt ist in dreierlei. Diese drei machen den ganzen Menschen und sind der Mensch selbst, und er ist sic.» (IX, 40) Die drei Substanzen bilden in ihrer je spezifischen Zusammensetzung eine konkrete Ganzheit, ein *corpus*. *Sulphur* wäre das Prinzip der Brennbarkeit; *mercurius* meint die Verflüchtigungen und die Verflüssigungen innerhalb des intermediären Stoffverkehrs; das Salz bildet den Niederschlag und erstarrenden Rückstand. Hat man diese Prozesse an der Struktur erkannt, so sieht man nicht mehr wie ein Bauer, sondern hat und nutzt die Augen, womit der Arzt nun sehen soll (IX, 45).

Mit diesen drei Substanzen werden wir aber nicht nur der Strukturen der Stoffe gewahr, sondern auch der Prozesse der Erkrankungen, auch der Phasen der Genesungen. «Also ist das Leben auch: Einmal sind wir geschnitzlet von Gott und gesetzt in die drei Substanzen, nachfolgend übermalt mit dem Leben, das uns unser Stehen, Gehen und alle Beweglichkeit gibt –: und mit einem Lumpen ist es alles wieder aus!» Der natürliche Gang unseres Lebens läuft ab, wie er durch unsere Konstitution weitgehend festgelegt und vorbestimmt ist.

Mit allen Krankheiten beladen, tritt der Mensch in das Leben. Von Geburt aus hat er aber auch schon seinen natürlichen Arzt. «Und wie er hat den destructorem sanitatis von natur, also hat er auch den conservatorem sanitatis von natur.» (IX, 197) Beide stehen in einem antagonistisch gespannten Gleichgewicht: «Was der eine zerbricht und zerbrechen will, das richtet der angeborene Arzt wieder auf und zu.» – «Also haben beide, destructor und conservator, zeug zu brechen und zeug zu machen. der eine zeucht die zaunsteken aus, der ander stekts wider ein.» (XI, 197) Makrokosmos wie Mikrokosmos tragen dieses antagonistische Prinzip gleichermaßen in sich aus: Wie die äußere Welt in ihrem Wesen handelt, so sind auch im Menschen zu merken die Zänker und Frieder, Krieger und Ruhiger [Falken und Tauben]. «Dan wo das firmament ist und die elementen, als in microcosmo, da sind fürwar frid und unfrid.» (XI, 197) Aus dem *ens naturale* erfahren wir, wie recht wir beraten waren, die Heilkunde des Paracelsus als eine «Leib-Philosophie» zu interpretieren.

Das nächste Glied in der kategorialen Verkettung der Wesenheiten des Menschen nennt Paracelsus das *ens spirituale*, unser Gesundsein und Krankwerden aus dem «Geist», wobei der Begriff «spiritus» einer besonderen Deutung bedarf. Auch hierfür dient uns Hohenheims Krankheitslehre mit ihrem *spiritus medicinae* als einleuchtendes Paradigma. Pathogenese und Rehabilitation stehen innerhalb der Kriterien eines *ens spirituale* in einem innigen Konnex. «Dan gleich ist es *ein* wissen, wie der mensch gesunt ist und wie er krank ist oder wird. dan wie ein krankheit wird vom gesunden, also wird auch von krankheit der gesunt. darumb nit allein im wissen ist oder sein soll der krankheiten ursprung, sonder auch das widerbringen der gesuntheit.» (IX, 41) Krankes soll sich konvertieren in Gesundes. Dem Prozeß der Fäulung entsprechend wird auch der Duktus der Heilung vor sich gehen, langsam oder kurz, akut oder chronisch. Die Zeit der Heilung hat sich auf die gesamte pathogenetische Phase zu erstrecken; also will es der *spiritus medicinae* (II, 94).

Der letzte Bereich, das *ens Dei*, wird von Paracelsus deutlich abgesetzt gegen die vier profanen Kategorien; denn hier erfahren wir das Leben und das Leiden unter dem Glanz des Glaubens. «Alle Dinge stehen in einer Ordnung, und die Ordnung fließt aus dem Gebot.» Das Hauptgebot aber lautet: daß wir in der Not einander Hilfe erweisen. Gibt es – so fragt Paracelsus – noch eine edlere Kunst, als die Not zu wenden zum Heile? Kann auf Erden etwas noch wichtiger sein als ein gesunder Leib und seine Erhaltung? Unter dem *ens Dei* erfahren wir aber auch, wie der Mensch in seinem gebrechlichen Leibe die Arznei des Allerhöchsten empfängt, damit er in seiner Leiblichkeit teilnehmen könne am «Mahl des Herrn». Denn Gott hat in Christo beschlossen, «den Menschen im Himmel leiblich zu haben und nicht wie einen Geist». Aus der Kraft des Glaubens erleben wir jene «besondere Art der Leiblichkeit», wie sie uns geschenkt wurde im «Mahl des Herrn».

Soweit zu diesem uns immer noch merkwürdigen Schema der Lehre von den «fünf Entien»! Man könnte sie am ehesten die Seinsbereiche der Umwelt und unserer Anlage nennen, die im ganzen getragen werden von einer religiösen Verbundenheit alles kreatürlich Geschaffenen. Die Großartigkeit dieses kategorialen Systems wäre freilich nicht erfaßt und gewürdigt, würde man nicht wenigstens den Versuch einer Integration dieser fünf Seinskreise unternehmen, die Paracelsus auch «die fünf Fürsten» genannt hat. In einer *conclusio* zu seiner Entienlehre betont er noch einmal die fünf in sich so verschiedenen Aspekte, welche die Gewalt haben, «alle Krankheit zu gebären», um sich dann den praktischen Folgerungen aus dieser Theorie zuzuwenden.

Mit seiner Entienlehre glaubte Paracelsus einen in sich evidenten theoretischen Zugang zur Wirklichkeit des gesunden und kranken Menschen gefunden zu haben, der nun in der Praxis seine Früchte zeitigen sollte. Dieses in sich so grandios geschlossene System ist von der modernen Wissenschaftsgeschichte nur in Ansätzen wahrgenommen und in seiner Tragweite keineswegs gewürdigt worden. Die paracelsische Heilkunde basiert auf einer umfassenden Naturphilosophie, die noch alle Phänomene der Geschichte wie der Gesellschaft umfaßt. Daraus resultiert nun in keiner Weise – wie im 19. Jahrhundert – eine allgemein verbindliche Einheitswissenschaft mit ihrem methodischen Dogmatismus, zu dem in der Folge die psychosozialen Aspekte nur als kompensatorisches Prinzip oder als Korrektiv treten konnten.

Diesem einseitigen, axiomatisch reduzierten, einem solchen monokularen Denken gegenüber entwirft Paracelsus eine großangelegte Kategorientafel des ärztlichen Denkens und Handelns und damit einen Leitfaden, der allein herauszuführen vermag aus dem Labyrinthus, darin der Minotaurus hockt, der *monoculus* mit seinem einäugigen Blick und seinem methodischen Terror. Mit diesen fünf fundamentalen Seinskategorien sind nicht nur die Anlage und das Umfeld erfaßt, sondern auch die Umwelt und Mitwelt, die von einer kosmischen Konstellation gehalten und einer spirituellen Konkordanz gestaltet werden und die alle insgesamt wieder ausgerichtet sind auf ein übergeordnetes normatives Bezugssystem.

V. Von der Natur des menschlichen Leibes

Mit seinen fünf Seinsbereichen des gesunden wie kranken Menschen hat uns Paracelsus ein in sich geschlossenes System von Welt und Mensch vor Augen geführt. Die erkenntnistheoretischen Kriterien dieses Weltbildes sind so großzügig wie eindeutig. In den theologischen Schriften betont Paracelsus, er wolle nur das niederschreiben, was der Heiligen Schrift gemäß und dem Licht der Natur nicht zuwider sei, um einzig und allein das zu seiner Wissenschaft und Kunst zu machen, «was aus göttlicher und natürlicher Philosophia wohl gegründet» (II/II, 424). Alles aber, was sich in diesem Licht erkenntlich macht, das ist – mit einem Wort – Leib! «Alle Dinge, die Gott geschaffen hat, die hat er in der Korporalität gleicher Prozesse ausgeführt.» (III, 38) Struktur und Funktion bilden ein einheitlich geschlossenes, ein leibhaftiges Bedeutungskontinuum, eben die Ordnung der Natur!

Das alles ist noch die gute alte Überlieferung vom Makro- und Mikrokosmos, ein Weltbild, mehr noch eine Bildwelt, die Jahrtausende gebildet hat mit unermeßlichen Entsprechungen zwischen einer großen und der kleinen Welt, eine *signatura mundi*, der auch Paracelsus nur neue Lichter und Farben aufzusetzen vermochte. Dann aber kommt über diese Bilderwelt etwas entscheidend Neues, die eigentliche Wendung zur Neuzeit, die weder in der kopernikanischen Wende zu sehen ist noch im spekulativen Optimismus rechnender Mechaniker, die im Grunde eine anthropologische Wende darstellt: Der Mensch tritt jetzt ins Zentrum der Welt! Sein Leib wird zum Symbol eines Bildnisses und aller Bildung. Der Kosmos Anthropos, wie ihn Nietzsche später nennen sollte, ist entdeckt.

Im Licht der Natur erscheint des Menschen Leib als ein Kosmos sui generis, als «das leiblich firmament»! Und wie man in der großen Welt die Läufe des Firmaments bis auf den kleinsten Punkt kennt und wie man die Erde studiert mit allen ihren Gewächsen und um die Elemente weiß und alle Wesen, so sollte man auch im Menschen verstehen und wissen: «Das im menschen das firmament ist mit gewaltigem lauf leiblicher planeten, sternen, die da geben exaltationes, coniunctiones, oppositiones und dergleichen, wie irs nennet nach eurem verstant.» (I, 203) Alle Lehre vom Firmament, sie ist im Grunde nur ein Hinweis mehr auf diesen leiblichen Himmel mit seinen galaktischen Systemen eines intermediären Stoffverkehrs, einem wahrhaftigen Endokosmos!

Wie aber nun die Erde mit mancherlei Gezier geschmückt ist und vielerlei Wesen hat, so hat Gott auch den Leib in seiner Vielschichtigkeit organisiert, viel weiter noch und weitaus mehr als die Erde, da: «der Mensch wie die ganze Erde ist und alle die Art der Wasser und aller Luft Eigenschaften und voll des ganzen Laufs der Himmel, und noch subtiler und größer ist als diese alle!» In der elementaren Welt finden wir wieder die Figur des Menschen, und was da draußen in der Natur geschieht, «das ist ein Spiel, das ebenso im Menschen geschieht, einem Traum gleich, der das Vorspiel gibt, aber das Werk nit, das Werk aber geschieht also» (I, 52).

Und nun entfaltet Paracelsus eine gigantische dramaturgische Landschaft, in der die Elemente der Welt ihr Spiel mit dem Menschen beginnen und bestimmen: «Dan die element und der mensch sind neher und gefreunder dan man und weib. das macht die concordanz der union, so die element gegen dem menschen haben und die discordanz, so frau und man gegen einanderen haben.» (XI, 178) Alle Elemente der Welt, sie sind auch im Menschen, und alles ist eine Aktion, eine einzige elementare Interaktion, und genau so dramatisch inszeniert wie in der Dualunion von Mann und Frau.

Um diesen leibhaftigen *status hominis,* der allein «die Höhe der Menschen antrifft», noch näher zu charakterisieren, spricht Paracelsus von der «Ehe zwischen Leib und Seele», die erst das geistige Zusammenspiel unserer Existenz ermöglicht. Ein solches vergeistigtes Leben aber wäre gar nicht denkbar ohne den Leib. «Leib und Geist sind *ein* Ding!» Der Begriff Geist kann gar nichts anderes meinen als die Leibhaftigkeit existentiellen Zusammenseins. Leib und Geist müssen daher beide ganz lebendig gedacht werden: »Denn die zwei geben *einen* Menschen.» (X, 651) Und noch einmal und gesteigert: «Der Leib, die Seel', der Geist, die machen *einen* Menschen. So die drei beieinander sind, so ist das das Leben!»

VI. Auswirkungen auf den Paracelsismus und Hermetismus

Die Natur als Ganzes leibhaftig erfahren zu haben und zu wissen, «daß auf Erden dem Menschen für seine leibliche Seligkeit nichts Edleres sei, als die Natur zu erkennen und von ihr als vom rechten Grund zu philosophieren» (I, 244), das ist ganz und gar Geist des Paracelsus! Mit diesem Weltbild wäre es in der Tat möglich gewesen, was die Kirchenväter vergeblich versuchten und was die Reformatoren verdrängt haben, das Paulinische Pneuma und die Platonische Psyche mit dem christlichen Soma in eine glaubhafte Konkordanz zu bringen. Des Paracelsus ewiger Leib, das ist der Auferstehungsleib, der vom Sakrament genährt wird, um ewig zu leben als «ein Geist, das ist leiblich». Diese durchaus biblischen Spekulationen über den Leib sind bereits im 17. Jahrhundert neuplatonisch verfremdet worden; sie haben unser Bild von Paracelsus nachhaltig verzerrt.

Die Verfremdung des Werkes hat bereits zu seinen Lebzeiten eingesetzt und ist bald nach seinem Tode systematisch gefördert worden. Der erste Herausgeber der *Opera Paracelsi*, Adam von Bodenstein, konnte (1574) noch schreiben: Bei Theophrast von Hohenheim finde man das *ganze* Corpus der Medizin, die Sache selbst und die Substanz, in *philosophia* und *medicina* eben die «einige Wahrheit». Am Ausgang des 17. Jahrhunderts dagegen feiert Colberg in seinem Buch *Das Platonisch-Hermetische Christentum* (1690) Paracelsus bereits als den «Anfänger der Platonischen Theologie», einen Repräsentanten des Neuplatonismus also, auf den sich alle Zeitgenossen als auf ihren «Lehrmeister» berufen. Valentin Weigel spricht 1618 von einer *theologia Paracelsi*.

In seinem *Testamentum Philippi Theophrasti Paracelsi* (1574) muß der Sterzinger Arzt Schütz (= Michael Toxites) bedauernd konstatieren: «Es wird viel von Theophrastus ausgeben, das nit ist! Warum sollte man dann darzu still schweigen?» Noch deutlicher klingt diese Skepsis in der *Wahren Chymischen Weisheit Offenbarung* (1720) des Chymophilus nach, wo es heißt: «So sind des Theophrastus Bücher sehr verfälscht worden und unter seinem Namen viel Schriften in den Druck gegangen, an die er nimmer gedacht hat, zu schweigen, daß sie die Früchte seiner Arbeit und Gedanken sein sollten.»

Angesichts dieser Skepsis sollten wir noch einmal daran erinnern, was zu seinen Lebzeiten in den Druck kam: die *Intimatio*, ein fliegendes Blatt mit der Einladung an seine Basler Studenten (1527), die Guajak-Schrift und eine weitere Syphilisschrift (1529/39), ein Traktat über das *Bad Pfeffers* (1535) und die *Große Wundarzney* (1536), ferner einige *Practica* und *Prognosticationes*, Gelegenheitsschriften also nach Kalendermanier: alles in allem eine äußerst schmale Textbasis, die wir auch dann noch im Auge behalten sollten, wenn wir die Wogen des Paracelsismus anbranden sehen.

Von Paracelsus gingen gleichwohl zahlreiche Impulse aus, chemische Vorstellungen nun auch auf die Lebensprozesse anzuwenden. Diese Vorstellungen wurzelten weitgehend in einer archaisch-mittelalterlichen Kosmologie und lieferten ein Modell, das mit den damaligen Arbeitsmethoden weder zu falsifizieren noch zu rektifizieren war. Es sind keineswegs die Methoden und Erkenntnisse der neuen Naturwissenschaft, denen Paracelsus vorgearbeitet hat; es sind eher die Ideen, die Anstöße, die Impulse, die mit dem Namen «Paracelsus» über die nachfolgenden Jahrhunderte hinaus weiterwirkten.

Hierzu einige abschließende Hinweise! Seit der Mitte des 16. Jahrhunderts hatte das anatomische Denken immer konsequenter eine spezialisierte Strukturlehre (Morphologie), eine hochdifferenzierte Funktionslehre (Physiologie) und eine nosologisch gegliederte Krankheitslehre (Pathologie) aufgebaut, die um die Mitte des 19. Jahrhunderts in eine alle medizinischen Disziplinen verpflichtende Allgemeine Pathologie erweitert wurde. Demgegenüber findet sich bei Paracelsus noch die durchwaltende Korrespondenz zwischen Mensch und Kosmos, wenn er etwa bekennt, «daß der Philosophus nichts anderes findet im Himmel und in der Erde als was er im Menschen auch findet, und daß der Arzt nichts findet im Menschen als was Himmel und Erde auch haben».

Von der neueren Paracelsus-Forschung ist vor allem die alchimische Mitgift des Neuplatonismus im Gedankengut des Paracelsus in das historiographische Blickfeld gerückt worden, wobei es zu überraschenden Einsichten in den therapeutischen Charakter spätmittelalterlicher *alchimia* gekommen ist, einer *alchimia medica*, zu der auch die Arkanen-Theorie des Paracelsus beachtliche Beiträge geliefert hat und die zu jener Richtung führen konnte, die bei Johann Heinrich Alsted (1630) bereits die *alchimia* als *pars medicinae* enzyklopädistisch zu integrieren vermochte.

Was die Einflüsse auf die moderne Arzneimittellehre angeht, so klingen in van Helmonts vitalistischer Pathologie zahlreiche Zielvorstellungen des Paracelsus wie auch konkrete Arzneistoffe an. Exemplarisch aber zeigt sich der Übergang der chemiatrischen in eine iatrochemische Richtung erst bei Franciscus de la Boë, genannt Sylvius (1644-1672), und seiner Anwendung chemisch-physikalischer Methoden auf Biologie und Pathologie. Für diese «neue Chemie» aber, die sich aus der *alchimia* zu einer *chemical philosophy* entfalten konnte, kann Paracelsus nicht mehr als Kronzeuge dienen.

Wir werden in der Gestalt und mit dem Opus des Paracelsus weder einen Nachbeter autoritativer Lehren des Mittelalters noch einen Prototypen der «neuen Wissenschaft» erwarten dürfen. Theophrastus von Hohenheim ist seinen eigenen Weg gegangen, und er wird kaum von seinen «Nachfolgern» und «Vorläufern» aus zu erklären sein. Wir können in diesem Punkte Walter Pagel nur zustimmen, wenn er konstatiert: «Paracelsus steht vor uns als ein Kosmos eigener Art, wo es keine Vorgänger und Nachfolger gibt.» (Pagel, 1980, 18)

Was sich ins 18. Jahrhundert fortpflanzt und dort stürmisch weiterentwickelt, sind vor allem die Traditionen der klassischen Hermetik: neben der Medizin und der Alchimie nicht zuletzt auch die Mystik. Hingewiesen sei nur auf Jacob Böhme, die Rosenkreuzer, die Theosophie und andere gnostische Strömungen voll eigenständiger Spiritualität, eine höchst charakteristische, ungemein faszinierende Entwicklung, die indes nicht mehr in unseren Themenkreis gehört. Mit dem Ausgang des 17. Jahrhunderts jedenfalls wird die Frage nach dem historischen Paracelsus nicht mehr gestellt.

Hartmut Böhme

GIORDANO BRUNO
(1548–1600)

I. Leben

1548 wurde er unweit Neapels, in Nola, geboren: Jordanus Brunus Nolanus. Vom Leben Brunos wissen wir nicht viel. Am genauesten wurde sein Leben in seinem Inquisitionsprozeß notiert. Nur einmal hat dieser Mann, der nach Sokrates der erste und letzte Philosoph ist, welcher wegen seiner philosophischen Überzeugungen zum Tode verurteilt wurde, sich zusammenhängend autobiographisch geäußert: vor seinen Richtern. Ist das Werk Ausdruck des ungebärdigen Temperaments eines Denkers ohne Heimat, so stellen die Verhörprotokolle dem Menschen Bruno ungewollt das Zeugnis einer klugen Selbstverteidigung aus, einer selbstbewußten Furchtlosigkeit und Wahrheitstreue, welche nichts mit der Unbeugsamkeit des Sektierers, um so mehr mit der jahrzehntelangen Erfahrung des kämpfenden Einsamen zu tun haben.

Vor seinen Inquisitoren also breitet er die Stationen seines Lebens aus: Zunächst Studium der humanen Wissenschaften, Logik und Dialektik in Neapel, dann Eintritt in den Dominikanerorden (1565) und Priesterweihe (1572). Im gleichen Jahr beginnt er das Studium der Theologie, das er 1575 abschließt. Wegen Ketzereiverdachts flieht er nach Rom und verläßt den Orden. Es folgt eine Odyssee durch Europa: durch die oberitalienischen Städte nach Chambéry, Genf (Kontakt mit den Calvinisten, Verhaftung, Flucht) und Toulouse, wo er zwei Jahre Vorlesungen über Philosophie hält (1579/81). Die Hugenottenkriege treiben ihn nach Paris (Förderung durch König Heinrich III.). Wegen «entstandener Tumulte» geht er nach England (1583–85), wo er wohl seine produktivste Zeit verlebt: Hier entstehen alle italienischen Dialoge. 1585 geht er zurück nach Paris, muß die Stadt jedoch wegen des Aufruhrs, den seine 120 Thesen gegen die Aristoteliker entfachen, wieder verlassen. Über verschiedene deutsche Städte erreicht er Wittenberg, wo er 1586–88 Vorlesungen an der Universität hält. Religiöse Auseinandersetzungen treiben ihn weiter. Vergeblich versucht er am alchimistisch beeinflußten Hof des Kaisers Rudolf II. Fuß zu fassen. So reist er nach Helmstedt, das er nach kurzer Vorlesungstätigkeit (1589/90) erneut wegen religiöser Zwistigkeiten wieder verlassen muß. In Frankfurt am Main befördert er die Drucklegung seiner lateinischen Werke (1590/91). Hier erreicht ihn die Einladung seines späteren

Denunzianten nach Venedig. Warum er in das Land zurückkehrte, das seine Heimat, aber auch, wie er wußte, das Land der Inquisition war, bleibt rätselhaft.

Die Jahre bis zu seiner öffentlichen Verbrennung am 17. Februar 1600 liegen im Dunkel. Deutlich ist, daß Bruno wegen zentraler Verstöße gegen das katholische Dogma hingerichtet wurde; er ist nicht Märtyrer der kopernikanischen Wende. Doch diese Verstöße – u. a. gegen die Personalität Gottes, die Trinität, den Bilderkult – sind auch Konsequenzen der philosophischen Auflösung Gottes in die desanthropomorphe Gestaltlosigkeit des Unendlichen. Die tiefere Religiosität, die in der Metaphysik der Unendlichkeit liegt, macht Bruno unweigerlich zum «Häresiarchen» (so die Prozeßakten) der christlichen Heilslehre. Nach dem Bericht des Deutschen Kaspar Schoppe soll Bruno zum Heiligen Offizium gesagt haben: «Mit größerer Furcht verkündigt ihr vielleicht das Urteil gegen mich, als ich es entgegennehme!» (K VI, 232)[1] Es ist dies das mutigste und wohl auch genaueste Wort, das ein einzelner Mensch vor dem heiligen Tribunal der Macht sprechen konnte.

II. Einflüsse und Forschungsprobleme

Der Mangel an Wissen über die Bildungsgeschichte Brunos erschwert die Bestimmung der Einflüsse, die für seine Philosophie prägend waren. Da die Besonderheit seiner Philosophie in der leidenschaftlichen Verschmelzung von naturphilosophischen und religiösen Elementen, nicht in der diskursiven Entwicklung eines Systems zu suchen ist, sind einflußphilologische Untersuchungen noch immer erforderlich.

Man kann sechs Einflußebenen nennen: (1) ist eine umfassende Kenntnis der Scholastik und des Aristotelismus vorauszusetzen. Aristoteles hatte ex negativo den größten Einfluß auf ihn (vgl. z. B. P. R. Blum 1980). Wegen der kanonischen Geltung des Aristoteles in Theologie und Philosophie des ausgehenden Mittelalters sah Bruno als erklärter Gegner des Aristotelismus sich hier am ehesten motiviert, durch eine argumentative und nicht nur rhetorische «Widerlegung» des aristotelischen Weltbildes den Neueinsatz seiner Philosophie zu profilieren. Diesen Zug teilt er mit vielen Philosophen der Renaissance. Unerforschter sind die Einflüsse der mittelalterlichen Philosophen, wohingegen seit der Pilotarbeit von F. J. Clemens (1847) die Rolle der cusanischen Philosophie für Bruno immer wieder betont wurde. Zu selten wird dabei, trotz der Arbeit von D. Mahnke (1936), die vorcusanische, naturmystische und hermetische Tradition beachtet. Unaufgeklärt ist das Verhältnis, das Bruno zur Grundschrift des Christentums, zur Bibel, zu den

Giordano Bruno (1548–1600)

historischen Häresien (Manichäismus, Gnosis, Mystik) und zu den im 16. Jahrhundert bestehenden Glaubenssystemen hatte. Bruno ist einer der wenigen Zeitgenossen, der zu allen wichtigen Bekenntnisgruppen praktische Beziehungen hatte (E. Namer 1926). Auch hier besteht eher ein Einfluß ex negativo, die Abstoßung aller verfaßten religiösen Systeme seiner Zeit, bei gleichzeitigem Festhalten an biblischen Lehren. Widersprüchlich ist das Verhältnis von biblischer Tradition und antiker Mythologie, die in Brunos Schriften eine bedeutende Rolle spielt, auch wenn die Geltungskraft des Mythos, zu dem auch die christliche Theologie gezählt wird, einer radikalen Entmythologisierung unterzogen wird (F. Fellmann 1971).

Ungenügend erforscht sind (2) die Einflüsse der literarischen Kultur. Bruno ist als Philosoph immer auch uomo litterale. Petrarca ist das überragende Vorbild der Sprache Brunos, ferner Dante und der Lyriker Tansillo. Der emblematische Stil Brunos, der in der Emblem- und Hieroglyphenkunst der Renaissance wurzelt, erschöpft sich nicht in ornamentalen Funktionen, sondern ist strukturbildend für das philosophische Denken (vgl. Schmidt 1968). Die Emblemkunst Brunos hängt aufs engste mit dem Hermetismus und der alchimistischen Philosophie zusammen. Gar nicht zu überschätzen ist die literarische Bedeutung, die das philosophische Lehrgedicht (besonders *De rerum naturae* von Lukrez) sowie die platonische Dialogform für Bruno spielt. Hier ist der große Übersetzer der platonischen, plotinischen und hermetischen Textcorpora, Marsilio Ficino, auch für Bruno der wichtigste Vermittler.

Unzureichend aufgeklärt ist (3) der Einfluß des italienischen Neuplatonismus und Plotins. Nicht einmal die Rezeptionslage ist hier eindeutig. Trotz der richtungsweisenden Arbeiten E. Cassirers (1922, 1927) wissen wir noch immer zu wenig, in welcher Weise die Naturphilosophie (bes. der *Timaios*) und die Erkenntnislehre Platons auf die metaphysischen Entwürfe Brunos Einfluß genommen haben; ebenso bedarf der plotinische Emanatismus und die Lehre vom Einen und Schönen eines genaueren Vergleichs mit Brunos Naturphilosophie und seiner intuitionistischen Erkenntnistheorie. Zu wenig wird dabei berücksichtigt, daß der Neuplatonismus aufs engste (4) mit hermetischen Traditionen (Pythagoräismus, Kabbalistik, Alchimie) verbunden ist. Dies gilt nach den überzeugenden Untersuchungen von Frances A. Yates (1934, 1964, 1966) auch für Bruno. Raimundus Lullus hat Bruno früh studiert und die Weiterentwicklung von dessen *ars memoriae* zu einer Hauptanstrengung seiner Philosophie gemacht.

Die vorsokratische Naturphilosophie (5) ist für die brunosche Lesart des Atomismus, des hylozoistischen Monismus, der Kosmologie, der Monadologie sowie für das Konzept der Verwandtschaft alles Seienden grundlegend. Ungewiß sind die Kenntnisse Brunos über die Vorsokratiker, die er durch die Vermittlung von Platon, Aristoteles, Lukrez und hermetischen Überlieferern rezipiert hat. Auch ist die Frage unentschieden, ob Bruno der Endpunkt einer vorsokratischen Naturphilosophie ist oder Übergang zu einem, noch spekulativ befangenen, «materialistischen» Naturkonzept (Lange 1866, Lasswitz 1890, Bloch 1972, Brockmeier 1980, Schmidt 1986; dagegen Védrine 1967).

Die kopernikanische Reform (6) ist für Bruno nicht strukturbildend, wird aber als Ermutigung leidenschaftlich begrüßt (Koyré 1957, Blumenberg 1966, 1969, 1975). Der Aufbau der brunonischen Kosmologie trägt die Züge der antiken und cusanischen Spekulationen über die Unendlichkeit. Der Heliozentrismus des Kopernikus war Bruno als «Widerlegung» des ptolemäisch-aristotelischen Weldbildes willkommen, nicht aber Anlaß zu weiteren physikalischen Forschungen. Die modernen Ideen Brunos über die Struktur des Universums sind keine wissenschaftlichen Hypothesen, sondern kühne Antizipationen theoretischer Spekulation. Bruno ist nicht eigentlich ein Kopernikaner, der die «experimentelle Philosophie» als Typus neuzeitlicher Wissenserzeugung auf den Weg bringt, sondern ein Philosoph, der die großen Traditionen der Naturphilosophie von der Antike bis zur Renaissance noch einmal bündelt und als grandioses Panorama der Unendlichkeit entwirft. Von der Wissenschaftsgeschichte wurde er verdrängt.

III. Stilphysiognomie der Philosophie

Nicht ohne Einfühlung attestiert Hegel dem Nolaner «eine schöne Begeisterung eines Selbstbewußtseins, das den Geist sich inwohnen fühlt und die Einheit seines Wesens und allen Wesens weiß» (XX, 24). Diese Gespanntheit des Denkens auf Einheit charakterisiert Bruno in der Tat, wenn sie auch für Hegel «wissenschaftliche Bildung noch nicht erreicht hat» und sich in «mystischer Schwärmerei» verirrt (ebd.). Zum Vorwurf der Ketzerei gesellt sich der Vorwurf des Irrationalen, wie er seit Hegel Topos ist.

Was für Hegel unausgegorener Geist ist, war für Bruno das zentrale Ereignis seines Lebens. In *De gl'eroici furori* (1584) entfaltet Bruno diese Ursprungserfahrung seiner Philosophie: unter der Emblemimprese «Vicit instans» entwickelt er, wie das von «demantenem Schmelz» überzogene «Herz», das verhärtete Subjekt im metamorphischen Augenblick der Liebe «den eindringenden Lichtglanz nicht mehr zurückwirft, sondern – durch Wärme und Licht aufgeweicht und bezwungen – in seiner ganzen Substanz lichtförmig, ja selbst ganz zu Licht wird, im Maß, wie dieses in sein Fühlen und Denken eingedrungen ist» (K V, 161/2; It II, 452). Bruno merkt an, daß dieser Augenblick in seinem dreißigsten Jahr ihm widerfahren sei (K V, 162/4; It II, 453/4).

Wir haben hier die anstößigen Momente der Brunoschen Philosophie versammelt: die plotinische Lichtmetaphysik; die Auflösung des erkennenden Subjekts in seinen Gegenstand; die poröse Subjektstruktur, die mit den Strategien des abgegrenzten Aufklärungssubjekts unvereinbar ist. Ferner ist in keiner neuzeitlichen Philosophie nach Bruno (und vor Kierkegaard) der Augenblick, in welchem das schlechthin Unvermittelbare aufblitzt, Grundlage des Erkenntnisprozesses. Für Bruno ist der Augenblick der Ursprung der Zeit und zugleich ihr Ganzes, das «Zeitatom», das in sich die Unendlichkeit versammelt, der Einschnitt und Einschlag, der die existenzielle Metamorphose des Subjekts bedeutet. Dem Unvermittelbaren dieses Erkenntnisereignisses trägt Bruno durch Poetisierung Rechnung. Auch dies sperrt sich dagegen, Bruno in den Prozeß der Verwissenschaftlichung zu integrieren. Die Trennung von Kunst und Wissenschaft, von ästhetischer Rede und argumentierendem Diskurs ist eine die Neuzeit beherrschende Struktur.

Die Metaphorik Brunos ist der Stilausdruck einer Philosophie, die von der cusanischen *docta ignorantia* geprägt ist, vom Wissen um das zuletzt Nicht-zu-Wissende des höchsten Erkenntnisgegenstandes. Die Endlichkeit des Erkennenden, die Disproportion zwischen Wissen und unendlichem Universum, das dennoch ruhelose Getriebenwerden zum Absoluten, der freie Augenblick des erkennenden Sehens und der immer wieder unaufhaltsame Absturz in die Düsternis der Epoche: eine solche Spannung ist nicht diskursiv zu bewältigen, sondern nur in einer Haltung, die zum ästhetischen Ausdruck dieser Zerrissenheit drängt und die Bruno die heroische nennt.

Die Poetisierung des Erkenntnisaugenblicks zeigt sich an der allegorischen Einführung der Götter Diana und Apollo in diesen Augenblick. Im Erkenntnisakt wird das Subjekt von den Pfeilen der Diana getroffen; das meint in der petrarkischen Sprache der Liebe: symbolisch getötet. Diana ist sowohl die «Göttin der Einsamkeiten, wo die Kontemplation der Wahrheit statthat» (K V, 161; It II, 452), wie sie zugleich das göttliche *speculum naturae* ist: Natur als Spiegel, Abglanz, Widerschein des reinen Göttlichen, des Lichts, nämlich Apollons. Die Zwillingsgötter Sol und Luna, als Allegorien der ersten und zweiten Intelligenz (hier folgt Bruno der alchimistischen Philosophie), bezeichnen zum einen, daß die gotterfüllte Naturerkenntnis unvereinbar ist mit dem christlichen Vatergott in seiner naturtranszendenten *gloria divina*. Zum anderen sind sie als selbst nicht mehr geglaubte mythische Mächte zu Allegorien geworden, die im Ereignis des Augenblicks selbst verlöschen und nur noch als poetische Zeichen der sprachlich unausdrückbaren Wahrheitserfahrung figurieren. Dies steht quer zum neuzeitlichen Wahrheitsbegriff.

IV. Philosophischer Ikarus

Die Naturphilosophie Brunos ist die andere Seite seiner realen Heimatlosigkeit. Das Leben ohne dauerhafte Anerkennung, die ruhelose Wanderschaft, die enttäuschten Hoffnungen, die Angst vor Gefangenschaft: dies ist der Hintergrund der Philosophie Brunos. In einem modernen Sinn ist Bruno der erste Schriftsteller auf «exzentrischer Bahn» (Hölderlin). Seine elitäre Haltung, seine Provokationen und Polemiken sind Abwehr von Angst und Depression, von Einsamkeit und Todesnähe; sie sind Abwehr des Hasses auf alles Fremde und Abweichende, des Dogmatismus der etablierten Wissenschaftler, der Brutalität des «Pöbels» aller Schichten, der Gewaltförmigkeit der Religionen und der Standesgesellschaft.

Es sind die großen Ängste der Epoche, die Bruno bearbeitet und zu überwinden sucht. Der stets drohenden Vernichtung des Menschenlebens begegnet er mit der Idee der Einheit der Substanz, wodurch der Tod zum Moment des unendlichen Formenwandels der produktiven Natur wird. Der vielfach beobachteten Alterung der Erde setzt er die Unendlichkeit der kosmischen Sonnenenergie entgegen. Die apokalyptische Angst vor der Vernichtung der Erde mildert er im Begriff der Ewigkeit des Alls, innerhalb dessen jede Katastrophe zugleich die Geburt eines Neuen bedeutet. Der archaischen, nachkopernikanisch wieder erwachenden Angst vor der Leere des Raums begegnet er mit der Idee der alles erfüllenden Weltseele und des Ätherraums, in dem die unzähligen Sternenorganismen schwimmen wie Kinder in mütterlichem Wasser. Die Angst, daß diese Welt die Ausgeburt einer luziferisch verwilderten göttlichen Allmacht sein könnte, überwindet er dadurch, daß das unendliche All die göttliche Potenz absorbiert hat (Gott schuf nicht weniger, als er konnte): Dadurch wird die unendliche Natursphäre selbst göttlich. In ihrer Wohlgeordnetheit ist sie gut und nur von Bewegungen erfüllt, die den Weltkörpern immanent sind. Erkennbar sind die religiösen Grundlagen der brunoschen Metaphysik der Natur.

Die epochalen Ängste und die soziale Desintegration Brunos sind mitzulesen, wenn er in den grandiosen Visionen der Unendlichkeit von einem kosmischen Bürgertum träumt: «Nicht zufällig ist daher», so folgert Bruno aus der Unendlichkeit des Raums, «das Vermögen des Intellekts, immer Raum an Raum fügen zu wollen und zu können, Masse zur Masse, Einheit zur Einheit, Zahl zur Zahl: kraft der Wissenschaft, welche uns von den Ketten dieser einen so engen Herrschaft loslöst und zur Freiheit dieses herrlichsten Reiches führt; die uns aus der vermeintlichen Armut und Enge befreit zu den unzählbaren Schätzen dieses unermeßlichen Raumes, dieses würdigsten Gefildes, dieser vielen bewohnten Welten.» (K III, 23; It I, 283)

Die azentrische, unhierarchische, homogene und relativistische Raumstruktur ist gerichtet gegen den Zentralismus der religiösen und philosophischen Systeme, die Hierarchien und unwillkürliche Herrschaft begründen. Die Weite, Fülle und Lichtheit des Raumes ist das Gegenbild der Enge, Armut und Düsternis des irdischen Lebens. Bruno hat den Zusammenhang von ptolemäisch-aristotelischem Weltbild und religiöser wie politisch-sozialer Herrschaftsstabilisierung begriffen. Seine Philosophie des Unendlichen ist der noch isolierte Einspruch gegen den «despotischen Signifikanten» (Deleuze/Guattari) des Vatergottes und die hierarchischen Strukturen des geozentrischen Weltbildes. Die parataktische Denkform Brunos errichtet dagegen eine Demokratie der Sterne: Ihre strukturelle Gleichrangigkeit garantiert nicht allein das «Prinzip der Fülle» (A.O. Lovejoy) für alle, sondern auch die Repräsentation des Ganzen in jedem Einzelnen. Die spekulative Identität von Minimum und Maximum, die als Grundlage der Naturphilosophie Brunos gelten kann, hat eine politische Dimension. Die Philosophie Brunos, die das hermetische Erfahrungsmuster der «Himmelsreise der Seele» (C. Colpe) nachbildet, ist das Unternehmen eines philosophischen Ikarus (vgl. K V, 65; It II, 369), der in seinem freien Flug (wie in seinem tödlichen Absturz) zweierlei demonstriert: die soziale und religiöse Kerkerhaftigkeit der irdischen Ordnungen und die ebenso ästhetische wie wahre Demokratie der stellaren Welten.

V. Aktaion:
Eros und Tod im Erkenntnisakt

«Wer das Wissen mehrt, mehrt auch den Schmerz», zitiert Bruno Prediger 1, 18. Wissen ist nicht Ergebnis von Apathie und methodischer Disziplin, sondern diese sind Mittel, den leidenschaftlichen Furor der Partizipation am Unendlichen zu erreichen: darin wird das Subjekt zum Schauplatz der Erkenntnis, die sich seiner bemächtigt. Erkennen ist Erleiden der Erkenntnis, ist Schmerz und Lust in einem. In der Idee eines von Leidenschaft ergriffenen Liebhabers der Wahrheit konzentriert sich Brunos Konzept des nicht-kriegerischen Heros. Der Heros bei Bruno öffnet nicht Handlungsfelder kriegerischer Politik, sondern – als Pilot des Äthermeeres – den «äußersten Himmel», die «oberste Wölbung des Firmaments» (A 72-4; It I, 24-7). Der *contemplator coeli* ist der neue (zugleich antike, jetzt «wiedergeborene») Heros. Denn für Bruno übertrifft die Befreiung vom geo- oder heliozentrischen Sphärenkosmos bei weitem die Heroen der Handlungsgeschichte. Erkenntnis der Weltstruktur ist für Bruno *das* Ereignis, das mit Kopernikus «wie die Morgenröte der aufgehenden Sonne» sich ankündigte, um in Bruno selbst im Lichtglanz des neuen Welttages zu erstrahlen (A 71; It I, 24).

In der Schrift *De gl'heroici furori* entwickelt Bruno das Modell der Naturerkenntnis durch die Neuinterpretation des Mythos des Aktaion (Ovid: met. III, 138 ff.). Dieses zentrale Werk der brunoschen Erkenntnistheorie steht unter dem Einfluß des *Hohen Liedes*, Plotins, des platonischen *Symposions*, des Symposion-Kommentars *De Amore* (1469) von Marsilio Ficino und der *Dialoghi di Amore* des Leone Ebreo (1535). Für die Renaissancetheoretiker der Liebe ist dabei die Platonische Unterscheidung von irdischer und himmlischer Liebe (vgl. das gleichnamige Gemälde Tizians) ebenso grundlegend wie die metamorphische Kraft des Eros, der auf seiner höchsten Stufe ein Gezeugt- und Geborenwerden im Schönen selbst ist. Im Innewerden des göttlichen Schönen, durch ein Sehen, das sich vom partikularen Objekt des Begehrens gelöst hat, öffnet sich der ersehnte Zustand der diskursiv uneinholbaren Weisheit: das Licht und die Schau. Dieses Erosmodell überträgt Bruno auf die Geschichte des Aktaion.

Aktaion ist jener Jäger, der zur Strafe dafür, daß er die badende Diana gesehen hat, in einen Hirsch verwandelt und von seinen eigenen Hunden zerrissen wird. Die Szene des schuldlos-schuldigen Opfers und der rächenden Göttin verändert Bruno radikal, um an ihr das allegorische Tableau der Naturerkenntnis zu gewinnen (vgl. Tizians «Diana e Atteone», 1559). Aktaions Jagd ist bewußte Wahrheitssuche, bei der er die Hunde, seine Leidenschaft und seine Gedanken aussendet, um von ihnen dorthin geführt zu werden, wohin es den Jäger treibt: zum Ort der verlöschenden Differenz zwischen der unvollkommenen menschlichen Vernunft und dem Göttlich-Einen der Natur (Vgl. K V, 62; It II, 366/7). Die Epiphanie der nackten Göttin am spiegelnden Wasser löst verschiedene Umkehrungen aus. Zum einen erscheint das Göttliche an den Dingen selbst; die badende Diana ist der «Spiegel der Ähnlichkeiten», Spiegel und Widerschein des Göttlichen in der Natur, so daß alle Dinge durch die sich fortzeugende Analogie des Seins zu Spuren und Zeichen der einen Wahrheit werden. Zum zweiten verkehrt sich im Anblick der Naturgöttin das Verhältnis von Subjekt und Objekt: Aktaion ging aus, «um Beute zu machen, und wurde selbst zur Beute ... durch die Wirksamkeit des Intellekts, mittels derer er die apprehendierten Dinge in sich selbst [seinem Maß entsprechend] verwandelt» (K V, 71; It II, 376). Diese Introversion der Dinge, die damit zu Gegenständen der menschlichen Vorstellung werden, löst zugleich eine Verwandlung des Subjekts aus: das jagende Subjekt transfiguriert sich ins gejagte Objekt im selben Maße, wie das Objekt ins Subjekt übertritt. Dieser chiastische Umschlag, das Außer-sich-Gesetztsein des Subjekts und die «Inverwandlung» (R. Musil) des Objekts, diese Wiederkehr der Göttin im offenen Raum des Subjekts Aktaion, ist für Bruno das zugleich erotische und erkenntnistheoretische Geheimnis der bei Ovid im mythischen Bann verbleibenden Metamorphose. Bruno zielt auf die

Verwandlung der *Göttin der Natur* in das Bewußtsein *der göttlichen Natur* des Menschen.

Mehreres ist hieran bemerkenswert: Erkenntnis der Natur vollzieht sich bei Bruno nicht wie bei Platon im erinnernden Rückbezug auf die objektive Ruhe der Ideen, sondern im Ergriffenwerden von der Macht des göttlichen Gegenstands. Es ist darin aber auch nicht eine naturmystische Vereinigung anzunehmen, weil sich an den komplexen Inversionsverläufen zeigt, daß die Trennung von Erkenntnis und Erkanntem nicht verschmelzend aufgehoben, sondern in ein dynamisches Spiel von Austausch- und Verwandlungsprozessen überführt wird. Ferner unterscheidet sich dieses Modell auch vom plotinischen Aufstieg zum transzendent Göttlichen, weil es bei Bruno keine Transzendenz gibt. Die Begegnung mit dem in die Natur eingeschlossenen Göttlichen bedarf des immer neuen Anschlusses an das Einzelne, Sinnlich-Gegebene, um *an* diesem die Struktur des Ganzen zu entwickeln. Jedem Aufstieg zum Einen folgt der Abstieg ins Viele, oder: weil im unendlichen Raum das Minimum mit dem Maximum zusammenfällt, erschließt sich die Natur ebenso aus der kleinsten «Spur» wie aus den Unermeßlichkeiten der Weltsysteme.

Der geöffneten Weite des Subjekts im Augenblick der wahren Naturanschauung entspricht die beherrschende Flug-, Licht- und Feuermetaphorik, die die polare Spannung zu den Metapherfeldern der Enge, der Ketten, des Gefängnisses und des Dunklen hält. Die Grandiosität des Augenblicks korrespondiert dem Elend der Zeit. Leidenschaftlicher Heros wie Aktaion, also Philosoph der Natur zu sein, heißt, mit der «Seele» den unheilbaren «Zwiespalt» zwischen Erkenntnisrausch und Daseinsnot zu empfinden und so «sich selber zerrissen und zerfleischt» (K V, 87, 42 ff.; It II, 389, 348 ff.) zu wissen. In diesem Widerspruch, der ein Effekt des unendlichen Begehrens ist, identifiziert Bruno die Macht des Eros. Lieben heißt «innerer Bürgerkrieg», ein Oxymoron der Gefühle: Schmerzlust. Endlos die Tränen der Augen im Schmerz über das unerreichbare Objekt; und endlos das Feuer des Herzens, das sich nach dem Unerreichbaren verzehrt (K V, 187 ff.; It II, 475 ff.: Dialog zwischen Augen und Herz). So ist Aktaion der Held Brunos, weil er in der Begegnung mit dem Naturschönen – Diana – die *contrarii affetti* des Philosophen darstellt. Das Erkennen der Natur ist deutlich dem schamanistischen Ritual nachgebildet: der Adept, der das Naturgeheimnis schaut, wie Aktaion die Göttin, stirbt den «kleinen Tod» der Verwandlung – er stirbt als soziale Existenz und wird ein «wildes Wesen», «obdachlos», «ungesellig» (K V, 185 u.ö.; It II, 473). Wie im Mythos Diana die «Göttin des Draußen» (Ranke-Graves) ist, so wird ihr Jäger, der Adept der Natur, ein exterritorialer Mensch.

Dies ist der Preis der Brunoschen Naturphilosophie; ihr Lohn ist jener Blick, in welchem der Schauende «ganz Auge geworden ist»: «So schaut er das Ganze wie das Eine; er sieht nicht länger durch Distinktionen und Zahlen, der Verschiedenheit der Sinne folgend, die wir durch unterschiedliche Ritzen alles nur unvollständig und verwirrt sehen und apprehendieren lassen. Er schaut die Amphitrite, den Quell aller Zahlen, aller Arten, aller Begriffe: sie ist die Monade, die wahre Essenz des Sein aller Dinge; und wenn er sie nicht in ihrer Essenz selbst, in absolutem Lichte sieht, so sieht er sie doch in ihren Erzeugungen, welche ihr ähnlich und ihr Abbild sind. Denn aus jener Monade, welche die Gottheit ist, geht diese Monade hervor, welche die Natur, das Universum, die Welt ist. In ihr betrachtet und spiegelt sich jene wie die Sonne im Monde, durch den vermittelt sie uns erleuchtet, während sie sich in der Hemisphäre der intellektualen Substanzen befindet. Diese (= die zweite Monade) ist Diana, jenes Eine, das das Seiende selbst ist, das Seiende, das das Wahre ist; das Wahre, welches die begreifbare Natur ist, auf welche die Sonne und der Glanz der höheren Natur einströmt, so daß die Einheit sich unterscheidet in erzeugte und zeugende oder schaffende und geschaffene [Natur, H.B.].» (K V, 186; It II, 473)

VI. Naturwissen

Wissen von der Natur hat Bruno nicht aus praktischem Umgang mit ihr. Bruno hat deutlich kein Interesse an Mathematik, technischen Instrumenten, Empirie. Er zielt auf Philosophie als das, was Schelling später «spekulative Physik» nennen wird; sein Naturbild ist Ergebnis von Reflexion und Imagination, also «intellektuelle Anschauung», die moderner Erkenntniskritik nicht standhält.

Atom und Weltall, die Erde und extragalaktische Systeme – Brunos Philosophie kennt nichts abgründig Fremdes. Er, dem auf Erden jede Lebensform fremd blieb, ist der Theoretiker der Verwandtschaft noch des uns Allerfernsten in Minimum und Maximum. Der Inbegriff der Kette der Verwandtschaften ist die Natur. Im epochalen Augenblick, der die Geburt der neuzeitlichen Wissenschaft einleitet, entwirft Bruno die Vision eines universellen Kontinuums allen Seins – fast wie eine Erinnerung an die einmal unwiderstehliche Kraft des Sympathetischen als Erkenntnisform. Seit Galilei gilt das methodische Sich-Fremdmachen des Menschen als Prinzip kontrollierter Forschung; infolgedessen ist die Natur das Fremde – und bleibt es auch gegen jede Philosophie der Naturallianz, wie sie zwischen der Romantik und Ernst Bloch versucht wurde. Bruno ist nach der kopernikanischen Wende der erste Naturphilosoph, der eine zur neuzeitlichen Entwicklung quere Perspektive des Mensch-Natur-Zusammenhangs entwarf.

Natur ist für Bruno in den Begriff eines anfangslosen, ewigen Produktionszusammenhangs gefaßt *(natura naturans)*. Dies ist ihr Göttliches, das Eine und Unendliche, das sich in Körper übersetzt *(natura naturata)*. Natur ist der tragende Grund jeder einzelnen Existenz. Deren individuierte Endlichkeit stellt, wie es Georges Bataille formuliert, eine Diskontinuität im Kontinuum des ewigen Werdens dar. Der Tod ist die Aufhebung der Diskontinuität und die Reintegration in den Strom der Geburten. Die Natur ist das Eine nicht im Einzelnen, sondern in der unendlichen Bewegung des Ganzen, das im Einzelnen als immanenter Bewegungstrieb der Körper seine Spur zieht. Unendliche Bewegung des Unendlichen fällt mit ihrem Gegenteil, der Ruhe, zusammen. Ist die Natur die Übersetzung Gottes in die Materie, so folgert Bruno aus der cusanischen Metaphysik der Unendlichkeit, daß die ins Unendliche geweitete Natur keinen «unbewegten Beweger» mehr benötigt (z.B. K III, 154ff.; It I, 404ff.). Der Mensch hat nichts außer der Natur, aber diese ist Alles in Einem. Darum braucht der Mensch auch keinen Christus, in dem Gott im Menschenmaß sich offenbart: Die Natur ist Christus, insofern sie die begreifbare Göttlichkeit ist. In einer solchen Welt verketten sich die Dinge in der Ordnung der Analogie nach allen Seiten bis ins Unendliche.

Michel Foucault hat den Renaissancetyp des Wissens durch vier Strukturmerkmale charakterisiert: «*convenientia*» ist die Benachbarung der Dinge; «*aemulatio*» ist die ortsungebundene, berührungslose Ähnlichkeit; «*analogia*» meint die Ähnlichkeit der Verhältnisse und Proportionen; und das Paar Sympathie/Antipathie bildet die zusammenführenden und auseinanderhaltenden Wechselwirkungskräfte der Körper. Das brunosche Naturwissen ist dabei nicht evolutionistisch als Vorform rationaler Wissenschaft zu verstehen, sondern als anderer Erkenntnistyp, der von der Verwandtschaft des Materieprozesses und des menschlichen Lebens ausgeht.

Die universelle Sympathie ist ein Effekt der Weltseele, der *anima mundi*, die das All in allen seinen Teilen belebende Kraft. Bruno macht hier einen dem Erotischen entnommenen Wirkungszusammenhang zur Grundstruktur der sonst leeren und toten Unendlichkeit. Die *anima mundi* ist der Eros des Alls derart, daß jeder Körper von dem natürlichen Bewegungsantrieb erfüllt ist, den Ort seines intensivsten Angezogenseins (Attraktion) zu suchen und den Ort des intensivsten Abgestoßenseins (Repulsion) zu fliehen (A 159ff.; It I, 111ff.). Die Weltseele ist eine grandiose Projektion jener Erfahrung, worin raumüberspringende Kraft dem Menschen am ursprünglichsten aufgeht: im Eros, in seiner überwältigenden Evidenz von Anziehung und Abstoßung. Schwerkraft ist bei Bruno die Anziehung des Körpers zum Ort der ihm spezifisch höchsten Attraktivität, ist Rückkehr aus dem Irren im Raum (K III, 60ff.; It I, 315ff.) – sowie dann: ein harmonisches Kreisen um das attrahierende Objekt, aus eigenem Bewegungsantrieb, in größter Leichtigkeit. Eros als Weltseele affiziert alles in allem und ist so das erste Prinzip der Materie.

Die *anima mundi* erweist sich daher als Ursprung der *analogia* und der *aemulatio*. Die Analogie ist die alles dominierende Stilform der Sprache Brunos. Die Basisanalogie ist die zwischen den Selbsterhaltungs- und Fortpflanzungstrieben des tierischen Organismus und der alle Weltkörper belebenden *anima mundi*. Wird der erotische Organismus als privilegierter Raum gesetzt, von dem in alle Richtungen die Analogien wie unendlich weit reichende und zugleich unendlich sich brechende Strahlen ausgehen, so entstehen Texte wie ein aus analogen Mustern gewebter Teppich: So führt Bruno – gegen Aristoteles – z. B. aus, «daß auf dieselbe Weise, auf welche in diesem universellen unendlichen Raume diese unsere Erde ihren Kreis beschreibt und ihr Gebiet besetzt, auch die übrigen Sterne gleicherweise ihre Gebiete wahren und ihre eigenen Kreise im unendlichen Gefilde wandeln. Und wie diese Erde aus ihren eigenen Gliedern zusammengesetzt ist und ihre Veränderungen, ein Zuströmen und Abströmen ihrer Teile, hat (was wir analog schon bei Tieren sahen, deren Säfte *[humori]* und Glieder in stetiger Veränderung und Bewegung sind): ebenso bestehen auch die anderen Gestirne aus ihren eigenen, doch ähnlich eingerichteten Gliedern.» Und so geht es weiter, bis es heißt: «So können wir sagen, daß über alle Sterne und alle Welten hin eine wahrhafte Ähnlichkeit bestehen kann.» (K III, 120/1; It I, 372)

Die Sprachfigur der *«analogia»* erzeugt aus dem Näheraum der Erfahrung bis in den Fernraum des Alls eine umfassende Ähnlichkeit, welche die nachkopernikanische Angst vor der «unendlichen Leere», die «diese Welt verschlingen könnte, wie ein Nichts» (K III, 53; It I, 308), umbesetzt in ein universelles, vom erotischen Licht erhelltes Glück des Seins (K III, 111/2; It I, 361/2). Ist die Analogie ein Effekt des Eros, der die fremden Körper in wechselseitige Affizierung rückt, so ist bei Bruno das unendliche All weniger ein diskursiver Begriff als die Figur jener Sprache der Liebe, die in infiniten Analogien sich bewegt.

Die *«aemulatio»* ist das Verfahren, über die Grenze der sichtbaren Welt ohne Raumvermittlung zu springen. Ist die Unendlichkeit gesetzt, ferner das Prinzip der Fülle, schließlich die Natur als unendlicher Spiegel des Einen, das Eine aber als das, was unendliche Produktion ist, dann ist das Sonnensystem nur eines unter unendlich vielen (K III, 36 ff.; It I, 294 ff.). Daß Bruno bei diesem Gedanken nicht, wie nach ihm so viele Lyriker der Neuen Kosmologie, in einen Taumel gerät, liegt an der *aemulatio*: die Mannigfaltigkeit der Sterne zieht keinen Raumsturz ins Chaos nach sich, sondern, in der Form der *aemulatio* gedacht, entsteht eine Bewegung, die noch die fernsten Systeme im Netz der Ähnlichkeiten einfängt. Die *aemulatio* ist als Sprachform die Mimesis des Einen, das sich in unendlich vielen Körpern, simultan im

Raum und diachron in der Zeit, ausdifferenziert – doch immer am Band einer Ähnlichkeit, die nie und nirgends die Körper in absolute Fremdheit auseinandertreiben läßt. So sehr darum die Erde als nichtiger Punkt im All verschwinden mag, so ist es die *aemulatio*, die das Ephemere unserer Welt mit dem ubiquitären Mittelpunkt des Alls zusammenfallen läßt. Die alle Räume simultan überspringende *aemulatio* verwandelt die Relativität des Erkenntnisstandortes in die Sicherheit, daß von jedem Punkt im All, also auch von der Erde aus, sich das unbekannte Ganze als das dem Vertrauten Ähnliche erweist. Die *aemulatio* ist das Auge des Geistes: Bruno befreit sich aus den Grenzen der wahrnehmbaren Welt, indem er kraft der *aemulatio* die unsichtbaren Sternensysteme als «alle in einem absoluten Sinn wahrnehmbar» (K III, 81; It I, 334) identifizieren kann.

Die «*convenientia*» hat zwei wichtige Funktionen: im terrestrischen Zusammenhang und im Ätherraum. Auf der Erde schafft die Konvenienz das nachbarliche Zusammenkommen aller Lebewesen mit ihrer «göttlichen Mutter» (K III, 36; It I, 295), der Erde. Diese selbst wird leibmetaphorisch als Lebewesen mit biologischen Körperprozessen entfaltet (K III, 101 ff.; A 126ff.; It I, 352ff., 81 ff.). Die Leibmetaphorik geht auf ein naturphilosophisches Prinzip zurück, das in der *convenientia* als Wissensform reflektiert wird: das lebendige Prinzip der Materie. Dieser ist die Produktivität immanent: Hervorbringen, Bestehen und Untergang; Geburt, Lebenserhalt und Tod, die Merkmale also des Organischen.

Hier zeigt sich eine weitere Beziehung zum alchimistischen Hermetismus: nämlich die Deutung der Materie als Mater, Matrix, Genetrix, als mütterliche Gebärkraft (z. B. U 92; It I, 243). Die *materia prima*, die «dauernde, ewige, zeugende, mütterliche Materie» hat deutlich Vorrang vor den Formen, die als immanente Möglichkeiten der Materie bestimmt sind (z. B. U 89ff.; It I, 240ff.). Ihr entstammen sie, nur mit ihr bestehen sie, in sie sinken sie zurück. So wie alle Lebewesen Kinder der Erde sind, ist diese, wie alle übrigen Weltkörper, eine vorübergehende Ausgeburt der Materie. Gegenüber der aristotelischen Form-Materie-Hierarchie, worin die intelligible Form als *logos spermatikos* die weiblich unterliegende Materie gestaltet, entwickelt Bruno eine gewissermaßen matrilineare Genealogie des Schöpfungsprozesses (z. B. U 60/1, 90/1; A 75, 167/8; It I, 212/3, 241/2, 26, 119). – Hierin liegt naturphilosophisch der Begriff einer dynamischen Materie, den Bruno von Demokrit und den Epikureern bis zu sich selbst herleitet (U, III. Dial.). Kulturgeschichtlich jedoch wichtiger ist die Kritik am Patriarchalismus des Christentums, der Philosophie und der Geschlechterordnung. Im IV. Dialog von *De la causa, principio et Uno* entlarvt Bruno am aristotelischen Materiebegriff den patriarchalischen Frauenhaß als die philosophische Denkfigur, mittels derer die Materie zum weiblichen

Chaos degradiert wird. Bruno lehnt darum das demiurgische Weltmodell ab, das von Platon und Aristoteles ausgehend noch die Schöpfungstheologie des Mittelalters beherrscht hat. Die Materie benötigt keinen Demiurgen, weil das ihr innewohnende Lebendige, die *anima mundi*, selbst schon ein «innerer Künstler» ist (schon Lukrez spricht von der *daedala tellus*). Die *convenientia* der Dinge hat ihren tiefsten Grund in der Homogenität der Materie, die «unsere Mutter» ist, «die uns auf ihrem Rücken ernährt und versorgt, nachdem sie uns aus ihrem Schoß geboren hat, und die uns immer wieder darin aufnimmt» (A 75; It I, 26).

Die zweite Ebene der *convenientia* wird durch den Äther gebildet. Was die Erde für die Lebewesen, ist der Äther für die Sternenwelten: «ätherisches Meer», «Schoß und Umfang» aller Weltkörper, einziger «allgemeiner», «unendlicher», «universeller Schoß». Der Äther bildet zwischen den Sternenwelten eine Art Kontaktraum, ein wasserförmiges, umhüllendes tragendes Medium, so daß die Körper über unvorstellbar große Räume hinweg zu einer Einheit in der Verschiedenheit zusammenkommen *(convenire)*. Die *convenientia* ist in der Sphäre des Alls ein Effekt des Äthers. Sie schafft eine kosmische Nachbarschaft auch in dem Sinn, daß die Sterne, wie die Erde, Lebewesen und Bewohner haben, die mit uns durch die Ähnlichkeit der Orte geheimnisvoll verbunden sind.

Die analogischen Wissensformen sind Leistungen der Sprache. Sie leisten die Vermittlung des Einen und des Vielen, fangen die Zersplitterung des Kosmos auf und setzen an die Stelle der Leere der Welt eine mütterliche Matrix, die eine unendliche Ähnlichkeit aller Dinge stiftet. Weil alles in eine Genealogie der Verwandtschaft eingetragen ist, ist in allem die Spur des unendlichen Einen, das sich in die ungeheure Fülle der (Welten-)Körper vermannigfacht hat. Das *principium analogiae* ist bei Bruno zugleich Denken und Sein.

VII. Der unendliche Raum

Überschätzt wird die Bedeutung, die Kopernikus für Bruno gehabt hat. Die «kopernikanische Reform» (Blumenberg) mit ihrem Ansatz zur Verwissenschaftlichung des Naturbildes, wie sie sich auf der Linie von Galilei bis Newton entwickelt, spielt für Bruno nur eine Initialrolle. Die von Osiander im Vorwort zum Werk des Kopernikus zur mathematischen Hypothese gemilderte Heliozentrik des Kosmos identifiziert Bruno – wütend gegen Osiander (A 110ff.; It I, 66ff.) – sofort als physikalische Wahrheit. Diese bildet nur ein schwaches Fundament für die Phantasiereisen Brunos im unendlichen All. Für dessen Strukturentwurf sind denn auch vorsokratische Naturphilosophen wie Heraklit, die

Eleaten, Empedokles und Anaxagoras, Leukippos, Demokrit und die Epikureer, ist vor allem Nikolaus von Kues wichtiger als Kopernikus. Das All ist bei Bruno ein nicht-empirischer Begriff der gestaltlosen, dezentralen, reinen Dimensionalität des unendlichen Raumes. Der Raum ist die Außenseite der intensiven Unendlichkeit im Begriff des Einen. Die cusanischen Paradoxa, die *coincidentia oppositorum*, die Nikolaus entwickelt hatte, um die Unbegreiflichkeit Gottes zu denken, gelten für Bruno für den Raum, der sämtliche göttliche Attribute erbt. Diese Konsequenz aus der cusanischen Lehre hat Bruno als Vorläufer des Pantheismus erscheinen lassen. Im All fallen Zentrum und Peripherie, Ruhe und Bewegung, kreisförmige und geradlinige Bewegung zusammen. Bruno hat spekulativ einen Raumbegriff gewonnen, für den weder die Mathematik noch die Physik reif war. Und er hat aus diesem Raumbegriff die moderne Konsequenz der Relativität von Längen- und Zeitdaten gezogen. Alle Angaben über Größe, Geschwindigkeit, Richtung, Kraft gelten nur relativ zu einem Beobachterstandort als Bezugspunkt von möglichen Meßdaten. Diese sind im unendlichen Raum ohne Sinn. Doch ist der Raum homogen und isotrop.

Der unendliche Raum ist unbeweglich – was dasselbe ist wie «unendlich bewegt» –, weder schwer noch leicht, ohne fixe Richtungsvektoren. Der Raum ist die nicht-materielle Dimension des Umfassenden und Aufnehmenden für die unendliche Fülle der relativen Bewegungen materieller Körper. Die Sonne, die Kopernikus noch als «schönen Tempel» in die Mitte des Kosmos setzte, ist nur ein Zentrum unter unzählbar vielen: Die kopernikanische Welt ist bei Bruno zum Analogon der unendlichen Vielheit der Sonnenwelten geschrumpft. Die Fixsterne sind nicht bewegungslos auf eine Sphärenschale «genagelt», sondern dieser Eindruck beruht auf der Täuschung der Sinne. In Wahrheit befinden sich die Fixsterne in verschiedenen Entfernungen zur Erde und eilen gemäß ihres inneren Bewegungsprinzips, in freier Leichtigkeit, über riesige Zeiträume hin, um weitere Sonnen als den Zentren ihrer Anziehung (Z.B. A 126ff., 159ff.; It I, 81ff., 111ff.): Dies ist die vorphysikalische Fassung der Trägheitsbewegung und der Gravitation.

Ferner wußte Bruno von der unüberbrückbaren Disproportion von Lebenszeit, geschichtlicher Zeit und Sternenzeit. Zum ersten Mal wird sich ein Denker bewußt, daß die unvorstellbaren Zeiten und Räume strukturell zur Subjektivierung führen müssen. Subjektivität wird bewußt als Grenze des Raums, den der Leib bildet, als Grenze des Raums, in dem der Leib sich bewegt (ohne je die Bewegung der Erde zu spüren), und als Grenze der Zeit, während derer «dieser mein Körper da» aus dem Strom der materiellen Metamorphosen gehoben ist. Die Terminationen der Existenz des Subjekts stellen zugleich auch eine neue Würde des Humanen dar: Als Bewohner eines Stern unter Sternen findet das Subjekt sich auf einem Ort vor, von wo aus das Wissen sich in gleicher Weise wie von jedem denkbaren Ort des Universums bilden kann. Bei Bruno wird absehbar, daß die Neue Kosmologie einen anderen Typ von Erkenntnistheorie nach sich ziehen wird: nämlich Rekonstruktion des Wissens aus den Strukturen, in denen unvermeidlich der Mensch wahrnimmt und denkt. Zum anderen zielt die Brunosche Erkenntnis auf die Befreiung aus dem Kerker des Fleisches, auf die Entgrenzung des Ich und die Epiphanie des göttlichen Lichts der *anima mundi*. Telos der Erkenntnis ist die «intellektuelle Anschauung» des ewigen, unendlichen Einen im «lebendigen Spiegel der Natur» (A 159; It I, 111).

«Wahre dein Recht auf des Weltalls Höhn! Nicht haftend am Niedern Sinke vom Staube beschwert dumpf in des Acherons Flut!

Nein, vielmehr zum Himmel empor! Dort suche die Heimat!

Denn wenn ein Gott dich berührt, wirst du zu flammender Glut.» (U, 18*; It I, 145)

Neben neuplatonistischen gehen hier alchimistische Erlösungsspekulationen ein. Der Untergang des Alten, das Durchlaufen der Zerrissenheit und Zerstückelung, der kleine Tod *(nigredo)*, die Reinigung von den Schlacken, das Herausprozessieren der *secreta naturae*, die Verwandlung des Adepten in der Glut der Erkenntnis zum göttlich Erleuchteten: dies sind Momente des alchimistischen wie philosophischen Prozesses. Die Naturforschung Brunos hat eine esoterische Dimension: Im Studium der «Geheimnisse der Natur» (U, 105; It I, 234) geht es zuletzt um die Erlösung des in die Natur eingeschlossenen «philosophischen Goldes», geht es um die Erlösung des Menschen im Licht unvergänglicher Wahrheit.

VIII. Wirkung und Perspektiven

Zweifellos hat die Hinrichtung des Häretikers Bruno die Wirkung des Philosophen nachhaltig erschwert; doch wurde Bruno bis zur Goethezeit auch innerhalb der Philosophie wegen seines metaphysischen Enthusiasmus und der vorneuzeitlich erscheinenden Poetizität systematisch verdrängt. Bis heute reichen die Wirkungen der institutionellen wie intellektuellen Zensur: Sieht man von Italien ab, wo sich seit etwa 1900 die Forschungslage kontinuierlich entwickelt, dürfte es keinen Philosophen von europäischem Rang geben, der ähnlich schlecht erforscht ist wie Bruno. Natürlich hängt dies auch mit Sprachproblemen zusammen: So ist bis heute noch kein lateinisches Werk Brunos in eine Gegenwartssprache übersetzt worden. Dies aber ist selbst ein Effekt langfristig wirksamer Zensur. Damit ist die Rezeption besonders der mnemotechnischen, monadologischen und atomistischen Dimensionen des Brunoschen Denkens behindert. Verläßliche deutsche Übersetzungen gibt es nur von *De la causa, principio et Uno* und *La Cena de le Ceneri*. Die von L. Kuhlenbeck übersetzte Werkausgabe (1904–1909) der italienischen Dialoge ist, wegen ihrer Einzigkeit, noch immer unverzichtbar, obwohl sie unzuverlässig und ein antisemitisches Zeugnis der deutschen Intelligenz um 1900 ist.

Der Beginn der öffentlichen philosophischen Wirkung Brunos in Deutschland beruht auf einem Mißverständnis. Friedrich Heinrich Jacobi übersetzte 1789 Teile aus *De la causa, principio et Uno*, um im Zuge des sog. Pantheismusstreites – Lessing hatte sich, nach Jacobis Zeugnis, 1780 zum Spinozismus und zu Goethes *Prometheus* bekannt – beweisen zu können, daß neben Spinoza auch Bruno zu den Begründern der modernen Gottlosigkeit zu zählen sei. Der Anti-Aufklärer läßt mit Bruno, der eben den Aufklärern zutiefst fremd blieb, die Kette der Denker beginnen, die für den Atheismus im Zeichen aufgeklärten Geistes verantwortlich zeichnen sollen. Die intellektuelle Erregung, die von diesem Streit ausging und noch in den Kommentaren Heines und Feuerbachs spürbar ist, brachte Bruno in die Diskussion und ließ ihn – in Umkehrung der Inszenierung Jacobis – auf der Seite der aufklärungskritischen Romantiker und bei Goethe zur Wirkung kommen (Blumenberg 1969, Stern 1977).

Schelling (*Bruno oder über das göttliche und natürliche Princip der Dinge*, 1802) ist der erste Philosoph, der aus Gründen philosophischer Strukturverwandtschaft eine Bruno nicht nur nicht meidende, sondern affirmierende Haltung öffentlich einzunehmen wagte. Es ist die spekulativ entwickelte, dynamische Materietheorie, die Idee der *natura naturans*, der produktiven Lebendigkeit der Natur, der das Göttliche einwohnt; es ist die Vorstellung des «inneren Künstlers» (Bruno), die Schelling ins Konzept der unbewußten, im Menschen reflexiv werdenden Intelligenz der Natur wendet; es ist die Idee des absoluten Einen, das in den Reichen der Natur sich im vielen Einzelnen ausdifferenziert; und es ist die Einsicht, daß Naturphilosophie nicht in der erkenntniskritischen Rekonstruktion der empirischen Wissenschaften aufgehen darf, sondern davon unabhängig eine Konzeption des Menschen als Anderes der Natur und der Natur als Anderes des Menschen zu entwickeln hat, worin Schelling sich Bruno wahlverwandt wissen durfte. Die romantische Naturphilosophie, mit ihren spekulativen wie mit ihren kryptomaterialistischen Zügen, wird zum Ausgangspunkt einer Wirkung Brunos im 19. Jahrhundert: zunächst bei Goethe an den Punkten, die ihn Schelling benachbarten, darüber hinaus in seiner Idee der Entelechie, der Metamorphose und der Monade. Der monistische Holismus wie auch die materialistische Naturtheorie des 19. Jahrhunderts können auf der Linie Brunos gesehen werden. Im 20. Jahrhundert ist es Ernst Bloch, der diese Lesart weiterentwickelt und im Rückgriff auch die Naturphilosophie der Renaissance (und dabei Brunos) sowie der Romantik seine materialistische Philosophie einer dynamischen Naturproduktivität entfaltet.

Auf dieser Linie liegen auch die Perspektiven von Brunos Philosophie heute. Die Krise des neuzeitlichen Mensch-Natur-Verhältnisses schafft ein Bedürfnis nach praktischer Naturphilosophie, das ohne Rückbesinnung auf die verlorenen oder verdrängten Traditionen der Naturphilosophie nicht wird befriedigt werden können. Die Renaissancephilosophie kann für die Ausarbeitung der anthropologischen, ästhetischen und praktischen Dimensionen der Naturphilosophie dabei die Funktion einer historischen Rückversicherung übernehmen. Wenn verstanden und praktisch eingeholt würde, warum, wie Bruno sagt, der Mensch nicht in Angst zu leben braucht, wenn er die angemessene Philosophie der Natur und des Ortes des Menschen in ihr findet, dann erst würde auch die umfassende Dimension der Naturphilosophie einsichtig, wie sie im 16. Jahrhundert entwickelt wurde.

Johannes Kepler (1571–1630)

Martin Carrier/Jürgen Mittelstraß

JOHANNES KEPLER
(1571–1630)

I. Keplers Leben

Johannes Kepler wird am 27.12.1571 in Weil der Stadt (nahe Stuttgart) geboren. Nach dem Besuch mehrerer Schulen in Württemberg tritt er (mit Hilfe eines Stipendiums) in das Tübinger Stift ein, an dem er 1591 das Examen als Magister Artium ablegt. In dieser Zeit wird Kepler durch Michael Mästlin (1550–1631) mit der Kopernikanischen Astronomie bekannt. 1594 siedelt Kepler nach Graz über und wird Mathematiklehrer an der dortigen Landschaftsschule. 1597 heiratet er zum ersten Male. 1600 wird Tycho Brahe, der größte Astronom der damaligen Zeit, auf Kepler aufmerksam und ruft ihn zu sich nach Prag. Nach Brahes Tod 1601 wird Kepler als dessen Nachfolger zum kaiserlichen Mathematiker berufen und damit beauftragt, das astronomische Werk Brahes zu bearbeiten und herauszugeben. Als Kaiser Rudolf II. 1611 abgesetzt wird, erhält Kepler eine Anstellung als Mathematiker der oberösterreichischen Stände in Linz. 1613 heiratet er zum zweiten Male (nachdem seine erste Frau 1611 gestorben war); allem Anschein nach ist diese zweite Ehe im Unterschied zur ersten glücklich. 1628 tritt er als Astrologe in die Dienste des Feldherrn Wallenstein in Sagan (Schlesien). Kepler stirbt am 15.11.1630 in Regensburg.

Kepler ist zeitlebens ständig auf Reisen. Er besorgt etwa die Drucklegung seiner Bücher, die wegen der Wirren der Zeit an wechselnden Orten vonstatten geht, oder muß sich am kaiserlichen Hof um den Eingang seines Gehalts kümmern. Mehrere Male reist er ins heimische Württemberg, um seine Mutter vor der Verurteilung als Hexe zu bewahren. Keplers finanzielle Lage ist stets unsicher. Wegen der Zahlungsschwierigkeiten seiner Arbeitgeber bleibt das Gehalt oft aus. Er muß in solchen Zeiten von der Herstellung von Kalendern leben, die nach der Sitte der Zeit astrologisch gestützte Zukunftsdeutungen und Wetterprognosen enthalten. Hinzu kommen theologische und gesundheitliche Schwierigkeiten. Als Lutheraner im Dienste des katholischen Kaisers ist Kepler mehrmals erheblichem Druck ausgesetzt; auch mit den eigenen Glaubensgenossen in Tübingen gerät er wegen theologischer Differenzen in Streit. Zu seinen gesundheitlichen Schwierigkeiten gehört ein schweres Augenleiden, das ihm die Ausübung der praktischen Astronomie weitgehend unmöglich macht. Glücklicherweise zieht es Kepler ohnehin zur Theorie.

II. Die Astronomie zur Zeit Keplers und die Entdeckung der Planetengesetze

1. Der Stand der astronomischen Theorie

Kennzeichnend für die antike Astronomie sind die beiden Grundsätze (1) *Kreisförmigkeit* und (2) *Gleichförmigkeit* aller Himmelsbewegungen. Alle Himmelskörper sollen sich demnach auf Kreisen mit konstanter Winkelgeschwindigkeit bewegen. Dem entgegen stehen bestimmte Ungleichheiten der Planetenbewegung, zu deren Lösung Eudoxos ein System konzentrisch um die Erde gelagerter Kugeln einführt, die sich gleichzeitig um verschiedene Achsen drehen.[1] Dieses homozentrische Modell wird in astronomischer Hinsicht durch die *Exzentertheorie* des Hipparch und durch die *Epizykeltheorie* des Apollonios wesentlich verbessert. Nach der Exzentertheorie fällt der Mittelpunkt der Umlaufbahn der Sonne nicht mit dem Erdmittelpunkt zusammen; die Erde ist also exzentrisch gelagert. Nach der Epizykeltheorie bewegt sich jeder Planet gleichförmig auf einem Kreis, dessen Mittelpunkt sich wiederum gleichförmig auf einem weiteren Kreis bewegt, in dessen Mittelpunkt sich die Erde befindet. Beide Modelle erweisen sich bereits in der Antike als empirisch äquivalent.[2]

Aristoteles legt seiner Kosmologie, zu deren physikalischen Elementen der Antrieb konzentrischer Planetenschalen von außen nach innen und die Unterscheidung zwischen den Gesetzmäßigkeiten einer sublunaren und einer supralunaren Welt gehören, das Eudoxische System zugrunde und verschafft diesem auf diese Weise gleichzeitig eine physikalische Erklärung. Exzenter- und Epizykeltheorien werden hingegen durch die Aristotelische Kosmologie nicht erfaßt[3], weshalb in der weiteren astronomischen Entwicklung astronomische Annahmen den Status bloß nützlicher Rechenhilfsmittel bzw. mathematischer Hypothesen (ohne physikalischen Bezug auf die Wirklichkeit) erhalten. Das griechische astronomische Forschungsprogramm einer *Rettung der Phänomene*[4] arbeitet entsprechend mit kinematischen (kräftefreien) Modellen, nicht mit Modellen einer physikalischen Kosmologie, und bildet insofern ein *instrumentalistisches* Wissenschaftsverständnis aus.

Das gilt auch für das Ptolemaiische System, das die zeitgenössischen Exzenter- und Epizykeltheorien weiterentwickelt. Da Beobachtungen zur Annahme einer ungleichförmigen Bewegung des Epizykelmittelpunktes zwingen, arbeitet das Ptolemaiische System mit einem weiteren fiktiven Punkt, dem sogenannten Ausgleichspunkt (*punctum aequans*), auf den bezogen die Planetenbewegung gleichförmig verläuft und der insofern die Planetenbewegung wieder «gleichförmig macht». Das Ptolemaiische System erlaubt damit, abgesehen von der Merkurbewegung (extreme Exzentrizität), eine exakte Beschreibung der Planetenbahnen und unterstellt physikalisch eine Aristotelische Kosmologie – obgleich diese strenggenommen den kinematischen Konstruktionen innerhalb des Ptolemaiischen Systems und dem ihnen zugrundeliegenden Instrumentalismus nicht entspricht. Die Tradition trägt diesem Umstand durch die Unterscheidung zwischen einer (instrumentalistischen) *mathematischen* Astronomie und einer (Aristotelischen) *physikalischen* Astronomie Rechnung. Dabei gelten im übrigen heliozentrische Hypothesen (Aristarch von Samos) geozentrischen Hypothesen insofern als unterlegen, als letztere näherungsweise auch dynamisch, nämlich durch die Aristotelische Physik ausgezeichnet sind.

Auch das Kopernikanische System vermag keine dynamischen Gründe für eine heliozentrische Astronomie anzuführen, weshalb es sich strenggenommen ebenfalls noch – entgegen dem Kopernikanischen Selbstverständnis und seiner geistesgeschichtlichen Rezeption – innerhalb des antiken Astronomieverständnisses (in dessen Rahmen der Auswahl des Mittelpunktkörpers, Erde oder Sonne, übrigens keine entscheidende Rolle zufiel) bewegt. Kopernikus sucht zunächst die Exzenter- und Ausgleichsbewegung eines Planeten im (geozentrischen) Ptolemaiischen System durch zwei gleichförmig rotierende Epizykeln mathematisch wiederzugeben, ersetzt dann aber (*De revolutionibus orbium coelestium*, 1543) den ersten Epizykel und seinen konzentrischen Deferenten durch einen kinematisch äquivalenten exzentrischen Deferenten, womit die Sonne aus dem Mittelpunkt des Systems auf einen Exzenterpunkt rückt. Der Heliozentrismus des Kopernikanischen Systems ist die Folge einer einfacheren kinematischen Erklärung der Planetenanomalien (ohne zusätzliche Epizykeln). Physikalische Argumente fehlen. An ihrer Stelle steht das Kopernikanische Plädoyer für die Wiederbeachtung der alten Grundsätze der antiken Astronomie. Die tatsächliche Bedeutung der Kopernikanischen Astronomie ist daher auch weniger innovativ als – eben bezogen auf die Wiederdurchsetzung der älteren astronomischen Grundsätze – restaurativ. Erst Kepler bricht mit allen diesen Grundsätzen (Kreisförmigkeit und Gleichförmigkeit aller Himmelsbewegungen, instrumentalistisches Grundverständnis), weshalb es auch – wie im folgenden dargelegt – angebrachter ist, von einer *Keplerschen*, statt von einer Kopernikanischen *Wende* zu sprechen.[5] Durch seinen Bruch mit der gesamten konzeptionellen Astronomietradition gelingt Kepler die vollständige Lösung des Bewegungsproblems der Planeten – wenn man von den Korrekturen durch die Newtonsche und später die Einsteinsche Gravitationstheorie absieht. Diese Lösung erfolgt durch die drei Planetengesetze, die heute mit Keplers Namen verbunden sind.

2. Keplers drei Gesetze der Planetenbewegung

Kepler entwickelt die ersten beiden der nach ihm benannten Gesetze in der 1609 erschienenen *Astronomia Nova*. Er sucht – gestützt auf Brahes Beobachtungen der Marsbewegungen – eine Theorie der Marsbahn zu entwerfen, die möglichst genau mit dessen Aufzeichnungen übereinstimmte. Die *Astronomia Nova* hat dabei nicht die Form eines systematisch geordneten Lehrbuches; sie präsentiert nicht einfach Resultate, sondern läßt den Leser alle Irrwege ihres Autors verfolgen, bis zuletzt die Lösung sichtbar wird.[6]

Wesentliche Voraussetzung für eine solche Lösung war dabei, daß Kepler sich (als erster) die Frage stellt, wie unter der Annahme der Kopernikanischen Hypothese die Planetenbewegung von der Sonne aus betrachtet erscheint. Im System des Kopernikus fällt nämlich der Mittelpunkt der Planetenbahn nicht mit der Sonne zusammen; von dieser aus betrachtet variieren sowohl Planetenabstand als auch Planetengeschwindigkeit. Bei der Untersuchung dieser Veränderungen stößt Kepler darauf, daß für den sonnennächsten Punkt (Perihel) und den sonnenfernsten Punkt (Aphel) der Marsbahn die Bahngeschwindigkeit gerade umgekehrt proportional zur Entfernung von der Sonne war. Kepler verallgemeinert diese Beobachtung und schließt, daß Bahngeschwindigkeit und Sonnenentfernung stets in umgekehrtem Verhältnis zueinander stehen (Keplers *Radiengesetz*).[7]

Das Problem besteht nun darin, die *Position* des Planeten unter der Voraussetzung dieses Radiengesetzes zu finden. Wegen mathematischer Schwierigkeiten behilft sich Kepler mit einem Satz des Archimedes über Kreisflächen, der jedoch auf sein Problem nur näherungsweise anwendbar ist; der Rückgriff auf Flächen gilt ihm daher als unvollkommenes Verfahren zur Berechnung der vom Radiengesetz bestimmten Bewegung.[8] Mit Hilfe dieser Methode stößt Kepler darauf, daß die Verbindungslinie von Sonne und Planet in *gleichen Zeiten gleiche Flächen* überstreicht. Dies ist der *Flächensatz* oder das (heute so genannte) *zweite Keplersche Gesetz*. Allerdings hat dieses zunächst nur den Status einer Näherung, die aus rechentechnischen Gründen gewählt wird. Weitere Kontrollrechnungen führen Kepler darauf, daß die Marsbahn kein Kreis sein kann. Nach mehreren Versuchen entdeckt er schließlich die *Ellipse* als die korrekte Form der Marsbahn.[9] Demnach bewegen sich die Planeten auf elliptischen Bahnen, in deren einem Brennpunkt die Sonne steht. Das ist das *erste Keplersche Gesetz*.

Eine Schwierigkeit entsteht nun daraus, daß der Flächensatz ursprünglich für den exzentrischen Kreis (und nicht für die Ellipse) hergeleitet wurde. Kepler glaubt, daß bei der Ellipse Flächensatz und Radiengesetz exakt (und nicht bloß näherungsweise) äquivalent sind, was ihm «wie ein Wunder»[10] erscheint. Indessen, hier waltet kein Wunder, sondern der Irrtum. Kepler wirft nämlich *Bahngeschwindigkeit* und *Azimutalgeschwindigkeit* (also Geschwindigkeit senkrecht zur Verbindungslinie von Sonne und Planet) durcheinander. Das Radiengesetz, bezogen auf die Azimutalgeschwindigkeit, ist tatsächlich äquivalent zum Flächensatz. Jedoch ist diese Geschwindigkeit dann eben nicht mehr die Geschwindigkeit des Planeten insgesamt, sondern nur eine Komponente dieser Geschwindigkeit.[11] Im fünften Buch der *Epitome Astronomiae Copernicanae* (1621) führt Kepler tatsächlich eine solche Komponentenzerlegung durch und formuliert das Radiengesetz nur noch für die Azimutalgeschwindigkeiten.[12] Erst dort werden die Flächen zu Recht das Maß der Zeit[13], und erst dort verliert der Flächensatz den Status eines hilfsweisen Rechenverfahrens und wird zu einem wirklichen Gesetz.

Keplers *drittes Gesetz* bezieht sich nicht auf die Bewegungsformen einzelner Planeten, sondern auf einen Vergleich der Bewegungen verschiedener Planeten. Es stellt damit einen gänzlich neuartigen Typus astronomischer Regelmäßigkeiten dar. Kepler formuliert dieses Gesetz eher beiläufig (und ohne die sonst übliche Geschichte von Versuch und Irrtum) in der 1619 erschienenen *Harmonice Mundi*. Es heißt dort: «Allein es ist ganz sicher und stimmt vollkommen, daß die Proportion, die zwischen den Umlaufzeiten irgend zweier Planeten besteht, genau das Anderthalbe der Proportionen der mittleren Abstände, d.h. der Bahnen selber, ist (...).»[14] Dieses Gesetz wird heute im allgemeinen in der Form ausgedrückt, daß die Kuben der großen Halbachsen der Bahnellipsen a proportional zu den Quadraten der Umlaufzeiten T sind ($a^3/T^2 =$ const.).

Mit Keplers drei Gesetzen ist die *Kinematik* der Planetenbewegung vollständig beschrieben. Kepler bleibt jedoch bei dieser methodisch gesehen traditionellen Astronomieform nicht stehen, sondern fragt nach einer *dynamischen Erklärung* seiner Gesetze. Damit stoßen wir in jene Bereiche vor, die das Herzstück der Keplerschen Naturphilosophie bilden, nämlich Himmelsphysik und Weltharmonik.

III. Die Physik des Himmels

1. Trägheit und Schwere

Die (Kopernikanische) Annahme einer bewegten Erde führte im Rahmen der Aristotelischen Physik auf beträchtliche Schwierigkeiten bei der Analyse von Fall- und Wurfbewegungen. Für Aristoteles kam jedem der vier Elemente (Erde, Wasser, Feuer, Luft) ein ausgezeichneter Ort im Kosmos zu; auf diesen Ort hin strebt jedes Element aus eigenem Antrieb. So fallen feste (erdige) Körper nach unten, weil ihr natürlicher

Ort das Weltzentrum ist. Die natürliche Fallbewegung verbindet zwei Punkte im Kosmos miteinander. Wenn sich daher während des Falls die Erde bewegte, so würde ihr der Körper nicht folgen, sondern weiterhin entlang jener festen Linie im Raum fallen. Ein senkrecht nach oben geworfener Stein könnte nicht an seinen Ausgangspunkt zurückkehren. Tatsächlich tritt jedoch gerade dies ein, und deshalb ist eine Bewegung der Erde aus physikalischen Gründen ausgeschlossen.[15]

Um dieses Argument zu entkräften, vertritt Kopernikus eine «Ganzheitstheorie» der Schwere, die bereits von Plutarch erwähnt (wenn auch nicht gebilligt) wurde.[16] Danach ist die Schwere ein natürliches Streben der Teile, eine Einheit und Ganzheit hervorzubringen. Der Stein fällt zur Erde, weil er von gleicher Natur wie die Erde ist. Wegen dieser Gleichheit der Naturen bewegen sich auch fallende Körper mit der ihrerseits bewegten Erde mit.[17]

In dieser Vorstellung ist deutlich das Fehlen des modernen *Trägheitsbegriffs* festzustellen. So lehrt die spätmittelalterliche Impetusphysik (die ihrerseits eine Weiterentwicklung der Aristotelischen Physik darstellt[18]), daß allein die Ruhe als natürlicher Zustand zu betrachten ist, alle Bewegung also einen Antrieb benötigt. Ausdruck dieses Modells ist die (üblicherweise als aristotelisch bezeichnete, tatsächlich eher impetusphysikalische) Bewegungsgleichung: die Kraft F ist gleich dem Produkt aus Masse m und Geschwindigkeit v ($F = mv$). Dieser Theorie hängt auch Kepler an. Auch für ihn stehen Ruhe und (geradlinig-gleichförmige) Bewegung nicht auf demselben ontologischen Niveau; vielmehr strebt jeder Körper von Natur aus zur Ruhe: «Jeder materielle Körper ist sich selbst und seiner Natur nach zur Ruhe bestimmt, an welchen Ort er auch versetzt wird. Denn Ruhe ist wie Finsternis ein Mangel, der keiner Erschaffung bedarf, sondern dem Erschaffenen anhaftet wie ein Nichts. Bewegung ist dagegen etwas Positives wie das Licht. Wenn demnach ein Stein von seinem Ort bewegt wird, so geschieht dies nicht insofern er materiell ist, sondern insofern er einen äußeren Stoß oder eine Anziehung erleidet oder in sich eine Fähigkeit besitzt, die sich irgendwohin orientiert.»[19] Wesentlich ist, daß der Körper dazu neigt, an *jedem* Ort zu ruhen.[20] Für Kepler gibt es also nicht mehr die ausgezeichneten Orte der Aristotelischen Physik, zu denen die Körper aus eigenem Antrieb streben; ein Punkt kann Schweres nicht bewegen.[21] Damit wird gleichsam jeder Ort zu einem natürlichen Ort, d.h., es zeichnet sich die neuzeitliche Vorstellung der *Homogenität des Raumes* ab.

Um das Problem des freien Falls und des senkrechten Wurfs in diesem begrifflichen Rahmen zu lösen, greift Kepler auf das 1600 erschienene Werk *De Magnete* des William Gilbert zurück. Gilbert hatte als erster eine Physik zu entwickeln versucht, die auch mit einer nicht-Ptolemaiischen Astronomie vereinbar war. Dazu stützte er sich insbesondere auf die Eigenschaften magnetischer Kräfte, die als wechselseitig wirkend und dem Gewicht des Magneten proportional angenommen wurden. Im Blickpunkt Gilberts stand eine physikalische Erklärung der raumfesten Orientierung der Erdachse und der täglichen Erdrotation. Beide Phänomene ließen sich gerade beim Magnetkompaß aufweisen: Eine Magnetnadel richtet sich fest in Nord-Süd-Richtung aus und rotiert bei Auslenkung in diese Richtung zurück. Auch die Erde ist demnach als großer Magnet zu betrachten; ihre Rotation ist durch diese magnetische Eigenschaft verursacht. Darüber hinaus konzipierte Gilbert die Schwere als *Attraktionskraft*, die er zunächst als magnetisch, später als elektrisch und schließlich als der Elektrizität analog auffaßte. Diese Attraktionskraft schrieb Gilbert auch anderen Himmelskörpern zu, was die Preisgabe der privilegierten Stellung der Erde im Kosmos ausdrückt.[22]

Auch Kepler betrachtet die Schwere als magnetische Attraktionskraft: «Die schwäre ist nichts anderes dan der Magnetische Zug der Erden.»[23] Allerdings wird die Wirkung der Schwere auf verwandte Körper beschränkt, was auf ein Nachwirken der Kopernikanischen Ganzheitstheorie im Denken Keplers verweist. Jedenfalls ist die Schwere eine äußere Kraft und kein inneres Bestreben. Alle verwandten Körper – wie etwa Erde und Stein, aber auch Erde und Mond – ziehen sich mit einer Kraft körperlichen Ursprungs an, die proportional zu den Gewichten oder Massen der beteiligten Körper und wechselseitig gleich ist. Wie die Erde den Mond, so zieht der Mond die Erde an, wobei sich die Wirkung der lunaren Attraktion auf die Erde durch die Gezeiten dokumentiert.[24] Kepler ist damit der erste, der eine im Grundsatz korrekte Vorstellung der Ursachen von Ebbe und Flut entwickelt.

Auch mit dieser neuartigen Theorie der Schwere ist allerdings das Problem des Falls noch nicht gelöst. Dessen Lösung sucht Kepler in der besonderen Struktur der attraktiven Kraft. Dazu stellt er sich vor, daß von einem über dem Erdboden befindlichen Körper unsichtbare elastische Bänder oder magnetische Ketten zur Erde reichen (wobei Kepler die Schwere mit der Magnetkraft zwar in der Regel identifiziert, zuweilen aber auch bloß analogisiert). Diese Bänder haben insgesamt eine kegelförmige Struktur, verbinden also den Körper nicht allein mit den senkrecht unter ihm befindlichen, sondern auch mit benachbarten Bereichen:

Abb. 1[25]

Insgesamt heben sich die seitwärts gerichteten Kräfte auf, so daß die resultierende Kraft senkrecht nach unten weist. Jedoch wird beim waagerechten Wurf oder Kanonenschuß vermehrt diejenige Seite der Ketten angespannt, die der Bewegung entgegengerichtet ist.[26] So führt Kepler aus: «Es ist nämlich zu antworten, daß nicht allein die Erde sich zwischenzeitlich [während des Wurfs] weiterbewegt hat, sondern auch die unendlich vielen und unsichtbaren magnetischen Ketten, durch die der Stein an den darunterliegenden und den umgebenden Teilen der Erde befestigt ist und durch die er senkrecht näher zur Erde gezogen wird. Bei der gewaltsamen Aufwärtsbewegung werden alle Ketten beinahe gleich gedehnt: Aber beim gewaltsamen Wurf nach Osten werden die Ketten im Westen angespannt, und wenn der Dampf [der Kanone] die Kugel nach Westen treibt, werden diejenigen im Osten angespannt.»[27] Fehlte die Schwere, so würde der in die Höhe geworfene Stein durch seine natürliche Neigung zur Ruhe abgebremst, während die Erde sich unter ihm weiterbewegte. Durch die kegelförmige Anordnung der elastischen Schwerebänder wird dieses Zurückbleiben verhindert; die aufgrund der Rotation der Erde einseitig gespannten magnetischen Ketten ziehen den geworfenen Stein seitwärts mit der Erde mit. Es findet also ein Wettstreit zwischen der Widerstandskraft des Körpers und der Anziehungskraft der Erde statt. Der senkrecht geworfene Stein kehrt deshalb an seinen Ausgangspunkt zurück, weil erstere von letzterer weit überwogen wird. Zwar bleibt strenggenommen der Stein ein wenig hinter der Erdbewegung zurück, aber diese Abweichung ist unmerklich. Entfernt sich ein Körper hingegen sehr weit von der Erde, so nimmt deren Anziehungskraft ab, und der Zug der Erde vermag das Zurückbleiben des Körpers nicht mehr gänzlich zu verhindern.[28]

Keplers Theorie des freien Falls ist damit von gänzlich anderer Art als die moderne Konzeption. Sie gründet auf einer neuartigen Auffassung von der Schwerkraft, nicht der Bewegung. Kepler kennt das Descartes-Galileische Trägheitsprinzip nicht, sondern nimmt (mit der Impetustheorie) einen natürlichen Widerstand gegen Bewegung jeglicher Art an. Ein weiterer Unterschied zur modernen (auf Newton zurückgehenden) Lehre ist, daß die so verstandene Schwerkraft zur Bewegung der Himmelskörper fast nichts beiträgt.

2. Keplers Begründung der Planetengesetze

Den *physikalischen* Grund für den Umlauf der Planeten sucht Kepler in einer besonderen bewegenden Kraft, einer *«vis motrix»*, die ihren Ursprung in der Sonne hat. Schließlich verweist für die Impetusphysik der Zeit jede Bewegung auf die anhaltende Wirkung einer Kraft in der Richtung der Bewegung. Dementsprechend muß die Kraft, die die Planeten vorantreibt, stets *azimutal*, also senkrecht zur Verbindungslinie von Sonne und Planet, gerichtet sein. Kepler denkt sich eine «immaterielle Spezies» *(species immateriata)*, die, dem Lichte verwandt, von der Sonne ausgeht und sich in den Raum des Planetensystems ergießt. Die Kraftstrahlen selbst sind also radial gerichtet; um die Planeten in eine Bewegung um die Sonne herum versetzen zu können, müssen sie rotieren. Die rotierenden Kraftstrahlen reißen den Planeten mit und bringen auf diese Weise die Umlaufbewegung hervor.[29]

Diese Konzeption führt auf die Vermutung, daß die Rotation der Kraftstrahlen ihrerseits auf die Rotation der Sonne zurückgeht. Tatsächlich prognostiziert Kepler 1609 die (damals noch nicht entdeckte) Sonnenrotation.[30] Diese wird einige Jahre später wirklich nachgewiesen; Kepler verweist mit berechtigtem Stolz auf diese erfolgreiche Prognose seiner Theorie.[31]

Wenn die Planetenbewegung allein unter dem Einfluß der Antriebskraft der Sonne stünde, müßten alle Planeten in der gleichen Zeit einen Umlauf vollenden. Tatsächlich bleiben die Planeten wegen ihres Bewegungswiderstands hinter den rotierenden Kraftstrahlen zurück. Hier tritt genau der im Zusammenhang mit der Schwere diskutierte Fall ein, daß die Antriebskraft nicht stark genug ist, um den Widerstand gänzlich zu überwinden; die Planeten entwinden sich teilweise dem Zug der Sonne[32]: «Wie bereits gesagt worden ist, gibt es außer der vorantreibenden Kraft der Sonne auch einen natürlichen Widerstand der Planeten gegen Bewegung, der dazu führt, daß sie, insofern sie materiell sind, dazu neigen, am selben Orte zu verharren. So bekämpfen sich die treibende Macht der Sonne und die Machtlosigkeit des Planeten oder seine materielle Trägheit. Jede trägt ihren Teil des Sieges davon; jene bewegt den Planeten von seinem Platz, diese reißt seinen, d.h. des Planeten, Körper ein wenig aus den Bändern heraus, durch die er von der Sonne ergriffen wird (...).»[33] Das hat zur Folge (wie Kepler 1609 voraussagt), daß die Rotationsdauer der Sonne erheblich weniger als 88 Tage (d.i. die Umlaufzeit des Merkur, also des innersten und damit schnellsten Planeten) betragen muß.[34] In der Tat kann Kepler 1620 anzeigen, daß dies zutrifft.[35]

Kepler nimmt an, daß die Stärke der azimutalen Antriebskraft umgekehrt proportional zur Sonnenentfernung abnimmt, daß also gilt: $F_a = c/r$ (mit c = const.). Grund dieser Annahme ist die Analogie zum Hebelgesetz, in dem ebenfalls Kraft und Kraftarm in umgekehrtem Verhältnis stehen.[36] Ursprünglich vermutet Kepler, daß auch die Lichtstärke eine Entfernungsabhängigkeit dieser Art aufweist, stellt dann jedoch fest, daß sich jene mit dem Quadrat des Abstands von der Lichtquelle vermindert. Um trotzdem das lineare Abstandsgesetz für die Azimutalkraft plausibel zu machen, argumentiert Kepler auf folgende Weise: Die *vis motrix* ist stets kreisförmig um die Sonne orientiert, so daß ihre Wirkung sich allein nach ihrer Stärke auf diesem Kreis in Richtung der Planetenbewegung bemißt. Die Verminderung sowohl der immateriellen Spezies als auch des von der Sonne ausgehenden Lichts ist aber aufzuteilen in eine Schwächung in Längsrichtung (also entlang des planetarischen Kreises) und eine Abnahme senkrecht dazu (also in Richtung des Pols der Ekliptik). Beide Komponenten schwächen sich jeweils umgekehrt proportional zum Abstand von der Quelle ab, da der Umfang eines Kreises proportional zum Radius wächst und die Quantität insgesamt erhalten bleibt.[37] Für das Licht führt dies in der Summe zu einem quadratischen, für die Kraft aber zu einem linearen Abstandsgesetz, da hier nur die Komponente in Längsrichtung von Bedeutung ist.[38]

Aus dem solcherart physikalisch plausiblen Abstandsgesetz für die *vis motrix* ergibt sich der Flächensatz unmittelbar. Aus $F_\alpha = c/r$ und der Bewegungsgleichung $F = mv$ folgt nämlich sofort

$$v_\alpha = \frac{c}{mr}.$$

Die Azimutalgeschwindigkeit v_α ist plausiblerweise als Wirkung der ebenfalls azimutal gerichteten *vis motrix* zu betrachten. Wie oben bereits erwähnt (S. 132), ist aber diese Form des Radiengesetzes gerade äquivalent mit dem Flächensatz. Damit ist das zweite Keplersche Gesetz physikalisch begründet.[39]

Wirkte allein die *vis motrix* auf die Planeten, so wären ihre Bahnen kreis- und nicht ellipsenförmig. Kepler stellt sich die Entstehung der Ellipse aus dem Kreis als Wirkung einer weiteren Attraktionskraft vor. Diese wirkt radial (also in Richtung der Verbindungslinie von Sonne und Planet) und steht damit stets senkrecht auf der *vis motrix*. Man muß sich damit die gesamte Bahnbewegung des Planeten als Wirkung zweier Ursachen denken. Zum einen führt die azimutale *vis motrix* den Planeten kreisförmig um die Sonne herum, zum anderen bewirkt eine Attraktionskraft der Sonne, daß er auf dieser Bahn radiale Schwankungen ausführt. Über die Natur dieser Attraktionskraft macht Kepler keine klaren Aussagen. Zum einen führt er sie (wie überdies auch die *vis motrix*) auf magnetische Kräfte zurück, zum anderen bestreitet er (in expliziter Abgrenzung gegen magnetische Wirkungen) deren Gegenseitigkeit.[40]

Um die kreisförmige Bahn des Planeten zu einer ellipsenförmigen Bahn zu deformieren, ist es erforderlich, daß die Attraktionskraft an unterschiedlichen Stellen der Bahn unterschiedliche Stärke aufweist, also mit dem Winkel α variiert, da sich nur dann eine veränderliche Sonnenentfernung ergibt. Dabei zeigt sich, daß eine Ellipse genau dann entsteht, wenn die Radialkraft proportional zum Sinus des Winkels zwischen der Apsidenlinie (der Verbindungslinie von Perihel und Aphel) und dem Radiusvektor Sonne-Planet ist (also $F_r \sim \sin\alpha$). Eine

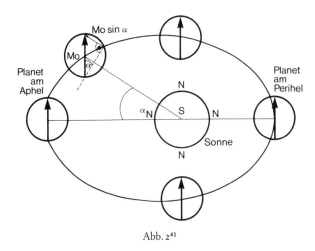

Abb. 2[41]

Begründung des ersten Keplerschen Gesetzes verlangt also eine Ableitung dieser besonderen Winkelabhängigkeit der Kraft aus physikalischen Grundsätzen.

Zu diesem Zweck stellt sich Kepler alle Planeten als magnetische Dipole vor (wie Gilbert dies für die Erde bereits geltend gemacht hatte) und nimmt an, daß die Sonne ebenfalls ein Magnet ist, der jedoch eine besondere Struktur aufweist. Bei der Sonne befindet sich nämlich der eine Magnetpol im Sonnenzentrum, der andere auf der Sonnenoberfläche, so daß faktisch nur der äußere Pol wirksam ist.[42] Die Achsen der Planetendipole sind dabei raumfest orientiert, was Kepler auf eine dem Bewegungswiderstand analoge Eigenschaft zurückführt. Zwar tritt auch hier der Kampf zwischen Widerstand und Kraft in Erscheinung, so daß die Magnetkraft der Sonne die Orientierungsrichtung des Dipols ein wenig zu verschieben vermag, aber diese Verschiebungen kompensieren sich im Laufe eines Planetenumlaufs.[43] Im Rahmen dieses Modells ergibt sich, daß die Komponente des magnetischen Moments des Planeten M_o in Richtung der Sonne gerade gleich dem Sinus des fraglichen Winkels ist (wie aus Abb. 2 erkennbar). Für das effektiv wirksame magnetische Moment M gilt also $M = M_o \sin \alpha$, und dies führt gerade auf solche radiale Schwankungen des Planeten, daß die Kreisbahn zur Ellipse verformt wird. Damit ist auch das erste Keplersche Gesetz physikalisch begründet.[44]

Um auch das dritte Keplersche Gesetz aus dynamischen Überlegungen abzuleiten, muß Kepler die Bewegungsgleichung geringfügig modifizieren. So untersucht er bereits in der *Astronomia Nova* das Verhältnis von Bahnradien und Umlaufzeiten auf den *einzelnen* Planetenbahnen (vergleicht also nicht verschiedene Planeten) und gelangt zu einem vom späteren dritten Gesetz verschiedenen Resultat. Die Umlaufzeit vergrößert sich nämlich zum einen durch die Zunahme der Länge der Umlaufbahn und zum anderen durch die abnehmende Stärke der *vis motrix* (und die dadurch verminderte Geschwindigkeit). Da der Kreisumfang proportional zum Radius wächst und die Kraft umgekehrt proportional zum Abstand abnimmt, ergibt sich insgesamt, daß sich die Umlaufzeiten wie die Quadrate der Radien verhalten (also

$$\text{Umlaufzeit} = \frac{\text{Weglänge}}{\text{Stärke der vis motrix}} \sim \frac{r}{1/r} = r^2).^{45}$$

Offenbar kann man also diese Überlegung nicht einfach auf verschiedene Planeten übertragen.

Bei einem Vergleich der Umlaufzeiten verschiedener Planeten ist zu berücksichtigen, daß diese jeweils unterschiedliche Volumina und Massen aufweisen. Trägt man diesen Umständen in angemessener Weise Rechnung, so erhält man die korrekte Beziehung zwischen Bahnradius und Umlaufzeit: «Vier Gründe tragen zum Zustandekommen der Umlaufzeiten bei. Zum ersten die Länge des Weges, zum zweiten das Gewicht oder die Materiemenge, die zu bewegen ist, zum dritten die Stärke der bewegenden Kraft und zum vierten das Volumen oder der Rauminhalt, in dem die ausgedehnte Materie fortgeführt wird.»[46] Dies ist so zu verstehen, daß statt der ursprünglichen Bewegungsgleichung ($F = mv$) nun die Gleichung $FV = mv$ als grundlegend angenommen wird.[47]

Die Argumentation Keplers läßt sich auf folgende Weise rekonstruieren: Die *vis motrix* ist eine raumerfüllende Kraft; sie bewegt daher einen Körper um so stärker, je größer sein Volumen ist, je mehr *vis motrix* er gleichsam in sich aufzunehmen vermag. Die traditionelle Kraftgleichung gilt daher nur bezogen auf die Volumeneinheit; um die gesamte wirksame Kraft zu erhalten, muß man die spezifische Kraft noch mit dem Volumen V des fortgeführten Körpers (also des Planeten) multiplizieren.[48] Das Volumen des bewegten Körpers ist also gleichsam die Ladung, nach der sich die Wirkung der *vis motrix* bemißt. Vergleicht man nur die Bahnpunkte ein und desselben Planeten, so fällt dieser Umstand nicht ins Gewicht, da sich das Volumen nicht ändert. Deshalb behalten die vorausgehenden Ableitungen der ersten beiden Gesetze (die schließlich auf der traditionellen Bewegungsgleichung beruhen) ihre Gültigkeit.

Des weiteren konnte Kepler, gestützt auf die Fernrohrbeobachtungen des belgischen Astronomen Remus Quietanus, annehmen, daß die Planetenvolumina proportional zu den Bahnradien wachsen.[49] Greift man dabei auf die Annahme zurück, daß die Stärke der *vis motrix* umgekehrt proportional zum Radius abnimmt, und berücksichtigt, daß es sich dabei um die Abnahme pro Volumeneinheit handelt, so erkennt man, daß sich die Entfernungsabhängigkeiten der Kraft ($F \sim 1/r$) und des Volumens (V ~ r) gerade kompensieren. Die Kraft wird mit zunehmendem Sonnenabstand schwächer. Dafür werden aber die Planeten größer, so daß die effektiv wirksame Kraft für alle Planeten gleich ist (FV = const.).[50]

Um daraus das dritte Gesetz zu erhalten, muß Kepler darüber hinaus annehmen, daß die Massen der Planeten proportional zu den Wurzeln der Bahnradien wachsen (also m ~ $\sqrt{r}$)[51], auch wenn er sich für diese Relation weder auf unabhängige Daten noch auf physikalisch plausible Gründe zu stützen vermag. Jedenfalls folgt mit dieser Ad-hoc-Hypothese (bei Approximation der Ellipse durch einen Kreis):

$$FV = \text{const.} = mv = \sqrt{r}\,\frac{2\pi r}{T}, \text{ oder } r^3/T^2 = \text{const.}^{52}$$

Damit ist auch das dritte Keplersche Gesetz physikalisch begründet.

Im Detail stößt Keplers Himmelsmechanik auf beträchtliche Schwierigkeiten, die sich hier im einzelnen nicht nachzeichnen lassen. Sie kann daher auch nicht als gänzlich kohärent rekonstruierbar gelten. Trotzdem zeigt die vorausgegangene Skizze der Keplerschen Argumentation, daß es sich hierbei um durchaus bemerkenswerte Überlegungen handelt.

3. Mechanismus und Animismus

Keplers Denken ist durch den Übergang von einer animistischen zu einer stärker mechanistisch geprägten Weltsicht gekennzeichnet.[53] So spricht Kepler anfangs von einer bewegenden Seele *(anima motrix)* statt von einer bewegenden Kraft *(vis motrix)*. In einer späteren Anmerkung zur zweiten Auflage des *Mysterium Cosmographicum* wird diese ältere Terminologie explizit verworfen: «Wenn man statt des Wortes ‹Seele› das Wort ‹Kraft› setzt, hat man gerade das Prinzip, auf dem die Himmelsphysik in den Marskommentaren [d.i. die Astronomia Nova] grundgelegt und in der Epitome [Band] IV vervollkommnet worden ist. Dereinst war ich nämlich des festen Glaubens, daß die die Planeten bewegende Ursache eine Seele sei, erfüllt von den Lehren des J.C. Scaliger über die bewegenden Seelenkräfte. Als ich aber darüber nachdachte, daß diese bewegende Ursache mit der Entfernung nachläßt, genau wie auch das Licht der Sonne mit der Entfernung von der Sonne schwächer wird, zog ich den Schluß, diese Kraft sei etwas Körperliches, freilich nicht im eigentlichen Sinn, sondern nur der Bezeichnung nach, wie wir auch sagen, das Licht sei etwas Körperliches und damit eine von dem Körper ausgehende, jedoch immaterielle Spezies meinen.»[54]

Dieser bedeutsame Übergang von der «anima» zur «vis» ist mit einer eigentümlichen Kennzeichnung verknüpft. So wird diese Kraft als sowohl von körperlicher als auch von immaterieller Natur bestimmt, was in modernen Ohren widersprüchlich klingt. «Körperlichkeit» (im gleichsam uneigentlichen Sinne) meint jedoch für Kepler, daß die entsprechende Größe mathematischen Bestimmungen unterworfen werden kann. Die gesetzmäßige Entfernungsabhängigkeit der *vis motrix* zeigt deren Körperlichkeit an.[55] Damit ist Keplers Wechsel von den seelischen zu den körperlichen Vermögen ein wichtiges Anzeichen für eine *Methodisierung* der physikalischen Begrifflichkeit. Dies dokumentiert sich auch in der von Kepler programmatisch verfochtenen Idee einer kosmischen Maschinerie: «Meine Absicht ist es zu zeigen, daß die himmlische Maschine keine Art göttliches Lebewesen, sondern eine Art Uhrwerk ist (...), insofern die ganze Vielfalt der Bewegungen von einer einzigen, ganz einfachen körperlichen magnetischen Kraft ebenso abhängt wie alle Bewegungen einer Uhr von einem sehr einfachen Gewicht. Auch zeige ich, daß dieser physikalische Grund auf numerische und geometrische Weise bestimmt werden kann.»[56]

Obwohl Keplers Verwendung der Uhrwerk-Metapher eine Verwandtschaft seiner Anschauungen mit der mechanischen Naturauffassung des späteren 17. Jahrhunderts anzuzeigen scheint, ist dies tatsächlich nur sehr beschränkt der Fall. Keplers Naturphilosophie ist nicht mit der Naturphilosophie Boyles identisch. Für Kepler geht nicht alle Wechselwirkung auf Druck und Stoß von Teilchen zurück; vielmehr betont er, daß seelische Vermögen durchaus ihren Platz in der Welt haben. So ist zwar die Umlaufbewegung der Planeten auf natürliche (also gleichsam mechanische) Ursachen zurückzuführen, doch geht die Rotation der Sonne und der Planeten um ihre eigene Achse (und damit der ganze Antrieb der kosmischen Maschinerie) auf die Wirkung bewegender Seelen zurück.[57] Daß insbesondere die Sonne eine Seele beherbergt, dokumentiert sich für Kepler auch darin, daß die Sonne Quelle des Lichts ist, das wiederum eine innere Verwandtschaft mit der Seele aufweist.[58]

Ähnlich wie die Bewegungen im Sonnensystem wird auch die Entstehung des irdischen Wetters durch zweierlei Einflüsse bestimmt. Zum einen mißt die Erdseele die Winkel zwischen den Richtungen der Planeten, wie sie von der Erde aus gesehen werden, stellt fest, ob in den Winkelverhältnissen ein harmonischer Zusammenhang auftritt, und reagiert entsprechend mit Ausdünstungen, mit Ruhe oder Erregung der Luft. Zum anderen besteht eine Einwirkung der Sonne auf das Wetter, die auf der natürlichen Erwärmung des Erdbodens beruht und zu einem erhöhten Ausschwitzen von Feuchtigkeit aus dem Boden und damit zu vermehrtem Niederschlag führt.[59] Seelische und körperliche Einflüsse ergänzen einander und bringen vereint die wahrnehmbaren Phänomene hervor.

Um Keplers Philosophie der Natur zu verstehen, muß man berücksichtigen, daß das Denken der Renaissance nicht nur zwischen Körper und Geist unterscheidet, sondern eine Dreiteilung von Körper, Geist und Seele vornimmt.[60] Seelische Vermögen sind instinkthaft, geistige Fähigkeiten hingegen durch Vernunft und Intelligenz gekennzeichnet. Keplers primäres Anliegen ist die Austreibung des *Geistes*, nicht der *Seele* aus der Natur. So argumentiert er gegen Brahes astronomisches System, daß diesem zufolge die Himmelskörper mehrere komplizierte Bewegungen gleichzeitig ausführen müßten. Dies setze jedoch notwendig das Wirken geistiger, intelligenter Kräfte voraus, während seine eigene Theorie weitgehend mit magnetischen Kräften auskomme und nur für die tägliche Rotation seelische Vermögen bemühen müsse.[61] In erster Linie geht es Kepler also um die Emanzipation von Natur *und* Seele gegenüber dem Geist, in zweiter Linie um ein behutsames und maßvolles Zurückdrängen seelischer Einflüsse. Zwar funktioniert die Welt wie ein Uhrwerk, aber der Ursprung seines Ganges ist in den Kräften der Seele zu suchen.

4. Die Keplersche Wende

Keplers Theorie der Planeten ist nicht nur eine technische und an Details orientierte Verbesserung der Kopernikanischen Leistung.[62] Zwar ist sie dies auch – zum ersten Mal kann der Anspruch einer Rettung der Phänomene wirklich eingelöst werden –, doch markiert sie vor allem (1) einen *Wechsel der Grundprinzipien der mathematischen Astronomie*. Wesentlich hierfür ist Keplers Absage an die Kreis- und Gleichförmigkeit der Himmelsbewegungen, also seine Preisgabe der beiden zentralen Grundsätze oder Axiome der antiken Astronomie. Keplers ungleichförmig durchlaufene Ellipsenbahnen sind astronomiegeschichtlich etwas unerhört Neues. Mit ihnen – nicht mit dem Kopernikanischen Modell, das konzeptionell noch der antiken Astronomie verbunden bleibt – beginnt die Astronomie im neuzeitlichen, modernen Sinne. Die Kopernikanische Wende ist, wie bereits erwähnt, in Wahrheit eine *Keplersche Wende*.

Ein neuartiger Aspekt des Keplerschen Denkens liegt ferner (2) in der Entwicklung einer *Himmelsphysik*. Keplers Ziel ist die physikalische Begründung der Kopernikanischen Astronomie. Zwar geht der Gedanke einer Himmelsphysik schon auf Gilbert zurück, doch erst Kepler sucht systematisch und umfassend die zweitausendjährige Trennung zwischen mathematischer Astronomie und physikalischer Astronomie bzw. Kosmologie, zwischen irdischer Physik und den besonderen Gesetzen der himmlischen Bewegungen aufzuheben. Für Kepler hat die Astronomie nunmehr zwei Ziele: die Phänomene zu «retten» *und* über den Aufbau des Kosmos nachzudenken; eine Himmelsphysik zu entwickeln wird zur wesentlichen Aufgabe des Astronomen.[63] Um eine astronomische Theorie zu akzeptieren, ist es nicht mehr hinreichend, daß diese die Beobachtungsdaten akkurat wiedergibt. Darüber hinaus muß sie «aus den natürlichen Prinzipien der Bewegung abgeleitet sein.»[64] Es ist dann genau dieser Anspruch, dem Kepler durch seine physikalische Begründung der drei Planetengesetze gerecht werden will. Anders als die Annahmen der vorangehenden astronomischen Forschung sind Keplers Gesetze *Naturgesetze*. Und dies bedeutet (3) die Verwerfung auch des dritten der obengenannten Prinzipien der antiken Astronomie, nämlich die *Absage an ein instrumentalistisches Verständnis* der Theorie der Himmelsbewegungen. Auch im Blick auf diese Idee einer Physik des Himmels ist es angemessen, von einer Keplerschen Wende zu sprechen.

Dabei spielt es keine Rolle, daß Keplers Physik in den Grenzen der Impetustheorie verbleibt. Ferner ist unwesentlich, daß Keplers ständiger Rückgriff auf den Magnetismus wenig überzeugend erscheint, zumal Kepler immer stärker von dessen bekannten Merkmalen abweicht und ihm gelegentlich widersprüchliche Eigenschaften zuschreibt. Immerhin trägt er durch seinen Rückgriff auf magnetische Kräfte wesentlich zur Formulierung des neuzeitlichen Kraftbegriffs bei und trennt überdies begrifflich – anders als Galilei – zwischen Gewicht und Masse.[65] Entscheidend ist, daß Kepler die Prinzipien der irdischen Physik systematisch auf die Himmelsbewegungen anwendet.

IV. Die Harmonien des Kosmos

In seinen konzeptionellen und wissenschaftlichen Leistungen erscheint Kepler beinahe als Zeitgenosse; nur gewisse technische Verbesserungen scheinen unser Denken von dem seinen zu trennen. Doch dieser Eindruck täuscht. Neben dem Kepler der Himmelsphysik und der Planetengesetze steht der Kepler der *Weltharmonik*, für den das kosmische Szenario weniger einem Uhrwerk als einem sechsstimmigen Chor gleicht.

Schon in seinem Frühwerk, dem *Mysterium Cosmographicum* (1596), sucht Kepler die Größe der Planetenbahnen und die Anzahl der Planeten durch Rückgriff auf die fünf regulären Polyeder, die Platonischen Körper (nämlich Tetraeder, Würfel, Oktaeder, Dodekaeder, Ikosaeder), zu erklären. Bei jedem dieser Körper stehen die umbeschriebene und die einbeschriebene Kugel in einem festen Größenverhältnis zueinander, das Kepler in den Proportionen der Radien der Planetenbahnen aufzufinden glaubt. Die um- bzw. einbeschriebenen Kugeln stellen jeweils Planetensphären dar, zwischen denen sich der zugehörige Polyeder erstreckt.

So ist z. B. im Sonnensystem der Entfernungsunterschied zwischen der Mars- und der Jupiterbahn maximal. Also muß man hier denjenigen Polyeder einfügen, bei dem der Unterschied zwischen der um- und der

Johannes Kepler (1571–1630) 153

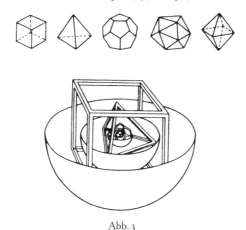

Abb. 3

einbeschriebenen Kugel am größten ist, und das ist der Tetraeder.⁶⁶ In gleicher Weise reiht Kepler die anderen Platonischen Körper in die restlichen Zwischenräume ein und erreicht eine befriedigende Übereinstimmung mit den verfügbaren Beobachtungsdaten. Geometrische Proportionen erklären die Zahl der Planeten und die Ausdehnung der Bahnen: «Was bleibt uns übrig, als mit Plato zu sagen, Gott treibe immer Geometrie, und er habe bei dem Bau der Wandelsterne Körper den Kreisen und Kreise den Körpern so lange einbeschrieben, bis kein Körper mehr da war, der nicht innerhalb und außerhalb mit beweglichen Kreisen ausgestattet war.»⁶⁷ In der Struktur des Weltenbaus spiegelt sich der Schöpfungsplan des Geometrie treibenden Gottes.

Die göttliche Vernunft bestimmt das kosmische System *vollständig*. Alles ist bis ins kleinste geordnet; nirgends bleibt Raum für Willkür und Beliebigkeit. Auch die Abfolge der Polyeder entspringt vernünftigen Gründen, ist also nicht nachträglich den planetarischen Bewegungen angepaßt. So muß z. B. auf den Würfel der Tetraeder folgen, weil der Tetraeder durch Beschneiden des Würfels entsteht.⁶⁸ Alles muß so sein, wie es ist; nichts kann anders sein, als es ist. Das System der Polyeder schafft einen Vernunftgrund für die Theorie des Kopernikus, die dieser sich aus den Erscheinungen zurechtlegte; es liefert «Gründe, die a priori aus den Ursachen, aus der Idee der Schöpfung hergeleitet sind».⁶⁹ Die Idee der Schöpfung läßt keinen Spielraum; in jedem Detail des Kosmos drückt sich *Notwendigkeit* aus.

In gleicher Weise ist auch in der Anordnung der Hauptteile des Kosmos Gottes Absicht erkennbar. Diese Anordnung verweist nämlich auf die christliche Dreieinigkeit. Im Zentrum des Universums ist der Sitz der Sonne, die Gottvater entspricht. Die Sternensphäre, die Kepler mit der Tradition und gegen das unendliche Weltall des Thomas Digges und des Giordano Bruno beibehält, stellt Gottsohn dar. Im Zwischenraum, also dem Bereich der Planeten, ist der Ort des Heiligen Geistes.[70] Durch solche Überlegungen wird zudem das heliozentrische System weiter gestützt. Das Zentrum stellt den würdigsten Ort dieser Anordnung dar, und deshalb gebührt dieser Platz der Sonne: «Weil auch die Son das Hauptstuckh ist von der gantzen welt, was die Kugeln anlanget, ja das Hertz, vnd der sitz, in wöllichem sich das leben der Welt Natürlich auffhelt, sampt dem liecht, das da die zierd ist aller Welt, also gebürt Jr das mittere ort der welt (...), darum das sie Jre kraft fein stättig vnveruckht vnd ohne einige vbermaß einer Zeit für die andere gleichförmig in die gantze welt austhaile.»[71]

Daß das Universum ein planvoll geordnetes und nach Grundsätzen strukturiertes Ganzes darstellt, ist auch an weiteren Einzelheiten seiner Anordnung erkennbar. Das Universum wird nämlich durch zwei Kugeln (die Sonne und die Sternensphäre) begrenzt; das Gekrümmte ist gottähnlich. Hingegen werden die Planetenbahnen durch Polyeder ausgedrückt, da die gerade Linie das Geschaffene darstellt. Die Platonischen Körper suchen die Kugel, das Bild Gottes, soweit nachzubilden, wie dies aus Geraden bestehenden Figuren möglich ist.[72] In diesem aus dem göttlichen Plan erwachsenen Kosmos hat alles seinen Platz, ist nichts untätig und überflüssig.[73] Ausdruck dieser zweckhaften Ordnung ist auch die fehlende Rotation des Mondes. Ebenso wie die Rotation der Sonne die Planeten herumtreibt, ist die Rotation der Planeten für den Umlauf der Monde verantwortlich. Da der Erdmond aber selbst keinen Mond hat, wäre seine Rotation überflüssig und diente keinem Zweck. Folglich kehrt er der Erde stets dieselbe Seite zu.[74]

Es ist nun keineswegs so, daß Kepler die Diskrepanzen zwischen der Konstruktion des *Mysterium Cosmographicum* und den Beobachtungen nicht bemerkt. Er hofft jedoch anfangs, daß sich diese Abweichungen durch verbesserte Daten verringern lassen. Diese Hoffnung erfüllt sich nicht. Darüber hinaus ist das Polyedermodell an kreisförmigen Bahnen orientiert, paßt also nicht zu Keplers späterer Theorie, die Ellipsenbahnen und damit variable Sonnenentfernungen vorsieht. Um diesen Umständen gerecht zu werden, ergänzt Kepler in der *Harmonice Mundi* (1619) seine frühe Konstruktion um neuartige Elemente.

Kepler stützt sich hier auf die pythagoreische Entdeckung, daß sich die Klangverhältnisse von Tönen durch die Längenverhältnisse schwingender Saiten ausdrücken lassen. Eine Halbierung der Saitenlänge führt z.B. gerade zum Erklingen der Oktave. Dabei sind für Kepler *sieben Grundharmonien* (und damit die entsprechenden Saitenverhältnisse) in besonderer Weise ausgezeichnet, nämlich die Oktave (mit dem Verhältnis $1/2$), die Quint ($2/3$), die Quart ($3/4$), die große Terz ($4/5$), die kleine Terz ($5/6$), die kleine Sext ($5/8$) und die große Sext ($3/5$). Die Auszeichnung gerade dieser Verhältnisse sucht Kepler durch besondere

Konstruktionen der Kreisteilung auch *geometrisch* zu rechtfertigen. Dazu wird (1) verlangt, daß die entsprechende Kreisteilung konstruierbar (also mit Zirkel und Lineal darstellbar) ist. Ferner wird (2) gefordert, daß die durch die Teilung entstehenden Kreisabschnitte sowohl zueinander als auch mit dem Kreis insgesamt Verhältnisse bilden, die zu konstruierbaren Figuren gehören. So führt z.b. die fünffache Kreisteilung auf ein harmonisches Verhältnis, weil sowohl Fünfeck als auch Viereck konstruierbar sind (wobei das Viereck gerade dem Verhältnis eines Kreisabschnitts zum Reststück, nämlich 1:4, entspricht).[75] Die ausgezeichneten Zahlenverhältnisse wurzeln für Kepler also in geometrischen Bestimmungen. Es ist das Anliegen der *Harmonice Mundi,* diese besonderen Proportionen auch in den Bewegungen der Himmelskörper aufzuzeigen, also die kosmologische Bedeutung der sieben Grundharmonien nachzuweisen. Das Urteil des Gehörs ahmt den Schöpfer nach.[76]

Um die harmonischen Proportionen in den Umläufen der Planeten aufzuspüren, muß man zunächst alle Bewegungen auf die Sonne beziehen, denn die Sonne ist Ursprung und Quelle der Bewegung.[77] Sodann darf man nicht die tatsächlichen Bahnlängen und Bahngeschwindigkeiten betrachten, sondern muß die Winkelabstände und Winkelgeschwindigkeiten ins Auge fassen. Die Harmonien dürfen sich nämlich nur in einer dem Instinkt, also der Sonnenseele, zugänglichen Größe offenbaren. Die Größen der ersten Art sind nur dem Intellekt erschließbar, während die Größen der zweiten Art von der Sonne aus direkt wahrgenommen werden können.[78]

Wenn man dann die extremen scheinbaren Bewegungen, also die Winkelgeschwindigkeiten in den Aphelien und Perihelien der Planeten, betrachtet, stößt man tatsächlich auf die harmonischen Verhältnisse. Diese zeigen sich sogar in doppelter Gestalt, nämlich zum einen bei einem Vergleich der extremalen Geschwindigkeiten verschiedener Planeten, zum anderen in den Geschwindigkeitsvariationen ein und desselben Planeten. So verhält sich z.B. die Winkelgeschwindigkeit des Saturn am Perihel zur Winkelgeschwindigkeit des Jupiter am Aphel wie 1/2; beide lassen damit die Oktave erklingen. Analog bildet die Aphelgeschwindigkeit der Erde mit der Perihelgeschwindigkeit des Mars das Verhältnis 2/3, das die Quinte darstellt. Bezogen auf einzelne Planeten findet sich in der Proportion von Aphel- und Perihelgeschwindigkeit beim Saturn die große Terz (4/5), bei der Erde der Halbton (15/16).[79]

Da ein Planet zwischen Perihel und Aphel hin- und herwandert, können die Harmonien bei den einzelnen Planeten nicht zur selben Zeit erklingen; diese stellen daher den einstimmigen Gesang dar. Die harmonischen Verhältnisse zwischen den Planetenpaaren können hingegen gleichzeitig bestehen (wenn nämlich beide Planeten zum gleichen Zeitpunkt ihre extremalen Lagen einnehmen) und repräsentieren daher den mehrstimmigen Gesang.⁸⁰ Da es gerade sechs Planeten gibt, ist dem Menschen der sechsstimmige Gesang angemessen; durch ihn flüstert die Schöpfung dem menschlichen Ohr ihre Geheimnisse zu.⁸¹ Indem Kepler darüber hinaus alle Winkelgeschwindigkeiten der Planeten (mit Hilfe von Divisionen durch jeweils passende Zweierpotenzen) auf eine Oktave zusammendrängt und weiterhin dem Saturn (also dem äußersten Planeten) einen passenden Grundton zuordnet, vermag er den einzelnen Planeten nicht allein Tonverhältnisse, sondern auch Töne zuzuschreiben. Dabei ergibt sich, daß der Halbtonschritt zwischen Aphel und Perihel der Erde gerade den Tönen Mi und Fa (e und f) entspricht: «Die Erde singt Mi Fa Mi, so daß man schon aus diesen Silben entnehmen kann, daß auf unserem Wohnsitz ‹*Mi*seria et *Fa*mes› (Elend und Hunger) herrschen.»⁸² Wegen dieser beständigen Variation der Tonhöhe klingen nur zu besonders ausgezeichneten Zeitpunkten zwei (oder mehr) Planeten tatsächlich zusammen. Die Himmelsmusik stellt ein stetes Wechselspiel von Konsonanz und Dissonanz dar: «Es sind also die Himmelsbewegungen nichts anderes als eine fortwährende mehrstimmige Musik (durch den Verstand, nicht das Ohr faßbar), eine Musik, die durch dissonierende Spannungen, gleichsam durch Synkopen und Kadenzen hindurch (wie sie die Menschen in Nachahmung jener natürlichen Dissonanzen anwenden) auf bestimmte, vorgezeichnete, je sechsgliedrige (gleichsam sechsstimmige) Klauseln lossteuert und dadurch in dem unermeßlichen Ablauf der Zeit unterscheidende Merkmale setzt. Es ist daher nicht mehr verwunderlich, daß der Mensch, der Nachahmer seines Schöpfers, endlich die Kunst des mehrstimmigen Gesangs, die den Alten unbekannt war, entdeckt hat. Er wollte die fortlaufende Dauer der Weltzeit in einem kurzen Teil einer Stunde mit einer kunstvollen Symphonie mehrerer Stimmen spielen und das Wohlgefallen des göttlichen Werkmeisters an seinen Werken soweit als möglich nachkosten in dem so lieblichen Wonnegefühl, das ihm diese Musik in der Nachahmung Gottes bereitet.»⁸³ Die Musik der Menschen ist Ausdruck der Harmonien des Kosmos.

Der Zusammenklang mehrerer Planeten markiert jeweils besonders herausgehobene Zeitpunkte. Das gilt in besonderem Maße, wenn tatsächlich einmal alle sechs Planeten einen harmonischen Einklang bilden. Zu vermuten ist, daß eine derartige Konstellation nur ein einziges Mal realisiert war; sie bezeichnet nach Kepler den Zeitpunkt der Erschaffung der Welt (und damit den Anfang der Zeit).⁸⁴ Dabei ergänzt das System der Harmonien die Konstruktion der regulären Polyeder. Letztere erklärt die Zahl der Planeten und näherungsweise deren Sonnenabstände, ersteres liefert gleichsam die Feinabstimmung und trägt den Umlaufzeiten der Planeten und den Exzentrizitäten ihrer Bahnen Rechnung. Beide Ordnungsprinzipien sind nicht gänzlich miteinander verträglich, doch ist es plausibel, daß der Weltbaumeister zur Verwirklichung der harmonischen Proportionen kleine Abweichungen von den Platonischen Körpern zuließ; die Form des harmonischen Zusammenklangs hat Vorrang vor der Materie der körperlichen Figuren.[85] Beiden Ordnungsstrukturen liegen dabei geometrische Verfahren zugrunde. Wie in Platons *Timaios* ist es auch im Denken Keplers die Geometrie, die die eigentliche Wirklichkeit ausdrückt. Hinter der bunten Vielfalt der Erscheinungen steht die Welt der Proportionen und Figuren, in der der Kundige den Geist Gottes aufzuspüren vermag.

Es scheint eine Spannung zu bestehen zwischen dem Kepler der Himmelsphysik, der wie ein Zeitgenosse argumentiert, und dem Kepler der Weltharmonik, der wie aus einer anderen Welt zu uns spricht. Diese Spannung besteht indessen nur für uns Heutige, nicht für Kepler selbst, was unter anderem durch die Selbstverständlichkeit zum Ausdruck kommt, mit der Kepler zwischen beiden Argumentationstypen wechselt: Daß die Länge des Erdjahres gerade 365,25 Tage beträgt, zeigt an, daß die Rotation der Erde nicht allein auf die Tätigkeit der Erdseele zurückgeht. Diese hätte nämlich auf eine Jahreslänge mit der archetypischen Zahl von 360 Tagen geführt. Die verbleibenden 5,25 Tage gehen auf eine Beschleunigung der Erdrotation durch die Einwirkung der Sonne zurück.[86] Äußere Kräfte und innewohnende Seelen verbinden sich für Kepler bruchlos in einem Argument.

Himmelsphysik und Weltharmonik sind durch verschiedene Begründungsmodi gekennzeichnet. Bilden für die Himmelsphysik wirkende Kräfte die Gründe und Ursachen, so für die Weltharmonik geometrische Proportionen. Kepler spricht selbst von den Kräften als den *Wirkursachen* und den Harmonien als den *Zweckursachen*.[87] Es ist also die an Aristoteles orientierte Unterscheidung zwischen verschiedenen Ursachentypen, die für Kepler beide Begründungsmodi miteinander verträglich macht. Darüber hinaus sind Keplers Konstruktionen in beiden Bereichen durch ein hohes Maß an Präzision charakterisiert. In der Himmelsphysik ohnehin, aber eben auch in der Weltharmonik strebt Kepler *genaue* Erklärungen astronomischer Sachverhalte an. Philosophisch relevant sind gerade die Details der Naturordnung. Kepler vermeidet damit eine Naturphilosophie, die lediglich Ausdruck eines Lebensgefühls ist, die sich mit groben Begriffen und einem alltäglichen Verständnis der Phänomene begnügt und dabei ins Unbestimmte und Schwärmerische ableitet. *Keplers Naturphilosophie ist ineins Naturerklärung.* Darin zeigt sich die grundlegende Einheitlichkeit der Keplerschen Naturphilosophie, die Einheit zwischen dem Kepler, der das Uhrwerk der Himmelsmaschine aufzudecken trachtet, und dem Kepler, der in seinem von Kriegen zerrissenen Zeitalter dem friedvollen Wohlklang der Sphären nachspürt. Die Keplersche Einheit von Naturphilosophie und Naturerklärung ist auch die Einheit von wissenschaftlicher Rationalität und Philosophie.

Gernot Böhme

JACOB BÖHME
(1575–1624)

I. Leben und zeitgenössischer Kontext

Jacob Böhme wurde bereits von seinen Zeitgenossen mit dem Ehrennamen Philosophus Teutonicus benannt. In der Tat könnte man Böhme den ersten deutschen, nämlich Deutsch schreibenden, Philosophen nennen, wenn man nicht eher Paracelsus diesen Rang zuerkennen will. War aber für Paracelsus das Schreiben in der Muttersprache teils ein Affekt gegen den akademischen Betrieb und teils eine ausdrückliche Zuwendung zum Laienvolk, so war es für Böhme die einzige Möglichkeit: Er hatte keinerlei akademische Bildung erhalten, zwar die Schule, nicht aber die Lateinschule besucht. Er war Schuster und hat diesen Beruf auch bis auf die letzten zehn Jahre seines Lebens, in denen er vom Garnhandel lebte, ausgeübt.

Böhme war nicht eigentlich Philosoph, d.h. jemand, der sich auf dem Weg zur Weisheit befindet, sondern ein Erleuchteter, dessen Schriften der Erinnerung und der Artikulation der Einsichten dienen sollten, die er in Zuständen der Erhebung gewonnen hatte.

Böhme hat solche Zustände schon in frühen Jahren erfahren. Später hielten sie manchmal tagelang an. Ich möchte hier den Bericht über einen dieser Erleuchtungszustände wiedergeben, den man später manchmal als Böhmes «Wiedergeburt» herausgehoben hat, weil er einen besonderen Bezug zu den naturphilosophischen Elementen in Böhmes Werk enthält. Er findet sich in der ersten zeitgenössischen Biographie Böhmes, nämlich der von Abraham von Frankenberg, die im letzten Band der Böhme-Ausgabe von 1730 abgedruckt ist. «Unterdessen, und nachdem er sich als ein getreuer Arbeiter seiner eigenen Hand, im Schweiß seines Angesichts genehret, wird er mit des 17. Seculi Anfang, nemlich Anno 1600, als im 25. Jahre seines Alters zum andernmal vom Göttlichen Lichte ergriffen, und mit seinem gestirnten Seelen-Geiste, durch einen gählichen Anblick eines Zinnern Gefässes (als des lieblich Jovialischen Scheins) zu dem innersten Grunde oder Centro der geheimen Natur eingeführet; Da er als in etwas zweyfelhaft um solche vermeinte Phantasey aus dem Gemüthe zu schlagen zu Görlitz vor dem Neyßthore [alwo er an der Brücken seine Wohnung gehabt] ins Grüne gegangen, und doch nichts destoweniger solchen empfangenen Blick je länger je mehr und klärer empfunden, also daß er vermittelst der angebildeten Signaturen oder Figuren, Lineamenten und Farben, allen

Jacob Böhme (1575–1624)

Geschöpfen gleichsam in das Hertz und in die innerste Natur hinein sehen könne (...)» Mehr als zehn Jahre später hat Böhme seine Einsichten in der Schrift *Aurora oder die Morgenröte im Aufgang* niedergelegt. Sie wurde von einem Landedelmann, dem er sie gezeigt hatte, in Abschrift in Umlauf gebracht und erregte Anstoß bei der Görlitzer kirchlichen Obrigkeit. Der protestantische Oberpfarrer erwirkte 1613 den Einzug des Manuskripts und ein Schreibverbot für Böhme. An dieses Schreibverbot hat sich Böhme bis 1618 gehalten, gab dann aber dem Drängen von Freunden, die ihm seine erste Schrift gewonnen hatte, nach und verfaßte dann bis zu seinem Tode 1624 noch eine große Zahl weiterer Schriften. Böhmes Schriften fanden rasch Verbreitung, zunächst nur durch Kopien. 1624 erschien, noch vor Böhmes Tod, das erste Buch unter dem Titel *Der Weg zu Christo* im Druck. In den letzten Lebensjahren bildete sich ein Anhängerkreis um Böhme. Er wurde von Freunden, meist Landadeligen, aber auch von Studierten gefördert und zu Diskussionen in Konventikel eingeladen und war in Kontroversen über bestimmte Inhalte des christlichen Glaubens (z. B. die Gnadenwahl) verwickelt. Im letzten Jahr seines Lebens mußte er noch einmal heftige Anfeindungen über sich ergehen lassen, die durch seine erste Druckschrift ausgelöst wurden. Auf der anderen Seite erhielt er aber eine Einladung an den Kurfürstlich Sächsischen Hof nach Dresden. Mit dieser Einladung hat Böhme die Hoffnung auf eine neue Reformation verbunden. Es kam aber weder zu einer Audienz beim Kurfürsten noch zu einer offiziellen Auseinandersetzung mit seiner Lehre.

Böhme war sich seines Ranges als eines Erleuchteten sehr wohl bewußt. Er lebte aber in der Disziplin christlicher Demut und glaubte, daß durch Gebet und Gelassenheit – das Fahrenlassen des Eigenwillens – jedermann der Weg zur Erleuchtung offenstünde. Er verstand sein eigenes Wirken darin, andere auf diesen Weg zu bringen. Diese Haltung hat ihm auch unabhängig vom Inhalt seiner Lehre große Achtung eingetragen.

Böhme lebte in einer Zeit, in der sich auf der einen Seite die Gegensätze zwischen den großen Konfessionen politisch verhärteten (Dreißigjähriger Krieg), auf der anderen Seite in protestantischen Landen und insbesondere in Schlesien sich die Reformation in immer kleineren Wellen fortsetzte. Es bildeten sich vielfache Sekten und Gruppierungen, die man mit Peuckert als «freie Christen» bezeichnen könnte. Mit vielen seiner Zeitgenossen gibt Böhme der Schrift, also Gottes Wort, eine ungeheure Bedeutung und versteht Christentum als die Möglichkeit eines direkten (nämlich nicht institutionell vermittelten) Weges zu Gott, eines Weges durch mystische Frömmigkeit.

Die Hauptbildungsquelle für Böhme ist die Luther-Bibel. Ein Großteil seiner eigenen Schriften ist als eine Art intensiver Bibelexegese zu verstehen. Böhme hatte keine speziellen naturwissenschaftlichen Kenntnisse. Die unmittelbare Naturerfahrung und Anschauung spielt aber eine gewisse, noch näher zu bezeichnende Rolle. Neben den Einflüssen der Bibel hat man solche aus der mittelalterlichen Mystik, der Kabbala, aus der Alchimie, von Paracelsus und Valentin Weigel bei Böhme festgestellt. Diese Einflüsse sind zwar deutlich, aber auch unbestimmt. Man kann sie als atmosphärisch bezeichnen: Böhme bezieht sich niemals «diszipliniert» auf Vorgänger oder Traditionen, d.h. durch Zitat und Diskussion, sondern er verwandelt sich Terminologien, Lehrstücke, Modelle in höchst freier Weise an. Es ist auch anzunehmen, daß er diese Traditionen nur zum Teil durch eigene Lektüre aufgenommen hat, zum anderen Teil aber aus Gesprächen mit gelehrten Freunden, wie beispielsweise den Ärzten und Alchimisten Dr. Tobias Kober und Dr. Balthasar Walther, entnommen hat. Die Nachweise für diese Einflüsse können deshalb auch nur zum allergeringsten Teil auf die Erwähnung einzelner Schriften und Autoren bei Böhme selbst gestützt werden. Sie werden meistens eher biographisch, d.h. eben aufgrund seiner Bekanntschaften wahrscheinlich gemacht. Am stärksten sind noch Nachweise durch Analyse von Böhmes Terminologe.[1] Dabei ist aber zu beachten, daß Böhme quasi ein Alchimist der Sprache war: Er ließ aus der Matrix seiner Muttersprache, indem er Ausdrücke aus allen möglichen Traditionen und Sprachen quasi als Essenzen zusetzte, ganz neuartige Tinkturen entstehen.

II. Böhmes Naturphilosophie

1. Vorbemerkungen

Es ist nicht selbstverständlich, Jacob Böhme als Naturphilosophen zu lesen. Ich habe schon davon gesprochen, daß Jacob Böhme nicht eigentlich Philosoph, sondern ein Erleuchteter war. Seine Schriften enthalten – wie er selbst immer wieder betont – nicht eigentlich seine Erkenntnisse, sondern verstehen sich als Anreiz und Hinführung: Seine Einsichten nachzuvollziehen setze beim Leser die christliche Wiedergeburt voraus. Unser – philosophischer – Zugriff auf diese Texte wird ihnen deshalb immer äußerlich bleiben. Eine weitere Schwierigkeit besteht darin, daß Böhme auch nicht eigentlich Naturphilosoph ist, sondern Theosoph; es geht ihm überall nur um Gotteserkenntnis oder um eine Selbsterkenntnis als Gotteserkenntnis. Die Natur oder, genauer gesagt, die «materialische»[2] Natur hat allerdings in den Schriften von Böhme eine bedeutende Stellung, und zwar weil sie in den Werdeprozeß Gottes gehört. Böhme nimmt bekanntlich innerhalb des theosophischen Denkens insofern eine besondere Stellung ein, als er von einem Werden Gottes oder einer Geburt Gottes spricht. Zu diesem Werden

Gottes gehört die Natur, insofern sie zu seiner Offenbarung notwendig ist. D. h. aber nicht, daß Böhme Pantheist wäre: Weder geht Gott in seiner Offenbarung auf, noch ist er ohne oder vor dieser Offenbarung unvollständig. Ebensowenig ist Böhme Physikotheologe: Die Natur wird nicht als Offenbarung Gottes verstanden, insofern sie durch Schönheit und Zweckmäßigkeit auf einen weisen Schöpfer verwiese. Vielmehr dient die Natur Gottes Geburt und Offenbarung im Sinne der «Schiedlichkeit». Indem sie nämlich das Böse ein- und damit von Gott ausschließt, läßt sie ihn als das Gute oder die reine Lichtgestalt hervortreten. Der Fall Luzifers und die Entstehung der Hölle hat deshalb aufs engste mit der Erschaffung der «materialischen» Welt zu tun.

Die Natur ist also nicht Gott, aber sie ist in Gott, und sein Wesen bestimmt jede Kreatur bis ins kleinste. Obgleich man zwar sagen muß, daß Jacob Böhme durchaus seine eigene Theologie hat, so muß man doch seine Naturphilosophie als Realisierung christlicher Theologumena in der Vorstellung von Natur im ganzen und im einzelnen Naturding ansehen. Im Unterschied zu sonstiger christlicher Naturphilosophie, die im allgemeinen nur eine Verchristlichung der griechischen Naturphilosophie war – die Einsetzung des Schöpfer-Gottes in die Position des Demiurgen in Platons *Timaios* ist dafür charakteristisch –, werden bei Jacob Böhme Naturvorstellungen innerhalb einer christlichen Theologie und Mystik entwickelt. Da dieses Motiv, zumindest als ein Motiv philosophischer Arbeit, heute nicht mehr gegeben ist, bleibt uns unter Berücksichtigung der anderen genannten Schwierigkeiten nur, das Böhmische Werk quasi nur wie einen Steinbruch zu benutzen, um wertvolle Philosopheme für die Geschichte der Naturphilosophie und vielleicht für eine künftige Naturphilosophie daraus zu bergen.

Böhmes Werk ist in gewisser Hinsicht eine ständige Wiederholung und weitere Ausarbeitung der Einsichten, die sich bereits in seiner Frühschrift *Aurora oder die Morgenröte im Aufgang* finden. Wegen seiner theologischen Auseinandersetzungen und seiner psychagogischen Absichten sind einige seiner Schriften solchen Inhalts, daß sie für die Naturphilosophie nicht berücksichtigt zu werden brauchen. Die meisten aber enthalten mehr oder weniger verstreut Philosopheme, die zur Naturphilosophie gehören, konzentrierter und im systematischen Zusammenhang aber vor allem in folgenden Schriften: *Aurora, Beschreibung der drei Principien göttlichen Wesens, De signatura rerum. Von der Geburt und Bezeichnung aller Wesen, Mysterium magnum.* Schließlich ist der sogenannte *Clavis* oder «Schlüssel», ein von Böhme selbst verfaßtes Glossar der wichtigsten Ausdrücke in seinen Schriften, immer wieder heranzuziehen.

2. Naturerfahrung

Man könnte sagen, daß Böhmes Denken sein A und O in unmittelbarer Naturerfahrung hat. Es entzündet sich an den Widrigkeiten der Natur und hat sein herausragendstes Ergebnis in der Fähigkeit, die Sprache der Natur zu verstehen. Die Naturerfahrung, auf die Böhme immer wieder, wenn auch punktuell, rekurriert, ist weder alchimisch-experimentell noch handwerklich-technisch. Sie ist eher eine bestimmte Art der Naturanschauung bzw. der sinnlichen Erfahrung der Natur. Diese Anschauung verharrt aber nicht in der Unmittelbarkeit, sondern macht die Natur gewissermaßen transparent, indem sie als Gleichnis des göttlichen Wesens gelesen wird (*Drei Principien göttlichen Wesens* II, 76 f.).[3]

«So du nur deine Augen des Gemüts auftust (...)», so wirst du, könnte man allgemein sagen, in der Natur direkt sehen, was Böhme über sie lehrt. Manchmal wirkt dieser Verweis auf Anschauung wie eine bloße Veranschaulichung, so wenn Böhme in *Clavis* 62 schreibt: «Ein Gleichnis dieses Grundes siehet man an einer angezündeten Kertzen: Denn in der Kertzen lieget alles ineinander, und ist doch keine Eigenschaft vor der anderen offenbar, bis sie angezündet wird, so siehet man Feuer, Oel, Licht, Luft und Wasser aus der Luft; es werden alle vier Elemente darinnen offenbar, welche zuvor in einem einigen Grund verborgen gelegen.» (IX, 62 f.) Manchmal aber auch wie ein Beleg; so verweist Böhme in *Aurora* bei der Darlegung seiner Qualitätenlehre auf konkrete Geschmackswahrnehmungen, die man bei der Untersuchung eines Baumes gewinnen kann: «Wilst du das nicht gläuben, so thue deine Augen auf, und gehe zu einem Baum, und siehe den an und besinne dich; so siehest du erstlich den gantzen Baum, nim ein Messer und schneide darein, und koste ihn wie er ist; so schmeckest du erstlich die herbe Qualität, die zeucht dir deine Zunge zusammen; nun dieselbe halt auch und zeucht zusammen alle Kräfte des Baumes. Darnach schmeckest du die bittere Qualität, die macht den Baum beweglich, daß er wächst, grünet und seine Aeste, Laub und Frucht krieget: Darnach schmeckest du die süsse, die ist gantz sänftig und scharf; denn von der herben und bittern Qualität krieget sie die Schärfe.» (I, 89) Aber solche Stellen sind eigentlich nicht als empirische Bestätigung zu einer Naturtheorie zu verstehen, sondern besagen vielmehr, daß einem wachen Gemüt das wahre Wesen der Natur in der sinnlichen Erfahrung zugänglich ist. Der Grund dafür ist allerdings darin zu suchen, daß sinnliche Qualitäten nichts Subjektives sind, sondern die dynamischen Konstituenzien der Natur selbst.

Schon Frankenbergs Bericht hat gezeigt, daß dieses Erwachen des Gemüts im Verstehen der Natursprache kulminiert, d. h. in der Fähigkeit, die Signaturen der Naturdinge als Artikulationsformen ihres Wesens lesen zu können.

Trotz der ständigen Anspielung auf unmittelbare Naturerfahrung und ihrer häufig lyrischen Form bleibt dürftig, was an inhaltlichem Wissen über die konkrete Natur in Böhmes Werken erscheint. Auch ist erstaunlich, wie wenig er die Modelle und Metaphern, die er einzelnen Naturprozessen entlehnt, in ihren Einzelheiten ausnutzt. Ein Beispiel dafür ist die Metapher der Geburt, die Böhme für das Werden des Ganzen wie Gottes, wie jeder einzelnen Kreatur heranzieht. Zwar sagt Böhme: «Lieber Leser, halts nicht für Spott, auf daß dich diese Geburt, welche doch in deines Lebens Anfang fast dergleichen geschiehet, nicht turbiere.» (*Drei Principien* II, 54) Aber was Böhme unter Geburt versteht, hat wenig mit einer menschlichen oder animalischen Geburt zu tun, dagegen viel mit einem alchimischen Scheideprozeß.

3. Widrigkeit

Ein Anstoß zu Böhmes Philosophieren ist zweifellos die Erfahrung des Bösen. Dabei geht es Böhme sicherlich auch um das Theodizee-Problem, also um die Frage, wie die Güte des Schöpfer-Gottes mit dem Bösartigen in der Welt zusammengedacht werden könne, aber vielleicht elementarer noch um das Erschrecken angesichts der Rauhigkeit, der Härte und Kälte der Natur. Dieses Motiv zieht sich durch das ganze Werk, aber es ist wohl gut, es mit einer frühen Stelle zu belegen. In der Vorrede der Beschreibung der *Drei Principien* (II, 6) schreibt Böhme: «Was doch eigentlich der Ursprung alles des Guten und alles des Bösen sey? wovon oder wodurch doch das Böse sey in Teufel und Menschen, sowol in alle Creatur kommen? sintemal der Teufel ein heiliger Engel gewesen, und der Mensch auch gut erschaffen worden ist, sich auch solche Unlust in allen Creaturen findet, daß sich alles beisset, schläget, stösset, quetschet und feindet, und also ein Wiederwille in allen Creaturen ist, und also ein jeglicher Cörper mit ihme selbst uneins ist; wie zu sehen, daß solches nicht allein in lebendigen Creaturen ist, sondern auch in Sternen, Elementen, Erden, Steinen, Metallen, in Holß, Laub und Gras: in allen ist Gift und Bosheit; Und befindet sich, daß es also seyn muß, sonst wäre kein Leben noch Beweglichkeit, auch wäre weder Farbe, Tugend, Dickes oder Dünnes oder einigerley Empfindnis, sondern es wäre alles ein Nichts.» In diesem Zitat ist nicht bloß das Motiv, sondern auch die Lösung des Problems sowohl theologisch als auch ontologisch angedeutet. Das Theodizee-Problem wird auf eine Weise gelöst, gemessen an der Leibniz' Optimismus als Oberflächlichkeit erscheint, nämlich durch den gewaltigen Gedanken einer Geburt Gottes: Im ungeschiedenen Ungrund ist weder Gut noch Böse. In diesem Ungrund ist absolute Stille, Bewegungslosigkeit und Einheit. Aus ihm heraus drängt es Gott, sich als gut zu offenbaren. Das Böse tritt dabei hervor als notwendiges Pendant seiner Artikulation.

In der geschaffenen Welt, die zwischen dem Paradies und der Hölle steht, bleibt das spannungsreiche Ringen des Guten und Bösen ständig wirksam. Es ist im kosmologischen Prozeß im ganzen wie in jedem einzelnen Ding dafür verantwortlich, daß überhaupt Bestimmtes sich zeigt, daß Leben und Bewegung ist. Die in jedem Ding enthaltenen Polaritäten werden als gut und böse nur bezeichnet nach den Produkten ihrer Ausdifferenzierung. Dabei ist Gut soviel wie Licht und Leichtigkeit, Böse soviel wie Finsternis und Schwere; dynamisch gesehen ist das Gute das Aufgehende, das Gebende, das Böse dagegen das Einziehende und Verzehrende.

4. Dialektischer Naturbegriff

Die Widrigkeiten in der Natur sind keine starren Gegensätze, sondern eine innere Dynamik. Dabei denkt Böhme den Naturprozeß weniger nach dem griechischen Ausdruck «*physis*» als ein Blühen oder Aufgehen, als vielmehr nach dem Lateinischen «*natura*» als eine schmerzvolle Geburt. Die Kräfte, die die Entwicklung vorantreiben, werden deshalb auch Qualitäten oder «Qualen» genannt, wobei Böhme die für ihn systematisch wichtige Beziehung von Eigenschaft und dynamischer Spannung in der phonetischen Verwandtschaft dieser Worte wiederfin-

Offenbarung der sieben Geister Gottes oder Kräfte der Natur:

det. In immer wieder wechselnder Terminologie gibt Böhme überall in seinen Schriften eine Darstellung des Zusammenspiels der sieben Grundkräfte, wobei die Siebenzahl auf die sieben Geister Gottes, die in der Offenbarung des Johannes erwähnt werden, zurückgeht. Sie seien hier nach der Zusammenstellung im *Mysterium magnum, oder Erklärung über das erste Buch Mosis* eingeführt.[4]

Der Grundantagonismus besteht zwischen den ersten beiden Qualitäten, dem nach innen ziehenden Herben und dem nach außen drängenden Bitteren. Deren Spannung führt gesteigert zur Qualität der Angst, die in ihrer Dynamik von Ausziehen und Pressen auch als sich drehendes Angstrad gedacht wird. Die äußerste Steigerung dieser Dynamik entlädt sich im Feuer oder Blitz, auch «Schrack» genannt. Dieses Feuer entwickelt sich nach zwei Richtungen: Nach der einen ist es das milde Licht und die Liebeslust, nach der anderen ist es der verzehrende Grimm. Das Feuer, auf den ursprünglichen Gegensatz zurückgewendet, bringt das Herbe und Bittere zum Schmelzen, d.h. dämpft und versöhnt den Gegensatz. Dadurch entsteht die Qualität der Süßigkeit oder das Liebebegehren. Die so entstandene Versöhnung der Gegensätze führt zu einer gegenseitigen Durchdringung der Qualitäten, einem sich gegenseitig «inqualieren», d.h. zu einer Kommunikation untereinander. Die damit sich ergebende sechste Qualität ist deshalb eine Qualität der Kommunikation und wird beispielsweise Geschmack oder Schall oder Ton genannt. Schließlich nennt Böhme als siebente Kraft oder Qualität noch das Ding selbst oder dasjenige, was aus der temperierten Dynamik aller Qualitäten entsteht, der Leib oder das Wesen.

Die so oder ähnlich in immer wechselnden Formen dargestellte Naturdynamik bezieht ihre Evidenz bis heute aus leiblich sinnlicher Selbsterfahrung.[5] Man könnte rückblickend von Hegel oder besser sogar von Engels aber auch von einer Naturdialektik sprechen. Es handelt sich um eine fortschreitende und produktive Dynamik von Gegensätzen. Dabei ist der Ausdruck Dialektik für Böhme sogar noch zutreffender als für Engels, da, wie noch dargestellt werden wird, der ganze Naturprozeß von Böhme auch als sprachlicher oder, allgemeiner, als kommunikativer Prozeß gedacht wird.

5. Natur als Sprache

Wenn Böhme den Naturprozeß auch als sprachlich versteht, so hat das wohl hauptsächlich seinen Grund darin, daß er bestimmte Aussagen der Bibel wörtlich nimmt. Die Schöpfung vollzieht sich nach dem 1. Buch Mose durch das «Fiat», das «es werde». Ferner heißt es im Johannesevangelium: «Am Anfang war das Wort und das Wort, war bei Gott, und Gott war das Wort». Ein weiterer Grund mag in einer bestimmten

Naturerfahrung zu suchen sein, nämlich darin, daß Böhme als Schuster aus dem Hall, den ein Ding oder Material von sich gibt, gewohnt war zu hören, um was es sich handelte.

Böhmes Verständnis von Natur als Sprache liegt eine besondere Sprachtheorie zugrunde. Böhme versteht Sprache vom Sprechen her, also primär als Ausdruck und Verlautbarung, Sprachverstehen als inneres Mitschwingen oder Betroffenwerden. In diesem Ansatz liegt bereits, daß er Sprechen als Aktion und als Wechselwirkung zwischen Sprecher und Hörer verstehen kann.

Die Sprache kommt nun aus der Essenz, also dem Wesen der Dinge, beim Menschen aus dem Herzen. Um zur Äußerung zu werden, muß die Essenz gewissermaßen angeregt oder angeblasen werden, was allgemein durch den Geist oder durch den Willen geschieht. Der dadurch entstehenden Äußerungstendenz müssen quasi rückhaltende Kräfte entgegengesetzt werden, damit die Äußerung artikuliert sei. Das geschieht durch die Gestalt oder «Signatur». So artikuliert wird die Äußerung im Hall wirklich, oder man versteht, wie Böhme sagt, daß «sich der Geist aus der Essentz durchs Prinzipium im Hall mit der Stimme hat offenbaret» (*De signatura rerum* VI, 4).

Für Böhme sind nun alle Dinge realisierte Worte, so wie die ganze Schöpfung Gottes ausgesprochenes Wort ist. Was Böhme damit von der gesamten übrigen europäischen Philosophie unterscheidet, ist, daß sein Modell für den Dingbegriff das Musikinstrument ist. Ein Ding ist wesentlich durch die Differenz von innen und außen bestimmt und die sie vermittelnde Äußerung. Es hat ein inneres Wesen und eine äußere Signatur. Diese Signatur wirkt wie die Stimmung eines Instruments. Zwar restringiert sie seine möglichen Äußerungen, und insofern kann man sagen, daß die Essenz niemals als solche offenbar wird. Andererseits würde es aber ohne Artikulation nur zu einem diffusen Verströmen, nicht aber zu einer bestimmten Äußerung der Essenz kommen. Schließlich muß man sagen, daß, wie ein Instrument angeschlagen oder angeblasen werden muß, so auch jedes Ding oder Lebewesen angeregt werden muß zur Äußerung. Diese Anregung kann bei irdischen Kreaturen von der Sonne ausgehen oder vom Element Feuer, letzten Endes ist es immer Gott, der auf der ganzen Schöpfung wie auf einer großen Orgel spielt.

Als letztes ist noch die Wirklichkeit der Äußerung, der Hall oder die Stimme zu nennen. Es handelt sich dabei ganz allgemein um die Form leiblich-sinnlicher Präsenz. Deshalb kann Böhme anstelle von Hall auch Geschmack oder Ruch oder Empfindlichkeit (im Sinne von Empfindbarkeit) schreiben. Der Hall ist keineswegs etwas dem Dinge Äußerliches oder Beiläufiges, obgleich ein Ding natürlich auch ruhen oder tot sein kann. Aber da Dinge oder, allgemein, Kreaturen nach dem Modell des Musikinstruments gedacht sind, sind sie auf den Hall hin angelegt, und sie wären ein Nichts ohne ihn. So wie die ganze Schöpfung der Offenbarung Gottes dient, so ist auch jedes einzelne Ding in der Weise seiner eigenen Selbstoffenbarung.

Die Konzeption des Dinges durch Essenz, Signatur und Hall erlaubt es Böhme auch, in der Dingstruktur die Dreifaltigkeit wiederzuerkennen und damit die Gottesebenbildlichkeit, die dem Menschen nach der Bibel zugesprochen wird, auf jede Kreatur auszudehnen. Danach entspricht die Kraft, die aus der Essenz kommt, dem Vater, die Fassung, die seiner Offenbarung durch die Signatur gegeben wird, dem Sohn und die Äußerung im Hall oder Ruch schließlich dem Heiligen Geist.

Die durch die Signaturen artikulierten Äußerungen der Dinge sind die Natursprache. Auch die menschlichen Äußerungen können natursprachlich verstanden und gedeutet werden, wenn man nämlich, wie Böhme, sie von den Stimmodulationen und -artikulationen, d. h. also phonetisch interpretiert. Böhme nahm für sich in Anspruch, die Natursprache zu verstehen, und das heißt, sowohl bei Pflanzen, Tieren und Mineralen ihre Signaturen als Artikulationsform ihrer Essenz deuten zu können als auch den «ursprünglichen» – d. h. nichtkonventionellen – Sinn menschlicher Worte.

Da Sprachverstehen für Böhme eine Art Resonanz oder Reaktion auf Äußerungen ist, so konnte er auch die Wechselwirkungen in der Natur als Sprachbeziehungen, also als Kommunikation, auffassen.

6. Sinnliche Naturtheorie

Schon die Charakterisierung der Naturkräfte durch Sinnesqualitäten wie herb, bitter, süß usw. ließ vermuten, daß Böhmes Naturtheorie eine Theorie der Naturdinge ist, die von ihrer sinnlichen Präsenz her gedacht wird. Es zeigte sich nun weiter, daß die Struktur der Dinge selbst nach dem Modell von Musikinstrumenten auf ihre möglichen Äußerungsformen hin konzipiert wurde. Die Wechselwirkung der Dinge aufeinander, so zeigte sich schließlich, muß als eine Art Kommunikation gedacht werden, nämlich durch ein wechselseitiges Durchdringen mit ihrer Präsenz. Anläßlich der Darlegung seiner Lehre von den fünf Sinnen bezeichnet Böhme diese Durchdringung auch als «qualifizieren», sehr häufig auch mit dem alchimischen Ausdruck «tingieren». Es handelt sich dabei um ein Aus- und Eingehen von Kräften wie beim Aus- und Einatmen: «denn darinnen stehet des Corpus und auch des Geistes Leben» (*Aurora* I, 63). Diese ausströmenden Kräfte werden allgemein unter dem Begriff «Ton» zusammengefaßt, sie spezifizieren sich aber nach den Sinnesorganen als Licht, Ton, Geruch, Geschmack und Bewegung (bzw. Schmerz). Diese Kräfte werden von den Sinnesorganen spezifisch aufgenommen und im Kopf geprüft. Wenn diese «Räte» sie approbieren, dann werden sie zum Herzen gesendet, und von dort geht die Kraft in den ganzen Körper. Insofern ist Wahrnehmung für Böhme nicht bloß Rezeption oder Feststellung, sondern – prüfende – Teilnahme am Odem der Dinge.

Qualifizieren oder Infizieren wird als eine atmosphärische gegenseitige Durchdringung aller Körper gedacht. Als Form der Wechselwirkung betrifft sie nicht die Existenz der Dinge, sondern ihre Präsenz. Dieses Ineinander aller Kreaturen ist das Leben der Schöpfung oder der Heilige Geist, von dem es in der Bibel heißt «in ihm leben und weben wir».

III. Wirkung

Über die Wirkungen Jacob Böhmes läßt sich genausowenig Spezifisches sagen wie über die Wirkungen auf ihn. Zweifellos ist seine geistesgeschichtliche Wirkung sehr groß, aber sie ist eher atmosphärisch zu nennen: Auf sehr viele Denker hat er anregend gewirkt, ohne daß sie bestimmte Thesen von ihm oder seine Schriften explizit in den akademischen Diskurs aufgenommen hätten. Ein Grund dafür ist sicherlich in der Form seiner Schriften selbst zu suchen, die bei allem Respekt von Hegel barbarisch genannt wurde und bis zu Koyré hin immer noch so genannt wird. Sie stehen teils unterhalb, teils oberhalb des akademischen Diskurses: Was ihnen fehlt, ist dessen Disziplin, was sie zuviel haben, ist ihr Anspruch, Offenbarung wiederzugeben.

Die erste große Böhme-Ausgabe erscheint bald nach seinem Tod in holländischer Sprache. Noch im 17. Jahrhundert folgt, ebenfalls in Holland herausgegeben, eine deutsche Ausgabe, und in England erscheint eine englische Übersetzung. In Holland und England wird Böhme im 17. Jahrhundert viel gelesen. In England gibt es sogar eine Sekte der Böhmisten. Es handelt sich bei diesen Böhme-Gemeinden im allgemeinen aber um mystische und alchimistische Zirkel, weniger um Philosophen oder Wissenschaftler. Eine explizite Auseinandersetzung mit den Schriften Böhmes ist selten. Sie findet sich bei Henry More, bei Christoph Oetinger, bei Franz von Baader und bei Hegel in seiner Geschichte der Philosophie. Oetinger und Baader vermitteln Böhmische Ideen in die Philosophie des deutschen Idealismus und die Romantik. Aber obgleich Fichtes «Kraft, der ein Auge eingesetzt ist» Böhmes Selbstbildungsprozeß der klaren Gottheit nachgebildet scheint und obgleich Hegels Dialektik, und zwar gerade nicht nur als Methode, sondern als Prozeß des Hervortretens des objektiven Geistes an Böhmes Dynamik der Offenbarung Gottes in der Schöpfung erinnert und obgleich man wie H. Tesch (1976) behauptet, Schellings *Philosophische Untersuchungen über das Wesen der menschlichen Freiheit* stellenweise wie eine Schrift von Böhme selbst lesen kann, so findet sich doch bei keinem ein expliziter Bezug auf Böhme.

Ein besonderes Problem ergäbe sich, wollte man eine spezifische Wirkung von Böhme auf die Naturphilosophie aus dieser atmosphärischen herauslösen. Die einzige spezifische Wirkung, die behauptet wurde, nämlich die auf Isaac Newton, erweist sich bei näherem Zusehen als Legende. Sie wurde von William Law (1668–1761) in die Welt gesetzt und seitdem wieder und wieder kolportiert.[6] Law hatte behauptet, daß Newtons Weltsystem durch Böhmes drei erste Naturkräfte, nämlich die einziehende Herbe, die herausdrängende Bitterkeit und das Angstrad, inspiriert worden sei. Daß Newton Böhme durch Henry More gekannt hat, ist zwar wahrscheinlich, aber einerseits stimmt die Analogie überhaupt nicht, weil bei Newton eine repulsive Kraft für das Planetensystem nicht konstitutiv ist (Die Fliehkraft ist nicht Ursache, sondern Folge der Drehbewegung), auf der anderen Seite haben die inzwischen publizierten Vorarbeiten zu Newtons *Principia* ganz andere Quellen für seine Konzepte freigelegt, nämlich insbesondere die explizite Auseinandersetzung mit Descartes' Wirbeltheorie.[7] Mag diese Legende entstanden sein, weil man versuchte, im Zeitalter der Aufklärung den Enthusiasten Böhme durch eine Verbindung mit dem Heros der Naturwissenschaft aufzuwerten, so dürfte eine zukünftige Bedeutung Böhmes für die Naturphilosophie gerade darin liegen, daß sein Werk Naturvorstellungen enthält, die sich in eminentem Maße von denen der Naturwissenschaft unterscheiden.

Werner Kutschmann

ISAAC NEWTON
(1643–1727)

I. Leben

Isaac Newton zählt mit Recht zu den bedeutendsten Figuren der Wissenschaftsgeschichte. Seine mathematischen, wissenschaftstheoretischen und experimentellen Arbeiten gaben der – späterhin nach ihm benannten – Klassischen Physik für fast zwei Jahrhunderte die entscheidende Prägung. Nirgendwo ist der Kuhnsche Begriff des Paradigmas so zutreffend wie im Fall der Newtonschen «Mathematischen Naturphilosophie»; und dennoch erschöpft sich hierin Newtons Bedeutung nicht. Wie sich zeigen wird, ist sein Werk sowohl dem Umfang wie auch dem inneren Gehalt nach unvergleichlich viel reicher und vielfältiger, als es eine vorschnelle Kennzeichnung etwa als einer «ersten axiomatischen Grundlegung der Mechanik» erahnen ließe.

Newton wurde in eine unruhige und ungeduldige Zeit hineingeboren. Sowohl politisch als auch gesellschaftlich befand sich England in der zweiten Hälfte des 17. Jahrhunderts in einer Periode des Umbruchs, die außenpolitisch von den Kämpfen um die Stellung als führende See- und Kolonialmacht, innenpolitisch von Klassenauseinandersetzungen und Kriegen zwischen Heer, Parlament und katholischem Königshaus, adligen Großgrundbesitzern, aufstrebendem Bürgertum und proletarisierten bäuerlichen Massen gekennzeichnet war. Die «Glorious Revolution» von 1688 setzte dem Hin und Her dieser Kämpfe zwischen Whigs und Tories, katholischen Altroyalisten und anglikanischer Intelligenz ein vorläufiges Ende, indem sie eine Machtteilung zwischen Öffentlichkeit und Regierung verbindlich instituierte. Die aufgeklärte konstitutionelle Monarchie wurde festgeschrieben, die anglikanische Kirche als Staatskirche sanktioniert und die Forderung nach absoluter «Freiheit und Gleichheit» aller Bürger, die von der sozialrevolutionären Bewegung der «Levellers» erhoben worden war, erfolgreich unterdrückt. Die englische Wirtschaft nahm in dieser Zeit einen nicht gekannten Aufschwung, Manufakturen, Webereien und Werkstätten expandierten, und die Wissenschaft begann zaghaft und in Umrissen, sich in Gesellschaften und Akademien zu institutionalisieren.

Ungeachtet der unruhigen Zeitumstände verlief die Jugend Isaac Newtons in behüteten Bahnen. Geboren 1643 in Woolsthorpe (Lincolnshire) nahe Cambridge wuchs Newton nach dem frühen Tod seines Vaters und der Wiederverheiratung der Mutter zunächst bei der Groß-

Isaac Newton (1643–1727)

mutter auf, bis ihn der Tod auch des Stiefvaters mit der Mutter wieder zusammenführte, mit der ihn bis zu ihrem Tod eine enge, fast symbiotisch zu nennende Beziehung verbinden sollte. Der junge Newton war ein Einzelgänger, der sich in dieser Hinsicht ein Leben lang treu blieb. Mißtrauisch, scheu und skrupulös, was mögliche Ausschweifungen oder Laster anlagte, dazu von einer puritanisch-calvinistischen Glaubenshaltung geprägt, die im christlichen Gott nicht so sehr den Gott der Gnade als den Gott des Gesetzes sah, besaß er ein stark religiös ausgebildetes Leistungsethos, das ihn um die Rechtfertigung des eigenen Daseins lebenslänglich bemüht sein ließ.

Newton führte Zeit seines Lebens eine Junggesellen-Existenz, umgab sich aber gerne mit Verwandtschaft und Anhängerschaft, um sich nach Art eines «Lagers» nach außen vertreten und verteidigen zu lassen. Schon früh wurde er auf die Lateinschule nach Grantham, dann auf das «Trinity College» nach Cambridge geschickt, wo seine große theoretische und experimentelle Begabung auffiel und von seiten der Universität, etwa dem Mathematiker Isaac Barrow und dem Philosophen Henry More, gefördert wurde. Newton studierte hier unter den Vorzeichen des damals vorherrschenden «Cambridge-Platonismus» den gesamten Kanon des scholastischen Wissens unter Einschluß des Hermetismus, der Magie und Alchimie, aber eben auch die Lehren der «neuesten» Naturphilosophie, wie sie von Kepler, Galilei, Gassendi und Descartes, aber auch von Digby, Glanville, Hobbes und Boyle vertreten wurden.[1]

Bereits im Jahre 1666 (dem sogenannten «annus mirabilis» Newtons) konzipierte und entwickelte er die Grundzüge jener drei großen Erkenntnisse, aufgrund derer er für die spätere Nachwelt unsterblich wurde: 1) Den Infinitesimalkalkül der mathematischen Analysis, den Newton in Gestalt der sogenannten Fluxionenrechnung darstellte (allerdings publizierte er seine diesbezüglichen Schriften nicht; der *Methodus fluxionum et serierum infinitarum* kam erst posthum heraus, so daß es ab 1690 zu einem unerfreulichen Prioritätsstreit mit Leibniz kam). – 2) Die Theorie der «Universellen Gravitationskraft», die für die einheitliche Beschreibung der Geschehnisse am Himmel und auf der Erde, d.h. sowohl für die Erklärung der Stabilität des Sonnensystems als auch für die Deskription erzwungener Bewegungen auf der Erde, wie den freien Fall, die Pendelbewegung oder den Wurf, verantwortlich sein sollte. – 3) Die Entdeckung der farbigen Natur des Lichts, die Newton anhand der Spektralzerlegung des Lichts am Prisma nachweisen konnte (letzte wiederum untersuchte er aus der praktischen Absicht, die damals gebräuchlichen Linsenfernrohre zu verbessern, was ihm mit der alternativen Konstruktion des Spiegelteleskops auch gelang).

Alle drei Entdeckungen sollten ihn ein Leben lang beschäftigen. Bereits 1669 wird Newton als Nachfolger seines Lehrers Barrow zum

«Lucasian Professor of Mathematics» in Cambridge ernannt mit der Auflage, wöchentlich mindestens eine Vorlesung zu halten. 1672 wird er in die junge «Royal Society of London for the Improvement of Natural Knowledge» aufgenommen, aus deren Mitte sich in der Folgezeit auch die meisten Gesprächspartner, Kollegen, aber auch Widersacher Newtons rekrutierten – wie etwa die Mathematiker Wren und Wallis, der Physiker Hooke, die Astronomen Halley und Flamsteed. Der «Royal Society» legt Newton 1672 bzw. 1675 auch seine ersten Hypothesen und Theorien bezüglich der spektralen Zusammensetzung des Lichts und der korpuskularen Natur der Lichtstrahlen vor, die er aber erst 1704 – nach dem Tode seines Konkurrenten Hooke – in den *Opticks* publiziert. 1687 folgt die erste Veröffentlichung der *Philosophiae naturalis principia mathematica*, deren einzigartige Bedeutung trotz des ungeheuren Schwierigkeitsgrades und trotz der willentlichen «Verschlüsselung» der mathematischen Methode (Newton wandte seinen Fluxionenkalkül in verkleideter Form, nämlich in der Gestalt von Grenzprozessen «erster und letzter Verhältnisse» an) von der Fachwelt alsbald anerkannt wurde. 1692/93, nach dem Tod der Mutter, erlebt Newton einen psychischen und physischen Zusammenbruch, von dem er sich erst im Laufe eines Jahres wieder erholen kann.

1696 wird er nach den Wirren der «Glorious Revolution», in denen er immer zu den Whigs und deren theoretischen Kopf John Locke gehalten hat, mit einem hohen Staatsamt belohnt: Er wird zum «warden of the mint», zum Vorsteher der Königlichen Münze ernannt. Von jetzt an vollzieht sich ein unaufhaltsamer Aufstieg Newtons innerhalb des politischen und gesellschaftlichen Establishments Englands – ohne daß er sich allerdings politisch selbst je exponieren würde. 1701 wird er als Vertreter von Cambridge ins Parlament gewählt, 1703 avanciert er zum Präsidenten der «Royal Society» (um dieses Amt bis an sein Lebensende zu versehen), 1705 wird er gar geadelt. Newton wird zu einer Institution, zu einem «Imperator» des Newtonianismus, der dafür sorgt, daß seine Lehre der «Mathematischen Naturphilosophie» zur allein gültigen Doktrin innerhalb der gewaltig sich ausbreitenden «Experimental Philosophy» Englands wird. Selbst Kontroversen mit philosophischen und theologischen Gegnern wie Bischof Berkeley oder Leibniz können ihn nun nicht mehr davon abhalten, seine Sicht von der Bedeutsamkeit der eigenen Naturphilosophie auch durchzusetzen: Das Studium der Naturphilosophie – so Newton am Ende seiner durch einige «*Queries*» erweiterten *Opticks* von 1717[2] – vermag auch zu einer Hebung des moralischen Bewußtseins und zu einer besseren Erkenntnis der Pflicht zu verhelfen, der jeder Mensch im Sinne von Religion und Moralphilosophie nachkommen müsse. Die Erhellung durch das «Licht der Natur» soll zur Erkenntnis der «ersten Ursache», d.h. zur Erkenntnis Gottes führen, der diese Welt in ihrer Wohlgeordnetheit eingerichtet hat. Diese wenigen Sätze am Schluß der *Opticks* vermögen deutlich zu machen, worum es Newton in seinem großen Programm der Aufklärung der Natur geht: Durch eine Erkenntnis der Naturgesetze dem Willen Gottes auf die Spur zu kommen, der dem sittlichen Handeln des einzelnen wie auch den großen Bewegungen der Geschichte einen unsichtbaren Halt zu geben vermag.

Newton erlebt noch selbst den Triumph seines Denkens; 1727, als er 85jährig stirbt, ist das materialistische Weltbild des Cartesianismus in England endgültig verdrängt, und die neue Sicht vom natürlichen Gesetz der Dinge wie der Menschen hat sich durchgesetzt.

II. Werk

Newtons Werk ist in seiner Vielfältigkeit kaum auf einen Begriff zu bringen. Die Nachwelt hat Newton recht einseitig zum Architekten des mechanistisch determinierten Weltgebäudes der «Klassischen Physik» stilisiert. Dieses Bild ist so nicht richtig, aber es läßt sich nur schwer korrigieren, nachdem die Überlieferung all jene Zeugnisse und Quellen, die nicht in einem strikten Sinne in dieses Bild paßten – jene Unzahl von Studienblättern, Entwürfen und Manuskripten aus Newtons Hand, die Themen aus Chemie und Alchimie, des Hermetismus und der Kabbala, der Chronologie der alttestamentarischen Königreiche oder der Rekonstruktion der Schriften der Offenbarung gewidmet waren – schlicht unterdrückt und ignoriert hat, ja mehr noch, nachdem die Nachwelt es hingenommen hat, daß diese Zeugnisse einer universalen wissenschaftskritischen Tätigkeit durch Verkäufe und Versteigerungen in die ganze Welt verstreut wurden. Bis heute fehlt, ungeachtet einer in den letzten Jahren zu verzeichnenden «Newton-Geschäftigkeit»,[3] eine quellenkritische Gesamtausgabe der Schriften Newtons unter Einschluß all seiner peripheren, außer-wissenschaftlichen Arbeiten.

Selbst das naturphilosophische Werk ist schwer zu umreißen. Dies gilt um so mehr, wenn man berücksichtigt, daß Newton es liebte, auf mehreren Ebenen zu sprechen und zu agieren. Newton war ein Meister des publizistischen Versteckspiels, der es geschickt vermochte, sowohl dem offiziellen, höchsten Genauigkeitsmaßstäben verpflichteten Diskurs der Wissenschaft Genüge zu tun, als auch innerhalb eines verdeckten, kryptischen Paradiskurses sich zu bewegen, der ihm die Artikulation von Fragen, Vermutungen, Spekulationen und Hypothesen erlaubte. So gibt es einerseits aus der Feder Newtons jene zwei bereits genannten Veröffentlichungen der *Principia* und der *Opticks,* die in ihrem kunstvollen dramaturgischen Aufbau geradezu als Musterfälle einer hypothetisch-deduktiven bzw. einer empirisch-induktiven Grundlegung der jeweiligen Disziplin angesehen werden können. Andererseits aber gibt es eine Unzahl anderer Äußerungsformen, wo Newton in Gestalt von Vorworten, Anhängen und Kommentaren, Schlußworten, Fragen (siehe die berühmten 31 «*Queries*» der *Opticks* von 1717) oder brieflichen Äußerungen diejenigen Gedanken öffentlich machte, die ihm ob ihres spekulativen Charakters für die wissenschaftliche Veröffentlichung nicht geeignet erschienen.

In diesem Vorgehen wird das Muster einer Arbeitsteilung sichtbar, die Newton ganz generell praktiziert hat, einer Arbeitsteilung zwischen der Feststellung positiv beweisbarer wissenschaftlicher Aussagen und der metatheoretischen Reflexion über die möglichen Voraussetzungen und Gründe für das Bestehen dieser Aussagen. Das Beispiel der «Gravitation» mag dies kurz illustrieren. Newton war in seinem wissenschaftlichen System der *Principia* zu dem grundlegenden Begriff der «Universellen Gravitation» gelangt – und es war ihm mit diesem Begriff gelungen, die Gesamtheit der Phänomene der «himmlischen und der irdischen Physik» in einer großen Synthese zu integrieren. Aber damit war die Frage, was diese «gravity» denn nun eigentlich sei, woher sie rühre und wie sie vermittelt werde, noch keineswegs beantwortet. Für die wissenschaftliche Ebene bejahte Newton durchaus einen gewissen Nominalismus, der es ihm gestattete, den Begriff der «*gravitas*» (ebenso wie den der «*attractio*» oder der «*vis attractionis*»[4] nur in einem mathematischen Sinne, d. h. nur in der Funktion einer zusammenfassenden und generalisierenden Beschreibung zu nehmen, jede «physikalische» Deutung aber abzuweisen, die mit einem Anspruch auf wahre Erklärung der Naturphänomene verbunden wäre. Auf der außer-wissenschaftlichen oder «paradiskursiven» Ebene legt Newton sich aber durchaus diese Fragen des Verständnisses vor: Wie die Gravitation denn nun zu verstehen sei, ob sie eine essentielle Eigenschaft der Materie sei, ob sie durch eine Art Äther oder aber nach Art einer Fernwirkung vermittelt werde.

Mit dieser doppelten Strategie – hier nur an einem kurzen Beispiel verdeutlicht – vermag Newton noch zwei Aspekte einer wahrhaft wissenschaftlichen Bemühung um Naturerkenntnis zu integrieren, die bereits zu seinen Zeiten, endgültig aber nach ihm, auseinanderzutreten beginnen: den Aspekt der mathematisch beschreibenden Naturwissenschaft und den Aspekt der metatheoretisch reflektierenden Naturphilosophie. Obwohl alle seine systematische Anstrengung der Mathematisierung, und das heißt, der Positivierung der Theorie in Gestalt zunehmender Integration der Fakten gilt, ist Newton klug und umsichtig genug, sich des Vorläufigen und Tentativen seiner Entwürfe von Naturphilosophie immer zu erinnern – was eine Neu-Absicherung und Begründung des eingeschlagenen Weges von seiner Seite dauernd erforderlich macht. Die Newtonsche Naturphilosophie stellt sich damit als ein Doppeltes dar: auf der einen Seite als eine an den Phänomenen orientierte systematische Theorie, die in der Lage ist, diese auf bestimmte Bewegungsprinzipien oder Kräfte hin zu bündeln, deren Ursachen möglicherweise (noch) gar nicht bekannt sind; auf der anderen Seite als gerade jene Spekulation oder Kunst der Antizipation, die diese bisher noch nicht entdeckten Gründe aufzudecken und zu entschleiern sucht. In dieser Zweigleisigkeit drückt sich Newtons Anerkenntnis der Endlichkeit und Nicht-Abgeschlossenheit seiner Arbeit aus, eine Anerkenntnis, die auf Fortsetzung und Überbietung dieser Arbeit drängt.

Es kann nicht überraschen, daß Newtons Begriff von der Natur von einer ähnlich zwieschlächtigen oder dichotomischen Sicht geprägt ist. Newton konzipiert die Natur in einer doppelten Weise: als wohlgeordnete, systematische Natur unter Gesetzen und als schwächliche, defiziente und hilfsbedürftige Natur in der Hand eines allumfassenden Wesens. Für die Zwecke der Theoriebildung und Systematisierung muß immer eine Natur der ersten Art unterstellt werden, eine Natur, von der Newton sagen kann: «Nature will be very conformable to her self and very simple».[5] Aber diese Unterstellung endet da, wo auch der Gültigkeitsbereich der Theorie selbst endet, in der Überantwortung aller endlichen Weltmodelle an den unendlichen, allesumspannenden «Pantokrator», wie Newton Gott gerne nennt.[6] Hier nämlich zeigt sich die Natur von ihrer zweiten Seite, hier erweist sie ihre Schwäche, ihr Unvermögen, aus eigener Kraft zu bestehen, hier verweist sie auf eine «erste Ursache», die nicht aus ihr selbst kommt.[7]

In der folgenden Darstellung der Newtonschen Philosophie der Natur wird genau diese doppelte Sichtweise von der Natur eine entscheidende Rolle spielen.

1. Die ontologischen Grundlagen von Raum, Zeit und Bewegung

In seinen ontologischen Grundannahmen zeigt Newton sich als überzeugter Anti-Cartesianer. Ob es um die Frage der Struktur der Materie, der Übertragung von Kräften bzw. Bewegungsformen oder die Theorie von Raum und Zeit geht, Newton nimmt in den entscheidenden Fragen eine abweichende, ja zumeist konträre Position zu Descartes ein. Während dieser in seiner ontologischen Kennzeichnung der Materie als «res extensa», d.h. als schlichte räumliche Ausgedehntheit, Raumbegriff und Körperdefinition unmittelbar miteinander verknüpft hatte, geht Newton gerade den entgegengesetzten Weg, indem er Raum und Zeit zunächst völlig körperfrei, ja überhaupt referenzfrei definiert, um in dieses abstrakt konzipierte «Gestell» von Raum und Zeit die Materie mitsamt ihren Kräften erst einzubetten.

Absoluter Raum und absolute Zeit, so führt Newton einführend in den *Principia* aus,[8] müssen unabhängig von den Dingen, unabhängig von physikalischen Prozessen und unabhängig von unserem sinnlichen Empfinden begründet werden: «In philosophicis autem abstrahendum est a sensibus – In Angelegenheiten der Naturphilosophie muß vom Dafürhalten der Sinne abgesehen werden.» Das heißt, die grundlegenden Begriffe einer mathematischen Naturphilosophie, wie Newton sie im Auge hat, dürfen nicht nach menschlichem Maß, auch nicht kraft menschlicher Setzung, aufgestellt werden, sie müssen in allgemein gültiger Form als Apriori der Naturforschung vorangestellt werden. Newton schweigt sich über die Quellen dieses Apriori aus; er setzt die entsprechenden Begriffe schlicht voraus, ohne an dieser Stelle eine nähere Begründung zu liefern. (Nur versteckt äußert er sich hierzu: In dem nie veröffentlichten Manuskript *De Gravitatione* von 1669 spricht er vom Raum als der Ubiquität Gottes bzw. dessen «Emanation», und später, innerhalb des spekulativen Teils der *Opticks*, äußert er die Überzeugung, daß der Raum als der Empfindungs- und Wirkbereich Gottes, als sein «Sensorium» angesehen werden müsse.[9]

Newton konzipiert damit eine Natur von äußerster Klarheit und Abstraktheit: auf der einen Seite der absolute Raum, der an sich körperlos und leer, unbegrenzt und unendlich ist, auf der anderen Seite die absolute Zeit, die ebenfalls an keinen Körper gebunden ist, dem sie inhärieren würde, eine Zeit, die – so Newton – gleichmäßig von Ewigkeit zu Ewigkeit verfließe, ohne daß ein Vorgang existieren müßte, der das Maß absoluter Gleichförmigkeit dafür vorgeben würde.

Mittels dieser Begriffe von Raum und Zeit führt Newton auch einen «absoluten Ort» und eine «absolute Bewegung» ein – lauter Begriffe, die er vor aller Erfahrung, als Apriori der Naturforschung, meint einführen zu müssen, bevor die Beschreibung von Prozessen der Bewegung bzw. Bewegungsänderung überhaupt einsetzen könne.

Für dieses Vorgehen ist Newton schon zu seinen Lebzeiten (von Bischof Berkeley), aber auch noch Jahrhunderte später (von E. Mach) ernsthaft gescholten worden: Es wurde ihm als Anmaßung ausgelegt, derartige Begriffe unausgewiesen und nicht durch sinnliche Erfahrung approbiert, an den Anfang der Naturphilosophie gestellt zu haben. Insbesondere war es der Begriff der «absoluten Bewegung», der der Kritik der radikalen Empiristen und «Sinnes-Phänomenalisten» verfiel. Newton hatte die absolute Bewegung als eine Bewegung bezüglich des absoluten Raumes einführen und durch das Phänomen der Trägheits- und Zentrifugalkräfte verifizieren wollen, die bei Drehbewegungen gegen den absoluten Raum notgedrungen auftreten würden, wie er im berühmten Eimerversuch[10] nachweisen wollte. Nun konnte die spätere Kritik, etwa von Seiten Machs, ihm zwar entgegenhalten, daß dieses Phänomen noch kein Erweis irgendeiner Wirkung einer «Bewegung gegen den absoluten Raum» sei, da es ja nicht ausgeschlossen sei, daß das beobachtete Zentrifugalphänomen nur zustande komme, weil es sich um eine Bewegung relational, in bezug nämlich auf die fernen Massen des Universums, handele – aber auch diese Gegenvermutung harrt ebenso wie die Newtonsche noch der endgültigen Verifizierung. Noch heute muß der Streit um die Einführung des Konzeptes des absoluten Raumes wie auch um die körperfreie Begründung des Raumes als unentschieden und noch nicht ausgemacht gelten. Zwar hat die «Allgemeine Relativitätstheorie» Einsteins wesentliche Gedanken Machs von der relationalen Konstitution der Trägheitskräfte, ja, grundlegender noch, von der relationalen Konstitution des Raumes durch Materie aufgenommen – aber die hieraus sich ergebenden Schwierigkeiten einer Geometrisierung der Kraftwirkungen und Felder können kaum als schon gelöst gelten.

2. Atomismus und Dynamismus

Mit den Begriffen von Raum und Zeit ist erst ein Gerüst geschaffen, innerhalb dessen sich Vorgänge der Natur, biologischer und physikalischer Art, abspielen können. Es bedarf eines Begriffs der Materie und einer Erklärung der an ihr und in ihr wirkenden Kräfte, um reale Vorgänge beschreiben zu können. Auch hier zeigt sich Newton als überzeugter Anti-Cartesianer. Descartes hatte in seinen *Principia Philosophiae* von 1644 das Bild einer gänzlich von (feinster) Materie durchdrungenen Welt gezeichnet, deren einzige Bestimmung in einer gigantischen Umwälzung ihrer Bewegungsgröße von der einen Form in die andere bestehen sollte; das ganze Universum wäre eine einzige Maschine, die von Stoß und Druck, Geschiebe und Gedränge gekennzeichnet wäre, ohne daß die Bewegungsgröße im ganzen sich je vermindern würde. Newton lehnt dieses Bild ab, und zwar gleich aus mehreren Gründen: Weder teilt er die Plenums- oder Kontinuumsauffassung Descartes' von der vollständigen «Gefülltheit» der Welt (sondern vertritt vielmehr im Gefolge Gassendi's und Henry More's eine atomistische Auffassung von der Verteilung der Materie), noch teilt er die mechanistische Sicht von der ausschließlich auf Stoß und Druck beruhenden Umwälzung von Bewegungsformen der Materie (um statt dessen eine dynamistische Auffassung vom Zustandekommen der Materie, des Lichts und allen Lebens überhaupt zu verfechten).

In seiner Theorie der Materie geht Newton von einer körnigen, diskreten Struktur aus, die, mehr oder weniger dicht gepackt, von einem unendlichen Vakuum umgeben wäre. Diese Teilchen oder Korpuskeln stellen neben den Kräften den entscheidenden Grundpfeiler der Newtonschen Ontologie dar: seiner Auffassung nach muß die Naturphilosophie danach trachten, die essentiellen «nicht mehr verstärkbaren oder verminderbaren Eigenschaften»[11] dieser Teilchen zu ergründen – wobei er Undurchdringlichkeit und Unteilbarkeit, Härte, Beweglichkeit und Trägheit für schon ausgemacht hält. Darüber hinaus sollen die Teilchen Träger von Kräften sein, Kräften, die er z. T. selbst schon ergründet und in Gestalt der Gravitationskraft aufgewiesen, die aber zum anderen Teil noch rein spekulativ zu ersinnen wären, um die Entstehung von Wärme und Elektrizität, ja, um die Konstitution der Materie selbst zu ergründen.

Die chemische Verschiedenheit der Stoffe erklärt sich Newton auf eine überraschend einfache, aber einleuchtende Weise. Im Grundsatz geht er davon aus, daß alle Materie aus ein und denselben Grundbausteinen, den Atomen, aufgebaut sei; allerdings gliederten und aggregierten sich diese Atome unter Aufnahme eines jeweils volumengleichen Anteils von Vakuum zu Teilchen «erster», «zweiter», «dritter» und entsprechend höherer Komposition, die ihrerseits wiederum durch chemische Kräfte der Soziabilität oder Affinität untereinander gebunden wären. Nach dieser «Nußschalen-Theorie»[12] sind die gewöhnlichen Stoffe der Chemie nur dem Anschein nach feste oder dichte Körper; denn in Wahrheit sind sie als weitgehend leer, von einer Unzahl von Poren durchsetzt, zu denken, die sich dem mehr oder minder hohen Komplexitätsgrad des Teilchens verdanken.

Die Partikel- oder Teilchenvorstellung war für Newton absolut dominant. Nicht nur die Konstitution der Materie, nicht nur die Chemie, selbst die Phänomene des Lichts und der Farben erklärte er sich weitgehend unter Zuhilfenahme einer Teilchenvorstellung, wie die verschiedenen Verhandlungen der *Opticks* zur Erklärung von Brechung, Beugung, Polarisation und der Farben dünner Schichten zeigen. Allerdings war Newton hier auch wieder vorsichtig und flexibel genug, in Fällen der Begründungsnot auch andere, der Teilchenvorstellung des Lichts teilweise widersprechende Modelle zuzulassen. Im Fall der Phänomene von teilweiser Brechung und teilweiser Spiegelung von Licht griff er zu einem wellentheoretischen Modell der räumlichen Periodizität der «Anwandlungen der Durchlaß- und Reflexionsbereitschaft».[13]

Korpuskeln und ihre Eigenschaften determinierten für Newton allerdings nicht allein den Charakter des Universums. So wie er die plenistische «res extensa»-Theorie Descartes' ablehnte, so schloß er auch deren Korrelat, die Behauptung einer sich in allen Bewegungsvorgängen erhaltenden Gesamtbewegungsgröße aus. Für Newton gibt es keine ewig sich erhaltende Bewegungsgröße, weil es für ihn überhaupt keine Erhaltungssätze geben kann. Im Gegenteil bedarf es seiner Ansicht nach in allen Vorgängen des Universums immer wieder des Aufwandes von Kräften oder «active principles», wie er sie in den *Queries* nennt.[14] «Das Gesetz der Trägheit», heißt es dort, «ist ein passives Prinzip, nach welchem die Körper in ihrer Bewegung oder Ruhe beharren, je nach der auf sie einwirkenden Kraft Bewegung empfangen und Widerstand leisten in dem Maße, wie ihnen andere Körper widerstehen. Durch dieses Prinzip allein würde es niemals Bewegung in der Welt geben. Es war noch ein anderes Prinzip notwendig, um die Körper in Bewegung zu setzen, und noch ein anderes, um sie in Bewegung zu erhalten.»[15]

Alle Vorgänge des Lebens, die kosmischen ebenso wie die irdischen, die organischen oder vitalischen ebenso wie die anorganischen oder mechanischen, bedürfen des Dazwischentretens von Kräften, um das Leben überhaupt aufrechtzuerhalten und nicht erlöschen zu lassen. Kraft wird für Newton zum allgemeinsten integrierenden Nenner, um die verschiedensten Bewegungsformen und Prozesse aufeinander beziehen zu können. Dies wird deutlich an der herausragenden Stellung der drei «Axiome oder Bewegungsgesetze», mit denen Newton die *Principia* einleitet: Das Trägheitsgesetz, das Kraftgesetz und das Gegenwirkungsprinzip definieren und begründen die Fälle von dynamischen Prozessen, in denen die Anwendung des neuen Konzeptes der Kraft erforderlich ist. Damit ist die klassisch-aristotelische Trennung der «künstlichen» von den «natürlichen Bewegungen» aufgehoben zugunsten eines neuen Paradigmas, das beide unter dem Begriff der *«vis impressa»*, d. h. der eine jegliche Bewegungsänderung erzwingenden Kraft, vereinigt.

Mit dem Kraftbegriff und der entsprechenden Ablehnung eines durchgängigen Erhaltungssatzes der Bewegung ist eine neue Konzeption der Übertragung und Vermittlung von Wirkungen verbunden. Die Vorgänge der Natur werden nicht mehr allein und ausschließlich aus der Sicht der mechanistischen Doktrin des direkten Teilchenkontaktes und des unmittelbaren Energie- und Impulsaustausches erfaßt, wie sie zuletzt noch Descartes in seinen Spekulationen über einen mechanischen Weltäther, über Wirbel und planetare *«Vortices»* vorgeführt hatte. Newton spricht sich mehrfach gegen eine Naturerklärung nach derartigen, bloß «mechanischen Ursachen»[16] aus, um statt dessen sein umfassenderes, aber auch abstrakteres Konzept einer Ursachenerklärung mit Hilfe von Kräften zu favorisieren. Kräfte wie etwa die Attraktionskraft der Planeten oder die allgemeine universelle Gravitation aller Materie sollen jetzt schon allein für Wirkungen verantwortlich gemacht werden dürfen, auch wenn ihre Ursachen im einzelnen noch nicht aufgeklärt sind: «These Principles I consider, not as occult Qualities, supposed to result from the specific Forms of Things, but as general Laws of Nature, by which the Things themselves are form'd; their Truth appearing to us by Phaenomena, though their Causes be not yet discover'd.»[17]

Diese Einführung eines intermediären Ursachenbegriffs in Gestalt der Kräfte besitzt mehrere Vorzüge: Erstens impliziert sie die Befreiung vom mechanistischen Dogma, alle Vorgänge auf Stoß, Druck und direkten Teilchenkontakt zurückzuführen; zweitens stellt sie ein abstrakteres und durchlässigeres Konzept dar, das die Integration eines viel weiteren Phänomenbereiches gestattet; drittens gestattet sie die Etablierung von transitorischen Ebenen innerhalb der Naturbeschreibung. Wenn es mit Hilfe eines geeigneten Bewegungsgesetzes gelingt, eine bestimmte Klasse von Phänomenen auf *eine* gemeinsame Kraft als Ursache zurückzuführen, dann ist diese Rückführung legitim – auch wenn der Charakter dieser neuen Kraft noch nicht im einzelnen erforscht ist.

Mit diesem neuen Konzept von Kraft als einer «intermediären» Ursache war Newton stark der Kritik ausgesetzt, sowohl von seiten des naturphilosophischen Faches (Leibniz, Huygens) als auch von seiten einer breiteren Öffentlichkeit. Es schien an der nachvollziehbaren Wirkungs-Übertragungsvorstellung zu fehlen, eine Art Fernwirkung schien in die Physik eingeführt; und gleichzeitig schien Newton diesen rätselhaften Begriff einer universellen Anziehungskraft der Materie zu einer «essentiellen Eigenschaft» oder, wie andere im vorwarfen, zu einer «okkulten Qualität der Materie» zu machen.

Alle diese Vorwürfe und Kritiken haben Newton schwer zu schaffen gemacht, und er hat immer wieder versucht, sie zu entkräften oder zu widerlegen. Zeitweilig hat er sogar erwogen, zur Erklärung der Kräfte der Gravitation eine Äther-Hypothese zu bemühen, die er in seinen frühen Jahren, im anti-cartesischen Affekt, selbst oft genug verworfen hatte. Aber diese Annahme eines feinkörnigen subtilen Äthers, der in der Lage wäre, den Vorgang der «Fernwirkung» zu vermitteln, sieht sich selbst großen Schwierigkeiten ausgesetzt: wie wäre ein solcher Äther zu erkennen, dessen Teilchen unmeßbar fein und subtil, aber eben doch korpuskular sein sollten, und wie wiederum wären die Kräfte zwischen den Ätherteilchen selbst beschaffen? Newton kann die Frage des Äthers auf naturwissenschaftliche Weise nicht klären, er muß die Ätherhypothese als eine ungeklärte Frage stehenlassen. Aber gerade deshalb ist für ihn die Überzeugung um so gewisser, daß die Gravitation, ja jede Kraft, die auf Erden wirksam ist, letztlich das Wirken Gottes bezeuge, der in Form eines «gewissen sehr feinen Geistes» alle Teile der Welt durchdringt und wahrhaft erst zusammenhält, wie er im berühmten «Scholium Generale» am Schluß der *Principia* ausführt:

«Und nun dürfen wir noch etwas über einen gewissen sehr feinen Geist hinzufügen, welcher alle groben Körper durchdringt und in ihnen verborgen liegt; durch die Kraft und die Wirkung dieses Geistes ziehen die Teilchen der Körper einander über geringe Entfernungen an und haften zusammen, wenn sie sich berühren; und elektrische Körper wirken über größere Entfernungen, indem sie die benachbarten Korpuskeln sowohl abstoßen als auch anziehen; und Licht wird ausgesandt, reflektiert, gebrochen, gebeugt, und es erhitzt die Körper; ...»[18]

Mit diesen Sätzen transzendiert Newton den Rahmen der Experimentalphilosophie, indem er die experimentell zugänglichen Fakten im Blick auf das Walten eines alles umfassenden ersten Schöpfers übersteigt.

3. Die Welt im Ganzen und die Rolle Gottes

In Fragen der Kosmologie, der Beschreibung der Welt als Ganzem, zeigt Newton überraschenderweise eine große Zurückhaltung und Vorsicht. Er, der immerhin das Gravitationsgesetz als das entscheidende Gesetz für den Zusammenhalt des gesamten Planetensystems abgeleitet hatte und damit die Reichweite menschlich konzipierter Gesetze bis an den Rand des Sonnensystems, des damaligen Randes der Welt, hinausgeschoben hatte, äußert sich äußerst zurückhaltend, was die großen Fragen der Kosmologie und Kosmogonie über die Unendlichkeit der Welt, ihre Stabilität und ihr Herkommen anlangt. Nahezu nirgendwo macht er Aussagen über die Welt im Großen, sofern er sie nicht auch beweisen kann. Über den «Mittelpunkt des Weltsystems» äußert er nur in Form einer Hypothese, daß «er sich in Ruhe befinde»,[19] d.h., daß der Schwerpunkt des Sonnensystems bezüglich des absoluten Raumes ruhe. Die Vorstellung einer inselartigen Lagerung dieser Welt innerhalb der Unendlichkeit des absoluten Raumes, die ihm Bentley in einem Briefwechsel vorträgt, lehnt er ab, weil sie keine ausreichende Stabilität für diese Welt verbürge; man müsse schon von einer globalen Gleichverteilung der Materie im Universum ausgehen, ohne darüber aber Genaueres zu wissen.

Ähnlich vorsichtig beurteilt er Fragen der Weltentstehung und Kosmogonie. Er nimmt zu öffentlich kursierenden Thesen Stellung, entwickelt aber keine eigenen, zumindest nicht auf wissenschaftlicher Ebene. Die Welt im Ganzen, so betont er in den Briefen an Bentley, kann nicht das Produkt einer «natürlichen», sprich zufälligen Entstehung sein; alle Anzeichen und Merkmale unseres (Sonnen-)Systems weisen auf einen übernatürlichen Schöpfer, ein supramundanes Wesen, hin, das diese Welt in ihrer wunderbaren Ordnung, ihrer Hierarchie und ihrer auffälligen Flächengestalt (alle Planeten nahezu in der Ebene der Ekliptik) eingerichtet habe. Und er fügt in den *Opticks* hinzu, daß diese Welt auch anders aussehen könne, daß der Schöpfer sie auch anders habe entwerfen können und daß er, bei einer fälligen Neuordnung der Welt, sie auch anders konzipieren oder variieren könne.[20]

Es zeigt sich hier eine Konzeption von Natur – und eine Auffassung von der Rolle Gottes in ihr –, die nur dann überraschen kann, wenn man die theologischen und religiösen Überzeugungen des Naturphilosophen Newton außer acht läßt. Newton war von der rationalen, durch und durch wohlgeordneten Struktur der Welt überzeugt; nicht umsonst war er durch die neoplatonische und neopythagoräische Schule der

«Cambridge-Platonisten» tief geprägt. Aber diese rationale Wohlgeordnetheit der Welt beruhte nach Newton doch immer auf ihrem Umschlossen- und Eingebettet-Sein in den Willen Gottes. Die Welt war nicht rational, intelligibel und pythagoräisch durchsichtig, weil sie «die beste aller möglichen Welten» war, wie es Leibniz formulierte, sondern weil sie die Welt nach dem Willen Gottes war. Die Welt bedurfte zu ihrer Perfektion und zu ihrem Erhalt der ständigen Unterstützung und Hilfsbereitschaft Gottes.

Hier kommt jene zweite und umfassendere Konzeption von Natur zum Tragen, die vorn schon angesprochen worden war; die Konzeption einer in jeder Beziehung hilfsbedürftigen, defizienten und schwächlichen Natur.

Newton war, wie man weiß, Arianer; er sah in dem christlichen Gott nicht so sehr die trinitarische Einheit von Vater, Sohn und Heiligen Geist, sondern den einen unverbrüchlichen Gott als Herrn. Gegen den Gott der Gnade, der Erlösung und Vergebung setzte er die unbezweifelbare Autorität Gottes, eine Autorität, die von Allmacht und Strenge gekennzeichnet ist. In Newtons Sicht war es diese unerbittliche Autorität Gottes, die der Welt überhaupt ihren Zusammenhalt und ihre Stabilität verleiht. Ohne diesen Gott, ohne seine beständige Intervention, würde diese Welt zusammenbrechen. Wie schon bei der Diskussion der Erhaltungssätze und ihrer Substitution durch den Begriff der «Kraft» ersichtlich wurde, bedarf es nach Newton des beständigen Eingreifen Gottes, um die Ordnung der Welt zu garantieren und sie nicht im Chaos versinken zu lassen.

Dieser Newtonsche Gott ist also kein unpersönlicher philosophischer Gott, ist kein bloßes «erstes Prinzip», auch kein bloßer Erster Beweger, der daraufhin die Welt sich selbst überließe: Der Newtonsche Gott überwacht und kontrolliert die Einhaltung der Gesetze und revidiert sie auch, wo ihm dies gefallen könnte. Newton läßt durchaus die Möglichkeit zu, daß die von ihm gefundenen Gesetze «De Systemate Mundi» nur in einem Teil des Gesamtuniversums Gültigkeit besäßen: Auch hier ist er bereit, den eigenen Erkenntnissen eine transitorische Geltung einzuräumen, die durch den erneuten Eingriff des «Pantokrator» eingegrenzt und beschnitten werden könnte.

Newton transzendiert damit in erkenntnismäßiger Hinsicht die Physik genauso zur Theologie hin, wie er dies schon in der Charakterisierung des Raumes und der Zeit als des Wirkkreises Gottes oder in der Beschreibung der Gravitationskraft als eines Niederschlags des «Wirkens eines sehr feinen subtilen Geistes» getan hatte. Sicher kann diese Transzendierung auch problematisch werden, sicher kann es ihm als eine blasphemische Anmaßung ausgelegt werden, Gott in dieser Weise «in Dienst zu nehmen», ihn als «Handwerker» beständig dazu zu verpflichten, der «großen Uhr und Weltmaschine Erde» auf die Sprünge zu helfen (so im Kern die Vorwürfe von seiten Leibnizens[21]), aber die entscheidende Bedeutung dieses Newtonschen Überschritts liegt doch wohl darin, die Bedingtheit und Endlichkeit des eigenen Entwurfs von der Welt eingesehen und zum Nachdenken noch über die allerersten Bedingungen und Prämissen dieses Entwurfs angeregt zu haben.

III. Wirkung

Newtons Wirkung auf die Nachwelt war beträchtlich. Die Bedeutung seiner Werke, insbesondere der *Mathematischen Prinzipien der Naturphilosophie*, wurde schon im 18. Jahrhundert schnell erkannt. 1734, als Voltaire seine *Elements de la philosophie de Newton* in Amsterdam veröffentlicht, hat sich innerhalb der gebildeten Schichten Kontinentaleuropas das Newtonsche System bereits durchgesetzt – und der Cartesianismus erscheint nur noch als ein abwitziges Gebäude voll von mystischen philosophischen Spekulationen, mit denen der sichere Gang der empirisch abgesicherten «Experimentellen Philosophie», wie sie Newton beispielhaft vorgeführt habe, nichts mehr gemein habe.

Maupertuis, Clairaut und Bailly sorgen für die weitere Verbreitung und Popularisierung des Newtonschen Denkens in den Zirkeln der französischen und deutschen Akademien, und Euler, d'Alembert und Lagrange entwickeln die Newtonsche Bewegungslehre zur «Analytischen Mechanik» weiter, die in den Formalismen von Lagrange und Hamilton-Jacoby eine Perfektion und theoretische Eleganz erreichte, daß sie bis weit in das 20. Jahrhundert hinein als das System der «Theoretischen Mechanik» schlechthin angesehen und selbst noch den feldtheoretischen Versuchen zur Konzipierung einer einheitlichen «Quantenfeldtheorie» zugrunde gelegt wurde. Das Newtonsche System der mathematischen Naturwissenschaft und, noch mehr, die Newtonsche Methodologie einer (angeblich) ausschließlich induktiv verfahrenden, sich keiner unnötigen Hypothesen oder Prämissen bedienenden empirischen Wissenschaft wurden zum Ideal von Wissenschaftlichkeit schlechthin erhoben und Newton selbst zum Schöpfer eines nahezu endgültigen, allenfalls hier und da noch verbesserungsbedürftigen deterministischen Systems der Klassischen Mechanik stilisiert.

Diese triumphale Durchsetzung der Newtonschen Naturphilosophie war aber ein Vorgang, der sich letztlich gegen ihren Urheber und Autor selbst richtete, denn dieser «Siegeszug» verdeckte und verschüttete ganz entscheidende Momente des Newtonschen Denkens. Nicht nur wurden, wie schon erwähnt, von der Newton-Überlieferung entscheidende Teile und Aspekte seines Werkes schlicht ausgeblendet und ignoriert; nicht nur wurden die methodologischen Beteuerungen und Bekenntnisse Newtons hinsichtlich eines hypothesenfreien, rein empirisch-induktiven Verfahrens überbewertet und zur allein ausschlaggebenden Doktrin naturwissenschaftlicher Forschungslogik erhoben; es waren vor allem seine Einsichten in die Vorläufigkeit und Überbietbarkeit seiner eigenen Erkenntnisse, seine vorsichtige Zurückhaltung und Skepsis bezüglich einer endgültigen, abgeschlossenen Beschreibung des Systems der Welt, die seine Nachfolger übersahen und für nichts erachteten. Es war das kunstvolle Gleichgewicht von experimenteller Naturforschung und antizipatorischer Spekulation, von mathematisch-nominalistischer Beschreibung und visionär sich offenbarender Deutung der Natur, das – von Newton meisterhaft beherrscht– von der Nachwelt ignoriert und übergangen wurde. Das Zusammenspiel von Diskurs und Paradiskurs, von empirisch abgesichertem Wissen und metaphysisch-spekulativen (theologischen) Prämissen dieses Wissens wurde übersehen und unterdrückt – und damit wohl gerade das Kernstück der Naturphilosophie Newtons liquidiert.

Selbst Kant, dem die Newtonschen Begründungsversuche noch nicht weit genug gingen und der deshalb in seinen *Metaphysischen Anfangsgründen der Naturwissenschaften* (nicht ohne Beziehung 1786, einhundert Jahre nach Erscheinen der *Principia* veröffentlicht) den Newtonschen «Prinzipien» zu ihren eigentlichen metaphysischen Grundsätzen erst verhelfen wollte, selbst Kant übersah oder überspielte die wohl wichtigste Einsicht, zu der Newton in seinen Bemühungen um eine Beschreibung und Deutung der Natur gekommen war: die Einsicht nämlich in den versuchsweisen, vorläufigen und historisch immer noch überbietbaren Charakter von Naturerkenntnis. Newton hatte seine eigenen Erkenntnisse und Entdeckungen in einer gewissen Vorsicht als zur Beschreibung der Natur taugliche, aber immer noch verbesserbare und tiefer auslotbare gekennzeichnet. Er hatte damit den Naturwissenschaften eine wesentlich historische Dimension zugewiesen insofern, als dieser Prozeß des Eindringens in immer tiefere Schichten der Naturerklärung prinzipiell nicht abgeschlossen sein würde.

Genau diesen wichtigen Vorbehalt aber übersah Kant in seinem Versuch der transzendentalen ‹Letztbegründung›, und ihn übersah die Epoche der «Klassischen Physik» insgesamt, indem sie von einem mehr oder minder perfekten und endgültigen Newtonschen System der Naturbeschreibung ausging. Erst die Infragestellung und Erschütterung dieses Systems durch die Physik dieses Jahrhunderts, durch Quantentheorie und Relativitätstheorie, legten die Züge der grundsätzlichen Revidierbarkeit und Überholbarkeit der naturwissenschaftlichen Erkenntnis wieder frei.

Herbert Breger

GOTTFRIED WILHELM LEIBNIZ
(1646–1716)

Nach Aristoteles, Descartes und Pascal ist Gottfried Wilhelm Leibniz der letzte bedeutende Philosoph, der zu den führenden Mathematikern und Naturwissenschaftlern seiner Zeit gezählt werden kann. Seine Naturphilosophie ist jedoch in enger Beziehung zur Metayphysik entworfen und ließe sich nur zum kleineren Teil aus den naturwissenschaftlichen Beiträgen im engeren Sinn erschließen. Als Philosoph, der immer wieder Gegensätze in harmonischer Synthese zu vereinigen suchte, hat Leibniz Gedanken sowohl der aristotelisch-scholastischen Tradition als auch der kausalanalytischen und mechanistischen Denkweise des 17. Jahrhunderts aufgenommen. Gerade diese Verbindung ist es, die der Leibnizschen Naturphilosophie ihr eigentümliches Gepräge gibt; Leibniz steht sowohl im Strom der sich entwickelnden modernen Naturwissenschaft als auch in gewisser Hinsicht in Opposition zu ihr.

I. Leben

Leibniz wurde am 21. Juni 1646 als Sohn eines Professors der Moral in Leipzig geboren. 1661 bezog er die Universität Leipzig. «Ich erinnere mich, daß ich als Fünfzehnjähriger in einem Wäldchen bei Leipzig, genannt Rosenthal, einsam spazierenging, um zu überlegen, ob ich die substanziellen Formen (der Scholastiker) beibehalten sollte. Endlich siegte die mechanistische Theorie und führte mich zum Studium der Mathematik.»[1] Er studierte ein Semester in Jena bei dem pythagoräisch beeinflußten Mathematiker Erhard Weigel und promovierte 1667 an der Universität Altdorf zum Doktor der Jurisprudenz. Nach einem kurzen Zwischenspiel als Sekretär einer alchimistischen Gesellschaft in Nürnberg trat er als Rechtsberater in die Dienste des Mainzer Kurfürsten. Eine diplomatische Mission führte ihn 1672 nach Paris, wo er vier prägende Jahre verbrachte. Erst hier konnte Leibniz im Kontakt mit Huygens u. a. die Grenzen der zeitgenössischen deutschen Universitätsausbildung überschreiten. 1673 stellte er der Royal Society in London ein Modell seiner Rechenmaschine vor. In den folgenden Jahren entwickelte er in Paris die Differential- und Integralrechnung. 1676 wurde er Hofrat und Bibliothekar des hannoverschen Herzogs Johann Friedrich. Der Kontakt mit der gelehrten Welt wurde durch eine ungewöhnlich umfangreiche Korrespondenz aufrechterhalten; so entwickelte er

Gottfried Wilhelm Leibniz (1646–1716)

z. B. im Briefwechsel mit Mariotte die Leibniz-Mariottesche Theorie der Bruchfestigkeit, die sich von der Galileischen durch die Berücksichtigung der Elastizität unterscheidet. Der Entdecker des Phosphors, Brand, wurde von Leibniz zum Experimentieren an den hannoverschen Hof geholt. Das Vertrauensverhältnis zu dem für wissenschaftliche und philosophische Fragen aufgeschlossenen Herzog wurde jedoch 1679 durch dessen Tod beendet; obwohl sich ein ähnliches Vertrauensverhältnis zu den auf politische Machterweiterung zielenden Nachfolgern nicht aufbauen ließ, verblieb Leibniz bis an sein Lebensende in den Diensten des hannoverschen Hofes. In den Jahren 1680 bis 1685 versuchte er durch Windmühlen die Harzer Bergwerke zu entwässern und damit die für das Herzogtum wesentliche Silberförderung zu stabilisieren. Er reiste rund dreißigmal in den Harz und hielt sich dort insgesamt rund drei Jahre auf, scheiterte aber schließlich doch an technischen Problemen sowie dem Widerstand der Bergleute. Ab 1685 arbeitete er in fürstlichem Auftrag an einer Geschichte des Welfenhauses. Auf einer Forschungsreise durch die Archive Süddeutschlands, Österreichs und Italiens von 1687 bis 1690 führte er den urkundlichen Nachweis, daß die Welfen genealogisch mit dem alten Geschlecht der Este verbunden sind – ein Argument, das die Verleihung der Kurwürde an das Haus Hannover 1692 fördern half. Als Vorspann zur Welfengeschichte verfaßte Leibniz die *Protogaea*, eine Naturgeschichte der Erde unter besonderer Berücksichtigung von geologischen Funden aus den Harzbergwerken. Doch die Welfengeschichte wurde nie vollendet und blieb bis zu Leibniz' Tod eine Quelle ständigen Verdrusses mit dem Fürsten.

Gleichzeitig hatte zu Beginn der Hannoveraner Jahre eine weitgehende Klärung seiner wissenschaftlichen und philosophischen Grundanschauungen stattgefunden. Die mechanistische Naturauffassung wurde zwar nicht aufgegeben, aber ins Zentrum seiner Philosophie stellte Leibniz nun doch den Begriff der einfachen Substanz (die er ab 1695 *Monade* nannte). 1686 verfaßte er den (erst posthum veröffentlichten) *Discours de Métaphysique*, die erste systematische Zusammenfassung seiner reifen Philosophie. Ebenfalls 1686 kritisierte er in einem Zeitschriftenartikel Descartes' Lehre von der Erhaltung der Bewegungsmenge und entwickelte dagegen seine auf die Erhaltung der Kraft gegründete Dynamik. Seine 1684 erstmals veröffentlichte Differentialrechnung trat zu Anfang der neunziger Jahre ihren europäischen Siegeszug an; besonders die Gebrüder Bernoulli trugen dazu bei, an verschiedenen öffentlich gestellten Problemen (Kettenlinie, Brachystochrone u.a.) die Überlegenheit der neuen Rechnungsart zu zeigen. Im Jahre 1700 wurde Leibniz der erste Präsident der auf seinen Vorschlag gegründeten Berliner Akademie der Wissenschaften. Aus den philosophischen Gesprächen, die er während seiner Besuche in Berlin mit der preußischen Königin Sophie Charlotte führte, entstand die *Théodicée*

(1710 veröffentlicht). In der Auseinandersetzung mit John Locke verfaßte Leibniz die *Nouveaux Essais sur l'entendement humain*, die jedoch erst lange nach Leibniz' Tod im Druck erschienen. Seine letzten Lebensjahre wurden vom Prioritätsstreit mit Newton um die Erfindung der Differential- und Integralrechnung überschattet. Leibniz starb am 14. November 1716 in Hannover.

II. Naturphilosophie

Als das Herzstück der Leibnizschen Philosophie darf man seine Monadenlehre betrachten. Der Begriff «Monade» bezeichnet dabei das Nicht-Materielle eines Lebewesens: Gott, die Seele jedes Engels und jedes einzelnen Menschen, das Empfindungs- und Vorstellungsvermögen jedes Tieres und jeder Pflanze bis hinunter zu den Mikroorganismen (die zu Leibniz' Zeit von Leeuwenhoek erstmals im Mikroskop beobachtet wurden) sind Monaden. Keine zwei Monaden sind gleich, jede Monade ist einmalig, individuell. Der Grundbegriff der Leibnizschen Philosophie ist also kein Allgemeinbegriff wie «Geist» oder «Materie», sondern das Individuum. Die Individuen sind die wahren und unzerlegbaren Einheiten, aus denen sich das Wirkliche aufbaut. Jede Monade folgt ausschließlich ihrem eigenen inneren Entwicklungsgesetz. Einwirkung von außen könnte nur als Veränderung im Verhältnis innerer Teile gedacht werden, würde also voraussetzen, daß die Monade aus Teilen zusammengesetzt und folglich keine selbständige Einheit wäre. «Die Monaden haben keine Fenster»,[2] durch die sie von außen beeinflußt werden könnten. Wechselwirkung zwischen Monaden, zum Beispiel das Gespräch zwischen zwei Menschen, ist nur Schein, der durch eine a priori gegebene Koordinierung der individuellen Entwicklungsgesetze der Monaden entsteht. Denn Gott hat bei der Erschaffung der Welt unter allen möglichen Welten die beste ausgewählt; in dieser besten Welt gibt es eine harmonische Entsprechung zwischen den Entwicklungsgesetzen der einzelnen Monaden. Insbesondere hat Gott von den zahllosen möglichen Monaden nur solche wirklich werden lassen, die zusammen ein harmonisches Ganzes bilden, so daß jede Monade die Gesamtheit aller anderen Monaden in sich widerspiegelt und repräsentiert (dies ist ein Aspekt der «prästabilierten Harmonie»). So wie eine Stadt von unterschiedlichen Beobachtungsorten einen jeweils verschiedenen Anblick bietet, so wird auch die Gesamtheit aller Monaden von jeder einzelnen Monade auf individuelle Weise widergespiegelt. Darüber hinaus hängt diese Widerspiegelung vom Vollkommenheitsgrad der Monade ab: Die niederen oder «schlafenden» Monaden repräsentieren das Universum nur dumpf, von den Monaden der Pflanzen und Tiere bis hin zu den vernunftbegabten

Monaden wachsen Klarheit und Deutlichkeit, die schließlich in Gott ihre Vollendung finden. Insofern die Monade selbsttätig von einer Vorstellung zur anderen übergeht, besitzt sie die Fähigkeit zu aktivem Handeln. Den Monaden ist die Tendenz zur Höherentwicklung inhärent; sie erstreben größere Klarheit und Deutlichkeit in ihren Vorstellungen und in ihrer Widerspiegelung der Welt, d. h. der unendlich vielen anderen Monaden.

Nur die Monaden und ihre Vorstellungen sind wirklich, alles andere – also vor allem die Materie – ist bloßer Schein, dem metaphysisch gesehen keine Wirklichkeit zukommt. Damit scheint Natur zunächst bis zur Bedeutungslosigkeit abgewertet. Doch es besteht eine enge Abhängigkeit der Naturphilosophie von der Monadenlehre; die Eigentümlichkeiten der Monaden und die Struktur ihrer Beziehungen spiegeln sich in gewisser Weise in der Natur wider. Über diesen «Umweg» – für den das Modell der Leib-Seele-Beziehung zentral ist – gewinnt Natur bei Leibniz eine charakteristische Farbigkeit. Jeder Monade (mit Ausnahme von Gott) ist ein materieller Körper zugeordnet. Die Monade und ihr Körper können sich wechselseitig auf keine Weise beeinflussen, aber (dies ist ein anderer Aspekt der von Gott bei Erschaffung der Welt eingerichteten prästabilierten Harmonie) zwischen beiden besteht eine exakte Entsprechung. Die Vorstellung einer menschlichen Monade, jetzt ihren Arm zu heben, findet genau gleichzeitig mit den entsprechenden Muskelbewegungen im Körper statt. Entsprechendes gilt umgekehrt bei einer Verletzung des Körpers und der Empfindung von Schmerz. Die Beziehungen sind jedoch noch enger: Sämtliche Veränderungen im Körper werden in den Vorstellungen der Monade (wenngleich vielleicht nur verworren) repräsentiert. Umgekehrt werden auch alle Vorstellungen, die z. B. von Zorn, Ehrgeiz oder anderen Leidenschaften in einer menschlichen Monade hervorgerufen werden, im Körper materiell repräsentiert. Selbst die abstraktesten Überlegungen einer vernunftbegabten Monade finden ihre Entsprechung in gleichzeitigen körperlichen Veränderungen. Die einzelnen Materieteilchen im Körper einer Monade mögen durch den Stoffwechsel in ständigem Austausch begriffen sein, doch keine Monade kann je überhaupt von ihrem Körper getrennt werden, auch nicht durch den Tod und die Verwesung oder Verbrennung des Körpers. Die Monade ist strenggenommen unsterblich, sie wird durch den Tod lediglich in einen dem Schlaf vergleichbaren Zustand versetzt. In diesem Zustand ist ihr nur noch ein mikroskopisch kleiner Körper zugeordnet. Die unaufhebbare und harmonisch exakte Beziehung zwischen der Monade und ihrem Körper verklammert Leibniz' Metaphysik und Naturphilosophie. Der Cartesische Dualismus von res cogitans und res extensa ist von Leibniz überwunden, insofern individuelle Einheiten im Zentrum seiner Philosophie stehen.

Die Unterscheidung von belebter und unbelebter Materie kann nun nicht mehr wie bisher aufrechterhalten werden. Die materielle Natur ist nichts anderes als die Gesamtheit aller Körper der Monaden. Dies ist jedoch nicht als additive Zusammenfügung zu verstehen, vielmehr sind in jedem Materiestück die Körper unendlich vieler Monaden enthalten. Die Materie ist unendlich geteilt und nach innen unendlich gegliedert: Jedes noch so kleine Materiestück ist einem Fischteich vergleichbar, in dem die Fische Körpern von Monaden entsprechen. «So gibt es nichts Ödes, Unfruchtbares oder Totes im Universum.»[3] Wie nun jede Monade ein Spiegel der Gesamtheit aller Monaden ist, so gilt Entsprechendes für jedes Materiestück. In jedem Materiestück findet jede materielle Veränderung irgendwo im Universum ihren Niederschlag; ein genügend scharfsinniger Geist könnte daher in jeder Materiepartikel alle gegenwärtigen und künftigen Vorgänge im Universum erkennen und voraussehen, denn das räumlich und zeitlich Auseinanderliegende hat seine Entsprechung in der nach innen unendlichen Gliederung der Materie. Schließlich überträgt sich auch die Einmaligkeit der Monaden auf die Materie: Keine zwei Materieteile sind identisch (d. h. nur durch ihre Lage im Raum unterschieden), es gibt keine zwei völlig gleichen Blätter und keine zwei völlig gleichen Wassertropfen. Wenn soeben von der unendlichen Geteiltheit der Materie gesprochen und damit der Atomismus bereits abgelehnt wurde, so zeigt sich nun von einer anderen Seite, warum Leibniz die Annahme letzter Grundbausteine der Materie zurückweist: Unzerlegbare Grundbausteine könnten nicht mehr voneinander unterschieden werden; die Annahme der Existenz von Atomen widerspräche also dem Prinzip der Identität des Ununterscheidbaren. Eine weitere Konsequenz, die von Leibniz nur angedeutet wird, ist unausweichlich: Keine zwei materiellen Abläufe können vollständig gleich sein. Zwei gleichzeitige und räumlich getrennte Abläufe müssen sich unterscheiden, weil die jeweiligen Materiepartikel einmalig sind. Zwei nacheinander mit denselben Materiepartikeln stattfindende Abläufe müssen sich unterscheiden, weil die Materiepartikel die unterdessen stattgefundenen Veränderungen im Universum widerspiegeln. Dennoch unterliegt die Natur Gesetzen – gerade sie sind es, die uns nach Leibniz letztlich davon überzeugen, daß das Leben kein bloßer Traum ist. Aber Leibniz betont, daß in jedem materiellen Ablauf stets unendlich viele Ursachen beteiligt sind. Einzelne Naturgesetze (wie etwa das Fallgesetz) beziehen sich daher nur auf mögliche Vorgänge; die materiellen Vorgänge unterscheiden sich durch die Unendlichkeit der jeweils involvierten Randbedingungen und Naturgesetze. Der Kunst des Experimentators mag es gelingen, Fallvorgänge stattfinden zu lassen, bei denen die Differenzen kleiner als die Meßgenauigkeit sind. Doch die mühsam minimierten Störfaktoren oder «Dreckeffekte» markieren den Unterschied zwischen dem Reich der

Möglichkeit (zu dem nach Leibniz die Mathematik gehört) und der Einmaligkeit materiellen Naturgeschehens. So ist Natur nicht, wie bei den Korpuskulartheoretikern des 17. Jahrhunderts, ein Baukasten von runden, würfel- oder pyramidenförmigen Atomen mit verschiedenen Häkchen, deren begrenzte Vielfalt eine begrenzte Vielfalt der Natur erzeugt, sondern eine in ihren Teilen aufeinander bezogene Einheit, die in jedem ihrer Teile das Ganze widerspiegelt und in jedem ihrer Teile belebt und individuell ist, nichtsdestoweniger aber gesetzlich und wissenschaftlich erforschbar bleibt.

Leibniz interpretiert Natur sowohl nach dem Modell der individuellen Seele als auch nach dem Modell der Maschine. In der Natur ist «das Ganze im Ganzen und das Ganze in jedem Teil, wie die Philosophen über die Seele zu sagen pflegen.»[4] Diese philosophische Einsicht darf jedoch nicht als Vorwand dienen, um unverständliche Erklärungsweisen (okkulte Qualitäten) in die Naturwissenschaft einzuführen. Verständlich ist aber lediglich eine mechanistische Erklärung; das gesamte Naturgeschehen, einschließlich der Erscheinungen im lebenden Organismus, muß «durch Größe, Gestalt und Bewegung, das heißt durch eine Maschine»[5] erklärt werden. Erläuternd fügt Leibniz hinzu: Wollte mir ein Engel die magnetische Deklination mit dem Hinweis erklären, daß die Natur eines Magneten eben so sei oder daß eine gewisse Sympathie oder eine Seele im Magneten dies bewirke, so würde mich dies nicht zufriedenstellen; er müßte mir die Ursache vielmehr so erklären, daß ich sie ebenso verstehe wie die Funktion einer Uhr aus dem Zusammenwirken ihrer Teile verständlich ist. Entsprechend hat Leibniz in Bestrebungen von Newtonianern, die Gravitation als irreduzibles Grundprinzip einzuführen, einen Rückfall in die okkulten Qualitäten der Scholastik gesehen. Ausgehend von Descartes' Wirbeltheorie hat Leibniz daher die Planetenbewegung durch von der Sonne ausgehende wirbelnde Materie zu erklären versucht; das bloß beschreibende Gesetz von der Abnahme der Gravitationskraft mit dem Abstandsquadrat wird dadurch selbst noch mechanistisch erklärt.

Das mechanistische Programm (das heißt: das Ziel einer verstehbaren Erklärung der Naturerscheinungen) hat Leibniz nicht daran gehindert, dem Lebendigen eine Sonderstellung einzuräumen. Gewiß ist auch im Körper eines Lebewesens alles mechanisch zu erklären, aber es gibt einen qualitativen Unterschied zwischen diesen natürlichen, von Gott geschaffenen Maschinen und den künstlichen Maschinen von Menschenhand: Die natürlichen Maschinen sind in allen ihren Teilen bis ins Unendliche selber wieder Maschinen und haben daher unendlich viele Werkzeuge. Hier liegt der entscheidende Unterschied zwischen Natur und menschlicher Kunst; weil die nach innen unendliche Gegliedertheit der Materie vom Menschen nicht hergestellt werden kann, ist der künstliche Bau eines wirklichen Tieres oder Menschen nicht möglich. Die damit gezogene Grenze darf jedoch nicht zu eng verstanden werden: Ein Automat, der das Verhalten eines Menschen imitiert, oder eine Maschine, deren Wirkung Intelligenz zu erfordern scheint, wäre nach Leibniz durchaus möglich. Als Beispiele hat er ein Schiff, das von selbst in den Hafen steuert, sowie einen Automaten, der durch die Stadt spaziert und an bestimmten Straßenecken abbiegt, genannt. Wahrscheinlich hat Leibniz jedoch erheblich weitergehende scheinbare Intelligenzleistungen von Maschinen für technisch realisierbar gehalten. Seine Erfindung einer Rechenmaschine und seine Überlegungen zu einer allgemeinen Begriffsschrift («characteristica universalis») gruppieren sich zu einem Projekt der Mechanisierung von Rationalität. Durch die Erfindung einer allgemeinen Begriffsschrift wird dem Geist gewissermaßen mechanisch die Richtung gewiesen; alle intellektuellen Streitfragen werden letztlich auf Rechenprobleme reduziert. Zwei Philosophen, die etwa über das Verhältnis von Leib und Seele verschiedener Ansicht sind, können dann «calculemus!»[6] («Rechnen wir!») sagen und ihren Streit mit Hilfe einer Rechenmaschine entscheiden. Trotz dieses Projekts der Mechanisierung von Rationalität und obwohl nur mechanistische Erklärungen in der Naturwissenschaft zulässig sind, können Empfindungen und Vorstellungen, geschweige denn Bewußtsein, nicht mechanisch erklärt oder durch eine Maschine hervorgebracht werden. Angenommen nämlich, es gäbe eine Maschine, die Empfindungen und Vorstellungen hätte, so könnte man sie sich proportional vergrößert denken, so daß man in sie eintreten könnte wie in eine Mühle. Man würde dann jedoch nur Teile finden, die aneinanderstoßen, und nichts, woraus sich Empfindungen und Vorstellungen erklären ließen.

Das mechanistische Programm will die Natur mittels kausaler Gesetze erklären; nach dem Prinzip des zureichenden Grundes muß es für jede Naturveränderung (sowie für jede Entscheidung Gottes bei der Erschaffung der Welt) eine rational nachvollziehbare Ursache geben. Darüber hinaus lassen sich zumindest in speziellen Fällen auch finale Gesetze angeben, und zwar in der Form mathematischer Extremalprinzipien. Anknüpfend an Fermat hat Leibniz die optischen Erscheinungen aus dem Prinzip hergeleitet, daß das Licht stets den leichtesten Weg wählt (d.h. im homogenen Medium den kürzesten und bei Brechung den des geringsten Widerstandes). Ferner hat er bereits das Prinzip der extremalen Wirkung formuliert: Unter allen möglichen Bewegungsabläufen findet derjenige tatsächlich statt, bei dem das Wirkungsintegral einen Extremwert annimmt. Daß finale Gesetze angegeben werden können, ist ein naturwissenschaftlich greifbares Indiz dafür, daß das Reich der Macht (in dem materielle Körper kausal wirken) und das Reich der Weisheit (in dem Monaden Zwecke erstreben) sich gegenseitig durchdringen und in Harmonie stehen. Die finalen Gesetze sind auch insofern nützlich, als sie Eigenschaften der Natur beschreiben können, für die uns der Kausalmechanismus noch nicht klar ist. Letztlich ist das ganze Universum gewissermaßen die Lösung eines Extremwertproblems: Unter allen möglichen Welten kann Gott nur die beste geschaffen haben, weil sein Handeln sonst das Prinzip des zureichenden Grundes verletzt hätte. Wie nun die kürzeste Verbindung zwischen zwei Punkten gleichzeitig die kürzeste Verbindung für irgend zwei dazwischen liegende Punkte ist, so gilt Analoges vom Universum: Es ist in jedem seiner kleinsten Teile von maximaler Vollkommenheit, und nur deshalb ist es auch als Ganzes von maximaler Vollkommenheit. Die Existenz finaler Naturgesetze, die Leibniz gegen den Descartesschen Mechanismus verteidigt, hängt insofern mit Grundannahmen seiner Metaphysik zusammen.

In dem Gedanken der durchgängigen Harmonie und im Prinzip des Besten oder der maximalen Vollkommenheit erhält Natur eine ästhetische Dimension, die freilich vorwiegend rationalistisch-mathematisch ist. «Die Schönheit der Natur ist so groß und deren betrachtung hat eine solche süßigkeit, (...) daß wer sie gekostet, alle andern ergözlichkeiten gering dagegen achtet.»[7] Diese Schönheit ist, wie das Beispiel der scheinbar chaotischen Planetenbewegungen zeigt, oft erst für den Wissenden erkennbar. Der allgemeine Zweck der Natur ist die Harmonie der Dinge; dabei ist Harmonie Identität oder Zusammenklang in der Vielheit. Die vollkommenste Ordnung der Dinge ist diejenige, die zugleich die einfachste an Prinzipien und die reichhaltigste an Erscheinungen ist. Entsprechend ist es nach Leibniz die Fundamentalregel seines philosophischen Systems, daß die unendliche Vielfalt der Dinge stets auf dieselben Prinzipien zurückgeführt werden kann. Die unbekannten und verborgenen Dinge können nach Maßgabe der bekannten und sichtbaren gedacht werden. Weil die Natur vollkommen ist, pflegt sie für ihre Probleme die einfachste oder die bestimmteste Lösung zu wählen. Beispiele dafür sind die genannten Extremalprinzipien und der Huygenssche Satz, wonach ein stabiles mechanisches System den tiefstmöglichen Schwerpunkt einnimmt. Das Prinzip des Besten hat auch nicht-mathematische Aspekte: Obwohl die Löwen dem Menschengeschlecht gefährlich sind und obwohl ein Mensch gewiß wertvoller ist als ein Löwe, sei es doch zweifelhaft, ob für Gott ein Mensch wertvoller sei als die Gesamtheit der Löwen. Leibniz wendet sich ausdrücklich gegen eine allzu anthropozentrierte Interpretation des Besten; die gesamte Flora und Fauna trägt zur Vollkommenheit der Welt bei.

Die eigentliche Klammer zwischen dem Reich der Monaden und dem Reich der materiellen Phänomene findet Leibniz im Begriff der Kraft. Insofern die Monaden tätig sind und sich in der Abfolge ihrer Vorstellungen entwickeln, können sie als Kraftzentren oder metaphysische Kraftpunkte betrachtet werden. Aus dieser metaphysischen Kraft («ursprüngliche Kraft») im Reich der Monaden resultiert im Reich der materiellen Phänomene die physikalische Kraft («abgeleitete Kraft»), die dort als Ursache des materiellen Naturgeschehens betrachtet werden kann. Auf welche Weise die ursprüngliche Kraft der Monaden das materielle Geschehen bewirkt, läßt sich nicht besser erklären als durch Angabe der abgeleiteten Kraft in den Phänomenen. «Was sich in den Phänomenen extensiv und mechanisch darstellt, das existiert in den Monaden konzentriert und lebendig.»[8] So ist es nicht nur eine bloße Sprechweise, wenn die gewöhnliche abgeleitete Kraft (nämlich die mit einer materiellen Bewegung verbundene) «lebendige Kraft» heißt. Die «tote Kraft» (z.B. ein Druck) ist demgegenüber nur die Anregung zu einer Bewegung. Da in jedem Materiestück die Körper unendlich vieler Monaden enthalten sind, ist es mit physikalischen Kräften versehen, durch die sich sämtliches Geschehen in und mit dem Materiestück erklären läßt. Wenn eine ruhende Kugel durch den Stoß einer anderen Kugel in Bewegung gesetzt wird, dann wird nur scheinbar Kraft von der einen auf die andere übertragen; in Wirklichkeit ist die Bewegung jeder Kugel ausschließlich durch spontane Aktivierung bzw. Latent-Werden der jeder der beiden Kugeln innewohnenden Kräfte zu erklären. Daß die ruhende Kugel sich nicht schon vor dem Stoß durch eine andere Kugel in Bewegung setzt, daß also alles den Anschein einer mechanistisch verstehbaren Stoßwirkung behält, ist in Wirklichkeit eine Folge der prästabilierten Harmonie: Gott hat bei Erschaffung der Welt unter den zahllosen möglichen Monaden nur solche wirklich werden lassen, deren Entwicklungsgesetze und Aktivitäten harmonisch zueinander passend sind. Weil jedes Materiestück prall von Kräften ist, befindet sich kein Körper je unbedingt in Ruhe, vielmehr sind seine Teile auf verschiedene Weise bewegt. Solche inneren Bewegungen erklären die verschiedenen Eigenschaften der Materie. Der Grad der Kohäsion hängt davon ab, in welchem Ausmaß die inneren Bewegungen übereinstimmen. Die Elastizität erklärt sich dadurch, daß durch äußeren Druck sehr kleine Materieteilchen sozusagen aus den Poren herausgepreßt werden; wenn der äußere Druck nachläßt, strömen diese sehr kleinen Materieteilchen wieder zurück.

In der Kritik an Descartes versucht Leibniz die Überlegenheit seiner philosophischen Fundierung der Physik zu erweisen. Die Stoßgesetze sind ein Kernstück jeder mechanistischen Naturerklärung; je nach Masse und Geschwindigkeit der beteiligten Körper hatte Descartes verschiedene Gesetze dafür formuliert. Leibniz postuliert nun, daß Naturgesetze dem Kontinuitätsprinzip (auf dem seine Differential- und Integralrechnung basiert) genügen müssen: Wenn sich die Voraussetzungen in bezug auf Masse und Geschwindigkeit kontinuierlich nähern, dann müssen sich auch die durch die Gesetze prognostizierten Wirkungen kontinuierlich nähern. Descartes' Stoßgesetze verletzen dieses Postulat und sind daher unbrauchbar. Ein zweiter Kritikpunkt betrifft den

Erhaltungsgedanken: Nach Descartes bleibt die Bewegungsmenge (das Produkt von Masse und Geschwindigkeit) bei allen Naturvorgängen erhalten. Leibniz beruft sich dagegen auf das Beispiel des freien Falls. Er setzt (in Übereinstimmung mit der traditionellen Mechanik, z.B. des Flaschenzugs) voraus, daß es derselben Kraft (hier im Sinne von: wirkungsmächtige Ursache) bedarf, um einen Körper von vier Masseneinheiten um eine Längeneinheit oder einen Körper von einer Masseneinheit um vier Längeneinheiten zu heben. Wie Galilei gezeigt hat, bringt die vierfache Fallhöhe die doppelte Fallgeschwindigkeit hervor. Wenn man also das Produkt von Masse und Geschwindigkeit als bewegungserzeugende Ursache, d.h. als «Kraft», definiert, dann gilt kein Erhaltungssatz. Das wahre Maß der Kraft (der «lebendigen Kraft») ist daher das Produkt von Masse und Quadrat der Geschwindigkeit. Dem cartesischen Kraftmaß wirft Leibniz vor, es lasse die Konstruktion eines perpetuum mobile zu. Im Unterschied zur heutigen Definition der kinetischen Energie fehlt bei Leibniz der Faktor $1/2$, weil er in Proportionen dachte. Vom modernen Satz der Erhaltung der Energie unterscheidet sich die Erhaltung der lebendigen Kraft nur dadurch, daß die nicht-mechanischen Kräfte nicht näher untersucht, geschweige denn experimentell bestimmt werden. Leibniz begnügt sich mit dem Hinweis, daß die beim nicht-elastischen Stoß scheinbar verlorengehende lebendige Kraft in der Bewegung kleiner Teilchen wiederzufinden wäre.

Im Unterschied zu Descartes wußte Leibniz durchaus, daß der Impuls-Erhaltungssatz gilt; wäre es also um eine lediglich physikalische Kontroverse gegangen, so hätte er sich mit dem Hinweis begnügen können, daß Descartes die Richtung der Geschwindigkeit berücksichtigen müsse. Die Kontroverse liegt jedoch tiefer. In der rein mechanistischen Naturlehre von Descartes, in der die Ausdehnung eine Substanz ist, ist das Produkt von Masse und Geschwindigkeit tatsächlich die naheliegendste Größe, die als Ursache von Bewegung gedeutet werden kann. Für Leibniz geht es jedoch gerade darum, «daß es in den körperlichen Dingen etwas außer der Ausdehnung, ja sogar vor der Ausdehnung gibt»[9], nämlich die Kraft. Um die wahren Gesetze der Bewegung zu erhalten, müssen die Gesetze der Ausdehnung durch die der Kraft ergänzt werden: nämlich, daß jede Veränderung kontinuierlich geschieht, daß jede Aktion mit einer Reaktion verbunden ist und daß in der Wirkung exakt ebensoviel Kraft enthalten ist wie in der Ursache. Das letztgenannte Gesetz von der Gleichmächtigkeit von Ursache und Wirkung ist «das allgemeinste und unverbrüchlichste Naturgesetz.»[10] Es ist ein metaphysisches Axiom, das einerseits sein Fundament im Prinzip des Besten hat und das andererseits für die Physik von größtem Nutzen ist, weil es die Kräfte einer mathematischen Behandlung zu unterwerfen gestattet. Die Dynamik (der Terminus stammt von Leibniz) als Lehre von den Kräften verbindet Physik und Metaphysik.

«Die Natur strebt stets zu irgendeinem Ziel, und sobald sie es erreicht hat, zieht sie sich mit derselben Kraft davon zurück. Damit in den Dingen stets die Veränderung bewahrt bleibt.»[11] In diesem Sinne ist die Natur durch dynamische Unveränderlichkeit, durch Ruhelosigkeit und Kraftkonstanz gekennzeichnet. Diese Eigenschaft findet in der Elastizität, besonders z.B. in elastischen Schwingungen, sinnfälligen Ausdruck. Die Elastizität ist der Materie wesentlich; ohne sie hätte Gott weder das Gesetz der Krafterhaltung noch das der Kontinuität in der Natur realisieren können. Die elastische Reflexion zeigt beispielsweise, wie der Wechsel der Geschwindigkeitsrichtung nicht sprunghaft, sondern kontinuierlich erfolgt.

Weitere wesentliche Aspekte seiner Naturphilosophie entwickelte Leibniz in seiner Korrespondenz mit Samuel Clarke, der Newtons Positionen vertrat und seine Antwortbriefe mit Newton absprach, so daß die Korrespondenz ein authentisches Bild von der Gegensätzlichkeit der beiden Naturauffassungen gibt. Während die Krafterhaltung für Leibniz garantiert, daß die Natur ein sich selbst genügendes Ganzes ist, sieht Newton sich durch die Reibungserscheinungen zu der Annahme veranlaßt, daß Gott von Zeit zu Zeit der Welt bewegende Kraft hinzufügen muß, damit sie nicht zum Stillstand kommt. Gott wäre demnach, so folgert Leibniz, ein schlechter Uhrmacher, der sein Werk ständig nachbessern muß, ganz zu schweigen davon, daß auf diese Weise durch Wunder erklärt wird, was durch Naturgesetze erklärt werden müßte. Den Hauptteil der Kontroverse bilden jedoch die Probleme von Raum, Zeit und Bewegung. Newton unterstellt eine absolute Zeit und einen absoluten Raum. Für Leibniz sind Raum und Zeit nichts real Existierendes, sondern ideale Denkschemata, die es erlauben, die materiellen Phänomene in eine Ordnung zu bringen. Die Monaden existieren weder im Raum noch in der Zeit. Zwar bildet die Abfolge der Vorstellungen einer Monade ein zeitliches Moment, doch diese Abfolge ist niemals so gleichmäßig und regelmäßig, wie es die Idee der Zeit verlangt. Die Abfolge der Vorstellungen ist für uns lediglich der Anlaß, Zeit als ein ideales Objekt unseres Denkens einzuführen. Die Zeit kann nichts wirklich Existierendes sein, denn die Vergangenheit existiert nicht mehr, die Zukunft noch nicht, und der gegenwärtige Augenblick ist kein Teil der Zeit, sondern die Grenze von Teilen der Zeit. Gegen die Newtonsche Raumlehre ist ebenso wie gegen die Descartessche Substanzlehre einzuwenden, daß beide sich im Labyrinth des Kontinuums verstricken. Wenn der Raum wirklich ist, so muß er (wie alles Wirkliche, das Teile hat) aus seinen Teilen bestehen. Wie Aristoteles gezeigt hat, lassen sich die Probleme des Kontinuums nur unter der Annahme lösen, daß das Kontinuum zwar durch die Möglichkeit unendlicher Teilbarkeit charakterisiert ist, jedoch nicht aus diesen Teilen zusammengesetzt ist.

Da Raum und Zeit nur Relationen zwischen materiellen Phänomenen sind, geben sie kein Mittel an die Hand, um absolute und relative Bewegung zu unterscheiden. Insofern Bewegung durch innere Kräfte eines Körpers bewirkt wird und Kräfte auch in metaphysischer Strenge wirklich sind, könnte zwar Gott entscheiden, ob ein Körper absolut ruht oder in Bewegung ist. Für uns ist dies jedoch unmöglich; wir können nur relative Lageänderungen von Körpern beobachten. Verschiedene Hypothesen, die jeweils den einen oder den anderen Körper als ruhend betrachten, sind physikalisch gleichwertig. Gegen Newtons Eimerversuch, womit durch Rotationsbewegung die Existenz eines absoluten Raumes und damit absoluter Bewegung bewiesen werden soll, wendet Leibniz ein, daß sich jede kreisförmige Bewegung in infinitesimale Linienelemente zerlegen lasse; die Gleichwertigkeit der Hypothesen gelte daher auch für die Rotationsbewegungen. Obwohl dieses Argument durch die Relativitätstheorie des 20. Jahrhunderts eine gewisse Aufwertung erfahren hat, konnte es doch für die Zeitgenossen nicht so überzeugend sein wie der Newtonsche Eimerversuch.

III. Wirkung

Die faktische Konkurrenz mit der so erfolgreichen Newtonschen Physik und den durch sie nahegelegten Interpretationen hat sich von Anfang an auf die Rezeption der Leibnizschen Naturphilosophie ungünstig ausgewirkt. Immerhin nahm Leibniz' Philosophie in der durch Christian Wolff vertretenen Form im deutschen Sprachraum jahrzehntelang eine dominierende Stellung ein. Dabei wurde jedoch meist übersehen, daß Wolff Leibniz' Überlegungen verschiedentlich modifizierte. Insbesondere behielt Wolff Reserven gegenüber der Monadentheorie: Wolffs einfache Substanzen sind zwar ebenfalls Kraftzentren, und die Seelen der Tiere und Menschen sind einfache Substanzen; jedoch ist für Wolff nicht unbedingt jede einfache Substanz das Vorstellungsvermögen eines lebenden Wesens, entsprechend entfällt auch das Streben aller einfachen Substanzen nach Höherentwicklung. Die Leibnizsche Kontinuität von den niedrigsten Monaden bis hin zu Gott wird bei Wolff durch eine Zäsur zwischen denjenigen einfachen Substanzen, die nur Kraftzentren, und solchen, die außerdem Seelen sind, unterbrochen. Die nach innen unendliche Gliederung der Materie entfällt, und der Unterschied zwischen anorganischer und organischer Materie wird wieder schärfer gezogen. Dadurch verliert Leibniz' Naturphilosophie einige ihrer für rationalistisches Denken anstößigen Aspekte und gleichzeitig einiges von ihrer Farbigkeit.

Leibniz' Verteidigung finaler Erklärungsprinzipien in der Naturwissenschaft beeinflußte Eulers Untersuchungen zur Variationsrechnung;

diese Entwicklungslinie wurde von Lagrange und Hamilton fortgesetzt und hat die mathematische Gestalt der heutigen theoretischen Mechanik und der Quantenmechanik mitgeprägt. Größeres Aufsehen als Euler mit seinen mathematischen Arbeiten erregte 1744 Maupertuis mit seinem Prinzip der kleinsten Wirkung. Danach verfährt die Natur ökonomisch, jede Veränderung wird durch die kleinstmögliche Wirkungsmenge hervorgerufen. Samuel Königs Hinweis, daß sich dieses Prinzip im Kern bereits bei Leibniz finde, entfachte einen heftigen Streit unter Gelehrten, in dessen Verlauf es zum Bruch zwischen Voltaire und König Friedrich II. kam. Im Gegensatz zu Maupertuis wußten Leibniz und Euler, daß die Wirkung auch ein Maximum annehmen kann, so daß man vom Prinzip der extremalen Wirkung sprechen müßte.

In dem von Leibniz begonnenen Streit um das wahre Kraftmaß machten die Anhänger Descartes' unter anderem geltend, daß Leibniz nur die erzielten Wirkungen (das Wort im nicht-mathematischen Sinne genommen, d.h. als Gegensatz zu Ursache) berücksichtigt habe, nicht aber die Zeit, innerhalb derer diese Wirkungen erzielt wurden. Die Debatte erstreckte sich über sechs Jahrzehnte, und so berühmte Gelehrte wie Papin, Johann Bernoulli, s'Gravesande, Voltaire, Marquise de Châtelet sowie der junge Kant nahmen an ihr teil. Unterdessen hatten sich mit dem Gleichungssystem der Newtonschen Physik auch die Newtonschen Begriffe von Kraft und Materie durchgesetzt; vor diesem veränderten Hintergrund konnte d'Alembert 1743 den eminent philosophischen Streit zwischen einer mechanistischen und einer dynamistischen Konzeption der Materie als wenig erheblichen Streit um Worte abtun und damit die Debatte faktisch beenden.

In der Physiognomik Johann Caspar Lavaters ist Leibniz' Einfluß (vermittelt über Wolff und Bonnet) nachweisbar. Es geht Lavater um die Beobachtung der Schönheiten und Vollkommenheiten der menschlichen Natur sowie die Harmonie der moralischen und körperlichen Schönheit. Die «wichtigste, die entscheidendste Sache,»[12] die für die Physiognomik geltend gemacht werden kann, ihr unzerstörbarer Grundstein, ist die individuelle Verschiedenheit aller Lebewesen: Jede Rose, jeder Löwe, jeder Mensch ist anders. Was in der Seele des Menschen vorgeht, das findet seinen Ausdruck im Körper, speziell im Gesicht. Vor allem durch Lavater und Herder wurden Leibnizsche Gedanken an Goethe übermittelt, der in Formulierungen wie «entelechetische Monade» oder «geprägte Form, die lebend sich entwickelt»[13] das individuelle Tätigkeitsprinzip umschreibt, das die Einheit von Körper und Seele umfaßt.

Der junge Schelling hat von einer Wiederherstellung der Leibnizschen Philosophie gesprochen. Nicht atomistisch und mechanistisch ist die Natur zu verstehen, sondern dynamisch und vom Leben her. Die Materie muß aus einem ihr innewohnenden aktiven Prinzip begriffen werden. Der junge Schelling führt Naturmonaden als Kraftpunkte ein; der Ausgangspunkt seiner organizistischen Naturdeutung ist «die schönste und beste (Seite) der Leibnizschen Lehre,»[14] nämlich die Ableitung der unorganischen Materie aus schlafenden Monaden. Schellings dynamistische Naturkonzeption hatte einen beträchtlichen Einfluß im Vorfeld der Formulierung des Energiesatzes in der Mitte des 19. Jahrhunderts durch J. R. Mayer und andere. Der Streit um das wahre Kraftmaß spielte dabei keine nennenswerte Rolle mehr, wohl aber verwendete Mayer das Axiom von der Gleichheit von Ursache und Wirkung an zentraler Stelle seiner Überlegungen. Nachdem die Newtonsche Physik um den Energiesatz erweitert war, hat Engels in der Debatte um das wahre Kraftmaß einen Anknüpfungspunkt gesehen: Gegen Newton entwickelte er seine Konzeption der Materie, deren wesentliche Betätigung und Existenzform die unzerstörbare Bewegung ist. Dieser Grundsatz des dialektischen Materialismus ist, wie Ernst Bloch betont, auf dem Weg über Leibniz gewonnen worden. Nach Bloch ist das Prinzip der Widerspiegelung des Ganzen in jedem kleinsten Teil «von einer noch unerschöpften Tiefe»,[15] und die gärenden Kerne der kraftbegabten und sich höher entwickelnden Monaden bilden ein pluralisiertes Natursubjekt.

Seit der Bestätigung der Einsteinschen Relativitätstheorie wird Leibniz' Kritik an der Absolutheit von Raum, Zeit und Bewegung wieder ernstgenommen, auch wenn Leibniz' relationale Theorie von Raum und Zeit von einer relativistischen Theorie deutlich zu unterscheiden ist. In Hermann Weyls Philosophie der Mathematik und Naturwissenschaft (1928), einem der wissenschaftstheoretischen Standardwerke des 20. Jahrhunderts, ist Leibniz der mit Abstand meistzitierte Autor. Das traditionelle, überwiegend Newton zugeschriebene Paradigma von Natur und Naturwissenschaft wird in der Gegenwart einer vielfältigen Kritik mit anti-mechanistischer, synergetischer, holistischer, ökologischer und systemtheoretischer Stoßrichtung unterzogen. Dabei hat Leibniz erst teilweise die Beachtung gefunden, die ihm für nicht wenige dieser Ansätze zukommen könnte. Sein auf Synthesen zielendes Denken könnte die Integration solcher Ansätze zu einem neuen Verständnis von Natur fördern. Die kausale Erklärung isolierter Vorgänge und die (vielleicht nur vorläufig) nicht-kausale Interpretation von Vorgängen, die aus dem universellen Zusammenhang eines Systems verstanden werden, schließen sich für Leibniz nicht aus. Insofern wir das als wissenschaftlich verstehbare Naturerklärung akzeptieren, was wir in unseren Maschinen imitieren können, bietet der gegenwärtige, partielle Fähigkeiten von Selbstorganisation aufweisende Maschinentyp neue Perspektiven von Naturerklärung. Auch wenn und gerade weil kybernetische Maschinen weitere Aspekte des Verhaltens lebender Organismen imitieren können, bleibt Leibniz' doppelter Interpretationsrahmen (Maschine und Seele) aktuell. Gegenüber der Alternative von Vitalismus und Reduktionismus könnte der Leibnizsche Rekurs auf das potentiell Unendliche bedenkenswert sein: Für das reduktionistische Programm gibt es keine Grenzen, aber dieses Programm kann nie als abgeschlossen oder auch nur abschließbar fingiert werden. Für eine genuin naturphilosophische Reflexion scheinen vor allem drei Grundgedanken von unverminderter Aktualität: Die Empfindungs- und Vorstellungsfähigkeit (nicht wie bei Wolff: die Bewußtheit) als Grundlage des Naturverständnisses, die Leib-Seele-Beziehung als Paradigma von Natur sowie die Individualität alles Seienden, – eine der fundamentalen Erfahrungstatsachen, die von wissenschaftlicher Naturbetrachtung notwendig ignoriert wird.

Gereon Wolters

IMMANUEL KANT
(1724–1804)

I. Leben und zeitgenössischer Kontext

Immanuel Kant wurde am 22. April 1724 in Königsberg als Sohn eines Riemermeisters geboren. Er starb ebendort knapp achtzig Jahre später, am 12. Februar 1804, ohne die Stadt bzw. ihre nähere Umgebung je verlassen zu haben. Königsberg war damals neben Berlin die zweite Residenzstadt Preußens. Kants Familie war pietistisch, wie es damals viele kleine Leute in Königsberg waren. Von 1740 bis 1746 studierte er an der kurz zuvor vom «Soldatenkönig» Friedrich Wilhelm I. mit harter Hand («Die Professer nits taugen und sie nit die Hallische Institution haben; das ist die Raison des Verfalls»[1]) auf Vordermann gebrachten Universität Philosophie, Mathematik, Physik und Geographie. Kant verließ die Universität zunächst ohne Examen. Von ca. 1748/49 an finden wir ihn als Hauslehrer bei verschiedenen Familien in der Umgebung von Königsberg. 1755 promovierte er mit einer Arbeit über das Feuer zum Magister. Noch im gleichen Jahr erfolgte die Habilitation, der eine Abhandlung über die obersten Grundsätze der metaphysischen Erkenntnis zugrunde lag. Nach fünfzehnjähriger Privatdozentur übernahm der sechsundvierzigjährige Kant im Jahre 1770 den Königsberger Lehrstuhl für Logik und Metaphysik. Im Juli 1796 hielt der zweiundsiebzigjährige seine Abschiedsvorlesung.

In die Jugend Kants, zur Mitte des 18. Jahrhunderts, fällt – nach Jahrzehnten der Stagnation – ein neuer Aufschwung der mechanischen Physik und der Mathematik. Der enorme Erklärungserfolg mechanischer Modelle dürfte auch die Ontologie des Mechanizismus entscheidend gefördert haben. Danach läßt sich alles, was es in der Natur gibt, und alles, was in ihr geschieht, letztlich auf die Bewegungen von Materieteilchen zurückführen. Dieser Mechanizismus, der im sogenannten mechanischen Weltbild des 19. Jahrhunderts seinen Höhepunkt erreichte, wurde sogar auf so mechanikfremde Gebiete wie Moral, Politik und Beredsamkeit übertragen.[2] Substantielle Anwendungen des mechanistischen Programms finden wir dagegen in Physiologie, Medizin und Psychologie. La Mettries *L'homme machine* (1748) schließlich läßt sich weithin als provokativ-übertreibend beurteilter Höhepunkt eines ansonsten überwiegend als durch und durch seriös empfundenen Weltbildes deuten. Jedoch ist zu beachten, daß sich speziell in Deutschland neben der mechanischen Betrachtungsweise in der Physik ein auf Leibniz

Immanuel Kant (1724–1804)

zurückgehendes Denkmodell erhalten hat, das ich «dynamistisches Paradigma» nennen möchte. Für das dynamistische Paradigma ist die Welt letztlich nicht aus Materieteilchen, sondern aus Kräften aufgebaut. Philosophisch gesprochen genießt damit Kraft, nicht aber Materie ontologische Priorität. Materie ist nach dieser, auf den ersten Blick unseren Intuitionen widersprechenden Auffassung nur eine spezifische Manifestation von Kräften. Als Hauptrepräsentant des dynamistischen Paradigmas in der Physik gilt der dalmatinische Jesuit Rudjer Boscovich (1711–1787). Dem Dynamismus in der Physik entspricht in der Medizin das iatrodynamische Konzept von G.E. Stahl (1650–1734). Danach steuern von der Seele ausgehende Kräfte die Vorgänge im menschlichen Körper. Der Leib ist nach Stahl denn auch ein «Organismus» und kein Mechanismus.[3]

So ausgearbeitet diese naturwissenschaftlichen Konzepte zu Kants Studienzeit im Prinzip auch waren, an deutschen Universitäten gehörte ihre Kenntnis und Weitergabe zu den raren Ausnahmen. Christian Wolff, nach dessen Lehrbüchern der Unterricht normalerweise erfolgte, stand z.B. dem Gedanken der allgemeinen Gravitation verständnislos, ja ablehnend gegenüber.[4] Es kann als Glücksfall gelten, daß Kants akademischer Lehrer Martin Knutzen (1713–1751) imstande war, Kant mit den Lehren Newtons wenigstens im Grundsatz, wenn auch nicht im formalen Detail, vertraut zu machen.

II. Vorkritische Lehre

Kants Denken umgreift alle Bereiche der Philosophie. Doch bildet seine Beschäftigung mit den Naturwissenschaften in überwiegend philosophischer Absicht einen, wenn nicht gar *den* Schwerpunkt seines Werkes.

Kants Philosophie teilt man gewöhnlich in drei, ziemlich genau voneinander abgrenzbare Epochen ein: (1) Die «vorkritische» Epoche, die bis zum Erscheinen der ersten «*Kritik*» (d.h. sichtende Analyse), der *Kritik der reinen Vernunft* (1781), dauert. Mit diesem Werk beginnt (2) die «kritische» Epoche, die weiters durch die *Kritik der praktischen Vernunft* (1788) und die *Kritik der Urteilskraft* (1790) markiert ist. Einer letzten Epoche lassen sich sodann (3) fragmentarisch gebliebene, erstmals 1936–1938 als «Opus postumum» kritisch edierte Entwürfe zu einem größeren Werk zuordnen, zu dessen Abschluß Kant die Kräfte fehlten.

Die Frage nach Kants Naturbegriff und damit auch die Frage nach Kants Naturphilosophie läßt sich nicht so leicht und geradheraus beantworten. Es drängt sich vor allem erst einmal auf, zu unterscheiden zwischen der Kantischen *Verwendung* des Wortes «Natur» und seiner *Definition*. Diese Unterscheidung ist deshalb bedeutsam, weil sich in der

Praxis des Gebrauchs von «Natur» geradezu unschuldig ein konkretes Naturverhältnis offenbart, das nicht schon durch explizit definitorische und damit systemarchitektonisch ausgerichtete Interessen verdeckt wird. Vorerst möchte ich mich jedoch auf den eher systemarchitektonischen Gesichtspunkt konzentrieren. In diesem Sinne möchte ich der vorkritischen Periode einen überwiegend «frommen», der kritischen Periode einen überwiegend «objektivistischen» und dem *Opus postumum* einen überwiegend «organismischen» Naturbegriff zuweisen. Diese Zuweisung ist nicht so gemeint, daß in jeder Periode nur der ihr hier jeweils zugeschriebene Naturbegriff eine Rolle spielte. Tatsächlich ist es so, daß in jeder Periode alle Naturbegriffe, wenn auch manchmal nur beiherspielend, präsent sind. Diese Vieldimensionalität eines einzigen Begriffs entspricht einem Grundzug Kantischen Denkens überhaupt, das auf Vermittlung angelegt ist. Umgekehrt läßt sich vielleicht auch sagen, daß sich in der Vielfalt Kantischer Naturbegriffe die Komplexität, ja Widersprüchlichkeit des neuzeitlichen Naturverhältnisses widerspiegelt. Es mag am Ende so sein, daß der Weg, den Kant vom «objektivistischen» Naturbegriff seiner kritischen Werke hin zum «organismischen» Naturbegriff des *Opus postumum* in immer wieder neuen Ansätzen zu bahnen versuchte, auch heute – und heute mit lebenswichtiger Dringlichkeit – erst noch zu erschließen ist. Denn es hat zunehmend den Anschein, daß der usurpatorisch herrschende «objektivistische» Begriff der Natur den begrifflichen Rahmen ihrer und damit auch unserer Zerstörung liefert.

Im ideengeschichtlichen Hintergrund dieses dreifachen Naturbegriffs bei Kant steht eine sehr viel ältere Unterscheidung. Ich meine diejenige von *natura naturans* und *natura naturata*, d.h. die Unterscheidung der hervorbringend-wirkenden von der hervorgebrachten Natur oder von Natur als Produzentin und Natur als Produkt.[5]

In den ersten zehn Jahren seiner Tätigkeit als Autor hat sich Kant so gut wie ausschließlich mit naturwissenschaftlich-naturphilosophischen Fragen befaßt. Als das vielleicht wichtigste Werk der vorkritischen Epoche läßt sich ebenfalls ein Buch aus diesem Themenkreis betrachten: die 1755 publizierte *Allgemeine Naturgeschichte und Theorie des Himmels oder Versuch von der Verfassung und dem mechanischen Ursprunge des ganzen Weltgebäudes nach Newtonischen Grundsätzen abgehandelt*. Kant versteht diese Schrift als einen physikotheologischen Gottesbeweis. Physikotheologie war im 18. Jahrhundert hoch im Schwange. Kaum ein philosophischer Autor mit naturwissenschaftlichen Kenntnissen ließ es sich nehmen, von der Darlegung der Zweckmäßigkeit und Ordnung im Aufbau der Natur und den Vorgängen in ihr auf die Existenz eines höchst weisen Schöpfers zu schließen. Ja, man kann ohne Übertreibung sagen, daß ein Großteil subtilster Kenntnisse aus der Systematik und Ökologie, vor allem des Tierreichs, gewissermaßen Nebenprodukte des

Bestrebens waren, die Weisheit Gottes auch noch in Bau und Lebensumständen seiner kleinsten und scheinbar geringsten Geschöpfe nachzuweisen. Auch Kant stand dem physikotheologischen Beweis der Existenz Gottes zeitlebens mit Sympathie gegenüber, obwohl er später Gottesbeweise im strengen, demonstrativischen Sinn für unmöglich erklärte. Der physikotheologische Beweis verdient für ihn den Vorzug vor allen anderen wegen seiner «Faßlichkeit vor den gemeinen richtigen Begriff, Lebhaftigkeit des Eindrucks, Schönheit und Bewegkraft auf die moralische Triebfedern der menschlichen Natur» (*Der einzig mögliche Beweisgrund zu einer Demonstration des Daseyns Gottes*, 1763, A 201; II, 736).[6] Kants Kritik an der Physikotheologie seiner Zeit betrifft vor allem die Ausführung der physikotheologischen Idee, nicht ihr Programm. Physikotheologie, so bemängelt Kant, wird der göttlichen Schöpfungsidee eines nach Naturgesetzen geordneten Kosmos nicht gerecht, wenn sie bei jeder Kleinigkeit göttliches Eingreifen postuliert, dem Schöpfer also eine gewisse planerische Unfähigkeit attestiert. Dagegen muß Naturwissenschaft, die der Weisheit des Schöpfers adäquat sein soll, nachweisen, daß das gesamte Naturgeschehen die naturgesetzlich geordnete und erfaßbare Entfaltung der göttlichen Schöpfungsgedanken ist. Der von Kant sonst über alles verehrte Newton war dieser Forschungsmaxime in einem wichtigen Fall nicht nachgekommen. Das hatte schon Leibniz in der berühmten «Leibniz-Clarke-Kontroverse» bemängelt. Diese Kontroverse wurde nach Art eines partiellen Stellvertreterkriegs zwischen Newton und Leibniz in einem Briefwechsel des Newtonvertrauten und Hofpredigers Samuel Clarke mit Leibniz geführt.[7] Einer der Kontroverspunkte betraf Newtons Annahme einer Instabilität des Sonnensystems, hervorgerufen durch minimale Reibungseffekte der Planeten und durch ebenfalls minimale Gravitationswirkungen der Planeten und Kometen aufeinander. Um das System vor dem Kollaps zu bewahren, sei, so Newton, von Zeit zu Zeit ein korrigierender Eingriff Gottes erforderlich. Leibniz warf Newton vor, daß diese Konzeption von den Werken Gottes zu gering denke. Gott habe als der perfekte Schöpfer von vornherein eine Welt entworfen, die des Nachbesserns nicht bedürfe. Es ist dieser Gedanke, den Kant verschärft. Mit dem methodischen Rüstzeug insbesondere der Newtonschen Theorie begründet er, daß – anders als es sich Newton dachte – nicht nur die momentane Struktur, sondern auch schon die Entstehung sowie die Fortdauer des Kosmos streng mechanischen Gesetzmäßigkeiten unterlägen. Die Hypothese göttlichen Eingreifens sei durchaus überflüssig. Der Schöpfer sei eben von vornherein mit Erfolg auf Perfektion bedacht gewesen.

In seiner eigenen Theorie geht Kant mit den antiken Materialisten (Epikur, Leukipp, Demokrit und Lukrez) von einem chaotischen Anfangszustand aus. In diesem Chaos sind Materiepartikel («elementarischer Grundstoff», A 27; I, 275) verschiedener Art im ganzen Raum in inhomogener Weise verteilt. Diese Partikel sind durch die beiden Grundkräfte der Attraktion und Repulsion charakterisiert, die im Sinne des dynamistischen Paradigmas die eigentliche Realität der Partikel ausmachen. Dabei übersieht Kant im übrigen den relationalen Charakter der Newtonschen Gravitation, wonach Schwere einer Partikel nur bezüglich einer anderen Partikel, nicht aber an sich zukommt. In der gesetzmäßigen Bewegung dieser ihrem Wesen nach dynamischen Atome realisieren sich die schöpferischen Ideen Gottes. Das unterscheidet Kants Konzeption von den ganz auf dem Zufall aufbauenden Weltentstehungslehren (Kosmogonien) der antiken Materialisten. Mit der Schöpfung geeigneten «elementarischen Grundstoffs» ist für Kant aber das Werk Gottes auch schon beendet; der Rest ist Mechanik: Nach einem nur für einen Augenblick bestehenden («instantanen») Zustand von Gott gesetzter homogener Materieverteilung bei Beginn der Schöpfung setzt sofort ein durch unterschiedliche Gravitationswirkung bestimmten Teilchen bewirkter Koagulationsprozeß ein, in dem «das Chaos (...) sich zu bilden anfängt» (*Allgemeine Naturgeschichte* A 28; I, 276). Repulsionskräfte stören diesen auf geradliniger Bewegung basierenden Bildungsprozeß und lenken gravitierende Partikel auf Kreisbahnen. Mit diesem Ansatz zweier polarer Grundkräfte (Attraktion und Repulsion), den er, wenn auch in geänderter Bedeutung, bis ins *Opus postumum* beibehalten wird, gelangt Kant zu einer Erklärung der Bewegungsverhältnisse in unserem Planetensystem. Darüber hinaus bilden (vgl. 7. Hauptstück, A 100; I, 326) alle Fixsterne Planetensysteme von der Art des unsrigen und rotieren um einen Körper «von der ungemeinsten Attraktion» (ebd. A 102; I, 327) im Zentrum der Milchstraße. Unsere Milchstraße aber ist wiederum nichts anderes als ein Teil eines gravitationellen Systems, dessen Systemelemente Galaxien sind usw. gemäß der Unendlichkeit Gottes, die sich in diesem ewigen Weltentstehungsprozeß manifestiert: «Die Schöpfung ist nicht das Werk von einem Augenblicke. (...). Es werden Millionen, und ganze Gebürge von Millionen Jahrhunderten verfließen, binnen welchen immer neue Welten und Weltordnungen nach einander, in denen entfernte Weiten von dem Mittelpunkte der Natur, sich bilden, und zur Vollkommenheit gelangen werden; (...). Die Schöpfung ist niemals vollendet. Sie hat zwar einmal angefangen, aber sie wird niemals aufhören.» (A 113 f.; I, 334 f.)

Kants hier vorgestellter kosmogonischer Naturbegriff ist in seiner Tendenz zweideutig. Er ist zum einen – als «fromme» Natur – durch das physikotheologische Motiv bestimmt, ein seinem Schöpfer würdiges Bild des Kosmos zu entwerfen. Zum anderen bedeutet die Kantische Konzeption eines Schöpfergottes, der vor der Entstehung des Kosmos seine mechanischen Gesetze in die Materie legt, eben diesen Schöpfergott als eine – wie Laplace es später formulierte – für das Folgende überflüssige Hypothese anzunehmen. Die Erklärung des Kosmos ist, so Kants aufklärerische Botschaft eines objektivistischen Naturbegriffs, vollständig in die Hände der Wissenschaft gelegt. Diese Dialektik von Kants Physikotheologie spricht sich in dem ungeheuren und von Kant gleich noch einmal wiederholten Satz der «Vorrede» aus: «*Gebt mir nur Materie, ich will euch eine Welt daraus bauen.*» (AXXXI; I, 236) Dem Vorwurf der Hybris kann Kant nur durch den Hinweis entgehen, daß es ja auch noch die lebendige, oder wie Kant sagt: «organisierte» Natur gibt. Hier freilich – und das mahnt zur Bescheidenheit – bleibt «die Erzeugung eines einzigen Krauts oder einer Raupe, aus mechanischen Gründen» schon «bei dem ersten Schritte, aus Unwissenheit der wahren innern Beschaffenheit des Objekts und der Verwickelung der in demselben vorhandenen Mannigfaltigkeit, stecken» (AXXXV; I, 237). Das Leben, so ist festzuhalten, widersetzt sich für Kant noch seiner Erfassung in den Kategorien der Mechanik. Die *Kritik der Urteilskraft* wird fünfunddreißig Jahre später dartun, daß dem *prinzipiell* so sei.

Neben der wissenschaftlichen Objektivierung des Kosmos hat Kant noch eine weitere für den Begriff einer kosmischen Natur relevante Dimension eingeführt. Die supralunaren, kosmischen Verhältnisse in der Natur, die seit je zumeist als Prototyp des Unwandelbaren und Unvergänglichen gegolten hatten, werden von Kant erstmals konsequent *historisiert* («Auswickelung der Natur»: AXXIII; I, 232). Mit dieser Verzeitlichung des Kosmos im Ganzen war der erste Schritt hin zu der schon das 19. Jahrhundert und mehr noch die Gegenwart kennzeichnenden Verzeitlichung der Natur überhaupt getan, zu einer – nach unserem heutigen Sprachgebrauch – wirklich diachronen und nicht bloß synchron beschreibenden Natur*geschichte* der unbelebten *und* der lebendigen Natur. Kant hat nicht die Konsequenz besessen, auch die Entstehung der Organismen als Moment des nach Gesetzen in der Zeit ablaufenden kosmischen Prozesses zu begreifen.

In Kants Historisierung der kosmischen Natur aber scheint im übrigen komplementär zu der in «frommer» und objektivierter Natur sich manifestierenden *natura naturata* der Begriff einer *natura naturans* durch. Kosmisches Entstehen und Vergehen wird vorwiegend nach dem Muster des biologischen «Stirb und Werde» gedeutet. Die ökologische Flexibilität der organischen Natur gibt uns, mit analogischem Schwung auf den Kosmos übertragen, Grund genug, den in der Kantischen Kosmogonie eingebauten Untergang ganzer Welten gefaßt, ja ungerührt zu bedenken. Denn die Natur «beweiset ihren Reichtum in einer Art von Verschwendung (...). Welch eine unzählige Menge Blumen und Insekten zerstöret ein einziger kalter Tag; aber wie wenig vermisset man sie, ohnerachtet es herrliche Kunstwerke der Natur und Beweistümer der göttlichen Allmacht sein; an einem andern Ort wird dieser Abgang mit Überfluß wiederum ersetzet.» (A120; I, 339).

III. Kritische Lehre

Die kritische Epoche der Kantischen Naturphilosophie ist von einer «Kopernikanischen Wende» in Kants Erkenntnisauffassung geprägt (vgl. *Kritik der reinen Vernunft* [KrV] BXVI; III, 25). Bis zum Erscheinen der KrV war Kant davon ausgegangen, daß Metaphysik der Natur als Theorie der allgemeinsten Eigenschaften der Naturkörper möglich sei, d. h. als Theorie derjenigen Eigenschaften, die den Naturkörpern allein aus dem Grunde zugesprochen werden können, daß sie Naturkörper, nicht aber, insofern sie ganz bestimmte Naturkörper, sagen wir Steine, Tische, Bäume, Esel oder Universitätsprofessoren, sind. Gegenstand der Metaphysik der Natur in diesem traditionellen Sinne ist z. B. der Umstand, daß alle Körper ausgedehnt sind, also einen Raum einnehmen, einschließlich der Frage, was denn eigentlich Raum (und auch Zeit) überhaupt sei; daß Körper z. B. möglicherweise aus Atomen bestehen; ferner, daß sie beweglich sind, daß sie auf andere Körper einwirken können (Kausalität) usw. Die kritische Philosophie Kants liefert den Nachweis, daß solcherart geradliniger, naiver Zugriff auf die Welt prinzipiell unmöglich und durch sein komplettes Scheitern in der philosophischen Tradition auch hinlänglich diskreditiert ist. Und zwar ist traditionelle Metaphysik deswegen diskreditiert, weil in der Tradition die Gewichte zwischen dem erkennenden Subjekt und dem erkannten Objekt falsch verteilt sind: «Bisher nahm man an, alle unsere Erkenntnis müsse sich nach den Gegenständen richten; aber alle Versuche, über sie a priori etwas durch Begriffe auszumachen, wodurch unsere Erkenntnis erweitert würde, gingen unter dieser Voraussetzung zunichte. Man versuche es daher einmal, ob wir nicht in den Aufgaben der Metaphysik damit besser fortkommen, daß wir annehmen, die Gegenstände müssen sich nach unserem Erkenntnis richten (...).» (KrV ebd.). Die Einnahme eben dieser neuen Perspektive ist das «Kopernikanische» an Kants Wende. Wenn man hier von einer Wende zum erkennenden Subjekt redet, darf das freilich nicht so verstanden werden, als sei unser konkretes leiblich-geistiges Ego, das empirische Ich, gemeint. Es handelt sich für Kant vielmehr um ein leib- und weltloses Konstrukt, dem er den Namen «transzendentales Ich» gibt. Man spricht auch von «reiner Subjektivität». Kant schlägt also vor, traditionelle Metaphysik als Lehre vom Wesen der Dinge so lange zurückzustellen, bis ausgemacht ist, was wir mit unserem Erkenntnisvermögen, so wie es ist, überhaupt wissen können. Die Untersuchung dieser Frage in der KrV zeigt, daß Metaphysik als Wesensphilosophie für Menschen jedenfalls nicht möglich ist, weil ihre Gegenstände jenseits der Grenzen menschlicher Erfahrung liegen. Die gerade skizzierte kopernikanische Wende der Erkenntnis bedeutet aber zugleich auch eine kopernikanische

Wende des *Naturbegriffs*. Natur kann nicht mehr schlicht und naiv («dogmatisch») als Inbegriff der außer uns existierenden und nicht von uns gemachten Dinge verstanden werden. Was Natur *ist,* läßt sich nur noch angemessen bestimmen im Blick darauf, wie wir Natur *erkennen.* Eine dann auch nach Kant noch mögliche Metaphysik der Natur hat also von dem subjektiven, erkenntnismäßigen («transzendentalen») Bedingungen von Naturerkenntnis zu handeln, und dies wiederum heißt für Kant zuerst und insbesondere von den subjektiven Bedingungen *wissenschaftlicher* Naturerkenntnis. Grundsätzlich geht der Kantische Ansatz dabei von einer strengen Zweiteilung der Ingredienzien des Erkenntnisvorgangs aus. Alles, was im Erkenntnisprozeß eine Rolle spielt, entstammt ursprünglich entweder der sinnlichen Wahrnehmung (Kant spricht von «Sinnlichkeit»), oder es ist eine Verarbeitungsregel sensuellen Materials und ist damit nach Kant Teil des «Verstandes». Aus diesen wenigen Andeutungen darüber, wie im Erkenntnissubjekt liegende Faktoren Erkenntnis überhaupt erst möglich machen («konstituieren»), wird schon deutlich, daß es nach Kant keine Erkenntnis der Natur geben kann, so wie sie an sich ist. Was wir erkennen können, sind lediglich vielfach und unaufhebbar vom Subjekt geformte und strukturierte «Erscheinungen». A priori, also ohne auch nur einmal den Blick vom Schreibtisch zum Fenster hinaus schweifen zu lassen, wissen wir, daß «alle Erscheinungen der Natur, ihrer Verbindung nach, unter den Kategorien stehen, von welchen die Natur (bloß als Natur überhaupt betrachtet), als dem ursprünglichen Grunde ihrer notwendigen Gesetzmäßigkeit (...) abhängt». «Natur überhaupt», d.h. das, was wir von der Natur a priori, also noch vor allem möglichen konkreten Kontakt mit ihr, schon wissen, ist «Gesetzmäßigkeit der Erscheinungen» (KrV B 165; III, 157). Wie sich zeigen wird, entziehen sich die Organismen, sofern sie Organismen sind, nach Kant prinzipiell jedem naturgesetzlich formulierbaren Verständnis. Da es im apriorischen Naturbegriff der reinen Vernunft aber gerade auf Gesetzmäßigkeit ankommt, ergibt sich, daß der Naturbegriff des kritischen Kant zunächst und vor allem der Begriff einer in ihrem Gesetzeszusammenhang erkannten Natur ist: Natur als «ruhiges Reich der Gesetze». Wir könnten auch sagen: Natur ist für den kritischen Kant zuerst und vor allem naturgesetzlich objektivierte, Newtonsche Natur.[8] Organismen gehören zu dieser Natur, deren Gesetzgeber der Mensch ist (vgl. *Prolegomena zu einer jeden künftigen Metaphysik* ... (1783), § 36, A 113; V, 189), nur sofern von eben dem abstrahiert wird, was Organismen von toter Materie unterscheidet. Die objektivierte Natur des kritischen Kant ist somit eine tote Natur.

Metaphysik dieser toten Natur besteht in der Klärung der nichtempirischen, aber dennoch sachhaltigen, subjektiven Bedingungen, die in jedes erfahrungswissenschaftliche Wissen von ihr eingehen. Das heißt für Kant in erster Linie, daß, so der Titel eines Werkes von 1786, *Meta-*

physische Anfangsgründe der Naturwissenschaft (MA) die Grundbegriffe der *Mechanik* im vernunftkritischen Sinne zu klären haben. Aufs engste[9] ist damit die Kantische These verknüpft, «daß in jeder besonderen Naturlehre nur so viel *eigentliche* Wissenschaft angetroffen werden könne, als darin *Mathematik* anzutreffen ist» (MA, Vorrede, A VIII; VIII, 14).

Die subjektiven Wurzeln und Bedingungen aller Naturerkenntnis im Verstand werden in Sätzen ausgedrückt, die Kant «a priori» nennt. Er unterscheidet zwei Typen apriorischer, wissenschaftliche Erkenntnis bedingender, bestimmender und damit ermöglichender Erkenntnis. Der erste geht davon aus, daß wir uns keine Erkenntnis von Gegenständen ausdenken können, die nicht immer schon räumlich und zeitlich wäre. Das liegt nicht daran, daß die räumliche und zeitliche Einordnung der Gegenstände eine ihrer Eigenschaften wäre, wie z.B. Schwere, Form, Farbe und dergleichen. Vielmehr kann das menschliche Erkenntnisvermögen sensorischen Input nicht anders als von vornherein räumlich-zeitlich verarbeiten. In diesem Sinne spricht Kant von den «reinen Anschauungsformen von Raum und Zeit». Wobei das Wort «rein» hier, wie immer bei Kant, bedeutet, daß keinerlei aus der sinnlichen Wahrnehmung stammende Komponenten eine Rolle spielen. Der zweite Typ von apriorischen, wissenschaftliche Erkenntnis erst ermöglichenden Sätzen sind die «reinen Verstandesbegriffe» oder «Kategorien». Kategorien lassen sich als methodologische Regeln der Erzeugung und Strukturierung geordneter Erfahrung aus dem Chaos des sensuellen Inputs interpretieren. Hier ist z.B. das Kausalitätsprinzip zu nennen, das sich als die Regel verstehen läßt, «verläßliche Geschehensfolgen durch geregelte Handlungsfolgen (zu) leisten (...). Daß wir alles dieses *können*, läßt sich nach Kant durch keine «Erfahrung» widerlegen, weil es jeder möglichen «Erfahrung» als einem durch Handeln zu leistenden Werk zugrunde liegt.»[10] Anders gesagt, wir wissen bereits eine ganze Menge über gesetzesartige, wissenschaftliche Erfahrung, *bevor* wir sie in einem konkreten Fall tatsächlich machen; z.B. daß wissenschaftliche Erfahrung räumlich, zeitlich und kausal verfaßt ist.

Sätze, in denen man, etwa im Unterschied zu jenen der Logik, etwas über die wirkliche Welt erfährt, nennt Kant «synthetisch». Die erfahrungsermöglichenden Regeln, die beiden Typen «reine Anschauungsformen» und «Kategorien», welche uns die «reine Vernunft» vorschreibt, heißen dementsprechend «synthetische Sätze (Kant sagt: ‹Urteile›) a priori». Zu diesen Sätzen gehören nach Kant nicht nur die methodologischen Prinzipien der Naturwissenschaft, sondern auch alle mathematischen (arithmetischen und geometrischen) Sätze. Die KrV liefert nun ein von Kant für «vollständig» gehaltenes System methodologischer Prinzipien *a priori* für jegliches begründete Wissen. Im konkreten Anwendungsfall allerdings, z.B. in der Begründung physikalischen Wissens, sind jeweils Spezialisierungen erforderlich. Die Spezialisierung des allgemeinen kritischen Programms der apriorischen Begründung unserer Erkenntnis mit Blick auf die Natur liefert Kant in den schon genannten *Metaphysischen Anfangsgründen der Naturwissenschaft* (MA). Die Metaphysik der Natur hat jene metaphysischen Prinzipien begründet auszuweisen, deren sich «alle Naturphilosophen (= Naturwissenschaftler), welche in ihrem Geschäfte mathematisch verfahren wollten, (...) jederzeit (obschon sich selbst unbewußt) (...) bedient (haben) und bedienen müssen, wenn sie sich gleich sonst wider allen Anspruch der Metaphysik auf ihre Wissenschaft feierlich verwahrten» (MA, Vorrede, A XII; VIII, 17).

Metaphysische Anfangsgründe der Naturwissenschaft legen den methodologischen Rahmen möglicher naturwissenschaftlicher Untersuchungen fest. D.h. insbesondere, daß sie den Anwendungsbereich der Grundbegriffe der Naturwissenschaft begründet zu umschreiben haben. Das führt sofort auf die Frage, wo denn eine solche Metaphysik der Natur im Sinne einer Methodologie der Naturwissenschaft nun ihrerseits zu beginnen habe. Mit Böhme[11] gehe ich davon aus, daß es die «lebensweltliche» Erfahrung ist, bei der alle Begründung von Wissenschaft letzlich zu beginnen hat. Die Lebenswelt liefert freilich kein isoliertes, quasi-cartesisches *fundamentum inconcussum*, sondern den pragmatischen Ausgangspunkt alles wissenschaftlichen Wissens. Manches spricht dafür, daß Kants Entwurf, obwohl er nicht explizit von dieser Unterscheidung ausgeht, von einem ganz ähnlichen methodologischen Ansatz bei J.H.Lambert (1728-1777) angeregt wurde.[12] Konkret gesprochen geht es danach in den MA darum, lebensweltliche Erfahrungen durch konzeptionelle Bearbeitung aus ihrem alltäglichen Kontext zu lösen und dafür tauglich zu machen, die dann apriorischen Grundlagen der Newtonschen Mechanik zu bilden. Dies ist so zu verstehen, daß die Lebenswelt uns in rudimentärer Form jene Begriffsinhalte liefert, deren objektive Realität im Rahmen der Newtonischen Naturwissenschaft nachzuweisen die Aufgabe der metaphysischen Anfangsgründe eben dieser Wissenschaft ist. Den Ausgang der Kantischen Metaphysik der Natur bilden also mehr oder weniger vage lebensweltliche Begriffsinhalte und deren Zubereitung als Basis der Naturwissenschaft. Neben diese lebensweltlichen Inhalte treten als Ausgangspunkt aber auch solche Begriffe, die schon einen Ort im tatsächlichen, aber noch nicht metaphysisch begründeten Wissen von der Natur haben. Ich denke hier vor allem an den in der Chemie der Kantzeit beheimateten Repulsionsbegriff bzw. an den Anziehungsbegriff der Newtonschen Physik. Das Ziel des ganzen Unternehmens besteht letztlich darin, die so erarbeiteten apriorischen Prinzipien als methodologische Regeln für die wissenschaftliche Untersuchung der Phänomene der «Newtonschen Natur» fruchtbar zu machen.[13] Im einzelnen wäre hier jeweils nachzuweisen, daß Kants apriorische Ansätze aus methodologischen Gründen möglichen anderen Fundierungen der Mechanik überlegen sind.

Eben diese Frage stellt sich schon anläßlich von Kants Bestimmung des Grundbegriffs der Newtonschen Naturwissenschaft, des *Begriffs der Materie*. «Materie» ist gewiß kein lebensweltlicher Begriff. Er wird von Kant vielmehr aus vorhandener, mehr oder weniger etablierter wissenschaftlicher und philosophischer Rede herausgelöst und zwecks Verwendung in metaphysisch fundierter Naturwissenschaft bearbeitet. Man kann dies als einen Prozeß betrachten, in dem Begriffe von ihrem empirischen Hintergrund abgelöst werden, um nach entsprechender Transformation als apriorische, wissenschaftsregulierende Begriffe dienen zu können. Für den Materiebegriff besteht diese Transformation (1) in einer Charakterisierung («Definition») des Begriffsinhalts von «Materie» und (2) dem Nachweis der «objektiven Realität» dieses Begriffsinhalts. Letzteres, d.h. objektive Realität besteht darin, zu zeigen, daß die dem apriorischen Begriff entsprechenden Anschauungen «real möglich» sind (vgl. KrV B288, B291; III, 263f., 265). Hier kommt nun in entscheidender Weise die Mathematik ins Spiel. Denn die dem metaphysischen Begriff der Materie korrespondierende reine Anschauung kann als apriorische nur in den gedanklichen Konstruktionen der reinen Mathematik erfolgen. Reale Möglichkeit und damit objektive Realität metaphysischer Grundbegriffe der Naturwissenschaft kann also nur mit Hilfe der Mathematik gesichert werden.

Die metaphysische Klärung des Materiebegriffs erfolgt in den MA in vier, einander jeweils erweiternden Durchgängen. Jeder davon entspricht einem Hauptstück des Werkes. Im *ersten* Durchgang *(«Phoronomie»)* soll ein für die Kinematik (d.h. die kräftefreie Bewegungslehre) tauglicher Materiebegriff erzeugt werden. Materie wird hier definiert als «das Bewegliche im Raume» (MA, A1; VIII, 25). Damit setzt sich Kant von Materiedefinitionen ab, die Materie über räumliche Ausdehnung bestimmen wollen (vgl. Descartes' res extensa). Der methodologische Wert der Kantischen Definition zeigt sich darin, daß, an dieser Stelle jedenfalls noch, die Unterscheidung zwischen einem atomistischen und einen dynamistischem Materiekonzept offengelassen werden kann.

Im einzelnen hat Kant hier in Spezialisierung des Ansatzes der KrV zunächst den *Raumbegriff* zu klären. Dabei geht er von der Unterscheidung von relativem und absolutem Raum aus. Relative Räume sind durch Bezugskörper definierbar und deshalb, wie die Bezugskörper, auch selbst beweglich. Der absolute Raum dagegen ist unbeweglich. Jede sinnlich wahrnehmbare Bewegung ist relative Bewegung in einem durch einen oder mehrere Bezugskörper definierten Raum. Absolute Bewegung ist nicht erfahrbar, mithin ist der absolute Raum kein Gegenstand möglicher Erfahrung. Jedoch ist sein *Begriff* «um der Möglichkeit der Erfahrung willen» (MA, A 3, VIII, 26) von Kant angenommen worden. Solche selbst nicht im Bereich möglicher Erfahrung liegenden, gleichwohl aber Erfahrung ermöglichenden Begriffe hatte Kant in der «Kritik der reinen Vernunft» «Ideen» genannt: Ideen haben keine gegenständliche Bedeutung, sie spielen vielmehr eine von Kant «regulativ» genannte methodologische Rolle bei der Bildung wissenschaftlicher Erfahrung. Im vorliegenden konkreten Fall glaubt Kant mit Hilfe der Unterscheidung von relativem und absolutem Raum eine begriffliche Begründung des Additionstheorems der Geschwindigkeiten zu liefern, welches die Basis der Zusammensetzung von Bewegungen darstellt.

Das zweite Hauptstück der MA, die *«Dynamik»*, enthält im Rahmen der fortschreitenden Präzisierung des Materiebegriffs Kants Konstitutionstheorie der Materie.[14] Er definiert: «Materie ist das *Bewegliche*, sofern es einen *Raum erfüllt.*» (MA, A 31; VIII, 47) Raumerfüllung stellt sich Kant nicht mehr wie noch in der vorkritischen Zeit im Sinne des Atomismus als die Einnahme eines Raumes durch in diesem Raum existierende Substanzen vor. Raumerfüllung ist für ihn vielmehr Raumerfüllung durch bewegende Kräfte, die es ausschließen, daß irgendein Körper einen schon besetzten Raum einnimmt. Dagegen nimmt die atomistische Konzeption eine diskrete Verteilung der Materie an: Absolut harte Korpuskeln sind durch leere Räume voneinander getrennt. In Kants dynamischer Theorie aber ist für den leeren Raum kein Platz. Kant vertritt eine Plenums- oder Kontinuumtheorie der Materie. Zur Erklärung der Raumausfüllung setzt Kant ein balanciertes Verhältnis der schon in der «Allgemeinen Naturgeschichte» auftretenden «Grundkräfte» an: Attraktion und Repulsion. Man beachte freilich, daß Attraktion und Repulsion dort im Rahmen einer kosmologischen, also – jedenfalls der Kantischen Intention nach – physikalischen Theorie auftreten. In den MA aber haben Attraktion und Repulsion keine primär physikalische Bedeutung, sondern vielmehr eine wissenschaftsbegründende, methodologische Funktion. Vor allem die zeitgenössische Wissenschaft lieferte Kant für diese Kräftebalancekonzeption das begriffliche Material. Zum Zwecke der Raumerfüllung ist im übrigen das Zusammenwirken *beider* Kräfte erforderlich; die Reduktion auf *eine* Grundkraft ist ausgeschlossen. Denn würde nur eine Kraft wirken, dann wäre – im Fall der Attraktion – die Materie in einem Punkt konzentriert, würde also keinen Raum ausfüllen; im Fall der Repulsion dagegen würde die Materie «sich ins Unendliche zerstreuen» (MA, A 53; VIII, 63), was auch wiederum nichts anderes bedeutet, als daß es keine Materie gäbe. Man beachte, daß Kant mit seinen Kraftbegriffen anders als in der «Allgemeinen Naturgeschichte» nicht die Wirklichkeit beschreiben will. Attraktion und Repulsion sind in ihrer Rolle als materiekonstitutive «Grundkräfte» der wissenschaftlichen Erfahrung grundsätzlich entzogen. Analog haben es etwa Mach und Ostwald noch zu Beginn dieses Jahrhunderts für unmöglich gehalten, in den Aufbau der Materie je so weit einzudringen, daß die Existenz von Atomen empirisch bestätigt würde. Gleichwohl haben auch diese Forscher die Atomhypothese als Erklärungsmodell für die verschiedensten Phänomene nicht vollständig verworfen. Die Atomvorstellung hatte für sie und viele andere keinerlei ontologische oder semantische, sondern nur eine methodologische Funktion. In analoger Weise bezeichnen die beiden Grundkräfte Attraktion und Repulsion in Kants dynamischem Materiebegriff keine konkreten physikalischen Kräfte, etwa die gravitationelle Attraktion oder die Zurückstoßung, die Newton z.B. bei der Erwärmung am Werke sah. Von der Gravitation sagt Kant vielmehr ausdrücklich: sie «muß samt ihrem Gesetze aus Datis der Erfahrung geschlossen werden» (MA, A 104; VIII, 98). Kurz, Kant treibt mit seinen Grundkräften keine Festkörperphysik, sondern will den begrifflichen Rahmen liefern, in dem sich erfolgversprechende Naturwissenschaft entfalten kann. Er formuliert, mit anderen Worten, ein «Forschungsprogramm dynamische Naturwissenschaft»:[15] «Und so ist Nachforschung der Metaphysik, hinter dem, was dem empirischen Begriffe der Materie zum Grunde liegt, nur zu der Absicht nützlich, die Naturphilosophie (= Naturwissenschaft) (...) auf die Erforschung der dynamischen Erklärungsgründe zu leiten, weil diese allein bestimmte Gesetze (...) hoffen lassen.» (MA, A 104; VIII, 98 f.) Das atomistische Konkurrenzprogramm muß vor allem mit dem für Kant empirisch nicht aufweisbaren und methodologisch ungerechtfertigten Begriff des leeren Raumes arbeiten. Dem leeren Raum, einem «Nichts», werden nämlich im Atomismus, z.B. bei der Erklärung unterschiedlicher Materiedichte, empirische Wirkungen zugeschrieben.[16] Hinter diesem methodologischen Dynamismus mag sich bei Kant auch die ontologische Überzeugung verbergen, daß die mechanische Welt letztlich durch die *Aktivität* von Kräften und nicht durch die *Passivität* von Atomen bestimmt ist.

Ohne hier die Problematik und die Widersprüchlichkeit des Kantischen Ansatzes[17] weiter zu erörtern, sei er lediglich noch einmal als der Versuch einer philosophischen Begründung der Grundlagen der Physik charakterisiert. In diesem Sinne ist Kants Idee z.B. von Carl Friedrich von Weizsäcker[18] oder in der Protophysik der Erlanger Schule[19] wieder aufgegriffen worden. Kants Konzeption stellt ein achtbares Gegenmodell zu den heute vorherrschenden wissenschaftstheoretischen Entwürfen dar, denen interne, den Aufbau der Theorie begleitende Begründungen unmöglich erscheinen; ein Gegenmodell also zu wissenschaftstheoretischen Konzeptionen, in denen Theorien erst ex post durch Scheitern von Falsifikationsversuchen eine – indirekte – Begründung im Sinne einer Bewährung erhalten.

Wie schon erwähnt, verleugnet Kant nicht die Existenz einer von der physikalisch-objektivierten verschiedenen organischen Natur. Auch der kritische Kant hat einen *organismischen Naturbegriff.* Freilich sind die Gegenstände, die unter den organismischen Naturbegriff fallen, toto genere von denen der physikalischen Natur verschieden. Denn Organismen können *als* Organismen nicht Gegenstand echter naturgesetzlicher, sprich: mechanischer Erfassung sein: «Es ist für Menschen ungereimt, auch nur einen solchen Anschlag zu fassen oder zu hoffen, daß noch etwa dereinst ein Newton aufstehen könne, der auch nur die Erzeugung eines Grashalms nach Naturgesetzen, die keine Absicht geordnet hat, begreiflich machen werde: sondern man muß diese Einsicht den Menschen schlechterdings absprechen.» (Kritik der Urteilskraft [KU], § 75, A 333 f.; VIII, 516) Dies liegt daran, daß Kant die belebte Natur im Sinne der *natura naturans,* der wirkenden Natur versteht. Organismen werden von ihm denn auch häufig als «Produkte der Natur» bezeichnet (vgl. z. B. KU § 64 f., A 282, 288; VIII, 482, 485). Organismen sind dadurch ausgezeichnet, daß sie nach dem teleologischen Zweckprinzip («wozu?»), nicht aber nach dem mechanischen Kausalprinzip («warum?») angemessen zu verstehen sind. «Ein Ding existiert als Naturzweck, *wenn es von sich selbst Ursache und Wirkung ist.*» (KU § 64, A 282; VIII, 482; vgl. § 66, A 292; VIII, 488 f.) Dies ist einmal so gemeint, daß Organismen mittels der Fortpflanzung Ursache und Wirkung ihrer selbst als Gattung (Spezies) sind und zum anderen im Stoffwechsel die Erhaltung ihrer selbst als Individuen produzieren. Organismen besitzen «eine sich fortpflanzende bildende Kraft.» (KU § 65, A 289; VIII, 486) Der Zweckaspekt ist nun aber eigentlich für den Bereich freien menschlichen Handelns konstitutiv. Zweckstruktur kommt «der Natur (welche wir nicht als intelligentes Wesen annehmen) nicht zu.» (KU § 61, A 264; VIII, 469) D. h. Zweckaussagen über die Natur können nicht so verstanden werden, daß in ihnen behauptet werden soll, die Natur handle *wirklich* nach Zwecken. Materiale teleologische Aussagen sind somit nicht Teil der Natur*wissenschaft.* Wenn freilich die Organismen angemessen «beurteilt» werden sollen, dann sind teleologische Aussagen unumgänglich. Allerdings beziehen sich solche Beurteilungen nicht auf die Natur, sondern auf die Art und Weise, wie wir sie uns erklären. Wir tun so, «als ob» in der belebten Natur Zwecke walteten. Das heißt, anders gewendet, daß für den kritischen Kant die *natura naturans* eine *Fiktion* ist: die Fiktion, unter der unser Wissen von den Organismen steht. Diese Fiktion ist für den kritischen Kant im übrigen Teil einer größeren, die auch die unbelebte Natur in einen nach Zwecken *denkbaren* Zusammenhang hineinbringt. Dessen Existenz freilich entzieht sich prinzipiell dem wissenschaftlichen Nachweis, da die Welt im Ganzen kein Gegenstand möglicher Erfahrung ist. Die von Kant als «formal» bezeichnete Zweckmäßigkeit der Natur im Ganzen ist so als die methodologische Regel zu verstehen, unser Wissen über die Natur in einem systematischen Einheitszusammenhang zu organisieren.

Die Fiktion einer zweckmäßigen Natur, und damit sind wir bei der dritten Komponente des Naturbegriffs, der *«frommen» Natur,* weist über sich hinaus: «Setzet einen Menschen in den Augenblicken der Stimmung seines Gemüts zur moralischen Empfindung. Wenn er sich, umgeben von einer schönen Natur, in einem ruhigen heitern Genusse seines Daseins befindet, so fühlt er in sich ein Bedürfnis, irgend jemand dafür dankbar zu sein.» (KU § 86 Anm., A 411; VIII, 571) Zweckmäßigkeit und Schönheit der belebten Natur verweisen also, wenn auch nicht im Sinn eines formalen Gottesbeweises, auf einen Schöpfer. Verweisung über sich hinaus eignet freilich nicht bloß der organischen Natur; auch die tote Newtonsche Natur hat für Kant Verweischarakter. Das zeigt z. B. das berühmte Diktum im «Beschluß» der *Kritik der praktischen Vernunft* (KpV): «Zwei Dinge erfüllen das Gemüt mit immer neuer und zunehmender Bewunderung und Ehrfurcht, je öfter und anhaltender sich das Nachdenken damit beschäftigt: *Der bestirnte Himmel über mir (!), und das moralische Gesetz in mir.*» (KpV A 288)

Für das *Opus postumum* (OP) soll davon abgesehen werden, die drei Komponenten des Kantischen Naturbegriffs im einzelnen nachzuweisen. Systemarchitektonisch fällt dem OP die Aufgabe zu, die in den MA spezialisierten Einsichten der KrV mit der konkreten Empirie der Physik zu vermitteln. Empirie ist in ihrem sinnlichen Teil durch Empfindung charakterisiert. Das OP versucht nun auch diesen im Grunde vernunftfremden, weil auf Leiblichkeit beruhenden Teil der Erkenntnis nach Vernunftprinzipien zu verstehen, und dies so:[20] Empfindung ist für Kant Resultat wirkender Kräfte. So stellt sich die Aufgabe, ein «System bewegender Kräfte» der Natur als Bedingung der Möglichkeit von Erkenntnis a priori zu entwickeln. Das System der bewegenden Kräfte ist zum einen als ein System der Wirkungen in der äußeren Natur, zum anderen aber auch und insbesondere als System der auf die Sinnesorgane des Subjekts wirkenden Kräfte zu verstehen. Die hier resultierenden Empfindungen sind nur der inneren, synthetisierenden, aktiven Erfahrung zugänglich und bilden die Bedingung der Möglichkeit der Erkenntnis der äußeren Kraftwirkungen: «Die sogenannte Wahrnehmung legt in der Form eines äußeren, räumlich erscheinenden Dinges dasjenige aus, was innere, spontane Bewegung ist.»[21] Kant spricht von «Selbstaffektion». Hierbei spielt der Leib, der im kritischen System weiter keine Bedeutung hatte, auf einmal eine entscheidende Rolle, wenn auch nur als transzendentale Bedingung der Möglichkeit von Erfahrung und nicht als eine selbständige Wissensinstanz neben der leiblosen Vernunft:[22] Wahrnehmungen zum Zwecke des Wissens setzen Bewegungen des Leibes voraus, die für diese Wahrnehmungen zweckmäßig sind. Dies wiederum impliziert ein Selbstverständnis des Leibes als eines Organismus und eine Kenntnis seiner Organe in dem Wissen, daß sie zur Wahrnehmung geeignet sind.

IV. Schluß

Zu Beginn hatte ich Kants Natur*begriff* von seiner *Einstellung* zur Natur unterschieden. Diese Unterscheidung ist nun kurz näher zu erläutern. Kants kritische Philosophie versteht sich unter Verwendung juristischer Metaphern als Herrschen über die Natur. Dieses Herrschaftsverhältnis kommt vielleicht nirgends deutlicher zum Ausdruck als in jenen Sätzen der Vorrede zur zweiten Auflage der KrV, in denen davon die Rede ist, daß Wissenschaft «die Natur *nötigen* (Hervorhebung G.W.) müsse, auf ihre Fragen zu antworten» nach Art «eines bestallten Richters, der die Zeugen nötigt, auf die Fragen zu antworten, die er ihnen vorlegt» (KrV B XIIIf.; III, 23). Kants Metaphorik von Zwang und Herrschaft bringt jene mechanistisch-objektivierende Einstellung zur Natur zum Ausdruck, ohne die gegenwärtige Naturzerstörung nicht denkbar wäre. Diese Einstellung samt ihrer philosophischen Fundierung hat ihr kompensatorisches Komplement: als Reaktion auf die wissenschaftliche Herrschaft über die Natur entwickelt das Zeitalter Kants eine *poetische* Form zwanglosen Naturbezugs: die Idylle. Jedoch finden wir bereits in der Naturphilosophie Schellings und der an diese sich anschließenden «romantischen Naturphilosophie» des 19. Jahrhunderts (wenn auch im Detail oft nur noch schwer nachvollziehbare) Ansätze einer *philosophisch-begrifflichen* Konzeption, in der sich Wissen von der Natur nicht als Herrschaft über die Natur, sondern als «Mitvollzug der Natur»[23] versteht.

In diesem Sinne dürfte es zu den Aufgaben gegenwärtiger Naturphilosophie gehören, Gegenmodelle zur heutigen objektivistischen Leitauffassung von Natur als Gegenstand von Herrschaft und Ausplünderung zu entwerfen. Diese Naturauffassung hat in der strikten Trennung von erkennendem Subjekt und erkanntem Gegenstand ihre erkenntnistheoretische Basis. Gegen den objektivistischen Schein dieses Naturbegriffs gilt es heute, einen unsentimentalen, *sympathetischen Naturbegriff* zu entwickeln, in dem die kompensatorische Intention der Idylle nicht nur poetisch, sondern auch begrifflich realisiert wird; einen sympathetischen Naturbegriff, der deutlich macht, daß das erkennende Subjekt in seiner Leiblichkeit selbst auch ein Teil der zu erkennenden Natur ist; einen Naturbegriff, in dem das befreiende, aufklärerische und technisch produktive Potential des objektivistischen Naturbegriffs in positiver Weise aufgehoben wäre.

Wolf v. Engelhardt / Dorothea Kuhn

JOHANN WOLFGANG GOETHE
(1749–1832)

I. Im Horizont philosophisch-theologischer
Weltbetrachtung

Die Schwierigkeit, Goethes Naturansicht in ihrer Totalität zu interpretieren, rührt daher, daß er selbst, trotz häufigen Gebrauchs philosophischer Worte und Begriffe niemals systematisch und explizit eine Philosophie der Natur formuliert hat, ja sogar ausdrücklich betonte, daß er «für Philosophie im eigentlichen Sinne (...) kein Organ» habe.[1] Von den Zeitgenossen hat wahrscheinlich Hegel[2] am treffendsten den Unterschied bezeichnet, der zwischen Goethes Ansicht der Natur und einer Philosophie der Natur besteht. «Was ist die Natur?» ist nach Hegel die Frage, die wir durch Naturkenntnis, wie sie Naturwissenschaft vermittelt, und Naturphilosophie beantworten wollen. Wissenschaft und Philosophie der Natur unterscheiden sich nach der Weise der Metaphysik, derer sie sich bedienen, d.h. durch die «allgemeinen Denkbestimmungen, gleichsam das diamantene Netz, in das wir den Stoff bringen». Die Denkbestimmungen der Naturwissenschaft nennt Hegel «ungenügend», da ihr Allgemeines «abstrakt oder nur formell» ist, so daß ihr Inhalt «zersplittert, zerstückelt, vereinzelt, abgesondert, ohne den notwendigen Zusammenhang in ihm selbst» ist. «Der Geist kann nicht bei dieser Weise der Verstandesreflektion stehen bleiben», und Hegel nennt zwei Wege, darüber hinaus zu gehen: Auf dem Weg Goethes ahnt der «unbefangene Geist», wenn er die Natur anschaut, das Universum als ein organisches Ganzes, im Einzelnen Lebendigen eine innige Einheit, und es wird die Anschauung über die Reflexion gesetzt. Für den Naturphilosophen ist dies nach Hegel «ein Abweg, denn aus der Anschauung kann man nicht philosophieren. Die Anschauung muß auch gedacht werden.»

Goethes Antwort auf die Frage «Was ist die Natur?» ist nicht ein philosophisches System. Sie ist niedergelegt im Opus seiner naturwissenschaftlichen Schriften und dem umfangreichen, z.T. erst in unseren Tagen erschlossenen Nachlaß von Aufzeichnungen, Entwürfen und Notizen zu naturwissenschaftlichen Themen.[3] Diese Texte bezeugen Goethes lebenslanges Bemühen um Erkenntnis in weit auseinanderliegenden Regionen der Natur. Sie sind in ihrer Gesamtheit miteinander verbunden durch die Vorstellung oder Idee eines objektiven Ganzen der Natur, deren geheimnisvoller Ordnung Goethe sich von verschiedenen

Johann Wolfgang Goethe (1749–1832)

Seiten her zu nähern versuchte: «Wir können bei Betrachtung des Weltgebäudes, in seiner weitesten Ausdehnung, in seiner letzten Teilbarkeit, uns der Vorstellung nicht erwehren daß dem Ganzen eine Idee zum Grund liege, wornach Gott in der Natur, die Natur in Gott, von Ewigkeit zu Ewigkeit, schaffen und wirken möge. Anschauung, Betrachtung, Nachdenken führen uns näher an jene Geheimnisse. Wir erdreisten uns und wagen auch Ideen, wir bescheiden uns und bilden Begriffe, die analog jenen Uranfängen sein möchten.»[4] Die dem «Ganzen» zugrundeliegende Idee offenbarte sich für Goethes Blick in der Anschauung der anorganischen und organischen Phänomene. Der Idee des Ganzen suchte er sich durch beobachtende und forschende Tätigkeit in den Reichen der Natur und ihren je besonderen Ordnungen zu nähern. Ein genaues Verständnis von Goethes Bild der Natur – oder, wenn man so will, von Goethes Naturphilosophie – erschließt sich daher nur auf dem Weg der Betrachtung und Würdigung seiner Tätigkeit als Erforscher der Natur, der er sein wollte.

Dabei ist zu bedenken, daß Goethes Arbeit als Naturforscher fünf Dezennien seines Lebens umfaßt und daher als Prozeß zu verstehen ist, als Entwicklung wachsender und sich wandelnder Erfahrungen im Umfeld der geistigen Bewegungen seiner Zeit. In diesem Umfeld, der an Entdeckungen und neuen Einsichten so reichen Landschaft des ausgehenden 18. und beginnenden 19. Jahrhunderts, liegt Goethes naturwissenschaftliches Werk abseits von den Wegen, die in die Richtung der Wissenschaften des ausgehenden 19. und unseres Jahrhunderts führten. Goethe hat dieses Abseits nicht gewollt, sondern immer mitwirkende Zustimmung gesucht. So hat er einerseits oft versucht, Laien Resultate seiner Arbeiten nahezubringen – waren es doch bis in seine Zeit hinein oft genug «Dilettanten», denen wichtige Entdeckungen gelangen. Auf der anderen Seite wollte er in der Naturerkenntnis auch mit Fachgelehrten gemeinsam und von ihnen anerkannt voranschreiten. Beides gelang ihm nicht in dem Maße, wie er es wünschte.

Ein Jahr vor seinem Tode beklagte sich Goethe in einem Rückblick auf seine botanischen Studien,[5] daß man ihn «im Vaterlande und auch wohl auswärts» als Dichter gelten ließe, daß aber nicht bedacht werde, daß er sich «um die Natur in ihren allgemeinen physischen und ihren organischen Phänomenen, emsig bemüht und ernstlich angestellte Betrachtungen stetig und leidenschaftlich im stillen verfolgt» habe. Beim Erscheinen seiner Arbeit über die Metamorphose der Pflanzen (1790) habe man sich nicht genug verwundern können, «wie ein Poet, der sich bloß mit sittlichen, dem Gefühl und der Einbildungskraft anheim gegebenen Phänomenen gewöhnlich befasse, sich einen Augenblick von seinem Wege abwenden und, in flüchtigem Vorübergehen, eine solche bedeutende Entdeckung habe gewinnen können». Er sei, so betonte Goethe, nicht «durch eine außerordentliche Gabe des Geistes, nicht durch eine momentane Inspiration, noch unvermutet und auf einmal, sondern durch ein folgerechtes Bemühen (...) endlich zu einem so erfreulichen Resultate gelangt».

Was Goethe in diesem Text besonders über seine botanischen Studien erklären wollte, gilt in gleicher Weise für alle Felder seiner Naturforschung, und die hier genannten Mißdeutungen seiner Arbeit, die er von Zeitgenossen erfuhr, sind dieselben, die auch heute einem adäquaten Verständnis seiner Naturforschung im Wege stehen.

Mißverstanden fühlte sich Goethe von denen, die meinten, er sei zu seinen Resultaten nicht durch folgerechtes Bemühen, sondern durch momentane Inspiration, unvermutet und auf einmal gekommen. In der Tat sind Goethes Schriften zur Geologie, zur Morphologie der Pflanzen, der Tiere und des Menschen, zur Theorie der Farben – um nur das Wichtigste zu nennen –, wie besonders die nachgelassenen Aufzeichnungen, die Tagebücher und Briefe bezeugen, Resultate emsiger, stetiger und minutiös beobachtender, experimentierender und reflektierender Arbeit, die von den ersten Weimarer Jahren an bis zum Lebensende einen wesentlichen Teil seiner Tage in Anspruch genommen hat.

Mißverstanden fühlte sich Goethe weiterhin von denen, die meinten, daß er sich im Studium der Natur gelegentlich von seinem eigentlichen Wege abgewendet habe. Naturwissenschaftliche Grundkenntnisse gehörten zwar in den höheren Ständen der Goethezeit zum Kanon der Bildung, und das Sammeln von Naturobjekten wie Pflanzen oder Mineralien war eine verbreitete Liebhaberei. Die ernsthaften Naturstudien des Dichters erregten jedoch Verwunderung und Befremden, zumal auch für Fachgelehrte diesen Beschäftigungen der Geruch eines damals schon obsoleten Dilettantismus anhaftete. In einer Zeit, in der der einzelne Forscher, wenn er erfolgreich sein wollte, nicht mehr die ganze Natur im Auge hatte, sondern sich zum Spezialisten bildete, in einer Zeit, in der selbständige Disziplinen der Naturwissenschaft wie Physik, Chemie, Botanik, Zoologie und Geologie begannen Gestalt zu gewinnen, nahm sich ein Poet die Freiheit, so disparate Gegenstände aus allen drei Reichen der Natur wie Gesteine und Erdgeschichte, Pflanzengestalt und Typus der Tiere, die Theorie der Farben und die Gestalt der Wolken nicht nur ästhetisch, sondern wissenschaftlich zu betrachten. Obwohl Goethe, wie er sagte, sich gewöhnlich nur mit sittlichen Phänomenen befaßte, die dem Gefühl und der Einbildungskraft anheimgegeben sind, waren für ihn Naturstudien keine Abwendung von seinem Weg; denn seine Naturforschung nahm wohl in allen Fällen ihren Ausgang von der ästhetischen Betrachtung von Phänomenen der Natur oder Werken der bildenden Kunst, und Einsichten aus der Naturforschung gewannen poetische Gestalt in der Dichtung. Eben diese Absicht, scheinbar Gegensätzliches zu verbinden, war das befremdende Ärgernis. 1806 schrieb Goethe: «Nirgends wollte man zugeben, daß Wissenschaft und Poesie vereinbar seien. Man vergaß daß Wissenschaft sich aus Poesie entwickelt habe, man bedachte nicht daß, nach einem Umschwung von Zeiten, beide sich wieder freundlich, zu beiderseitigem Vorteil, auf höherer Stelle, gar wohl wieder begegnen könnten».[6]

Goethes Art der Zuwendung zu Natur und Naturforschung und sein – im Hinblick auf die sich auf dem Weg in das 19. Jahrhundert spezialisierenden Wissenschaften – unzeitgemäßes Bemühen um alle drei Reiche der Natur wurzelten in Traditionen des 17. und 18. Jahrhunderts, mit denen er aufwuchs.

Shakespeare, Spinoza und Linné nennt Goethe in der Geschichte seines botanischen Studiums in einem Atem als die Einflußreichsten zu Beginn seiner Naturstudien.[7] Der Rekurs auf Shakespeare weist auf das Verständnis des Menschen in der Spannung zwischen Naturwesen und schöpferischem Genie. Spinoza als Verkünder des Göttlichen in der Natur, der Einheit in der Mannigfaltigkeit und der inneren Form, steht für das Verständnis der natürlichen Schöpfung als Ganzes. Linné fasziniert, weil er voraussetzte, daß es in der Natur eine Ordnung gibt, die er in der Vielfalt ihrer Erscheinungen nachzuvollziehen versuchte. Darauf war es im 18. Jahrhundert angekommen: Auf humane, dem Menschen entsprechende und auf den Menschen bezogene Weise die andringende Mannigfaltigkeit der Natur, die man im Begriff war, in allen Bezirken der Erde zu entdecken, nun auch wissenschaftlich zu bewältigen, und zwar die Vielfalt der Erscheinungen ebenso wie die Vielfalt der in der Natur wirkenden Kräfte. Naturwissenschaft war der Hintergrund sowohl des aufgeklärten Rationalismus als auch für Naturgefühl und -leidenschaft des Sturm und Drang. Die Erforschung des Einzelnen konnte aber ohne Einordnung des Details in ein übergeordnetes Ganzes nicht genügen. Das Problem der Schöpfung und ihrer planvoll-gesetzmäßigen Ordnung war im Gespräch, insbesondere die Stellung des Menschen unter den anderen Lebewesen.

Die Motive tauchen in Goethes Jugendwerk auf. Der Knabe errichtet einen Altar mit Naturprodukten, welche ihm die «Welt im Gleichnis» vorstellen, und feiert damit eine «Gottesverehrung».[8] Angesichts des Straßburger Münsters wird die Einheit der natürlichen Gestaltung berufen. «Wie in Werken der ewigen Natur, bis aufs geringste Zäserchen, alles Gestalt, und alles zweckend zum Ganzen» schreibt Goethe und nimmt vorweg, was er naturwissenschaftlich erst sehr viel später begründen wird.[9] In den *Physiognomischen Fragmenten* wird der aufrechte Bau des Menschen im Vergleich zum Tierbau beschrieben: «Wie unser Haupt auf Rückenmark und Lebenskraft aufsitzt! Wie die ganze Gestalt als Grundpfeiler des Gewölbes dasteht, in dem sich der Himmel bespiegeln soll!»[10] Und die faustische Forderung schließt sich an mit dem Wunsch, zu erkennen, «was die Welt / Im Innersten zusammenhält», oder zu schauen: «Wie alles sich zum Ganzen webt, / Eins in dem Andern wirkt und lebt!»[11]

So hat Goethes Zuwendung zur Natur Quellen im Diskurs der Naturforscher, Philosophen und Dichter des 18. Jahrhunderts. Die scheinbar so differierenden Einzelstudien Goethes, die in Weimar von Amtsgeschäften in Bergbau, Wege- und Wasserbau und der Fürsorge für die wissenschaftlichen Institute der Universität Jena ihren Ausgang nehmen, stehen von Anfang an im Horizont philosophisch-theologischer Weltbetrachtung.

II. Kant und Schelling

Doch fühlt sich Goethe im Studium der Natur entschieden dem Kreis der «Empiriker und Realisten» zugehörig, und er rät, «die Philosophen ganz aus dem Spiele» zu lassen.[12] Diese Haltung veranlaßt Schiller, seinem Freund Körner recht kritisch von Goethes «bis zur Affektation getriebenen Attachement an die Natur» und seiner «Resignation in seine fünf Sinne» zu berichten.[13] Eine Kluft zwischen den Denkweisen der beiden Dichter blockiert jahrelang ihren Verkehr bis zu jenem aus zufälligem Anlaß entstandenen Gespräch im Jahre 1794, das Goethe als «Glückliches Ereignis» geschildert hat.[14] In ihm wird der Widerspruch nicht beseitigt, aber soweit geklärt, daß ein Bund besiegelt werden kann, der bis zu Schillers Tod andauert. Es geht in diesem Gespräch um die Konfrontation von Goethes Naturanschauung mit Kants kritischer Philosophie, die Schiller vertritt. Goethe trägt Schiller die Metamorphose der Pflanze vor, indem er mit Federstrichen auf dem Papier eine «symbolische Pflanze vor seinen Augen entstehen» läßt. Schiller erwidert: «Das ist keine Erfahrung, das ist eine Idee.» Damit beruft er sich auf Kant, nach dem Ideen regulative Prinzipien der Vernunft sind, die auf Gegenstände bezogen, nicht aber aus der Erfahrung abgeleitet werden können, während Goethe doch glaubt, das Gesetz der Pflanzenbildung aus der Anschauung gewonnen zu haben. In seiner Antwort: «das kann mir sehr lieb sein daß ich Ideen habe ohne es zu wissen, und sie sogar mit Augen sehe», klingt schon die Ansicht mancher Naturphilosophen an, daß Ideen nicht bloße Verstandesbegriffe sind, sondern das Wesen der Dinge bedeuten.

Welchen Einfluß Kants Werke auf seine Studien, vornehmlich in jener Epoche des Bundes mit Schiller, hatten, schildert Goethe rückblickend im Aufsatz *Einfluß der neueren Philosophie*.[15] Genannt werden die *Kritik der reinen Vernunft* (Riga 1790) und die *Kritik der praktischen Urteilskraft* (Berlin und Libau 1790). Nicht genannt sind die von Goethe 1797 erworbenen *Metaphysischen Anfangsgründe der Naturwissenschaft* (Riga 1786). «Für Philosophie im eigentlichen Sinne» habe er «kein

Organ», beginnt Goethe diesen Aufsatz, doch sei er in der «fortdauernden Gegenwirkung», um der «eindringenden Welt zu widerstehen», genötigt gewesen, sie sich anzueignen. Kant kann er im ganzen nicht folgen, und zu den Kantianern gelingt ihm keine Annäherung. Doch empfängt er wichtige Anregungen, die im Aufsatz genannt werden und auch durch Anstreichungen in den Handexemplaren seiner Bibliothek ausgewiesen sind. In den *Metaphysischen Anfangsgründen* ist Kants Unterscheidung der mechanischen und der dynamischen Naturphilosophie angestrichen. Für die erstere, auch Atomistik oder Korpuskularphilosophie genannt, besteht die Materie aus Korpuskeln, die, nur von außen bewegt, durch Druck und Stoß aufeinander wirken. Die dynamische Hypothese leitet die spezifische Verschiedenheit der Materien von den den Teilen innewohnenden, anziehenden und abstoßenden Kräften ab. Das Schema der atomistisch-mechanischen und dynamischen Erklärungsarten, das später bei Schelling eine große Rolle spielt, wird von Goethe als Dualität von Anschauungsweisen, die sich auf einem höheren Standpunkt vereinen, oft verwendet, so z.B. in Vorträgen über Physik im Jahre 1805[16] und in manchen geologischen Texten. Aus der *Kritik der reinen Vernunft* hebt Goethe Kants Unterscheidung der synthetischen und analytischen Urteile hervor. Analytisches und synthetisches Verfahren bedeuten ihm «die Systole und Diastole des menschlichen Geistes (...) wie ein zweites Atemholen, niemals getrennt, immer pulsierend». Der *Kritik der Urteilskraft* sei er «eine höchst frohe Lebensepoche schuldig». Zustimmung finden Kants Ausführungen über die Dinge als Naturzwecke, deren Teile sich so zur Einheit eines Ganzen verbinden, daß sie voneinander wechselseitig Ursache und Wirkung ihrer Form sind, sowie Kants Kritik an der Verwendung teleologischer Erklärungsmuster in der Naturwissenschaft – beides Gesichtspunkte, die insbesondere in Goethes morphologischen Schriften hervortreten.

Am Schluß des Aufsatzes nennt Goethe Fichte, Schelling, Hegel, die Gebrüder von Humboldt und Schlegel, denen er im letzten Jahrzehnt des 18. Jahrhunderts, jener für ihn «so bedeutenden Epoche», vieles verdanke. Damit ist die Verwandtschaft zwischen Goethes Bemühen, sich in seinen naturwissenschaftlichen Arbeiten der Idee eines Ganzen der Natur zu nähern, und den Tendenzen der gegen das Ende des Jahrhunderts aufkommenden Naturphilosophie der romantischen Epoche angedeutet. Angesichts der Zerstückelung der Natur durch die sich verselbständigenden Disziplinen war es nach den Worten Hegels die Absicht der Naturphilosophie, das Ganze der Natur «zu fassen, zu begreifen, zum Unsrigen zu machen, daß sie uns nicht ein Fremdes, Jenseitiges sei».[17]

In der Tat sind es die Naturforscher und Philosophen, welche die frühromantische Naturphilosophie begründen, von denen Goethe die erste und unumschränkte Anerkennung seiner naturwissenschaftlichen

Arbeiten erfährt. Goethe verschließt sich anfangs nicht dieser Annäherung. Die Bekanntschaft mit Schelling und das Studium seiner frühen Schriften veranlaßt ihn, sich 1798 für die Berufung des jungen Philosophen an die Universität Jena einzusetzen, da er hofft, durch ihn in den eigenen Arbeiten sehr gefördert zu werden.[18] In Schellings Schrift *Von der Weltseele, eine Hypothese der höheren Physik* (Hamburg 1798), die Goethe schon vorab in den Druckbogen vorgelegt wurde, vernimmt er die Stimme eines verwandten Geistes: Unter Bezugnahme auf das Goethe teure Spinoza-Wort von der Erkenntnis des Göttlichen in den einzelnen Dingen, sagte Schelling, daß in den Bildungen der sogenannten unbelebten Natur, in Metallen und Steinen und «in der ungemessenen Macht, von der alles Dasein ein Ausdruck ist, der gewaltige Trieb zur Bestimmtheit, ja zur Individualität des Daseins unverkennbar sei» (Einleitung). Goethes poetische Antwort ist sein Gedicht *Weltseele* (ursprünglich «Weltschöpfung»). Er schreibt Schelling im Jahre 1790: «Seitdem ich mich von der hergebrachten Art der Naturforschung losreißen und, wie eine Monade, auf mich selbst zurückgewiesen, in den geistigen Regionen der Wissenschaft umherschweben mußte, habe ich selten hier- und dorthin einen Zug verspürt; zu Ihrer Lehre ist er entschieden.»[19] Als dann Schelling in seiner *Einleitung zu dem Entwurf eines Systems der Naturphilosophie* (Jena und Leipzig 1799) die Einheit der Natur als Evolution eines organischen Ganzen darstellt, der Erdgeschichte als der Geschichte der hervorbringenden Natur einen hervorragenden Platz in der Naturphilosophie einräumt, die Dualität oder Polarität der Erscheinungen hervorhebt und die Rolle der Prinzipien des Atomismus und Dynamismus behandelt, verspricht sich Goethe gerade von diesen Gedanken eine Förderung der eigenen Forschung.

Doch ändert sich dies bald. Nach einem der vielen Gespräche mit Schelling schreibt Goethe Schiller im Jahre 1802, er wünsche Schelling nicht zu oft zu sehen, da er auf poetische Momente hoffe und Schellings Philosophie ihm die Poesie zerstöre: «Indem ich mich nie rein spekulativ verhalten kann, sondern gleich zu jedem Satze eine Anschauung suchen muß und deshalb gleich in die Natur hinaus fliehe.»[20]

Bis weit in das 19. Jahrhundert hinein haben Naturphilosophen von Schelling bis zu Hegel und Schopenhauer sich in ihren Systemen auf die Resultate Goethescher Naturforschung berufen. Goethes Haltung bleibt jedoch, unbeschadet einer ambivalenten Zuneigung, im ganzen reserviert und ablehnend. Über die *Grundzüge der philosophischen Naturwissenschaft* (Berlin 1806) des ihn besonders verehrenden Heinrich Steffens schreibt Goethe an Wilhelm von Humboldt: «Erfreulich ist es, auf jenes wünschenswerte Ziel hingewiesen zu werden, daß aller Zwiespalt aufgehoben, das Getrennte nicht mehr als getrennt betrachtet, sondern alles aus Einem entsprungen und in Einem begriffen gefaßt werden solle (...). Weil es aber nun die Grundzüge der ganzen Naturwissenschaft sein sollen, so scheint ihm hier und da die Erfahrung auszugehen; die Stellen werden dunkel und zweideutig, öfters unverständlich, und ich müßte mich sehr irren, wenn sie nicht zuletzt hohl befunden würden», und Goethe schließt: «Doch gehn die Herren über meine Überzeugung weit hinaus und es ist unangenehm, gerade diejenigen lassen zu müssen, die man so gern begleitete.»[21] Man hatte sich an einem Punkt getroffen, wo die Meinungen übereinzustimmen schienen; doch war es ein Kreuzungspunkt, und die Wege führten bald wieder auseinander. Auch die Ablehnung, die später der jahrelang um Goethes Anerkennung werbende Schopenhauer erfuhr, ist wohl aus dieser grundsätzlich kritischen Haltung zu verstehen.

III. Geologie, Farbenlehre, Morphologie

Statt die Versuche mancher Naturphilosophen fortzusetzen, Goethes Naturwissenschaft spekulativ auf den Begriff zu bringen, wird es angemessener sein, den so oft berufenen «anschauenden Begriff» von Goethes Bemühungen um die Erkenntnis der Natur zu suchen. Diese Bemühungen sind Fragen an die Natur, und es gilt mit Goethes Worten: «daß niemand eine Frage an die Natur tue die er nicht beantworten könne, denn in der Frage liegt die Antwort, das Gefühl daß sich über einen solchen Punkt etwas denken etwas ahnden lasse.»[22] Das Geahnte ist Goethes Idee eines Ganzen der Natur. Wie die Auseinandersetzung mit Schiller zeigt, ist sie nicht eine Idee im Sinne Kants, aber auch von der Naturidee der romantischen Naturphilosophie hielt Goethe Distanz. Dem von Goethe gemeinten, begrifflich nicht benannten Ganzen der Natur wird man sich nur durch die Betrachtung seiner Naturforschung nähern können. Aus ihr seien charakteristische Beispiele ausgewählt: 1. aus dem Gebiet der anorganischen Natur, die er in Mineralogie und Geologie als Gewordenes und Werdendes studierte; 2. aus dem Bereich der Erfahrung und Ordnung sinnlicher Phänomene, die er in der Farbenlehre als Vermittlung von Subjekt und Objekt oder Auge und Licht untersuchte; und 3. aus dem Gebiet der organischen Bildung und Umbildung, die er in der Morphologie als Entwicklung von Individuen und als Gestaltung von Typen vor Augen führte.

1. Geologie

Die ersten Dinge, mit denen Goethe sich naturwissenschaftlich befaßt, sind Mineralien, Gesteine und Felsen. Äußerer Anlaß war bekanntlich die Wiederaufnahme des Kupferschieferbergbaus in Ilmenau, dessen Vorbereitung vom Sommer 1776 an zu den Amtsgeschäften des vom Herzog Karl August neuernannten Legationsrats und Mitglieds des Geheimen Conseil gehört.

Die Wurzeln liegen tiefer. Man erkennt sie schon in Goethes von Jugend an bis in die Jahre in Italien ernsthaft betriebenen Bemühungen als Zeichner der Landschaft. Es sind vorzugsweise Bleistift, Feder und Kreide, nicht Pinsel und Farben, mit denen Goethe Landschaften wiedergibt. Es geht ihm weniger um malerische Impression als um die Darstellung der räumlich-körperlichen Gestaltung der Landschaft durch Konturen, Schattierung und Lavur. Ein frühes poetisches Zeugnis für die gegenständliche, nicht empfindsame Art Goethes, Berg und Gebirge zu erleben und wahrzunehmen, aus der sich folgerichtig der Drang entwickelt, die Eigengesetzlichkeit dieser großen Naturgegenstände zu erforschen, ist das Gedicht *Harzreise im Winter* von 1777.[23] In ihm ist das Naturerlebnis der winterlichen Besteigung des Brocken im Dezember 1777 niedergelegt. Der Berg erscheint Goethe in numinoser Selbstwirklichkeit, seine granitene Physiognomie wird als «unerforscht» und als «offenbares Geheimnis» erfahren; zum ersten Mal erscheint in diesem Gedicht diese Formel, die Goethe sein Leben lang benutzt, ein Schlüsselwort seiner Naturerfahrung.

Auch die Schilderungen von Landschaftserlebnissen auf der Schweizer Reise mit Karl August im Jahre 1779 deuten auf spätere Naturforschung. Angesichts von gefalteten, steilgestellten und überschobenen Schichten der Juraformation im Tal der Birs schreibt Goethe: «Man ahndet im Dunkeln die Entstehung und das Leben dieser seltsamen Gestalten. Es mag geschehen sein wie und wann es wolle, so haben sich diese Massen nach der Schwere und Ähnlichkeit ihrer Teile groß und einfach zusammengesetzt (...) man fühlt tief, hier ist nichts Willkürliches, alles langsam bewegendes ewiges Gesetz.»[24]

Nach der Rückkehr von der Schweizer Reise wendet sich Goethe, wie Aufzeichnungen aus dem Nachlaß neben Briefen bezeugen, einem ernsthaften Studium der Geognosie und Mineralogie zu.[25] Er studiert einschlägige Schriften und versucht, sich das Fremde der steinernen Natur, das in der Landschaft erlebte «offenbare Geheimnis» der Felsen und Berge durch Naturbeobachtung anzueignen. Es beginnen damals die großen Sammlungen von Mineralien, Gesteinen und Versteinerungen zu entstehen, die bis zu Goethes Tod zu großem Umfang anwachsen. Der Katalog der heute in Weimar noch befindlichen Sammlungen umfaßt 9000 Stücke.[26]

Johann Karl Wilhelm Voigt, 1780 vom Studium an der Bergakademie Freiberg in Sachsen nach Weimar zurückgekehrt, ist in den Jahren bis zum Aufbruch nach Italien Goethes Adlatus bei dessen geologischen Studien. Er vermittelt Goethe das bei Abraham Gottlob Werner, dem damals führenden Mineralogen und Geognosten, in Freiberg Erlernte: Werners Lehre von den Gesteinsformationen und die von ihm entwikkelte Charakteristik der Mineralarten und deren Systematik. Goethes lebenslange Bindung an Werners Theorie der Erdgeschichte und der

Bildung der Gesteine als Ablagerungen eines Weltmeeres (später «Neptunismus» genannt) hat hier ihren Ursprung. Werners Methode[27], den «vollständigen Begriff» einer Mineralart aus den «äußerlichen Kennzeichen», d.h. ihren sinnlich unmittelbar wahrnehmbaren Eigenschaften, wie Farbe, Glanz, Festigkeit, Gestalt, abzuleiten, kommt Goethes Art anschauender Beobachtung entgegen.

Goethe schickt Voigt im Sommer 1780 zu einer geologischen Erkundungsreise durch die Weimarer Lande und entwirft dazu eine «Instruktion».[28] Durch Voigts Erkundungen und die eigenen Beobachtungen auf Reisen in Thüringen, im Thüringer Wald und bis in die Rhön verschafft sich Goethe eine anschauliche Vorstellung über die Gesteinsformationen und gewinnt, wie er Merck schreibt, «einen reinen Begriff, wie alles aufeinander steht und liegt, ohne Prätension auszuführen, wie es auf einander gekommen ist».[29] In dieser Zeit denkt Goethe daran, eine «mineralogische Karte von ganz Europa zu veranstalten»,[30] ja, es wird sogar der Plan zu einem «Roman über das Weltall» durchdacht.[31]

Eine bedeutende Epoche der geologischen Studien Goethes wird durch die Reisen in den Harz im Herbst 1783 und 1784 eingeleitet. Die aus dieser Zeit überlieferten Texte (die Aufsätze über den Granit von 1784[32] und 1785,[33] der Katalog der gesammelten Gesteine[34]), Zeichnungen von Goethe und Georg Melchior Kraus[35] sowie eine Reihe von Aufzeichnungen im Nachlaß[36] bilden zusammengenommen einen Entwurf, die Bildung der Gesteine und die Erdgeschichte darzustellen. Im Mittelpunkt der Betrachtungen steht nun der Granit. Goethe hält ihn, der damals herrschenden Ansicht entsprechend, für «das Höchste und Tiefste», für die «Grundfeste unserer Erde». Um die Würde dieses Urgesteins zu preisen, nimmt der Dichter den hymnischen Ton und die Wendungen wieder auf, mit denen er in der *Harzreise im Winter* das Naturerlebnis auf dem Brocken geschildert hatte. Wie im Gedicht wird nun auch auf der Forschungsreise von 1784 der granitene Gipfel ein «Altar» genannt, auf dem «dem Wesen aller Wesen ein Opfer» dargebracht wird.

Im Unterschied zu allen anderen Gesteinen erscheint Goethe der Granit als ein «Ganzes»: Seine Teile (Quarz, Feldspat und Glimmer) waren nicht als erste da, sie entstanden mit dem Ganzen, das sie bilden. Ein solches ganzheitliches Gefüge kann nicht «durch große Bewegungen und Gewaltsamkeit» entstanden sein. Seinen Ursprung sieht Goethe im Wachstumsprozeß einer Kristallisation aus dem «ersten Chaos», einer «innigen Auflösung aller irdischen Substanzen». Und da Gestaltwerdung durch Kristallisation nicht nur innere Ordnung erzeugt, sondern sich auch in der äußeren Form darstellt, sucht und findet er in den auf den ersten Blick verworrenen Rissen des Gesteins ein gestalthaftes Gesetz. Wie sich manche Kristalle durch Spaltflächen in regelmäßige Körper trennen, sollen auch die Massen der Felsen und die Granitgebirge im Großen durch ein geometrisches System von Trennungsflächen im Inneren gegliedert sein.

Auf dem hohen Granitgipfel, «unmittelbar auf einem Grunde, der bis zu den tiefsten Orten der Erde hinreicht», sieht Goethe hinaus über die niedrigeren Berge auf die Ebenen, aufgebaut aus Schichten, die dem Granit auf- und angelagert sind. Sie sollen sämtlich Ablagerungen des Weltmeers der Vergangenheit sein: Der Granitgipfel stand zu Anfang als «eine meerumfloßne Insel, in den alten Wassern». Die Folge der Schichtgesteine bildet das allmähliche Zurückweichen des Ozeans und die Veränderungen seiner Zustände ab. Die ältesten Gesteine nach dem Granit aus Ton und Glimmer, Quarz und ältestem Kalk sollen noch chemische Ausscheidungen sein, spätere Gesteine wie die Grauwacke des Oberharzes mechanische Gemenge, entstanden aus der «Dekomposition» des älteren Gebirges.

So wird die bunte Folge der Gesteinsarten in eine Abfolge von Typen geordnet, die das kontinuierliche Geschehen einer in Epochen gegliederten Erdgeschichte repräsentieren. Die Epochen gingen allmählich ineinander über, und daher sind die Typen der Gesteine, wie Goethe sie versteht, nicht starr, sondern beweglich und durch Übergänge miteinander verbunden.

Die Quellen dieses Bildes der Erdgeschichte und dieser Vorstellungen über die Bildung der Gesteine sind die eigenen Beobachtungen in der Natur, deren Sorgfalt in Goethes anschaulicher Sprache zum Ausdruck kommt, dann aber auch Beschreibungen und Theorien anderer Naturforscher. Aus den im Nachlaß erhaltenen Buchauszügen und nachgewiesenen Buchkäufen geht hervor, daß Goethe sich gründlich mit den einschlägigen Schriften deutscher, schweizer und französischer Forscher beschäftigte. Goethe will zweifellos die eigenen Beobachtungen und Gedanken in den Zusammenhang der zeitgenössischen Wissenschaft stellen. Am deutlichsten sind Anlehnungen an Werner, an Buffons *Epoques de la Nature* (Paris 1778) und an Saussures *Voyages dans les Alpes* (Genf und Neuchâtel 1779).

In den Jahren um die Harzreisen entsteht Herders Werk *Ideen zur Philosophie der Geschichte der Menschheit* (Riga und Leipzig, 1. Teil 1784; 2. Teil 1785), an dem Goethe lebhaften Anteil nimmt. 1817 erinnert er sich rückblickend an die Zeit: «Unser tägliches Gespräch beschäftigte sich mit den Uranfängen der Wasser-Erde, und der darauf von altersher sich entwickelnden organischen Geschöpfe».[37]

In dieselbe Zeit fällt Goethes Beschäftigung mit Spinoza. Was Goethe 1785 in dem bekannten Brief an Jacobi[38] schreibt, daß ihn nämlich niemand mehr als Spinoza dazu aufmuntern könne, «nur in und aus den rebus singularibus» das göttliche Wesen zu erkennen, so daß er das Göttliche in «herbis et lapidibus», in den Pflanzen und Steinen, suche, ist das nur in dieser Auseinandersetzung mit dem Jugendfreund eingestandene metaphysische Fundament seiner, den Weimaranern oft unverständlichen Beschäftigungen mit den besonderen Gestalten der Mineralien und Gesteine und ihrer Ordnung in einem Ganzen der Natur.

1820 erinnert sich Goethe, daß ihm «seit funfzig Jahren (...) kein Berg zu hoch, kein Schacht zu tief, kein Stollen zu niedrig und keine Höhle labyrinthisch genug war» und daß er nun „das Einzelne vergegenwärtigen, zu einem allgemeinen Bilde verknüpfen möchte».[39] Bis in sein letztes Lebensjahr befaßt er sich mit geologischen Studien, deren Resultate in den in Zeitschriften und den Heften *Zur Naturwissenschaft überhaupt* (1817–1824) veröffentlichten Aufsätzen und in vielen Entwürfen und Aufzeichnungen des Nachlasses vorliegen. Bei diesen Arbeiten bleiben die in den Jahren 1780 bis 1786 erworbenen Vorstellungen bestimmend, wenn sie auch im Laufe der Zeit manchen Anfechtungen ausgesetzt sind und Wandlungen erfahren. Das Ganze der anorganischen Natur, wie es sich im «Knochengerüst der Erde» darstellt, das für Goethes Auge die Physiognomie der Landschaften und Gebirge bestimmt, sucht er in «genetischer Betrachtung» als ein «sukzessives Werden»[40] im Rahmen des gesetzmäßig-kontinuierlichen Verlaufs der Erdgeschichte zu begreifen. Diese «Versuche, die Probleme der Natur zu lösen», nennt Goethe «Konflikte der Denkkraft mit dem Anschauen», bei denen die Denkkraft «die Einbildungskraft zu Hülfe» ruft, woraus dann «Gedankenwesen (entia rationis)» entstehen, «denen das große Verdienst bleibt, uns auf das Anschauen zurückzuführen».[41] Damit räumt Goethe ein, daß es bei der Bildung geologischer Hypothesen einen Freiraum verschiedener «Denkweisen» gibt. In ihm fühlt er sich berechtigt, bei seiner «alten Art» zu bleiben, den Prozeß der Erdgeschichte als eine gesetzmäßig-organische Entwicklung zu verstehen, in der katastrophale Ereignisse nichts Großes hervorbringen und langsam wirkende chemische Kräfte eine bedeutendere Rolle spielen als zertrümmernde mechanische Gewalt. Damit entfernt er sich von dem Weg, den die geologische Wissenschaft zu Beginn des 19. Jahrhunderts nimmt, einem Weg, dem der Neptunismus Werners zum Opfer fällt und auf dem plutonische Gewalten aus der Tiefe hypostasiert werden, um Gebirge zu heben und Gesteine zu bilden. «Ich erlebe», schreibt Goethe 1820, «wie eine, der meinigen ganz entgegengesetzte Denkweise hervortritt, der ich mich nicht fügen kann, keineswegs sie jedoch zu bestreiten gedenke. Alles was wir aussprechen sind Glaubensbekenntnisse.»[42] Doch auf einer höheren Ebene sollen die «Denkweisen» nebeneinander bestehen können: «Die höchste Kultur aber, welche diesen letzten Zeiten gegönnt sein möge, erwiese sich wohl darin: daß alles Würdige, dem Menschen eigentlich Werte, in verschiedenen Formen neben einander müßte bestehen können und daß daher verschiedene Denkweisen, ohne sich verdrängen zu wollen, in einer und derselben Region ruhig neben einander fortwandelten.»⁴³ Diese Haltung in Goethes letztem Lebensjahrzehnt findet poetische Gestalt in der *Klassischen Walpurgisnacht*, wo sich Thales, der Neptunist, und Anaximander, der Plutonist, am Oberen Peneios im Gespräch begegnen.⁴⁴

2. Farbenlehre

«O, meine Freundin, das Licht ist die Wahrheit, doch die Sonne ist nicht die Wahrheit, von der doch das Licht quillt. Die Nacht ist Unwahrheit. Und was ist Schönheit? Sie ist nicht Licht und nicht Nacht. Dämmerung; eine Geburt von Wahrheit und Unwahrheit. Ein Mittelding. In ihrem Reiche liegt ein Scheideweg so zweideutig, so schielend, ein Herkules unter den Philosophen könnte sich vergreifen.» So hatte Goethe am 13. Februar 1769 aus Frankfurt an die Freundin Friederike Oeser, die Tochter seines Zeichenlehrers und Mentors in der Malerei in Leipzig, geschrieben, als er begann, von seiner schweren Krankheit zu genesen. In dem Brief ist nicht nur diese Antizipation⁴⁵ der Goetheschen Farbenlehre verborgen. Erst aus seinem ganzen Zusammenhang ist zu erkennen, was der junge Goethe hier meint. Er hat die zeitgenössische Literatur Revue passieren lassen, bezeichnet sich selbst als Poet und Philosoph, aber als einer, der das «leichte einfältige Buch der Natur» auf dem Weg zur Wahrheit genutzt habe – und zu dieser demütigen Form der Erkenntnis habe ihn sein Lehrer Oeser angeleitet. Dies ist der Beginn einer Ästhetik, die der Farbenlehre immer benachbart blieb. Schönheit als Dämmerung zwischen Licht und Nichtlicht, dieses «Mittelding» ist der hermetischen Tradition verbunden, aus der der Frankfurter Goethe eben kommt, aber es hat sich offensichtlich fest eingeprägt und taucht in jenem Zusammenhang immer wieder auf.

Seither ist Goethes Aufmerksamkeit auf Farben in der Natur und Kunst ständig nachzuweisen; vor allem in Italien und besonders in der Korrespondenz aus Rom vom 1. März 1788, wo nach fast zwanzig Jahren wieder die gleiche Konstellation zu finden ist wie in dem Brief vom 13. Februar 1769. Der Ausgangspunkt ist hier das Farbenspiel der Gewänder und der Malerei in der Sixtinischen Kapelle; es folgt ein Überblick über literarische Arbeitspläne, der Bericht, daß er den «Fragmenten über die Schönheit» von Raffael Mengs, «welche manchem so dunkel scheinen, (...) glückliche Erleuchtungen zu danken» habe, und daran schließt sich die Bemerkung: «Ferner habe ich allerlei Spekulationen über Farben gemacht, welche mir sehr anliegen, weil das der Teil ist, von dem ich bisher am wenigsten begriff. Ich sehe, daß ich mit einiger Übung und anhaltendem Nachdenken auch diesen schönen Genuß der Weltoberfläche mir werde zueignen können.»⁴⁶

In einer Vorarbeit dazu heißt es lapidar: „Mengs Schriften. Die Farbe tritt vor."⁴⁷ Aber ehe daraus das wurde, was Goethe später als «eingeimpfte Entwickelungskrankheit» oder als «neue Theorie des Lichts, des Schattens und der Farben» bezeichnet,[48] vergingen wiederum einige Jahre. Und dann sollte es auch keine Theorie im üblichen Sinn sein, sondern eine Beschreibung dessen, was sich in Natur und Kunst an Farbigem vorfindet.

In den *Beiträgen zur Optik,* die Goethe 1791/92 verfaßte und auch gleich veröffentlichte, beschäftigt er sich einleitend mit diesen Erscheinungen. Daran schließen sich Versuche mit dem Prisma als weitere «Erfahrungen» an, die zunächst vermannigfaltigt werden; das heißt, daß die betrachteten Phänomene in möglichst viele definierte und wiederholbare Versuche zu verwandeln sind. Diese Versuchsreihen gilt es dann so zu ordnen, daß sich der einzelne Versuch lückenlos an den nächsten anschließt und daß sich Gruppen bilden, die zu einer «Erfahrung höherer Art» verallgemeinert werden können.

Mit den *Beiträgen* gleichzeitig ist ein Aufsatz entstanden, den Goethe als «Kautelen des Beobachters», also Vorsichtsmaßnahmen oder Vorbehalte, den Schiller als «philosophische Warnung» bezeichnet,[49] und in dem das methodische Verfahren analysiert wird, dessen sich der Beobachter bedient. Seine Absicht sei es, sagt Goethe, alle Erfahrungen zu sammeln, alle Versuche selbst anzustellen und zum Nachmachen zuzubereiten, dann sie zu «Erfahrungen von der höheren Gattung» zusammenzufassen und «abzuwarten, in wie fern sich auch diese unter ein höheres Prinzip rangieren». Verstand, Einbildungskraft und Witz wird ein Spielfeld eröffnet. Erfahrungen und Versuche sind so fest im Ganzen der lebendigen Natur verankert, daß, sobald ihre Verbindungen, ihre Ordnung zueinander festgestellt ist, die menschliche Vorstellungsart frei damit schalten und walten darf. Nur vor voreiligen Hypothesen und vor zu frühen Systematisierungen warnt Goethe; hier setzt auch schon die Kritik an Isaac Newton an.

Der Primat der Anschauung dessen, «was vor den Augen dir liegt»[50], entspricht – wie schon gesagt – dem allgemeinen Stand von Goethes Naturanschauung vor dem Bündnis mit Schiller. Goethe selbst bemerkt, daß er gezögert habe, «langsamer vorwärts gehe», als er sich anfangs vorgesetzt habe, und daß er seine «Schritte zusammenziehe» bei der Arbeit an den «Beiträgen zur Optik».[51] Da sei es Schiller gewesen, der ihn «durch die große Natürlichkeit seines Genies» und «durch seine reflektierende Kraft» vorwärts zu gehen genötigt habe;[52] das bezeichnet aber nun doch die Richtung auf Neues. Und wenn Goethe auch noch 1805/06 in einem Entwurf zur Einleitung seines großen Werkes *Zur Farbenlehre* äußerte: «Indem wir von den Farben zu handeln gedenken, befinden wir uns auf jede Weise im Reiche der Erscheinungen»,[53] so dominiert seit den Auseinandersetzungen mit Schiller die Einsicht, daß das Physiologische, die Mitwirkung des Auges, einen wesentlichen Anteil an den Farbenerscheinungen habe.

Die Gliederung des Stoffes, Reflexion über die Methode des Vortrags, Klärung allgemeiner Ideen sind Ergebnisse des dauernden Disputes. Und alle gingen sie in die 1810 erscheinenden Bände *Zur Farbenlehre* ein. In auf diese Weise abgewandelter Form tritt erstaunlicherweise von neuem das erste Aperçu wieder auf, nun aber eingefügt in die interne Ordnung des didaktischen Teils von Goethes Farbenlehre als deren 175. Paragraph: «Das was wir in der Erfahrung gewahr werden, sind meistens nur Fälle, welche sich mit einiger Aufmerksamkeit unter allgemeine empirische Rubriken bringen lassen. Diese subordinieren sich abermals unter wissenschaftliche Rubriken, welche weiter hinaufdeuten, wobei uns gewisse unerläßliche Bedingungen des Erscheinenden näher bekannt werden. Von nun an fügt sich alles nach und nach unter höhere Regeln und Gesetze, die sich aber nicht durch Worte und Hypothesen dem Verstande, sondern gleichfalls durch Phänomene dem Anschauen offenbaren. Wir nennen sie Urphänomene, weil nichts in der Erscheinung über ihnen liegt, sie aber dagegen völlig geeignet sind, daß man stufenweise, wie wir vorhin hinaufgestiegen, von ihnen herab bis zu dem gemeinsten Falle der täglichen Erfahrung niedersteigen kann. Ein solches Urphänomen ist dasjenige, das wir bisher dargestellt haben. Wir sehen auf der einen Seite das Licht, das Helle, auf der andern die Finsternis, das Dunkle, wir bringen die Trübe zwischen beide, und aus diesen Gegensätzen, mit Hülfe gedachter Vermittlung, entwickeln sich, gleichfalls in einem Gegensatz, die Farben, deuten aber alsbald, durch einen Wechselbezug, unmittelbar auf ein Gemeinsames wieder zurück.»[54]

Wiederum vermittelt zwischen Licht und Nichtlicht ein Medium, das hier als die Trübe bezeichnet ist. Durch die Wirkung des Lichtes auf materielle Medien verschiedener Trübung sieht Goethe die Farben erscheinen. Die Erfahrungen treten zu einer Erfahrung höherer Art zusammen, die Goethe «Urphänomen» nennt. In ihm manifestiert sich eine Ordnung der Farben, die sich im Farbenkreis darstellen läßt: Als «reiner Gegensatz», den Goethe «Polarität» nennt, treten die Farben Gelb und Blau hervor. Die «Steigerung» dieser Grundfarben führt von beiden Seiten her zum reinen Rot, in dem sich der Kreis nach oben hin schließt. Durch Vermischung werden die Gegensätze am Grund des Kreises, im «Punkt des Gleichgewichts» auf die Farbe Grün gebracht. Die anderen Farben entstehen auf der «Plus»-Seite in der Bewegung vom Grün durch das Gelb zum Rot, auf der «Minus»-Seite in der Bewegung vom Grün über das Blau zum Rot.

Dieser Kreis vereinigt die Mannigfaltigkeit der Farben samt ihren Wechselbezügen zur «Totalität». Er verkörpert die interne Gesetzlichkeit dieser «uranfänglichen Naturerscheinungen». Auf sie gründet Goethe seine Gedanken über die Wirkung der Farbe auf den Sinn des Auges, die er ihre «sinnlich-sittliche Wirkung» nennt, so daß Farbe, «als ein Element der Kunst betrachtet, zu den höchsten ästhetischen Zwecken mitwirkend gedacht werden kann».

Im Kapitel «Verhältnis zur Philosophie»[55] spricht Goethe von seinem Wunsch, «die Farbenlehre dem Philosophen zu nähern».[56] Vom Physiker wird erwartet, so heißt es hier, daß er philosophische Bildung habe, vom Philosophen, daß er Einsicht in die Erfahrungen der höheren Art gewinne. Beide treffen sich an der Grenze zwischen Empirie und Theorie, wo das Urphänomen dem Physiker auf empirischem, dem Philosophen auf theoretischem Weg erkennbar wird.

Ebenso wie die Geologie ist auch die Farbenlehre eine lebenslange Begleiterin Goethes geblieben. In das «Fachwerk» der Erfahrungen,[56] das er 1810 erst einmal vorgelegt hatte, ordnet er wieder und wieder neue Beobachtungen ein, teilt mit, was an «Vereinzeltem, Seltsamem und Wunderbarem in den Kreis des Bekannten und Faßlichen» noch eingeschlossen werden könne.[57]

Die «eingeimpfte» Krankheit kommt nicht zum Stillstand; schon von Anfang an galt sie Goethe als Möglichkeit zur Durcharbeitung seines Ichs, als Prüfstein und Übung für seinen Geist, die auf «Leben und Tätigkeit den größten Einfluß haben sollte».[58] In der Mitte der zwanziger Jahre, als der Siebzigjährige auf dem Gebiet der Farbenlehre nichts mehr veröffentlichte, tauchen ihre Anfänge und ihre Ergebnisse als allgemeine Naturanschauung auf anderen Gebieten auf.

In Fausts Monolog zu Beginn des zweiten Teils des Dramas werden die Farben, die aus der Dualität von Dämmerung und Himmelsklarheit, aus der Trübe stürzenden Wassers und dem Flammenübermaß der Sonne entstehen, noch einmal zum Symbol und Gleichnis von lebendiger Natur, Schönheit und menschlichem Bestreben. Und wiederum ist nicht die Sonne selbst der Vermittler. Von ihrer Blendung muß sich Faust abwenden, um sich an dem «farbigen Abglanz» zu beleben.[59]

Ätherische Dämmerung, Schleier, Schaum und duftige Schauer – sobald sich sein Blick in die Höhe zur Atmosphäre wendet, gerät er in das Reich der meteorologischen Phänomene. So können dieselben Grundanschauungen in einem *Versuch einer Witterungslehre* Ausdruck finden: «Das Wahre mit dem Göttlichen identisch, läßt sich niemals von uns direkt erkennen, wir schauen es nur im Abglanz, im Beispiel, Symbol, in einzelnen und verwandten Erscheinungen; wir werden es gewahr als unbegreifliches Leben und können dem Wunsch nicht entsagen, es dennoch zu begreifen. – Dieses gilt von allen Phänomenen der faßlichen Welt (...).»[60]

3. Morphologie

Auch diejenigen naturwissenschaftlichen Studien Goethes, die er selbst seit 1796 als «Morphologie» bezeichnet hat – zunächst als Gestaltlehre für alle natürlichen Dinge, später besonders für den Bereich des Lebens, der «organischen Naturen» – beginnen in den ersten Weimarer Jahren mit Botanik und Anatomie; auch hier zur Praxis, zu Garten-, Park- und Forstkultur, gewendet; auch hier mit der bildenden Kunst aufs engste verbunden.

Schon 1784 ist Goethes *Versuch aus der vergleichenden Knochenlehre daß der Zwischenknochen der obern Kinnlade dem Menschen mit den übrigen Tieren gemein sei*, entstanden und in einer Prachthandschrift einer gewissen Öffentlichkeit zugänglich gemacht worden. 1790 veröffentlicht er den *Versuch die Metamorphose der Pflanzen zu erklären*; es folgen Studien zur Entwicklung von Tieren und Pflanzen. Auch diese grundlegenden Arbeiten, die auf breit angelegten Einzelstudien basieren, sieht er als Beschreibung der Natur, als Abbilder seiner Erfahrungen an. Nur aus ihnen selbst wolle er Bildung und Umbildung, die Metamorphose von Pflanzen und Tieren betrachten.[61] An konkreten Fällen werden Bildungsprinzipien erwogen, die er als Ursache des Da- und Soseins der lebendigen Natur ansieht. Er beobachtet, daß bestimmte Baupläne befolgt, bestimmte Grenzen und Gleichgewichte eingehalten werden, daß nur unter der Bedingung solcher Gesetze in der Vielfalt der Erscheinungen Vergleichbares und Wiederkehrendes ausgemacht werden könne und daß nur unter diesen Voraussetzungen eine ordnende Systematik möglich sei. All dies tritt in seinen Aufzeichnungen und Abhandlungen nicht abstrakt oder theoretisch auf, sondern jeweils am konkreten Fall, am Objekt, das er betrachtet.

Den philosophischen Schritt von der Anschauung der in bestimmten Gestalten sich darstellenden Natur zu ihrer Aneignung durch das Denken kündigt Goethe in einem Brief an Schiller als die «berühmte Morphologie»[62] an, die die mineralischen Gestalten wie die der organischen Welt umfassen soll. Nach dem ersten Gespräch mit Schiller, jenem «Glücklichen Ereignis», versucht er diesen Plan voranzutreiben. Das, was Schiller eine Idee genannt hatte und was Goethe mit Augen zu sehen meinte, muß nun definiert, an Beispielen greifbar gemacht und auch theoretisch fundiert werden. Es entstehen Tabellen, in denen Goethe Naturdinge, Mineralien, Pflanzen oder Tiere und ihre Teile oder Organe zueinander ordnet. Besonders sorgfältig erarbeitet er Tabellen zum Knochenbau der Wirbeltiere, in denen er den Tierarten Beschreibungen des Knochenbaues zuordnet und sie miteinander vergleicht. Er bezeichnet diese osteologische Gliederung als «Fachwerk», also ebenso, wie er in der Farbenlehre die Zuordnung einzelner Beobachtungen zur Gesamtheit der Phänomene bezeichnete.[63] Er meint damit eingekreist zu haben, was er den Typus, hier speziell den osteologischen Typus nennt.

Der Typus steckt aber nicht in einer solchen Tabelle, sondern in dem sie durchschauenden Verstand, der vom Unwesentlichen absehen, das

Wesentliche erkennen kann; der unterscheidet, welche Merkmale zur Gestalt und Funktion eines Organes unerläßlich seien und bis zu welcher Spielart man immer noch erkennen könne, daß es sich um eben dieses Typische handelt. Nicht die Summierung von Merkmalen also, sondern ihre Verarbeitung erst führt zur Erkenntnis der anvisierten Gestalt. Goethe sagt, er müsse, um diesen Schritt zu tun, von der empirischen Methode zur rationellen übergehen. Das bedeutet aber den Übergang von dem mit dem Auge wahrnehmbaren objektiven Befund zur vergleichenden Analyse mit dem theoretisierenden Verstand.

Schiller schlug später vor, diese Methode, nach der weder die Natur durch die Theorie eingeengt noch die Denkkräfte durch das Objekt eingeschränkt werden sollten, als «rationale Empirie» zu bezeichnen.[64] Er gab immer wieder die Zielrichtung an, und Goethe setzt die Wahl der Methode um in ein Forschungsprogramm. So sucht er im Umkreis des Typus nach neuen Kriterien, die von den quantitativen, empirischen, dem Messen zugänglichen zu seinen, auf die Gestalt bezogenen, der rationalen Empirie zugänglichen Qualitäten führen. Diese Qualitäten nennt er «Bild», das Bild der Natur, des Tieres oder der Pflanze; jeweils das Bild eines in sich geschlossenen Wesens, eines Individuums. Schließlich stellt er die Forderung auf: «Die Idee muß über dem Ganzen walten und auf eine genetische Weise das allgemeine Bild abziehen.»[65] – Auf genetische Weise, damit meint er eine zeitliche Komponente, den Blick auf die Folgen und Änderungen, auf Werdendes; während die waltende Idee das Vielfältige auf eine Einheit zurückbezieht. Der Vergleich des Einzelnen, das Abwägen von Formen und Kräften genügt nicht. Der ganze Lebensbereich muß unter einem «einzigen großen Bilde» zu erkennen sein. Um das aber nicht eine leere Formel werden zu lassen, prüft Goethe seine Erkenntnisse dann immer wieder an der empirischen Wirklichkeit. Das gewünschte Bild, sei es nun das Bild der ganzen Natur, das einer Art oder einer Familie von Lebewesen oder das einer noch kleineren Einheit, vielleicht eines Organs, entsteht jedoch nicht allein im Blick auf das empirisch Einzelne; er braucht dazu eine Verallgemeinerung, den Vergleich und die Zusammenführung all dessen, was er einzeln gesehen hat. Diesen Vorgang nennt er «Sehen mit den Augen des Geistes» oder «sinnliches Anschauen». Und er hat damit endlich geklärt, was er meinte, wenn er zu Schiller sagte, er sehe Ideen mit Augen.

Merkwürdig scheint es nur, daß von diesen Überlegungen und bereits formulierten Ergebnissen nichts an eine größere Öffentlichkeit gelangt. Goethes Morphologie gibt es vorerst nur im Umkreis der Freunde und Berater; neben Schiller sind das in Jena vornehmlich Knebel, die Brüder von Humboldt, Jacobis Sohn Max, der Botaniker Batsch, der Anatom Loder, in Weimar besonders Herder und die Damen des Hofes. Es fällt schwer zu verstehen, warum Goethe trotz mancher Anläufe, die er um 1796 und 1806 unternimmt, eine Veröffentlichung seiner dazu schon vorbereiteten *Beobachtungen und Betrachtungen aus der Naturlehre und Naturgeschichte*[66] hinauszögert. Er selbst äußert sich über die Gründe nicht. Zeitweise hat wohl die von Schiller und vom Verleger Cotta angemahnte Arbeit am *Faust* und an den Werkausgaben seine Aufmerksamkeit ganz beansprucht. Später drängt sich die Farbenlehre vor. Aber das allein scheint zur Erklärung nicht auszureichen. Eher könnte Goethes Verstummen mit der Entwicklung der Naturphilosophie in Deutschland zusammenhängen. Gerade wird er in Jena auch mit Schelling bekannt und stimmt zunächst mit dessen Denk- und Forschungsansätzen überein. Goethes Veröffentlichung über die Metamorphose der Pflanzen bildet ja den Anknüpfungspunkt für die Naturphilosophen. Diese wollen – wie es der Jenaer Mediziner Dietrich Georg Kieser ausdrückt – «das Chaos des einzelnen empirischen Wissens zu einem organischen Ganzen» gestalten. Dabei unterwerfen einige von ihnen aber die Erfahrung in einem Maße der Spekulation, daß ihre unkontrollierten Analogiebildungen mit «Geistschwindel» oder «Aufblähungen», wie Knebel das nannte, nicht ungerecht bezeichnet sind. Goethe, der seinen «Realism» zwar überwunden, aber ihn deshalb nicht aufgegeben, sondern eingebaut und aufgehoben hatte und der das Regulativ der Empirie (wenn auch einer «zarten Empirie»[67]) nicht preisgibt, kann nur eine kurze Wegstrecke im Einklang mit den Naturphilosophen gemeinsam zurücklegen; und wenn er seine Kritik an ihren Übertreibungen auch nicht öffentlich äußert, so ist sie doch in Briefen und Aufzeichnungen zu finden. Von «dunklem, gränzenlosem Treiben», das ihm höchst zuwider sei, von «frazzenhafter Erscheinung» und «Scharwenzels»[68] spricht er, und er kritisiert besonders die symbolisierende Kunstsprache, so daß die Annahme naheliegt, daß er eigene neue Begriffe vorerst zurückhalten und seine Morphologie dieser Strömung nicht preisgeben wollte.

Als er sich 1817, als fast Siebzigjähriger, doch noch entschließt, damit in einer Schriftenreihe hervorzutreten, tut er das in einem Zusammenhang, den er selbst als «historisch» bezeichnet, im Rückblick auf seine naturwissenschaftlichen und methodischen Bemühungen. 1824, als die Vorbereitung der Ausgabe letzter Hand seiner Werke anstand, hat Goethe das Erscheinen der Hefte *Zur Naturwissenschaft überhaupt, besonders zur Morphologie* wieder eingestellt.[69]

Seine naturphilosophische «Vorstellungsart» aber kommt noch einmal in einer Stellungnahme zu dem berühmten Streit zweier Anatomen vor der Pariser Akademie zur Sprache. In seiner Rezension *Principes de Philosophie Zoologique* stellt er die strittigen Denk- und Forschungsweisen dar. Analyse der empirischen Welt auf der einen Seite, Auffassen einer großen abstrakten Einheit der Natur auf der anderen erkennt Goethe im Hintergrund des Streites um die Frage nach der einzelnen

Erscheinung im Bereich der Lebewesen, die der Frage nach deren gemeinsamen Bauplänen und typologischen Übereinstimmungen entgegensteht. Im Bestreben des Empirikers, vom Einzelnen zu Vergleich und Ordnung zu gelangen, im Bestreben des Typologen, vom Ganzen her alle einzelnen Erscheinungsformen zu verstehen, sieht Goethe die Gelegenheit der Vermittlung. Der Gegensatz der Anschauungsweisen sollte die Forscher geradezu zu gemeinsamer Bearbeitung ihrer Aufgaben auffordern: «Ein so merkwürdiger Fall» (daß sie nämlich am gleichen Ort arbeiten) «aber muß uns allen, muß der Wissenschaft selbst zum besten gereichen! Möge doch jeder von uns bei dieser Gelegenheit sagen, daß *Sondern* und *Verknüpfen* zwei unzertrennliche Lebensakte sind. Vielleicht ist es besser gesagt: daß es unerläßlich ist, man möge wollen oder nicht, aus dem Ganzen ins Einzelne, aus dem Einzelnen ins Ganze zu gehen, und je lebendiger diese Funktionen des Geistes, wie Aus- und Einatmen, sich zusammen verhalten, desto besser wird für die Wissenschaften und ihre Freunde gesorgt sein.»[70]

So begründet und formuliert Goethe die Situation in der Erkenntnis der Natur. Sie entspricht seinem eigenen Zugang zur Natur durch den «anschauenden Begriff», das «gegenständliche Denken», mit den Mitteln der «zarten Empirie»[71] angesichts des Gesetzlichen der Gebirgsbildung, angesichts des Urphänomens der Farberscheinung, angesichts der Metamorphose und des Typus von Pflanze und Tier.

Innerhalb dieser Erkenntnismöglichkeiten liegt für ihn das zu Erforschende, das er in Gestalt und Gesetz der natürlichen Erscheinungen mit «unverbrüchlicher Neigung zur Natur und ihren Unerforschlichkeiten» sucht.[72]

Wolfdietrich Schmied-Kowarzik

FRIEDRICH WILHELM JOSEPH SCHELLING
(1775–1854)

I. Leben

Friedrich Wilhelm Joseph Schelling wird am 27. Januar 1775 in Leonberg bei Stuttgart geboren. Er stammt väterlicher- und mütterlicherseits aus schwäbischen Pastorenfamilien. Schon früh tritt seine unglaubliche Begabung zutage. Bereits mit zehn Jahren besteht er das Landexamen, die Voraussetzung für ein Theologiestudium, besucht danach mit Sondergenehmigung das Höhere Seminar im Kloster Bebenhausen, wo sein Vater orientalische Sprachen lehrt, wird bereits mit fünfzehn Jahren zum Theologiestudium am Tübinger Stift zugelassen, wo er mit den beiden fünf Jahre älteren Hegel und Hölderlin eine Stube teilt. Bereits während der letzten Studienjahre veröffentlicht er kurz nach Fichte seine ersten philosophischen Arbeiten. 1795 übernimmt der junge Doktor eine Hauslehrer- und Hofmeisterstelle für zwei fast gleichaltrige Barone von Riedesel, die er auch an die Universität Leipzig begleitet, wo er sich in ein intensives Studium der Naturwissenschaften stürzt. Neben einer Reihe von Schriften zur Transzendentalphilosophie erscheinen bereits 1797/98 seine ersten Arbeiten zur Naturphilosophie. Das junge Genie erregt Aufsehen; Fichte, Schiller und Goethe setzen sich für ihn ein, so daß er 1798 eine außerordentliche Professur in Jena erhält. Das Jenaer Doppelgestirn Fichte und Schelling wird zum Zentrum der Philosophie in Deutschland. Außer zu den alten Freunden Hegel und Hölderlin unterhält er freundschaftliche Beziehungen zum Romantikerkreis um die beiden Brüder Schlegel und zu einer Reihe von naturwissenschaftlichen Forschern. Ab 1800 wird Schellings Liebesbeziehung zur zwölf Jahre älteren Caroline Schlegel (geb. Michaelis, verw. Böhmer) immer offenkundiger; 1803 heiraten sie.

Schelling bringt 1799/1800 seine grundlegenden Arbeiten zum System der Naturphilosophie und das *System des transzendentalen Idealismus* heraus. Fichte muß 1799 nach dem sog. Atheismusstreit Jena verlassen, er geht nach Berlin. Aus dem nachfolgenden Briefwechsel zwischen Fichte und Schelling entwickelt sich eine abgrundtiefe Feindschaft, die sich noch verschärft, als Hegel 1801 nach Jena kommt und in seiner philosophischen Erstlingsschrift für Schelling Partei ergreift. Bis 1803 arbeiten nun Schelling und Hegel eng zusammen und geben gemeinsam das *Kritische Journal der Philosophie* heraus.

Seit 1801 tritt Schelling in eine neue Phase seiner philosophischen Entwicklung, in der Transzendental- und Naturphilosophie einander nicht mehr gegenüberstehen. Schelling entfaltet nun ein absolutes System der Philosophie, in dem die Naturphilosophie, die er extensiv weiterentwickelt, nur noch den ersten Teil bildet, gefolgt von der Philosophie des Geistes, die er nur in Konturen konzipiert und deren Ausarbeitung er Hegel überläßt, sowie der Philosophie der Kunst. 1803 erhält Schelling neben einer Reihe weiterer protestantischer Professoren einen Ruf nach Würzburg, das gerade an Bayern angegliedert worden war. Obwohl vom dortigen Klerus stark angefeindet, entwickelt er hier in großen Vorlesungen sein absolutes System weiter und veröffentlicht u. a. eine Arbeit zur *Philosophie und Religion* (1804). Als Würzburg bald darauf wieder von Bayern abgetrennt wird, muß Schelling 1806 mit den meisten neu berufenen Professoren Würzburg wieder verlassen. Er erhält eine ehrenvolle Berufung an die neu gegründete Akademie der Wissenschaften in München, aber seine Hoffnungen auf eine Professur an der bayerischen Landesuniversität in Landshut zerschlagen sich. 1808 wird er Generalsekretär der neu gegründeten Akademie der bildenden Künste in München. Das Fehlen philosophischer Lehrtätigkeit macht sich jedoch lähmend bemerkbar. Als letzte grundlegende philosophische Arbeit erscheinen 1809 die *Philosophischen Untersuchungen über das Wesen der menschlichen Freiheit*. Der Tod seiner Frau Caroline 1809 bringt ihn vollends in eine Existenzkrise und verstärkt die aus der Freundschaft mit Franz von Baader erwachsende Hinneigung zu theosophischen Fragestellungen. 1812 heiratet Schelling Pauline Gotter, mit der er mehrere Kinder hat. In den folgenden Jahren widmet sich Schelling verstärkt mythologiegeschichtlichen und religionsphilosophischen Studien.

1820 wird Schelling Honorarprofessor in Erlangen, wo er nach fast fünfzehnjähriger Unterbrechung vor einem großen Hörerkreis wieder lehrt. Doch befriedigt ihn diese freie Lehrtätigkeit ohne feste Anbindung an die Universität nicht. 1827 wird Schelling endlich zum Ordinarius für Philosophie an die neu gegründete bayerische Landesuniversität in München berufen und bald darauf zum Vorstand der Akademie der Wissenschaften ernannt. Von 1835 bis 1840 ist er auch Philosophielehrer des Kronprinzen, des späteren König Maximilian II. von Bayern. In München entfaltet Schelling nochmals eine reiche akademische Lehrtätigkeit, hier trägt er sein Spätwerk *Philosophie der Mythologie* und *Philosophie der Offenbarung* vor und setzt sich in seiner Vorlesung *Zur Geschichte der neueren Philosophie* auch sehr kritisch mit dem philosophischen System seines Jugendfreundes Hegel auseinander. Denn während Schelling seit 1809 seinen früheren Systemansatz vor allem durch verstärktes Bedenken des Freiheits- und Geschichtsproblems in Richtung auf eine existentielle Glaubensphilosophie hin überhöht, tritt

Friedrich Wilhelm Joseph Schelling (1775–1854)

Hegel, nachdem er sich bereits in seiner *Phänomenologie des Geistes* (1807) deutlich von Schelling abgrenzt, erst ab 1812 mit seinem methodologisch wesentlich durchgefeilterten absoluten System der Philosophie an die Öffentlichkeit und begründet, 1818 nach Berlin berufen, eine einflußreiche Schule der Philosophie.

Als Schelling 1841 – zehn Jahre nach Hegels Tod – nach Berlin berufen wird, ist dies eine Sensation und wird von der Hegel-Schule als Skandal angesehen. Schelling trägt vor dem berstenden Auditorium die *Philosophie der Offenbarung*, das Herzstück seiner Spätphilosophie vor. Nur ganz wenige, wie der junge Sören Kierkegaard, begreifen das Umwälzende seines neuen Ansatzes. Von den meisten anderen, sowohl von den Hegelianern als auch von Theologen, wird er mit unglaublichen Intrigen bekämpft. Die einen betrachten seine Religionsphilosophie als einen Rückfall in Dogmatik und Reaktion, die anderen sehen in seiner kritisch-philosophischen Auseinandersetzung mit der Offenbarungsreligion einen unerhörten Angriff auf ihr Glaubensmonopol. Nach vielen Anfeindungen und Querelen stellt Schelling 1846 enttäuscht und resigniert seine Vorlesungstätigkeit ein und trägt nur noch gelegentlich in den Sitzungen der Akademie der Wissenschaften vor. Am 20. August 1854, im achtzigsten Lebensjahr, stirbt Friedrich Wilhelm Joseph von Schelling (vom bayerischen König geadelt) während eines Kuraufenthaltes in Bad Ragaz (Schweiz).

II. Werk

Der Begriff Naturphilosophie ist mit dem Werk keines Denkers der philosophischen Tradition so sehr verwachsen und verschmolzen wie mit dem Schellings. Doch auch kein Ansatz der Naturphilosophie ist so umstritten wie seiner. Die im Rückgriff auf die Antike in der Renaissance wieder aufgebrochene naturphilosophische Problematik wird von Schelling unter Einbeziehung aller folgenden philosophischen Denkansätze und aller naturwissenschaftlichen Erkenntnisse seiner Zeit in einer nie vorher dagewesenen Weise zu einer umfassenden systematischen Naturphilosophie ausgearbeitet. Es gibt kein auch nur annähernd vergleichbares Projekt der Naturphilosophie seither. Die einen sagen – und dies ist sicherlich der Hauptstrom der Denkentwicklung des späteren 19. und des 20. Jahrhunderts bis in unsere Tage –, daß sich gerade an Schellings Versuch einer Naturphilosophie das endgültige Scheitern des in der Renaissance aufgebrochenen, über Spinoza und Leibniz vermittelten Projekts einer Philosophie der Natur gezeigt habe. Es ist durch die Entwicklung der Naturwissenschaften obsolet geworden. Was es seither nur noch geben kann, ist eine Philosophie der Natur*erkenntnis* im Sinne Kants bzw. eine Wissenschaftstheorie der Naturwissenschaften. Nur ganz wenige Philosophen und philosophisch orientierte Naturwissenschaftler haben sich diesem Hauptstrom widersetzt, für sie ist der Ansatz Schellings die einzig mögliche Form einer Naturphilosophie, den es allerdings auf dem heutigen Erkenntnis- und Problemstand weiterzuentwickeln gilt. In Parteinahme für diese zweite Richtung soll im vorliegenden Beitrag der Versuch gemacht werden, die Grundprobleme der Schellingschen Naturphilosophie herauszuarbeiten.

1. Der transzendentalphilosophische Einstieg

Von seinen allerersten Schriften an geht es Schelling um die dialektische Aufhebung der Differenz zwischen ontologischer Substanzphilosophie und erkenntniskritischer Transzendentalphilosophie. So ist es zwar zutreffend, daß die ersten Arbeiten Fichtes zur Wissenschaftslehre von 1794/95 als radikalisierter Transzendentalphilosophie der unmittelbare Anstoß für die einige Monate später nachfolgenden Studien Schellings sind, doch sein Anliegen ist von Anfang an ein anderes, und gerade dieses treibt Schelling über die Fichtesche Absolutsetzung der Transzendentalphilosophie hinaus zur Naturphilosophie.

Kant hatte mit seinen Kritiken aufgezeigt, daß alle Philosophie mit der transzendentalen Erkenntniskritik beginnen müsse, bevor sie sich – wenn solches überhaupt möglich sein soll – an Aussagen über die Wirklichkeit selbst heranwagen dürfe. Auch für Schelling besteht nicht der geringste Zweifel, daß es zur Philosophie keinen anderen Zugang als durch die transzendentale Erkenntniskritik geben kann, doch ist diese nicht bereits das Ganze der Philosophie. Ja, sie ist im Grunde nur Durchgang, um schließlich den Menschen mit der Wirklichkeit wieder zu vermitteln. Eine Philosophie, in der die transzendentale Reflexion absolutgesetzt wird, der dadurch die Wirklichkeit als absolut Fremdes oder gar Eingebildetes erscheint, nennt Schelling «eine Geisteskrankheit des Menschen», die es zu überwinden gilt, denn alle Philosophie hat im letzten den Menschen zum Handeln in der Welt zurückzuführen (II, 12).[1] Deutlich treten die Unterschiede zwischen Fichte und Schelling in der entgegengesetzten Absetzung von Kants «Ding an sich» hervor. Kant hatte in der *Kritik der reinen Vernunft* herausgearbeitet, daß die objektiv allgemeingültigen Aussagen der Naturwissenschaften immer nur Erkenntnisse des uns in Raum und Zeit Erscheinenden sind, niemals aber ontologisch die Wirklichkeit an sich erreichen können, die wir gleichwohl immer schon in der Moralphilosophie, wo wir als sittlich frei handelnde Subjekte angesprochen sind, voraussetzen, so daß wir gleichsam «Bürger zweier Welten» sind: Objekte der theoretischen Erkenntnisse und Subjekte moralischer Entscheidungen.

Während Fichte das Kantische Problem des Dinges an sich für die theoretische Erkenntnis schlichtweg leugnet, so daß es für ihn eine wirkliche Natur gar nicht mehr gibt, sondern nur Objektsetzungen des Ich, hält Schelling Kants Ding an sich für eine unbefriedigende Umschreibung der philosophischen Aufgabe eines über die Objekterkenntnis hinausgehenden Begreifens der wirklichen Natur. Schelling verfolgt dabei eine Linie, die Kant selber in seiner *Kritik der Urteilskraft* eingeschlagen hat. Bereits in seiner allerersten transzendentalphilosophischen Einleitung zu den *Ideen zu einer Philosophie der Natur* (1797) macht Schelling deutlich, daß nur der Begriff einer «durch sich selbst bestehenden» Natur die bei Kant auseinandergerissenen zwei Welten vermittelnd zusammenfügen kann, denn nur in ihm erreichen wir die Natur, in der wir wirklich leben und die zugleich Grundlage unseres sittlichen Handelns ist. Eine solche durch sich selbst bestehende Natur tritt uns in jedem Phänomen des Organismus unmittelbar entgegen. «Also liegt jeder Organisation ein *Begriff* zugrunde (...) Aber dieser Begriff wohnt *in ihr selbst*, kann von ihr gar nicht getrennt werden, sie organisiert sich selbst, ist nicht etwa nur ein Kunstwerk, dessen Begriff *außer* ihm im Verstande des Künstlers vorhanden ist. Nicht ihre Form allein, sondern ihr *Daseyn* ist zweckmäßig.» (II, 41)

Nun geht es Schelling nicht etwa nur darum, neben die wissenschaftlichen Objekterkenntnisse und die Forderungen an das freie sittliche Subjekt eine dritte Sphäre organischer Naturerfahrung zu setzen, sondern der Begriff einer durch sich selbst bestehenden Natur relativiert und beschränkt die bloß objektivierende Naturerkenntnis einerseits und bietet andererseits allererst die Grundlage für eine Philosophie des sittlichen Handelns, denn ohne wirkliche Einbettung des Menschen in die lebendige Natur ist auch keine sittliche Praxis denkbar. So krempelt also der Begriff einer durch sich selbst bestehenden Natur bereits die ganze Transzendentalphilosophie um.

Dies gelingt Schelling aber nur, weil er von Anbeginn an das Kantische Projekt der Transzendentalphilosophie – ohne dies anfänglich selbst zu ahnen – in genau entgegengesetzter Richtung wie Fichte radikalisiert. Beide gehen auf das «Ich bin Ich» als Urgrund unseres Bewußtseins und all unserer Bewußtseinsinhalte zurück. Während jedoch Fichte den Akzent dabei stärker auf die Selbstgewißheit des «Ich = Ich» legt und daraus die Bedingungen der Gewißheit all unserer Erkenntnisse und unserer Sittlichkeit ableitet, setzt Schelling den Akzent stärker auf die Existenzgewißheit des «Ich bin»: «Ich bin! Mein Ich enthält ein Sein, das allem Denken und Vorstellen vorausgeht» (I, 167). Von hier her wird verständlich, wie der Begriff der «intellektuellen Anschauung», der bei Fichte die reine Selbstanschauung des Ich meint, bei Schelling – mit ausdrücklichem Bezug auf Fichtes Antipoden Spinoza – eine radikale Ausweitung erfährt. Denn was sich uns hier im

«Bin» erschließt, ist nicht nur unsere je eigene Existenzgewißheit, sondern die Existenzgewißheit von allem, was wir als existenziell wirklich erfahren. In seiner dreißig Jahre später gehaltenen Vorlesung *Zur Geschichte der neueren Philosophie* (1827) expliziert Schelling seinen Ausgangspunkt so: «Hier ergab sich nun aber sogleich, daß freilich die Außenwelt *für* mich nur da ist, inwiefern ich zugleich selbst da und mir bewußt bin (dies versteht sich von selbst), aber daß auch umgekehrt, *sowie* ich für mich selbst *da*, ich mir *bewußt* bin, daß, mit dem ausgesprochenen Ich bin, ich auch die Welt als bereits – da – seyend finde, also daß auf keinen Fall das *schon bewußte* Ich die Welt producieren kann.» (X, 93)

An diesen wenigen Sätzen wird die ganze Grunddifferenz der Schellingschen Transzendentalphilosophie gegenüber der Wissenschaftslehre Fichtes – und später gegenüber Hegels *Phänomenologie des Geistes* – deutlich. Während Fichte zu zeigen versuchte, wie alle Objekterkenntnisse von Tathandlungen des Ich konstituiert werden, wobei sie keine andere Grundlage haben als die Selbstanschauung des Ich, fragt Schelling im *System des transzendentalen Idealismus* (1800) nach jenen vorbewußten Akten des Bewußtseins, durch die uns die wirkliche Natur und wir in ihr konstituiert sind. Oder wie Schelling in seiner späteren Selbstdarstellung formuliert: «Ich suchte also (...) den unzerreißbaren Zusammenhang des Ich mit einer von ihm notwendig vorgestellten Außenwelt durch eine dem *wirklichen* oder empirischen Bewußtsein vorausgehende transzendentale Vergangenheit dieses Ich zu erklären, eine Erklärung, die sonach auf eine transzendentale Geschichte des Ichs führte (...) Denn das Ich bin ist eben nur der Ausdruck des zu-sich-Kommens selber.» (X, 93f.) Damit realisiert Schelling, was er von der Transzendentalphilosophie fordert, daß sie sich nicht absolutsetzt, sondern zur Wirklichkeit, in die wir selbst mit einbezogen sind, zurückführt.

2. Das System der Naturphilosophie

Für die Transzendentalphilosophie, die nach den Bedingungen der Möglichkeit der Natur*erkenntnisse* fragt, kann immer nur das tätige Bewußtsein, das erkennende Subjekt, das einheitsstiftende Band sein. Demgegenüber fragt nun die Naturphilosophie ontologisch nach dem einheitsstiftenden Band in der tätigen Natur selbst, nach der Natur als produktiver Potenz ihres eigenen Werde- und Gestaltungsprozesses. «Nicht also *wir erkennen* die Natur, sondern die Natur *ist* apriori, d.h. alles Einzelne in ihr ist zum Voraus bestimmt durch das Ganze oder die Idee einer Natur überhaupt. Aber *ist* die Natur a priori, so muß es auch möglich sein, sie als etwas, das a priori ist, zu *erkennen*.» (III, 279) Aber das einheitsstiftende Band der tätigen Natur liegt auch nicht einfach in der alltäglichen Naturerfahrung offen zutage und kann erst recht nicht durch die Naturwissenschaften aufgedeckt werden, denn diese analysieren die Naturerscheinungen, um sie in einen objektiven Erkenntnis- und Verfügungszusammenhang zu bringen, der aber – wie Kant bereits gezeigt hatte – prinzipiell nicht die Natur als Wirklichkeit an sich zu erreichen vermag.

Nun ist jedoch die ontologische Fragestellung, wie Schelling sie in der Naturphilosophie aufwirft – trotz aller Sympathie und Achtung, die er für Platon, Aristoteles, Bruno, Spinoza und Leibniz aufbringt –, nicht mehr substanzmetaphysisch angelegt, sondern durch den Durchgang durch die Transzendentalphilosophie geprägt. Die Naturphilosophie fragt gleichsam hinter die unbedingte, alle Bewußtseinsinhalte tragende Tätigkeit des «Ich bin» zurück nach dem Unbedingten, aus dem das wirkliche Sein mit all seinen lebendigen Gestalten ist, zu denen letztlich auch das «Ich bin» in seinem Wirklichsein gehört: «Das Unbedingte kann überhaupt nicht in irgend einem einzelnen *Ding*, noch in irgend etwas gesucht werden, von dem man sagen kann, daß es *ist* (...) Denn es ist das *Seyn selbst*, das in keinem endlichen Produkte sich ganz darstellt, und wovon alles Einzelne nur gleichsam ein besonderer Ausdruck ist (...) Darum behaupten wir: Alles Einzelne (in der Natur) sey nur eine Form des Seyns selbst, das *Seyn selbst* aber = absoluter Thätigkeit.» (III, 11 ff.)

Ähnlich wie Schelling in der Transzendentalphilosophie vom bewußten «Ich bin» in die vorbewußte Konstitutionsgeschichte seines Bewußtwerdens zurückgeht, so fragt er nun auch in der Naturphilosophie von der erfahrenen Wirklichkeit der Natur zurück nach dem realen Konstitutionsprozeß, aus dem die Natur als tätige Einheit durch all ihre Gestaltungen hindurch zu begreifen ist. Wollen wir die Natur in ihrer «Autonomie» und ihrer «Autarkie» (III, 17), d.h. eben in ihrem Wirklichsein aus sich selbst, begreifen, so können wir dies nicht aus den einzelnen Naturprodukten, sondern nur aus ihrer «absoluten Tätigkeit», ihrer «Produktivität», ihrem «unendlichen Werden». «Die *Natur* als bloßes *Produkt* (natura naturata) nennen wir Natur als *Objekt* (auf diese allein geht alle Empirie). Die *Natur* als *Produktivität* (natura naturans) nennen wir *Natur als Subjekt* (auf diese allein geht alle Theorie).» (III, 284) Die Aufgabe der Naturphilosophie ist, letztendlich zu begreifen, wie die produktive Natur aus sich selbst heraus jene uns in der Erfahrung vorliegenden Naturprodukte hervorzubringen vermag.

Wäre die Natur aber nur absolute Produktivität, so gäbe es nur ein unendlich rasches, völlig gestaltloses Evolvieren, ein Evolvieren, das alles und zugleich nichts wäre, jedenfalls nichts Bestimmtes oder Bestimmbares. Wenn wir die Natur als bestimmtes Hervorbringen begreifen wollen, so müssen wir notwendig eine die absolute Produktivität hemmende Gegenwirkung annehmen. Aber diese Gegenwirkung darf nicht als eine von außen hinzutretende Kraft gedacht werden, denn sonst würden wir – ganz abgesehen davon, daß wir ein solches Außen weder kennen und denken können – die Natur gerade wieder nicht als sich selbst in ihren Gestaltungen hervorbringend begreifen. «Aber ist die Natur absolute Produktivität, so kann der Grund dieses Gehemmtseyns nicht *außer* ihr liegen.» (III, 287) Damit zeigt sich aber, daß wir die produktive Natur in einer «ursprünglichen Duplicität» begreifen müssen: «Die Natur muß ursprünglich sich selbst Objekt werden, diese Verwandlung des *reinen Subjekts* in ein *Selbst-Objekt* ist ohne ursprüngliche Entzweiung in der Natur selbst undenkbar.» (III, 288)

Doch damit sind wir noch nicht am Ende der Entwicklung des Begriffs einer sich selbst in ihren Gestalten hervorbringenden produktiven Natur, denn wir begreifen bisher nur die Natur als einen «Widerstreit reell entgegengesetzter Tendenzen», die, wären sie völlig gleichgewichtig, «sich wechselseitig aneinander vernichten» würden, wodurch es «abermals nicht zum Produkt» (III, 288) käme. Wir müssen also noch als drittes Moment die sich zu konkreten Produkten vereinigende und erneuernde Synthesis der Duplizität erfassen: «Es ist schlechterdings kein *Bestehen* eines Produkts denkbar, *ohne ein beständiges Reproducirtwerden. Das Produkt muß gedacht werden als in jedem Moment vernichtet, und in jedem Moment neu reprocucirt.* Wir sehen nicht eigentlich das Bestehen des Produkts, sondern nur das beständige Reproducirtwerden.» (III, 289)

Zur Veranschaulichung des Dargelegten verweist Schelling auf das Bild eines Stromes, der in sich bestimmte Wirbel bildet, die ihre Kraft der Gegenströmung letztlich doch wieder aus der Kraft des Stromes beziehen. Jeder Wirbel hat im Strom seine je bestimmte Identität, aber jeweils nur aus der beständigen Erneuerung der in ihm gegenwirkenden Kräfte. Der Strom selber aber erschöpft sich nicht in den Wirbeln, sondern strömt durch sie alle hindurch. In diesem Bilde zeigt sich die Natur in ihrer «unendlichen Entwicklung», ihrem nie abschließbaren konkreten Evolutionsprozeß durch die von ihr selbst hervorgebrachten Gestaltungen hindurch. (III, 291) Ihr – modern gesprochen – Selbstorganisationsprozeß ist daher niemals als abgeschlossen denkbar.

Bisher haben wir nur den Begriff der aus sich selbst seienden und werdenden Natur im Ganzen entwickelt. Wobei es nicht um einen der Natur äußerlichen Begriff geht, der nur unser Vermögen des Begreifens betrifft, sondern um den Begriff, der die Natur selbst ist und in dem sie sich selbst vollzieht. Allerdings ist diese Begriffsentwicklung selbst eine des Denkens, d.h. das Denken «konstruiert» den Begriff der wirklichen Natur in Bestimmungsmomenten, die nicht für sich selbst bestehen, sondern in der Natur immer nur zusammen wirklich sind. «Wir unterscheiden in der Construktion der Materie verschiedene Momente, die wir sie *durchlaufen* ließen, ohne daß wir bis jetzt nöthig gefunden hätten, ausdrücklich zu erinnern, daß diese Unterscheidung nur zum Behuf der Speculation gemacht werden, daß man sich nicht vorstellen müsse, die Natur durchlaufe jene Momente etwa wirklich in der Zeit, sondern nur, sie seyen dynamisch (...) in ihr gegründet. In der Natur selbst freilich ist eins und ungetrennt, was zum Behuf der Speculation getrennt wird.» (IV, 25)

Die Naturphilosophie muß also sich begreifend bewußtmachen, daß jedes Naturprodukt aus einem bestimmten Zusammenwirken jener in ihm gegenwirkenden Tendenzen hervorgeht, und zwar in einem doppelten Sinne, insofern die Naturprodukte erstens niemals einfach leblos gegeben sind, sondern sich beständig aktiv aus den Kräften der Natur reproduzieren, zweitens niemals für sich isoliert bestehen können, sondern daß durch sie hindurch der Naturprozeß insgesamt beständig fortschreitet. Aufgabe der Naturphilosophie ist es daher – unter Zugrundelegung aller Erkenntnisse von der Natur, die wir haben – den Naturprozeß, so wie er sich selbst durch seine Gestaltungen hindurch hervorbringt, wirklich zu «konstruieren», worunter ein begreifendes Einholen des wirklichen Evolutionsprozesses gemeint ist.

Schelling rekonstruiert – wie wir vielleicht besser sagen – den konkreten Naturprozeß unter drei Potenzen: Materie, Licht, Organismus. Sicherlich steckt in den Begriffen der Potenz und des Potenzierens auch ein Anklang an die Mathematik, aber vorrangig leitet sich der Begriff der Potenzen von Potentialitäten her und meint die dynamischen Vermögen der Natur selber. Hier wird die Natur nicht unter Denkkategorien gegliedert, sondern aus den ihr eigenen Potenzen begriffen.

a) Die erste Aufgabe der Naturphilosophie in ihrer konkreten Durchführung ist es nun: «die Materie zu construiren» (IV, 3). Es gehört mit zu den großartigsten Leistungen Schellings, die Schwäche aller bisherigen mechanistischen Bestimmungen der Materie herausgearbeitet zu haben, wobei er positiv an Kants dynamischer Bestimmung der Materie anknüpft, jedoch in wesentlichen Punkten kritisch über Kant hinausgeht.

Alle mechanistischen Bestimmungsversuche gehen von einem Stoff aus, der sich in den gegebenen Körpern vorfindet, die ihrerseits in einem Wechselbezug von Attraktions- und Repulsionskräften stehen. Zum einen setzen diese Bestimmungen damit das bereits voraus, was es im Grunde erst einzuholen gilt, nämlich die Gegebenheit von Körpern im Wechselbezug; zum anderen fassen sie die Materie völlig aktionslos als unendlich teilbaren Stoff, auf den nur äußerlich durch Stoß und Zug gewirkt werden kann, so daß schlechterdings nicht erklärlich ist, wie die Natur von einer solchen Materie beispielsweise sollte zu Lebenszusammenhängen fortschreiten können.

Schelling geht – im Rückgriff auf die vorher gezeigte Rekonstruktion des Begriffs der produktiven Natur – von zwei einander entgegengesetzten Krafttendenzen aus, die er aber nicht auf schon isolierte Körper bezieht, sondern auf die kosmische Natur als produktives Prozeßsubjekt. «Da diese Kräfte Kräfte eines und desselben identischen Subjekts, der Natur, sind, so können sie einander nicht bloß relativ, sondern sie müssen sich absolut entgegengesetzt seyn.» (IV, 5) Von diesen kosmischen Kräften nennt er die nach außen gehende Kraft Expansiv- oder Repulsivkraft und die nach innen wirkende die Attraktivkraft. (IV, 13)

Nun ist mit diesen sich auf die Natur als kosmisches Ganzes beziehenden Kräften noch keine konkrete Raumerfüllung zu denken, sondern nur dort ist raumerfüllende Materie, wo «ihre Produktionen in einer gemeinschaftlichen dritten dargestellt werden (...) Das vollständige Vermittlungsglied des geforderten Verhältnisses zwischen Repulsiv- und Attraktivkraft ist also der *erfüllte* Raum oder die *Materie*, und die Materie existiert nicht an sich, sondern bloß als Auflösung jenes Problems in der Natur.» (IV, 31 f.) Die Materie ist also nicht etwas statisch Vorhandenes, sondern das aktive Ergebnis einer sich permanent erneuernden Synthesis aus jenen beiden kosmischen Krafttendenzen. Wobei ihrerseits die nun in der Materie gebundenen Kräfte in einer «allgemeinen Verkettung aller Materien unter sich» (IV, 29) einen wechselwirkenden kosmischen Gesamtzusammenhang bilden. «Es kann mithin auch kein einzelnes Produkt, sondern nur ein absolutes Ganzen von Produkten *zugleich* entstehen, davon jedes die Bedingung des Gegensatzes für jedes andere enthält.» (IV, 35) Erst von dieser – über Kant hinausgehenden – dynamischen Konzeption von Materie als kosmisch begriffener Aktivzentren der Raumerfüllung ist es – wie Schelling ausführt – dann möglich, zu einer Differenzierung der Größen, der Schwere, der Masse, Bewegung und Gravitation fortzuschreiten.

Obwohl wir die Schellingsche Argumentation hier fast bis zur Unkenntlichkeit raffen und einige wichtige Zentralbegriffe, wie den des Raumes, übergehen mußten, ist es vielleicht doch deutlich geworden, daß Schelling in seiner naturphilosophischen Rekonstruktion der Materie erstmals die Beweislast umkehrt, indem er nicht mehr von einem vorgegebenen Produkt ausgeht, sondern versucht, Materie als aktive Gestaltwerdung aus dem Kosmos als Gesamtprozeß zu begreifen. Dabei kann es uns heute nicht darum zu tun sein, Schellings Ableitungsschritte als für uns immer noch verbindlich hinzustellen, obwohl Schelling in einigen Punkten gegenwärtige kosmologische Einsichten in frappierender Weise vorausnimmt, sondern es kann nur darum gehen, die naturphilosophische Problemstellung des Begreifens des produktiven Werdeprozesses der Natur als Herausforderung an uns aufzunehmen.

b) Wenn wir nun zur zweiten Potenz kommen, die uns zunächst an der Erscheinung des Lichts zum Problem wird, so müssen wir uns an die oben angeführte methodologische Bemerkung erinnern. Auch hier meint Schelling nicht, daß es zunächst zeitlich die Materie für sich gebe, zu der dann später das Phänomen des Lichts hinzutrete. Vielmehr sind beide – wie er betont – gleich ursprünglich. Nur in der begrifflichen Behandlung können wir das Phänomen des Lichts erst bedenken, wenn wir uns bereits einen dynamischen Begriff der Materie gebildet haben. Auf die Problemverknüpfung mit dem Begriff der Zeit können wir hier nicht eingehen.

Das Licht ist nicht selbst die zweite Potenz, sondern nur ein In-Erscheinung-Treten der zweiten Potenz, für die Schelling keinen eigenen Begriff hat. Das Licht ist das sichtbare Gegenstück zur Materie als Raumerfüllung. Das zeigt sich schon allein dadurch, daß es den Raum nach allen Richtungen durchdringt und doch nicht an irgendeinem einzelnen Raumpunkt ist. Ja, um es genauer zu sagen: das Licht tritt für sich selbst gar nicht, sondern nur an der Materie in Erscheinung. «Eine solche Thätigkeit ist das *Licht*, denn es beschreibt alle Dimensionen des Raums, ohne daß man sagen könnte, daß es ihn wirklich erfülle. Das Licht ist also nicht *Materie* (erfüllter Raum), (...) sondern das *Construiren der Raumerfüllung*. Wir können überzeugt seyn, mit diesem Satz der räthselhaften Natur des Lichts um ein Beträchtliches näher gerückt zu seyn. Es ist schwer zu begreifen, wie das Licht alle Eigenschaften einer Materie zu tragen scheinen kann, ohne doch wirklich Materie zu seyn. Es trägt alle diese Eigenschaften nur ideell.» (IV, 46)

Dieses Zitat unterstreicht sehr gut, wie Schelling, ausgehend von der schmalen Basis der damaligen Naturerkenntnisse, um eine begriffliche Erfassung des Phänomens des Lichts ringt, welches die mechanistische Physik völlig ausgeklammert hatte. Es geht ihm aber hier nicht um eine bloße Beschreibung der Erscheinungsformen des Lichts, sondern unter der «Potenz des Lichts» stehen für ihn alle Formen qualitativer Wechselwirkungen zwischen Körpern, die sich nicht mehr durch die rein materiellen Größen der Masse, Schwere, Gravitation erklären lassen, weil sie eine nicht-materielle energetische Eigenschaft implizieren. Als die drei Formen unter der zweiten Potenz, in denen Körper qualitativ in nicht-materieller Weise in Beziehung und Wechselwirkung treten, nennt Schelling den Magnetismus, die Elektrizität und die chemischen Prozesse; in all diesen drei «dynamischen Prozessen» haben wir gleichsam ein potenziertes Produzieren und Reproduzieren der Natur vor uns. «Wir können also den allgemeinen Satz aufstellen: daß alle jene besonderen Bestimmungen der Materie, welche wir unter dem Namen der Qualitäten begreifen (...), ihren Grund in dem verschiedenen Verständniß der Körper zu jenen drei Funktionen [Magnetismus, Elektrizität, chemischer Prozeß] haben, und mit diesem Satz ist zuerst das allgemeine Prinzip einer Construktion der Qualitätsunterschiede gefunden.» (IV, 51) Hier schwebt Schelling im letzten eine «dynamische Atomistik» (III, 293) vor, zu deren begrifflicher Ausfüllung er aber um 1800 noch nicht die hierfür erforderlichen naturwissenschaftlichen Vorkenntnisse haben konnte. Trotz der Bruchstückhaftigkeit der ihm damals vorliegenden Erkenntnisse beharrt er darauf, im Licht das Phänomen vor sich zu haben, das auf *«eine und dieselbe Ursache»* verweist, «welche alle diese Erscheinungen hervorbringt» (IV, 49). Unter diesem Leitgedanken gelingt es Schelling, in teilweise grandioser Antizipation, naturwissenschaftliche Forschungsergebnisse vorauszudenken, die viel später erst eine experimentelle Bestätigung erfahren haben.

c) Das Licht verhält sich zur Materie – so erläutert Schelling in seiner späteren Selbstdarstellung – wie das «Subjekt» zum «Objekt» auf der einfachsten Stufe der Naturentwicklung, aber ihr Verhältnis bleibt hier noch ein äußerer Gegensatz. Auch «im dynamischen Prozeß behauptet die Materie noch immer ihre Selbstrealität; von dem Moment an aber, wo sie ihre Selbständigkeit oder ihren selbständigen Gegensatz gegen das Ideale verliert, tritt ein höheres Subjekt ein, gegen welches nun beide sich als die bloß gemeinschaftlichen Attribute verhalten (...) Es ist das Subjekt oder der Geist der organischen Natur, der Geist des Lebens, welcher mit jenen Potenzen, mit Licht und Materie, als den *seinigen* wirkt. Dabei kommt also die Materie nicht mehr als Substanz in Betracht». (X, 110)

Auch hier geht es Schelling – wie überall in der Naturphilosophie – nicht um eine Kausalableitung des Organismus, denn jede Kausalableitung vollzieht sich im Rahmen eines bestimmten wissenschaftlichen Kategorienhorizonts, der die Naturprodukte, zwischen denen Kausalbestimmungen ausgesagt werden, bereits voraussetzt. Deshalb ist es prinzipiell unmöglich, von physikalischen und chemischen Kategorien her die Entstehung des Lebens bestimmen zu wollen, weil organische Naturprodukte jenseits ihres Aussagehorizonts liegen. Aber auch die biologische Wissenschaft, die die organischen Naturprodukte in ihren Erklärungskategorien immer schon voraussetzt, vermag nicht deren Entstehung aufzuhellen.

Anders nun die Naturphilosophie, die sich ja von Anfang an zur Aufgabe stellt, alle Naturphänomene allein aus dem Produktivitätszusammenhang der wirklichen Natur zu begreifen. Aber dieses Begreifen ist in keinem Moment der ganzen philosophischen Entwicklung eine Kausalableitung, sondern ein Verstehen der natürlichen Wirklichkeit eines Phänomens aus den Bedingungen seines Wirklichseins. So setzt nun der Organismus die Materie und das Licht mit ihren Prozeßzusammenhängen als seine Bedingungen voraus, unterwirft diese aber seiner eigenen Potenz der Selbstreproduktion als Organismus.

Der Organismus ist, aus dem Gesamtprozeß der Natur betrachtet, ein überaus artifizielles und daher auch gefährdetes Phänomen. In ihm versucht die Natur gleichsam den Widerspruch ihrer gegenwirkenden Kräfte, wie sie in Materie und Licht selber in Erscheinung getreten sind, in *einem* Produkt aufzuheben. Aber sie kann dies nicht anders als in einem Produkt, das selbst wieder Produktivität ist und somit den Widerspruch in sich selbst erneuert. Ihren «Widerspruch sucht die Natur dadurch zu lösen, daß sie die *Indifferenz* selbst durch *Produktivität* vermittelt, aber auch dieß gelingt nicht, denn der Akt der Produktivität ist nur der zündende Funke eines neuen Erregungsprocesses; das Produkt der Produktivität ist eine *neue Produktivität*» (III, 324).

Dadurch, daß Schelling das Organismusproblem von Anfang an als einen einzigen Gesamtprozeß begreift, arbeitet er sich schon sehr früh (um 1799) – als erster überhaupt – zu einem philosophischen Begriff der organischen Evolution vor, wobei er jedes äußerliche Voranschreiten von einer Art zur anderen ausdrücklich verwirft und verlangt, daß die Evolution der Arten aus der inneren Produktivität des Organismus selbst begriffen werden muß. «Die Produktivität der Natur ist absolute Continuität. Deßwegen werden wir auch jene Stufenfolge der Organisationen nicht mechanisch, sondern dynamisch, d.h. nicht als eine Stufenfolge der Produkte, sondern als eine Stufenfolge der Produktivität aufstellen. *Es ist nur ein Produkt, das in allen Produkten lebt.* Der Sprung vom Polypen zum Menschen scheint freilich ungeheuer, und der Uebergang von jenem zu diesem wäre unerklärlich, wenn nicht zwischen beiden Zwischenglieder träten. Der Polyp ist das einfachste Thier, und gleichsam der Stamm, aus welchem alle anderen Organisationen aufgesproßt sind.» (III, 54)

Der Organismus ist zwar ein prozessuales Gesamtphänomen, das aber nur durch individuelle Organisationen hindurch, die selber vergänglich sind, überdauert. Die Reproduktion des Organismus vollzieht sich zum einen als Erhaltung der Art durch die Fortpflanzung der Individuen, die sehr früh schon bei Pflanzen und Tieren über die Bipolarität der Geschlechtlichkeit erfolgt, zum anderen in den einzelnen pflanzlichen und tierischen Individuen durch einen vom Organismus organisierten Austauschprozeß mit der anorganischen Natur. Die hierfür bestimmenden Prozeßmomente sind die Sensibilität, die Irritabilität und die Reproduktion, auf die wir hier nicht näher eingehen können, obwohl ihre Behandlung zu den differenziertesten Ausarbeitungen gehören, die Schelling im Rahmen der Naturphilosophie entwickelt hat. Vielleicht sollte in diesem Zusammenhang zum einen darauf hingewiesen werden, daß Schelling bereits in seinem *Ersten Entwurf eines Systems der Naturphilosophie* (1799) im Rahmen der «Wechselbestimmung des Organischen und des Unorganischen» (III, 144ff.) einen ersten Aufriß der Grundprobleme der Ökologie entwirft, und zum anderen betont werden, daß er den Evolutionsprozeß der Artenentfaltung weder als Zufallsgeschehen noch als Teleologie beschreibt, sondern ihre auf immer selbständigere Gestalten abzielende Entwicklung aus den mit sich selbst ringenden Widersprüchlichkeiten des Organismus selbst begreift. – Hierin erweist sich Schelling als noch nicht eingeholter Vordenker der heutigen Selbstorganisationsdebatte.

d) Zur vollständigen Selbständigkeit kommt erst das Bewußtsein, das aber eine über den Organismus hinausgehende Potenz darstellt, die nun nicht mehr eine Potenz der materiellen Naturgestaltung, sondern eine der ideellen Bewußtwerdung ist. Insofern geht hier die Naturphilosophie in die Philosophie des Geistes über, wobei aber diese immer an jene rückgebunden bleibt. «So können wir, nachdem wir einmal auf diesem Punkt angekommen sind, nach ganz entgegengesetzten Richtungen – von der Natur zu uns, von uns zu der Natur gehen, aber die *wahre* Richtung für den, dem *Wissen* über alles geht, ist die, welche die *Natur selbst* genommen hat.» (IV, 78; vgl. X, 388f.)

3. Vom absoluten System zur positiven Philosophie

Ab 1801 – nach einer brieflichen Kontroverse mit Fichte und bestärkt durch den eben nach Jena gekommenen Hegel – schreitet Schelling zu seinem absoluten System der Philosophie fort, in welchem die Naturphilosophie nur noch den ersten Systemteil bildet – den einzigen allerdings, den er mehrfach detailliert entwickelt, während er die beiden weiteren Systemteile, die Philosophie des Geistes oder der Geschichte, nur in Umrissen skizziert sowie die Philosophie der Kunst, Religion und Philosophie nur in Einzeldarstellungen vorlegt. (X, 106 ff.)

Erst in diesen weiteren Systemteilen kommt – wenn auch nur skizzenhaft – die Doppelbestimmung des Menschen aus und gegenüber der Natur, um die es Schelling seit seinen frühesten philosophischen Anfängen immer schon geht, voll zur Sprache. Denn der Naturphilosophie war es ja nicht um eine äußerliche Beschreibung eines Prozeßgeschehens zu tun, sondern um ein Begreifen der Produktivität der Natur, deren lebendiger Teil wir selbst sind. Mit dem Bewußtsein aber, das selbst Produkt der Natur ist, tritt der Mensch in Erkennen, Handeln und schöpferischem Gestalten nun der Natur in freier Zwecksetzung entgegen. Daß in dieser Doppelbestimmung des Menschen bzw. in der alleinigen Absolutsetzung der zweiten Teilbestimmung eine Gefahr der Naturentfremdung liegt, erkennt Schelling als erster – hierauf wird später noch einzugehen sein.

Aber die in der Freiheit des Menschen angelegte gefahrvolle Möglichkeit der Entfremdung von der Natur ist keine unüberwindliche Zerrissenheit, sondern es gibt eine Versöhnung des Menschen mit der

Natur, die in der Bewußtwerdung der menschlichen Doppelbestimmtheit aus Natur und Freiheit gründet und die – wie Schelling betont – in der Kunstproduktion immer schon zum Vorschein kommt. Die Kunst ist gleichsam der erfahrbare Beweis einer möglichen Versöhntheit von Natur und Freiheit, denn in der bewußtlos-bewußten Kunstproduktion sind beide Momente zu einer schöpferischen Einheit verschmolzen. Hieran hat Ernst Bloch später mit seinen Gedanken der Allianz von Mensch und Natur angeknüpft, den er aber konsequenterweise über die Kunst hinaus auf den Gesamtbereich der menschlichen Produktion erweitert.

Obwohl Schelling im ersten naturphilosophischen Systemteil direkt an seine früheren Entwürfe zur Naturphilosophie anknüpft, diese verfeinert und präzisiert – seine diesbezüglichen Darstellungen von 1804 und 1806 gehören überhaupt zu den großartigsten Ausarbeitungen zur Naturphilosophie, die wir von Schelling haben –, bekommt seine Problemstellung doch insgesamt einen anderen Charakter. Während seine frühen Entwürfe sich viel stärker auf die experimentale Naturforschung beziehen – nicht zu Unrecht spricht Schelling hier von «spekulativer Physik» (wobei «Physik» im antiken Sinne das Ganze der Natur meint) –, so überwiegt nun das systematische Problem der Begriffsentfaltung des Absoluten, d. h. des unendlichen Seinprozesses durch alle Gestalten der Natur, Geschichte und des Selbstbegreifens hindurch.

Aber Schelling bleibt auch bei diesem absoluten System der Philosophie nicht stehen. Gerade in der Zeit, in der Hegel mit seinem dialektischen System der Philosophie an die Öffentlichkeit tritt, das weit durchgefeilter und in sich geschlossener ist als die früheren Entwürfe Schellings, überwindet Schelling, beginnend mit seinen *Philosophischen Untersuchungen über das Wesen der menschlichen Freiheit* (1809) den auf der absoluten Einheit von Denken und Sein, Vernunft und Existenz gegründeten Systemgedanken. In Auseinandersetzung mit dem Freiheitsproblem, das Schelling von Anfang an in einem theologischen Kontext diskutiert, wird ihm klar, daß ein die gesamte Natur und Geschichte begreifendes System der freien Entscheidung keinen Raum läßt, ja, überhaupt nicht in die Dimension einer existentiellen Sinngebung unseres geschichtlichen Daseins vorzudringen vermag. «Weit entfernt also, daß der Mensch und sein Thun die Welt begreiflich mache, ist er selbst das Unbegreiflichste (...) Gerade Er, der Mensch, treibt mich zur letzten verzweifelten Frage: warum ist überhaupt etwas? warum ist nicht nichts?» (XIII, 7)

Diese Frage betrifft uns existentiell und läßt uns ganz anders nach dem wirklichen *Sinn* zusammenhang der Welt fragen, in den wir selber hineingestellt sind. Die rein rationale Vernunftwissenschaft oder «negative Philosophie», wie Schelling rückblickend das Programm des absoluten Systems nennt, kann immer nur den allgemeinen und notwendigen Strukturzusammenhang der Natur, der Geschichte, des Absoluten begreifen; nicht aber die existierende Welt, in die hineingeworfen wir uns erfahren, in der wir uns geschichtlich gefordert zu bewähren haben und von deren letzten Sinnhorizont wir erhoffen, daß sich darin das Wirken Gottes offenbare. Der «negativen Philosophie» stellt Schelling daher die «positive Philosophie» zur Seite, wie er sie als existentielle Glaubensphilosophie im Sinne einer philosophischen Durchdringung von Mythologie und Offenbarungsreligion in seinen letzten großen Philosophievorlesungen in Erlangen, München und Berlin konzipiert und vorträgt.

4. Das Verhältnis zu den Naturwissenschaften und die Gefahr der Naturentfremdung

a) Schelling wurde von Naturwissenschaftlern und Philosophen seit dem späteren 19. Jahrhundert der Vorwurf gemacht, daß er ohne Rücksicht auf die Empirie die Natur rein «spekulativ» – im negativen Sinne dieses Wortes – deduziere und eine Naturphantastik konstruiere, die mit der wissenschaftlichen Naturerkenntnis nichts zu tun habe. Nichts ist eigentlich ungerechter als dieser Vorwurf, denn es gibt wohl keinen Philosophen seiner Zeit oder seither, der sich so intensiv wie Schelling in die einzelnen naturwissenschaftlichen Disziplinen theoretisch wie experimental eingearbeitet hat.

Zunächst ist mit Schelling zu unterstreichen, daß der letzte Bezugspunkt auch für die Naturphilosophie selbstverständlich unsere Erfahrung ist: «*Wir wissen nicht nur dieß oder jenes, sondern wir wissen ursprünglich überhaupt nichts als durch Erfahrung, und mittelst der Erfahrung, und insofern besteht unser ganzes Wissen aus Erfahrungssätzen.*» (III, 278) Und Schelling unterstreicht weiterhin, daß auch alle naturphilosophischen Grundbegriffe und daraus gewonnenen Folgerungen nicht nur philosophisch in sich stimmig sein müssen, sondern auch der «empirischen Probe» unterliegen, denn «*wenn im ganzen Zusammenhange der Natur eine einzige Erscheinung ist, die nicht nach jenem Prinzip nothwendig ist, oder ihm gar widerspricht, so ist die Voraussetzung eben dadurch schon als falsch erklärt.*» (II, 277)

Die Erfahrung ist zwar unabdingbarer Bezugspunkt, aber wir können bei ihr nicht stehenbleiben, denn aller wissenschaftlichen Naturerkenntnis geht es um die «Einsicht» in die «innere Nothwendigkeit aller Naturerscheinungen» (III, 279). Eine solche ist aber nicht aus der Erfahrung aufzugreifen, sondern nur über die Gewißheit und Stimmigkeit des theoretischen Aussagegefüges zu erreichen. Somit steht völlig außer Zweifel, daß alle Wissenschaften zwei sich wechselseitig durchdringende polare Dimensionen haben: die Empirie und die Theorie. (III, 279) Gerade am Experiment, dem Aktivzentrum der empirischen

Naturforschung, läßt sich zeigen, daß es keineswegs theorielos vorgehen kann. «Jedes Experiment ist eine Frage an die Natur, auf welche zu antworten sie gezwungen wird. Aber die Frage enthält ein verstecktes Urteil a priori; jedes Experiment, das Experiment ist, ist Prophezeiung; das Experimentieren selbst ein Hervorbringen der Erscheinung.» (III, 276)

An der prinzipiellen Doppelbestimmtheit der Wissenschaften läßt sich zeigen, daß niemals der eine auf den anderen Pol zurückgeführt werden kann, da die Empirie den Erfahrungszusammenhang und die Theorie den Denkzusammenhang repräsentiert. Erfahrung und Denken sind nicht nur nicht aufeinander reduzierbar, sondern folgen je eigenen Bildungsgesetzen.

Jetzt erst, da wir uns der Frage konfrontiert sehen, woher uns die Theorie komme, da sie nicht aus der Erfahrung abgeleitet sein kann, treten für Schelling Naturphilosophie und naturwissenschaftliche Theorien auseinander, obwohl sie im Denken beide auch miteinander verknüpft sind. Die Naturwissenschaften erforschen jeweils einen bestimmten Gegenstandsbereich von Naturphänomenen als Objektzusammenhang. Dies ist nicht ihrer Willkür zuzuschreiben, sondern ist Stärke, aber auch Begrenztheit ihrer Methodologie: mit physikalischen Kategorien lassen sich nur physische, mit biologischen Kategorien nur organische Phänomene erforschen. Nun kommen wir auch bei Addition sämtlicher naturwissenschaftlicher Objekterkenntnisse doch niemals zu einem Begriff der wirklichen, aus sich selbst seienden Natur, sondern zu einem Inbegriff aller Objekte. Die Naturphilosophie fragt dagegen gerade nach der einen wirklichen Natur, aus der alle Naturphänomene nicht nur hervorgebracht, sondern durch die sie je aktuell wirklich sind. (III, 284) Die Naturphilosophie vermag aber erst dort die ihr gestellte Aufgabe zu erfüllen, wo sie nicht nur die Natur als ursprüngliche Produktivität denkt, sondern wo sie diese Produktivität als unendlichen Prozeß durch *alle* ihre sich potenzierenden Gestaltungen hindurch und in allen Naturphänomenen fortwirkend wirksam begreift. Hieran zeigt sich, daß die Naturphilosophie selber alle Ergebnisse der Naturforschung, die sie nicht selber auffinden kann, sondern immer wieder erneut aus den Händen der Naturforschung entgegennehmen muß, in ihren Begreifenszusammenhang einzubeziehen hat. Dabei muß sie aber diese Erkenntnisse einer Problemumwandlung unterwerfen, denn es geht ihr nicht um ein quantifizierbares Objektwissen, sondern um ein Begreifen des Wirklichseins dieser Phänomene aus dem Wirklichkeitszusammenhang der produktiven Gesamtnatur.

Haben wir hiermit gezeigt, daß die Naturphilosophie auf die Ergebnisse der Naturforschung angewiesen ist, so gilt es nun, weit grundsätzlicher die Angewiesenheit der naturwissenschaftlichen Forschung auf die Naturphilosophie aufzuzeigen: Alle Naturforschung trachtet im letzten doch immer auch danach, durch ihre Erkenntnisse einen Beitrag zum Verständnis der Natur insgesamt zu leisten, so ist – wie unbewußt auch immer – alle Wissenschaft auf einen philosophischen Begreifenshorizont bezogen. Je mehr sich eine Naturwissenschaft gegen die Naturphilosophie isoliert, um so unfruchtbarer werden ihre Detailerkenntnisse für das Naturverständnis insgesamt; je mehr sich dagegen die Naturwissenschaften für die naturphilosophischen Fragen nach dem wirklichen Gesamtzusammenhang der Natur öffnen, um so mehr wird ihre experimentelle Forschung selbst von diesen auf das produktive Ganze gehenden Fragen beflügelt sein. Daher kommt der Naturphilosophie ein Primat vor den Naturwissenschaften zu, ohne diese doch je verdrängen oder ersetzen zu wollen; im Gegenteil, die Naturphilosophie ist an einer kooperativen Zusammenarbeit mit der naturwissenschaftlichen Forschung äußerst interessiert, denn nur zusammen können sie der «unendlichen Aufgabe» (III, 279) des Begreifens der Natur gerecht werden.

Die Naturphilosophie «ist an sich selbst schon Erhebung über die einzelnen Erscheinungen und Produkte zur Idee dessen, worin sie eins sind und aus dem sie als gemeinschaftlichem Quell hervorgehen. Auch die Empirie hat doch eine dunkle Vorstellung von der Natur als einem Ganzen, worin Eines durch Alles und Alles durch Eines bestimmt ist (...) [Die Naturphilosophie] ist demnach das Erste und die Bedingung, unter welcher zuerst die empirische Naturlehre an die Stelle ihres blinden Umherschweifens ein methodisches, auf ein bestimmtes Ziel gerichtetes Verfahren setzen kann. Denn die Geschichte der Wissenschaft zeigt, daß ein solches Construiren der Erscheinungen durch das Experiment, als wir gefordert haben, jederzeit nur in einzelnen Fällen wie durch Instinkt geleistet worden ist, daß also, um diese Methode der Naturforschung allgemein geltend zu machen, selbst das Vorbild der Construktion in einer absoluten Wissenschaft [der Philosophie] erfordert wird.» (VI, 323 f.; vgl. III, 279)

b) Nicht in der empirischen Naturforschung, wohl aber in einer bestimmten Form der wissenschaftstheoretischen Konstitution der neuzeitlichen Naturwissenschaften sieht Schelling seinen Widersacher, den er vor allem in Fichte bekämpft, wie wiederum Fichte Schellings Naturphilosophie als schlechte Ontologie abtut. Nicht um die Wiedergabe dieses Streites geht es hier, sondern an Schellings *Darlegung des wahren Verhältnisses der Naturphilosophie zu der verbesserten Fichteschen Lehre* (1806) soll abschließend die Relevanz der Schellingschen Naturphilosophie für die gegenwärtige Ökologiedebatte angedeutet werden.

Indem Fichte das Kantische «Ding an sich» als einen Ungedanken schlechthin streicht, leugnet er, wie Schelling sagt, «daß das An-sich das Wirkliche sey» (VII, 97), d.h. er bestreitet, daß es überhaupt eine wirkliche Natur gibt. Vielmehr ist ihm Natur das Nicht-Ich, das das Ich mit seinen Erkenntniskategorien sich als sein Anders entgegenstellt, das reine Objekt unserer Erkenntnis, das daher schlechthin nichts für sich selbst Wirkliches ist, sondern etwas an sich Totes, nur für uns Seiendes. (VII, 11) Durch diese Leugnung einer wirklichen Natur ontologisiert Fichte die Transzendentalphilosophie zu einer Philosophie des subjektiven Geistes, für die nur das wirklich ist, was das Ich sich als Objekt seiner Erkenntnis gesetzt hat, zwar nicht das individuelle Bewußtsein für sich allein, sondern vielmehr der menschliche Geist in allen Subjekten in gleicher Weise. Daher gibt es für Fichte nur eine wirkliche Welt: die unter dem Gesetz des sittlichen Handelns stehende Welt der Menschen. Für diese einzig wirkliche Welt der Menschen ist die Natur, das Nicht-Ich, nur verfügbares Material, «zu nichts weiter da (...), als gebraucht zu werden» (VII, 17). In zweifacher Hinsicht wird also durch Fichtes «Wissenschaftslehre» und «Sittenlehre» die Natur zu einem toten Objekt und beherrschbaren Material entwirklicht. Was uns in Fichtes Lehre entgegentritt, ist aber nicht nur der «Haß gegen die Natur» (VII, 112) und der philosophische Wahn eines einzelnen Denkers, sondern das Spiegelbild eines Zeitalters, das Fichte selber als «Zeitalter der vollendeten Sündhaftigkeit» treffend umschreibt, ohne zu sehen, daß er selber zu dessen Wortführer geworden ist. Es ist das Zeitalter, das «die Ichheit zum Princip der Philosophie» macht und das «Götzenbild der Subjektivität (...) auf den Thron hebt» (VII, 26f.). Es ist das Zeitalter, in der die Natur *theoretisch* auf einen «bloßen Mechanismus» reduziert wird – ein Wissenschaftsverständnis, das seit Descartes die «Physik als Wissenschaft» beherrscht (VII, 102f.) – und in der sie *praktisch* den Zwecksetzungen der Menschen unterworfen wird, die vor keiner Naturzerstörung haltmachen – «denn soweit nur immer die Natur menschlichen Zwecken dient, wird sie getödtet» (VII, 18).

Aber im letzten arbeitet die Menschheit, die ihre Welt des Geistes allein für wirklich und die Natur theoretisch wie praktisch für unwirklich erklärt, an ihrer eigenen Zerstörung (VII, 19). Denn indem sich die Subjektivität selbstsüchtig zur alleinigen Wirklichkeit erklärt, zertrennt sie das existentielle Band mit der lebendigen Natur, ohne das sie selbst nicht zu leben vermag, wie Schelling in den *Philosophischen Untersuchungen über das Wesen der menschlichen Freiheit* (1809) die katastrophale Perspektive unseres Zeitalters vorauszeichnet: «Hieraus entsteht der Hunger der Selbstsucht, die in dem Maß, als sie vom Ganzen und von der Einheit sich lossagt, immer dürftiger wird. Es ist im Bösen der sich selbst aufzehrende und immer vernichtende Widerspruch, daß er creatürlich zu werden strebt, eben indem er das Band der Creatürlichkeit vernichtet, und aus Uebermuth alles zu seyn, ins Nichtseyn fällt.» (VII, 390f.)

Gegen diese fortschreitende Naturentfremdung wendet sich die

Naturphilosophie Schellings vor allem in ihren späteren Entwürfen seit 1804 ganz explizit. Ihr geht es um das existentielle Band, das uns lebendig mit der Natur verknüpft und das nur erhalten werden kann, wenn wir uns in unserem geschichtlichen Sein nicht gegen die Natur stellen, sondern uns aus ihr begreifen und wenn wir von daher für den durch uns hindurchgehenden Existenzzusammenhang von Natur und Geschichte verantwortlich handeln. «Nicht das Leben der Natur selbst, auch nicht dein wahrer ursprünglicher Sinn ist verschlossen; der eigne innere Geistes- und Herzenstod verhüllt und verschließt dir beide. Das wirkliche Sehen des Lebendigen kann allerdings nicht bemerkt werden in jenem tölpischen oder auch hochmüthigen Wegfahren über Dinge, es gehört dazu der Zug innerer Liebe und Verwandtschaft deines eigenen Geistes mit dem Lebendigen der Natur, die stille, nach der Tiefe dringende Gelassenheit des Geistes, damit das bloß sinnliche Anschauen zu einem sinnigen werde». (VII, 62)

III. Wirkung

Die Wirkung des jungen Schelling war enorm. Wegen Fichte und Schelling wechselten viele Studenten nach Jena. Hier traf sich auch der ganze frühromantische Kreis, mit dem Schelling freundschaftlich verbunden war. Auf die romantische Naturanschauung hat Schelling stark gewirkt, aber es wäre völlig falsch, Schelling selbst der Romantik im engeren Sinne zuzurechnen. Ihm geht es in der Naturphilosophie immer um den *Begriff* der Natur, nicht um die ästhetische Naturbetrachtung; mit der Romantik verbindet ihn eher seine Philosophie der Kunst. Die wilden, phantastischen Analogiebildungen der späteren Naturromantiker, die sich in mißverstandener Jüngerschaft auf Schelling beriefen, haben sogar wesentlich dazu beigetragen, seine Naturphilosophie in Verruf zu bringen.

Großen Einfluß übten Schellings Schriften auch auf das spätere naturphilosophische Denken Goethes aus, dessen Naturstudien durch entscheidende Impulse Schellings einen philosophischen Unterbau bekamen, ohne daß man dabei von einer direkten Übernahme sprechen könnte.

Daß bei der gegenseitigen Beeinflussung Hegels und Schellings seit den Jahren des Tübinger Stifts Schelling Hegel zu naturphilosophischen Studien angeregt hat, steht wohl außer Frage. Neben Schelling hat auch nur Hegel die Naturphilosophie in sein absolutes System philosophisch einbezogen. Aber es waren dann gerade die Differenzen in der Einschätzung der Naturphilosophie, die Hegel und Schelling nach 1807 völlig auseinanderbrachten. Denn während es Schelling immer um den philosophischen Begriff der wirklich sich hervorbringenden Natur ging, wandte sich Hegel im letzten einem Begriff des philosophischen Begreifens der Natur zu.

Auf die Naturwissenschaften des frühen 19. Jahrhunderts hat Schelling weit intensiver gewirkt, als oft angenommen und dargestellt wird. Die bedeutendsten Naturforscher, die von Schelling beeinflußt wurden, sind H. Steffens, J. W. Ritter, L. Oken, H. Chr. Oersted, K. Fr. Burdach, C. G. Carus, K. E. v. Baer. Doch bald schon versiegten diese direkten Anregungen, da nach 1806 weder Schelling selbst noch irgendein anderer sein Projekt einer Naturphilosophie fortsetzte. Nur untergründig wirkte Schellings Naturphilosophie vor allem im Bereich der Biologie/Medizin bis in unser Jahrhundert fort: Rudolf Ehrenberg, Adolf Meyer-Abich, Viktor von Weizsäcker u. a. wurden durch Schelling angeregt, aber auch die heutige Selbstorganisationsdebatte beginnt Schelling wiederzuentdecken. Die naturphilosophische Problemstellung selbst wurde von Philosophen wie Helmuth Plessner, Maurice Merleau-Ponty und insbesondere von Ernst Bloch aufgenommen und in unterschiedliche Richtung, aber doch nur eingeschränkt weitergedacht.

Erst in allerjüngster Zeit werden durch das Bewußtwerden der ökologischen Krise, in die uns unser wissenschaftlich-technisches Naturverhältnis täglich stärker hineintreibt, Zweifel an der seit hundertfünfzig Jahren herrschenden Naturwissenschaftsgläubigkeit laut. Auf der Suche nach Alternativkonzepten und philosophischen Ansätzen, die überhaupt in der Lage sind, das Problem, in das wir immer weiter hineinschlittern, gedanklich wenigstens erfassen zu können, wird nun auch Schellings Naturphilosophie wiederentdeckt.

Eines jedoch scheint sicher zu sein: daß wir ohne eine Naturphilosophie im Sinne Schellings nicht mit den durch unseren wissenschaftlich-technischen Naturumgang erzeugten und täglich wachsenden ökologischen Problemen fertig werden können. Denn wir brauchen dazu eine philosophische Grundlage, die die Natur als einen uns selbst mitumgreifenden wirklichen Existenzzusammenhang thematisiert und die von daher befähigt ist, den einzelwissenschaftlichen und technischen Zugriff auf bestimmte Objektbereiche kritisch in die Schranken zu weisen. Allerdings reicht zur kritischen Bewältigung unseres entfremdeten Naturverhältnisses eine Naturphilosophie allein nicht aus. Ihr muß eine kritische Philosophie der gesellschaftlichen Praxis zur Seite treten, die uns Perspektiven aufzeigt, wie wir unsere bedenkenlose Ausbeuter-Praxis gegenüber der Natur in eine Praxis der Allianz mit der Natur (Bloch) aufzuheben vermögen.

Heinz Kimmerle

GEORG WILHELM FRIEDRICH HEGEL
(1770–1831)

Daß ein Sammelband «Klassiker der Naturphilosophie» ein Kapitel über Hegel enthält, wäre lange Zeit hindurch nicht selbstverständlich gewesen. Hegel galt als Hauptvertreter einer spekulativen Naturphilosophie, von der sich die Naturwissenschaft mit Nachdruck abgewandt hatte. Die Wirkung seiner Naturphilosophie war ferner durch einen Zwischenfall besonders belastet, der heute eher anekdotisch anmutet. In seiner Habilitationsdissertation *Über die Planetenbahnen* (1801) hatte er die Notwendigkeit eines größeren Abstandes postuliert «zwischen dem vierten und dem fünften Ort», an dem sich ein Planet befindet, also zwischen Jupiter und Saturn, so daß «dort kein Planet vermißt wird».[1] Zu seinem Unglück und zum Unglück der Wirkungsgeschichte seiner Naturphilosophie war aber etwa gleichzeitig der erste der Asteroiden entdeckt worden, die sich genau an diesem Ort befinden.

Die damit verbundene Einschätzung der Hegelschen Naturphilosophie ist etwa seit der Mitte dieses Jahrhunderts überwunden. Es ist eine neue Einsicht entstanden, nicht zuletzt «vor dem Hintergrund der Relativitätstheorie und der Quantenmechanik», daß Hegels Naturphilosophie deshalb von großer Bedeutung ist, weil sie «Natur und Materie in der Gesamtheit ihrer Erscheinungsformen» zu erfassen sucht und weil sie dabei aufgrund der dialektischen Methode «ein durchgängiges Entwicklungsprinzip» aufzeigen kann, das die Natur «als ein sich aus einer immanenten Logik generierendes System» begreifbar werden läßt.[2]

I. Biographische
Stationen und Entwicklungsgeschichte
des Denkens über die Natur

Es ist wichtig, die Naturphilosophie Hegels nicht nur im Zweiten Teil seiner *Enzyklopädie der philosophischen Wissenschaften*, sondern im gesamten Zusammenhang und Corpus seines Werkes aufzusuchen. Dazu gehört eine entwicklungsgeschichtliche Betrachtung seines Denkens. Die verschiedenen biographischen Stationen sollen unter diesem Gesichtspunkt kurz umrissen werden. In seinen «Jugendschriften» (1793–1800), die Hegel als Student der Theologie und Philosophie in

Tübingen und als Hauslehrer in Bern und Frankfurt verfaßt hat und die sich vor allem mit theologisch-religionsphilosophischen und historisch-politischen Fragen beschäftigen, schenkt er der Natur relativ wenig Aufmerksamkeit. Überraschenderweise kommt es am Anfang seiner Jenaer Dozenten- und Publikationstätigkeit (1801/1802) zu einem naturphilosophischen Schwerpunkt seines gesamten Denkens. Die Wandlungen, die seine Jenaer Systemkonzeptionen erfahren (1802–1807), führen indessen schon sehr bald zu einer Depotenzierung der Natur und einer negativen Besetzung des Naturbegriffs. Weil aber das Negative dem Hegelschen Denken notwendig ist, darin eine unverzichtbare und deshalb im Grunde positive Rolle spielt, behält die Naturphilosophie in seinem System der Philosophie einen wesentlichen Platz.

Nun hat Hegel nach seiner Jenaer Zeit als Redakteur der Bamberger Zeitung und als Rektor und Philosophieprofessor am Gymnasium in Nürnberg (1807–1816) neben seinen politischen und pädagogischen Tätigkeiten vor allem am Ersten Teil seines Systems, der *Wissenschaft der Logik*, gearbeitet. Darin sind die begrifflichen Grundlagen seines gesamten Denkens, also auch des Denkens der Natur, enthalten. Am Ende der *Logik* entsteht die Frage nach dem Übergang der inneren Idee in die äußere Natur.

Nach seiner Berufung an die Universität Heidelberg veröffentlicht Hegel 1817 als Handbuch für seine Vorlesungen die *Enzyklopädie der philosophischen Wissenschaften im Grundrisse*. Darin wird, in der gebotenen Kürze und Umrißhaftigkeit eines solchen Handbuchs, der Zweite Teil des Systems, die *Philosophie der Natur*, ebenso gründlich und vollständig ausgearbeitet wie der Erste Teil, die *Wissenschaft der Logik*, und der Dritte Teil, die *Philosophie des Geistes*. Während seiner Tätigkeit als Philosophieprofessor in Berlin (1819–1831) hat Hegel dann zu wiederholten Malen Naturphilosophie in seinen Vorlesungen behandelt. Wir können davon ausgehen, daß diese Vorlesungen wesentliche Erweiterungen und Neukonzeptionen enthalten, die sich in der *Enzyklopädie*, die 1827 und 1830 in 2. und 3. Auflage erschien, nicht in vollem Umfang niedergeschlagen haben.

Ein wichtiger Gesichtspunkt, der in der Literatur bisher nur wenig beachtet wird, ist der Naturbegriff in der Geistesphilosophie. Denn mit dem Übergang zum Geist, das heißt der Darstellung der menschlichen Welt, ist die Natur nicht verschwunden. Im System gibt es auch eine Naturseite des Geistes. Deshalb muß auch diesem Gesichtspunkt in der folgenden Darstellung die nötige Aufmerksamkeit zukommen.

Georg Wilhelm Friedrich Hegel (1770–1831)

II. Die Naturphilosophie

1. Über das Verhältnis der Naturphilosophie zur Philosophie überhaupt

Die sog. «Jugendschriften» Hegels münden aus in eine «Metaphysik des Lebens». Im Begriff des Lebens wird eine Einheit gedacht, die in den konkreten Gestalten der menschlichen Welt gerade nicht vorhanden ist. Das geschichtliche Leben seiner Zeit gilt ihm als in sich zerrissen, mit sich selbst entzweit. Aber das Leben geht nicht auf in seinen endlichen Manifestationen und der darin jeweils erreichten Verbindung von Heterogenem. Es bildet die Quelle für immer weitergehende Gestaltungen, die sich stets aufs neue als lebendig erweisen. In diesem Sinn ist das unendliche Leben «die Verbindung der Verbindung und der Nichtverbindung».[3] In der Philosophie bereitet sich für das endliche Leben die Möglichkeit vor, sich zum unendlichen zu erheben und diese Verbindung zu erfassen. Nach der Darstellung des «Systemfragments von 1800» geht die Philosophie in der Erfassung des unendlichen Lebens über in Religion, eine neue Religion, die als Überbietung der Philosophie auf diese bezogen bleibt, durch sie ermöglicht wird.

Dieselbe theoretische Leistung wird ein Jahr später, in der Schrift über *Die Differenz des Fichteschen und Schellingschen Systems,* von der Philosophie erwartet. Dies ist dann freilich eine Philosophie, die den Reflexionsstandpunkt überwindet und als Spekulation auftritt. Die erste und eigentliche Selbstdarstellung des Lebens in seiner unendlichen Produktivität ist nach der Konzeption dieses Systems die Natur. Darin liegt der systematische Grund für eine naturphilosophisch bestimmte Phase in der Entwicklung des Hegelschen Denkens. Und daraus erklärt sich die überraschende intensive und extensive Beschäftigung mit der Naturphilosophie in den ersten Jenaer Jahren (1801–1803). Als äußerer Umstand kommt hinzu, daß Hegel in diesen Jahren eng mit Schelling zusammengearbeitet hat.

Im *Kritischen Journal der Philosophie,* das Schelling und Hegel in den Jahren 1801–1802 gemeinsam herausgegeben und auch gemeinsam mit Beiträgen gefüllt haben, steht der Aufsatz *Ueber das Verhältniß der Naturphilosophie zur Philosophie überhaupt.* Da die einzelnen Beiträge nicht mit Namen gezeichnet wurden, konnte ein Streit darüber entstehen, welche Aufsätze Schelling und welche Hegel zuzuschreiben sind. Der genannte Aufsatz wird meistens Schelling zugeschrieben. Er behandelt aber genau das systematologische Problem, durch das Hegel sich den Zugang zur Naturphilosophie erschlossen hat. Gewiß ist ihm dies nicht gelungen ohne die Zusammenarbeit mit Schelling. So möchte ich denn auch die These vertreten, daß dieser Aufsatz ein Gemeinschaftsprodukt beider Autoren ist.

Sachlich gesehen geht es darum, daß der Standpunkt der absoluten Einheit die Aufhebung der Entzweiung ermöglicht. Dieser Standpunkt, der in der Religion objektiv gegeben ist, ist für das menschliche Denken «ein ewiger Quell neuer Anschauung», für das menschliche Handeln ein Leitbild der «Harmonie des Universums». Schelling und Hegel betonen immer wieder, daß die Naturphilosophie zu einem solchen Standpunkt nicht im Gegensatz steht, daß sie «im Gegenteil (...) durchaus nur aus einem System der absoluten Identität hervorgehen, und in einem solchen begriffen und erkannt werden kann». Die «neue Religion», die Hegel schon in der Frankfurter Zeit stiften wollte, wird nun «in der Wiedergeburt der Natur zum Symbol der ewigen Einheit» erkannt. Das bedeutet aber, daß diese Naturphilosophie wie das gesamte System der Philosophie «ganz aus reiner Vernunft» entworfen wird und «nur in den Ideen» ihre Wahrheit findet.[4]

2. Das System der Philosophie mit naturphilosophischem Schwerpunkt in den Jahren 1801–1802

Von dem System der Philosophie, in dem die Natur als «Symbol der ewigen Einheit» fungiert, wie sie im absoluten Indifferenzpunkt gegeben ist, sind uns nicht viele Zeugnisse überliefert. Anhand der «Differenzschrift», an deren Ende Hegel den Standpunkt Schellings gegen Fichte auf eine Weise zusammenfaßt, die bei Schelling selbst nirgendwo zu belegen ist, habe ich gezeigt, daß dieses System vier Teile umfaßt hat: eine Logik und Metaphysik als «Wissenschaft des Wissens», in der die Identität konstruiert wird; eine Naturphilosophie als die objektive Seite des Subjektobjekts; eine Transzendentalphilosophie als seine subjektive Seite und eine Philosophie des Absoluten als die in sich doppelte Ineinssetzung beider Seiten durch Kunst und Spekulation. Seit dem Wiederauffinden einiger Manuskripte aus dieser Zeit wissen wir, daß dieses vierteilige System von Hegel in der Tat so konzipiert worden ist und daß das Prinzip der Vierheit auch in der Naturphilosophie bestimmend gewesen ist.

Der einzige inhaltlich näher ausgeführte Abschnitt dieser Naturphilosophie ist die Habilitationsdissertation *De Orbitis Planetarum*. Es handelt sich um Ausarbeitungen zum ersten Abschnitt der Naturphilosophie, den Hegel bis 1804/1805 als «Himmlisches System» oder «System der Sonne» überschreibt. Die naturwissenschaftlich-astronomischen Fragen, die Hegel in diesem Text anschneidet, seine Wendung gegen Newtons rein mathematische Beschreibung des Planetensystems und seine Option für Kepler, der von dem Zusammenwirken bestimmter Kräfte ausgeht, kann ich hier nicht im einzelnen behandeln. Das ist in der Einleitung und im Kommentar der Neuedition dieser Schrift von Wolfgang Neuser ausführlich und sachkundig dargelegt. Es kommt mir an dieser Stelle darauf an, die identitätsphilosophische Konzeption dieser Naturphilosophie aufzuzeigen, die ihre Viergliedrigkeit bedingt.

In den Thesen, die der Habilitationsdisputation Hegels zugrunde lagen, sagt er bereits: «*Quadratum est lex naturae.*»[5] Die Dissertation führt dies näher aus, indem zunächst aus der in sich spannungsvollen Einheit der Schwere die Differenz eines positiven und eines negativen Pols abgeleitet wird. Sie stehen zugleich für die objektive Seite der Materie, ihre räumliche Ausdehnung, und für die subjektive Seite, die Kontraktion des Ausgedehntseins zum Punkt, der sich aus sich selbst vervielfacht zur ideellen Linie des Zeitverlaufs. Raum und Zeit sind zusammengenommen die Bedingungen der Bewegung. Darin kehrt das himmlische System zur Identität seines Anfangs zurück. Das Quadrat der Natur realisiert sich so auf rein ideelle Weise zum erstenmal im himmlischen System.

Das irdische System, das zunächst in die Vielheit der mechanischen Erscheinungen auf der Erde auseinanderfällt, kehrt schließlich im organischen Leben zur in sich differenzierten Einheit zurück. Die nähere Ausführung dieser Ideen ist uns, wie gesagt, nicht überliefert. Es bliebe nur der Weg, Äußerungen und Hinweise zusammenzustellen, die in den Aufsätzen Hegels im *Kritischen Journal* vorkommen. Das ist indessen nicht sehr sinnvoll, weil diese Aufsätze ganz andere Themen haben, wie sie durch die Autoren und Texte vorgegeben sind, deren kritische Rezension in dieser Zeitschrift zum Programm gemacht worden ist.

Es entspricht dem System der Philosophie mit naturphilosophischem Schwerpunkt, daß in der Geistesphilosophie von einer «natürlichen Sittlichkeit» ausgegangen wird. Bedürfnis und Arbeit, Rechtsordnung und familiäre Bindung sind für diese Sphäre konstitutiv. Es ist kennzeichnend für die Entwicklung der Hegelschen Philosophie in der Jenaer Zeit, daß die Annahme einer «natürlichen Sittlichkeit» in der Geistesphilosophie von 1805/1806 ausdrücklich widerrufen wird. Vom Naturzustand wird dort gesagt, daß er nur dadurch zur gesellschaftlichen Ordnung führt, daß er verlassen wird.

3. Depotenzierung der Natur in den Wandlungen der Jenaer Systemkonzeptionen (1802–1807)

Bei weitem der umfangreichste und detaillierteste Text Hegels zur Naturphilosophie findet sich in den fragmentarisch überlieferten Manuskripten zu der Vorlesung über *Das System der spekulativen Philosophie* aus dem Wintersemester 1803/1804. Die kurze Periode, in der das System einen naturphilosophischen Schwerpunkt hatte, ist bereits vorbei. Den Wendepunkt zu der späteren Systemkonzeption, die vom Geistbegriff dominiert wird, findet man bereits in einer Formulierung in dem Aufsatz des *Kritischen Journals: Ueber die wissenschaftlichen*

Behandlungsarten des Naturrechts. Dieser Aufsatz ist in den beiden letzten Heften dieser Zeitschrift (Band 2, Heft 2 und 3) abgedruckt, die noch 1802 und zu Beginn 1803 erscheinen. Dort heißt es, daß «der Geist höher als die Natur» ist, weil er nicht nur Vielheit und Einheit der Erscheinungen einer bestimmten Sphäre ist, sondern zugleich «auch die absolute Identität derselben».[6] Deswegen wachsen der Dritte und der Vierte Teil des Systems von 1801–1802, Philosophie des Geistes und Philosophie des Absoluten, zusammen zu einem einheitlichen Dritten Teil: der Geistesphilosophie.

Insgesamt sind die Jenaer Systeme Dokumente des Übergangs von der Vierheit zur Dreiheit. Die Vierheit wird zunächst insofern zur Dreiheit, als die beiden mittleren Terme zu einer in sich gedoppelten Mitte zusammengefaßt werden. Das «absolute Verhältnis», das aus dieser logischen Operation entsteht, kehrt auf allen Stufen der Naturentwicklung wieder. In logischen Begriffen ausgedrückt, geht es darum, daß das Sein durch die Vermittlung von Passivität und Aktivität zugleich Werden ist. Das «System der Sonne» ist in den Manuskripten von 1803/1804 nicht überliefert, wohl aber in der Reinschrift des folgenden Wintersemesters. Den Ausgangspunkt bildet der Äther; er steht für die reine Erscheinung der Idee, in der die Materie zugleich Geist ist, wozu die erscheinende Idee erst im Begriff des «absoluten Wesens» wieder zurückfindet. Der Äther ist die Einheit von absolutem Licht und absoluter Nacht oder auch die Einheit der absoluten Beziehung aller Lichtpunkte oder Fixsterne und ihrer Zerstreuung in viele Systeme von Sphären und Bewegungen. Innerhalb eines Sonnensystems fällt diese Einheit auseinander in den Gegensatz des Raumes und der Zeit, der sich in einer dauernden Bewegung wieder zur Einheit zusammenfaßt. Diese Bewegung erhält sich in einem «Gleichgewicht der Kräfte», indem bei den Planeten die Bewegung um einen fremden Mittelpunkt und die Bewegung um die eigene Achse zusammenspielen.

Seit den Manuskripten zur Natur- und Geistesphilosophie von 1805/1806 gibt es innerhalb der Naturphilosophie keinen eigenen ersten Teil mehr, in dem das «System der Sonne» behandelt wird. Die reine Erscheinung der Idee findet nicht mehr im «Äther» statt und manifestiert sich nicht mehr in einer eigenen himmlischen Bewegungslehre. Die reine Erscheinung der Idee wird im Zuge der Depotenzierung der Natur ganz aus der Naturphilosophie und in die Behandlung des «absoluten Geistes» verlagert. Kunst, Religion und Philosophie werden an der Stelle des Äthers zur Selbstdarstellung der absoluten Idee in ihrer sich mit sich vermittelnden Einheit.

Das «irdische System» der Naturphilosophie von 1803/1804 umfaßt die folgenden vier Unterabschnitte, die in dieser Zeit noch in Anlehnung an Schellings Terminologie «Potenzen» heißen: Mechanik, Chemismus, Physik, das Organische. Die Mechanik entwickelt aus der

Schwerkraft die Bedingungen irdischer Bewegung. Sowohl der Chemismus als auch die Physik werden am Leitfaden der antiken Lehre von den vier Elementen entwickelt. In beiden Potenzen stellt sich die Vierheit als Dreiheit in der Weise dar, daß dem Stickstoff bzw. der Luft der Wasserstoff und der Sauerstoff bzw. Wasser und Feuer gegenüberstehen. Die «einfache synthetische Einheit» dieser beiden, zu der die unvermittelte Einheit des Ausgangspunkts schließlich gelangt, ist der Kohlenstoff bzw. die Erde. Eine höhere Einheit, in der die Bewegung nicht in der Ruhe endet, sondern wie im himmlischen System zugleich unendlich weitergeht, wird dann im Organischen des vegetabilischen und schließlich des animalischen Organismus erreicht.

Der Übergang von der unorganischen Natur zur organischen vollzieht sich in der Weise, daß die mechanischen Bestimmungen sowie die chemischen und physischen Elemente zu Momenten der einen in sich selbst ausgebildeten Totalität des Individuums transformiert werden. Dieses Modell bleibt für alle Übergänge in der Geistesphilosophie bestimmend. Das Bewußtsein wird zum zentralen Begriff dieser ersten ausgearbeiteten Geistesphilosophie, in der endlicher Geist und Absolutes in einer Einheit zusammengefaßt sind. Das Andere des Bewußtseins ist selbst auch Bewußtsein, so daß es in sich selbst und zu sich selbst eine absolute Beziehung aufbauen kann.

Auf die weiteren Wandlungen der Naturphilosophie in den Jenaer Systemen kann ich hier nicht näher eingehen. Ich verweise auf eine direkte Linie vom Bewußtsein als Zentralbegriff der Geistesphilosophie von 1803/1804 zur *Phänomenologie des Geistes* von 1807, in der das Bewußtsein, wie es «absolut frei für sich selbst ist», zum methodischen Leitbegriff des gesamten Systems gemacht wird. Auf dem Weg der Erfahrung vom natürlichen Bewußtsein der sinnlichen Gewißheit zum wirklichen Wissen als eines absoluten kommt die Natur außerhalb der menschlichen Sphäre lediglich noch vor als «beobachtete Natur». Das Bewußtsein ist aus sich selbst zu der Gewißheit gelangt, «alle Realität zu sein». Für diese Gewißheit gilt: die Natur ist Anderes für mich. «Anderes als Ich ist mir Gegenstand und Wesen (...) indem Ich mir Gegenstand und Wesen bin.»[7] Dementsprechend wird die Naturseite des Bewußtseins systematisch abgearbeitet.

Wenn ich hier die Besprechung der Jenaer Naturphilosophie abbreche, möchte ich ausdrücklich darauf hinweisen, daß die systematischen Probleme für diese Darstellung im Vordergrund stehen. Zweifellos haben sie auch das primäre Interesse Hegels selbst. Trotzdem ist es aufschlußreich, näher zu untersuchen, wie sich Hegels Naturphilosophie zu derjenigen Schellings, Johann Wilhelm Ritters, Hendrik Steffens' und Franz von Baaders verhält. Es ist interessant und wichtig zu prüfen, welche naturwissenschaftlichen Werke und Erkenntnisse Hegel aufnimmt und verarbeitet. Dabei stehen Berthollets chemische Werke weit an der Spitze, aber auch eine breite Rezeption von Bergmann über Brown, Chevenix, Lavoisier, Lichtenberg, De Luc, Priestley, Spallanzani, Trommsdorff, Volta, Werner und Winterl ist belegt, um nur die hervorstechendsten Beispiele zu nennen. Schließlich kann man fragen, inwieweit Hegel damit den Stand der Naturwissenschaften seiner Zeit angemessen rezipiert und wie er mit ihren Ergebnissen umgeht. Diesen Fragen können wir hier nicht weiter nachgehen. Sie bleiben auch für die folgenden Abschnitte ausgespart, abgesehen davon, daß die letztgenannte Frage im III. Teil dieses Beitrags über die Wirkung der Hegelschen Naturphilosophie noch einmal zur Sprache kommt.

4. Objektivität und Leben als Begriffe der «Logik» und das Problem des Übergangs der Idee in die Natur

In der *Großen Logik* von 1812–1816 vereinigt die «Wissenschaft der subjektiven Logik» oder die «Lehre vom Begriff» in sich die beiden Teile der «objektiven Logik», die «Lehre vom Sein» und die «Lehre vom Wesen». Der Begriff ist die Selbsterfassung des Denkens in seinen verschiedenen Bestimmungen. Dies nennt Hegel Subjektivität. Der Begriff spaltet sich im Urteil und findet zu seiner Einheit zurück im Schluß. Diese Einheit ist aber nach Hegel nur unmittelbar, weil die Lehre von den Schlüssen noch formal bleibt. Deshalb gehört es zur «Vollständigkeit des Begriffs», daß er sich auch als Objektivität darstellt. Wenn der Begriff alles ist, sein Anderes und er selbst, wird er dies Andere auch in sich tragen und als Momente seiner selbst zur Darstellung bringen. Nach Hegel entfaltet sich diese Objektivität des Begriffs von der puren Äußerlichkeit des Mechanismus über die in den Objekten begründete Differenz des Chemismus zur Teleologie, in der der subjektive Begriff, gesetzt als an und für sich selbst bezogen auf die Objektivität, das heißt als Zweck, auftritt. Damit ist der Begriff in seiner vollen Adäquatheit entfaltet. Er ist Idee.

Die Idee nimmt ihrerseits als erstes die Gestalt des Lebens an. Sie ist sich selbst organisierender Prozeß, in dem sich das Individuum als Teil seiner Gattung erfaßt. Wie der Begriff schließlich in sich selbst die Objektivität der Naturbestimmungen auffindet, als die Außenseite, die notwendig zu seiner inneren Struktur hinzugedacht werden muß, so ist die Idee in ihrer ersten Gestalt Leben, sich selbst zur Einheit organisierender Prozeß. Dem Leben tritt die Idee des Erkennens gegenüber, die in sich zwei Seiten hat, eine theoretische und eine praktische. Die absolute Idee vereinigt in sich schließlich nicht nur die beiden Seiten des Erkennens, sondern auch das Leben, das beide bereits als ungeschieden in sich enthielt, als Selbstorganisation und als Trieb. Als Methode dargestellt erfaßt sich dieses Verhältnis als ein «in sich geschlungener Kreis», ein Verhältnis, das bereits jedes einzelne Glied bestimmt hatte und das nun als solches erfaßbar wird. Die gesamte Logik geht damit an ihrem Ende in ihren Anfang zurück, in die reine Unmittelbarkeit des Seins.

An dieser Stelle sagt Hegel dann ohne nähere Erklärung: Aber die Idee «ist nun auch erfülltes Sein (...) das Sein als die konkrete, ebenso schlechthin intensive Totalität». Die Idee bleibt in ihrer eigenen Sphäre als «logische Wissenschaft», und sie ist «der Anfang einer anderen Sphäre und Wissenschaft». Dieser «Übergang» ist freilich etwas anderes als die Übergänge innerhalb der «Logik». Die Idee ist auch praktisch, und sie kann offenbar von der Freiheit ihres Willens Gebrauch machen, indem sie «sich selbst frei entläßt» in die «absolut für sich selbst ohne Subjektivität seiende Äußerlichkeit des Raums und der Zeit».[8] Dieser Gedanke bleibt jedoch bei Hegel selbst unklar.

5. Die «Philosophie der Natur» als Zweiter Teil der «Enzyklopädie der philosophischen Wissenschaften im Grundrisse» (1817, 1827, 1831)

Die *Enzyklopädie der philosophischen Wissenschaften* wird häufig als das System Hegels betrachtet. Was ihm vorhergeht, ist Entwicklungsgeschichte seines Denkens, Vorgeschichte seines Systems. Dementsprechend wird angenommen, der Zweite Teil der *Enzyklopädie* sei die Naturphilosophie dieses Systems. Die Vorlesungen an den Universitäten Heidelberg und Berlin gelten dann als die nähere Ausfüllung des enzyklopädischen Rahmens. Die Forschung der letzten Jahrzehnte hat deutlich gezeigt: die «Jugendschriften», die Jenaer Kritischen Schriften, die Jenaer Systementwürfe, der Systementwurf, dessen Einleitung und Erster Teil die *Phänomenologie des Geistes* sein sollte, die Systemkonzeption, die in der *Wissenschaft der Logik* vorausgesetzt wird, stehen gleichrangig neben der *Enzyklopädie*. Diese wird zwar als «Handbuch» für die Vorlesungen ohne tiefgreifende Veränderungen 1827 und 1830 neu aufgelegt, aber was in den Vorlesungen geschieht, bedingt von Jahr zu Jahr eine radikale Infragestellung der Ausarbeitung der einzelnen Systemteile. Umstellungen, Erweiterungen, Neukonzeptionen sind ständig an der Tagesordnung.

Wir haben gesehen, der Begriff bringt in der *Logik*, als die Äußerlichkeit, die als das Entsprechende seiner absoluten Innerlichkeit gedacht werden muß, die Bestimmungen des Mechanismus, Chemismus und der Teleologie hervor. Die Äußerlichkeit der Idee stellt sich als eine andere, davon abweichende Dreiheit dar: Mechanik, Physik und Organik. Die beiden Mittelglieder zwischen Mechanismus und Organischem, die für die doppelte Mitte des Systems von 1803/1804 kennzeichnend waren: Chemismus und Physik, werden nur verteilt auf die logische Äußerlichkeit des Begriffs und die konkrete Äußerlichkeit der Idee. Wenn wir einmal voraussetzen, daß so etwas wie eine logische Äußerlichkeit auf überzeugende Weise abgeleitet werden kann, ist es zweifellos plausibel, daß diese nicht mit der konkreten Äußerlichkeit der Natur in allen Punkten übereinstimmen muß. Ein wichtiges systematologisches Problem wäre also, die vorhandenen Abweichungen zu erklären. Dieses Problem ist in der Forschung noch nicht wirklich zur Diskussion gestellt. In Kürze läßt sich so viel sagen: Die Objektivität des Begriffs geht aus von der Einheit (dem subjektiven Begriff als solchem), äußerlich dargestellt als Mechanismus. «Das Produkt des (...) Mechanismus ist das Objekt überhaupt»,[9] dem in der Naturphilosophie das gesamte Kapitel der «Physik» gewidmet ist. Diese Einheit teilt sich im Urteil, äußerlich dargestellt als Chemismus, und führt dann zur Wiederherstellung der Einheit auf höherem Niveau im Schluß, äußerlich dargestellt als Teleologie. Der Naturprozeß indessen setzt als Einheit die gesamte «Logik» voraus, die in der Idee kulminiert. Er beginnt selbst mit der völligen Vereinzelung, und er vollzieht sich als zunehmende Strukturierung einer in sich differenzierten und sich aus sich selbst erhaltenden Gestalt. Auf dem Niveau der Mechanik präsentiert sich dieser Prozeß als bewegte Materie, auf dem der Physik als Individualität und auf dem der Organik als Subjektivität.

Am Beginn der Mechanik wird ausgegangen von der «Bestimmung des Außereinander, der unendlichen Vereinzelung», in der die Einheit nur im Modus der Abwesenheit vorhanden ist. Die mechanischen Gesetze sind allemal als äußere Verhältnisse bewegter Materiepunkte zu erklären. In der Physik sind «Realität mit immanenter Formbestimmtheit» und die daran «existierende Differenz» gesetzt.[10] Zu den physischen Körpern gehören bestimmte Eigenschaften und bestimmte Prozesse, die ihre Gestalt verändern, aber nicht auflösen. Einer dieser Prozesse ist – neben Elektrizität und Galvanismus – der chemische Prozeß. Die Organik oder organische Physik führt schließlich zu Formunterschieden, die nichts anderes sind als ideelle Momente einer bleibenden Einheit.

Im tierischen Organismus hat sich die Äußerlichkeit der Gestalt zu Gliedern entwickelt, die als Teile eines Ganzen existieren und darin eine eigene bestimmte Funktion erfüllen. Die Subjektivität, die nach den Bestimmungen der «Logik» das Andere ihrer selbst in sich selbst zurückgenommen hat, ist auf diese Weise wieder erreicht. Ihre Grenze findet sie in der Tatsache, daß sie sich als Subjektivität nicht selbst erfassen kann. Dies geschieht in der Geistesphilosophie.

6. Der Naturbegriff in der «Philosophie des Geistes»

Die Natur ist nicht nur die Äußerlichkeit der Idee und in diesem Sinne ihr Anderes. Sie ist auch das Andere des Geistes, sofern sie zwar existierende Subjektivität, aber nicht sich selbst erfassende Subjektivität ist.

Diese Selbsterfassung ist im Übergang von der Natur zum Geist nicht mit einem Schlag gegeben, sie findet in der Geistesphilosophie schrittweise statt. Bevor der Geist am Ende der Philosophie des absoluten Geistes nur noch sich selbst zum Objekt hat, findet er in sich weiterhin ein Objekt als das Andere seiner selbst. Das Andere des Geistes ist aber die Natur. Die Objektivität des Geistes kann deshalb als seine Naturseite begriffen werden.

Die Naturseite des geistesphilosophischen Prozesses tritt in den Vordergrund der Darstellung in der zweiten Abteilung, der Philosophie des objektiven Geistes. Hegel sagt ausdrücklich, daß die sittliche Substanz, die entsteht, um die Freiheit der einzelnen zu sichern, als «zweite Natur» aufzufassen ist. Diese zweite Natur ist freilich etwas eminent Geistiges. Sie ist im Geist entstandene und in diesem Sinne vom Geist gesetzte Unmittelbarkeit. Sie geschieht nicht direkt als Selbsterfassung der Subjektivität, sondern als etwas, das sich im Handeln der Vielheit von Subjekten gewissermaßen «von sich aus» (physei) einstellt und das sich im Lauf der Geschichte zu seiner heutigen Form ausgestaltet hat.

Weiterhin kommt die Naturbestimmtheit des Geistes deutlich zum Ausdruck im ersten Abschnitt der Philosophie des subjektiven Geistes, den Hegel «Anthropologie» nennt. Ihr Gegenstand ist «die Seele oder der Naturgeist». Hegel denkt an die Abhängigkeit des Subjekts in seinem Bewußtsein vom Unterschied der Klimate, dem Wechsel der Jahreszeiten und dergleichen. Auch geographische Gegebenheiten spielen eine Rolle. Im Leben des Individuums ist der natürliche Verlauf der Altersstufen wichtig. Das Geschlechtsverhältnis bringt die Individuen zueinander in eine spannungsvolle Beziehung, und der Unterschied zwischen Wachen und Schlafen macht für sie direkt erfahrbar, was es heißt: «In der Seele (oder im Naturgeist) erwacht das Bewußtsein.»[11]

Unter dem Titel *Die fühlende Seele* behandelt Hegel die traditionelle Theorie des Empfindens. Sie stellt sich dar als das Entstehen einer Innerlichkeit als selbständige, von der Bindung an natürliche Abläufe sich befreiende Instanz. Worauf es ankommt, ist das Entstehen des Selbstgefühls in der Besonderheit der Gefühle, Triebe, Leidenschaften usw. Es tritt der Besonderheit der leiblichen Gefühle als «für sich seiende Allgemeinheit» gegenüber. Hierdurch werden diese Gefühle allererst menschliche Gefühle und Regungen; die spezifische Leiblichkeit des Menschen entsteht. Dies geschieht wesentlich durch die Gewohnheit. «Die Gewohnheit ist wie das Gedächtnis ein schwerer Punkt in der Organisation des Geistes; die Gewohnheit ist der Mechanismus des Selbstgefühls wie das Gedächtnis der Mechanismus der Intelligenz».[12] Hegel spricht auch hier von einer «zweiten Natur», einer Unmittelbarkeit, die im Geist gesetzt wird. Die Gewohnheit bedingt in diesem Sinne eine natürliche Organisation der seelischen Kräfte. Ähnliches gilt, wie das angeführte Zitat zeigt, für das Gedächtnis im Blick auf die Intelligenz, indem es als natürliche Funktion des intelligenten Lebens auftritt. Schließlich kann auch in der Sphäre des absoluten Geistes noch von seiner Naturseite gesprochen werden. Die erste Form der Selbstdarstellung des absoluten Geistes ist die Kunst. Sie hat ihre Begrenztheit darin, daß die Idee auf diesem Gebiet in ihrer Erscheinung an sinnliches Material und sinnliche Anschauung gebunden ist. Nur in zeitlich beschränktem Rahmen kann sie als angemessener reiner Ausdruck des Geistes gelten. Deshalb muß der Geist übergehen von der Kunst zur geoffenbarten Religion, in der Gott als Geist begriffen wird und auch die Objektivität des Geistes von ihrer natürlichen Grundlage abgelöst und als reiner Geist aufgefaßt wird. Die Naturseite Gottes wird in diesem Zusammenhang als Gegenspiel des Geistes, als das Böse, qualifiziert. Gott als Sohn Gottes, «der sich aus der ewigen Sphäre in die Zeitlichkeit versetzt», kann das Böse aufheben und den Geist mit sich versöhnen. So entsteht «die Idee des (...) ewigen, aber lebendigen und in der Welt gegenwärtigen Geistes».[13] Die Trinität in ihrer durchgeführten Dreieinigkeit ist der reine Ausdruck der Idee, die sich in der natürlichen und der menschlichen Welt verwirklicht hat und dadurch wieder wird, was sie war: «sich denkende Idee» oder «wissende Wahrheit».

7. Die Vorlesungen über Naturphilosophie seit 1819/1820

Während seiner Tätigkeit als Professor in Berlin hat Hegel sechsmal Vorlesungen über Naturphilosophie gehalten (WS 1919/1920, 1821/1822, 1823/1824, 1825/1826, SS 1828, 1830). Das Material dieser Vorlesungen war bisher nur zugänglich in der Ausgabe der *Enzyklopädie*, die nach seinem Tod in den Sämtlichen Werken erschien und von seinem Schüler Michelet besorgt worden war. Auf die editorische Problematik dieses Verfahrens brauche ich hier nicht einzugehen. Diese Dinge werden in der Vorbemerkung zur Edition der ersten Nachschrift einer Vorlesung über Naturphilosophie von 1819/1820 vom Herausgeber in wünschenswerter Weise klargestellt. Was für die *Logik* und die *Philosophie des Geistes* seit langem selbstverständlich ist, wird in den Anfängen nun auch für die Naturphilosophie verwirklicht. Die *Enzyklopädie*, als Handbuch für die Studenten, ist von ihrer Anlage her auf Erläuterungen und Erweiterungen angewiesen, wie sie in den Vorlesungen dargeboten werden. Dieser Gesichtspunkt wird von Gies, dem Herausgeber, mit Nachdruck formuliert. Es kommt hinzu, daß die *Enzyklopädie* eine Gestalt des Hegelschen Systems fixiert, das in einer Reihe verschiedener Gestalten überliefert ist und das in allen Teilen ständig tiefgreifend verändert und umgearbeitet worden ist.

Für die Charakterisierung der ersten veröffentlichten Vorlesungsnachschrift beschränke ich mich auf die folgenden drei Hinweise:

a. Hegel spricht in diesem Text auch im Blick auf die Natur von der «List der Vernunft», ein Gedanke, den er sonst vor allem im Blick auf die Geschichte ausgeführt hat. Auf diese Weise fügt er dem gängigen Verhalten der Menschen zur Natur, das als Zerstörung und Ohnmacht, als Verachtung und Trotz beschrieben wird, eine weitere Form hinzu: die Verehrung mit «einer gewissen Ironie». Hegel verweist in diesem Zusammenhang auf die antike griechische Kultur. Einerseits erhält der Mensch die Natur unangetastet, und andererseits gebraucht er ihre Dinge zu seinen Zwecken.

b. In der Einleitung dieser Vorlesung unterscheidet Hegel für seine Naturphilosophie ein dreifaches Verhältnis der Menschen zur Natur. Das Gewicht dieser Ausführungen hat der Herausgeber in seiner Vorbemerkung bereits herausgestellt. Er schreibt: «Das theoretische Verhältnis ist dadurch ausgezeichnet, daß die Natur ‹als das Substantielle, Seiende›, ein Selbständiges also, anerkannt ist, als ‹das Andere› des Geistes, welches dieser sich im Erkenntnisprozeß zu eigen macht. Im praktischen Verhältnis dagegen erscheint die Natur als unselbständig; sie hat ihre ‹wahrhafte Bestimmung› nicht an sich, sondern in dem, was sie ‹für uns› ist: ‹Ihr Zweck sind wir›. Die Lösung des Problems, vor das die Natur den Menschen stellt, liegt in der Vereinigung dieser beiden Verhältnisse».[14]

c. Für die Naturphilosophie, in der die Vereinigung des theoretischen und praktischen Verhältnisses erreicht wird, gilt eine spezifische Form der Dialektik. Sie bringt eine «innere Natur der Natur» ans Licht. Diese ist insofern dialektisch, als sie sich zwar widerspricht, aber nicht auf jeder Stufe eine Einheit der Gegensätze hervorbringt, sondern sogleich übergeht in einen neuen Widerspruch. Die Einheit tritt nicht heraus zur selbständigen Gestalt, sie bleibt unentwickelt. Dies geschieht erst am Ende der Naturphilosophie im tierischen Organismus, aber auch hier auf eine unvollständige, die Überwindung der Naturphilosophie herausfordernde Art und Weise.[15] Im geistigen Leben kann eine jede Gestalt in sich zur Einheit und Ganzheit gebracht werden. Sie stirbt und ersteht wieder auf, indem sie als Element an einer neuen höheren Gestalt erhalten bleibt. Der Unterschied faßt sich darin zusammen, daß für das geistige Leben der Tod eine neue Qualität erhält.

III. Wirkung

Einleitend ist bereits bemerkt worden, daß die Wirkungsgeschichte der Naturphilosophie Hegels unter ungünstigen Bedingungen stattgefunden hat. Vieles davon ist durch den aufkommenden Positivismus in den

Wissenschaften und sein Vorurteil gegen die Spekulation zu erklären. Es ist deshalb wichtig, das Verhältnis zwischen empirischer und spekulativer Naturwissenschaft neu zu durchdenken, damit dieses Vorurteil auf seine Berechtigung geprüft werden kann. Diese Prüfung ist in Hinsicht auf Hegel dadurch erschwert, daß dieser die Ableitungen aus dem Begriff der Natur zu weit vortreibt in die Einzelheiten des Naturgeschehens. Das gilt für den Ort, wo «kein Planet vermißt wird», ebenso wie für die chemischen Vorgänge bei der Oxydation, die Formen des organischen Prozesses oder den Kreislauf des Bluts.

Meines Erachtens hat Hegel drei Voraussetzungen nicht hinreichend beachtet, die für das Verhältnis von empirischer und spekulativer Naturwissenschaft anzunehmen sind:
a. Die spekulativen Begriffe, die rein aus dem Denken entwickelt werden, sind auf eine nicht näher bestimmbare Weise ihrerseits Verallgemeinerungen sowohl des (praktischen) außerwissenschaftlichen Umgehens mit der Natur als auch der (theoretischen) wissenschaftlich gewonnenen Naturerkenntnis.
b. Die Naturwissenschaften entwickeln für ihre Erkenntnisarbeit eine Methodik und ein theoretisches Instrumentarium, die im Vergleich zur spekulativen Naturphilosophie grundlegend verschieden sind.
c. Der allgemeine Rahmen der Naturerfahrung und Naturerkenntnis, die leitenden Prinzipien hierfür sind spekulativ aufweisbar, nicht jedoch die Vielzahl der Einzelbestimmungen, die in praktischer und theoretischer Hinsicht maßgebend sind.

Aus der Nichtbeachtung dieser Voraussetzungen ergibt sich, daß Hegel meint annehmen zu können, die spekulative Entfaltung der Naturerkenntnis sei «nicht an die empirische Darstellung (...) gebunden».[16] Er unterscheidet die Entstehung und Bildung der Naturphilosophie, die von historischen Bedingungen abhängt und die empirische Wissenschaft voraussetzt, von der systematischen Entfaltung, die vollkommen in sich selbst begründet ist. Sie erfolgt aus dem Begriff und kann sich nicht auf Erfahrung berufen, noch weniger auf Anschauung oder andere vorbegriffliche Formen des Verhaltens zur Natur. Die Empirie kann die Spekulation bestätigen, indem sie ihren Rahmen noch genauer ausfüllt. Wenn sie zu anderen Resultaten kommt, ist sie falsch.

Wenn wir versuchen, den übertriebenen Anspruch zurückzuschrauben, den Hegel mit der spekulativen Erkenntnisweise verbindet, müßten sich damit neue Wirkungsmöglichkeiten für seine Naturphilosophie eröffnen. Es wäre angemessener anzunehmen, daß die spekulative Antizipation allgemeiner Zusammenhänge des Naturgeschehens und deren empirisch-wissenschaftliche Erforschung sich gegenseitig anregen und bestätigen. Wo das nicht der Fall ist, sollte dies auf beiden Seiten zur Überprüfung der betreffenden Ergebnisse Anlaß geben. Welche positiven Anschlußpunkte sich für die moderne Naturwissenschaft ergeben, kann letzten Endes nur sichtbar werden, wenn Naturwissenschaftler diese Naturphilosophie studieren und sich mit ihren Gedankengängen vertraut machen. Dies ist erfreulicherweise in den letzten Jahrzehnten in zunehmendem Maß der Fall. Der hier vorgelegte Beitrag hat in diesem Zusammenhang die Funktion, Hegels Naturphilosophie in ihrem ganzen Umfang und in ihren verschiedenen Dimensionen sichtbar und für einen fruchtbaren Umgang mit ihr zugänglich zu machen.

Helmut Fleischer

FRIEDRICH ENGELS
(1820–1895)

Zu einem «Klassiker der Naturphilosophie» ist F. Engels sozusagen auf dem Nebenweg geworden, dadurch, daß man ihn zu einem «Klassiker des Marxismus» erhoben hat: Auf eine erste Phase der Konfessionalisierung des Marx-Engelsschen Gedankenerbes, die Geburt des «Marxismus», folgte in dessen russischer (und dann sowjetischer) Gemeinde noch eine zweite, nun aufs unteilbare Ganze gehende Kanonisierung. Hatten die ersten Nachlaßverwalter noch gezögert, Engels' umfangreiche Manuskripte zur Naturwissenschaft und zur «Dialektik der Natur» zu veröffentlichen, so war es den Direktoren des Moskauer Marx-Engels-Instituts gerade damit besonders eilig, Engels' Naturphilosophie ans Licht der Öffentlichkeit zu bringen – 1925, mehrere Jahre vor der Frühphilosophie von Marx.

Das Marx-Engelssche Denken ist ganz ohne Zweifel vor allem ein aktives Gesellschaftsdenken in praktischer Absicht. Während aber das Denken von Karl Marx nahezu ausschließlich Gesellschaftsdenken ist, für das die Natur nur als Ursprungsraum, als tragender Untergrund und vor allem als Kontrahent der Menschen im «Stoffwechsel» mit ihr in Ansatz kommt, als Arsenal von Stoffen und Kräften mit je bestimmtem Gebrauchswert, hatte Engels zu dieser Natur von Anfang an ein stark ausgeprägtes Zugehörigkeits- und Verwandtschaftsverhältnis, ja fast ein Vertrauensverhältnis. Er suchte sie als die ihn selbst mit-umfassende kosmische Totale zu denken, die den Menschen trägt, umfängt und durchdringt, aus der er hervorgewachsen ist und in die er zurückkehrt. Marx fragt von vornherein nach der menschlichen Natur und nach einem «menschlichen Wesen» auch der außermenschlichen Natur, das erst für den «gesellschaftlichen» Menschen da ist.: «Die *Gesellschaft* ist die vollendete Wesenseinheit des Menschen mit der Natur, die wahre Resurrektion der Natur, der durchgeführte Naturalismus des Menschen und der durchgeführte Humanismus der Natur.» (MEW E-Bd. I, 538) Die Natur, soweit nicht menschlicher Körper, ist «der *unorganische Leib* des Menschen» (ebd., 516). Durch die Produktion, das «werktätige Gattungsleben» des Menschen, «erscheint die Natur als *sein* Werk und seine Wirklichkeit» (ebd., 517). Marxens Gedanke, der Tod wirke wie ein «harter Sieg der Gattung über das Individuum» – weil dieses als *bestimmtes* Gattungswesen sterblich sei –, fügte sich mit seiner Anthropozentrik schwerlich in den Denkrahmen von Engels. Doch andererseits verweist dies auf einen Reichtum der gedanklichen

Friedrich Engels (1820–1895)

Vermittlung von Natürlichem und Menschlichem, den Engels nicht erreicht. Der thematische Überschuß, den Engels im Denken der «Natur an sich» in ihrer Unabhängigkeit vom Menschen und absoluten Priorität auf seine Art realisiert hat, ist späterhin höchst bedeutsam geworden, nachdem die Arbeiteremanzipation zu einer politischen und kulturellen Massenbewegung gediehen war und sich dazu herausgefordert sah, in den Ideenkämpfen der Zeit ein eigenes «weltanschauliches» Profil auszubilden. Hier ist es Friedrich Engels gewesen, der den Grundstock der gemeinsam mit Marx erarbeiteten Gesellschafts- und Geschichtslehre zum Corpus einer «Weltanschauung» ausweitete, die auch das unermeßliche Feld des natürlichen Kosmos in die denkende Betrachtung einbezog und dabei nicht umhinkam, es mit vielen Traditionsproblemen der Philosophie aufzunehmen. Hier gewannen Engels' Studien zur empirischen Naturforschung und deren begriffliche Überhöhung durch eine «Dialektik der Natur» ihre besondere Bedeutung; ja, er suchte manche der von Hause aus philosophischen Fragen in naturwissenschaftliche zu überführen. Damit wurde Engels wenigstens für die Ideenformation des «orthodoxen» Marxismus zu einem Klassiker der Naturphilosophie.

I. «An den Brüsten der Natur»

Während Marx ganz und gar ein Stadtmensch war, hatte Engels stets auch ein lebhaftes persönliches Verhältnis zum Natürlichen – sei es Landschaft und Vegetation, Pferd oder Hund. Als Zwanzigjähriger schrieb er 1840 ein Zeitungsfeuilleton unter dem Titel «Landschaften». Auch die Wasserlandschaft des Meeres fehlt nicht: «Dann hänge dich in die Taue des Bugspriets und schau in die Wogen, wie sie, vom Kiele zerteilt, den weißen Schaum weit hinausspritzen über dein Haupt, dann sieh über die ferne, grüne Fläche, wo die schäumenden Wellenhäupter in ewiger Unruhe auftauchen, wo die Sonnenstrahlen aus tausend tanzenden Spiegeln in dein Auge zurückfallen, wo das Grün des Meeres mit dem spiegelnden Himmelblau und Sonnengold zu einer wunderbaren Farbe verschmilzt, da entschwinden dir alle kleinlichen Sorgen, alle Erinnerungen an die Feinde des Lichts und ihre hinterlistigen Ausfälle, und du gehst auf im stolzen, freien Bewußtsein des unendlichen Geistes! Ich habe nur einen Eindruck, den ich diesem vergleichen konnte; als sich zum erstenmal die Gottesidee des letzten Philosophen vor mir auftat, dieser riesenhafteste Gedanke des neunzehnten Jahrhunderts, da erfaßten mich dieselben seligen Schauer, da wehte es mich an wie frische Meeresluft, die vom reinsten Himmel herniederhaucht; die Tiefen der Spekulation lagen vor mir wie die unergründliche Meeresflut, von der das zum Boden strebende Auge sich nicht abwenden kann; in Gott leben, weben und sind wir! Das kommt uns auf dem Meere zum Bewußtsein; wir fühlen, daß alles um uns und wir selbst von Gott durchhaucht sind; die ganze Natur ist uns so verwandt, die Wellen winken uns so vertraut zu, der Himmel breitet sich so liebeselig um die Erde, und das Licht der Sonne hat einen so unbeschreiblichen Glanz, daß man meint, es mit Händen greifen zu können.» (MEW E-Bd. II, 72) Dem Meer hat Engels auf das Ende seiner Erdentage seine Asche anvertraut. – Eine Naturreligion wird hier zum Organon der Befreiung aus einer Sozialreligion, die zu eng geworden war, und wird zur Pflanzstätte einer neuen Sozialreligion der Freiheit, die Sonne zur Künderin eines neuen «Freiheitsmorgens» (Gedicht «Ein Abend», ebd. 89 f.).

Im nächsten Jahr war Engels als Soldat («Einjährig-Freiwilliger») in der Hauptstadt der deutschen Philosophie, in Berlin, und erlebte, wie F. W. J. Schelling dort gegen das Hegel-Erbe antrat. Er schrieb darüber nicht nur Korrespondenzen, sondern gleich zwei Broschüren, um dem Hegel-Vorgänger Schelling den Hegel-Nachfolger Feuerbach entgegenzustellen. Mit dem Namen von Feuerbach sieht Engels nun all das Neue verbunden, das ihn seit Anbeginn bewegt hatte. Er zeichnet ein überaus schwärmerisches Bild von der geschichtlichen Stunde – Vormärz in der höchsten rhetorischen Potenz: «Ein neuer Morgen ist angebrochen, ein weltgeschichtlicher Morgen, wie jener, da aus der Dämmerung des Orients das lichte, freie, hellenische Bewußtsein sich losrang. Die Sonne ist emporgestiegen, der von allen Bergesgipfeln Opferfeuer entgegenlachten ...» Naturmetaphorik nicht nur in einzelnen Facetten, sondern im Blick aufs Ganze: «Die Welt, die uns so fremd war, die Natur, deren verborgene Mächte uns wie Gespenster schreckten, wie verwandt, wie heimisch sind sie uns nun! (...) Die Natur schließt sich auf vor uns und ruft uns zu: Fliehet doch nicht vor mir, ich bin ja nicht verworfen, nicht abgefallen von der Wahrheit, kommt und sehet, es ist euer innerstes, eigenstes Wesen, das auch mir Lebensfülle und Jugendschönheit gibt. Der Himmel ist zur Erde herniedergekommen (...) Die Welt ist wieder ein Ganzes (...) Und das liebste Kind der Natur, der Mensch, als freier Mann (...) nach der langen Entfremdung zur Mutter zurückkehrend (...) hat auch die Trennung von sich selber, die Spaltung in der eignen Brust überwunden. Nach undenklich langem Ringen und Streben ist der Tag des Selbstbewußtseins über ihm aufgegangen.» Damit hatte der unbestimmte Freiheitsdrang erst einmal seinen – junghegelianischen – philosophischen Begriffsnenner gefunden: Selbstbewußtsein der Menschheit ist der Name der allmächtigen Idee, an die zu glauben «die wahre Religion des echten Philosophen» ausmacht, die «Basis der wahren positiven Philosophie, der Philosophie der Weltgeschichte.» (*Schelling und die Offen-*

barung, MEW E-Bd. II, 219–221) So ist die Natur für Engels eine frühe Jugendliebe, deren Bild – Mutter und Braut in einem – ihn sein Leben hindurch begleitet.

Anfangs hatte er (ebenso wie Marx) literarisch-dichterische Neigungen. In Berlin (1841/42) wechselte er hinüber in das Metier philosophischer Schriftstellerei. Noch im Sommer desselben Jahres betrat der freie Geist die politische Szenerie mit Aufsätzen über die Pressezensur und den preußischen König. Bald nach der Entlassung aus dem Militärdienst im Herbst 1842 mußte Engels nach England, um in die kaufmännische Praxis hineinzuwachsen. Nach wenigen Wochen war er schon dabei, die sozialökonomische Konstitution der englischen Gesellschaft zu ergründen, Artikel über die Lage der arbeitenden Klassen zu schreiben und die Frage einer möglichen sozialen Revolution zu diskutieren. Ende 1843 folgte die Studie *Umrisse einer Kritik der Nationalökonomie* (1844 in den *«Deutsch-Französischen Jahrbüchern»* veröffentlicht). Im Sommer 1844 begann die enge Zusammenarbeit mit Karl Marx, zuerst die Verständigung über einen gemeinsamen theoretischen Bezugsrahmen für die «revolutionäre Praxis» von ehemaligen Literaten und philosophischen Schriftstellern, die nunmehr auszogen, um in einer «wirklichen Bewegung» von epochaler Wichtigkeit mit dabeizusein.

II. Natur und Geschichte – Geschichte und Natur

Als sie sich dazu anschickten, «Geschichte zu machen» und die Voraussetzungen hierfür zu klären, wollten sie damit eigentlich auch aufhören, «Philosophen» zu sein. «Wirkliches Wissen», «positive Wissenschaft» war fortan der plakative Titel für ihr theoretisches Denken; und Geschichte der Raum, in dem es sich zu bewähren hatte. Mitunter wirkt es so, als wollten die beiden vor allem eine neue Art von «Geschichtsschreibung» inaugurieren. «Wir kennen nur eine Wissenschaft», schrieben sie in den Entwürfen zur Kritik der *Deutschen Ideologie,* «die Wissenschaft der Geschichte. Die Geschichte kann von zwei Seiten betrachtet, in die Geschichte der Natur und die Geschichte der Menschen abgeteilt werden. Beide Seiten sind indes nicht zu trennen; solange Menschen existieren, bedingen sich Geschichte der Natur und Geschichte der Menschen gegenseitig. Die Geschichte der Natur, die sogenannte Naturwissenschaft, geht uns hier nicht an; auf die Geschichte der Menschen werden wir indes einzugehen haben (...)» (MEW Bd. 3, S. 18. – Die Passage ist im Manuskript durchgestrichen, aber wohl nur aus Gründen der thematischen Disposition, nicht, um sie zu dementieren.)

Der Begriff der Natur gewinnt nun freilich mehrere – durchaus charakterverschiedene – Facetten. Daß der «äußeren Natur» eine unbedingte Priorität vor allem Menschlichen zukommt, bleibt unangefochten. Das theoretische Hauptinteresse richtet sich indessen auf die Natur, die den Ursprungsboden und die Lebensgrundlage des menschlichen Daseins bildet. Natur ist positiv bedeutsam vor allem als die Menschennatur, als die natürliche organismische Aktivität und Ausstattung der Menschen selbst, auch als Maß- und Normbegriff für das menschlich Zuträgliche und Unzuträgliche: Es kann in der Geschichte zu gesellschaftlichen Lebensbedingungen für Menschen kommen, gegen die ihre «menschliche Natur» sich empört. (*Heilige Familie*, MEW 2, 37. Das sagt Engels, im Buch über die Lage der arbeitenden Klassen, schon vom «Straßengewühl» der Weltstadt London, MEW 2, 257) – Marx trifft später im *Kapital* die Unterscheidung zwischen einer «menschlichen Natur im allgemeinen» und der «in jeder Epoche historisch modifizierten Menschennatur» (MEW 23, 637).

Indessen, bei der näheren Beschäftigung mit den Prozeduren und Prozessen der Menschengeschichte hatte sich Engels schon frühzeitig noch ein anderer «Charakterbegriff» des Natürlichen aufgedrängt, einer, der den anfänglichen, positiv-naturreligiös geprägten Naturbegriff sozusagen dialektisch kontrapunktiert, «Natur» als etwas Negatives setzt. Schon in den *Umrissen zu einer Kritik der Nationalökonomie* (1844) finden wir zwar erneut die «Versöhnung der Menschheit mit der Natur und mit sich selbst» als Desiderat benannt und das Privateigentum als eine «unnatürliche Trennung». Dann aber treffen wir auf ein Gegenläufiges, wenn wir über die Marktsteuerung durch das «Gesetz» von Angebot, Nachfrage und Konkurrenz lesen: «Dies Gesetz findet der Ökonom wunderschön. (...) Und doch liegt auf der Hand, daß dies Gesetz ein reines Naturgesetz, kein Gesetz des Geistes ist. Ein Gesetz, das die Revolution erzeugt.» Woher kommt diese Negativität? «Es ist eben ein Naturgesetz, das auf der Bewußtlosigkeit der Beteiligten beruht», das Naturgesetz einer «gedankenlosen, der Herrschaft des Zufalls überlassenen Art zu produzieren», die in immer ruinösere Krisen ausmündet. Die Menschen produzieren «nicht mit Bewußtsein, als Menschen», sondern «als zersplitterte Atome ohne Gattungsbewußtsein» (MEW 1, 505, 512, 514f.).

Dieser Inbegriff des Natürlichen als des Naturhaften und «Naturwüchsigen» (so lesen wir es weiterhin immer wieder) hat sein Anschauungsmodell in all dem Chaotischen, Unkoordinierten der Naturelemente, das Engels in seiner enthusiastischen Schilderung von Sonnenlicht, Wellenspiel und Farbenzauber ästhetisch überspielt hatte. Indem es nun – gerade im Medium der Menschengeschichte – die gebührende Beachtung findet, wird es zum Ausgangspunkt eines kritisch-negativen Naturbegriffs. Man muß wohl sagen, daß wesentlich Engels es gewesen ist, der in England früher als Marx in Köln davon aufs höchste irritiert war, wie im ökonomischen Konkurrenzsystem eine «brutale Gleichgültigkeit», eine «gefühllose Isolierung des einzelnen auf seine Privatinteressen», die «bornierte Selbstsucht» zum «Grundprinzip unserer heutigen Gesellschaft» geworden ist: «Die Auflösung der Menschheit in Monaden, deren jede ein apartes Lebensprinzip und einen aparten Zweck hat, die Welt der Atome ist hier auf ihre höchste Spitze getrieben.» (MEW 2, 257) Nicht sehr lange danach hat Darwin diese Intuition des Sozialen ins Naturphilosophische ausgeweitet, und Engels hat es später mit einiger Ironie kommentiert: «Darwin wußte nicht, welch bittre Satire er auf die Menschen und insbesondere auf seine englischen Landsleute schrieb, als er nachwies, daß die freie Konkurrenz, der Kampf ums Dasein, den die Ökonomen als höchste geschichtliche Errungenschaft feiern, der Normalzustand des *Tierreichs* ist.» (MEW 20, S. 324) Das ergibt sichtlich einen ganz anderen «durchgeführten Naturalismus des Menschen». Das harmonistische Bild von der Mutter Natur war damit – und sei es auf einem Umweg – allerdings überhaupt verabschiedet und ließ sich nur auf eine nicht mehr so familiäre, sondern stoisch-heroische Weise wiedergewinnen.

III. Engels' langer Marsch durch die Gefilde der Naturforschung

Im Herbst 1858 war es, als Marx in einem seiner Briefe an Engels etwas zur Sprache brachte, was einem Revolutionär, der sein Schicksal unlöslich mit dem der Arbeiter-Emanzipationsbewegung verbunden hatte, sehr hart ankommen mußte. «Wir können es nicht leugnen», schreibt er am 8. Oktober, «daß die bürgerliche Gesellschaft zum zweitenmal ihr sechzehntes Jahrhundert erlebt hat», also eine Zeit des stürmischen Aufschwungs, nun im Zeichen der fortgesetzten «industriellen Revolution». Marx fügt sogleich seine Hoffnung hinzu, daß dieses zweite 16. Jahrhundert die bürgerliche Gesellschaft «zu Grabe läuten» möge. Doch der Zweifel ließ sich nicht beheben. «Die schwierige question ist für uns die: auf dem Kontinent ist die Revolution imminent und wird auch sofort einen sozialistischen Charakter annehmen. Wird sie in diesem kleinen Winkel nicht notwendig gerusht werden, da auf viel größerm Terrain das movement der bürgerlichen Gesellschaft noch ascendant ist?» (MEW 28, 508)

Einige Wochen zuvor hatte Engels in einem Brief mitgeteilt, er treibe jetzt etwas Physiologie und wolle noch vergleichende Anatomie hinzunehmen. Er wollte dafür Hegels Naturphilosophie zugeschickt haben – es seien im Materialbefund jener Wissenschaften nämlich «höchst spekulative Sachen darin», und man müsse dem nachgehen, «ob der Alte nichts davon gerochen hat»! «So viel ist gewiß, hätte er heute eine Naturphilosophie zu schreiben, so kämen ihm die Sachen von allen Seiten entgegengeflogen. Von den Fortschritten übrigens, die in den Naturwissenschaften in den letzten dreißig Jahren gemacht sind, hat man (...) gar keinen Begriff.» Apropos Hegel – wie findet sich doch sein dialektisches Schema der Begriffsbewegung in der Physiologie auf eine Weise bestätigt, daß er seine Freude daran hätte: «Die Zelle ist das Hegelsche Ansichsein und geht in ihrer Entwicklung genau den Hegelschen Prozeß durch, bis sich schließlich die ‹Idee›, der jedesmalige vollendete Organismus daraus entwickelt.» Und in Parenthese – im Jahr vor dem Erscheinen von Darwins *Ursprung der Arten:* «So viel ist sicher, bei der vergleichenden Physiologie bekommt man eine schmähliche Verachtung gegen die idealistische Überhebung des Menschen über die anderen Bestien.» (MEW 28, 337f.)

Was hat sich hier ereignet, daß der Revolutionär es unversehens für eine so eminent wichtige Sache erachtet, mit einem weitgespannten Theorie-Interesse den Fortschritten der empirischen Naturwissenschaften zu folgen? Sogar Marx kommt (mit ein paar Jahren Verzug) in diesen kräftigen Sog und verwendet Nebenstunden auf Anatomie und Physiologie, liest Bücher und hört Vorlesungen (MEW 30, 418). Gedankenspuren davon gehen in Formulierungen des *Kapital* ein. (Die Verwandlung des Handwerksmeisters in einen Kapitalisten ist ein Fall des Hegelschen «Gesetzes» vom Umschlag quantitativer in qualitative Änderungen MEW 31, 306.)

Was hat das für ein Denken zu bedeuten, das sich vordem gänzlich dem praktisch-politischen «Verändern» der Welt verschworen hatte? Dieses Denken bekam es nun mit einer Weltsphäre zu tun, in der sich in der Tat außerordentlich viel veränderte – aber mehr durch das Zutun anderer als durch das eigene, während sich in seiner eigenen Intentionsrichtung nur recht wenig änderte. So sieht es sich genötigt, sich ganz überwiegend auf das Interpretieren zu verlegen. Marx machte sich daran, die Bewegungsformen des «Kapitals» bis auf den Grund zu interpretieren, und Engels verwendete nach dem Rückzug aus dem Geschäftsleben und der Übersiedlung nach London «den besten Teil von acht Jahren» auf eine «naturwissenschaftliche Mauserung», um ebenso gründlich die Bewegungsformen der außermenschlichen Natur zu interpretieren.

Bei Denkern vom geistig-praktischen Profil und Impetus eines Marx und Engels wird man sich naturgemäß fragen, in welchem Verhältnis diese hochtheoretischen Attraktionen zu ihrem primären Bezugsraum stehen, zum Fortgang der Arbeiter-Emanzipationsbewegung. Engels bringt in der «alten Vorrede» zum *Anti-Dühring* beides in eine Verbindung: die (im Intellektuellen) «merkwürdig gesunde Natur unserer Arbeiterklasse in einem Lande, wo doch sonst alles, mit Ausnahme der Naturwissenschaft, augenblicklich so ziemlich alles krankt.» (MEW Bd. 20, S. 329)

Hier die «Natur» der Arbeiterklasse, dort die im wesentlichen «bürgerliche» Wissenschaft von der Natur als integrales Element eines Fortschritts der zivilisatorischen Produktivkräfte – wie sind sie beide im produktiven Intellekt von Engels miteinander verknüpft? Es dürfte sich uns, wenn wir dieser Frage nachgehen, ein recht komplizierter und hintergründiger Zusammenhang auftun, obwohl Engels selbst darauf einmal eine recht einfache Antwort gegeben hat. Von recht komplexer Beschaffenheit ist schon das Bedürfnis nach «Weltanschauung», das in der Kultursphäre der Arbeiterorganisationen wach geworden ist und sich aus vielerlei Quellen gespeist hat – bis hin zu Ernst Haeckels *Welträtseln*. Sozusagen hart an Engels (und Marx) vorbei wurden im sozialistischen Milieu namentlich auch die Gedanken virulent, die Eugen Dühring mit großem missionarischen Eifer in seinen Schriften entwickelt hat; auf sie *mußte* Engels notgedrungen antworten. Zur Signatur der zeitgenössischen Ideenkämpfe gehörte es ferner, daß ja auch die Kritik der Religion mit Feuerbachs Opus von 1841 nicht «für Deutschland im wesentlichen beendigt» war (wie Marx 1844 gemeint hatte), sondern im Bannkreis des Darwinismus und der modernen Naturwissenschaft noch einmal hochaktuell wurde. Ein bürgerlich-aufklärerischer und ein proletarischer «Monismus» bauten daran ihre «freidenkerischen» Positionen in Prosa und in Versen auf.

Engels aber dürfte von jener Zeitgeistbewegung gar nicht so kräftig erfaßt gewesen sein. Ihm war es eigentlich nur wenig darum zu tun, aus der Naturforschung das Material für eine «proletarische Weltanschauung» zu gewinnen. Was ihn so tief in die Sphäre von Naturforschung und Naturtheorie hineingezogen hat, war durchaus die epochale Wichtigkeit der Naturforschung selbst und der mögliche Anteil der höheren Theorie an ihrem weiteren Fortgang. Die Frage war schlicht und einfach: Was war wissenschaftlich vertretbar, und was war «höheres Blech», wie er es allenthalben scheppern hörte? Wenn man einer der Engelsschen Gedankenlinien folgt, hatte seine Theoriearbeit im Felde der Naturforschung vor allem einen ganz direkt operativen Sinn für deren Fortgang selbst. «Aber eine Nation, die auf der Höhe der Wissenschaft stehn will, kann nun einmal ohne theoretisches Denken nicht auskommen. (...) Man kann kaum ein theoretisches naturwissenschaftliches Buch zur Hand nehmen, ohne den Eindruck zu bekommen, daß die Naturforscher es selbst fühlen, wie sehr sie von der Zerfahrenheit und Verworrenheit beherrscht werden und wie ihnen die jetzt landläufige sog. Philosophie absolut keinen Ausweg bietet. Und hier gibt es nun einmal keinen andern Ausweg, keine Möglichkeit, zur Klarheit zu gelangen, als die Umkehr (...) vom metaphysischen zum dialektischen Denken.» Der Prozeß kann sich «naturwüchsig» seinen Weg bahnen, langwieriger und schwerfälliger, mit viel unnötiger Reibung, «durch die bloße Gewalt der naturwissenschaftlichen Entdeckungen selbst». «Er kann sehr abgekürzt werden, wenn die theoretischen Naturforscher sich mit der dialektischen Philosophie in ihren geschichtlich vorliegenden Gestalten näher beschäftigen wollen» – mit der griechischen und mit der deutschen von Kant bis Hegel (MEW 20, 332).

Nehmen wir nun eine Erklärung auf, mit der Engels selbst Rechenschaft über den «Hintersinn» seiner naturwissenschaftlichen Studien in naturdialektischer Absicht gibt. Es ist eine der kühnsten Gedankenkombinationen überhaupt, mit der größten Unbekümmertheit zu Protokoll gegeben: «Es handelte sich bei dieser meiner Rekapitulation der Mathematik und der Naturwissenschaft selbstredend darum, mich auch im einzelnen zu überzeugen – woran im allgemeinen kein Zweifel für mich war –, daß in der Natur dieselben dialektischen Bewegungsgesetze im Gewirr der zahllosen Veränderungen sich durchsetzen, die auch in der Geschichte die scheinbare Zufälligkeit der Ereignisse beherrschen; dieselben Gesetze, die, ebenfalls in der Entwicklungsgeschichte des menschlichen Denkens den durchlaufenden Faden bildend, allmählich den denkenden Menschen zum Bewußtsein kommen; die zuerst von Hegel in umfassender Weise, aber in mystifizierter Form entwickelt worden, und die aus dieser mystischen Form herauszuschälen und in ihrer ganzen Einfachheit und Allgemeinheit klar zur Bewußtheit zu bringen, eine unsrer Bestrebungen war.» (Vorwort 2. Aufl. des *Anti-Dühring*, 1885, MEW 20, 11)

Es ist ein Äußerstes an Ausweitung und Kontraktion des theoretischen, ja schon spekulativen Begriffs, was der Fünfundsechzigjährige mit dieser vierfachen Identitätsformel bewerkstelligt: Naturgesetz, Geschichtsgesetz, Gesetz des Erkenntnisganges und erkanntes Denkgesetz – ein und derselbe universelle Gesetzeskanon! Darin faßt sich der neu erschlossene Sinn zusammen, den der Titelbegriff «Dialektik» bei Engels gewinnt: Sie ist die «Wissenschaft von den allgemeinsten Bewegungs- und Entwicklungsgesetzen der Natur, der Menschengesellschaft und des Denkens» (MEW 20, 132). Wie war dergleichen schulgerecht auszuformulieren – und mit welchen rechten Dingen konnte es dabei zugehen? Und endlich: Welchen operativen Sinn sollte diese höchste Gesetzeseinsicht für diejenigen haben, denen sie zuteil wird – für die aktiven Naturforscher, für die denkenden Zeitgenossen überhaupt, und namentlich für die sozialistischen Arbeiter? Dies letzte ist wohl am wenigsten bündig aufzuklären. Ja vielleicht wird man noch weit elementarer zu fragen haben, mit welcher Strenge und Verbindlichkeit Engels denn eigentlich jene Formel 1885 nach getaner (und abgebrochener) Arbeit hingesetzt haben mag. Erst bei den viel späteren Epigonen, den marxistisch-leninistischen Sowjetphilosophen, ist die «materialistische Dialektik» als Kanon von Universalgesetzen zu einer wichtigen Angelegenheit geworden, von keinem Geringeren als dem Diktator Stalin auch noch mit einer revolutionär-politischen Weihe versehen.

Näher besehen jedoch mutet es wie ein Mysterienspiel mit einem nur schwer durchschaubaren Hintersinn an.

Betrachten wir nun einige der Hauptmotive von Engels' «Rekapitulation» der zeitgenössischen Naturwissenschaft.

IV. Zwischenüberlegung:
Zum Naturbegriff im «praktischen Materialismus»

Nicht eigentlich um eine «Naturphilosophie» war es Engels zu tun, sondern um eine «Dialektik der Natur», die sich an die Forschungen und zumal an die Begriffsbildung der Naturwissenschaften anschließen sollte. Seine Pläne, Entwürfe und fragmentarischen Notizen sind zwischen 1873 und 1883 entstanden, bis Engels sich ganz der Herausgabe der Nachlaßbände des Marxschen *Kapital* widmete.

Neben der Frage nach der Motivation, die in dieser Arbeit wirksam gewesen ist, stellt sich auch die nach der «Legitimität», die das Unternehmen einer solchen «Naturdialektik» innerhalb der Denkweise jenes (wesentlich von Marx mitbegründeten) «neuen» und «praktischen Materialismus» haben konnte, dessen Gründungsprotokoll wir in den Marxschen Thesen über Feuerbach vor uns haben. Der «Hauptmangel» alles bisherigen Materialismus sei es, heißt es hier, daß die Wirklichkeit «nur unter der Form des *Objekts*» gefaßt wird, «nicht aber als *sinnlich menschliche Tätigkeit, Praxis,* nicht subjektiv». Was hieße es aber, das «Objekt», als das sich die «äußere Natur» uns darstellt, wesentlich auch im Horizont der menschlichen Tätigkeit als etwas «Vermitteltes» zu denken statt nur als das allumfassende Unmittelbare anzuschauen? Darüber ist es später zu zähen Kontroversen gekommen, namentlich durch G. Lukács, der «Natur» nachdrücklich zu einer «gesellschaftlichen Kategorie» erklärt hat. Das «An-sich» der Natur macht sich wohl in seiner «Priorität» vor der Welt des Menschen geltend, das denkende Begreifen des Natürlichen jedoch geschieht nur in den Vermittlungen menschlich-geschichtlicher Praxis: Die Natur «für uns», für die Menschen, ist die durch ihre Praxis vermittelte Wirklichkeit. In diesem Sinne hatte Marx schon in den Manuskripten von 1844 notiert: «Die *Natur,* abstrakt genommen, für sich, in der Trennung vom Menschen fixiert, ist für den Menschen *nichts.*» (MEW, E-Bd. I, 587)

Eine – von Engels gerade nicht aufgedeckte – «Dialektik» (oder erkenntnislogische Paradoxie) im Natur-Sein wird weit eher bei Marx faßbar – sofern man unter einer Dialektik (wie es auch bei Engels anklingt) die gedankliche Vermittlung von «Gegensätzen» versteht. In den Pariser Manuskripten von 1844 betrachtet Marx, wie der Mensch selber «unmittelbar *Naturwesen*» ist, und er fügt hinzu: «Ein Wesen, welches seine Natur nicht außer sich hat, ist kein *natürliches* Wesen, nimmt nicht teil am Wesen der Natur.» (ebd. 578) In diesem Doppelverhältnis – der Mensch als «unmittelbar Naturwesen» und als Naturwesen, welches seine Natur außer sich hat – steht der Mensch zur Natur. Die Weise, wie der Mensch als Naturwesen mit seiner Natur außer sich in Beziehung tritt, ist die Praxis, die «bewußte Lebenstätigkeit». So erweist sich der Mensch durch die Praxis als «*menschliches* Naturwesen» (ebd. 679). Die Praxis ist also einerseits die Weise der «Erzeugung des Menschen» als Menschen und andererseits das «Werden der Natur für den Menschen» (ebd. 546). Deshalb notiert Marx: «Die Geschichte selbst» – die Menschengeschichte – «ist ein *wirklicher* Teil der *Naturgeschichte*.» (ebd. 544)

Die Natur macht einen wirklichen Teil ihrer Geschichte als Menschengeschichte durch. Der Unterschied zwischen Naturgeschichte und Menschengeschichte ist einer der Formen von «Selbsterzeugung» zwischen Praxis und Naturtätigkeit. Naturgeschichte ist eine die Menschengeschichte umgreifende Geschichte. Die Naturgeschichte geht aber der Menschengeschichte nicht nur voraus, sondern sie setzt sich in ihr auch als *Naturbestimmtheit* des menschlichen Seins, der Praxis fort. Als der «Stoffwechsel» des Menschen mit der Natur ist die Arbeit «Naturbedingung der menschlichen Existenz», «ewige Naturnotwendigkeit», unabhängig von allen sozialen Formen. Das heißt: Nicht nur die Natur ist für uns durch die Praxis vermittelt, sondern auch umgekehrt: Unsere Praxis ist in ihrem Grund naturbestimmt. Und die Wissenschaft, die diese Geschichte zum Gegenstand haben wird, so projektiert es Marx, «wird *eine* Wissenschaft sein» (ebd. 544). Die Naturwissenschaft verliert damit ihre «abstrakt materielle oder vielmehr idealistische Richtung» (ebd. 543).

In einiger Hinsicht fügt sich Engels in diesen Verständnisrahmen ein und füllt ihn aus: mit einer gedanklichen Rekonstruktion jener wirklichen Geschichte, welche die Natur vor dem Menschen, durch seine Geschichte hindurch – und auch über diese hinweg – «durchmacht». In seiner «Dialektik der Natur» geht es wesentlich um diesen «Nachweis», daß die Natur «sich nicht im ewigen Einerlei eines stets wiederholten Kreises bewegt, sondern eine wirkliche Geschichte durchmacht», Geschichte verstanden als Selbsterzeugungsprozeß, als Werden und Hervorbringen mannigfacher Formen aus anderen Formen, also auch Vergehen der Formen. Zuletzt mündet diese Geschichte für Engels aber doch wieder in eine riesenhafte kosmische Kreisbewegung ein, deren Bild er in der Einleitung zu seiner Naturdialektik nachzeichnet, von den wirbelnden Dunstmassen über die Herausbildung der Himmelskörper, die Entstehung von Lebendigem und der Menschen bis zu ihrem Aussterben und weiter dann – hypothetisch – bis zur Regenerierung «erstorbener» Sonnen (MEW 20, 320f.). Fragt man weiter, auf welche Weise Engels seinen Nachweis erbringt, so lautet die Antwort: Es sind die Naturwissenschaften, deren Ergebnisse es theoretisch auszuwerten und zu erweitern gilt. Wenn wir seine Hauptbefunde überschauen, stellt sich uns indessen die Frage, ob er sich damit noch im Rahmen der von Marx eröffneten, jedoch nicht inhaltlich ausgefüllten Dialektik von Mensch und Natur bewegt. Ist so nicht das Praxisverhältnis, in dem alles Begreifen des Natürlichen seine Bestimmtheit erlangt, wieder durch die Anschauung eines nur Objektiven ersetzt, dessen begriffliche Fassung erneut die «abstrakt materielle oder vielmehr idealistische Richtung» nimmt? Denn das Medium von Engels' Naturdialektik ist der objektive Wissensgehalt der anschauend sich verhaltenden Naturwissenschaft, nicht das Integrale einer «subjektiven», gesellschaftlich qualifizierten und produktionstechnisch instrumentierten Praxis. (Diese kommt wieder nur in erkenntnistechnisch reduzierter Gestalt als «Experiment» in Betracht.)

V. Engels' theoretischer Naturbegriff

Wo setzt Engels' Dialektik der Natur mit ihrer Hauptarbeit an? Bei dem Mangel an «theoretischem Denken», der für die Naturforschung charakteristisch ist. Einerseits findet Engels, daß mit der «erfahrungsmäßigen Naturforschung» jede «aparte, außer und über ihr stehende Naturphilosophie» (MEW 20, 14) «ebenso unnötig wie unmöglich» geworden sei (MEW 21, 306); denn Naturphilosophie verfahre abstrakt und spekulativ, konstruiere die Natur aus dem Begriff und in bloßen Gedanken. Andererseits sagt er gegen die empirischen Naturforscher: «Man mag noch so viel Geringschätzung hegen für alles theoretische Denken, so kann man doch nicht zwei Naturtatsachen in Zusammenhang bringen oder ihren bestehenden Zusammenhang einsehn ohne theoretisches Denken. Es fragt sich dabei nur, ob man dabei richtig denkt oder nicht, und die Geringschätzung der Theorie ist selbstredend der sicherste Weg, naturalistisch und damit falsch zu denken.» (MEW 20, 346) An Zusammenhängen «versagen die Methoden der Empirie» (ebd. 330), und die «gegen alles Denken mißtrauische Empirie» ist «der sicherste Weg von der Naturwissenschaft zum Mystizismus» (ebd. 345). Schließlich: «Die Naturforscher glauben sich von der Philosophie zu befreien, indem sie sie ignorieren oder über sie schimpfen. Da sie aber ohne Denken nicht vorankommen und zum Denken Denkbestimmungen nötig haben (...), so stehen sie nicht minder in der Knechtschaft der Philosophie, meist aber leider der schlechtesten, und die, die am meisten auf die Philosophie schimpfen, sind gerade Sklaven der schlechtesten vulgarisierten Reste der schlechtesten Philosophie.» (ebd. 480) Für Engels ist Philosophie nicht mit irgendwelchen «inhaltlichen» Aufstellungen von Interesse, sondern allein als bestimmte – eben als «dialektische» – «Form» des Denkens, die einer «Dialektik» der Naturtatsachen entspricht. Wenn er gelegentlich mit Enthusiasmus daran erinnert, wie Philosophen es waren, die einiges als erste erkannt haben – Kants «Nebularhypothese» und Descartes' Konstanz der Bewegung –, so erweist sich doch bei näherem Zusehen, daß erst auf dem Wege ihrer *naturwissenschaftlichen* «Entdeckung» jene Erkenntnisse ihre Bedeutung erlangt haben.

Ungeachtet dieser Kritik stützt Engels sich auf die Naturwissenschaften. Warum gerade sie den Nachweis erbringen sollen, daß die Natur eine wirkliche Geschichte durchmacht, danach fragt er nicht weiter. Die Naturwissenschaften in ihrer Erkenntnisbemühung figurieren wie eine autarke Instanz. Hätte er sie in ein übergreifendes Praxisverhältnis der Menschen zur Natur eingeordnet, sie also nicht nur unter dem begrenzten Gesichtswinkel der Erkenntnisgewinnung gesehen und in dieser Blickrichtung seine Mahnungen an sie ergehen lassen, dann hätte seine Naturdialektik einen anderen Bezugsrahmen gewonnen. Wo er einmal «Praxis» ausdrücklich als Bezugsrahmen ansetzt, da biegt er die erkenntnispragmatische Reflexion sogleich wieder aus dem Erkenntnistheoretischen ins Physiko-Experimentelle um. Er erklärt, daß «die Praxis, nämlich das Experiment und die Industrie», die schlagendste Widerlegung aller «philosophischen Schrullen» sei: «Wenn wir die Richtigkeit unsrer Auffassung eines Naturvorgangs beweisen können, indem wir ihn selbst machen, ihn aus seinen Bedingungen erzeugen, ihn obendrein unsern Zwecken dienstbar werden lassen, dann ist es mit dem Kantschen unfaßbaren ‹Ding an sich› zu Ende.» (MEW 21, 267) Daß Kant hier mißverstanden ist, liegt auf der Hand. Noch bedenklicher in Engels' eigener Intention aber dürfte sein, wie er die Industrie statt als praktische Konstitutionsbedingung naturwissenschaftlicher Naturerkenntnis bloß als Richtigkeitskriterium heranzieht. Hier hätte er eine Gelegenheit gehabt, die Naturwissenschaften selber als Industrie und unter dem Blickwinkel der materiellen Produktion zu thematisieren. Dabei wäre ihm aufgegangen, wie diese Wissenschaften einer «Logik» der materiellen Produktion folgen und nicht der einer Denk- und Erkenntnisgeschichte.

Mit einiger Emphase ruft Engels in Erinnerung, wie die ältere Naturforschung die Gestirne und die Erde, die Pflanzen und die Tiere als lauter ewig sich gleich bleibende Gestalten betrachtet hatte (MEW 20, 314f.). Ein Denken, das seinen Gegenstand konservativ denkt, ist selbst konservativ. Engels setzt dafür den Titelbegriff «metaphysische Denkweise» ein – sichtlich im Anschluß an Hegels Umschreibungen der «Verstandesmetaphysik».

Die Wende sieht Engels mit Kant eingeleitet – nicht mit dessen «kopernikanischer Wende» in der Erkenntnisphilosophie, sondern in der «vorkritischen», 1755 erschienenen *Allgemeinen Naturgeschichte und*

Theorie des Himmels. Erde und Sonnensystem sind damit als zeitlich Gewordenes – und Vergängliches – erkannt (MEW 20, 316, 22). Engels schließt daran gleich die Überlegung an: Hätten die Naturforscher weniger «Abscheu vor dem Denken» gehabt, so hätten sie aus «dieser einen genialen Entdeckung Kants die Folgerungen ziehen müssen, die ihnen endlose Abwege (...) und Arbeit ersparte». Mit einiger Verspätung, meint Engels, hätten dann Laplace und Herschel die Kantische Nebularhypothese inhaltlich ausgefüllt. Engels nimmt damit aber eine stilisierende Verschiebung vor – und vor allem bleibt ganz außer acht, daß für den weiteren Forschungsweg von Herschels Katalog mit tausend kosmischen Nebeln (1786) bis zu der noch späteren Spektralanalyse, die Huggins 1864 kurz vor Engels' Arbeitseinsatz entwickelt hat, noch ganz andere Prämissen bedeutsam gewesen sind. Nicht nur, daß erst neue empirische Daten zu einem Problem führten – die Empirie wird (als Beobachtung und Experiment) erst möglich unter den Voraussetzungen eines Instrumentariums der Forschung, das der allgemeinen Technologie der handwerklichen und industriellen Produktion inkorporiert ist. Weil Engels – ausgerechnet er als einer der frühen Philosophen der modernen Industrie! – in seinen späteren Arbeiten die Einheit von Forschungsapparat und reproduktiver Produktion in der Industrie ausblendet und so tut, als sei dies das Entscheidende, daß sich die Naturforscher zum theoretischen Gedanken erheben, sieht er die Sache äußerlich und formal. Das wiederum schlägt auf die Philosophie zurück, die auf einen formalisierten Rest zusammenschrumpft: «Was von der ganzen bisherigen Philosophie dann noch selbständig bestehn bleibt, ist die Lehre vom Denken und seinen Gesetzen – die formelle Logik und die Dialektik. Alles andre geht auf in die positiven Wissenschaften von Natur und Geschichte.» (MEW 20, 24)

Auf diesem äußersten Rückzugspunkt bleibt die Sache der Philosophie und der Dialektik indessen nicht stehen. Mit den «Gesetzen des Denkens», den «dialektischen» zumal, gewinnt es noch seine besondere Bewandtnis – dadurch, daß Engels jene Denkoperationen von ganz besonderer Kühnheit vollführt, auf die weiter oben schon ein kurzer Blick fiel. Es hatte sich zunächst ja ein Begriff des Dialektischen ergeben, der spätestens mit dem Darwinismus fast schon trivial geworden ist: Die Natur geschichtlich, d.h. als in «Entwicklung» begriffen sehen, überall der Einsicht in das Werden alles Natürlichen volle Anerkennung verschaffen und das Attribut der Bewegung (als Veränderung) mit dem Begriff der Materie verschmelzen – Bewegung ist schlechterdings die «Daseinsweise der Materie» (MEW 20, 354, 519 u.a.). «Materie» ist «als solche» nur eine Abstraktion; konkret existiert sie in mannigfachen Arten, denen jeweils bestimmte «Bewegungsformen» zugeordnet sind. Diese Bewegungsformen gehen – als die Daseinsweisen einer und derselben Energie – ebenso vielfältig ineinander über. Die Erhaltung der

Energie ist zugleich ihre Verwandlung aus einer Bewegungsform in die andere: mechanische Kraft, Wärme, Strahlung (Licht und strahlende Wärme), Elektrizität, Magnetismus, chemische Kraft der Verbindung und Trennung u. a. (MEW 20, 467).

Für die theoretisch aufgeklärte naturwissenschaftliche Begriffsbildung hat dies eine methodologische Konsequenz, die Engels entschieden festgehalten sehen möchte: Wenn das Werden der natürlichen Formen alle Grenzlinien überschreitet, dann müssen auch die theoretischen Begriffe vom Natürlichen «flüssig» werden. Generell soll gelten: «*Hard and fast lines* mit der Entwicklungstheorie unverträglich – sogar die Grenzlinie zwischen Wirbeltieren und Wirbellosen schon nicht mehr fest, ebensowenig die zwischen Fischen und Amphibien, und die zwischen Vögeln und Reptilien verschwindet täglich mehr und mehr.» Daraus folgt: «Die Dialektik, die ebenso keine hard and fast lines, kein unbedingtes allgültiges Entweder-Oder! kennt, die die fixen metaphysischen Unterschiede ineinander überführt und neben dem Entweder-Oder! ebenfalls das Sowohl dies – wie jenes! an richtiger Stelle kennt und die Gegensätze vermittelt, ist die einzige (...) in höchster Instanz angemeßne Denkmethode.» (MEW 20, 482) In dieser Lesart erfüllt sich am ehesten der Sinn des Dialektischen als einer Methode, und man befindet sich damit nahe an den Hegelschen Quellen.

VI. Dialektik als Kanon universaler Bewegungsgesetze

Das Dialektische erlangt indessen noch eine sehr viel weiter reichende Bestimmtheit: mit der unitarischen Formel, mit der die Dialektik geradezu institutionell als «Wissenschaft von den allgemeinsten Bewegungs- und Entwicklungsgesetzen der Natur, der Menschengesellschaft und des Denkens» definiert ist (MEW 20, 131 f.). Oder noch etwas weiter ausgeführt: Die Dialektik ist die «Wissenschaft von den allgemeinen Gesetzen der Bewegung, sowohl der äußern Welt wie des menschlichen Denkens – zwei Reihen von Gesetzen, die der Sache nach identisch, dem Ausdruck nach aber (...) verschieden sind (...) Damit aber wurde die Begriffsdialektik selbst nur der bewußte Reflex der dialektischen Bewegung der wirklichen Welt, und damit wurde die Hegelsche Dialektik (...) vom Kopf, auf dem sie stand, wieder auf die Füße gestellt.» (MEW 21, 293) Die «Gesetze der Dialektik», so heißt es, sind aus der Geschichte von Natur und Gesellschaft «abstrahiert» (MEW 20, 348), sie sind deren «Widerschein»: «die Dialektik des Kopfs nur der Widerschein der Bewegungsformen der realen Welt» (ebd., 475). Oder noch eine andere terminologische Wendung, mit der sich die Charakteristik des «Dialektischen» weiter verdichtet: «Die Dialektik, die sog. *objektive*, herrscht in der ganzen Natur, und die sog. subjektive Dialektik, das dialektische Denken, ist nur Reflex der in der Natur überall sich geltend machenden Bewegung in Gegensätzen, die durch ihren fortwährenden Widerstreit und ihr schließliches Aufgehen ineinander, resp. in höhere Formen, eben das Leben der Natur bedingen.» (ebd. 481)

Damit ist – anscheinend oder scheinbar? – ein höchster Punkt erreicht: Dialektik ist als Einsicht in universal geltende Gesetze und eben damit als eine «Wissenschaft» ausgewiesen. Damit das aber nicht leere Rede bleibt, unternimmt es Engels in der Tat, wenigstens einige Hauptgesetze dieser Art zu formulieren oder benennend zu umschreiben. Er hat von seinen Streifzügen durch die Gefilde der Naturforschung – stets «seinen Hegel» im Gepäck – namentlich drei Gesetzesformeln mit nach Hause gebracht: «das Gesetz des Umschlagens von Quantität in Qualität und umgekehrt; das Gesetz von der Durchdringung der Gegensätze; das Gesetz von der Negation der Negation» (ebd., 348). Sie sind, wie wir erfuhren, aus den natürlichen Prozeßmaterialitäten (mit Hegels Orientierungshilfen) «abstrahiert»: «Wer (...) seinen Hegel nur einigermaßen kennt, der wird auch wissen, daß Hegel an Hunderten von Stellen aus Natur und Geschichte die schlagendsten Einzelbelege für die dialektischen Gesetze zu geben versteht.» (ebd., 349) Damit ist auch gleich das Stichwort für eine Arbeitsrichtung und Verfahrensweise gegeben, die durch Engels Schule gemacht (und etwas Schülerhaftes in die epigonale Geschichte der «materialistischen Dialektik» gebracht) hat. Indem Engels die «dialektischen» Hauptgesetze, durch «schlagende» Beispiele illustriert (so den Werdegang des Gerstenkorns über die keimende und reifende Pflanze zu neuem Gerstenkorn als Fall von «Negation der Negation»), in seinem *Anti-Dühring* publik gemacht hat, wurde diese dubiose Lesart von Dialektik recht populär.

Angesichts der a priori einzusehenden und empirisch erwiesenen Fragwürdigkeit und Unergiebigkeit dieses ganzen Unternehmens wollen wir von jeder weiteren Exkursion in die Sackgassen der Gesetzesdialektik absehen, die bei den Sowjetphilosophen zur Domäne einer neuen Scholastik geworden ist. Trotz der Prominenz und Insistenz von Engels' eigenen Äußerungen dürfte nicht hierin sein theoretisches Hauptinteresse bei jenen Streifzügen gelegen haben. Es dürfte darin auch nicht das Kernstück seiner Idee einer erneuerten «dialektischen Denkweise» liegen. Das Problem für den heutigen Interpreten ist wohl, wie man diese Idee weder zu sehr im Vagen eines trivial gewordenen «Entwicklungsgedankens» beläßt noch auch andererseits sie ins Verstiegene eines eher «metaphysisch» zu nennenden Gesetzeskanons hinauftreibt, vielmehr sie im Raum einer Erkenntnislogik der komplexen «Vermittlungen» von Begriff und Sache, Subjektivem und Objektivem zur Entfaltung bringt – wozu Engels durchaus interessante Ansätze macht.

VII. Schlußbetrachtung

Engels' Exerzitien in «Naturdialektik» dürften nach alledem ihrerseits einer «Dialektik» seiner geschichtlichen und theoretischen Praxis unterlegen haben. Seine eigenen Deklarationen helfen nicht viel dabei, den praktischen «Hintersinn» dieser Zehn-Jahre-Arbeit aufzuklären. Am allerwenigsten vermag das die scheinbar so deutliche Auskunft von der vierfachen Formenkongruenz zwischen Natur- und Geschichtsbewegung, Erkenntnisfortschritt und Hegelscher Philosophie. Die drei universellen «dialektischen» Bewegungsgesetze, in denen diese Kongruenz sich zu bewähren hätte, erlangen keinerlei operativen Sinn für die Direktion von Erkenntnis und Praxis, zumal nicht für die Sache des Sozialismus.

Gerade mit der Sache des Sozialismus scheint das Engelssche Großunternehmen der Naturdialektik auf eine ausgesprochen «dialektische» Weise verschränkt zu sein, namentlich nicht nach Art einer schlicht positiven Instrumentalität der Theorie für die Praxis. Wir sahen, wie Engels einen ursprünglichen Sinn für die außermenschliche Natur an den Tag gelegt hat. Andererseits konnte das Engagement an der Arbeiter-Emanzipationsbewegung so, wie deren Fortgang nach der 1848er Revolution sich darstellte, seinen geistig-praktischen Raum kaum ausfüllen. Er sah es selbst so, daß er die Partei nicht brauchte, wohl aber sie ihn, und mit Maßen. Man kann die Akzente unterschiedlich gesetzt sehen: Gewiß blieb die faktische und jede mögliche politische Praxis des Arbeitersozialismus hinter dem geschichtlichen Veränderungs-impetus von Marx und Engels weit zurück. Dem konnten und wollten diese jedoch nicht mit einem Stürmer-und-Dränger-Gestus abhelfen. Engels erlebte es dann noch, daß die Sozialdemokratie in Mittel- und Westeuropa zu einem zwar nicht kühnen, aber auf seine Weise doch «sicheren Gang» zu finden schien. Bemerkenswerterweise stellte sich bei ihm, als er dies registrierte, erneut die Naturmetaphorik ein: So, wenn er in einer seiner letzten Arbeiten einmal notierte, das Wachstum namentlich der deutschen Sozialdemokratie gehe «so spontan, so stetig, so unaufhaltsam und gleichzeitig so ruhig vor sich wie ein Naturprozeß» (Einleitung 1895, MEW 22, 524f.). So lassen sich die Exkursionen in die Gefilde der Naturforschung, weit von jedem «Legitimationsdruck» entfernt und weit über die offenkundige «zivilisationsdynamische» Faszination hinaus, vielleicht geradezu als ein «Entlastungsphänomen» deuten: Nun fand er endlich Muße für etwas, woran er einfach ganz «zweckfrei» seinen Gefallen fand. Das Bemühen, der theoretischen Arbeit an der naturwissenschaftlichen Begriffsbildung doch auch eine Nützlichkeit für die naturwissenschaftliche Empirie zu vindizieren, wirkt hingegen etwas forciert. Wohl aber könnte dies auf eine andere, eine untergründige und durchaus politisch bedeutsame Spur führen: Zwei Dinge waren es, die Engels' Gemüt in seinem zeitgeschichtlichen Horizont ihrer höchsten geschichtlichen Bedeutsamkeit wegen mit Enthusiasmus erfüllten: Die Arbeiter-Emanzipationsbewegung und der Fortschritt der Naturforschung. In dem Maße, als die eine dem Fortschrittsimpetus von Engels (wie auch dem von Marx) nicht so ganz genügen konnte, gewann die andere an Interesse und Faszination. So wie auch Marx einmal – nach der Veröffentlichung des *Kapital* – dem Gedanken nachhing, er könne mit seiner theoretischen Arbeit im «gebildeten Bürgertum» vielleicht mehr Anklang finden als bei den Arbeitern (den «Knoten»), mag auch bei Engels die gesellschaftlich-zivilisatorische Bedeutsamkeit der Naturforscher es gewesen sein, die ein so positives Interesse an der wissenschaftlichen Arbeit im Reich der Natur begründet hat.

Engels hat als «Klassiker der Naturphilosophie» auf eine überaus prekäre Weise Schule gemacht: Er hat die Stichworte für eine eigenartige Scholastik geliefert, die sich auf eine nicht minder sonderbare Weise mit einer politokratischen Dogmatik verschmolzen hat. Die theoretische Schwäche und Gewagtheit, die Engels' Universaldialektik in kognitiver Hinsicht ganz offenkundig zeigt, konnte in der politischen Formation des «Stalinismus» zum Prüfstein der unbedingten, bis zum *Sacrificium intellectus* gehenden Gehorsamsbereitschaft werden – wie ein *Absurdum*, zu dem nur ein *Credo* führen kann. Es dürfte sich aber je länger, desto mehr erweisen, daß das höhere Interesse an Engels' Dialektikbetrachtungen nicht so sehr dem Affirmativen und Kanonisierten gebührt, sondern gerade dem Apokryphen und dem Aporetischen.

Danksagung
Die Abschnitte 4 und 5 gründen sich auf eine Ausarbeitung, die Dr. Hassan Givsan, Lehrbeauftragter für Philosophie an der Technischen Hochschule Darmstadt, zur Verfügung gestellt hat.

Alfred North Whitehead (1861–1947)

Ernest Wolf-Gazo

ALFRED NORTH WHITEHEAD
(1861–1947)

I. Leben

Das Leben von Alfred North Whitehead umspannt die zweite Hälfte des 19. und die erste Hälfte des 20. Jahrhunderts. Die Industrialisierung Europas und der USA, der Niedergang des British Empire, die Revolution in Rußland, die verheerenden Auswirkungen des Ersten Weltkrieges für Europa, die Auflösung bisheriger machtpolitischer Verhältnisse in der Weltpolitik wie auch die rasanten Entwicklungen in Naturwissenschaft und Technik: das sind Phänomene, die das Leben Whiteheads begleiteten. Insbesondere die schockierenden Konsequenzen der Darwinschen Evolutionslehre für das religiöse Weltbild der Generation Whiteheads und die rasche Entwicklung in den mathematischen Wissenschaften, insbesondere der Logik, hatten große Wirkung auf Whiteheads Gesamtwerk. Die *Principia Mathematica* von ihm und seinem Schüler Bertrand Russell führten zu bahnbrechenden Einsichten für die Natur der mathematisch-logischen Welt. Die aristotelische Logik verlor durch dieses Werk ihre Monopolstellung im Abendland. Dies war eine Leistung Whiteheads als Mathematiker und Logiker – und als solcher wurde er bekannt. Jedoch entwickelte er auch eine Naturphilosophie und Kosmologie im Stil eines großangelegten Weltentwurfs, der an Platon erinnert.

Das Leben Whiteheads bewegte sich zwischen Cambridge (England), London und Cambridge (Massachusetts, USA) in Verbindung mit drei akademischen Institutionen: dem Trinity College der Universität Cambridge (1880–1910), dem Imperial College of Technology (1910–1924) und der Harvard University (1924–1947).

Am 15. Februar 1861 wurde Alfred North Whitehead als Sohn von Alfred Whitehead, einem anglikanischen Pastor, und Maria Sarah Whitehead, geb. Buckmaster, Tochter eines vermögenden Militärtuchhändlers, in Ramsgate, Isle of Thanet, East Kent, England geboren. Van Gogh war zu der Zeit Lehrer an der dortigen Dorfschule. Zwischen 1875–1880 besuchte Whitehead die traditionsreiche Sherborne-Schule in Dorset, die, wie der Whitehead-Biograph Victor Lowe berichtet, einen nachhaltigen Einfluß auf das ganze Leben Whiteheads hatte.

Im Herbst des Jahres 1880 immatrikuliert sich der junge Whitehead am ruhmreichen Trinity College der Universität Cambridge, der alma mater von Newton, Wittgenstein und G.E.Moore, als Stipendiat der Mathematik. Alfred North besucht die Vorlesungen des Physikers J.J.Thompson über Statik und Elektrodynamik. Er betätigt sich auch im exklusiven Diskussionsclub «The Apostles», in dem man sich – zur allgemeinen Bildung der jungen Studenten – mit Themen aus Philosophie, Literatur, Geschichte, Politik und Religion beschäftigte. Whiteheads späteres Werk *Adventures of Ideas* zeugt von der Spannbreite der Thematik aus der «Apostle»-Zeit. Während seiner Studentenzeit am Trinity College unternahm er eine Reise nach Deutschland, um sich wegen der neuen Entdeckungen in der Mathematik umzusehen. 1884 schließt Whitehead sein Studium vorläufig mit dem Bachelor of Arts im mathematischen Tripos (letztes Examen für honours) ab. Im Oktober desselben Jahres wird er zum Fellow des Trinity College gewählt. Am 16.Dezember 1890 heiratet er Evelyn Willouby Wade, Tochter eines verarmten irischen Landaristokraten. Aus dieser Ehe gingen drei Kinder hervor. Evelyn Wade hatte eine kontinental-europäische Bildung in der Normandie genossen und sollte großen Einfluß auf Whiteheads Weltanschauung im ästhetisch-kulturellen Bereich ausüben. Sie starb 1963 im Alter von 95 Jahren. Der jüngste Sohn Eric fiel im Ersten Weltkrieg in Frankreich. Durch dieses Ereignis veranlaßt, begann Whitehead sich ernsthaft mit Fragen der Philosophie und Religion zu beschäftigen.

Whiteheads erste Veröffentlichung erschien 1898 unter dem Titel *A Treatise on Universal Algebra*. Der Einfluß von Hermann Grassmanns *Ausdehnungslehre* und von Leibniz' Vision einer *mathesis universalis* ist nicht zu verkennen. Die Arbeit von George Boole wurde mit berücksichtigt. Bertrand Russell immatrikulierte sich 1890 am Trinity College. Whitehead entdeckte das mathematische Talent in Russell und förderte sein Mathematikstudium. Russell, zuerst Schüler, dann Kollege und Freund Whiteheads, arbeitete mit seinem Lehrer zehn Jahre an den berühmt gewordenen *Principia Mathematica*. (Zu Unrecht wird Russell in der Literatur oft als der eigentliche Urheber und Autor der *Principia* dargestellt; vgl. Russells *Autobiographie* mit Lowe, 1985). Whitehead entfremdete sich später seinem ehemaligen Schüler aus weltanschaulichen, persönlichen wie philosophischen Gründen. Aus Russells Sicht hatte sich sein Lehrer Whitehead zu sehr der Metaphysik verschrieben, der er nicht folgen mochte. Russell scheint jedoch Whiteheads ausgereifte *Philosophie des Organismus* nicht verstanden zu haben. Im Jahre 1900 fand ein entscheidender internationaler Kongreß für Philosophie statt: Whitehead und Russell nahmen daran teil und lernten den italienischen Logiker Peano kennen. Die Peanosche mathematisch-logische Zeichensprache sollte sich in revidierter Form in den *Principia* wiederfinden. 1893 immatrikulierten sich G.E.Moore, 1911 Ludwig Wittgenstein am Trinity College. Mit Moore hatte Whitehead zeit seines Lebens eine enge Beziehung. 1905 promoviert Whitehead zum Doctor of

Science über das Thema: *Maxwell's Theory of Electricity and Magnetism.* 1906 erscheint die Abhandlung *On Mathematical Concepts of the Material World* – eine wichtige Arbeit, die den Übergang des Mathematikers Whitehead zum Naturphilosophen dokumentiert. Das wichtige Buch von Russell über Leibniz hat hier starken Einfluß. Whitehead sollte den Mathematiker Leibniz stets bewundern.

1910 erfolgt die Übersiedlung der Whiteheads nach London. Das kleine Buch *An Introduction to Mathematics* erscheint 1911 und zeigt Whitehead als einen begabten Pädagogen und Didaktiker. Inzwischen Lehrstuhlinhaber für angewandte Physik am Imperial College of Science and Technology, wurde Whitehead unmittelbar mit Erziehungsfragen in der modernen Industriegesellschaft konfrontiert. Als Dekan der Naturwissenschaftlichen Fakultät widmete er sich pädagogischen Fragen. Daraus entstand der Sammelband *The Aims of Education.* In den frühen zwanziger Jahren veröffentlicht Whitehead seine Ideen zu naturphilosophischen Fragen: *An Enquiry Concerning the Principles of Natural Knowledge* (1919), *The Concept of Nature* (1920) und *The Principle of Relativity, with Applications to Physical Science* (1922).

Das Jahr 1924 ist für Whitehead von großer Bedeutung. Er folgt, im Alter von siebenundsechzig Jahren, dem Ruf auf einen Lehrstuhl für Philosophie an der Harvard University. Von nun an widmet sich Whitehead ganz der Philosophie und veröffentlicht seine Naturphilosophie, Kosmologie und Geschichtsphilosophie: *Science and the Modern World* (1925), *Process and Reality* (1929), *Adventures of Ideas* (1933).

Am 19. Januar 1927 erhält Whitehead die Einladung, die berühmt gewordenen «Gifford Lectures» an der Universität Edinburgh zu halten. *Process and Reality – An Essay in Cosmology* ist eine erweiterte Fassung dieser Lectures. Es sollte Whiteheads «opus magnum» werden, das zuerst einige Verwirrungen in der philosophisch-akademischen Welt auslöste. Der Text mit seinen Neologismen ist schwer zugänglich, seine Rezeption vollzog sich im englischsprachigen Raum erst in den fünfziger Jahren. Erst 1979 erscheint eine deutsche Übersetzung. Die Rezeption des Gesamtwerkes Whiteheads ist noch nicht abgeschlossen, besonders seine Pädagogik und Geschichtsphilosophie sind immer noch sehr vernachlässigt.

Zwischen 1926 und 1939 hält Whitehead an verschiedenen amerikanischen Universitäten Vorträge, die in Buchform als *Religion in the Making* (1926), *Symbolism, its Meaning and Effect* (1927), *The Function of Reason* (1929) und *Modes of Thought* (1938) veröffentlicht wurden. Theologen und Religionsphilosophen, besonders an der Universität von Chicago, entwickelten aus dem Kapitel «God and the World» in *Process and Reality* und *Religion in the Making* eine «Prozeßtheologie», die zu einer der einflußreichsten theologischen Strömungen in den USA werden sollte.

Whitehead hatte in Harvard einen bedeutenden Schülerkreis. Zu ihm gehörten unter anderen Charles Hartshorne, Paul Weiss, C. I. Lewis, F. S. C. Northrop, Dorothy Emmet, Susanne K. Langer, Victor Lowe, W. V. O. Quine. Whitehead lehnte jede dogmatische Vertretung seiner Lehre ab. So gewinnt er Schüler, die bei aller Anlehnung an ihn sehr eigenständig denken. In seinen autobiographischen Notizen (s. Schilpp, Hrsg.) schreibt Whitehead im Jahre 1941: «Philosophie ist ein Versuch, die Unendlichkeit des Universums in den begrenzten Begriffen der Sprache auszudrücken.» Am 30. Dezember 1947 stirbt Whitehead in Cambridge, Massachusetts.

II. Das Werk

1. Eine Strategie zur Lektüre und zum Studium Whiteheads

Eine Strategie zur Bewältigung Whiteheadscher Texte ist unumgänglich. Whiteheads Hauptwerk *Process and Reality* (PR) bleibt ein verschlossener Text, auch für professionelle Philosophen, wenn der Leser sich nicht über etliche Schwierigkeiten philosophischer, systematischer wie auch historischer Art Gedanken macht. Man muß sozusagen Vorarbeit leisten, um einen Einstieg in Whiteheads Kosmologie zu gewinnen (siehe Leclerc, Lowe, Wolf-Gazo).

Der günstigste Einstieg ist *Science and the Modern World* (SMW). In diesem Werk schildert Whitehead die historischen Voraussetzungen seines eigenen Ansatzes einer «Philosophie des Organismus»: Dies ist die eingeführte Bezeichnung für Whiteheads reife Naturphilosophie (s. Wolf-Gazo, 1985). Der Whitehead-Leser muß sich Platons *Timaios* vor Augen führen. Whitehead schätzte diesen Spätdialog Platons besonders, weil er ein Paradigma eines einheitlichen kosmologischen Weltentwurfs darstellt. Aus demselben Grund bewunderte er auch Newtons *Principia Mathematica*, die er im Zusammenhang mit Platons Entwurf interpretierte. Er verstand die beiden Werke als wichtigste Dokumente westlichen Naturverständnisses. Man könnte sagen, das Whiteheads Hauptwerk eine moderne Version des *Timaios* darstelle. Insbesondere sind die Formenlehre und der Demiurgos des Spätdialogs von besonderer Bedeutung. Der Kosmos, der durch den Demiurgos seine Einheit, Form und Ordnung erhält, stellt eine ästhetisch-geometrische Konzeption des Alls dar. Dieses Verhältnis diente Whitehead als Leitfaden bei der Ausarbeitung seiner eigenen «Kosmologie».

Whitehead schätzte Aristoteles hauptsächlich als Naturforscher. Seiner Logik stand er sehr kritisch gegenüber. Whitehead war der Meinung, daß die Subjekt-Prädikaten-Logik nur klassifiziert, Dynamik aber nicht erfassen kann. Die eigentliche Kritik an Aristoteles bezog sich aber auf den Substanzbegriff, weil dieser Begriff, der der Subjekt-

Prädikaten-Logik zugrunde liegt, die Welt in Bauklötzchenmanier beschreibt. Für Whitehead war dies ein grundlegender Fehler, da die Welt als «Organismus» zu verstehen sei. Ob Whitehead der aristotelischen Weltdeutung gerecht wurde, ist in der Whitehead-Forschung noch eine offene Frage (s. Leclerc).

Zu den wichtigsten historischen Voraussetzungen des Whiteheadschen Werkes gehört weiterhin die Auseinandersetzung mit der wissenschaftlichen Revolution der Neuzeit im 16. und 17. Jahrhundert, die Whitehead «The Century of Genius» taufte (SMW 3, 3. Kap.). Whitehead gehört zu den wenigen Philosophen, die die besondere Entwicklung der Naturwissenschaften und der Mathematik studierten, um der Philosophie gerecht zu werden. Die Überzeugung von der Interdependenz von Naturwissenschaft, Religion, Kunst und Philosophie hat Whitehead mit Hegel gemeinsam.

Die philosophischen Konsequenzen der Mechanik als der neuen Wissenschaft, die das aristotelische Schema Potentialität-Aktualität ablöste, wurde vorzüglich von Descartes formuliert. «The first physical synthesis» (Whitehead) im Abendland, die bis in unser Jahrhundert maßgeblich bleiben sollte, finden wir in Newtons Werk. Die entscheidende Whitehead-Kritik am physikalischen Weltbild von Descartes und Newton betrifft die «Bifurcation», die Zweiteilung der Natur (s. besonders das 1. Kapitel von *Concept of Nature*). Das mechanistische Weltbild hat die Natur und den Menschen in einen materiellen und einen geistigen Bestandteil zerlegt, in Descartes' Sprache *res extensa* und *res cogitans*. Raum, Zeit, Materie und die aktualisierte Atomtheorie von Gassendi werden als Grundelemente einer neuen Naturphilosophie von Whitehead überprüft. Er lehnt letztlich die philosophischen Konsequenzen der sog. wissenschaftlichen Revolution des 17. Jahrhunderts ab.

Von großer philosophischer Bedeutung für die Whiteheadsche Kritik am wissenschaftlichen Materialismus ist der Briefwechsel zwischen dem brillanten Theologen Richard Bentley und Newton. In diesem Briefwechsel wird Newton auf die theologisch-philosophischen Konsequenzen seiner Lehre aufmerksam gemacht und das mechanistische Weltbild allgemein hinterfragt. Durch diesen Briefwechsel sah sich Newton veranlaßt, in der zweiten Auflage seiner *Principia* einen Pantokrator, d.h. einen allherrschenden Gott, einzuführen, um so seine mechanistisch konzipierte Welt mit einem Gott verträglich zu machen (s. das *Scholium* zu den ersten acht Definitionen der *Principia*). Whitehead reagierte auf die Auseinandersetzungen dieses Briefwechsels mit der Einführung eines «bi-polaren» Gottes, der einerseits als Ordnungsprinzip, andererseits als Vermittlung zwischen Mensch und Natur fungiert.

Whiteheads Übergang von einer logisch-mathematisch-naturwissenschaftlichen Sichtweise zu seiner ausgereiften Naturphilosophie finden wir im Ansatz in der Auseinandersetzung mit George Berkeley (s. Wolf-Gazo in Rapp/Wiehl). Berkeleys Newton-Kritik (in Verbindung mit der Kritik Bentleys an Newton) brachte Whitehead dazu, sich noch einmal ernsthaft mit dem erkenntnistheoretischen Kontext des mechanistischen Weltbildes auseinanderzusetzen. Diese Bedeutung von Berkeleys Newton-Locke-Kritik für die Entwicklung der Whiteheadschen Naturphilosophie wurde in der Whitehead-Forschung lange nicht berücksichtigt. Denn im Zusammenhang mit Berkeley wird in *Science and the Modern World* (Kap. 4) der entscheidende Whiteheadsche Begriff der «Prehension» («Erfassung») eingeführt. Er ist bedeutsam für Whiteheads Erkenntnisontologie, die den Kern seiner «Organismusphilosophie» ausmacht. Das wahrnehmende Subjekt in Berkeleys Theorie der Wahrnehmung wird bei Whitehead in ein *erfassendes* Subjekt umgewandelt, welches die Welt, bewußt wie auch unbewußt, wahrnimmt. Hier finden wir eine gewisse Nähe zu Leibniz. Das Subjekt-Objekt-Modell kann dem Akt des Erfassens (the prehending act) nicht gerecht werden, da dieser nicht allein durch die Gegenständlichkeit der Welt bestimmt wird, sondern auch durch Prozesse, die die Gegenstände erst konstituieren. Unsere Wahrnehmungsakte sind nicht Perzeptionen atomistisch isolierter Objekte, wie Demokrit und die mechanistische Wahrnehmungslehre propagierte, sondern Wahrnehmungen von Gestalt, von Mustern und Kontexten, wie die Gestaltpsychologie lehrte. Whitehead war mit Wolfgang Köhler, einem der Hauptvertreter der Gestaltpsychologie, befreundet und hatte deren Nützlichkeit für seine Wahrnehmungstheorie erkannt. Hier ergibt sich eine eigenartige Symbiose zwischen Platon, der Gestaltpsychologie und Whitehead. Gegenwärtig kommt das Graphische Werk von M. C. Escher dieser Konstellation am nächsten (s. Bruno Ernst: *Der Zauberspiegel von M. C. Escher*).

In der späteren Phase der Entwicklung von Whiteheads Naturphilosophie übernimmt nun aber Locke die Rolle von Berkeley. In Lockes *Essay on Human Understanding* sieht Whitehead die Möglichkeit, eine *Ontologie* der Erfahrung auszuarbeiten. Dies ist überraschend, da Lockes Empirismus sich kaum für eine Metaphysik zu eignen scheint. Doch Whitehead versteht es, relevante Passagen in Locke für sich zu nutzen. Kurzum: Lockes *Essay* erscheint transformiert in eine Metaphysik der Erfahrung. Die entscheidende Voraussetzung dafür liegt in Whiteheads Grundsatz, daß Bewußtsein Erfahrung voraussetzt, und nicht umgekehrt (PR, Teil II, Kap. 1, Abschnitt VI).

Das wichtigste Kapitel in Lockes *Essay* lautet «Of Power». In diesem Kapitel kam Locke zum Ergebnis, daß wir uns auf den Begriff «power» stützen müssen, um die mechanistische Welt zu verstehen. Doch was «power» oder «force» sein soll, weiß Locke nicht. Whiteheads Strategie läuft darauf hinaus, daß er den Lockeschen Begriff «power» in einen *organischen* Kontext einbettet. In dieser Form wird der Begriff «power» für Whiteheads modernes Weltverständnis entscheidend. Dies gilt übrigens auch für Leibniz: In seinen *Nouveaux Essais* setzt er sich hauptsächlich mit Lockes Begriff von «power» auseinander. Es ist nicht von ungefähr, daß die Locke-Zitate in Whiteheads *Process and Reality* fast identisch sind mit den Passagen, die wir in Leibniz' persönlichem Exemplar seiner *Essais* unterstrichen finden. Was Whitehead, Locke und Leibniz verbindet, ist also der moderne Begriff von Power, Force, Kraft oder Energie, der zum Ausgangspunkt für einen neuen, dynamisch-prozessuell verstandenen Naturbegriff werden sollte.

Eine Auseinandersetzung mit Kant und dem deutschen Idealismus in diesem Zusammenhang fehlt bei Whitehead. Eine Systematik der Metaphysik Whiteheads könnte durch Aspekte hegelscher Konzeption ausgebaut werden (Lucas, 1986).

Nach dieser kurzen Darstellung des historischen Kontextes wollen wir uns nun dem systematischen Werk Whiteheads zuwenden.

2. Die Kategorientafel von «Process and Reality»

Whitehead entwickelt in seinem Hauptwerk *Process and Reality* (Teil I, Kap. 2) ein Kategoriensystem mit vier Gruppen von Kategorien: *Die Kategorie des Elementaren* (The Ultimate) mit den Begriffen Kreativität, Vielheit und Einheit liegt allen spezielleren Kategorien zugrunde. *Kategorien der Existenz* gibt es acht; es sind Kategorien des wirklichen Einzelwesens (actual entity), erfaßte Intensitäten (prehensions), Nexus (plur.) oder öffentliche Sachverhalte, subjektive Formen, zeitlose Gegenstände (eternal objects), Aussagen oder Theorien, Vielheiten und Kontrast (Arten der Synthese von Einzelwesen). Seine Arbeit *Die Kategorien der Erklärung* umfaßt siebenundzwanzig, von denen die erste Kategorie die bestimmende ist: «Daß die wirkliche Welt ein Prozeß und daß der Prozeß das Werden von wirklichen Einzelwesen ist.» Die übrigen Kategorien der Erklärung entfalten diese erste Bestimmung. Die vierte Gruppe besteht aus neun *Kategorien der Verbindlichkeiten:* subjektive Einheit, objektive Identität, objektive Verschiedenheit, begriffliche Wertung, begriffliche Umkehrung, Umwandlung, subjektive Harmonie, subjektive Intensität sowie die Kategorie von Freiheit und Determination.

Daß es gerade die drei Kategorien des Elementaren, acht Kategorien der Existenz, siebenundzwanzig Kategorien der Erkärung und neun Kategorien der Verbindlichkeiten gibt, ist für Whitehead nicht zwingend, da die Kategorientafel für ihn ein «offenes» System darstellt. Wir haben es mit einem Kategoriensystem zu tun, das sich, analog zu den Gesetzen der Natur, immer weiter entwickelt. Es hat große Ähnlichkeit mit dem Kategoriensystem des amerikanischen Philosophen Charles S. Peirce. Auch bei ihm spielte der Evolutionsgedanke eine entscheidende Rolle. Kants Kategorientafel kann damit nicht verglichen werden, da Kant überzeugt war, daß sein Kategoriensystem vollständig sei. Die Whiteheadschen Kategorien haben Erklärungscharakter und versuchen, die Welt letztlich aus der Kategorie der Kreativität zu bestimmen. Kreativität ist so eine Quelle für immer neue Möglichkeiten der Kategorienbildung. Die Existenzkategorien haben keinen substantiellen Charakter, sondern betreffen Prozesse, die selbst Relationsgeflechte darstellen. Es gibt keine Substanzen im Whiteheadschen Kosmos, sondern nur Relationsgefüge, die durch Gesetzlichkeiten (d.h. «Verbindlichkeiten») gebündelt werden. Dadurch versucht Whitehead die Substanz-Metaphysiken zu überwinden. Whiteheads Metaphysik wird zu einer Metaphysik von Relationen, die sich in offenen Naturprozessen herstellen. Die Muster oder Ordnungsgefüge werden bei Whitehead als «eternal objects» (d.h. zeitlose Gegenstände) dargestellt, was stark an Platons Formenlehre erinnert. Der Unterschied zu Platon liegt allerdings darin, daß diese Ordnungsgeflechte der Zeitlichkeit unterliegen. In diesem Sinne hat der Begriff «zeitloser Gegenstand» in der Whitehead-Forschung für Mißverständnisse gesorgt (s. Emmet).

3. Die Prehensionstheorie

Der wesentliche Kern von Whiteheads Metaphysik ist die Prehensionstheorie. Man sucht im englischen Wörterbuch vergeblich nach dem Terminus «prehension». In der Tat ist der ursprüngliche Ausdruck «apprehension» und bedeutet «to capture or arrest, to perceive, understand». Es wird deutlich, daß der Ausdruck in der englischen Sprache nicht eindeutig ist. Er bedeutet das bewußte Ergreifen oder Begreifen eines Sachverhaltes. Whitehead streicht das Präfix «ap» und konstruiert daraus den Terminus technicus «prehension». Das deutsche Wort «ergreifen, erfassen» entspricht diesem Begriff am ehesten. «The word perceive is, in our common usage, shot through and through with the notion of cognitive apprehension. So is the word apprehension, even with the adjective cognitive omitted. I will use the word *prehension* for uncognitive apprehension: by this I mean apprehension which may or may not be cognitive.»

Die Prehensionstheorie finden wir im Ansatz zuerst formuliert in *Science and the Modern World* (Kap. 4, dort auch das engl. Zitat). Wie schon erwähnt, setzt sich Whitehead dort mit Berkeleys Wahrnehmungstheorie auseinander. Dies ist das propädeutische wie auch historische Vorspiel zur reiferen Form der Theorie, die wir in *Process and Reality* (Teil III, «The Theory of Prehensions») vorfinden.

Die Prehensionstheorie geht von der Voraussetzung aus, daß das Bewußtsein nicht ausschließlich in der Form des Geistes, d.h. in intellektueller Form auftreten muß. Im Schlagwort würde das heißen: experience precedes consciousness, Erfahrung ist früher als Bewußtsein. Es ist eine Überzeugung Whiteheads, daß die Erfahrung zu jeder Zeit die Hauptquelle unserer Erkenntnis sein muß. *Prehension* wird dadurch ein Oberbegriff für eine Mannigfaltigkeit von Erfahrungen, insbesondere von Empfindungen, Gefühlen und Emotionen. Nur Max Scheler hat wie Whitehead die emotionalen Aspekte menschlicher Erfahrung in der Philosophie wirklich ernstgenommen. Whitehead will dadurch Descartes' Dichotomie in Geist und Körper überwinden. Letztlich arbeitete Whitehead auf eine Klassifikation (cross-classification) aller Arten von Empfindungen hin. Diese gelang ihm aber nur teilweise (s. Wolf-Gazo, 1988). Wir finden nur Ansätze zu einer Typologie der Empfindungen zerstreut im Hauptwerk.

Eine kurze Skizze dieses Versuchs ist nützlich, um wenigstens den Umriß der von Whitehead angestrebten Metaphysik der Erfahrung zu erkennen. Es gibt primäre einfache und komplexe Empfindungen (simple and complex feelings), die einfachen neigen mehr dem physischen (physical) Pole, die komplexen mehr dem geistigen (mental) Pole zu. Die einfachen physischen Empfindungen entstehen zwischen wirklichen Einzelwesen (actual entities). Die wirklichen Einzelwesen repräsentieren die primären konstitutiven Momente, die den Naturbegriff prozessual gestalten. Die Empfindungen sind daher Relationsmomente grundlegender Konstituierungsprozesse, die den Menschen in die Natur einbetten. Dadurch wird die Frage nach dem Menschen in der Natur eine Frage nach dem jeweiligen Konstitutionsprozeß. Ob Bewußtsein ein Teil der Konstitution ist, kommt auf den Modus des entsprechenden Prozesses an. In diesem Zusammenhang wird oft von «process philosophy» gesprochen, wenn man an Whitehead oder Hartshorne denkt.

Die komplexeren Empfindungen neigen mehr dem mentalen Pol zu und konstituieren die «zeitlosen Objekte» (eternal objects). Diese ähneln den platonischen Formen. Die spezifische Problematik in der Metaphysik Whiteheads liegt in dem dialektischen Bezug zwischen einfachen und komplexen Empfindungen: Denn einfache Empfindungen können, nach Whitehead, ohne Bewußtsein existieren, während komplexe Empfindungen in der Form der hegelschen Negation, also sehr bewußt, auftreten. Die Reichweite möglicher Empfindungstypen wird dadurch unendlich. Der Bereich der Empfindungen eröffnet der Philosophie eine ungeahnte Quelle für eine mannigfaltige Metaphysik der Erfahrung, die als Naturphilosophie auftreten könnte. Dies ist zumindest die ursprüngliche Intention Whiteheads gewesen. Whitehead steuerte eine Erkenntnisontologie an, die in eine Naturphilosophie einmündet.

Dadurch, daß Whitehead Empfindungen jeglicher Art einen ontologischen Status zuweist, wird das klassische Problem Seele/Körper in eine Relationstheorie der Empfindungen umgewandelt und dementsprechend der Problematik des Bewußtseins ein ontologischer Rahmen gegeben. Die Frage nach dem Bewußtsein in der Natur stellt sich nun als eine Frage nach den spezifischen Empfindungen, d. h. dem Relationsgefüge, das ein wirkliches Einzelwesen konstituiert, verkörpert. Das Cartesische Kategorienschema wird aufgelöst und durch Relationsgeflechte ersetzt. Die Möglichkeit, die Zweiteilung der Natur zu überwinden, ist somit gegeben, indem wir von Relationen, Prozessen und Ereignissen sprechen, die wiederum Konstitutionskomplexe jeglicher Art (z. B. Kristalle) in der Natur darstellen.

4. Natur als prozessuale Ereignisse

Die ersten Ansätze eines eigenen Naturbegriffs finden wir bei Whitehead in seinen Frühwerken *An Enquiry Concerning the Principles of Natural Knowledge* (1919) und *The Concept of Nature* (1920). Der reife Naturbegriff erscheint 1929 in seinem Hauptwerk *Process and Reality.*

In den Frühwerken setzt sich Whitehead mit dem mechanistisch konzipierten Naturbegriff von Descartes und Newton auseinander. Doch der eigentliche Gegner des Whiteheadschen Ansatzes ist die Aristotelische Metaphysik mit ihrem Substanzbegriff (s. G. Böhme in Wolf-Gazo). Es ist der Substanzbegriff und die Dichotomie der Natur, was Whitehead durch seinen neukonzipierten Naturbegriff ablösen will, der sich als Relations- und Prozeßbegriff versteht. Natur bedeutet für Whitehead nicht einfach Raum, Zeit, Materie, sondern besteht aus Gegebenheiten, die durch Prozesse, Transformationen und Relationsgeflechte konstituiert werden. Es ergibt sich ein Bild von Natur als Prozeß, als Inbegriff prozessualer Ereignisse. Whitehead ersetzt den Substanzbegriff durch den des Ereignisses (event). Die Natur wird organisch konzipiert, als Ganzes, dessen Teile (oder besser Muster), als integrale Momente, den großen Prozeß im kleinsten widerspiegeln. Man kann diese «Ereignisphysik» als organische Atomistik oder auch als eine Monadologie (mit «Fenstern») verstehen.

Whiteheads Kritik gilt vor allem den Naturwissenschaften, die – so Whitehead besonders in *The Concept of Nature* – mit dem Anspruch, von der Natur zu handeln, nur einen abstrakten Begriff von ihr vermitteln. Dies ist ein grobes Mißverständnis der tatsächlichen Ereignisse der Natur, so wie sie ein Ökologe auffaßt. Whitehead unterscheidet zwischen einer naturwissenschaftlich und einer naturphilosophisch verstandenen Natur. Für Whiteheads Naturbegriff sind Werte (values) konstitutiv. Hierin ähnelt Whitehead den Romantikern wie Novalis, Coleridge oder Wordsworth. In *Science and the Modern World* schließt das 5. Kapitel «The Romantic Reaction» mit dem Satz: «Die romantische Reaktion war ein Protest im Namen der Werte». Obwohl es überspitzt wäre zu behaupten, Whitehead hätte einen romantischen Naturbegriff, gibt es doch durchaus Analogien zu Wordsworth und sogar zu Schelling (s. H. Holz, 1980). Whiteheads Beziehung zur deutschen Romantik ist durchaus gegeben, es fehlen jedoch entsprechende Untersuchungen.

Für den Naturbegriff Whiteheads in *Process and Reality* (vgl. Teil I, Kap. 3 «The Order of Nature» and Kap. 4 «Organisms and Environment») ist entscheidend der Begriff des Organismus. Naturprozesse spielen sich ab als Naturkontexte, d. h. es gibt eigentlich keine isoliert existierenden Dinge oder Objekte oder Substanzen. Im Naturzusammenhang konstituieren sich Relationsgeflechte, die zwar als bestimmte Beziehungen identifiziert werden können, die aber wiederum eingebettet sind in den Gesamtkontext der Natur. Whitehead spricht von einer «community» wirklicher Einzelwesen, die einen Organismus bilden. Diese «Gemeinschaften» konstituieren den Gesamtkontext der Natur und sind ein plastisches Gewebe mit dynamischen Eigenschaften. Sie haben plastischen Charakter, weil das System der Natur nach Whitehead «offen» ist, d. h. die prozessualen Ereignisse der Natur gestalten den Zeitrahmen. Die Zukunft ist schon immer ein Moment der Selbstkonstituierung der Ereignisse und der «Gemeinschaften» oder der Umwelt. Zeit wird in der Natur produziert. Die Offenheit der Natur ist für Whitehead ein wesentlicher Aspekt der organischen Entwicklungen. In der Diskussion über «geschlossene Welt» oder «offener Kosmos» schlägt sich Whitehead auf die Seite einer offenen dynamischen Welt, die ständig Erneuerungen ermöglicht (s. Koyre).

Folgerichtig ist ein weiteres wichtiges Moment im Naturbegriff von Whitehead das Schöpferische. «Creativity» gehört zur Kategorie des Elementaren im Kategorienschema von *Process and Reality*. Ein «offenes» Universum muß logischerweise kreativ sein (s. Rapp/Wiehl, 1986). Indem die Natur «Zukunft» produziert, offenbart sich ihre schöpferische Kraft, die nötig ist, um Natur als Prozeß überhaupt zu ermöglichen. Die Kreativität der Natur ist auch der Schlüssel für das Problem der Einheit und Vielheit. Die «communities», die Beziehungsgeflechte, verkörpern die Einheit als Umwelt (environment), und zugleich konstituieren sie die Vielfältigkeit und Mannigfaltigkeit der Natur. Die Dynamik der Natur wird durch bestimmte Strukturen und Muster «diszipliniert», d. h. durch strukturelle Gesetzmäßigkeiten und Kombinationsmöglichkeiten ordnet sich die Natur. Aber eine immerwährende Umstrukturierung und Transformation der *«communities»* findet statt, die die Möglichkeit schöpferischer Erneuerung mit sich bringt. Die Werke von F. Capra (*The Turning Point*, dt. *Zeitwende*, 1982) und I. Prigogine/I. Stengers (*Dialog mit der Natur*, 1984) zeigen, in welcher Weise der Whiteheadsche Naturbegriff heute besonders unter ökologischer Perspektive relevant wird.

5. Der Whiteheadsche Gottesbegriff

Im zweiten Kapitel von Teil V von *Process and Reality* («God and the World») finden wir einen der eigenartigsten Gottesbegriffe in der Geschichte der Philosophie. Whitehead beschreibt Gott folgendermaßen:» ...die Natur Gottes (ist), analog zu der aller wirklichen Einzelwesen, bipolar. Er hat eine uranfängliche und eine folgerichtige Natur. Die Folgenatur Gottes ist bewußt; und sie ist die Realisierung der wirklichen Welt in der Einheit seiner Natur und durch die Transformation seiner Weisheit. Die Urnatur ist begrifflich, die Folgenatur ist das Verweben von Gottes physischen Empfindungen auf der Grundlage seiner uranfänglichen Begriffe.» (Prozeß und Realität, 616) Whiteheads Gott hat also zwei Eigenschaften, die bestimmten Funktionen zugeordnet sind: Einerseits fungiert Gott als Ordnungsprinzip (primordial), andererseits als Prinzip der Vermittlung zwischen dem Ordnungsprinzip und den eigentlichen Konstituierungsprozessen in der Welt. Gott hat ähnliche Funktionen wie der Demiurg in Platons *Timaios* und der Pantokrator in Newtons *Principia* (2. Auflage). Whiteheads Gottesbegriff ist eine Synthese von Platons Demiurg und Newtons Pantokrator. Der Demiurg im Spätdialog Platons ist kein Schöpfergott, sondern ein Ordnungsprinzip, während der Pantokrator Newtons einen direkten Bezug zur Welt hat, d.h. eine Integrationsfunktion zwischen der materialen und der gesetzlichen Welt ausübt.

Es ist interessant, daß «Gott» nicht in Whiteheads Kategorientafel erscheint, sondern daß «Gott» nach Whitehead in allen Kategorien kreativ tätig ist: «Gott und die Welt stehen einander gegenüber und bringen die letzte metaphysische Wahrheit zum Ausdruck, daß strebende Vision und physisches Erleben gleichermaßen Anspruch auf Priorität in der Schöpfung haben. Es können aber noch nicht einmal die zwei Wirklichkeiten auseinandergerissen werden: Jede ist alles in allem. Daher verkörpert jedes zeitliche Ereignis Gott und wird in Gott verkörpert. In Gottes Natur ist Beständigkeit uranfänglich und Fluß von der Welt abgeleitet; in der Natur der Welt ist Fluß uranfänglich und Beständigkeit von Gott abgeleitet. Darüber hinaus ist die Natur der Welt ein uranfängliches Datum für Gott; und Gottes Namen ist ein uranfängliches Datum für die Welt. Die Schöpfung erreicht die Versöhnung von Beständigkeit und Fluß, wenn sie bei ihrem letzten Ziel angelangt ist, dem des Immerwährenden – der Vergottung der Welt.» (Prozeß und Realität, 622)

In anglo-amerikanischen theologischen Kreisen, insbesondere am Claremont Center for Process Theology, wurde der Whiteheadsche Gottesbegriff durch John B. Cobb zu einer eigenständigen sog. «Prozeßtheologie» entwickelt. Man kann aber auch eine Naturtheologie entwickeln, die eine wichtige Rolle innerhalb der Naturphilosophie spielen würde. Auf jeden Fall muß der Whiteheadsche Gottesbegriff berücksichtigt werden, um ein wichtiges Moment seines Naturbegriffs richtig zu verstehen.

III. Wirkung

Es brauchte lange Zeit, bis Whitehead entdeckt und in den philosophischen Diskurs aufgenommen wurde. Um die Jahrhundertwende hatte Whitehead erfahren, was es bedeutet, wenn ein Weltbild (die Newtonsche Kosmologie mit ihrer mechanistischen Interpretation der physikalischen Welt) zerfällt und durch ein neues (Einstein, Planck) ersetzt wird. Er wurde Zeuge eines wissenschaftlichen Umbruches, den man nach Thomas S. Kuhn als einen «Paradigmawechsel» bezeichnet. Um den Ansatz seiner organismischen Naturphilosophie zu begreifen, ist es wichtig, Whitehead als Zeugen dieses Umbruches im Auge zu behalten. Sein Buch *Wissenschaft und die moderne Welt* kann sozusagen als «Zeugenaussage» über diesen Umbruch verstanden werden.

Philosophen wie G.E. Moore und C.D. Broad an der Cambridge University sowie R.G. Collingwood und Samuel Alexander in Oxford waren sich in den zwanziger Jahren der philosophischen Bedeutung der neuen Naturphilosophie bei Whitehead durchaus bewußt. Sein Schüler Bertrand Russell stand seinem Lehrer zwiespältig gegenüber. Für Russells Verständnis war Whiteheads Philosophie zu spekulativ. Mitglieder der Aristotelian Society hatten sich mit Whiteheads Naturbegriff zuerst auseinandergesetzt. Die frühen Essays Whiteheads zeugen von einer lebhaften Diskussion unter den Mitgliedern (vgl. die Bände der Aristotelian Society aus den zwanziger Jahren). Nach dem Weggang Whiteheads von London an die Harvard University im Jahre 1924 wurde Whitehead in seinem Heimatland so gut wie vergessen. Whitehead wurde von den USA adoptiert und erntete dort die ersten Früchte seiner naturphilosophischen Bemühungen.

In Harvard scharten sich Schüler um Whitehead, die beachtenswerte Leistungen auf verschiedenen Gebieten der Philosophie erbrachten, u.a. W.V.O. Quine, Susanne K. Langer, Charles Hartshorne, Paul Weiss, Victor Lowe, Dorothy Emmet. Doch die Wirkung Whiteheads blieb hauptsächlich auf seinen Harvard-Kreis beschränkt. Die ersten einführenden Bücher über Whiteheads Philosophie von William Christian und Ivor Leclerc erschienen in den fünfziger Jahren. Erst in den sechziger Jahren wurde Whitehead durch die Arbeiten von Victor Lowe, dem offiziellen Biographen Whiteheads, einem breiteren Publikum zugänglich gemacht.

Whitehead hatte auch Einfluß auf einige Mitglieder der sog. «Frankfurter Schule», so z.B. auf Herbert Marcuse und T.W. Adorno. Besonders in den sechziger Jahren, während der Studentenbewegung, hatte Marcuses Buch *Der eindimensionale Mensch* großen Einfluß auf die akademische Jugend: Sein Begriff der «Großen Verweigerung» wurde zum Schlagwort für die Einstellung der Jugend gegenüber dem sog. Establishment. Marcuse zitiert ausdrücklich aus Whiteheads *Wissenschaft und moderne Welt* und überträgt den Whiteheadschen Begriff «The Great Refusal» in den ästhetisch-politischen Bereich. Whiteheads Begriff zielt auf die Kritik der Romantik an dem mechanistischen Weltbild Descartes und Newtons. Auch Adorno war mit Whiteheads Werk vertraut und spricht in seinem posthum erschienenen Werk *Ästhetische Theorie* vom «Prozeßcharakter der Kunst».

In den siebziger Jahren haben sich namhafte Naturwissenschaftler ernsthafte Gedanken über ein neues naturwissenschaftliches Weltbild gemacht. Dies gilt insbesondere für die Biowissenschaften, die seit der Entdeckung der DNS enorme Fortschritte gemacht haben. Diese Überlegungen wurden durch Whiteheads Ansatz eines organischen Naturbegriffes gefördert. Biologen wie W. H. Thorpe und Joseph Needham, später als Sinologe bekannt, auch Gregory Bateson wurden nachhaltig von Whiteheads Naturphilosophie beeinflußt. Physiker wie David Bohm und der Biochemiker Ilya Prigogine (vgl. *Dialog mit der Natur*) haben bei Whitehead Interpretationsmöglichkeiten für Bewegungsabläufe in der Natur entdeckt, die z. Zt. in der Diskussion sind. Auch Fritjof Capra (vgl. *Zeitwende*), der den Wechsel vom mechanistischen zum organischen Paradigma für ein breiteres Publikum aufzeigte, hat Whitehead einiges zu verdanken. Gegenwärtige Aussagen der Naturwissenschaften zeigen deutlich, daß der Whiteheadsche Naturbegriff akzeptiert, aufgenommen und verarbeitet wird.

Die Rezeption der Naturphilosophie Whiteheads ist gegenwärtig in vollem Gange, weniger in der etablierten akademischen Philosophie als bei philosophisch orientierten Naturwissenschaftlern. Die Auswirkungen sind derzeit noch nicht abzusehen.

Klaus Michael Meyer-Abich

DER HOLISMUS
IM 20. JAHRHUNDERT

> *Das Gewordene ist immer ein
> Ganzes geworden.*
> *(Platon, Sophistes 245 d 4)*

Vom Ganzen her zu denken und einzelne Erfahrungen letztlich auf ihren Lebenszusammenhang beziehen zu wollen war bisher kein dominierender Zug der modernen Naturwissenschaft. Durchgesetzt hat sich statt dessen das Erkenntnisideal, einen Gegenstand dann als erkannt gelten zu lassen, wenn seine Eigenschaften umgekehrt auf die seiner Teile, Atome oder Elemente zurückgeführt worden sind. Dieser Ansatz beruht geistesgeschichtlich auf der Naturphilosophie der antiken Atomistik und steht in der Tradition des seither entwickelten «*mechanistischen*» Denkens. Der naturphilosophische Grundgedanke dabei ist, das Sein der Dinge der Natur und damit die Natur der Dinge letztlich als Materialität zu bestimmen und diese wiederum als Zusammengesetztheit aus Atomen oder Elementen – so wie man sich ein Wort als aus Lauten oder Buchstaben entstanden denken kann.

Die mechanistische Naturphilosophie hat sich insoweit als sehr fruchtbar erwiesen, wie die Wahrheit der modernen Naturwissenschaft reicht und sich in der industriewirtschaftlichen Beherrschung der Natur bewährt. Sie war aber niemals unbestritten, sondern bereits seit der Antike mit ganzheitlicheren Ansätzen in der Naturphilosophie konfrontiert. Das mechanistische Denken hat sich auch erst in der Neuzeit mit den Erfolgen der modernen Naturwissenschaft durchgesetzt. Seit der Mitte des 20. Jahrhunderts und angesichts der Naturzerstörung durch die industrielle Wirtschaft zeichnet sich nun ein Wandel ab, durch den ganzheitlicheren Leitbildern im erkennenden und handelnden Umgang mit der natürlichen Mitwelt wieder mehr Raum gegeben wird. Der Holismus ist die Form der seit der Antike währenden Gegenbewegung gegen das mechanistische Denken, in der die ganzheitliche Naturphilosophie in der Umweltkrise der Industriegesellschaft fruchtbar werden und auch der Naturwissenschaft neue Wege zur Wahrnehmung der Lebenserscheinungen weisen kann.

I. Historische Wurzeln und zeitgeschichtlicher Kontext

Für Platon und Aristoteles war die Welt primär ein Kosmos, ein wohlgegliedertes Ganzes, und die Glieder dieses Ganzen waren dadurch bestimmt und zu erkennen, daß in ihnen Gestalten, Strukturen oder «Ideen» wiederzuerkennen sind, deren Vielfalt ihrerseits einen ganzheitlichen Zusammenhang hat. Diese Ideenlehre ist bereits in der Auseinandersetzung mit einer mechanistisch-materialistischen Naturphilosophie, der des Anaxagoras, entstanden. Platon hat diesen Gegensatz an einer berühmten Stelle im Dialog *Phaidon* so auf den Punkt gebracht, daß Sokrates nicht deswegen im Gefängnis sitzt und dem Tod entgegensieht, weil seine Knochen und Sehnen wie ein Hebelsystem funktionieren, sondern weil er es für das Beste gehalten hat, nicht zu fliehen und die ungerechte Strafe auf sich zu nehmen[1]. Hinsichtlich der Natur gilt es zu erkennen, inwieweit es in der Welt vernunftgemäß zugeht, und dies zeigt sich nicht bereits daran, daß ein Geschehen mechanisch und physiologisch in Ordnung ist.

Schon diese erste und klassische Auseinandersetzung mit dem Mechanismus wurde so geführt, daß die naturphilosophische Kontroverse auch von Bedeutung für das menschliche Handeln ist. Den Anaxagoreern kam es nämlich darauf an, daß die Religion für die Ethik überflüssig werde, wenn alles Geschehen einschließlich des menschlichen Handelns auf materielle Prozesse zurückzuführen sei. Politisch rechtfertigten sie auf diese Weise das «Recht des Stärkeren». Platon hielt dem im X. Buch der «Gesetze» *(Nomoi)* entgegen, daß die Behauptung der Materialität der Erscheinungen zwar zutreffe, jedoch noch nicht das letzte Wort sei. Frage man nämlich weiter, was wiederum Materie sei, so erweise sich nicht die Materialität, sondern die Selbstbewegung der Weltseele als die eigentliche Natur oder bewegende Kraft der Gegenstände in der Sinnenwelt. Diese Gegenstände sind danach zwar materiell, aber die Materie ist ihrerseits ein Ausdruck immaterieller Strukturen, so wie sie im Denken der Seele bewegt werden. Daß das naturphilosophische Leitbild der Naturwissenschaft ethische Konsequenzen hat und umgekehrt seelische Prozesse das Entstehen und Vergehen in der Natur prägen, ist ein auch im modernen Holismus wiederkehrender Grundgedanke.

Platon und Aristoteles haben sich in der Antike gegenüber den damaligen Ansätzen einer mechanistischen Naturwissenschaft durchgesetzt.

Die geschlossene Ordnung des antiken Kosmos entsprach aber nicht mehr dem Weltgefühl der Initiatoren der modernen Welt im Spätmittelalter und in der frühen Neuzeit. Aufbruch hieß nun die Devise, zunächst ins Heilige Land und noch im Gewand des Glaubens, später übers Meer und um die Erde. Diese erwies sich dann zwar doch als

Adolf Meyer-Abich (1893–1971)

endlich, aber die Entdeckungsreisen zu Schiff fanden alsbald ihre Fortsetzung in denen der modernen Naturwissenschaft. Welche geistig-politische Sprengkraft und Gefährdung der alten Ordnung in diesem Denken lag, hat die katholische Kirche richtig erkannt, als sie Giordano Bruno und Galileo Galilei den Prozeß machte. Daß sie sich durch das Ergebnis dieser Prozesse obendrein ins Unrecht setzte, mag den Zerfall noch beschleunigt haben.

Den antiken Kosmos (im spätmittelalterlichen Verständnis) zu sprengen und eine weitergehende Wandelbarkeit der Welt zu erleben, versprach nun nicht mehr Unsicherheit und Unzuverlässigkeit, sondern Offenheit und Flexibilität. Und sichgleichzubleiben erschien nun nicht mehr als Verläßlichkeit, sondern als Starrheit. Bruno und Galilei waren gleichermaßen Denker dieses Aufbruchs aus einer als zu eng empfundenen Welt. Letzterer aber ist dabei bereits den Weg gegangen, der die politische Entwicklung der Neuzeit nachhaltiger geprägt hat als jede offene Rebellion; den der modernen Naturwissenschaft.

Galilei orientierte sich insoweit an Platon, als er den nicht hinreichend theoriegeleiteten Empirismus aristotelischer Prägung verwarf und von der unmittelbaren Sinneserfahrung zunächst einmal absah. So behauptete er z.B., daß alle Körper im Vakuum gleich schnell fallen würden. Den zeitgenössischen Aristotelikern hielt er in seinem *Dialog über die beiden hauptsächlichsten Weltsysteme* entgegen, mit Experimenten brauche sich nur abzugeben, wessen Einsicht und Phantasie nicht ausreiche, um sich vorab zu überlegen, was jeweils passieren muß. «Die Ausführung des Versuchs bekundet die Richtigkeit dieser Tatsachen dem, der Vernunftgründe nicht verstehen will oder kann».[2] Es geht nicht darum, im Weltgebäude empirisch herumzumessen, sondern das Gebäude nach den Vorschriften des theoretisch zu erfassenden Plans zu errichten bzw. zu rekonstruieren. Sein methodisches Vorbild fand er in Platons Dialog *Menon*: die Erkenntnis durch Erinnerung. Galilei wurde so zum Begründer der modernen Naturwissenschaft, die es nicht mit bloßen Tatsachen, sondern immer nur mit Tatsachen in einem vorgegebenen theoretischen Zusammenhang zu tun hat. Dabei kam ihm an der Platonischen Naturphilosophie jedoch der Teil abhanden, in dem Platon nicht bei der Bestimmung des Naturseins als Materialität stehenblieb. Daß es gerade die Mechanik war, die Galilei als ersten Teil der modernen Naturwissenschaft begründete, führte dann dazu, daß die Anaxagoreische Naturphilosophie in Gestalt des mechanistischen Naturverständnisses wiederauflebte und die weitere Entwicklung geprägt hat.

Der moderne Mechanismus begann mit der epochalen Feststellung Descartes', daß die Gesetze der Natur dieselben sind wie die der Mechanik.[3] Mechanik bedeutet hier so viel wie Technik, also die Kunst des Mechanikers als Maschinisten, nicht die wissenschaftliche Mechanik als Teil der Physik. Die natürliche Mitwelt ist danach ein Ingenieursgebilde, wie wir sie aus der Technik kennen, und läßt insgesamt denselben Umgang zu wie die bereits maschinenmäßig organisierten und in Dienst genommenen Bereiche. Das heißt praktisch: Die natürliche Mitwelt ist ihrer Natur nach uns zuhanden und Ressource für die Befriedigung menschlicher Bedürfnisse. Sie ist letztlich nichts als für uns da.

Natursein als Materialität zu verstehen verbindet sich im modernen Mechanismus mit einem Aufleben der antiken Atomistik in dem Sinn, daß das Erkenntnisinteresse dem Aufbau der Dinge und Lebewesen der Natur aus Elementen gilt. Die klassische Naturwissenschaft fragte nach dem Bau der Welt, dem Bau der Organismen und schließlich nach dem Bau der Atome. Das zugrundeliegende und erkenntnisleitende Interesse war also das des Baumeisters, dessen, der aus Teilen etwas errichten können will. Dieses Interesse hängt eng mit der traditionellen Schöpfungstheologie zusammen. Kepler suchte die Gedanken Gottes bei der Schöpfung zu erkennen und dachte dabei nicht an Technik. Wer aber erkennt, wie diese Welt gebaut ist, setzt sich damit doch auch in den Stand, daran selber weiter zu bauen. Die moderne Industriegesellschaft ist den so erschlossenen Weg gegangen, und die heutige Welt ist in dieser Weise eine wissenschaftlich-technische Welt.

Daß die Gesetze der Natur dieselben sind wie die der menschlichen Mechanik, bestätigte sich mit einer in der Naturerkenntnis zuvor noch nie gekannten Genauigkeit in der Newtonschen Himmelsmechanik. Selbst die Himmelskörper gehorchten den Gesetzen der irdischen Mechanik. Der Erfolg dieser Physik war so überwältigend groß, daß sogar J.C. Maxwell, der Begründer der Elektrodynamik, die Ausbreitung der elektromagnetischen Wellen noch in der zweiten Hälfte des 19. Jahrhunderts zunächst durch ein mechanisches Modell zu erklären versuchte.

Das mechanistische Erkenntnisideal galt im 19. Jahrhundert unangefochten. Nach der Epoche der deutschen Naturphilosophie schwenkten auch immer mehr Biologen auf diesen Weg ein. Eine operational sehr pointierte Formulierung des danach in der Biologie Wissenswerten stammt von H. von Helmholtz, dem Arzt und Physiker: «Ist aber Bewegung die Urveränderung, welche allen anderen Veränderungen in der Welt zugrunde liegt, so sind alle elementaren Kräfte Bewegungskräfte, und das Endziel der Naturwissenschaften ist, die allen anderen Veränderungen zugrunde liegenden Bewegungen und deren Triebkräfte zu finden, also sich in Mechanik aufzulösen».[4]

Rückblickend erweist es sich nach allem, was wir heute über die Komplexität der Lebenserscheinungen wissen, als eine ziemlich abwegige Vorstellung, hier zur Erklärung mit den Grundgesetzen der Mechanik auskommen zu wollen. Schon die Iatromechaniker (Baglivi) hatten zwar mit einer gewissen Begeisterung erklärt, das Herz sei nichts als eine Pumpe, der Brustkorb nichts als ein Blasebalg, die Drüsen nichts als Siebe und die Zähne nichts als Scheren, konnten dann aber damit medizinisch nichts anfangen. So überrascht nicht, daß anstelle der Reduktion auf Mechanik bald nur noch die auf Physik angestrebt wurde. Als wirklich fruchtbar erwies sich schließlich vor allem die Biochemie, jedoch nicht so, wie es der mechanistischen Naturphilosophie entsprochen hätte, sondern bereits in einer ganzheitlicheren Wendung.

Neben der mechanistischen Naturphilosophie und der diesem Naturverständnis folgenden Wissenschaft hat es zwar stets auch die Tradition des ganzheitlichen Denkens gegeben, so bei Leibniz, Schelling, Goethe und in der deutschen Naturphilosophie zu Anfang des 19. Jahrhunderts. Dieses Denken hat sich aber seit Platon und Aristoteles noch nicht wieder durchgesetzt. Naturphilosophen wie Lorenz Oken, Johann Wilhelm Ritter und Henrich Steffens sind inzwischen sogar weitgehend vergessen, und Schellings Naturphilosophie zieht immer noch den Spott der andersdenkenden Wissenschaftler auf sich. Besonders militant vertreten wurde das mechanistische Erkenntnisideal in der zweiten Hälfte des 19. Jahrhunderts durch Ernst Haeckel und Wilhelm Ostwald. Demgegenüber begann das ganzheitliche Denken erst wieder Fuß zu fassen, als Hans Driesch 1891 eine grundlegende Entdeckung machte, die mechanistisch nicht zu erkären war.

Driesch untersuchte die Formbildungsmöglichkeiten des Seeigeleis und stellte fest, daß die ersten Furchungszellen mehr Potenzen haben, als in der normalen Entwicklung realisiert werden. Aus den beiden ersten Furchungszellen entstehen nämlich normalerweise die beiden Hälften des Seeigels. Trennt man sie aber voneinander, so kann aus jeder von ihnen ein ganzer Seeigel werden. Dieser Befund paßte nicht zu der Theorie der Mosaikentwicklung, die Wilhelm Roux vertrat und nach der aus jedem Teil immer auch nur ein Teil des ganzen Organismus werden kann. Driesch zeigte vielmehr die Gegenwart des Ganzen in den Teilen. Er schloß daraus auf die Existenz einer Lebenskraft im Sinn der Aristotelischen Entelechie und glaubte auf diese Weise die Biologie als autonome Wissenschaft von der Physik abkoppeln zu können.

Im Sinn von Drieschs «Vitalismus» sollten die biologische und die physikalische Kausalität unabhängig voneinander koexistieren. Es war der englische Physiologe John Scott Haldane, der 1907 sowohl die Unhaltbarkeit dieses Ansatzes feststellte als auch die holistische Alternative entdeckte. Unhaltbar ist das vitalistische Nebeneinander, weil dabei außer acht bleibt, wie die Physik auch in Organismen gilt. Die Vereinbarkeit der beiden Kausalitäten aber sollte sich nach Haldane nicht dadurch ergeben, daß die Biologie auf Physik zurückgeführt wird, sondern so, daß jene die umfassendere Wissenschaft ist und die Physik als einen Spezialfall enthält.

Jan Christiaan Smuts (1870–1950)

Noch einen Schritt weiter ging der südafrikanische Staatsmann Jan Christiaan Smuts, von dem auch der Begriff Holismus stammt (1926). Smuts schloß, daß es mit der Materie, wenn sie – nach Ausweis der Naturgeschichte – lebendig werden kann, mehr auf sich haben müsse, als zumindest die klassische Physik und Chemie erfaßt hatten. Wenn aber im Menschen nicht nur Materie und Leben eins werden, sondern beide obendrein mit dem Bewußtsein (mind), so solle man auch von dieser dreifältigen Einheit ausgehen. Dann aber genüge es nicht, die biologische und die physikalische Kausalität in eins zu denken, sondern das Bewußtsein müsse zusätzlich berücksichtigt werden. Smuts dachte sich das Einssein der Welt letztlich wie das einer Persönlichkeit und so, daß die psychischen Prozesse die biologischen wie die physikalischen umfassen.

Die Überlegungen von Haldane und Smuts waren die Grundlage für den naturphilosophischen Holismus, so wie er im Umbruch der klassischen Physik (durch die Quantentheorie) von Adolf Meyer-Abich entwickelt wurde.

Biographisches

Der Physiologe John Scott Haldane (1860–1936) stammte aus Edinburgh. Er studierte dort und in Jena Medizin und lehrte von 1887 bis 1913 in Oxford Physiologie. Bekannt geworden sind vor allem seine Untersuchungen der Atmungsprozesse. Diese hatten seit Mitte der neunziger Jahre einen Anwendungsbezug zu den Arbeitsbedingungen und Unfallrisiken (Atemluftversorgung) im Bergbau. Als Leiter eines Bergbauforschungsinstituts wandte er sich 1912 ganz diesem Arbeitsbereich zu.

Der Staatsmann Jan Christiaan Smuts (1870–1950) wurde in der Nähe des Kaps der Guten Hoffnung auf einer Farm geboren, studierte Jura in Cambridge/England und wurde zunächst Rechtsanwalt in Kapstadt. Er kämpfte gegen England für die Unabhängigkeit Südafrikas, wurde Minister, Feldmarschall und von 1919 bis 1924 Premierminister. Danach vollendete er sein philosophisches Hauptwerk *Holism and Evolution*, das 1926 erschien und große Resonanz fand. Die Apartheidspolitik wurde 1948 gegen ihn durchgesetzt.

Der Naturphilosoph Adolf Meyer-Abich (1893–1971), mein Vater, stammte aus Emden. Er studierte Philosophie bei Husserl in Göttingen und bei Eucken in Jena. Von 1929–32 lehrte er Philosophie in Santiago de Chile, danach bis 1958 Philosophie und Geschichte der Naturwissenschaften in Hamburg. Zahlreiche Gastprofessuren führten ihn immer wieder nach Süd- und Nordamerika. In Südamerika gründete und leitete er auf den Spuren Alexander von Humboldts wiederholt biogeowissenschaftliche Forschungsinstitute, an denen europäische und nordamerikanische Wissenschaftler zur Erforschung und gleichzeitig zur wissenschaftlichen Entwicklung des Landes beitrugen.

II. Lehre[5]

Der Ansatzpunkt zum holistischen Denken liegt im Verständnis des Einzelnen nicht als Teil, der mit anderen Teilen zu etwas zusammengesetzt ist – einem «System» im wörtlichen Sinn –, sondern als Glied eines Ganzen, das sich in bestimmter Weise zerlegen und dadurch bestimmen läßt. Die Frage nach der Zerlegbarkeit-in unterscheidet sich dadurch von der nach dem Aufgebautsein-aus, daß im ersteren Fall vom Ganzen her gedacht wird, bei dem die Zerlegung beginnt, im letzteren Fall hingegen von den Teilen her, deren Zusammensetzung am Ende zu einem aus ihnen Aufgebauten führt. Vom Ganzen her gedacht, hängt das, was die Teile sind, auch vom Dasein der Mitwelt und letztlich vom Ganzen ab. Zwar geht die Wissenschaft in beiden Fällen von dem zu erkennenden Gegenstand aus, aber im andern Fall erweist er sich als aufgebaut aus Anfänglicherem, «Prinzipiellerem»: aus Elementen, die in verschiedenen Verbindungen dieselben sind. «Ein ganzheitlicher Komplex aber ist niemals ein zusammengesetztes Ding und hat infolgedessen niemals Teile oder Elemente. Die untergeordneten ‹Momente›, die sich in seiner Struktur oder Funktion unterscheiden lassen, heißen seine Glieder und Organe. Von diesen gilt ausnahmslos, daß sich ihre Eigenschaften als Glieder oder Organe nur aus dem jeweiligen Ganzen, dessen Glieder sie sind, ableiten lassen. (...) Alle Organismen und organismischen Systeme sind natürlich Ganzheiten.» (1935; KuW 31) «Ganzheiten sind aktiv umweltbezogene Gebilde oder Subjekte mit hierarchischer Innengliederung. Von ihren Gliedern oder Organen gilt, daß sie, was immer sie sind und bedeuten, nur durch ihre spezifische Funktion im Ganzen sind.» (1948; NnW 39) So sei z.B. «das Genom (...) die Ganzheit, welche ihre Gene (...) determiniert» (1935; KuW 37). Dies ist vom heutigen Verständnis der ein- und auszuschaltenden und auch ohne unmittelbare Nachbarschaften in besonderen Zusammenhängen stehenden Gene nicht weit entfernt, paßt aber genausowenig zum herkömmlichen Elementarismus und Atomismus wie die neuere Molekularbiologie. Wegen der Ganzheit der Organismen kann auch die alte Zelltheorie, wonach die Eigenschaften der Gewebe, Organe und organismischen Systeme aus den Eigenschaften der Zellen abgeleitet werden können, aus denen sie zusammengesetzt sind, nicht richtig sein. (1935; KuW 29 ff.)

Der Holismus ist aber nicht nur eine Naturphilosophie der Biologie bzw. der Biosphäre, sondern geht aufs Ganze. Die Zelltheorie ist dann genauso falsch wie «die individualistische Gesellschaftsordnung. Ihr zufolge lassen sich die Eigenschaften aller sozialen Gruppen aus den sozialen Eigenschaften des Individuums ableiten. Alle sozialen Gruppen setzen sich aus Individuen zusammen, folglich ist nach dieser Lehre das

Individuum als solches das ‹Element› aller sozialen Verbände.» Aber «es gibt kein in den verschiedenen Gemeinschaften als solches gleichbleibendes Individuum als Element. Die Eigenschaften, die die Individuen (...) innerhalb dieser oder jener Gruppe gerade als Individuen besitzen, werden restlos und ausschließlich von der Gruppe oder Gemeinschaft als Ganzes bestimmt, niemals determinieren umgekehrt die sozialen Eigenschaften der Individuen die Eigenschaften ihrer Gruppe. Das Ganze ist eben stets mehr und anders als die Summe seiner Individuen.» (1935; KuW 30f.) Die These, daß auch die menschlichen Gesellschaften nicht aus Individuen zusammengesetzt, sondern daß umgekehrt die Eigenschaften der Individuen aus ihrem gesellschaftlichen Zusammenhang zu verstehen seien, entspricht der Erklärung, der Holismus sei nunmehr die Philosophie des politischen Menschen jenseits des individualistischen Liberalismus (1935; KuW 27).

Wie aber ließe sich in Zukunft der «Rückfall ins Elementarische» (1935; KuW 32) vermeiden? Nur so, daß die Anstrengung der Ausrichtung auf das Ganze künftig so lange aller Wissenschaft vorausgeht, d. h. entscheidend dafür ist, was für wissenswert gilt, bis es dazu keiner besonderen Anstrengung mehr bedarf, sondern das Ausgehen vom Ganzen wieder so selbstverständlich geworden ist wie in der Antike. Aus der Antike übernimmt der Holismus auch die Grundbestimmung, wie dieses Ganze zu denken sei: «Die Wirklichkeit als Ganzes ist ein gewaltiges universales Lebewesen» (1948; NnW 377) und dementsprechend erst einmal als solches zu beherzigen, ehe man an die wissenschaftliche Wahrnehmung von Einzelheiten geht.

Im Holismus bisheriger Prägung kommt der Gedanke hinzu, die Welt als Ganzes sei nach einer Stufenfolge von Wirklichkeitsbereichen gegliedert. «Genau ebenso wie einen lebenden Organismus stellen wir uns nun auch die Natur als Ganzheit vor. Wie in einem lebendigen Organismus die Zelle im Gewebe, dieses im Organ, dieses wieder im Organverband und dieser endlich in der Totalität des Organismus ganzheitsbezogen enthalten und aufgehoben ist, so ist die rein räumliche Wirklichkeit in der mechanischen, diese wieder in der physikochemischen, diese ihrerseits in der organismischen und diese endlich in der seelischen Natur ganzheitlich enthalten und aufgehoben.» (1948; NnW 40) «Die Natur als Ganzes ist kein blinder Haufen von zufällig beieinander befindlichen, sonst aber gegeneinander völlig kontingenten Naturen, sondern ein lebendiger Weltorganismus! Dessen Ordnung ist kosmisch, aber nicht als ein statisches Dasein (...), sondern als eine ununterbrochene dynamische Entwicklung, eine dauernde Wandlung und Verwandlung. Das Dasein der Natur ist eine beständige Schöpfung, Harmonie von Leben und Sterben.» (1948; NnW 158) Ist «die Wirklichkeit als Ganzes ein lebendiger Organismus oder vielmehr Mehr-als-Organismus, niemals aber ein Weniger-als-Organismus, als welchen wir sie nach dem mechanistischen Erkenntnisideal zu denken gewohnt waren» (1948; NnW 385), so haben wir sie auch entsprechend zu *achten*. Ein Ausdruck dieser Achtung ist, daß wir die Welt als beseelt anerkennen. Die Weltseele ist «das Leben in seiner höchsten Intensivierung» (1948; NnW 208).

Durch den Holismus also lebt inmitten des Industriezeitalters der platonisch-aristotelische Grundgedanke wieder auf, das Ganze oder «das Höhere (sei) stets der ‹erste Beweger› des Niederen. Es kann also danach in der rein physischen Wirklichkeit nichts geschehen, wenn nicht die letzten Antriebe zu diesem Geschehen aus der organismische Wirklichkeit kommen würden. Ebenso empfängt das organismischen Geschehen seine letzten Impulse aus dem seelischen Geschehen. (...) Die verschiedenen Wirklichkeitsbereiche stellen somit die hierarchisch ineinandergegliederten Organe des gesamten Weltorganismus dar, der als solcher die fortdauernde Schöpfung Gottes ist.» (1948; NnW 356f.) Die Frage ist dann, wie die Bestimmung des Niederen durch das Höhere jeweils gedacht werden kann, wenn dies, getreu dem holistischen Ansatz, außerdem geschichtlich geschieht, haben doch «die Dinge ihre realste Seite (...) in ihrer Historizität» (1935; KuW 47). Ein holistischer Ansatz dazu ist der der Typensynthese oder Holobiose, so wie Flechten aus Algen und Pilzen gebildet sind. «Kurz gesagt behauptet die Theorie der Holobiose (...), daß alle höheren und komplizierteren Organismen durch biontische Prozesse, also durch Parabiosen, Antibiosen, Symbiosen und schließlich durch Holobiosen aus einfacheren und niedrigeren Organismenformen hervorgegangen sind.» (1948; NnW 237) «Vielleicht ist schon die Zelle das Ergebnis einer derartigen organischen Synthese.» (1934; IuI 96) Organisatorische Hinaufstufungen im Sinn der naturgeschichtlichen «emergent evolution» wären also durch Holobiose in der Biosphäre möglich, ohne daß dies der Bestimmung des Einzelnen vom Ganzen her zuwiderliefe (vgl. 1948; NnW 213).

Geistesgeschichtlich liegt das holistische Denken zwischen Aristoteles und Platon und orientiert sich dementsprechend in der Neuzeit an dem Denker, der «in seinem Naturbild die Ideenwelten Platons und Aristoteles' synthetisch-überlegen zusammengedacht und das moderne dynamische Denken in sie hineingebracht hat» (1935; KuW 11), an Goethe. «‹Geprägte Form, die lebend sich entwickelt› (...) ‹nach dem Gesetz, wonach sie angetreten› (...) Jedes wirkliche Ding ist eine solche ‹geprägte Form›, das prägende Agens ist die ‹Idee›, das Eidos oder das Energeia-On, die prägbare Substanz hingegen ist die Hyle oder Materia, das Potentia-On, während das Gesetz, wonach sie angetreten, genau dem Entelechieprinzip des Aristoteles entspricht. Je nach dem erreichten Grade der Ideeierung, der Darleibung der Idee, ist das betreffende Ding dann ein physisches, organismisches oder psychisches

Wesen.» (1935; KuW 11 f.) – «Am einen Ende dieser Folge steht die reine, noch gänzlich ungeformte Materie, die nichts weiter als formungsbereites Material ist. Sie ist das Symbol des *Chaos* genannten Zustandes der Welt. Am andern Ende der Reihe befindet sich die reine, von aller Materie bereits befreite Form. Sie ist Gott und als der *Kosmos* genannte Endzustand der Weltentwicklung vorzustellen.» (1934; IuI 16) Durch Goethes Denken findet die Naturphilosophie der Organismen im Holismus den Rückweg von Aristoteles zu Platon.

Der Holismus wäre «ohne die Arbeit des Vitalismus, der lange vor der Phänomenologie Husserls auf biologischem Gebiet die phänomenologische Besinnung und Generalbereinigung auf das Wesentliche vorgenommen hat, (...) nicht möglich gewesen (...), geht aber (...) ganz wesentlich über ihn hinaus» (1935; KuW 28). «Im Gegensatz zum Vitalismus glauben wir an einen bestehenden Ableitungszusammenhang zwischen biologischen und physikalischen Gesetzen und Prinzipien, und im Gegensatz zum Mechanismus sind wir überzeugt, daß wir die biologischen Gesetze und Prinzipien als die komplexeren keinesfalls aus den einfacheren physikalischen ableiten können. Dann bleibt uns als dritte Möglichkeit aber noch die Hoffnung, *daß wir vielleicht umgekehrt die physikalischen Prinzipien und Gesetze aus den biologischen ableiten können*. Wäre das möglich, dann hätten wir den positiven Gehalt sowohl der mechanistischen wie der vitalistischen Idee in einer diesen beiden Antithesen überlegenen höheren Synthese zusammengefaßt. Wir würden dann mit dem Vitalismus die Eigengesetzlichkeit des Organischen gegenüber dem Unorganischen und mit dem Mechanismus den zwischen beiden Wirklichkeitsbereichen bestehenden Ableitungszusammenhang vertreten können.» (1934; IuI 35) Das Aufgehen der Physik in der Biologie ist so gemeint, daß die physikalischen Gesetze jedenfalls auch für die Lebewesen gelten, deren Verhalten aber nicht vollständig beschreiben, sondern zusätzlichen Bestimmungen Raum geben. Z.B. fallen lebendige und tote Katzen gleichermaßen nach dem Fallgesetz der Mechanik, aber die ersteren fallen außerdem in der Regel auf ihre Füße, die letzteren nicht (1934; IuI 35 f., 46). Ein anderer Vergleich nimmt den Wegfall der «sekundären Qualitäten» in der Physik auf. Die Physik beschränkt sich danach sozusagen auf ein Schwarz-Weiß-Bild der Wirklichkeit, und in der Biologie werden auch die Farben berücksichtigt (1948; NnW 38). Adolf Meyer-Abich hat für diese Projektionen des Umfassenderen auf das Enthaltene den Ausdruck «Simplifikation» eingeführt (1934; IuI 24 ff.). Die Physik soll sich danach als Simplifikation einer künftigen, holistischen Biologie erweisen, so wie «die physikochemische Natur (...) eine Simplifikation der organismischen» (1948; NnW 331 f.) sei. Der Veranschaulichung dient häufig auch das dimensionale Gleichnis, daß man im Raum zwar von der Fläche zur Linie kommen kann, nicht aber von der Linie zur Fläche, so wie auch

Linien nicht aus Punkten zusammengesetzt, wohl aber, wenn sie sich kreuzen, in diese teilbar sind.

Durch die Enthaltenseinsbeziehungen von Wirklichkeitsbereichen – der Abiosphäre in der Biosphäre, dieser in der Psychosphäre und schließlich der Psychosphäre in der Soziosphäre des «politischen Menschen» – und die ihnen entsprechenden Simplifikationen der jeweils umfassenderen zur weniger umfassenden Theorie sollen im Holismus Kontingenzen überwunden werden, wie sie im Pluralismus Emile Boutroux' als unvermeidbar galten. Boutroux war der Ansicht, daß die Wirklichkeit aus einer Reihe von für sich wohlgeordneten, in sich abgeschlossenen Bereichen bestehe, die durch jeweils abgeschlossene Theorien beschrieben werden, zwischen denen keinerlei Zusammenhänge bestehen und in diesem Sinn Kontingenzen klaffen. Seiner Meinung nach galt dies für Logik, Arithmetik, Geometrie, Mechanik, Physik, Chemie, Biologie, Psychologie und Soziologie. Für einen letztlich platonischen Ansatz ist dies schwer hinnehmbar: «Für uns sind alle Kontingenzen nur dazu da, um überwunden zu werden» (1934; IuI 44), so auch die vitalistische zwischen Physik und Biologie, und zwar generell nach der Regel: «Kontingenzen können immer nur vom jeweils komplexeren und allgemeingültigeren Gebiet her aufgelöst werden.» (1934; IuI 55)

Es geht also um eine Umkehr des Denkens. Die Teile oder Elemente sind als Glieder des Ganzen von diesem her bestimmt und dementsprechend zu denken, nicht umgekehrt das Ganze von den Teilen her. Die naturphilosophische Überwindung des Mechanismus durch den Holismus findet ihren erkenntnistheoretischen Ausdruck in der Behauptung, daß das mechanistische Erkenntnisideal dem Lebendigen nicht gerecht wird. «Wir müssen nun unser Denken von Grund aus umkehren und lernen, das Unbelebte neu vom Lebendigen her zu sehen und zu begreifen.» (1948; NnW 174)

Jeder wissenschaftlichen Erkenntnistätigkeit liegt eine Entscheidung darüber voraus, was wissenswert und wonach dementsprechend zu fragen sei. Adolf Meyer-Abich hat die durch die Art der Frage antizipierte Form der wissenschaftlichen Wahrheit, in den Antworten Anerkennung finden, als «Erkenntnisideal» (1934; IuI IX f.) bezeichnet. Thomas Kuhn hat statt dessen 1962 den Ausdruck «Paradigma» eingeführt und damit in einer Zeit, in der die Gebundenheit jeder Wissenschaft an bestimmte Vorentscheidungen und Interessen nicht mehr so tabuisiert war wie bis in die sechziger Jahre hinein, eine sehr fruchtbare Diskussion ausgelöst. Der Sache nach stammt der Gedanke, daß Wissenschaften Paradigmen oder Erkenntnisidealen folgen, allerdings aus der holistischen Auseinandersetzung mit dem Mechanismus. Dies gilt auch für die Unterscheidung «verhältnismäßig kurzer revolutiver Perioden (...) von den sehr viel längeren evolutiven Epochen» im Geistesleben (1948;

NnW 50). Von den ersteren handelt die Schrift *Krisenepochen und Wendepunkte* (1935; vgl. 1948; NnW 52).

Der Gedanke der mathematischen Naturwissenschaft wird von der holistischen Umkehr des naturwissenschaftlichen Denkens nicht berührt. Die Verbindung von Mechanismus und Mathematisierung führte zwar zunächst dazu, daß ganzheitliche Biologen wie J.S. Haldane mit dem Mechanismus auch die Mathematik für die Biologie aufgeben zu sollen meinten. Der philosophische Holismus hielt demgegenüber an der Mathematisierung der Naturwissenschaft fest: «Die kommende organismische Naturwissenschaft wird ebenso wie die abtretende mechanistische mathematisch sein» (1934; IuI 51), und sah die Grenze des mathematischen Denkens erst dort, wo das geschichtliche Denken beginnt (1948 NnW 94).

Die holistische Umkehr des Denkens hat, wie der Mechanismus, nicht nur erkenntnistheoretische, sondern auch praktische Konsequenzen für das menschliche Verhalten gegenüber der natürlichen Mitwelt. Im mechanistischen Denken gelten die Lebewesen letztlich als Maschinen, wenn auch nicht mehr so einfacher Art, wie man von Descartes bis Helmholtz glaubte. Im Holismus gilt nun der umgekehrte Leitsatz: «Es gibt keine Maschinentheorie des Lebens, wohl aber eine Lebenstheorie der Maschine.» (1948; NnW 110) Von einem Lebenszusammenhang her zu denken ist danach nicht nur der Bedarf an Gütern oder Dienstleistungen, die eine Maschine produziert, sondern auch diese selbst.

III. Wirkung

Der Holismus ist in seinem Selbstverständnis nicht nur die Naturphilosophie einer Umkehr des wissenschaftlichen Denkens, sondern auch der Wegweiser einer Überwindung des «mechanistischen Zeitalters». Die technokratische Erneuerung in der Zeit des Nationalsozialismus und dann auch nach dem Zweiten Weltkrieg im Wirtschaftsaufschwung der Industrieländer ist diesen Weg nicht gegangen. Für die Nationalsozialisten war der Holismus, auch in seinem beharrlichen Bekenntnis zu Husserl, als künftige Philosophie des politischen Menschen nicht akzeptabel. In der Naturwissenschaft wiederum herrschte weiterhin das reduktionistische Erkenntnisideal, Komplexes auf Elemente zurückführen zu wollen.

In der Umweltkrise der Industriegesellschaft erweist sich «das Heraufkommen einer neuen organischen Weltepoche» (1934; IuI 30) nun jedoch als eine Hoffnung, um die Gesetze der menschlichen Wirtschaft wieder in Einklang mit denen der Natur zu bringen. Der Holismus könnte den unverändert zerstörerischen Kräften des mechanistischen Denkens in der industriellen Wirtschaft einen Widerhalt entgegensetzen. Der Aufschwung der Biologie in den vergangenen Jahrzehnten hat dazu geführt, daß die Ganzheit der Lebenserscheinungen auch wissenschaftlich mehr und mehr wahrgenommen wird.

In Lebenszusammenhängen zu denken ist zunächst der Grundansatz der Ökologie, deren neuere Entwicklung durch die Umweltlehre Jakob von Uexkülls, der dem Holismus nahestand, begründet wurde. Naturwissenschaft wie in der Antike als die «Lehre von der Verwirklichung der Ideen in der Realität» (1934; IuI 17) zu verstehen ist aber auch für die moderne Molekularbiologie wieder eine naheliegende Bestimmung. Es geht ja darum, wie die auf einem Makromolekül verdichteten Steuerungsinformationen darüber, wie ein Organismus werden soll, dann in der Ontogenese stofflich informiert werden. Beschrieben wird also, wie eine Idee tatsächlich prägend ist und organismisch zum Ausdruck gebracht wird.

Durch den Holismus wird die Biologie aristotelischer Prägung in den platonischen Entwurf der modernen Naturwissenschaft einbezogen. Damit verbindet sich die Kritik, daß die Wissenschaft jenem Entwurf bisher keineswegs gerecht wird, sondern weitgehend – und am längsten in der Biologie – bei dem Anaxagoreischen Mechanismus stehengeblieben ist. Wie weit diese Kritik reicht, zeigt sich z.B. daran, daß die Naturwissenschaften nach dem holistischen Ansatz letztlich in die Sozialwissenschaften integriert und als eine Simplifikation aus ihnen ableitbar werden sollten.

Tatsächlich ist das wissenschaftliche Erkenntnishandeln ein gesellschaftlicher Akt, so daß eine umfassende Sozialwissenschaft den Menschen auch in seinem Verhältnis zur natürlichen Mitwelt verstehen müßte. Anders als im späteren Soziologismus soll dadurch die soziale Welt nicht von der biologisch erfaßten und vererbten Welt abgekoppelt werden, sondern diese mit umfassen, so daß die Sozialwissenschaft zur Universalwissenschaft würde. Dieser Anspruch ist vom Holismus niemals aufgegeben, sozialwissenschaftlich bisher aber auch nicht eingelöst worden.

Ob dabei hinsichtlich der Wirklichkeitsstufen und Enthaltenseinsbeziehungen das letzte Wort im Holismus bereits gesprochen ist, erscheint mir zweifelhaft. Schon in der Physik ist die klassische Mechanik nicht aus der Quantenmechanik ableitbar, wie im Enthaltenseinsschema angenommen, sondern das Verhältnis ist erheblich komplizierter und weist den Holismus in eine andere Richtung. Auch die sehr vorläufigen Ansätze (1934; IuI 70ff.), von einer noch relativ unterentwickelten Biologie die viel weiter fortgeschrittene Physik abzuleiten, haben nicht weitergeführt. Schließlich ist das organische Leben im Universum bisher nur eine marginale Erscheinung. Sogar auf unserem Planeten existiert es nur in der relativ zum Erddurchmesser hauchdünnen Oberfläche der Grenzschicht von Erde und Wasser zu Luft und Licht. Insoweit ist nicht anzunehmen, daß es die Bewegung im Weltall oder die im Innern der Erde bestimmt. Dies heißt aber keineswegs, daß der holistische Grundgedanke aufzugeben sei, das jeweilige Einzelne als Glied vom Ganzen her und dieses letztlich als belebt zu denken.

In der Erkenntnis des Einzelnen vom Ganzen auszugehen heißt meines Erachtens zunächst einmal, das Einzelne jeweils von seiner Umwelt her bestimmt zu sehen. «Denn Umwelt haben bedeutet im Lebendigen nie etwas anderes als eben dieses Selber-wieder-Glied-sein in einer übergeordneten Ganzheit.»[6] Diese Erfahrung haben wir inzwischen sogar von den Elementarteilchen, und die Bestimmung des Anorganischen durch einen ganzheitlichen Lebenszusammenhang muß gleichermaßen als Einbettung in diesen Zusammenhang gedacht werden. Elementarteilchen *haben* die Eigenschaften, die wir an ihnen feststellen *können*, nämlich nur dann, wenn wir sie tatsächlich feststellen bzw. fest stellen. Die Physik beschreibt, was wir erfahren, wenn wir etwas *tun*, und die Quantentheorie ist diejenige Stufe der Physik, in der wir (anders als in der klassischen Physik) nicht mehr davon absehen können, daß sie von Tat-Sachen handelt. Dies war die große Entdeckung Niels Bohrs: daß die Handlungsbedingungen, unter denen die physikalische Erfahrung stattfindet, ein Teil der physikalischen Realität der erfahrenen Gegenstände sind. Dabei gibt es einander ausschließende Erfahrungen, die wunderbarerweise doch komplementär zueinander sind, d.h. in einem Seinszusammenhang stehen. Die Form von Einheit, die Bohr Komplementarität genannt hat, ist jedoch nicht mehr die «maschinenmäßige» Einheit der klassischen Physik, sondern Ganzheit eines Naturzusammenhangs im erkennenden Handeln.

Adolf Meyer-Abich hat bereits 1935 versucht, den Komplementaritätsgedanken als «Bohrsche biophysikalische Unbestimmtheitsrelation» (1935; KuW 25) aufzunehmen. Dieser Ansatz und die weitergehende Klärung, zu der Bohr im gleichen Jahr durch die Auseinandersetzung mit Einstein über das Einstein-Rosen-Podolski-Paradoxon gelangte, sind von ihm, der kein Physiker war, dann aber nicht weiter verfolgt worden, obwohl er stets darauf insistierte, daß der mechanistische Monismus bereits durch die Quantentheorie widerlegt sei.

Es gibt die Theorie, wie das Leben Maschinen hervorbringt und wie sie in ihrem Lebenszusammenhang zu bewerten sind, leider noch nicht, aber der holistische Ansatz gibt eine Chance, sie zu finden. «Erkenntnis ist *Tat*, kein passives Hinnehmen eines irgendwie fertig Dargebotenen.» (1948; NnW 388) Es auf eine «Maschinentheorie» der Organismen anzulegen ist eine Tat, die von der viel notwendigeren Lebenstheorie der Maschine ablenkt, nämlich von einer ganzheitlichen Bewertung der mit jener verbundenen Manipulationsinteressen. Vom Ganzen her zu denken beginnt bei der Bestimmung des Gegenstands von seiner Umwelt her, so wie sie sich in der Quantentheorie als Tat-Sache ergeben hat. Von der biologischen Realität wird sich ebenso wie von der physikalischen Realität erweisen, daß die Bedingungen, unter denen etwas erfahren wird, ein Teil dieser Realität sind. Diese Bedingungen aber sind im Rahmen des Ganzen durch den Menschen gesetzt.[7] Die biologische Realität wird also ganzheitlich erfahren, wenn der Mensch dabei vom Ganzen her gedacht hat. Dies gilt es zu üben. Eine holistische Biologie könnte die richtige Grundlage dafür sein, um die Probleme, die wir ohne die mechanistische Wissenschaft und Technik gar nicht hätten, doch wiederum mit Wissenschaft und Technik zu lösen.

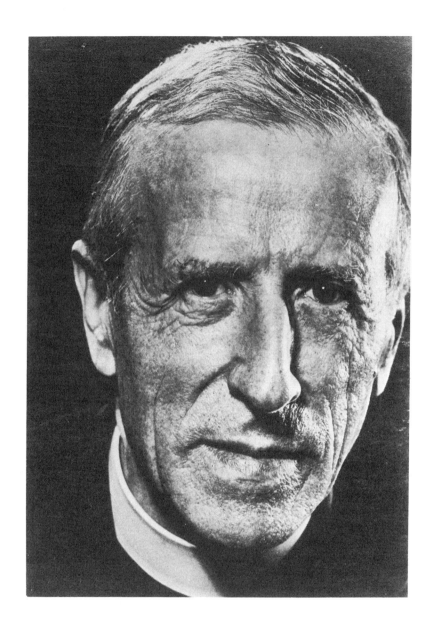

Pierre Teilhard de Chardin (1881–1955)

Günther Schiwy

PIERRE TEILHARD DE CHARDIN
(1881–1955)

Die Zielsetzung, die Pierre Teilhard de Chardin seinem 1949 abgeschlossenen Buch *Die Entstehung des Menschen* gegeben hat, trifft für sein ganzes Lebenswerk zu: «die Struktur und die Entwicklungsrichtung der zoologischen Gruppe Mensch zu erforschen. Was nichts anderes bedeutet, als daß wiederum das klassische Problem der Stellung des Menschen innerhalb der Natur aufgeworfen und untersucht werden soll.»[1] Das Ergebnis seiner Untersuchung ist nun nicht, wie es etwa der zeitgenössische Existentialismus oder der sich bereits formierende Strukturalismus hätten erwarten lassen und wie es der neodarwinistische Molekularbiologe Jacques Monod – darin ganz Kind seiner Zeit – noch 1970 formuliert hat: daß der Mensch «seinen Platz wie ein Zigeuner am Rande des Universums hat, das für seine Musik taub ist und gleichgültig gegen seine Hoffnungen, Leiden oder Verbrechen».[2] Demgegenüber hat Teilhard seine ursprüngliche Intuition ein Leben lang festgehalten und sie durch naturwissenschaftliche Beobachtungen zu erhärten versucht, nämlich daß der Mensch «nicht einsam in den Einöden des Weltalls verloren ist, sondern daß ein universeller Lebenswille in ihm zusammenströmt und sich in ihm vermenschlicht. Der Mensch ist nicht, wie er so lange geglaubt hat, fester Weltmittelpunkt, sondern Achse und Spitze der Entwicklung».[3]

Unter dem Druck der Ausweglosigkeit, in die uns jede Art isolierter Betrachtungsweise gebracht hat, neigen heute immer mehr Menschen einer ganzheitlichen Konzeption ähnlich der Teilhards zu, nach der der Mensch in die Natur integriert, die Materie vom Geist her interpretiert und die weitere Entwicklung des Ganzen vom Menschen reguliert werden muß nach den «Gesetzen» dieser umfassend verstandenen «Natur».

I. Leben und zeitgenössischer Kontext

Die Originalität der Teilhardschen Naturphilosophie ist das Ergebnis eines originellen Lebens. 1881 wird er auf dem Landsitz Sarcenat bei Clermont-Ferrand in der vulkanischen Auvergne als Sohn eines begüterten französischen Landadeligen geboren. Vom Vater lernt Pierre, Steine, Pflanzen, Käfer, Schmetterlinge, Vögel zu sammeln; ihm, so meint er, verdankt er seinen Hang zu den exakten Wissenschaften, den

Sinn für die Analyse, aber auch für «den Geschmack der Dinge und das Gefühl für den Stempel der Zeit auf ihnen», das Sensorium für die Natur als Natur*geschichte*. Auf die Mutter führt Teilhard zurück, was sich als das bestimmende Moment seines Forschens herausstellen wird: das elementare Bedürfnis nach einer alles umfassenden und allem Halt und Sicherheit, «Konsistenz» gebenden Synthese. Zugleich vermittelt ihm die Frömmigkeit der Mutter eine intuitive Ahnung, in welcher Richtung die Synthese zu finden ist: im christlichen Glauben an die Menschwerdung Gottes, die Teilhard als kosmischen Vorgang versteht, demzufolge der Kosmos als *«milieu divin»*, als «Göttlicher Bereich» aufgefaßt werden kann, wie eine spätere Schrift Teilhards betitelt ist. «Ohne daß ich es recht analysiert habe,» notiert er am 17. Oktober 1919 in sein Tagebuch, «hat sich für mich im Herzen Jesu die Verbindung des Göttlichen und des Kosmischen – des Geistes und der Materie – verwirklicht. Darin liegt der machtvolle Zauber, der mich von Anfang an erobert hat (...) Die ganze spätere Entwicklung meines inneren Erlebens ist lediglich die *Evolution dieses Keims* gewesen.»

Im gleichen Jahr 1919, in dem Teilhard an der Sorbonne seine Examina in Geologie und Botanik ablegt und sich im Naturhistorischen Museum bei Marcellin Boule, dem schon berühmten Mitbegründer (neben Gustav Schwalbe) der systematischen Erforschung des fossilen Menschen, auf seine Doktoratsthese über «Die Säugetiere des französischen Eozäns» vorbereitet, bekennt er sich in einem Brief an den Blondel-Schüler und Philosophen Auguste Valensin ausdrücklich zu seiner mystischen Intuition und stellt sie in eine vielsagende Tradition: «Wer könnte sagen, wieviel unser mystisches Leben, und zwar das übernatürlichste, einem Platon, Leibniz, Pascal, Newton verdankt und vielen anderen (...).»[3a]

Mit dieser Auffassung, daß sich ein Paradigmenwechsel, wie wir heute sagen, einer intuitiven Erkenntnis der epochemachenden Denker verdankt, weiß sich Teilhard in Übereinstimmung mit Henri Bergson, der 1911 in Bologna über «Die philosophische Intuition» einen Vortrag gehalten hat. Seit sich Teilhard während seines Theologiestudiums in Hastings (England) 1909–1912 in dem 1907 erschienenen Hauptwerk Bergsons *Die schöpferische Evolution* selbst wiedererkannt hat – das Werk kommt 1914 auf den römisch-katholischen Index der verbotenen Bücher; der Autor wird im gleichen Jahr in die Académie française gewählt! –, sieht Teilhard seine Lebensaufgabe klar vor sich: den Dualismus von Materie und Geist, Leib und Seele, der zwei Descarteschen Substanzen «res extensa» und «res cogitans» zu überwinden. «Materie und Geist: nicht mehr zwei Dinge, sondern zwei *Zustände*, zwei Gesichter des einen kosmischen Stoffes»[4], der, in Evolution begriffen, den Menschen und damit den Geist herausarbeitet, wie es bei Bergson heißt: «Alles geht vor sich, als ob ein unbestimmtes und wallendes

Wesen, mag man es nun Mensch oder Übermensch nennen, nach Verwirklichung getrachtet, und dies nur dadurch erreicht hätte, daß es einen Teil seines Wesens unterwegs aufgab. Diese Verluste sind es, welche die übrige Tierheit, ja auch die Pflanzenwelt darstellt, insoweit mindestens, als sie etwas Positives, etwas den Zufällen der Entwicklung Enthobenes bedeuten.»[5]

Bergson und sein Schüler Edouard Le Roy, der 1921 Nachfolger Bergsons am Collège de France wird und mit dem zusammen Teilhard seine ursprüngliche Intuition gesprächsweise weiter entwickelt, haben Teilhard darin bestärkt, daß sich eine materialistische Interpretation der Evolutionstheorie, wie sie etwa Ernst Haeckel mit seinem pantheistischen Monismus vertreten hat, nicht nur nicht aufdrängt, sondern daß sie das Verständnis des Phänomens der Evolution geradezu verhindert. Andererseits weiß Teilhard, daß es gilt, auch die idealistische Position seines Freundes Le Roy, dessen Schrift *Das idealistische Erfordernis und die Tatsachen der Evolution* 1928 erschien, zu übersteigen: «Zwischen Materialisten und Spiritualisten, zwischen Deterministen und Finalisten dauert der Streit in der Wissenschaft immer noch fort [...] Einerseits sprechen die Materialisten hartnäckig von den Objekten, als ob diese nur aus äußeren Vorgängen bestünden, aus Übergängen von einem Zustand in den anderen. Andererseits wollen die Spiritualisten um keinen Preis aus einer Art einsamer Introspektion heraustreten, die die Wesen nur als in sich geschlossen betrachtet in ihrem ‹immanenten› Wirken [...] Meine Überzeugung ist, daß die beiden Auffassungsweisen nach einer Vereinigung verlangen und daß sie sich bald in einer Art von Phänomenologie oder verallgemeinerter Physik vereinigen werden, wo man die Innenansicht der Dinge ebenso beachten wird wie die Außenseite der Welt. Anders scheint es mir unmöglich, für das kosmische Phänomen in seiner Gänze eine ausreichende und zusammenhängende Erklärung zu finden, wonach die Wissenschaft doch streben muß.»[6]

Mit dieser neuartigen Wissenschaft, einer «Phänomenologie» eigener Art oder auch «Hyperphysik», wie Teilhard sie entwickeln möchte, setzt er sich zwischen alle Stühle: zwischen die positivistische Naturwissenschaft einerseits und die metaphysische Naturphilosophie, jegliche Art von Theologie eingeschlossen, andererseits. So ist es nicht überraschend, daß Teilhard – er ist 1899 dem Jesuitenorden beigetreten – 1926 von seinen Lehrverpflichtungen als Professor für Geologie am Institut Catholique von Paris entbunden und zu geologischen und paläontologischen Forschungen nach China verbannt wird mit der Auflage, seine holistischen und evolutionären Weltentwürfe nicht zu veröffentlichen. Er arbeitet sie trotzdem während seines zwanzigjährigen Exils weiter aus und läßt sie mehr oder weniger heimlich unter Freunden in aller Welt kursieren. 1946 kehrt er nach Paris zurück, das er wegen erneuter Schwierigkeiten mit den kirchlichen Oberen schon 1951 wieder verläßt, um als «research associate» der Wenner Gren Foundation von New York aus die paläontologischen Forschungen in Südafrika zu koordinieren und anthropologische Kongresse zu organisieren. Vorher hatte er noch seine weltanschaulichen Schriften außerhalb des Ordens deponiert, so daß sie nach seinem Tode 1955 ungehindert erscheinen konnten und eine unerwartet große Resonanz fanden.

Im Laufe seines Forscherlebens war Teilhard nicht nur einer der besten Kenner der Geologie und Paläontologie Chinas geworden – 1929 ist er an der Entdeckung des Sinanthropus in Choukoutien beteiligt –, sondern auch eine Autorität in allgemeinen anthropologischen Fragen, was zu einer Auseinandersetzung mit der entsprechenden, vor allem angelsächsischen Literatur führte, mit Alexis Carrel, Erich Schrödinger, Fairfield Osborn, George Gaylord Simpson, Harold F. Blum, Julian Huxley u. a. Die Mentalität vieler dieser Autoren war Teilhard sympathisch, seit er in früheren Jahren John Henry Newmans *Apologia pro vita sua* und Herbert George Wells zeitkritische und futuristische Schriften gelesen und darin die ihm eigene Spannweite zwischen mystischer Intuition einerseits und Begründung einer Wissenschaft der Zukunft andererseits erkannt hatte.

II. Das Werk

Das «naturphilosophische» Werk Teilhard de Chardins ist, obwohl es neben den elf Bänden mit streng naturwissenschaftlichen Arbeiten, die wir hier vernachlässigen können, noch drei Buchveröffentlichungen und neun Bände gesammelter Aufsätze umfaßt, von einer seltenen Geschlossenheit und Durchsichtigkeit.

1. Theorie

Teilhard will – so vorsichtig formuliert er – eine «Einführung zu einer Erklärung der Welt suchen», und zwar in Form «einer wissenschaftlichen Beschreibung des Alls». «Wissenschaftlich» bezieht sich hier genaugenommen weder auf die Natur- noch die Geisteswissenschaften im bisherigen Verständnis. Obwohl Teilhard naturwissenschaftliche Einzelerkenntnisse heranziehen wird, ist sein Unternehmen zugleich weniger und mehr als Naturwissenschaft, da es der Versuch ist, «nichts als das Phänomen, aber auch das ganze Phänomen» zu beschreiben. Gerade dieser Totalitätsanspruch nun könnte Teilhards Vorhaben als Metaphysik ausweisen. Doch Teilhard wehrt ab: Er will «nicht ein System ontologischer und kausaler Beziehungen zwischen Elementen des Universums» aufdecken, «sondern ein auf Erfahrung gegründetes

Pierre Teilhard de Chardin (1881-1955) 335

Gesetz, das nach rückwärts und vorwärts anwendbar ist und dadurch die aufeinanderfolgenden Erscheinungen im Lauf der Zeit verständlich macht».

Dabei ist sich Teilhard bewußt: Es gibt keine voraussetzungslose Wahrnehmung, Erkenntnis, Wissenschaft, «keine reinen Tatsachen; jede Erfahrung, mag sie noch so objektiv sein, verwickelt sich unvermeidlich in ein System von Hypothesen», und das um so mehr, je umfassender das Objekt ist, dem man sich zuwendet. Teilhard selbst geht von folgenden zwei «ursprünglichen Voraussetzungen» aus, «zwei Grundauffassungen, um alle Ausführungen zu stützen und zu leiten. Die erste besteht in dem Vorrang, der dem Psychischen und dem Denken im Weltstoff zugebilligt wird. Die zweite im ‹biologischen› Wert, den ich unserer sozialen Umwelt zuspreche. Überragende Bedeutung des Menschen in der Natur und organische Natur der Menschheit: zwei Hypothesen, die man gleich zu Beginn zurückweisen kann; aber ich sehe nicht, wie man ohne sie eine zusammenhängende und abgerundete Vorstellung vom Phänomen Mensch geben könnte.»[7]

Wenn Teilhard seine Theorie vermutlich auch nur zum Schutz gegen seine kirchlichen Vorgesetzten, die ihm philosophische Veröffentlichungen verboten hatten, so übertrieben als Nichtmetaphysik bezeichnet hat und wenn er in der Ausarbeitung seiner eigenartigen «Phänomenologie» denn auch tatsächlich mehr, als nach der Theorie zulässig gewesen wäre, als Philosoph und Theologe argumentiert hat, so ist seine Absichtserklärung dennoch ernst zu nehmen: Zunächst als kritisches Instrument gegen Teilhard dort, wo er die Grenzen, die er sich selbst gesteckt hat, überschreitet; sodann als Beispiel dafür, wie schwierig es ist, nicht Metaphysik zu treiben selbst dann, wenn man mit Teilhard im Rückblick auf die Vergangenheit und im Ausblick auf die Zukunft bescheiden sein will: «Ich erhebe nicht den Anspruch, sie zu beschreiben, wie sie wirklich gewesen sind, sondern wie wir sie uns vorstellen müssen, damit die Welt in diesem Augenblick für uns wahr werde: die Vergangenheit nicht an sich, sondern wie sie einem Beobachter auf der Höhe jenes Gipfels erscheint, auf den uns die Entwicklung gestellt hat. Eine sichere und bescheidene Methode, die aber, wie wir noch sehen werden, genügt, um, dem Prinzip der Symmetrie folgend, überraschende Zukunftsbilder erstehen zu lassen.»[8]

2. Methoden

Näherhin lassen sich die Methoden Teilhards als «Sehen», als Anwendung der Analogie und der Extrapolation sowie als Dialektik des Geistes kennzeichnen.

«*Sehen*» ist für Teilhard Metapher für das sich in der Geschichte der Lebewesen immer schärfer ausbildende Wahrnehmungsvermögen gegenüber den Phänomenen der Welt und – im Menschen – auch gegenüber sich selbst. Wahrnehmungsvermögen ist deshalb auch Unterscheidungsvermögen, ist der Sinn für die Größe und Kleinheit des Raums, für die Tiefe der Zeit, für die Menge der Zahlen, ist Sinn für Proportionen, für Qualität und Originalität, für Bewegung, für die Eigentümlichkeit des Organischen. «Solange unser Blick die eben erwähnten Eigenschaften nicht besitzt, bleibt der Mensch, so sehr man auch bemüht ist, uns das Sehen zu lehren, das, was er noch immer in der Vorstellung so vieler ist: ein unverständliches Wesen in einer zusammenhanglosen Welt. – Schwindet dagegen in unserer Optik die dreifache Täuschung der Kleinheit, der Vielheit und der Bewegungslosigkeit, so rückt der Mensch mühelos auf den von uns angekündigten Platz im Mittelpunkt: als gegenwärtiger Gipfel einer Anthropogenese, die selbst Krönung einer Kosmogenese ist. Der Mensch kann sich nicht vollständig schauen außerhalb der Menschheit, noch die Menschheit außerhalb des Lebens, noch das Leben außerhalb des Universums.» Das Teilhardsche «Sehen» ist demnach jenes menschliche Vermögen, dem sich bereits die am Anfang seiner «Phänomenologie» stehende Intuition verdankt und das, als bewußte Methode eingesetzt, im Laufe der Forschung immer mehr übergeht in die «Schau»: «Das einzige Ziel, die eigentliche Triebkraft, die mich auf allen folgenden Seiten lenkt, ist einfach, um es nochmals zu sagen, mein Wille zu *sehen*, mit anderen Worten, eine *homogene* und *zusammenhängende* Schau unserer den Menschen betreffenden Gesamterfahrung zu bieten. Ein Ganzes, das sich vor uns entfaltet.»[9]

Die Teilhardsche *Analogie* ist das Verfahren, in der Einheit unterschiedliche Elemente, in der Entwicklung unterschiedliche Phasen, in einem Ganzen verschiedene Ebenen zu denken. Dabei verfährt Teilhard jedoch umgekehrt wie die klassische, die aristotelische und thomistische Analogie: Sie hat die Kategorien der Metaphysik – z.B. Akt und Potenz, «Materie» und Form, Substanz und Akzidenz – auf die physische und biologische Welt ausgedehnt; Teilhard dehnt die Kategorien der Naturwissenschaften – Materie und Energie, Leben und Psyche, Komplexität und Bewußtsein, Genese und Evolution – auf die «hyperphysischen», wie er konsequenterweise sagt, Dimensionen aus. Um in der auf diese Weise hergestellten Einheit die notwendigen Differenzen denken zu können und einen Biologismus oder Panpsychismus zu vermeiden, werden diese Kategorien in analoger, «ähnlicher», Weise verstanden. Im Hinblick auf das «Auftauchen des Mikroskopischen aus dem Molekularen, des Organischen aus dem Chemischen, des Lebenden aus dem Prävitalen» heißt es bei Teilhard: «Eine derartige Metamorphose erklärt sich nicht durch ein einfaches, gleichförmig fortschreitendes Geschehen. In Analogie mit allem, was das vergleichende Studium der natürlichen Entwicklungen uns lehrt, müssen wir in diesem besonderen Augenblick der Erdevolution eine Reifung, eine Häufung, eine Schwelle, eine Krise erster Größe ansetzen: den Beginn einer neuen Ordnung.»[10]

Die Teilhardsche *Extrapolation* ist seine Methode, die Zukunft des Menschen auszumachen. «Wie lange dauert? ... bis wohin erhebt sich? ... und wie endet? ... das Leben eines lebenden Planeten? Auf diese Frage fehlt es selbstverständlich nicht an Versuchen einer Antwort, die von so hervorragenden und klugen Männern wie Eddington, Julian Huxley oder Ch. Galton Darwin stammen. Was jedoch beim Lesen dieser verschiedenen «Vorwegnahmen» der Zukunft überrascht, ist das Fehlen jedes festen Prinzips als Grundlage der vorgeschlagenen Vermutungen. Eher tastende Versuche auf gut Glück in der Zukunft als ernsthafte *Extrapolationen*.» Diese sind nach Teilhard «logische Verlängerungen einer bestimmten Rekursionsformel, deren universeller Wert ein für allemal anerkannt ist». Solche Extrapolationen erlauben heißt, «die Existenz bestimmter Bedingungen, bestimmter Umrisse zu erkennen, außerhalb deren unsere Welt von morgen unvorstellbar wäre: weil in Widerspruch zu bestimmten positiven und endgültigen Charakteristika unserer Welt von heute», wie etwa dem von Teilhard aufgewiesenen kosmischen Komplexitäts-Bewußtseins-Prozeß.[11]

Die Teilhardsche *«Dialektik des Geistes»* schließlich ist die «Abfolge von ‹Hin und Her› zwischen dem Bekannten und dem weniger Bekannten», mit der das menschliche Denken sich voranarbeitet. Es ist «die Mechanik unseres Sehens»,[12] mit deren Hilfe die ursprüngliche Intuition des Ganzen in rational kontrollierte Erkenntnisse übersetzt wird und diese schließlich in die alles zusammenfassende Schau des Ganzen eingebracht werden.

3. Sprache

Da Teilhard weder Naturwissenschaft noch Philosophie noch Theologie treiben will, kann er sich auf keine dieser Fachsprachen exklusiv einlassen. Das würde die Synthese, die ihm in der Beschreibung des Phänomens als eines Ganzen vorschwebt, von vornherein vereiteln. Deshalb gebraucht er zwar Begriffe aus den Einzelwissenschaften, der Mathematik, Physik, Biologie, Geologie, Psychologie, Soziologie, Philosophie und Theologie, doch indem er sie gleichzeitig und sich ergänzend zur Beschreibung der Phänomene anwendet, löst er sie aus ihrem fachwissenschaftlichen Bedeutungszusammenhang und setzt sie dem Spiel der Assoziationen, Konnotationen und Analogien aus, bis sich ein im Rahmen seiner «Phänomenologie» gültiger Bedeutungskern herauskristallisiert. In diesem Verfahren symbolisiert sich die Einsicht, daß nur ein Überschreiten der fachwissenschaftlichen Grenzen und das Zusammenwirken aller Wissenschaften zugleich das Phänomen als Ganzes in den Blick bekommt und daß es für die Beschreibung und Kommunikation darüber der Ausbildung einer neuen Wissenschaftssprache bedarf. Der Teilhardsche Versuch ist nicht mehr als ein «tastendes Suchen», wie Teilhard die Bewegungen zu nennen pflegt, die innerhalb der Evolution immer dann auftreten, wenn neue Probleme neue Lösungen erfordern.

Nach diesen kurzen Hinweisen auf Theorie, Methode und Sprache Teilhards sollen nun die Haupterkenntnisse seiner Phänomenologie skizziert werden.

4. Das Phänomen Mensch

Es ist bereits deutlich geworden: Teilhards Erkenntnisinteresse ging dahin, den «Platz des Menschen in der Natur» zu beschreiben, wie die französische Werkausgabe Teilhards Einzelschrift *Die zoologische Gruppe Mensch* (dt. *Die Entstehung des Menschen*) durchaus zutreffend umbenannt hat. In dieser Schrift sowie in seinem Hauptwerk *Das Phänomen Mensch* (dt. *Der Mensch im Kosmos*) hat Teilhard zusammengefaßt, was er im Laufe von vierzig Jahren in den etwa 240 Aufsätzen, die in den Sammelbänden der Werkausgabe enthalten sind, vorbereitet oder weiter entfaltet hat.

Mit seinen eigenen Worten läßt sich der Inhalt der Teilhardschen Phänomenologie wie folgt zusammenfassen: «Astronomisch erscheint uns das Universum so, als befinde es sich auf dem Weg räumlicher Ausdehnung (vom unendlich Kleinen zum unendlich Großen); physikalisch-chemisch betrachtet scheint es uns dagegen noch klarer auf einer Bahn, als rolle es sich nach innen zu Organismen zusammen (vom ganz Einfachen zum äußerst Komplizierten). Diese eigentümliche Zusammenrollung zum Komplexen ist erfahrungsgemäß mit einer entsprechenden Zunahme von Verinnerlichung, das heißt von Psyche oder Bewußtsein verbunden.»[13]

Daraus ergeben sich für die Stellung des Menschen im Kosmos nach Teilhard die folgenden Beobachtungen und Schlüsse:

1) Da das menschliche Gehirn von «höchster physikalisch-chemischer Komplexität» ist und das menschliche Individuum dementsprechend als die «am vollkommensten und tiefsten zentrierte kosmische Partikel» erscheint, ist der Mensch das Wesen mit einer «äußersten psychischen Entfaltung» und «das zuletzt gebildete Erzeugnis der Evolution».

2) Während der Mensch durch Galilei astronomisch, durch Darwin biologisch und durch Freud psychologisch dezentriert, aus einem wie immer gedachten Mittelpunkt gerückt wurde und nach Meinung der Strukturalisten «sich endgültig in der Allgemeinheit der Dinge aufzulösen» scheint, erscheint er nach Teilhard nun an der Spitze und auf dem Gipfel eines «Universums, das sich in psychischer Umsetzung befindet».

Der Mensch ist nicht mehr nur irgendein Phänomen, er ist «das Phänomen par excellence der Natur».

3) So sehr der Mensch mit seiner Leiblichkeit und Geistigkeit auch das Produkt der bisher in ihm kulminierenden Evolution ist und deshalb auch eingebunden bleibt in die kosmischen Gesetzlichkeiten, ist er «nicht einfach eine neue ‹Art eines Tieres›», sondern «stellt eine neue Art des Lebens dar», nämlich «die durch unsere Reflexion hindurch ihrer selbst bewußt gewordene Evolution».

4) Durch Reflexion, Denken, Erfinden und die daraus gewonnene Macht ist es dem Menschen gelungen, «nicht nur kosmopolitisch zu wirken – sondern lückenlos um die ganze Erde eine geschlossene organische Schicht zu bilden», die «Noosphäre» (eine Wortbildung Teilhards analog der von dem österreichischen Geologen Sueß gebildeten «Biosphäre»). «Darüber hinaus läßt sich aus ihrer Ausbreitungsgeschwindigkeit bereits der Tag voraussehen, an dem sie jede andere tierische und sogar pflanzliche Form unterdrückt oder domestiziert haben wird.»

5) Daraus, daß der Mensch diese Stellung im Universum einnimmt, folgt noch nicht, daß er sich dessen auch in dem Maße bewußt ist, wie es nötig wäre, damit er auch die entsprechende Verantwortung übernehmen kann und sich entsprechend verhält. «‹Energetisch› und biologisch gesehen, ist die menschliche Gruppe noch ganz jung, ganz frisch», ihr Bewußtsein, ihre intellektuellen und moralischen Kräfte sind noch unterentwickelt, so sehr im Rückstand, «daß die in ihrer gegenwärtigen Form genommene Menschheit (und wenn wir sie auch bisher mit nichts ‹Erwachsenerem› in ihrer Art im Universum vergleichen können) wissenschaftlich nur als ein Organismus angesehen werden kann, der über ein einfaches Embryonalstadium noch nicht hinausgelangt ist».

6) Da nach Teilhard das kosmische Gesetz der weitergehenden Evolution von Komplexität und Bewußtsein des Weltstoffes auch für die Menschheit und der von ihr gebildeten «Noosphäre» gilt, läßt sich für die zukünftige Entwicklung des individuellen Menschen extrapolieren: «Die Bildung eines synthetischen Menschentyps im Ausgang von allen im Laufe der Geschichte aufgetretenen und gereiften Menschennuancen dürfte, wenn meine Hypothese stimmt, der derzeit auf der Erde im Gange befindliche Prozeß sein.» Und für die Menschheit als Kollektiv ergibt sich: «Stellt der Mensch, der ein in bezug auf sich selbst zentriertes Individuum ist (das heißt eine ‹Person›), nicht gleichzeitig in bezug auf irgendeine neue und höhere Synthese ein Element dar? Sollte es nicht uns vorausliegend eine in Bildung begriffene Menschheit geben, Summe organisierter Personen? ... Und ist das nicht übrigens die einzige logische Weise, durch Rekursion (in der Richtung von mehr zentrierter Komplexität und mehr Bewußtsein) die universelle Molekularisationskurve zu verlängern?»[14]

7) Daraus ergibt sich für die konkrete Weiterentwicklung der «Noosphäre» als Achse der Evolution und als deren Pfeilspitze, daß sie Wissenschaft und Technik weiter vorantreiben wird, doch so, daß dabei gemäß dem Komplexitätsgesetz das Fachwissen immer mehr zu einem Universalwissen entwickelt wird, an dem alle Erkenntnisvermögen des Menschen beteiligt sind: Intuition und Experiment, Analyse und Synthese, Rezeptivität und Kreativität, so daß es zu einer bewußten «Wiederankurbelung» und Fortführung der Evolution durch die Menschheit kommt.

8) Dem entspricht in der Dimension der zwischenmenschlichen Beziehungen die Entwicklung zu immer größerer Einmütigkeit, die alle individualistischen und kollektivistischen Modelle der Sozialisierung übersteigt und ihr Modell in dem Phänomen der Liebe hat: «Mit der Liebe des Mannes zur Frau, zu seinen Kindern, zu seinen Freunden und bis zu einem gewissen Grad für sein Land glauben wir oft die verschiedenen natürlichen Liebesformen erschöpft zu haben. In dieser Liste fehlt aber gerade die fundamentalste Form der Leidenschaft: die die Elemente des Alls, eins dem andern, in die Arme schleudert, unter dem Druck eines Universums, das sich zusammenschließt. Die gegenseitige Anziehung und folglich das kosmische Fühlen. Universale Liebe: sie ist nicht nur psychologisch möglich, sondern sie ist die einzige vollständige und endgültige Art unserer Liebesfähigkeit.»[15]

9) Den extrapolierten Endpunkt der Evolution des Kosmos nennt Teilhard den «Punkt Omega». In ihm ist der Weltstoff sich seiner selbst voll bewußt geworden und in Liebe vereint. Der Punkt Omega «wird deutlich werden, wenn die Noosphäre mit ihrer persönlichkeitsbildenden Kraft der Synthese sowohl ihre einzelnen Elemente wie sich selbst als Ganzes zur Persönlichkeit gerundet haben wird. Er liegt da, wo die Noosphäre, in kollektivem Zusammenwirken, ihren Konvergenzpunkt erreicht – am ‹Ende der Welt›.»[16]

10) Obwohl der Weltstoff unaufhaltsam dahin zu drängen scheint, sich durch Einrollung in Liebe zu vollenden, scheint das Gelingen an äußere Voraussetzungen gebunden, die in der Noosphäre nicht unbedingt garantiert zu sein scheinen: genügend, nicht durch Naturkatastrophen eingeschränkter Lebensraum, ausreichende Rohstoffe und Lebensmittel, genügend Quantität und Qualität der Gehirnsubstanz zur Ausbildung des Universalwissens: «Wenn irgendein solcher Mangel auftreten sollte, dann würde dies ganz offensichtlich den Fehlschlag des Lebens auf der Erde bedeuten; und es bliebe nichts anderes übrig, als daß die Welt ihre Bemühungen um eine Zentrierung an anderer Stelle, an irgendeinem anderen Punkt des Weltraums zum Ziele zu führen suchte.»[17]

11) Das Gelingen der Evolution erfordert neben den äußeren Voraussetzungen auch innere, solche, die durch das im Menschen auftre-

tende, durch die Evolution selbst hervorgebrachte Phänomen der Freiheit geschaffen werden müssen: «Der Mensch muß verstehen, die zahlreichen und vielfältigen Fallstricke und Sackgassen (Mechanisierung der politischen und sozialen Beziehungen, Bürokratisierung der Verwaltung; Überbevölkerung; Auslese im negativen Sinne usw.) zu vermeiden, welche die Totalisation eines so riesigen Ganzen hemmen und vereiteln könnten. Und dann vor allem die Voraussetzung des *Tun-Wollens*, das heißt der Mensch muß so fest entschlossen sein, daß er sich durch keine Enttäuschung, Entmutigung oder gar Furcht von seinem Wege abbringen läßt.»[18]

12) Persönlich ist Teilhard überzeugt, daß «je mehr sich die Noosphäre zusammenrollt, desto mehr vergrößern sich die Aussichten, daß sie ihre endgültige Zentrierung auch tatsächlich erreichen wird»[19]. Aufkommende Krisen sind für Teilhard Wachstumskrisen; das «tastende Suchen» ist für ihn die Art und Weise, wie der Weltstoff seinen Weg verfolgt; auf ihm gibt es Irrwege, Umwege, Rückschritte; der Fortschritt ist keine aufsteigende Linie, eher eine Spirale, deren Windungen ein Auf und Ab erkennen lassen. Dennoch läßt sich von dem Gipfel, den die Entwicklung im Menschen erreicht hat, rückblickend eine «Orthogenese», eine Richtung erkennen: eben die Herausbildung des Selbstbewußtseins der Evolution im Menschen.

Diese Auffassung einer auf den Menschen hinführenden und ihn weiterführenden Gerichtetheit der Evolution unterscheidet Teilhard von Henri Bergson, dessen «élan vital» unvorhersehbare, schöpferische, schrapnellartige Ergebnisse zeitigt. Das gleiche Orthogenese-Verständis trennt Teilhard auch von allen Auffassungen der «ewigen Wiederkehr», sei es bei Nietzsche, Spengler oder Toynbee. Von Marx unterscheidet sich Teilhard dadurch, daß er die Herausarbeitung des Personalen durch die Evolution betont, von Hegel trennt ihn die Ablehnung des streng spekulativen Systemdenkens. Von Husserl, Heidegger, Merleau-Ponty und Sartre hat sich Teilhard mit dem Satz distanziert: «Ich begreife nicht, wie man sich ‹Phänomenologe› nennen und ganze Bücher schreiben kann, ohne die Kosmogenese und die Evolution auch nur zu erwähnen!»[20] Gegen Darwin und die Neo-Darwinisten betont Teilhard bei aller Kontinuität der Evolution die dominierende Sonderstellung des Menschen, gegen Lamarck und die Neo-Lamarckisten unterstreicht er bei aller Vorliebe für die Innensteuerung durch die sogenannte «radiale Energie», die der Entropie entgegenarbeitet, die Rolle der darwinistischen Zufälle in der Außenwelt, dem Bereich der den Naturwissenschaften ausgelieferten «tangentialen Energie», nur mit dem Unterschied zu Darwin, daß die Zufälle nicht blind, sondern vom aufsteigenden Bewußtsein «erkannt und ergriffen»[21] werden.

III. Wirkung

Die Ausbreitung der Teilhardschen Gedanken erfolgte nach seinem Tode 1955 durch die von Jeanne Mortier organisierte Veröffentlichung der Hauptwerke explosionsartig. In alle Weltsprachen übersetzt, provozierte Teilhard posthum jene Diskussion bei Naturwissenschaftlern, Anthropologen, Philosophen und Theologen, wie er sie sich zu Lebzeiten vergeblich gewünscht hatte. Bis 1982 verzeichnet die «Bibliographie Générale» der zu Teilhard erschienenen Sekundärliteratur 9666 Titel.

In der Diskussion bildeten sich zwei große Gruppen heraus, die beide Teilhard nicht gerecht zu werden scheinen. Auf der einen Seite die Fachwissenschaftler aller Disziplinen, von den Naturwissenschaften über die Philosophie bis zur Theologie. Ihre übereinstimmende Stellungnahme spiegelt sich in dem Vorwort des Nobelpreisträgers Manfred Eigen zu dem eingangs erwähnten Buch von Jacques Monod *Zufall und Notwendigkeit*: Eigen lobt Monods «Unbestechlichkeit der Argumentation, ‹nichts zu sagen, als was sich sagen läßt›, nur Sachverhalte anzuerkennen, die durch objektive Beobachtungen gesichert sind und sich in unser naturwissenschaftliches Gedankengebäude widerspruchslos einfügen, mithin auch nichts zu folgern, was sich nicht auf diese und nur auf diese Weise begründen ließe. Damit hebt sich Monods ‹Idee der objektiven Erkenntis› deutlich von anderen Ideologien ab, etwa der ‹biologischen Philosophie› Teilhard de Chardins, in der – richtig beobachtete – biologische Tatsachen mit subjektiven, naturwissenschaftlich nicht begründbaren ‹Vorstellungen› verwoben sind. In dem Bestreben, derartigen – den Kriterien objektiver Erkenntnis nicht standhaltenden – ‹wissenschaftlichen› Begründungsversuchen philosophischer, gesellschaftlicher und religiöser Ideen (oder Ideologien) entgegenzuwirken, sieht sich Monod gelegentlich genötigt, das von ihm selbst aufgestellte Objektivitätspostulat etwas zu strapazieren.»[22]

Das Eingeständnis Eigens, daß auch Monod seine fachwissenschaftlichen Grenzen überschreiten muß, wenn er sich mit Teilhard philosophisch auseinandersetzen will, zeigt die Haltlosigkeit der von den Fachwissenschaftlern immer wieder aufgestellten Alternative: Entweder man fügt sich «widerspruchslos» in ihr jeweiliges «Gedankengebäude» ein, oder man ist «unwissenschaftlich» und wird nicht ernst genommen. Das ist genau die Auffassung, die Teilhard sein Leben lang bekämpft hat, weil sie das Phänomen Mensch nicht in den Blick bekommt, wie etwa die jüngste Diskussion über die Humangenetik zeigt.

Die andere große Gruppe der Teilhard-Rezipienten hat wenigstens begriffen, daß sich Teilhards zukunftsweisende Weltanschauung primär einer religiösen Intuition verdankt. Die im Sinne Teilhards «wissenschaftliche» Aufarbeitung und Rechtfertigung dieser Intuition interessiert sie vor allem unter dem Gesichtspunkt der Vereinbarkeit von Glaubensüberzeugungen mit Ergebnissen moderner Naturwissenschaften, eine in der Naturphilosophie immer wieder auftauchende Fragestellung.

Beide Gruppen, die verständlicherweise einander nichts zu sagen haben und für eine genuine Auseinandersetzung mit Teilhard ausgefallen sind, haben mit dafür gesorgt, daß es in den sechziger Jahren um Teilhard still wurde. Dazu kam die Absage an das «humanistische Fortschrittsdenken» durch die Strukturalisten, wie es Michel Foucault formuliert hat: «Den Menschen zu retten, den Menschen im Menschen wiederzuentdecken usw., das bedeutet das Ende all dieser geschwätzigen, zugleich theoretischen und praktischen Unternehmungen, die z. B. Marx und Teilhard de Chardin zu versöhnen suchen (Unternehmungen, die vor lauter Humanismus seit Jahren die gesamte geistige Arbeit zur Sterilität verdammt haben ...)».[23]

In den achtziger Jahren zeichnet sich nun ein Paradigmenwechsel ab, der die Naturabhängigkeit des Menschen ernst nimmt, die materialistische Einseitigkeit der neuzeitlichen naturwissenschaftlichen Entwicklung und die rationalistische Engführung der Philosophien durchschaut und für den «Physik und Transzendenz»[24] kein Tabu mehr ist. Biologen wie Prigogine[25] versuchen, «die Welt als offenes System»[26] zu denken. In der entsprechenden Diskussion hat Günter Altner auch wieder an Teilhard erinnert: «Wer sich durch die dynamische Sprache Teilhards nicht verstören läßt, für den ist unübersehbar, daß Teilhard bei der Interpretation von Evolution über das Denken in geschlossenen Systemen hinausführen will. Die sich selbst überholende Expansion bei Teilhard findet durchaus ihre prinzipielle Entsprechung im Denkansatz Prigogines und den von ihm benutzten Begriffen wie Irreversibilität, Nichtgleichgewicht, Instabilität bis hin zu dem eigentümlichen Gedanken, man müsse unter Streichung der Vorstellung unabänderlicher Gesetze vielmehr von der ‹Geburt des Gesetzes› im Prozeßgeschehen des Universums ausgehen.»[27]

Es ist zu wünschen, daß auch Naturphilosophen ihre Berührungsängste Teilhard gegenüber verlieren und erkennen, daß er nichts weiter getan hat, denn als moderner Naturwissenschaftler die große Tradition der «Naturspekulation» von den Vorsokratikern und Aristoteles über Albertus Magnus, Giordano Bruno, Jakob Böhme und Schelling bis zu Whitehead fortzusetzen.

Ernst Bloch (1885–1977)

Burghart Schmidt

ERNST BLOCH
(1885–1977)

I. Leben

Ernst Bloch wurde am 8. Juli 1885 in Ludwigshafen geboren. Von 1905 bis 1908 studierte er in München und Würzburg Philosophie, Physik und Germanistik, Musik eingeschlossen, in der Annahme, er fände ohnehin nirgendwo Philosophen, von denen er etwas lernen könne. Trotzdem für München motivierte ihn der Psychologismus von Theodor Lipps, doch dann floh er zum kritischen Realismus von Oswald Külpe. Dort promovierte er 1908 mit der Dissertation *Kritische Erörterungen über Rickert und das Problem der modernen Erkenntnistheorie*. Von 1908 bis 1911 lebte er in Berlin, es hatte ihn zu Georg Simmel hingezogen. Er holte Georg Lukács in den Simmel-Kreis. Der Beginn seiner Freundschaft mit Georg Lukács führte zu einem Aufenthalt in Heidelberg im Kreis von Max Weber. 1917 ging er, zusammen mit seiner ersten Frau, Else Bloch v. Stritzky (der er den «Geist der Utopie», erschienen 1918, widmete und die 1921 starb), aus Protest gegen den deutschen Eroberungskrieg in seine erste Emigration in die Schweiz, aus der er 1919 zurückkehrte. Seine Proteste in Form von Pamphleten, Manifesten, Zeitungsbeiträgen aus dieser Schweizer Zeit sind heute publiziert (s. Lit.). 1921 veröffentlichte Bloch *Thomas Münzer als Theologe der Revolution*, lebte während der zwanziger Jahre als freier Publizist vor allem in Berlin, hatte Freundschaft mit Brecht, Weill, Benjamin, Kracauer, Adorno. 1930 erschien sein einziges Erzählwerk, *Spuren*. 1933 emigrierte er, im Hitler-Deutschland verfolgt, unter anderem auch wegen Verächtlichmachen der Reichsregierung, erneut in die Schweiz. Es folgte, wegen Ausweisung aus der Schweiz, ein vorübergehender Aufenthalt in Italien, dann Wien, wo er 1934 seine «moralische und politische Kameradin» Karola Piotrkowska, heiratete. 1935 erschien in der Schweiz *Erbschaft dieser Zeit,* Blochs Arbeiten der zwanziger und dreißiger Jahre. Nach einem Versuch in Paris lebte Bloch von 1936 bis 1938 als Mitarbeiter der «Neuen Weltbühne» in Prag. Er schrieb, neben zahlreichen Aufsätzen, an seinem Werk über das Materialismusproblem und floh kurz vor dem Einmarsch der Nazis in die Vereinigten Staaten. Dort war er, im Denk-, Schreib- und Redestil schwierig amerikanisierbar, weithin zu einem «Schreiben in der Stille» gezwungen, dem wichtige Werke ihre Entstehung verdanken: *Das Prinzip Hoffnung, Subjekt-Objekt, Erläuterungen zu*

Hegel, Atheismus im Christentum, Naturrecht und menschliche Würde (im Ansatz). 1948 erhielt er einen Ruf auf den Lehrstuhl für Philosophie nach Leipzig, 1949 siedelte er dorthin über. Seit 1953 war er Mitherausgeber der *Deutschen Zeitschrift für Philosophie*, 1955 erhielt er den Nationalpreis der DDR und wurde ordentliches Mitglied der Deutschen Akademie der Wissenschaften. Nach der Niederwerfung des Ungarnaufstands durch die Sowjetunion 1956 kollidierte seine Freiheitslehre mit dem SED-Kurs, er wurde 1957 zwangsemeritiert, 1961 kehrte er, nach dem Mauerbau, von einer Reise in den Westen nicht mehr zurück und nahm eine Gastprofessur in Tübingen an. In der DDR wurden publiziert: *Subjekt-Objekt*, 1950; *Das Prinzip Hoffnung* Bd. 1: 1954, Bd. 2: 1955, Bd. 3: 1958; einige kleinere Schriften, u.a. hier einschlägig *Avicenna und die Aristotelische Linke*. Seit 1959 erscheint Blochs Gesamtwerk im Suhrkamp Verlag, Frankfurt a. M. 1967 erhielt er den Friedenspreis des deutschen Buchhandels. 1972 wurde Ernst Bloch Ehrenbürger seiner Geburtsstadt Ludwigshafen am Rhein, Ehrendoktorate der Universität Zagreb, der Sorbonne, der Universität Tübingen folgten. Während seiner letzten Jahre arbeitete er an der Vollendung seiner Ausgabe letzter Hand. Ernst Bloch starb am 4. August 1977 in Tübingen.

Will man Ernst Blochs Werk philosophisch einordnen, dann erweist es sich zunächst, Sartre verwandt, als Vermittlungsversuch zwischen existentialistischen und theologischen Ansätzen und einer kritischen Auseinandersetzung mit dem Marxismus; weniger Sartre gemäß, zwischen im Marxismus sich einnistenden theologischen Perspektivansätzen und einer Auseinandersetzung damit; zwischen Realpolitik und Utopie; zwischen Anarchismus und Rechtstheorie, auch wieder Sartre verwandt; zwischen Ontologie und Geschichtlichkeit; zwischen der Tiefenpsychologie und dem möglichen Inneren der Natur. Hier in der Auffassung des Verhältnisses zwischen der Kunst und der Natur tritt der große Unterschied zu Sartre auf. Überall scheint Bloch querstehend im Zwischen und darum oft genug sich zu schnell anpassend, nur um gehört zu werden und eine Solidarität zu gewinnen. Doch immer hat Bloch wider den Stachel gelöckt, die Risiken riskierend, so auch in der Naturphilosophie. Denn allein schon das erweist sich als eine kritische Widrigkeit: Bloch ist wohl der einzige unter den kritischen Theoretikern unseres Jahrhunderts, der es im Rahmen eines aktuellen Neomarxismus gegen die realsozialistische Orthodoxie mit einer Naturtheorie aufnahm. Insgesamt stößt Bloch aus dem ins Phänomenologische, dann Psychologische verweisenden Existentiellen zur *Geschichts*phänomenologie und zur Realisationsproblematik der *möglichen* Hoffnungsgehalte des Weltprozesses vor, auch und gerade naturphilosophisch. Die von ihm gemeinte Totale des Weltprozesses wäre ganz hegelianisch, durchbräche nicht der Grundcharakter des Möglichen, mit den Implikationen des Provisorischen, Fragmentarischen und Experimentellen, diesen Hegelianismus: Tendenz gegen die Notwendigkeit der Vermittlung, Augenblick als Präsenzzentrale der Noch-Nicht-Totale, statt eines Weltgeists im dauernden Übergang, der es nicht bei sich aushält. Dazu tritt, gegen Hegel und über ihn hinaus, eine an Marxens Kritik der politischen Ökonomie orientierte Höchstanstrengung ideologiekritischen Bemühens, im Gang der Entstehung des Werks wachsend.

II. Werk

Ernst Blochs Naturphilosophie, die lange ein toter Hund schien, avancierte spätestens seit der Tagung des Sozialistischen Büros in Tübingen 1978 zu «Marxismus und Naturbeherrschung» wieder vom Fragwürdigsten seines Denkens zu höchster Aktualität und wurde dementsprechend widersprüchlich diskutiert. Einmal ging es um das Aktuelle der Naturhorizonte, die uns erwarten, und Blochs selbst von Habermas anerkannte Technologiekritik. Die ist zwar heute wiederum in Frage gestellt, denn Bloch hat sie mit seinem *Prinzip Hoffnung* in den fünfziger Jahren in der DDR erscheinen lassen und deshalb, um überhaupt gehört zu werden, einen Technologie-Optimismus mit anklingen lassen, der heute «out» scheint. Bloch ist es damals nicht um die Science-Fiction-Vision einer alle Hoffnungen anregenden und alle negativen Apokalypsen aufregenden Technologie gegangen, sondern um das Zwangssystem der Technologie, das keineswegs wertfrei funktioniert, das für entgegengesetzte Interessen verwendbar ist und doch am wenigsten, weil in Aktion, kritisch einfach umgehbar wäre. Bloch entwarf, heute überall herumgerufen, mitten im west-ost-gleichen Technik-Optimismus der fünfziger Jahre, die Perspektive einer «Allianztechnik». Blochs Utopie setzt den Umstand voraus, daß bisherige Technik «in der Natur steht wie in Feindesland». «Allianztechnik» bedeutet einen kritischen Gegenzug zur gegebenen Technik ohne Preisgabe der Technik selber, allerdings erst bloß gezielt auf einen möglichen Horizont. Man kann die heute häufig beredeten Texte nicht messen an derzeitiger Technikkritik, wenn es um die Frage einer Anerkennung des Technologischen geht. Sie sind nur aktuell in Hinblick auf die Aussichten eines Bruchs mit der laufenden technologischen Perspektive (vgl. Schmidt, 1983).

Zum anderen steht Blochs Auffrischen der Naturdialektik zur Debatte, seit Engels ein leidiges Thema, weil es mit Berufung auf Engels ständig dazu gedient hat, der Geschichte transportierend Naturgesetzlichkeit zu unterschieben. Es geht um den Nachweis, daß Bloch, vertraut mit dem Engelsschen Original der Naturdialektik, dessen Insistieren auf dem unableitbar Neuen in der Evolutionsgeschichte der Natur hervorgekehrt hat gegen Naturgesetzlichkeit in der Natur selber.

Während andere Engels' Herumreiten auf der Wechselwirkung verlängerten, die sich bekanntlich ihrerseits in Kausalgesetzlichkeit zerlegen läßt, man muß nur die Kreiselwirkung unterbrechen, setzte Blochs Naturdialektik dort ein, wo schon Engels von «Starting points» geredet hatte, von einem Entstehen von etwas aus nichts, vom Neuen, – und das gegen die hegelianische Vermittlungsstringenz des Marxismus, die die Naturgesetzlichkeit der Geschichte und die Wissenschaftlichkeit der Politik zu entwickeln sich bemühte bis zum Archipel Gulag. Wenngleich Bloch das Neue als durchaus vorbereitet darstellt, nicht als das ganz Andere (vgl. Schmidt, 1985).

Von all dem, weil in den angegebenen Veröffentlichungen diskutiert, soll hier weniger die Rede sein. Vielmehr möchte ich mir auf diesem Hintergrund die Frage des vorliegenden Bandes stellen: Warum ist Bloch ein Klassiker der Naturphilosophie, und inwiefern ist er das nicht.

Zunächst einmal hat Bloch die Frage gestellt nach dem uralten Thema, was Produkt der Natur und was das Produzierende in der Natur sei. Das ergibt einen klassischen bis romantischen Bogen seiner Naturphilosophie,[1] in dem sich schließlich Bruno, Spinoza, Goethe, Schelling, Baader zur Diskussionsrunde einfinden, als hätte sie Hegel versammelt und Aristoteles stehe dahinter. In lateinischer Terminologie spricht man von dem Unterschied zwischen natura naturata (Natur als Produkt) und natura naturans (Natur als Produzent). Der Unterschied will die Wichtigkeit des Produktiven in der Natur festhalten gegenüber der zustandegekommenen Objektwelt Natur, die schon einen ersten Schritt macht zur natura morta, der gestorbenen. Der Unterschied konnte in unterschiedlichsten Färbungen dargestellt werden: vom Renaissancedenker (Wiedergeburtsdenker) Giordano Bruno etwas als unerschöpfliche Lebendigkeit bis zum Poetischen, gar Schwärmerischen, vom Denker einer sich einrichtenden Aufklärung, Baruch de Spinoza, ganz nüchtern konstruktiv nach geometrischer Methode. Die Geometrie, macht man sie sich vom Konstruktiven her verständlich, gewinnt ja ebenfalls genetische Züge, Züge des Produzierens, wenn auch auf exakte Weise. Goethe etwa erfuhr von diesem hochwichtigen Unterschied in der Natur über Jacobis Vermittlung viel stärker durch Spinoza als durch Bruno. Er übersetzte die nüchterne Konstruktivität Spinozas seinerseits zurück in die Ausdrücke der hochbeweglichen Lebendigkeit.

Bloch nun zog aus der natura naturans die Ansicht eines möglichen Subjekts der Natur, das als sein drittes großes Naturthema zum Thema der Allianztechnik und dem Thema des Novums in der Naturdialektik hinzutrat.[2] Das Thema eines möglichen Natursubjekts wurde ihm aus äußerst differenzierenden Interessen heraus angekreidet. Etwa Georg Lukács wollte die Subjekt-Objekt-Dialektik nur für die Geschichte anerkennen, was ein Leugnen des Subjektmoments in der Natur voraussetzt. Oder Alfred Schmidt wollte an einem unüberwindlichen Rest der Differenz zwischen dem Menschen und der von ihm bearbeiteten Welt festhalten; diese Differenz wäre in einer Subjektivität der Natur potentiell abgewiesen; denn in ihr würde sich dann ja die Subjektivität des Menschen spiegeln, als fielen beide ineinander. Oder man griff Blochs Subjekt der Natur etwa in der DDR-Debatte 1956/57 an, weil man in dieser Auffassung den Ansatz zu einem Verweigern der grenzenlosen Be- und Verarbeitbarkeit der Natur durch die naturwissenschaftlich-technologisch gesteuerte Industrie witterte. Denn wie kann man sich technologisch objektiv gegen das verhalten, was in der Subjektivität mit einem übereinstimmt, nicht bloß das Fremde abgibt! Hier wurden Sperren geahnt gegen das Interesse am rücksichtslosen Steigern der Produktivkräfte.

Blochs Anschluß des Natursubjekts an die klassische Lehre der natura naturans, die Schelling mit romantisch geschärftem Sinn für die Moderne aufgewertet hatte durch jenen Satz, den Marx anerkennend Schellings jugendlicher Redlichkeit zurechnete: Man solle über das Produkt das Produzierende nicht vergessen, – Blochs Anschluß also des Natursubjekts an die natura naturans bedeutet jedoch alles andere als eine voreilige Vermenschlichung der Natur. Es gibt starke Sätze bei ihm gegen eine Philanthropie für Metalle und ähnliches.[3] Das Natursubjekt Blochs meint zunächst das Produktive der Natur im Natursinn und nicht mehr als das. Selbst der in seiner Klarheit und Antispekulativität unbezweifelbare Kant sprach davon, der Künstler schaffe wie die Natur, d.h. also für Kant, die Natur *schafft*. Kant erklärt, daß zwar Entsprechung vorliege, doch keine Identität, demnach keine Vermenschlichung der Natur. Die Subjektivität der Natur mag weithin anders beschaffen sein. Bei Bloch steht sie ohnehin bloß im Status einer Möglichkeit, die erst im Entstehen begriffen sei und vielleicht überhaupt nicht zur Erscheinung oder zu irgendeiner anders gearteten Wirklichkeit kommt.

Sie keimt, doch nicht im biologischen Sinn des Keims, im Sinne eines festgelegten Programms, das genau in ein anderes großräumigeres und zeitlich ausgedehnteres Medium übersetzt wird, abgesehen von Mutationen und Defekten.[4] Blochs Keimgedanke berührt sich mit der Kunst, dem in ihr möglichen schöpferisch Seminalen, dem Logos spermatikos der Stoa, der die biologischen Notwendigkeiten noch nicht kennt. Ohnehin überträgt Bloch gern naturwissenschaftliche Begriffe ins Metaphorische, ob es da um das «Experimentum Mundi» (der Welt) geht oder um das «Laboratorium possibilis salutis» (des möglichen Heils). Man könnte an das Gegenläufige zum Aufgreifen von in der Theoriegeschichte umgehenden, Metaphern und Metaphoriken durch die Naturwissenschaften denken. Bloch holt die Bilder nun daraus wieder zurück: den Keim, das Seminale. Das Seminale ist dann eben nicht biologistisch ein eingefaltetes Programm, das sich entfaltet und nur das entfaltet, was schon angelegt ist, es ist mehr.

Dem Optimistischen der Natura-naturans-Lehre fügt Bloch nachdrücklich Theodor Herings Unterscheidung einer Tag- und Nachtansicht ein und verfolgt sie ideologiegeschichtlich. Neben der Linie von Bruno über Spinoza zu Goethe und dem frühen Schelling, in der in einer Tagansicht auf die Güte der Natur gesetzt wird, an der der Mensch sich aufranken kann oder in der der Mensch die Augen aufschlägt (Schelling), betont Bloch auch jene andere querende Linie von der Qual, die Jakob Böhme im Qualitativen und Quellenden der Natur entdeckte, zum späten Schelling und zu Franz von Baader.[5] Letzteren erschien das ruhelose Werden und Vergehen der Natur Zeugnis abzulegen für einen «Ungrund», so Schelling, oder für ein unvordenkliches «Verbrechen», dem die Natur ständig auf der Spur sei, so Baader. Nach ihm tarnt sich das Verbrechen einerseits durch die darübergestülpte Natur als differenziert sich gestaltende Materie, andererseits lugt es durch das Daraufgestülpte ständig hervor. Zur Nachtansicht der Natur gehört auch Schopenhauers Verachtung für ein System des Fressens und Gefressenwerdens. Tag- und Nachtansicht der Natur entsprechen innerhalb der Naturphilosophie Blochs allgemeinem ontologischen Horizont des Unausgemachten der Zukunft zwischen Allem und dem Nichts, welches Nichts vom produktiv Negativen des Nicht zu unterscheiden sei.[6] Man kann Bloch den Vorwurf machen, er habe die Nachtansicht zwar immer mal wieder als Möglichkeit an Kulminationsstellen seiner Texte beschworen, aber dann doch Argumente dafür bevorzugt, daß die schlüssende Tag- statt der verschließenden Nachtansicht das letzte Wort behielte. Diese Blochsche Entscheidung für den naturgeschichtlichen Optimismus ist zur Kenntnis zu nehmen.

Anders stellt sich die Frage nach Blochs Begeisterung für die naturphilosophische Linie der natura naturans dar, ob in Nacht- oder Tagansicht. Es wurde gesagt, das sei die Parteinahme für das Produzierende gegen das Produkt. Bloch ist dazu von Husserl her, mit dem er sich beschäftigte, gestalttheoretisch orientiert. Er prägte später, um dem antiprozessualen, antiproduktiven Zug der Gestalttheorie zu entgehen, den paradoxen Begriff der «Auszugsgestalt», ein Provisorium meinend, das Gestalt annimmt, indem es sich von einem Vor-Schein her speist.[7] Vor-Schein, das ist Blochs Zentrum der utopischen Funktion im Antizipatorischen, der antizipatorischen Funktion in der Utopie. Er entwickelt die metaphorische Kategorie aus der Kunst und für die Kunst mit Vorliebe, weil Kunst es am schwersten hat, auch heute trotz aller Strukturalisierung, sich aus dem Gestaltproblem zu befreien. Bloch überträgt das Bild von der «Auszugsgestalt» aus der Kunst auf die Natur am stärksten dort, wo er im Materialismusproblem die Natur anspricht als einen noch gar nicht gebauten Bauplatz und Schauplatz für ein noch gar nicht geschriebenes Stück, anspielend auf barockes Welttheater in dessen Fragmentalem.[8] Zu erinnern ist dazu an die von Kant konstatierte Nähe von Kunst und Natur in der berühmten Formel, der Künstler schaffe nicht nach der Natur, sondern wie die Natur; bei Bloch: Natur wie Kunst schaffen Vor-Schein. Es geht da das alte Motiv eines sozein ta phänomena um, eines Rettens der Erscheinungen gegen Prozeß und Funktionalität.

Bei Kant ergab sich allerdings die Entsprechung von Natur und Kunst außer im berühmten «Als ob» (Vaihinger) nur auf der Seite der Produktion, nicht im Produkt. Die Einschränkung hat Bloch mit der Auszugsgestalt des Vor-Scheins aufgehoben zugunsten des Produkts. Produzieren bleibt lebendig im Sprung zum Auszug, als das Experimentelle im Gestalthaften, das es nicht bei sich aushält, nicht bei sich ausgehalten lassen sein will. Bloch bricht die Begeisterung für die Natura naturans ständig durch das provisorisch-experimentelle Gelten der Phänomene einer Natura naturata. Das meint Motivik, Motorik contra Funktionalität von allem und jedem für anderes. Letzteres war bekanntlich Hegels prozeßorientierte Naturansicht, die er auf Geschichte übertrug oder vielmehr umgekehrt. Hatte Schopenhauer das Fressen und Gefressenwerden verachtet, so erwärmte sich Hegel am Feuer des Übergangs. In solcher Spannung steht Blochs Auszugsgestalt. Sie befördert Natur in *ihre* Geschichte und in die Geschichte des Menschen.

Nichtsdestoweniger ist Bloch einer der wenigen soziologisch orientierten Philosophen unseres Jahrhunderts, der sich an die modernen physikalischen Materievorstellungen von Einstein bis Heisenberg herangewagt hat. Diese Physik läßt sich umreißen als eine Tiefenphysik, vergleichbar den Tiefenbohrungen in der Sprachwissenschaft bei Ferdinand Saussure, die für neue komplexe statt atomare Elementarteilchen neue Verknüpfungsregeln in Phonetik und Linguistik einführte; oder vergleichbar der Tiefenpsychologie Freuds, die, die unbewußten Faktoren einbeziehend, ein neues Funktionssystem des Psychischen entwickelte. Für solche Tiefenbohrungen, die über Atom und Individuum, den Unteilbarkeiten, hinausführt, hat sich Bloch gerade auf dem Gelände der Physik interessiert. Mit Scheler war er der Ansicht, daß soziale Strukturveränderungen die neuen Einsichten in die Natur veranlaßt hatten, statt des Substantiellen die entindividualisierende Komplexifizierung und das Funktionalisieren. Mit Scheler war er ebenso der Ansicht, daß der sozialgeschichtliche Anlaß die neugewonnenen Einsichten in die Natur nicht erschöpft. Das unterscheidet ihn von Georg Lukács und der Kritischen Theorie. Beide hielten die naturwissenschaftliche Einstellung insgesamt für ein gesellschaftlich produziertes und gesellschaftlich bestimmtes Naturverhältnis, während Scheler und

Bloch trotz dieses Umstands darin durchaus Einsichten in die objektivreale Beschaffenheit der Natur an sich selber aufgehen sahen. Das wendet sich auch gegen Heidegger, der, zwar zwanghaft aus dem Seinsgeschehen heraus, in Technik kulminierende Naturwissenschaft als ein Gestell erscheinen läßt, das die Menschen unternahmen und aus dem sie möglicherweise heraustreten könnten, sei's auch nur an Sonntagen der Klarsicht, während das praktische Alltagsleben im verkrüppelnden Gestell weiterrollt.

Bloch, der Physik im Nebenfach studiert hatte, griff schon in seiner Dissertation von 1908 über Rickert das Energetische des physikalischen Materiebegriffs auf, die Auflösung der Stofflichkeit in die Kraftfeldvorstellung. Er tat das, um wie später im «Geist der Utopie» 1918, die physikalische Materialität ihre eigene Apokalypse feiern zu lassen, ihre zerstrahlende Selbstaufhebung, ihr sich Vergleichgültigen im entropischen Sinn. Erst über solches hinaus sollte das Leben der Geschichte beginnen, gleichsam im Ort der Raumzeit, des Zeitraums von apokalyptischer Selbstauflösung der Natur. Von dieser Ansicht einer aus dem Naturmateriellen sich abhebenden Geschichte – Hegel stand Pate – trat Bloch im Lauf der zwanziger Jahre zurück, am stärksten in seinem Kapitel über die Relativismen der modernen Physik in «Erbschaft dieser Zeit» (erschienen in Buchform 1935 in der Emigration in Zürich, als Aufsatz schon Jahre früher). Dem entsprach dann die in den dreißiger Jahren entstandene systematische Abhandlung über die Tendenzen, die Trends der Physik in unserem Jahrhundert, aufgenommen in Blochs Werk «Das Materialismusproblem – Seine Geschichte und Substanz» (1972).

Hier geht es nicht so sehr um das in den Restaurationszeiten der fünfziger Jahre beliebte Thema eines Einzugs von Freiheitsmomenten in den Determinismus der Natur durch die Einsicht in die bloße Wahrscheinlichkeitsgesetzlichkeit im subatomaren Strukturbereich, worauf sich die Theologen und Ethiker des Mitteleuropa-Wiederaufbaus stürzten. Bloch behandelt dieses Thema ebenfalls. Aber er hebt gerade hervor, daß die bloße Wahrscheinlichkeitsgesetzlichkeit im subatomaren Bereich sich ausschaukelnd den Determinismus der Natur im mesokosmischen Bereich gegenüber dem mikrokosmischen und makrokosmischen unberührt läßt. Unser Alltagsleben habe ständig mit dem Mesokosmischen zu tun. Desgleichen sei über die statistischen Methoden das Subatomare kalkulierbar oder berechenbar, allerdings sind drohende Katastrophen sowohl naturhafter wie gesellschaftlicher Art nicht auszuschließen. Denn die vergewaltigte Natur könnte im Unfall zurückschlagen, und die Technologien könnten alle anderen gesellschaftlichen Zwangssysteme übertreffen und institutionalisieren. Höchstens interessierte Bloch an der Wahrscheinlichkeitsgesetzlichkeit noch das Thema des Zufalls, sofern sich in ihm ein naturalgeschichtliches Vermitteln von Kausalität und Teleologie andeutet.

Auch wollte Bloch für philosophisch Interessierte nicht eine allgemeinverständliche Übersicht über die Theorien der modernen Physik schreiben. Dann hätte er das «Das Materialismusproblem» als unveröffentlichte Studie dem Nachlaß überlassen. Bloch ging es in der Abhandlung um ein zentrales Problem der Philosophie, den Eintritt höchst gesteigerter Relativitäten in das physikalische Naturwissen. Ob es sich dabei um Einsteins Relativitätstheorien handelt oder um die Auflösung der Materie in elektrodynamische Kraftfelder mit dem «Feldgeschrei: Die Materie ist verschwunden» oder um den Aspektwechsel zwischen Wellen-Paradigma und Korpuskel-Paradigma oder um Heisenbergs Unschärferelation, die jede Korpuskular-Ansicht des Materiellen aufhebt, während Schrödingers Metapher von der stehenden Welle das Korpuskulare in die energetische Interpretation des Materiellen wieder hereinholt: Bloch geht es nicht um die Frage, wie es in einem Atom ausschaue, sondern um die philosophische Erkenntnis: in einem Atom schaue es überhaupt nicht aus.[9] Und das, obwohl es Modelle von den subatomaren Verhältnissen im Atom gibt. Aber in der Tradition von Mach wird ein Modell als Modell ausgelegt, das heißt, es ist nur eine denkökonomische Zurechtlegung forschender Menschen, die realen Verhältnisse können dem Modell höchstens in *struktualer* Weise irgendwie übersetzt und bloß im großen vielleicht entsprechen. Wir haben es mit einem Symbol zu tun für etwas, das ganz anders ausschauen mag, sollte es überhaupt ausschauen.

Was Bloch aus der modernen Physik aufgreift, ist nicht das Physikalische selbst. Einerseits geht es ihm um das Auflösen der Materie aus der Klotzmaterie klassischer Mechanik in energetische Prozessualität. Andererseits kehrt er wie keiner sonst so deutlich das exakte, präzise Metaphorisieren physikalischer Vorstellungsweise von heute heraus, die trotz Exaktheit und Präzision beim Metaphorischen bleibt. Da hat ihn in der Folge auch Thomas S. Kuhn nicht übertroffen.

Prozessualität ist für Bloch kein physikalisches Thema, sondern er meint ihre Verankerung im Produktivitätsstandpunkt kapitalistischer Entwicklung. Prozessualität sieht er als Zeichen der Geschichte auch in der Natur, und zwar als eines, das weit über Wechselwirkung und selbstregulative Systeme hinausgreift. Nach seiner Ansicht hat die sich steigernde Prozessualität und Produktivität der euro-amerikanischen Gesellschaftsstruktur die Einsicht in die *nämliche* Beschaffenheit der Natur veranlaßt, aber es wurde schon von Blochs Einigkeit mit Scheler gesprochen: Geschichtliche Bedingungen machen eine Einsicht in die Natur möglich, die für die Natur denn doch realiter gilt, über die geschichtlichen Bedingungen hinaus.

Nämliches vertritt Bloch in Hinblick auf das Metaphorische des Naturwissens, mit dem der Einzug, besser die extreme Steigerung der Relativitäten zusammenhängt. Obwohl es in der euro-amerikanischen

Gesellschaft Verelendung polit-ökonomisch strukturell sehr wohl noch gibt und obwohl dem Kapital die proletarisierende Enteignungsfunktion unabdingbar innewohnt, sind Verelendung und Proletarisierung der manifest politisch motivierenden Erscheinungsweise nach an die *scheinbar* unfunktionalen Ränder verdrängt, sind relativ, aber auch explosiv. Wenn der Relativismus der Gesellschaft einen entsprechenden Relativismus der Natur sichtbar macht und dieser Relativismus nach Bloch durchaus realiter gilt, dann ist nicht auszuschließen, daß die Natur schneller und klarer von den Verdrängungsrändern her explosiv reagiert und dadurch immanente Strukturen offenlegt. Tschernobyl und AIDS sind nach Bloch Signale. Im Technik-Kapitel des «Prinzips Hoffnung» stellt Bloch die Frage, ob nicht mittlerweile von der Naturseite her die technische Unfallkatastrophe zur geschichtlichen Wirtschaftskrise strukturelle Entsprechungen aufweise.[10]

Relativismus hat mit Metaphorik und Verdrängungen zu tun, das ist Blochs Thema. Die labile Relativität der Gesellschaft spiegelt sich in der Ansicht der Natur als relativer, in der nur noch wechselnde Aspekt- und Perspektivenwahl das Ganze in den Blick kommen lassen. Aspekte und Perspektiven müssen in die Gültigkeitsansprüche ausdrücklich einfließen nach der Formel: «Darum ..., weil ...» oder gar nach der noch älteren: «Dazu ..., weil ...». Für Bloch hat dieser Relativismus mit einer realen Seite der Natur zu tun, die er, vielleicht ungeschickt, «Sektor» nennt.[11] Sektor heißt Ausschnitt, der für sich bestehen könnte, es geht aber um eine Struktur, die durch viele Unter-, Neben-, Über- und Einlagerungen vermittelt ist. Gerade diesen Vermittlungen geht Bloch intensiv nach. Die eine Struktur erledigt nicht die anderen trotz der Wortwahl Sektor, die auf Trennung drängt. Und so kennt Bloch auch nicht das auseinanderreißende Gegeneinanderausspielen der quantitativen und der qualitativen Seite der Natur seit John Locke. Er steht auf dem Hegelschen Standpunkt, Quantum sei unter vielem anderen ein Quale. Besonders deutlich wird das in Aufsätzen des Ergänzungsbandes seiner Gesamtausgabe «Tendenz-Latenz-Utopie» zur Größe (133–157). Und das geschieht in einem Kontext, dem nichts so sehr gelegen ist wie das Retten alter Naturansichten des qualitativen Charakters.

Hier berührt sich Bloch mit Paul Feyerabend, der gerade in Hinblick auf Naturwissen aus dem kritischen Rationalismus heraus und kritisch gegen diesen sagt: «Any thing goes». Bloch freilich hatte es nicht bei solcher Beliebigkeit des Aspekt- und Perspektivenwechsels aus pluralistischer Schule lassen wollen. Wertung steht hinter seiner Naturphilosophie, etwa erinnernd an Theodor Herings Unterscheidung einer Tag- und Nachtansicht der Natur. Das Prozessuale, das Relativistische, das Quantifizierbare, das Kalkulierbare, das im Modellsinn Metaphorische, alle diese Züge der modernen Physik treffen ein unumgehbar Reales an der Natur. Und doch: Wir leben weiterhin in qualitativer Auseinandersetzung mit der Natur, mit ihrer Erscheinungsweise, ihrer Phänomenalität. Retten der Erscheinung, sagte Platon, das Wesen muß erscheinen, sagte Hegel.

Insofern liegt bei Bloch der Akzent auf der qualitativen, der gestalthaften Beschaffenheit der Natur, nicht auf der struktural-funktionalen oder prozessual-relativistischen. Das unterscheidet seine Dialektik der Natur von Engels' Hinübergleiten in die Wechselwirkung eines selbstregulativen Systems. Am deutlichsten wird das in Blochs Abhandlungen über das Raum-Zeit-Problem dadurch, daß Bloch dort, wo er es grundlagentheoretisch behandelt, in seinem Spätwerk «Experimentum Mundi», es umdreht in das Zeit-Raum-Problem.

Wenn Bloch bei aller Zeitlichkeit des Raums, sei's der Natur, sei's der Geschichte, letztlich den Raum gegen die Zeit ausspielt, so stellt er sich auf den Standpunkt des Produkts gegen das Produzieren, die Natur möge Raum ausfüllen, statt daß sie ständig Raum bilde. Indem er der Vorstellung von der inneren Hatz der Zeit ein Contra zu bieten versucht, hat er eine im Zeitlichen menschlich umgehende Sehnsucht ausgesprochen: die Utopie des Werdenwollens wie Kristall, was den Raum anbetrifft, und die Utopie des von der Zeit unabhängigen Augenblicks, der dennoch eine Zeitkategorie darstellt. Provisorische Verräumlichung der Natur, die, wie es militärisch heißt, unter Zeit angetreten ist, Infragestellen des Produktivitätszwangs an sich selber, bei aller Einsicht in den Umstand, daß der Mensch sich unter Naturbedingungen produzieren muß.

Bloch ist ein Klassiker der Naturphilosophie, insofern er klassische Themen der Naturphilosophie, die naturwissenschaftlich beiseite gelegt wurden, aktualisierte und dennoch den Stand naturwissenschaftlicher Einsichten einer Zeit stets anerkannt hat. Nichtklassiker ist Bloch in Sachen Naturpolitik, verstanden als das Ausbeutungs- und Überwältigungsverhältnis in der bisherigen Arbeit des Menschen an der Natur, was das von Hegel gezeichnete Verhältnis eines Überlistens der Natur, damit sie sich an sich selber abarbeite, einschließt, in Form einmal brutaler Aktionsgewalt, andermal sich verschleiernder Gewalt. Bloch entwirft das Durchbrechen dieser Machtstruktur, die Utopie einer Veränderungspraxis, genannt Allianztechnik. Unklassisch erweist sich diese politische Dimension der Natur, um die Blochs Naturphilosophie kreist, insofern, als klassische Naturphilosophie stets nur um Erklärung oder Interpretation der Natur sich kümmerte, allenfalls noch um die Anwendbarkeit der gewonnenen Einsichten auf gegebene, vorhandene Natur. Die Veränderung des Mensch-Natur-Verhältnisses und darin die Veränderung der Natur war der klassischen Naturphilosophie kein Thema.

Als einer der ersten unter den kritischen Theoretikern entwickelte Bloch vorsichtig innerhalb einer Akzeptanz der technischen Möglichkeiten die Frage nach der möglichen Verwüstung der Natur durch Naturwissenschaft und Technik, und zwar, in einem Buch, geschrieben während der vierziger Jahre in den Vereinigten Staaten, veröffentlicht unter dem Titel «Das Prinzip Hoffnung» in der ersten Hälfte der fünfziger Jahre in der DDR. Er war der erste, der Sensibilität dafür hatte, unter Leuten, die entweder glaubten, freimarktlich gehandelte Wissenschaft und Technik seien das Gegenmittel zu Nazismus und Stalinismus, oder die glaubten, eine zentral verordnete Wissenschaftlichkeit sei die beste Gabe für eine menschlich wünschenswerte Zukunft, auch auf Kosten gegenwärtig lebender Menschen.

Bernulf Kanitscheider

ALBERT EINSTEIN
(1879–1955)

I. Der Ort der Naturphilosophie

Daß die Wissenschaft der Philosophie bedarf, steht heute außer Frage. Seit der Durchsetzung einer wissenschaftlichen Philosophie durch den Wiener Kreis unter der Führung von Moritz Schlick und parallel dazu vom Berliner Kreis unter der Leitung von Hans Reichenbach ist nicht mehr kontrovers, daß die logischen, semantischen, heute auch die pragmatischen Komponenten der Wissenschaftssprache einer Analyse bedürfen. Seit dem Wiederaufleben der Ontologie in der analytischen Philosophie – vor allem unter dem Einfluß von W. v. O. Quine – sind Epistemologie, Methodologie und Ontologie die drei Pfeiler der Philosophie der Wissenschaft. Es war eine Zeitlang umstritten, ob nach der linguistischen Wende in der Wissenschaftsphilosophie neben einer formalen Theorie des Wissenschaftsgebäudes auch eine materiale Lehre Platz hätte, die nicht nur die Struktur der Sprache im Auge hat, sondern die Relevanz der Ergebnisse der Wissenschaft für die klassischen Fragestellungen der Naturphilosophie aufzuschließen sucht.

Obwohl Vertreter der wissenschaftlichen Philosophie wie Schlick und Reichenbach immer die Tragweite der Konsequenzen wissenschaftlicher Theorien wie Relativitätstheorie, Quantenmechanik und Thermodynamik für die traditionellen generellen philosophischen Fragestellungen betont hatten, hielten bis vor kurzem viele analytische Denker die Naturphilosophie für tot. Am ehesten bewahrten noch Einzelwissenschaftler wie Hermann Weyl, Henry Margenau und Eugene Wigner die Tradition der Naturphilosophie, obwohl die Akzeptanz dieser Autoren in den Kreisen der Schulphilosophie eher gering war. Erst in den sechziger Jahren zogen auch die professionellen Philosophen nach, zuerst Autoren wie J. J. C. Smart, Israel Scheffler, Patrick Suppes und in jüngerer Zeit auch Mario Bunge. Sie arbeiteten Lehrstücke aus, die auf die allgemeinen Züge natürlicher Systeme abzielten, in jedem Fall also eine synthetische Komponente enthielten. Im Aufleben einer synthetischen Philosophie spiegelt sich die Neuentdeckung des ungeheuren philosophischen Potentials der einzelwissenschaftlichen Ergebnisse, und zugleich merkte man, daß es philosophisch ergiebig sein könnte, die verstreuten metatheoretischen Aussagen der Fachwissenschaftler selbst unter die Lupe zu nehmen, um sie in bezug auf heuristische, methodologische und erkenntnistheoretische Fragestellungen zu analysieren.

Die Untersuchungen der zentralen Gestalten der zeitgenössischen Wissenschaft ergaben zum Teil höchst Überraschendes. Philosophische Vorstellungen spielten, so zeigte sich, nicht nur bei der Theorienkonzeption, also in der Konstruktionsphase, eine Rolle, sondern sogar bei der Wahl der formalen Mittel, bei der Gewichtung und Deutung einzelner deduktiver Konsequenzen im Rahmen der Validierung einer Theorie. Über die philosophischen Folgerungen aus Theorien ergaben sich Rückkopplungen auf die Wertung theoretischer Ergebnisse, dann nämlich, wenn die Konsequenzen mit den allgemeinen Weltbildvorstellungen der Theorienkonstrukteure disharmonierten.

Das dankbarste Studienobjekt in bezug auf eine solche Verschränkung von Philosophie und Wissenschaft ist sicher das Werk von Albert Einstein, da er mit explizit ausgesprochenen philosophischen Neigungen seine eigenen Motivationen reflektiert hat und es auch offen formulierte, wenn er mit bestimmten Folgerungen seiner eigenen Entdeckungen nicht einverstanden war. Wir haben also im Falle Einsteins drei Quellen für naturphilosophische Gedanken: den Entstehungsprozeß der Theorien selbst, die zum Teil von ihm in der Heuristik gar nicht intendierten philosophischen Konsequenzen der Theorien und seine philosophischen Reflexionen über die Theorien, die er im nachhinein anstellte. Alle drei Quellen sind voneinander unabhängig und liefern auch nicht durchweg konsistente Aussagen. Ein kohärentes Bild von Einsteins naturphilosophischen Ideen zu entwerfen ist daher eine durchaus diffizile Rekonstruktionsaufgabe.

II. Statistische Physik und die Realität der Atome

Zu den ältesten naturphilosophischen Ideen gehört der atomistische Aufbau der Materie. Die Befürworter des Atomismus verwenden eine Strategie, die von allen echten Empiristen immer wieder kritisiert worden ist, nämlich zur Erklärung von Erscheinungen der sichtbaren Welt unsichtbare Entitäten einzusetzen. Anstatt die Phänomene als primäre Gegebenheit zu betrachten und dann langsam zu den transobservablen Größen aufzusteigen, indem man diesen eine überbrückende Hilfsfunktion bei der Erklärung disparater Phänomenklassen zugesteht, werden die Materiebausteine im Atomismus als ontologisch primär angesetzt. Als Rechtfertigung für diesen Schritt wird auf die Einfachheit und Kohärenz dieser theoretischen Hypothese hingewiesen. Der klassische Atomismus mußte sich allerdings von seinen Kritikern mehrere Fragen gefallen lassen. Er stand vor drei Problemen: 1. der Wechselwirkungsfrage, d.h. der Frage nach der Art der Kopplung der sichtbaren mit der unsichtbaren, theoretisch postulierten Ebene; 2. der Eindeutigkeitsfrage, d.h. der Frage nach einer Begründung für die Annahme gerade

Albert Einstein (1879–1955)

einer speziellen Anordnung von Atomen und 3. der Fundamentalitätsfrage, d. h. der Frage nach einem Grund dafür, daß eine bestimmte Teilchensorte die wirklich tiefste und letzte Beschreibungsebene darstellt.

Obwohl die Begründer der klassischen Physik, Newton, Maxwell und Boltzmann, sich alle für die Verteidigung einer atomaren Verfassung der Natur eingesetzt hatten, blieb bis zum Beginn unseres Jahrhunderts die erkenntnistheoretische Frage offen, ob der Atomismus nur als eine sprachlich ökonomische Abkürzung für eine chemische Regularität eingeführt ist und deshalb eine bestimmte instrumentelle Brauchbarkeit besitzt oder ob die Atome wirklich Dinge sind, autonome Objekte, die einen unzweifelhaft ontologischen Status besitzen.

Wilhelm Ostwald und Ernst Mach setzten sich für die erste Version ein, wonach Atome nur ökonomische Werkzeuge menschlicher Erfindungskraft sind, die eine gewisse Berechtigung beim Ordnen der Phänomene besitzen und nicht mehr. Diesem Diskussionsstand sah sich Einstein gegenüber, als er sich zu Beginn unseres Jahrhunderts den Problemen der statistischen Mechanik zuwandte. Seit Robert Brown 1828 seine kurze Notiz über eine mikroskopische Beobachtung von Blütenpollen, die in Wasser suspendiert sind, veröffentlicht hatte, waren zahlreiche Gedanken darüber geäußert worden, von welcher Art die beobachtete zufällige Zitterbewegung sei. Um die Mitte des 19. Jahrhunderts wurde zwar schon die Vermutung laut, daß das Phänomen mit der internen Bewegung der Flüssigkeit zusammenhänge und daß die Zickzackbewegung der eingelagerten Teilchen auf die Stöße der Moleküle zurückgehe. Es fehlte aber gerade im Sinne des früher genannten Wechselwirkungsproblems des Atomismus eine eindeutige Kopplungshypothese zwischen der nichtsichtbaren Aktivität der molekularen Ebene und der sichtbaren Zitterbewegung. Hier setzte nun Einstein mit einem Verfahren an, das die Wirkung naturphilosophischer Hintergrundüberzeugungen deutlich sichtbar macht. Er beschrieb das Erkenntnisziel in seiner Autobiographie später so: «Nicht vertraut mit den früher erschienenen und den Gegenstand tatsächlich erschöpfenden Untersuchungen von Boltzmann und Gibbs, entwickelte ich die statistische Mechanik und die auf sie gegründete molekularkinetische Theorie der Thermodynamik. Mein Hauptziel dabei war es, Tatsachen zu finden, welche die Existenz von Atomen bestimmter endlicher Größe möglichst sicherstellten.»[1] Einstein muß zur damaligen Zeit also bereits auf der Seite Boltzmanns und der Atomisten gestanden haben. Sein Motiv bei der Analyse der Brownschen Bewegung war demnach auch nicht, ein vorhandenes, bis jetzt rätselhaftes Faktum in die neue molekularkinetische Theorie der Materie einzugemeinden, sondern er hatte letzten Endes ein naturphilosophisches Ziel vor Augen, nämlich einen Indikator für die hypothetisch vermutete, aber nicht direkt beobachtbare Realitätsschicht zu finden.

Als Einstein seine Analyse begann, war er sich nicht einmal sicher, ob das, was er untersuchte, identisch mit der Brownschen Bewegung war, aber seine Heuristik offenbart eine klare Zielrichtung. Wenn man eine hinreichend große Zahl von logisch unabhängigen Bestimmungen der Avogadro-Zahl[2] finden kann, dann gibt es einen guten Grund, an die Realität der Moleküle zu glauben. Schon Poincaré hatte das Konkordanzargument in die Worte gekleidet: «Est-ce par hazard?» Kann es denn Zufall sein, wenn viele logisch unabhängige Experimente übereinstimmende Werte liefern? Ist diese Konkordanz nicht am glaubwürdigsten durch eine realistische Interpretation der dabei verwendeten theoretischen Entitäten, hier eben der Moleküle, erklärt? Einsteins Methodologie in seinem ersten Aufsatz zur Brownschen Bewegung[3] ist philosophisch höchst aufschlußreich. Die phänomenologische Thermodynamik arbeitet mit einem statischen Gleichgewichtsbegriff. Die statistische Mechanik ersetzt das statische Gleichgewicht durch einen dynamischen Prozeß. Unter molekularkinetischem Aspekt bedeutet Gleichgewicht, daß Myriaden von Zusammenstößen der Moleküle so erfolgen, daß sich makroskopisch, d.h. auf der Erscheinungsebene, nichts ändert. Die mikroskopischen Schwankungen erfolgen so schnell, daß das makroskopische Erscheinungsbild zeitlich gleich bleibt. Einstein fand nun in seiner Arbeit, daß diese Vorstellung im allgemeinen Fall zutrifft, daß es jedoch darüber hinaus makroskopische Effekte der mikroskopischen Fluktuationen gibt. Die von Robert Brown gefundene Zitterbewegung war für Einstein der Auslöser, nach einer Brückenhypothese zu suchen. Qualitativ formuliert war sein Gedanke folgender: Wenn man kleine Teilchen – die jedoch noch groß gegenüber den Molekülen sind – in einer Flüssigkeit suspendiert, dann erfahren die Teilchen von den Molekülen unregelmäßige Stöße. Die *einzelne* Verschiebung ist unmeßbar, jedoch kann man die *mittlere* Verschiebung mit makroskopisch beobachtbaren Größen verbinden und damit eine statistische Aussage erhalten. Einstein führte also eine logische Konstruktion ein, die eine Kopplung der unsichtbaren atomaren (oder molekularen) Ebene mit der Welt der beobachtbaren Dinge konstituierte. Ohne es explizit zu formulieren, legte er dabei ein Kausalitätskriterium von Realität zugrunde, das sich später auch in der professionellen Philosophie findet: Dinge sind dann als real zu betrachten, wenn sie unzweifelhaft Wirkungen auf die ontologisch unkontroverse makroskopische Welt ausüben.[4]

Einsteins entscheidender Schritt bestand nun darin, die mittlere Verschiebung $\xi = \overline{(x^2)}^{-1/2}$ mit einem makroskopisch beobachtbaren Parameter, dem Diffusionskoeffizienten D, zu verbinden,

$$D = \frac{1}{2} \frac{\xi^2}{\tau}$$

(τ ist das Zeitintervall der Beobachtung). D wiederum ermöglicht eine quantitative Aussage über die Größe der Atome, denn

$$D = kT \frac{1}{6\pi\eta a},$$

wobei η die Zähigkeit der Flüssigkeit ist, a der Radius der Teilchen und k die Boltzmann-Konstante. Die sich aufgrund der Einsteinschen Hypothese ergebenden Aussagen über die Avogadro-Zahl N erlaubten dann Jean Perrin eine experimentelle Bestimmung dieser Zahl, die sehr nahe an den durch andere Verfahren bestimmten Werten lag. In Verwendung der früher genannten Denkfigur von Poincaré schloß Perrin, daß es nun schlechterdings keinen Zweifel mehr an der realen Existenz der Moleküle geben könne. «Angesichts der Tatsache, daß so außerordentlich verschiedene Erscheinungen zu fast denselben Werten führen, ist es schwer, wenn nicht unmöglich, ein Gegner der Molekularhypothese zu sein.»[5] Der Erfolg der Einstein-Perrinschen Untersuchungen war so durchschlagend, daß gewichtige Gegner vom Range Wilhelm Ostwalds in das Lager der Atomisten überwechselten.[6]

Was war geschehen? Eine uralte naturphilosophische Idee hatte in Verbindung mit einer realistischen Epistemologie eine quantitative Umsetzung erfahren, die ein fehlendes Bindeglied in die Gedankenkette des Atomismus einfügte. Gleichzeitig war ein vorher rätselhaftes empirisches Faktum nomologisiert worden, d.h., es war zu einer Instanz der statistischen Mechanik aufgestiegen. Daß Einsteins Vorgehen nicht nur ein glücklicher Zufallstreffer war, sondern seiner wirklichen Grundeinstellung entsprach, zeigte sich anschließend, als er 1907 sein Ergebnis noch einmal verallgemeinerte[7] und zeigte, daß jeder makroskopische Parameter eines Systems Schwankungen ausgesetzt ist und daß diese sich in beobachtbaren Größen äußern. 1909 verfolgte Einstein dieselbe Idee nochmals im Zusammenhang mit dem Planckschen Strahlungsgesetz.[8] Auch für die Lichtquanten läßt sich eine Schwankungsanalyse durchführen. Die Energieschwankungen eines Strahlungsfeldes und ihre Wirkung auf einen selektiv reflektierenden Spiegel, der im Strahlungsfeld hängt, bestehen aus zwei Anteilen sehr verschiedener Größenordnung, einem Wellenanteil nach der Maxwellschen Theorie und einem Beitrag, der sich aus der Wirkung der Photonen herleiten läßt.

Hier wie auch in den folgenden Beispielen können wir beobachten, wie alle großen Entdeckungen Einsteins von naturphilosophischen Ideen und nicht etwa von winzigen empirischen Anomalien älterer Theorien ausgingen. Es waren Ideen, die in ihrer qualitativen Form zumeist einen metaphysischen, d.h. untestbaren Charakter hatten. Wir sehen ferner, wie es Einstein gelingt, seine Ideen unter partieller Umgestaltung in eine prüfbare Form zu bringen, und wir können verfolgen, wie die fertige Theorie zum Teil gar nicht intendierte Konsequenzen zeitigt, also eine naturphilosophische Eigendynamik entwickelt, die sich unter Umständen in Richtung auf ein Weltbild formiert, das oftmals sogar der Urintuition des Theorienkonstrukteurs widerspricht.

Naturphilosophie findet sich also nicht nur in der Phase der Theorienkonstruktion, als metaphysische Heuristik, sondern ebenso dann, wenn die fertige Theorie ihre einzelwissenschaftliche Aufgabe erfüllt hat und wenn gewisse allgemeine Züge der Natur plausibler werden angesichts des Erklärungserfolges der Theorie. Die Katalysatorfunktion von metaphysischen und naturphilosophischen Ideen ist von der Wissenschaftstheorie fast allgemein zugestanden worden. Man weiß, daß in einem reinen Ideenvakuum, allein unter Verwendung von Meßdaten und reiner Logik, keine Theorie aufgebaut werden kann. Aber viele Wissenschaftsphilosophen bezweifeln noch, daß das, was *nach* der Theorie kommt – also Überlegungen, die sich an den einzelwissenschaftlichen Erfolg anschließen –, philosophisch ernstgenommen werden muß.

Am ehesten kann man die Zweifler noch überzeugen, wenn man sie auf historische Situationen hinweist. Newtons *Principia* von 1687, Lagranges *Méchanique Analytique* (1788) und L. Boltzmanns *Untersuchungen zur statistischen Mechanik* (1877) haben Folgeerscheinungen philosophischer Art gehabt, die zumeist mit dem Schlagwort «Mechanistisches Weltbild» zusammengefaßt werden.

Auch wenn die moderne Physik unseres Jahrhunderts noch zu keinem kohärenten Weltbild geführt hat, so haben ihre Theorien doch eine Fülle von philosophisch relevanten Konsequenzen hervorgebracht – in erster Linie die Quantenphysik.

III. Die Dualität und das Problem der Quanten

Einstein hat sich an der Entwicklung der Quantenphysik in mehrfacher Weise beteiligt. In die ältere Quantentheorie war er als Mitarbeiter vieler physikalischer Detailuntersuchungen konstruktiv involviert, wohingegen er in der jüngeren Quantenmechanik eher die Rolle eines kritischen Beobachters spielte, der die Entwicklung mit Interesse verfolgte, aber dann doch auf seiner Einstellung beharrte, daß die Quantenmechanik bestimmte Forderungen an eine fundamentale Theorie nicht erfülle. Seine Versuche, die Inkonsistenz der Quantenmechanik nachzuweisen, und als dies nicht gelang, die Unvollständigkeit der Theorie aufzudecken, zeigen diese Rolle sehr deutlich. Doch selbst seine Problematisierung der Vollständigkeit der Quantenmechanik weist noch eine konstruktive Komponente auf, die aber erst später sichtbar wurde. Die Arbeit zum sogenannten EPR-Paradoxon[9] führte zu einem Beispiel von nichtintendierten naturphilosophischen Konsequenzen. Die drei Autoren wollten zeigen, daß die Wellenfunktion nicht alle Information enthält, die im Prinzip in einem Quantensystem stecken kann. Dies ist ihnen nach gegenwärtiger Auffassung nicht geglückt. Tatsächlich entdeckten die drei aber etwas anderes, nämlich einen neuen Systemtyp, der vorher in der physikalischen Ontologie noch nicht bekannt war, und zwar sogenannte verschränkte Systeme, das sind gekoppelte Systeme ohne Wechselwirkung. Die Existenz von wechselwirkungsfreien Systemen in Korrelationszuständen bedingt eine holistische Gesamtverfassung des Universums, die völlig neue Aspekte der Naturbetrachtung eröffnet.[10]

Damit fing es jedoch nicht an. Einsteins Eintritt in die Quantendebatte fand zu einem Zeitpunkt statt, wo Plancks Strahlungsgesetz mit dem neuartigen Wirkungsquantum h bereits existierte, aber das Bohr-Sommerfeld-Modell des Atombaus noch auf sich warten ließ. Wieder können wir eine ähnliche Entdeckungsstruktur wie im vorigen Fall konstatieren. Einstein führte den Photonbegriff nicht ein, um mit den seit den Tagen von Heinrich Hertz und Wilhelm Hallwachs bekannten Anomalien der elektromagnetischen Wellentheorie des Lichtes fertig zu werden,[11] sondern er war von der Idee der Dualität motiviert. Dies scheint seltsam, wenn man das Jahr 1905 bedenkt, läßt sich aber durch den Text stützen. Einstein wußte, daß das Plancksche Strahlungsgesetz noch keine befriedigende theoretische Fundierung besaß, obwohl es durch die Messungen von Heinrich Rubens und Ferdinand Kurlbaum sowie Otto Lummer und Ernst Pringsheim empirisch gut bestätigt war.[12] Planck hat es eine «glücklich erratene Interpolationsformel» genannt.[13] In seiner Untersuchung zur Lichtquantenhypothese geht Einstein deshalb gar nicht vom Planck-Gesetz aus, sondern vom älteren Wienschen Gesetz, das den Bereich hoher Frequenz abdeckt.[14]

Einstein ging nun mit einer statistischen Fragestellung an das Strahlungsgesetz heran. Dies war für die damalige Zeit etwas durchaus Ungewöhnliches, denn auf welche Weise sollte man hinter einem nach klassischem Verständnis kontinuierlichen Wellenvorgang einen diskontinuierlichen Prozeß vermuten, in dem die Statistik eine Rolle spielt? Einsteins unorthodoxe Vermutung bestand darin, daß die Maxwell-Theorie, die die Strahlungsvorgänge mit stetigen Wellenfunktionen beschreibt, nur für das *zeitliche Mittel* einer großen Zahl von unstetigen Elementarprozessen gilt. Das stetige Verhalten, das bisher im Mittelpunkt der physikalischen Beschreibung stand, wäre danach nur *eine* Perspektive eines komplexeren Ganzen. Bei Emissions- und Absorptionsvorgängen zeigt sich nach dieser Deutung im einzelnen der Teilchencharakter, während sich bei einer groben Mittelung über viele solcher Vorgänge die Feldnatur der Strahlung herausbildet. Wir sehen, wie eine solche perspektivische Dualitätsauffassung des Lichtes gleich zu

Beginn seiner berühmten Arbeit *Über einen die Erzeugung und Verwandlung des Lichtes betreffenden heuristischen Gesichtspunkt* am Werk ist.[15] «Die mit kontinuierlichen Raumfunktionen operierende Undulationstheorie des Lichtes hat sich zur Darstellung der rein optischen Phänomene vortrefflich bewährt und wird wohl nie durch eine andere Theorie ersetzt werden. Es ist jedoch im Auge zu behalten, daß sich die optischen Beobachtungen auf zeitliche Mittelwerte, nicht aber auf Momentanwerte beziehen, und es ist trotz der vollständigen Bestätigung der Theorie der Beugung, Reflexion, Brechung, Dispersion etc. durch das Experiment wohl denkbar, daß die mit kontinuierlichen Raumfunktionen operierende Theorie des Lichtes zu Widersprüchen mit der Erfahrung führt, wenn man sie auf die Erscheinungen der Lichterzeugung und Lichtverwandlung anwendet.»[16] Es ist kennzeichnend für Einsteins Methodologie, daß er seinen «heuristischen Gesichtspunkt» nicht um des Rätsels des Photoeffektes willen konzipiert, sondern daß sehr allgemeine Symmetrieüberlegungen naturphilosophischer Art erkenntnisleitend waren. Es war der Dualismus zwischen Feldern und Teilchen, der Einstein auffiel und ihn die Frage stellen ließ, ob die Maxwell-Theorie vielleicht nur ein Bild des statistischen Durchschnittsverhaltens von Größen liefert, wohingegen die elementaren Vorgänge der Emission und Absorption des Lichtes diskontinuierlicher Natur sind und dem Teilchenbegriff näherliegen als dem Feldbegriff. Natürlich war Einstein deshalb nicht gleichgültig gegenüber bestätigenden Instanzen seiner Lichtquantenhypothese. Im Gegenteil, er zeigte bereits in der Originalarbeit von 1905, wie durch seine Hypothese die bis dahin im elektromagnetischen Kontext unverständlichen experimentellen Befunde von Lenard begriffen werden können, wenn man annimmt, daß ein Lichtquant $h \cdot \nu$ auf einmal seine Energie an ein Elektron abgibt.[17] Darüber hinaus machte er deutlich, daß seine Hypothese nicht nur einen einzigen Effekt abzudecken vermag, sondern aufgrund ihrer Überschußbedeutung auch das Stokessche Gesetz der Photoluminiszenz, die Photoionisierung und den Voltaeffekt (inverser Photoeffekt) erklären kann.

Das Problem der Dualität bewegte Einstein in den Folgejahren beständig. Auch zwischen den Phasen der Konstruktion der beiden Relativitätstheorien grübelte er immer wieder über die Existenzweise dieser seltsamen, klassisch schwer verständlichen Teilchen nach. Er war damals schon nicht mit der zu jener Zeit modischen empiristischen Methodologie einverstanden, wonach es letzten Endes völlig gleichgültig ist, welche Schlüsselbegriffe in den Axiomen einer Theorie vorkommen, und man sich eigentlich nur darum kümmern muß, ob in den daraus gefolgerten Beobachtungssätzen etwas mit den Experimenten Übereinstimmendes ausgesagt wird. Er wich, das ist wieder philosophisch bedeutsam, nicht der essentialistischen Frage aus und stellte bis in die späten Jahre die Frage nach dem ontologischen Status der Photonen. So schreibt er 1951 an seinen Freund Michele Besso: «Die ganzen 50 Jahre bewußter Grübelei haben mich der Antwort auf die Frage ‹was sind Lichtquanten?› nicht nähergebracht. Heute glaubt zwar jeder Lump, er wisse es, aber er täuscht sich.»[18] Was sind das auch für seltsame Teilchen, die mittels der Relation $E = h\nu$ durch die Frequenz definiert werden, die keine Ruhemasse, sondern nur eine Bewegungsmasse $h\nu/c^2$ und einen Impuls $h\nu/c$ besitzen. Das sind keine Demokrit-Epikur-Newton-Atome mehr, harte, undurchdringliche, unteilbare, unzerstörbare, kugelförmige Teilchen, die ihren festen Platz in Raum und Zeit einnehmen. Sogar die letzte Eigenschaft, die für einen klassischen Atomisten doch völlig unproblematisch gewesen wäre, wird hier dubios. Ein monochromatisches Photon besitzt keine exakt angebbare räumliche Ausdehnung. Es ist kein einfach lokalisierbares Teilchen und besitzt keine feste Begrenzung. Als 1922 durch den Compton-Effekt die Ansicht vom Teilchencharakter des Photons gestärkt wurde, wurden Einsteins Bedenken angesichts der widersprüchlichen Situation immer größer, zumal seine eigenen Untersuchungen über die Schwankungserscheinungen weitere Indizien für eine gleichzeitige Realisierung klassisch unvereinbarer Prädikate in den Entitäten der neuen Physik zum Vorschein brachten.

In diese Zeit fallen Einsteins erste Zeichen des Unbehagens über das neue, nichtklassische Zufallselement in der physikalischen Beschreibung. Seit den Tagen Epikurs, seit dieser die Abweichung (παρεγκλισις) als notwendiges Beschreibungselement neben dem deterministischen Zusammenhang verwendet hatte, um für Selbstorganisationsprozesse Raum zu schaffen, waren die Zweifel nicht verstummt, ob solche akausalen Vorgänge in eine rationale Physik eingehen durften. Epikur hatte erkannt, daß dem reinen Determinismus die schöpferische Komponente fehlt. Eine Welt, in der die Anfangsbedingungen so gegeben wären, daß alle Atome mit starrer Notwendigkeit ihre geraden Wege im Raum zurücklegen, würde niemals eine Verflechtung der Atome zu höher organisierten Strukturen ermöglichen. Leichte spontane Abweichungen, die zufällig und nicht durch die früheren Zustände der Welt bedingt sind, müssen diese sterile Situation stören, damit Heterogenität in das homogene, uniforme Atomgeschehen gebracht wird. Der Stoiker Chrysipp widersprach hier heftig und wandte dagegen ein, daß wir nicht nur in der Erfahrungswelt keinen Hinweis auf solche spontanen Zufallsprozesse haben bzw. daß verborgene Ursachen sich fast immer bei akribischer Suche finden lassen, sondern daß solche Zufallsprozesse auch einen irrationalen, weil grundsätzlich gegenüber einer kausalen Analyse resistenten Zug in die Naturerkenntnis hineintragen würden. Wenn also Zufallselemente gebraucht werden, dürfen sie höchstens als Platzhalter für eine nachfolgende stärkere kausale Beschreibung angesehen werden.[19] Es muß etwas von den Bedenken Chrysipps in Einsteins Überlegungen wach geworden sein. Einsteins eigene Arbeiten zur Quantentheorie, vor allem seine Ableitung des Planckschen Strahlungsgesetzes von 1917,[20] bei der er an zentraler Stelle vom Begriff der Übergangswahrscheinlichkeit Gebrauch machte, verstärkten den Eindruck der Fundamentalität des Wirkungsquantums, aber auch der Zufallshaftigkeit des gesamten Strahlungsgeschehens. In bezug auf die spontane Emission bei der Nadelstrahlung[21] liefert Einsteins Theorie keine Aussage, *wann* ein Photon emittiert wird und wohin es fliegt. Die bei diesen Prozessen auftretenden Wahrscheinlichkeiten sind irreduzible, nichtklassische Größen, und es wurde immer deutlicher, daß man die Strahlungsübergänge niemals mehr im Sinne einer vollständigen Kausalität würde verstehen können. Neben der zunehmend in den Vordergrund tretenden Rolle des Zufalls war es auch noch die fortschreitende empiristische Ausrichtung der Theoretiker, die die Quantenphysik weiterentwickelten, die bei Einstein eine immer stärker ablehnende Haltung auslöste. Letztere hängt mit der Dualität zusammen. Die dualen Aspekte der Materie sind anscheinend mit der Wahl der Experimentalanordnung verbunden. Der Wellen- oder Teilchencharakter eines in seiner inneren Natur (also in ontologischer Hinsicht) unergründlichen Objektes zeigt sich je nach Experimentalanordnung. Empiristisch wurde das zumeist so gedeutet, daß der doch willkürliche menschliche Eingriff in das physikalische System die konstruktive Rolle beim Hervorbringen der charakteristischen Eigenschaften der Materie spielt.

Einsteins Erkenntnistheorie und seine naturphilosophische Grundüberzeugung haben ihn dazu veranlaßt, in der Folge bewußt auf Konfrontationskurs mit der gesamten Weiterentwicklung der Physik zu gehen und dieser ein Alternativprogramm entgegenzustellen, das von gänzlich anderen Leitmotiven diktiert war. Ehe also die Quantenmechanik als fertige Theorie vorlag – dies war erst 1925 der Fall –, entwarf er bereits ein Forschungsprogramm, das dem Zufall, ganz im Sinne der stoischen Philosophie, keine ontologisch fundamentale Rolle zuschrieb.[22] Wie kam es dazu? Um dies zu verstehen, müssen wir uns einen Augenblick auf Einsteins Vorstellung vom Zustandekommen einer physikalischen Theorie einlassen.

IV. Naturphilosophische Kategorien

Einstein skizziert seine Ideen zur Theorienkonstruktion in einem Brief an Maurice Solovine vom 7. Mai 1953.[23]

Über der im Prinzip unbegrenzten Ebene E, die die Erfahrung symbolisiert, schwebt das Axiomensystem A der Theorie, von dem aus deduktive Sätze S, S', S'' gewonnen werden können, die mit den Erfah-

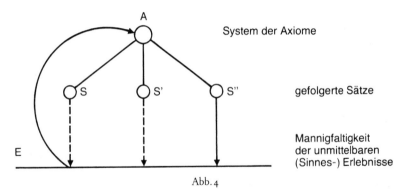

Abb. 4

rungssätzen verbunden werden müssen. Das Problematische bei der Theoriengewinnung ist der durch den gebogenen Pfeil dargestellte Übergang von den Erfahrungen E zu den Axiomen A. Einstein liefert dazu folgende Interpretation: «A sind die Axiome, aus denen wir Folgerungen ziehen, psychologisch beruhen die A auf E. Es gibt aber keinen logischen Weg von den E zu A, sondern nur einen intuitiven (psychologischen) Zusammenhang, der immer ‹auf Widerruf› ist.»[24] Die Beobachtungen können also als Motivatoren dienen, aber einen induktiven Weg von der Empirie zu der Theorie gibt es nicht. Der spekulative Sprung von E nach A ist schwierig analysierbar, hier liegt eine «freie Schöpfung des Geistes» vor, wie Einstein diesen Vorgang häufig genannt hat. Er bemerkt natürlich, daß nicht nur der induktive Weg versperrt ist, sondern daß bei der Theorienkonstruktion auch eine Mehrdeutigkeit vorliegt. Der spekulative Sprung von der Erfahrungsbasis E zum Axiomensystem A der Theorie T ist nicht eindeutig. Warum wählt man nicht eine vielleicht aufwendigere mathematische Theorie T* oder T** mit den zugehörigen Axiomensystemen A* und A**?

Hier ist es wichtig zu wissen, daß Einstein an eine Theorie zwei Forderungen stellt, nämlich *äußere Bewährung* und *innere Vollkommenheit*.[25] Die erste Forderung fehlender Falsifikation ist unproblematisch im Vergleich zur zweiten weichen Kategorie, die viel schwieriger begrifflich exakt zu fassen ist. Sie enthält nämlich eine inhaltliche Gewichtung der Theorie und ihrer Axiome, in die intuitives Vorwissen eingeht, und hier ist der Ort, wo metaphysische und naturphilosophische Grundsätze Einlaß finden. Ohne Leitideen gäbe es überhaupt keine Einschränkungen bei der Theorienkonstruktion. Naturphilosophische Kategorien müssen die totale Willkür und Irrationalität restringieren und eine Katalysatorfunktion bei der Entstehung der Theorien ausüben. Einstein hat es prägnant ausgedrückt: «Der Sprung ist *frei*, aber nicht *beliebig*.»²⁶ Es gibt Denkschemata, kategorienartige Rahmenbedingungen, die Hilfestellung leisten, wenn eine neue Theorie gebraucht wird, da in einem begrifflichen Vakuum ein theoretischer Ansatz gar nicht gestartet werden kann. Sie haben eine gewisse Ähnlichkeit mit Kantischen Kategorien, unterscheiden sich jedoch dadurch, daß nicht der Anspruch erhoben wird, daß diese Kategorien eine überzeitliche Geltung besitzen. Sie sind also nicht im Kantischen Sinne unabänderlich durch die Natur des Verstandes bedingt. Die Dynamik der naturwissenschaftlichen Erkenntnis macht es unglaubhaft, daß der Mensch in einer historischen Epoche die unabänderlichen, absolut gültigen Kategorien der Erkenntnis findet, die danach nie wieder in Frage gestellt werden können. Die zeitabhängige Geltung dieser Rahmenbedingungen bedeutet natürlich nicht, daß nicht eine rationale Auseinandersetzung über deren Veränderung geführt werden kann, und es ist damit auch nicht eine Form von bruchhafter Diskontinuität nahegelegt, was sich etwa dadurch dokumentieren läßt, daß Wissenschaftler wie Einstein und Bohr, die mit unterschiedlichen kategorischen Rahmen arbeiteten, einen rationalen, äußerst fruchtbaren Diskurs führen konnten. Der Wissenschaftshistoriker Gerald Holton hat für diese Einsteinschen, nichtkantischen Kategorien den Namen *Themata* geprägt.²⁷ Bei Einstein wird die totale Freiheit der Theorienkonstruktion durch folgende zehn Randbedingungen eingeschränkt:²⁸

1) Formale Bedingungen: Sie betreffen die Auswahl der Art eines bestimmten mathematischen Instrumentariums.
2) Vereinheitlichung: Zu bevorzugen sind jene Theorien, die möglichst viele disparate Phänomenklassen abdecken.
3) Universelle Reichweite: Fundamentale Theorien sollten keine Gültigkeitsgrenzen im sehr Großen oder im sehr Kleinen besitzen.
4) Ontologische Sparsamkeit: Eine Theorie mit weniger Typen von Entitäten, z. B. eine reine Feldtheorie, ist vorzuziehen.
5) Notwendigkeit und zwingender Charakter: Die Axiome sollten nicht willkürlich ausgewählt werden, sondern physikalische Plausibilität besitzen.
6) Symmetrie: Die Theorien sollten keine Asymmetrien enthalten, die durch die Phänomene nicht belegt sind.
7) Einfachheit: Der begriffliche Aufwand des mathematischen Formalismus sollte möglichst klein gehalten werden.
8) Kausalität: Unerklärbare, akausale, raumzeitlich nicht deutbare Prozesse sollten nicht vorkommen.
9) Vollständigkeit: Eine fundamentale Theorie sollte alles Sagbare über die intendierte Objektklasse ausdrücken.
10) Kontinuität: Sprünge, Brüche als unerklärbare Kontingentia sollten vermieden werden.

Angesichts dieser Kategorien verstehen wir jetzt besser, was wir früher nur angedeutet haben, nämlich warum Einstein darauf setzte, jenes Programm, das er mit seiner allgemeinen Relativitätstheorie begonnen hatte, weiterzuführen. Wir verstehen auch, warum darin keine Zufallselemente vorkommen dürfen. Einsteins Gravitationstheorie war ja nur ein Schritt gewesen auf dem Weg zu einer «Darstellung der gesamten physikalischen Realität». In jenem Ausdruck, der in dieser Theorie die Quelle des Gravitationsfeldes beschreibt, hatte Einstein nur eine im feldtheoretischen Sinne sehr oberflächliche Charakterisierung der materialen Größen verwendet. «Die rechte Seite ist eine formale Zusammenfassung aller Dinge, deren Erfassung im Sinne einer Feldtheorie noch problematisch ist. Natürlich war ich keinen Augenblick darüber im Zweifel, daß diese Fassung ein Notbehelf war, um dem allgemeinen Relativitätsprinzip einen vorläufigen geschlossenen Ausdruck zu geben, es war nicht wesentlich *mehr* als eine Theorie des Gravitationsfeldes, das einigermaßen künstlich von einem Gesamtfelde noch unbekannter Struktur isoliert wurde.»[29] Eine vollständige feldtheoretische Weiterführung im Sinne der obigen Kategorien ergibt sich gewissermaßen als natürliche «analytische Fortsetzung» der Grundidee der Gravitationstheorie.

Es würde an dieser Stelle zu weit führen, Beispiele für das Wirken aller Kategorien zu bringen, darum sei nur ein Paradefall herausgegriffen, nämlich Einsteins Beurteilung des Widerspruchs zwischen Walter Kaufmanns Messungen der Geschwindigkeitsabhängigkeit der Masse und den Aussagen der speziellen Relativitätstheorie. Walter Kaufmann in Göttingen hatte zwischen 1901 und 1906 mit der Methode gleichzeitiger Ablenkung schneller Betastrahlen in parallelen elektrischen und magnetischen Feldern versucht, Hypothesen über die elektromagnetische Natur der Masse des Elektrons zu testen.[30] Seine Daten zeigten eine systematische Abweichung von der relativistischen Vorhersage, waren jedoch in Einklang mit konkurrierenden Theorien von Max Abraham und Alfred Bucherer, die diese im Rahmen des Forschungsprogrammes einer elektromagnetischen Theorie der Materie entworfen hatten. Einsteins Reaktion auf die für seine Theorie ungünstigen Ergebnisse zeigt die Wirksamkeit seiner Selektionskriterien an: «Es ist noch zu erwähnen, daß die Theorie der Elektronenbewegung von Abraham und von Bucherer Kurven liefert, die sich der beobachteten Kurve erheblich besser anschließen als die aus der Relativitätstheorie ermittelte Kurve. Jenen Theorien kommt aber nach meiner Meinung eine ziemlich geringe Wahrscheinlichkeit zu, weil ihre die Maße des Elektrons betreffenden Grundannahmen nicht nahegelegt werden durch theoretische Systeme, welche größere Komplexe von Erscheinungen umfassen.»[31] Entscheidend ist hier der letzte Satz. Abrahams Theorie[32] liefert eine feldtheoretische Beschreibung des Elektrons, wobei das Elektron eine starre Kugel mit ausschließlich elektromagnetischer Masse ist.

Abrahams Theorie besitzt jedoch eine geringere Erklärungsleistung in bezug auf die Ätherdriftexperimente, sie kann alle Experimente in erster Ordnung von v/c, aber nicht die in 2. Ordnung, das ist also (v/c)², erklären. Jetzt wird es deutlich, wie Einstein, unter Einsatz seiner Themata Einheitlichkeit, universelle Reichweite und Vollständigkeit, angesichts eines Konfliktes seine Theorie erstweilig schützt und darauf vertraut, daß man die Fehlerquellen in den Versuchen Kaufmanns schon noch finden wird. Es ist erstaunlich, aber Einsteins Filterkriterien leiteten ihn richtig, und 1908 kamen neue Experimente, von Bucherer selbst durchgeführt, zutage, und diese bestätigen voll die relativistische Kurve.[33]

Auf solche Weise könnte man auch die Wirksamkeit seiner anderen Themata exemplifizieren. Symmetrie spielt eine große Rolle bei der Entstehung der speziellen Relativitätstheorie. Man vergegenwärtige sich etwa den Beginn seiner Arbeit *Zur Elektrodynamik bewegter Körper*, wo sein Startpunkt nicht ein Experiment, nicht eine Erklärungsanomalie darstellt, sondern die theoretische Feststellung, daß «die Elektrodynamik Maxwells – wie dieselbe gegenwärtig aufgefaßt zu werden pflegt – in ihrer Anwendung auf bewegte Körper zu Asymmetrien führt, welche den Phänomenen nicht anzuhaften scheinen».[34] Erst danach spielt er auf die mißlungenen Versuche an, einen Ätherwind nachzuweisen.

Kausalität und Kontinuum prägen weitgehend sein Verhältnis zur Quantenmechanik und erklären auch seine Abneigung gegenüber der Quantenfeldtheorie. Beachtenswert ist die Konstanz, mit der die naturphilosophischen Selektionskriterien Einstein über die Jahre hinweg heuristisch geleitet haben. Es ist nicht so, daß erst der späte Einstein der vierziger und fünfziger Jahre sich in bestimmte klassizistische Vorurteile verbohrt hat, wie man gelegentlich liest, sondern bereits 1923, wenige Jahre nach der Entstehung der allgemeinen Relativitätstheorie, konzipiert er seine Idee der *Überkausalität*, die durch das Unbehagen über die wachsende Rolle des Zufalls in der Quantenphysik ausgelöst worden ist. Die Quantenmechanik war schon damals in der Sicht Einsteins eine zwar erfolgreiche, aber doch unvollständige Theorie, weil sie nur über die Wahrscheinlichkeit des Eintretens von Ereignissen, aber nicht, wie die klassischen Theorien, über die Ereignisse selbst spricht. Er verfolgte bereits damals das, was er auch Maxwells Programm nannte, nämlich die Beschreibung der physikalischen Realität mit einem Satz von partiellen Differentialgleichungen, die möglichst nur singularitätsfreie Lösungen besitzen sollten. Die Quantengesetze sollten dann als Einschränkungen der Theorie herauskommen. Kontinuität, Kausalität und Vollständigkeit prägen das Programm und steuern seine Idee einer einheitlichen Feldtheorie.

Hier ist auch jene Schnittstelle vorhanden, wo wir auf die Frage der Kontrollierbarkeit eines naturphilosophischen Konzeptes stoßen. In direkter Weise, das konnten wir schon aus Holtons Bestimmung der Themata entnehmen, sind naturphilosophische Kategorien sicherlich nicht widerlegbar oder bestätigungsfähig, wohl aber über den Erfolg oder Mißerfolg, den jene Theorien haben, die sie katalysieren. Hier scheint es nach dem gegenwärtigen Stand der Dinge so zu sein, daß Einsteins Intuition, als Basisgesetze nur klassische Theorien vom Typ der partiellen Differentialgleichungen zuzulassen, die eine eindeutige Abfolge der Prozesse in der Raumzeit gestatten, sich nicht realisieren läßt. Es ist bisher niemandem geglückt, die Quantenmechanik mit Hilfe der Überbestimmung (die Zahl der Differentialgleichungen ist größer als die Zahl der durch sie bestimmten Feldvariablen) aus einer klassischen Feldtheorie abzuleiten. Wir müssen heute annehmen, daß die Themata der Einstein gegenüberstehenden Denker Bohr, Born, Heisenberg, Pauli, die einen irreduziblen Indeterminismus für die Natur akzeptierten, der Wahrheit näherkommen. Damit wird aber auch deutlich, daß Naturphilosophie nicht ein rein spekulatives Geschäft bleibt, sondern daß eine spätere indirekte Kontrolle durchaus gegeben ist.

Als letzte Quelle für Einsteins naturphilosophische Ideen sind noch Stellungnahmen zu erwähnen, die er gegenüber bestimmten Konsequenzen seiner eigenen Theorien geäußert hat. Hier ist in erster Linie seine Position zum Singularitätenproblem zu erwähnen. Er sah mit Mißfallen, daß sich sowohl in den kosmologischen Lösungen von Friedman als auch in den lokalen Lösungen der Feldgleichungen der Gravitationskollaps mit dem Endergebnis singulärer Raumzeitstellen immer mehr als unvermeidbar erwies. Vermutlich waren es die Kategorien der Vollständigkeit und auch der Kausalität, die seine Abneigung nährten, Singularitäten physikalisch ernst zu nehmen. Singularitäten sind ja Stellen der Raumzeit, wo das Raumzeitkonzept grundsätzlich zusammenbricht, hier haben Weltlinien ein absolutes Ende. 1939 versuchte er sogar zu zeigen, daß die Schwarzschild-Singularität[35] nicht auftreten kann. Er meinte, daß Materie nicht so stark konzentriert werden könne, weil die Teilchen sonst Überlichtgeschwindigkeit erhalten würden.[36] Diese Arbeit reichte er zwei Monate vor der bahnbrechenden Veröffentlichung von Oppenheimer und Snyder ein, die die Unausweichlichkeit des stellaren Kollapses ab einer bestimmten Massengrenze bewies.[37] Man weiß nicht, wie Einstein auf die Singularitätentheoreme von Penrose und Hawking reagiert hätte. Sein Bild der Natur jedenfalls ließ solche absoluten Katastrophenzonen, wo die raumzeitliche Beschreibung endet, nicht zu.

V. Zusammenfassung

Die Themata Einsteins drücken seine verborgene Naturphilosophie aus, seine Überzeugung von der fundamentalen Verfassung der Dinge, «the way things are». Einstein hat diese Naturphilosophie nicht explizit ausformuliert, sie kommt durch die Wahl seiner Theorien, aber auch in seiner Haltung gegenüber anderen, unter Umständen empirisch gut gestützten Theorien zum Ausdruck. Aus diesen Themata oder Kategorien kann man erschließen, welche intuitiven Vorstellungen er von der Natur hatte. Versuchen wir sie zum Abschluß in groben Zügen zu erfassen.

Natur stellt sich für Einstein als in hohem Grade gesetzmäßig strukturiert dar. Eine letzten Endes einfache Grundsymmetrie kennzeichnet den Wirkzusammenhang der Welt. Diese Basisstruktur ist mathematisch faßbar und auch für endliche Vernunftwesen zugänglich. Eine starke Kausalstruktur prägt das Ganze, alle Ereignisse der Welt sind über diesen deterministischen Zusammenhang verbunden. Zukunft und Vergangenheit sind auf eindeutige Weise durcheinander bestimmt. Differentielle Beziehungen regieren das feldmäßige Geschehen; Unstetigkeiten, Brüche, Diskontinuitäten lassen sich als schnelle Übergänge in dem letztlich immer kontinuierlichen Feldgeschehen verstehen. Die Welt besitzt eine innere Harmonie, welche als äußeren Ausdruck eine rationale, durchsichtige Beschreibung ihrer gesetzesartigen Grundverfassung mit sich bringt.

Was sagen nun die gegenwärtigen, bewährten Theorien der Physik über Einsteins naturphilosophische Leitideen? Ein Teil dieser Ideen hat sich bis zum heutigen Tage überraschend gehalten, andere, vor allem jene, die einen Quanten-Indeterminismus ausschließen, sind in den heute bestätigten Theorien nicht mehr repräsentiert. Insbesondere findet sich Einsteins Idee der *Einheit der Natur* in den laufenden Forschungsprogrammen wieder, aber in einer Weise, die von seinem Geometrisierungsplan einen Gebrauch macht, den er nicht intendiert hatte. Eines muß man sich allerdings trotzdem vor Augen halten: Auch wenn uns der gegenwärtige Stand der Physik nicht ganz dieses harmonische, stetige, einfache, deterministische Universum präsentiert, so gilt dies natürlich aufgrund des hypothetischen Charakters alles Wissens über die Natur nur bis auf Widerruf. Vielleicht werden zukünftige Generationen feststellen, daß Einstein mit seiner naturphilosophischen Vision der Wirklichkeit nähergekommen ist, als wir heute ahnen.

Erhard Scheibe

DIE KOPENHAGENER SCHULE

Trotz ihrer grundsätzlich empiristischen Einstellung hat die Philosophie unseres Jahrhunderts ihre Beziehung zu den Naturwissenschaften immer noch in Fortsetzung der altehrwürdigen, im weiten Sinne des Wortes aprioristischen Tradition gestaltet. Philosophisches Nachdenken über Wissenschaft hat dieser vorauszugehen und ist weitgehend unabhängig vom Fortschreiten ihrer inhaltlichen Resultate. Ob Methodologie idealer Wissenschaftsform oder vorgängige existiale Interpretation der Wissenschaft, ob Carnap oder Heidegger: das Primat der Philosophie eint selbst die größten Gegensätze. Zugleich aber hat dieses Primat in der ersten Hälfte unseres Jahrhunderts eine ansehnliche Reihe von Naturwissenschaftlern zu Philosophen gemacht. In einer Weise ist es selbstverständlich, daß für den Physiker die Physik mit der Physik und nicht mit der Philosophie anfängt. Aber es ging hier nicht nur darum, daß, was den Philosophen recht, den Physikern billig ist. Vielmehr hat in der Physik eine wissenschaftliche Revolution stattgefunden, die, wenn irgend etwas, gezeigt hat, daß die Philosophie auf die Dauer in der Gefahr ist, an der Wissenschaft vorbeizureden, wenn sie nicht gelegentlich ihre Resultate zur Kenntnis nimmt. In jüngster Zeit ist dies auch von philosophischer und wissenschaftsgeschichtlicher Seite bemerkt worden. Allen voran haben sich Paul Feyerabend und Thomas Kuhn durch in diese Richtung gehende Warnungen bekannt gemacht. Aber lange vorher schon hatten es die Physiker selbst bemerkt. Drastische Bewegungen innerhalb der Physik – Relativitätstheorie und Quantenmechanik – haben in einer Art Selbsthilfeaktion zu einer Philosophie der Physiker geführt, nicht im Sinne einer bestimmten Doktrin, sondern, ganz wie auch sonst in der Philosophie, im Sinne einer gedankenvollen Auseinandersetzung über die erkenntnistheoretischen Grundlagen der Disziplin.

Eine bedeutende Rolle in dieser Auseinandersetzung hat die sog. Kopenhagener Schule gespielt.[1] Als Gebäude war diese Schule das Institut für Theoretische Physik der Universität in Kopenhagen. Als geistiges Forum hatte sie Niels Bohr, den Direktor des Instituts, zu ihrem Haupt. Sie war eine Schule zunächst in dem gewöhnlichen Sinne, daß während der zwanziger und dreißiger Jahre Physiker aus aller Welt dort als Gäste weilten. Im höheren Sinne war sie – neben Göttingen – eine Schule als Zentrum der physikalischen Ausarbeitung der Quantenmechanik. Und drittens ist dort zuerst die Erkenntnis der philosophischen Bedeutung dieser neuen Mechanik gereift, und es ist zur Ausbildung einer – hier würden manche sagen – philosophischen Doktrin gekommen, der sog. Kopenhagener Deutung der Quantenmechanik. Nicht, daß diese Doktrin absolut fest gestanden hätte oder wenig auslegungsfähig gewesen wäre. Eher ist das Gegenteil der Fall, und nicht ganz zu Unrecht ist verschiedentlich betont worden, ausgerechnet das Haupt der Schule, Bohr selbst, sei einen Sonderweg gegangen. Als doktrinär erschien wohl mehr, daß hier einem Stück Physik erstens überhaupt und zweitens auf eine höchst ungewohnte Weise eine philosophische Perspektive ausdrücklich einverleibt werden sollte. Tatsächlich ging es jedoch nur darum, den Physikern zu zeigen, daß sie ihre ihnen unbewußte Philosophie durch eine andere zu ersetzen haben würden.

Die Kopenhagener Deutung ist – von berufener und weniger berufener Seite – viel kritisiert und bisweilen geschmäht worden, und die Masse der Physiker ist, wie kaum anders zu erwarten, inzwischen längst wieder zur Tagesordnung übergegangen. Mehr als ein weiterer kontrovers gehaltener Beitrag ist daher heute vielleicht eine erneute Vergegenwärtigung dessen am Platz, was als philosophisches Gedankengut aus dem Kopenhagener Geist hervorgegangen ist. Nach einer knappen Darstellung der Kopenhagener Deutung der Quantenmechanik wähle ich dafür Bohrs Begriff der Komplementarität, Heisenbergs Konzeption einer abgeschlossenen Theorie und C. F. von Weizsäckers Gedanken zur Einheit der Physik. Im Vorübergehen werden sich dabei bisher scheinbar unbemerkte Berührungspunkte mit jener erwähnten philosophischen Richtung ergeben, die ebenfalls nicht bereit ist, Physik und Philosophie voneinander getrennt zu sehen.

I. Die Kopenhagener Deutung der Quantenmechanik

Die Quantenmechanik ist vor allem aus Schwierigkeiten entstanden, ein Modell für das Atom allein auf die klassische Mechanik und Elektrodynamik zu gründen sowie das dualistische Verhalten von Licht und Materie zu verstehen.[2] Das Rutherfordsche Atommodell (1911) konnte nicht funktionieren, da die Strahlungsdämpfung bewegte Elektronen sehr schnell in den Kern abstürzen lassen würde. Das Bohrsche Atommodell (1913) konnte diesen Umstand nur für das Wasserstoffatom erfolgreich beheben. Die Idee von Lichtquanten wurde 1905 von Einstein eingeführt und zur Deutung des photoelektrischen Effekts benutzt. Beugungserscheinungen für Elektronen wurden 1923 von de Broglie theoretisch angenommen und 1927 von Davisson und Germer nachgewiesen. Diese Ergebnisse führten zu dem Dilemma eines Dualismus von Welle und Teilchen: Beide Vorstellungen zugleich anzuwenden erscheint unmöglich. Und doch verhalten sich Licht und Materie unter geeigneten Umständen das eine Mal wie Teilchen, das andere Mal wie Wellen.

Die Kopenhagener Interpretation der Quantenmechanik ist dadurch ausgezeichnet, daß sie diese (und weitere) Schwierigkeiten ernst nimmt und davon ausgeht, daß es *aussichtslos* ist, sie auf der Grundlage einer im weiteren Sinne klassischen Physik lösen zu wollen. Es kann nicht darum gehen, zu den schon bekannten Ladungen und Feldern neue Realitäten hinzuzufügen, um diese in gleicher Weise wie die alten zu beschreiben. Vielmehr gilt es, die alte Wirklichkeit auf eine neue und reichhaltigere Weise zu erfassen. In dieser Einstellung kündigt sich von vornherein philosophisch Bedeutungsvolles an. Es erfüllt sich zunächst in der Preisgabe der klassischen Ontologie, derzufolge physikalische Systeme in *allen* ihren Bestimmungsstücken unabhängig von der Möglichkeit ihrer Beobachtung beschrieben werden können und in diesem Sinne objektivierbar sind. In der neuen Ontologie tritt an die Stelle des isoliert gedachten, durchgängig mit autonomen Eigenschaften versehenen Systems eine neue Einheit, die außer dem jeweiligen Objekt immer auch die experimentelle Anordnung enthält, mit der das Objekt erzeugt (oder präpariert) und in gewisser Hinsicht beobachtet wird. Objekt und experimentelle Anordnung bilden eine neuartige Ganzheit, die wegen der im Rahmen des Planckschen Wirkungsquantums prinzipiell unkontrollierbaren Wechselwirkung zwischen Objekt und Versuchsanordnung keine weitere Unterteilung zuläßt, die zu einer Beschreibung dessen führen würde, was am Objekt «wirklich» passiert.

Statt dessen kommt in dieser neuen Einheit das Objekt nur noch in Form einer Gesamtheit *möglicher*, an ihm vollziehbarer Messungen vor. Der für solche Gesamtheiten zuständige Hilbertraum-Formalismus gestattet, die Voraussage eines Meßergebnisses nur mit Wahrscheinlichkeit zu machen, und er bringt die Irreduzibilität dieser Wahrscheinlichkeiten durch ein dichtes Netz von Inkommensurabilitäten zum Ausdruck: Keine der möglichen Messungen hat unabhängig von den anderen ein vom Objekt sozusagen schon vorweggenommenes Resultat, und die Wahrscheinlichkeiten sind in diesem Sinne wesentlich nicht nur Ausdruck einer im Prinzip behebbaren Unkenntnis.

Was andererseits die Versuchsanordnung angeht, so müssen deren für das Verständnis der Vorgänge entscheidende Teile mit den Begriffen der klassischen Physik und den Mitteln der Umgangssprache beschrieben werden. Es ist das wohl letztlich Charakteristische an der Kopenhagener Deutung, daß ihrzufolge sich eine wirklich abgeschlossene Messung weder schon in der physikalischen Wechselwirkung von Objekt und Meßgerät erschöpft noch erst durch die mit Bewußtsein erfolgte Kenntnisnahme eines Beobachters vollendet wird. Entscheidend ist die (im weiten Sinne des Wortes) semantische Forderung der klassischen Beschreibung der Versuchsanordnung zur Deutung der Vorgänge, soweit sie möglich ist.

Die Beschreibung eines *Quantenphänomens*, wie Bohr die Ganzheit von Quantenobjekt und Versuchsanordnung genannt hat, ist in der Kopenhagener Deutung nicht immer mit der zur Ausschließung von Mißverständnissen nötigen Deutlichkeit erfolgt. Ein Kernpunkt des Mißverständnisses war die Deutung der zum Ausdruck der Heisenbergschen Unbestimmtheitsrelationen

$$\Delta q \cdot \Delta p \geq \frac{\hbar}{2}$$

verwendeten Terme Δq und Δp, die bisweilen als unvermeidbare Ungenauigkeiten bei der Messung von Ort bzw. Impuls eines Teilchens dargestellt oder aufgefaßt wurden. Immerhin finden wir mit der Zeit auch Äußerungen, die an Deutlichkeit kaum zu wünschen übriglassen. In einer seiner ausführlichsten, bezeichnenderweise jedoch am wenigsten zitierten Arbeiten zum Thema sagt Bohr: «Die wesentliche Lehre der Analyse von Messungen in der Quantentheorie ist die Betonung der Notwendigkeit, in der Beschreibung der Phänomene die gesamte experimentelle Anordnung in Betracht zu ziehen. Dies geschieht in völliger Übereinstimmung mit der Tatsache, daß jede unzweideutige Interpretation des quantenmechanischen Formalismus die Fixierung der äußeren Bedingungen einschließt, durch welche der Anfangszustand des betrachteten atomaren Systems sowie der Charakter der möglichen Voraussagen der dann zu beobachtenden Eigenschaften des Systems definiert werden. In der Tat kann jede Messung in der Quantentheorie sich nur entweder auf die Fixierung des Anfangszustandes oder auf die Prüfung jener Voraussagen beziehen, und es ist allererst die Kombination von Messungen dieser beiden Arten, die ein wohldefiniertes Phänomen bilden.»[3]

Hieraus wird deutlich, daß die beiden wesentlichen Teile eines Quantenphänomens, soweit die Versuchsanordnung daran beteiligt ist, die (in Kopenhagener Deutung terminologisch nicht von einer Messung unterschiedene) anfängliche *Präparierung* des Zustandes eines Objekts und die abschließende *Messung* einer Observablen des Objekts sind. Hinzu tritt als dritter, zeitlich gesehen mittlerer und nur das Objekt betreffender Teil die Eigendynamik des Objekts zwischen Präparierung und Messung gemäß der Schrödingergleichung. Die Unbestimmtheitsrelationen verbinden Zustandsmerkmale des Objekts und gehören in den Präparierteil eines Quantenphänomens: «[Sie] spezifizieren» – sagt Bohr – «die reziproken Spielräume bei der Fixierung, in der Quantenmechanik, der kinematischen und dynamischen Variablen, die in der klassischen Mechanik für eine Definition des Zustandes eines Systems verlangt werden (...) In diesem Zusammenhang haben wir es natürlich nicht mit einer Einschränkung der Meßgenauigkeit zu tun, sondern mit einer Begrenzung der wohldefinierten Anwendung raum-zeitlicher Begriffe und dynamischer Erhaltungssätze (...)»[4] Unbeschadet ihrer grundsätzlichen Deutung als statistischer Streuung im Hinblick auf quantenmechanische Voraussagen, können Δq und Δp selbstverständlich auch als klassisch zu ermittelnde, am Präparierteil einer Versuchsanordnung ablesbare Größen auftreten und als solche wichtige Hinweise abgeben, welche so und so klassisch zu beschreibenden Präparierteile zu welchen quantenmechanischen Anfangszuständen führen.

Die *Präparierung* eines Quantenobjekts kann bestenfalls zur Herstellung eines reinen Zustandes führen. Im allgemeinen führt sie zu einem Gemisch, dessen Wahrscheinlichkeitsfunktionen – wie Heisenberg es formuliert hat – «objektive und subjektive Elemente vereinigt».[5] Den objektiven, primären Wahrscheinlichkeiten, die in einem reinen Zustand unvermischt auftreten, hat Heisenberg eine Deutung als Potentialitäten im aristotelischen Sinne gegeben: «Die Idee (...), daß die Möglichkeit oder ‹Tendenz› des Eintretens eines Ereignisses eine Art von Realität hat – eine gewisse Zwischenstufe, halbwegs zwischen der massiven Wirklichkeit der Materie und der intellektuellen Wirklichkeit der Vorstellung (...) – diese Idee spielt eine entscheidende Rolle in der Philosophie des Aristoteles. In der modernen Quantentheorie nimmt diese Idee eine neue Gestalt an; sie ist quantitativ als Wahrscheinlichkeit formuliert und mathematisch ausdrückbaren Naturgesetzen unterworfen.»[6] Dies ist die weitestgehende Aussage, die in ontologischer Hinsicht im Rahmen der Kopenhagener Deutung gemacht worden ist.

Auf *objekttheoretischer Ebene* kommt Heisenbergs Auffassung vielleicht am besten zur Geltung, wenn man einen reinen Zustand als einen Katalog von Aussagen versteht, in denen für jede am Objekt meßbare Observable A und jeden möglichen Wert a von A die Wahrscheinlichkeit dafür angegeben wird, daß, falls A gemessen werden sollte, man als Ergebnis den Wert a erhalten würde. Mit den hier durch Wahrscheinlichkeiten bewerteten subjunktiven Konditionalen deutet man als Hintergrund der Heisenbergschen Potentialitäten zugleich an, daß nicht alle Observablen gleichzeitig gemessen werden können. Der quantentheoretische Indeterminismus kommt in der Beschreibung des momentanen Zustandes voll zum Ausdruck. Denn die Schrödinger-Gleichung, die seine zeitliche Änderung regelt, ist deterministisch.

Allerdings ist hier eines weiteren bedeutenden Umstands zu gedenken, der von den frühen Kritikern der Kopenhagener Deutung klar gestellt worden ist, zunächst in einem berühmt gewordenen Gedankenexperiment von Einstein und dann durch weitere Analysen von Schrödinger. Letzterer faßt das ihm wesentlich Erscheinende folgendermaßen zusammen: «Wenn zwei Systeme, deren [reine] Zustände wir durch ihre jeweiligen Repräsentanten [d.h. ψ-Funktionen im Hilbertraum] kennen, in eine zeitweise Wechselwirkung eintreten, die ebenfalls bekannt ist, und wenn sich die Systeme nach einiger Zeit gegenseitiger Beeinflussung wieder trennen, dann können sie nicht länger in derselben Weise beschrieben werden, wie zuvor, nämlich durch ihre jeweils eigenen Zustandsrepräsentanten [also ihre ψ-Funktionen]. Ich würde» – fährt Schrödinger fort – «dies nicht als *einen*, sondern vielmehr als *den* charakteristischen Zug der Quantenmechanik bezeichnen, denjenigen, der ihre völlige Abweichung von der klassischen Denkweise erzwingt.»[7]

Die hier von Schrödinger dargestellten Verhältnisse sind eine Folge der quantentheoretischen Vorschrift, ein aus zwei Objekten zusammengesetztes Objekt durch das Hilbertsche Produkt der Hilberträume der beiden Teilobjekte zu beschreiben. Indem er sich diese Verhältnisse zunutze machte, hat Einstein 1935 folgendes Argument vorgebracht,[8] – hier dargestellt anhand einer späteren, vereinfachenden Version: Nach Zerfall eines Spin 0-Teilchens in zwei Spin 1/2-Teilchen kann das Gesamtsystem im Spinzustand

$$\frac{1}{\sqrt{2}} (\psi_1^+ \otimes \psi_2^- - \psi_1^- \otimes \psi_2^+)$$

sein. In diesem Zustand sind die Spinzustände der beiden Teilchen in jeder Raumrichtung für sich genommen unbekannt, zugleich aber streng miteinander korreliert, – der (+)-Zustand des einen mit dem (–)-Zustand des anderen Teilchens und vice versa. Daher wird durch die Messung des Spins an einem der Teilchen der Spin des anderen sofort bekannt. Da dies auch dann gilt, wenn die Teilchen inzwischen Lichtjahre auseinander sind, können wir eine sichere Voraussage über den Spin eines der Teilchen durch eine Messung machen, die dieses Teilchen völlig unberührt läßt. Wollen wir nicht extreme Nicht-Lokalitäten in Kauf nehmen, so ist dieser Umstand nur dadurch zu erklären, daß schon *vor* der Messung die sämtlichen Spinwerte an beiden Teilchen objektiv vorliegen. Da die Quantenmechanik, in der irgendzwei Spinobservablen (desselben Teilchens) inkommensurabel sind, für diese Sachlage keine Beschreibungsmöglichkeit vorsieht, ist sie unvollständig.

Die Stellungnahme zu diesem Argument ist zu einem Prüfstein für jede Deutung der Quantenmechanik geworden. Für die Kopenhagener Deutung ist die Quantenmechanik vollständig. Bohr hält Einstein entgegen, daß wir nicht berechtigt sind, eindeutige Realitätsvorstellungen zu substituieren für Messungen, die gar nicht stattfinden und überdies aufgrund anderer, tatsächlich vorgenommener Messungen auch gar nicht hätten stattfinden können. Hinsichtlich der Besonderheit des Einsteinschen Gedankenexperiments gibt Bohr ohne weiteres zu, daß es hier «natürlich nicht um eine mechanische Beeinflussung des untersuchten Systems während des letzten kritischen Stadiums des Meßprozesses geht. Aber» – so heißt es weiter – «gerade in diesem Stadium geht es wesentlich um *einen Einfluß auf eben die Bedingungen, die die möglichen Arten von Voraussagen über das zukünftige Verhalten des Systems definieren.*»[9] Diese Bedingungen sind aber erst hergestellt, wenn die Messung am anderen System wirklich erfolgt ist. Erst dann liegt ein Phänomen vor, und erst dann sind wir im übrigen in der Lage, die fragliche Voraussage für das «ungestörte» System zu machen.

Generell setzt die ein Quantenphänomen *abschließende Messung* die klassische Beschreibung (eines Teiles) des Meßapparates voraus. Dies bedeutet jedoch nicht, daß als Meßapparate geeignete Objekte nicht der Quantentheorie unterworfen wären. Die Kopenhagener Deutung erhebt für die Quantentheorie einen universalen Geltungsanspruch. Alle Paradoxa der Quantentheorie beruhen darauf, daß dieser Anspruch auch für Objekte erhoben wird, die wir gewohnt sind, mit der klassischen Physik zu beschreiben. Die Lösungsstrategie der Kopenhagener Deutung geht denn auch, in dieser Hinsicht, dahin, nur durch Messungen abgeschlossene Phänomene zu diskutieren, wobei dann die Meßapparate nicht in einem absoluten Sinn, wohl aber *in ihrer Funktion als Meßapparate* klassisch beschrieben werden. Natürlich ist nicht auch umgekehrt jedes Objekt als Meßapparat geeignet. Nur makroskopische Objekte, in denen irreversible Prozesse ablaufen können, kommen hierfür in Frage. Ihre klassische Beschreibung ist dann eine gute Näherung, in der das Wirkungsquantum bzw. die Interferenzterme vernachlässigt werden.

Im Hinblick auf das Quantenobjekt wird das Endstadium des Meßvorganges häufig als *Zustandsreduktion* bezeichnet, weil der in der Wechselwirkung verlorengegangene Zustand des Objekts durch die Messung wieder bekannt wird. Die Zustandsreduktion ist in der Kopenhagener Deutung ein logisch-semantischer, kein realer Vorgang, der *letztlich* mit der Entwicklung des Zustandes nach der Schrödingergleichung in Konkurrenz treten könnte. Nur partiell kann die Wechselwirkung von Meßapparat mit dem Objekt auch quantenmechanisch beschrieben werden. Aber dies bedeutet nur eine Verschiebung des «Schnittes» zwischen quantenmechanisch behandeltem Objekt und klassisch behandeltem Apparat. Das eigentliche Problem der Messung wird dadurch nicht gelöst, sondern eben nur verschoben.

II. Bohrs Begriff der Komplementarität

Nach Bohr ist die philosophische Lehre der Quantenmechanik die *Komplementarität*. Trotz seiner offensichtlichen Bemühungen um Klärung dessen, was er mit diesem Begriff im Auge hat, ist die Sache wohl weithin unverstanden geblieben und jedenfalls nicht zur allgemeinverbindlichen Grundlage der einschlägigen Lehrbuchdarstellungen geworden.[10] Bohr hat in seinem Begriff eine allgemeine, weit über die Physik hinausreichende Bedeutung zu erkennen gemeint und ihn mit Beispielen aus der Biologie, der Psychologie, der Kultur im ganzen zu illustrieren versucht. Da die Eigentümlichkeiten der Komplementarität aber immer noch am besten anhand der Physik gezeigt werden können – und dies, ohne seine philosophische Bedeutung zu schmälern –, wollen wir uns hier auf dieses Gebiet beschränken.

Niels Bohr (1885–1962)

Selbst im Zusammenhang mit der Quantenmechanik hat Bohr in scheinbar inkonsistenter und jedenfalls verwirrender Vielfalt von dort auftretenden Komplementaritäten gesprochen. Aber nur drei – im wesentlichen drei – Verwendungsweisen für diesen Begriff sind für das, was er hat sagen wollen, wirklich wichtig. Gemeinsam ist diesen Verwendungsweisen, daß Komplementarität zwischen A und B erstens eine gewisse *Unvereinbarkeit* von A und B und zweitens eine gegenseitige *Ergänzung* von A durch B und umgekehrt ist. So können zunächst zwei *Quantenphänomene* A und B komplementär sein, und das heißt dann für sie, daß die zugehörigen Versuchsbedingungen A′ und B′, die jeweils zu eindeutigen, klassisch beschreibbaren Informationen führen, einander ausschließen, indem jeder Versuch, die Bedingungen B′ zusätzlich zu A′ zu etablieren, das durch A′ garantierte (klassische) Phänomen zerstören würde und vice versa. Andererseits ergänzen sich komplementäre Quantenphänomene, indem sie Versuche über die gleiche Art von Objekten sind und gleichermaßen wesentliche Aspekte von ihnen zur Kenntnis bringen.

Die Komplementarität von Phänomenen wird nun in zweifacher Weise durch die beiden anderen Komplementaritäten verdeutlicht, von denen Bohr spricht: die Komplementarität von *Wellen-* und *Teilchenbild*, sowie diejenige von *Raumzeitbeschreibung* und *dynamischen Erhaltungssätzen*. Deren jeweilige Komplementarität kommt allerdings nur dann zum Vorschein, wenn man die beiden Ebenen der klassischen Physik und der Quantenmechanik heranzieht. Wellen- und Teilchenbild sind klassisch unvereinbar, und erst die Quantenmechanik hat gelehrt, daß sie gewissermaßen auf höherer Ebene vereinbar werden und sich ergänzen. Für das andere Paar ist es genau umgekehrt. Hier ist die klassische Mechanik durch die Vereinigung von raum-zeitlicher Beschreibung mit zugleich wohlbestimmten dynamischen Größen wie Impuls und Energie gekennzeichnet. Zufolge der Quantenmechanik jedoch ergeben sich diese beiden Aspekte als unvereinbar. Für diese Komplementaritäten erhalten wir mithin das Schema:

	klassisch	*quantenmechanisch*
Wellenbild vs. Teilchenbild	unvereinbar	ergänzend
Raum-Zeit-Beschrbg. vs. Erhaltungsgrößen	ergänzend	unvereinbar

Für die Anwendung dieses Schemas auf komplementäre Phänomene hat Bohr in erster Linie die bekannten Interferenzversuche einerseits und Versuche zur Impuls- und Energiemessung, etwa im Compton-

Effekt, andererseits vor Augen. Das Gelingen von Versuchen dieser beiden Typen hängt von einer wohlbestimmten Raum-Zeit-Koordinierung von Objekt und Versuchsanordnung bzw. von einem (eventuell mehrfach auftretenden) wohldefinierten Energie-Impulsaustausch der beteiligten Objekte ab. Quantenmechanisch schließen sich diese Versuchsanordnungen aus, und dementsprechend erhält man für dieselbe Objektsorte das eine Mal einen Welleneffekt, das andere Mal einen typischen Teilcheneffekt (zweite Spalte des Schemas). In dem Maße, in dem die Unbestimmtheitsrelationen dies erlauben, kann man sich aber auch der Situation wieder nähern, die durch die Vereinigung von Raum-Zeit-Beschreibung und Kausalität gekennzeichnet ist, zugleich aber zum Teilchen- *oder* Wellenbild führt, in der Quantenmechanik zu ersterem (erste Spalte des Schemas).

Obwohl also in der Quantenmechanik etwas unmöglich wird, was klassisch für möglich gehalten wurde, nämlich die raum-zeitliche Realisierung der Kausalität, macht – nach Bohr – *die Quantenmechanik auch etwas möglich, was klassisch unmöglich erschien:* die Vereinigung von Teilchen- und Wellenbild in einem gewissen, natürlich nun nicht-klassischen Sinn. Es ist besonders wichtig zu sehen, daß auf diese Weise der Begriff der Komplementarität nicht nur eine Verzichtleistung zum Ausdruck bringt, sondern zugleich eine viel bedeutsamere Generalisierung ermöglicht. Nicht für freie, sondern im Atom gebundene Elektronen hat Heisenberg dies betont, wenn er sagt: «Erst durch dieses gegenseitige Sichausschließen [gemeint ist: die Komplementarität] der mechanischen und der chemischen Eigenschaften, das in der mathematischen Formulierung der Quantengesetze einen klaren Ausdruck findet, wird Platz geschaffen für die eigenartige unmechanische Stabilität atomarer Systeme, die für das Verständnis des Verhaltens der Materie im großen die Grundlage bildet.»[11]

Das Komplementaritätsdenken ist nicht nur, wie schon erwähnt, von physikalischer Seite, sondern auch philosophischerseits kaum weiterentwickelt worden. Allerdings geht es auch um etwas ziemlich Ungewöhnliches. Die gewöhnliche logische Unverträglichkeit findet statt zwischen Aussagen, indem sie sich (im logisch-technischen Sinne des Wortes) widersprechen. Komplementär im gewöhnlichen Sinne sind darüber hinaus eine Aussage und ihre Negation. Ohne weiteres lassen sich diese Verhältnisse auch auf Begriffe übertragen. Obwohl nun die Wissenschaft zu keiner Zeit ohne logische Widersprüche ist und obwohl ihr Fortschritt von der Entdeckung solcher Widersprüche befördert wird, ist die generelle Einstellung hierzu doch die, Widersprüche zu vermeiden bzw. auszumerzen. Die Komplementarität aber schließt eine Unvereinbarkeit ein, mit der man leben soll, *obwohl* sie prima facie ein noch schlimmeres Aussehen hat als der gewöhnliche Widerspruch. Während in diesem nämlich zwei Aussagen sich sozusagen gegenseitig ihre *Wahrheit* streitig machen, scheint es bei der Komplementarität um eine Unvereinbarkeit schon auf der *Bedeutungsebene* zu gehen. Das Fortleben der in der klassischen Mechanik problemlos vereinten Größen Ort und Impuls als komplementäre Observablen in der Quantenmechanik ist zunächst Ausdruck dessen, daß die beobachtungsunabhängige simultane Zuschreibung von Werten dieser Observablen für ein und dasselbe Objekt buchstäblich bedeutungslos sein würde, indem im Objekt nichts vorhanden ist, was dadurch beschrieben wäre. Die Existenzberechtigung von Ort und Impuls auch in der Quantenmechanik ist dennoch gegeben, weil jede dieser Observablen für sich genommen und unter Ausschluß der jeweils anderen einer Messung zugänglich bleibt. Insofern können wir hier lernen, was es heißt, das zwei Arten von Aussagen zwar nicht gänzlich dahinfallen, wohl aber sich *wechselseitig ihre Bedeutung streitig machen*. Entsprechend stehen – und dies nun schon auf klassischer Ebene – der Teilchenbegriff und der Feldbegriff keineswegs in einem gewöhnlichen Widerspruchsverhältnis. In keiner Teilchentheorie und in keiner Feldtheorie wird zum Ausdruck gebracht, *daß* es in einem Falle um Teilchen, im anderen um Felder geht, und schon gar nicht, daß es im ersteren *nicht* um Felder, im letzteren *nicht* um Teilchen gehe. Vielmehr geht es hier um die Andeutung zweier Typen von Theorien, nicht als solcher, die sich jemals widersprechen könnten, sondern als solcher, die nicht einmal eine gemeinsame Interpretation gestatten. Gemessen an der Wahrheit oder Falschheit von Aussagen, die man schließlich in diesen Theorien macht, geht es mithin um ein präsuppositionales Ausschließungsverhältnis. In diesem Falle ist nun die Pointe der Komplementarität, daß sie die *Vereinigung solcher interpretatorischer Inkommensurabilitäten* ermöglicht. Die Quantenmechanik ist hier vergleichbar mit einem Bild für einen Gestaltswitch, wo ebenfalls interpretatorisch unvereinbare Bilder zu einer höheren Einheit verschmolzen sind, – einer Einheit, die, wie in der Quantenmechanik, nicht ihrerseits ein Bild in demselben Sinne ist. Natürlich ist die Quantenmechanik letztlich *mehr* als eine derartige Vereinigung zweier Bilder. Gerade in dieser Hinsicht aber kann sie uns vielleicht zum Vorbild dafür werden, daß interpretatorische Inkommensurabilitäten zwischen physikalischen Theorien, wie etwa der klassischen Mechanik und der Quantenmechanik, nicht dazu verurteilt sind, auf ewig unverbunden zu bleiben, sondern in einem größeren Ganzen aufgehen können.

III. Abgeschlossene Theorien nach Heisenberg und der Fortschritt der Physik

Neben Bohrs Begriff der Komplementarität hat die Kopenhagener Deutung der Quantenmechanik einen weiteren, kaum weniger bemerkenswerten metatheoretischen Begriff von allgemeinerer Bedeutung hervorgebracht: Heisenbergs Begriff der *Abgeschlossenheit* einer physikalischen Theorie. Heisenberg hat diesen Begriff gebildet unter dem Eindruck der Entstehung der Quantenmechanik als einer Theorie, die die klassische Mechanik für das Atom zu ersetzen hat. Es war dann zunächst die letztere, die klassische Mechanik, die ihm als abgeschlossen erschien, weil ihr Ende *nicht* eigentlich dadurch herbeigeführt wurde, daß Experimente oder gar die neue Mechanik ihre Grundannahmen widerlegt hätten, sondern weil schon ihre *Begriffe* sich zur Beschreibung des Atoms nicht mehr zu eignen schienen. «Man kann also behaupten,» – so Heisenberg 1942 – «daß die Gesetze der klassischen Mechanik auch für die Atomvorgänge überall dort maßgebend sind, wo sie überhaupt unmittelbar nachgeprüft werden können. Dann aber gibt es andere Versuche, in denen andere, nichtmechanische Begriffe zur Beschreibung des atomaren Zustandes notwendig sind (...); in diesen Fällen kann eine an mechanische Bilder sich anschließende Vorstellung vom Atom nicht gegeben werden, *es entsteht hier also gar nicht die Frage,* ob die Gesetze der klassischen Mechanik ‹gelten›.»[12] Später hat Heisenberg auch schon die Entstehung der speziellen Relativitätstheorie als ein Zeichen für die Abgeschlossenheit der Newtonschen Mechanik gedeutet und kritisiert, daß damals «viele Physiker zu dem übereilten Schluß [kamen], die Newtonsche Mechanik sei nun endgültig widerlegt worden (...) Von den allgemeinen Gesichtspunkten aus, zu denen man schließlich in der Quantentheorie vorgedrungen ist,» – fährt Heisenberg fort – «würde aber eine solche Behauptung als eine ganz ungenügende Darstellung des wirklichen Sachverhaltes angesehen werden müssen.»[13]

Es waren drei allgemeine Gesichtspunkte, die zwar noch nicht mit dem Aufkommen der speziellen Relativitätstheorie, wohl aber mit dem der Quantenmechanik zur vollen Deutlichkeit gelangt waren und nun zur begrifflichen Erfassung einer bedeutsamen Art des *Fortschritts der Physik* – denn darum geht es hier – zur Verfügung standen. Man hatte gelernt, daß die Überwindung einer physikalischen Theorie nicht immer so erfolgen muß, wie dies aus spezielleren Fällen bekannt war, nämlich durch eine Änderung der Grundgleichungen der Theorie unter Beibehaltung ihres Begriffsapparats. Bei Theorien von großer Universalität, wie eben der Newtonschen Mechanik, passiert an den Grenzen ihres Geltungsbereichs etwas viel Schlimmeres: Ihre Grundbegriffe versagen und zwingen die Physiker, auf ihrem Weiterweg zu einem – wie Heisenberg sich verschiedentlich ausdrückt – «radikalen Umbau der begrifflichen Grundlagen». In solchen Fällen liegt Abgeschlossenheit der Theorie in dem Sinne vor, daß die erfolgreiche Anwendung ihrer Grundbegriffe die Geltung ihrer Gesetze *zur Folge hat.* Etwas präziser sagt Heisenberg für den Newtonschen Fall: «Mit dem Grad von Genauigkeit, mit dem sich Erscheinungen mit den Newtonschen

Begriffen beschreiben lassen, gelten auch die Newtonschen Gesetze.»[14] Diese Definition hat auch zu der Formulierung geführt, daß abgeschlossene Theorien nicht im gewöhnlichen Sinne verbessert oder nicht durch kleine Änderungen verbessert werden können. Verbesserungen im üblichen Sinn oder durch kleine Änderungen sind dabei eben Änderungen der physikalischen Gleichungen, z. B. durch Korrekturglieder. Eine begriffliche Revolution, die den Sinn der ganzen Theorie ändert, ist keine Verbesserung mehr in diesem Sinne. «Die Newtonsche Mechanik» – sagt Heisenberg – kann «eigentlich nicht verbessert werden; sie kann nur durch etwas von ihr wesentlich Verschiedenes ersetzt werden.»[15] Mit anderen Worten, der Übergang von einer abgeschlossenen Theorie zu einer neuen ist eine wissenschaftliche Revolution.

Dennoch haben abgeschlossene Theorien in ihrem Geltungsbereich geradezu Ewigkeitswert, und man kann nur von einer Begrenztheit dieses Bereichs sprechen, die nach dem Gesagten zugleich eine Begrenztheit der Anwendbarkeit der Grundbegriffe der Theorie ist. Diese Verhältnisse müssen sogar durch jede Nachfolgetheorie bestätigt werden können. Wir treffen hier auf den *zweiten* der drei angekündigten Gesichtspunkte, welche die zu einfache Widerlegungsauffassung zum Fortschritt der Physik korrigieren. Dieser Gesichtspunkt ist eine Verallgemeinerung des ursprünglich sehr speziellen sog. *Korrespondenzprinzips* von Bohr, das in dessen älterem Atommodell für hohe Quantenzahlen die Umlauffrequenzen durch die Ausstrahlungsfrequenzen annäherte. Aber schon Bohr hatte sein Prinzip schließlich allgemeiner aufgefaßt. Es sollte «die Quantentheorie als rationale Verallgemeinerung» der klassischen Theorien»[16] verständlich machen. Spezifischer werden im Korrespondenzprinzip «die Bestrebungen innerhalb der Quantentheorie [ausgedrückt], jeden klassischen Begriff in einer Umdeutung zu verwenden, die (...) der Forderung des unmittelbaren Anschlusses der quantentheoretischen Beschreibung an die gewöhnliche Beschreibungsweise in dem Grenzgebiet (...), in dem wir vom Wirkungsquantum absehen können, (...) entgegenkommt.»[17] Im Jargon der Physiker: Die klassische Mechanik soll sich als *Grenzfall* der Quantenmechanik ergeben. Durch den Nachweis einer solchen Grenzfallbeziehung soll nun auch allgemein der bleibende Wert einer abgeschlossenen Theorie dadurch unterstrichen werden, daß sie in einem gewissen Sinne in ihrem Nachfolger enthalten ist. Heisenberg, der die revolutionäre Komponente im Fortschritt der Physik stärker betont hat, hat die Grenzfallbeziehung nur in Nebensätzen erwähnt. Selbst Bohrs Formulierung, in der von einer Umdeutung der klassischen Begriffe gesprochen wird, läßt keine aufschlußreichen Einzelheiten erkennen. Tatsächlich ist, so klar sich Grenzfallbeziehungen in Nachfolgen *nicht*-abgeschlossener Theorien ergeben, die Angelegenheit für die klassische Mechanik und die Quantenmechanik bis heute nicht restlos geklärt.

Eine weitere Schwierigkeit wird durch den dritten der erwähnten allgemeinen Gesichtspunkte beleuchtet, der eine weitere Beziehung zwischen einer abgeschlossenen Theorie und ihrem Nachfolger betrifft. Im ersten Abschnitt wurde als ein Grundpostulat der Kopenhagener Deutung die Forderung der klassischen Beschreibung der experimentellen Anordnung behandelt. Auch durch diese Forderung wird in offensichtlicher Weise die Widerlegungsauffassung im Fortschritt der Physik qualifiziert. Denn zumindest im Falle abgeschlossener Theorien kann eine solche Theorie zur *begrifflichen Voraussetzung* ihres Nachfolgers werden, und zwar nicht nur vorläufig, sondern endgültig. Wie Heisenberg zugibt, führt dies zu einer wahrhaft paradoxen Situation:[18] Denn was ist nun noch von jenem «radikalen Umbau der begrifflichen Grundlagen» übrig, wenn zugleich die *alten* Begriffe zur unabdingbaren Voraussetzung der neuen Theorie erklärt werden? Nach Heisenbergs ursprünglicher Vorstellung lag in dem völlig neuartigen mathematischen Formalismus der Quantenmechanik der Keim auch zu einer radikalen begrifflichen Innovation. Diesen Ideenschwung hat Bohr gebremst durch seine Warnung, daß wir bei der Interpretation der Phänomene auf die klassische Physik angewiesen seien. Und Heisenberg hat dem (zumindest teilweise) nachgegeben: «(...) durch diese Diskussionen mit Bohr lernte ich, daß die Sache, die ich versuchte, nicht klappen würde. Man kann nicht gänzlich von den alten Worten loskommen, denn man muß über etwas reden.»[19]

Die Grenzfallbeziehung und die zuletzt gestreifte präsuppositionale Bedingung sind offenbar die konservativen Züge bei der Überwindung einer abgeschlossenen Theorie. Ihr revolutionärer Zug ist die zuerst genannte Änderung der Grundbegriffe, wie sie zufolge der eigentlichen Definition einer abgeschlossenen Theorie notwendig wird, wenn die Theorie noch (im neuen Sinne) verbessert werden soll. Aber der revolutionäre Zug würde gerade aufgrund der Heisenbergschen Definition gar nicht zur Geltung kommen, wenn nicht von den beiden konservativen Bedingungen mindestens die Grenzfallbeziehung bestünde. Denn es ist eine Trivialität, daß man neue Begriffe dann braucht, wenn man sich neuen Gegenständen zuwendet. Habe ich zuerst mein Haus beschrieben und will nun auch den Garten einbeziehen, so brauche ich dafür andere Begriffe. In der Physik garantiert die Grenzfallbeziehung, daß man in einem wichtigen Sinne den Gegenstand *nicht* gewechselt hat. Selbst wenn die Quantentheorie für gewisse, etwa makroskopische Objekte, für die sich klassische Mechanik und Elektrodynamik bewährt haben, nicht gelten sollte, so können doch dieselben Objekte, etwa die Atome, für die die Quantentheorie gut ist, in *gewissen*, wenn auch bescheidenen *Grenzen* auch mit den klassischen Theorien behandelt werden. Und in einem solchen Falle ist es dann nicht trivial, daß die Sache außerhalb dieser Grenzen nur mit neuen Begriffen geht.

Tatsächlich ist die Sache sogar besonders merkwürdig, und wir müssen daher noch genauer fragen, was es eigentlich heißt, daß für eine abgeschlossene Theorie die Anwendbarkeit der Begriffe im wesentlichen schon den Geltungsbereich der Gesetze der Theorie bestimmt. Heisenberg hat vier abgeschlossene Theorien angenommen: die Newtonsche Mechanik, die statistische Thermodynamik, die klassische Elektrodynamik (einschließlich der speziellen Relativitätstheorie) und die Quantenmechanik. Als eine fünfte abgeschlossene Theorie hat er eine zukünftige Theorie der Elementarteilchen vermutet. Aus dem bisherigen Arsenal hat daher nur die Newtonsche Mechanik in der relativistischen Mechanik und der Quantenmechanik Nachfolger gefunden. Da man den Begriff der abgeschlossenen Theorie aufgrund seiner eigenartigen Definition vor allem auch anhand solcher Nachfolgebeziehungen besser verstehen würde, ist damit das zugrundeliegende Material nicht gerade reichhaltig.

Man macht sich die Sache vielleicht am besten klar, wenn man fragt: Wo haben wir überhaupt *nicht*-abgeschlossene Theorien? Die Antwort muß wohl lauten: Wir finden sie als Spezialisierungen abgeschlossener Theorien. Denn sofern es überhaupt verschiedene Spezialisierungen einer solchen gibt, die noch die Dignität von Theorien besitzen, haben wir Theorien mit verschiedenen Gesetzen, aber gleichen Grundbegriffen vor uns. Newtonsche Mechanik und Quantenmechanik lassen offensichtlich viele verschiedene Spezialisierungen durch spezielle Kraftgesetze bzw. Hamiltonoperatoren zu. Nicht alle davon *müssen* Beispiele für nicht-abgeschlossene Theorien sein: die Newtonsche Gravitationstheorie, obwohl formal eine Spezialisierung der Mechanik, ist wohl immer noch abgeschlossen, weil sie wie die allgemeine Mechanik den Anspruch erhebt, für *alle* Körper zu gelten. Und in der Tat ist die beste Nachfolgetheorie, die wir kennen – die Einsteinsche Gravitationstheorie – eine Theorie, die gewisse Begriffe der Newtonschen Mechanik außer Kraft setzt. Man ersieht aus dieser Überlegung, daß es kaum möglich sein dürfte, apriorische Kriterien dafür anzugeben, welches Verhältnis von Grundbegriffen zu Grundgesetzen für eine abgeschlossene Theorie charakteristisch ist. Dies kann uns wohl nur die Erfahrung lehren, und die von Heisenberg angegebenen Kriterien, z. B. die Axiomatisierbarkeit, sind gewiß unzureichend.

Der eigentümliche Charakter des Theorienwandels durch Begriffswandel ist in letzter Zeit auch von wissenschaftstheoretischer Seite betont worden, und die daran anschließende Kontroverse hat gezeigt, daß man diesen Vorgang noch nicht hinreichend verstanden hat.[20] Dieses Urteil dürfte insbesondere für das Verhältnis der Quantenmechanik zur klassischen Mechanik gelten. Das Ende des vorigen Abschnitts wiederaufnehmend, sei hier die Vermutung geäußert, daß der Schlüsselbegriff der erwähnten Kontroverse – der Begriff der Inkommensurabilität von Theorien – nicht nur das ungefähr zum Ausdruck bringt, was auch Heisenberg mit seinem «radikalen Umbau der begrifflichen Grundlagen» im Sinne hatte, sondern darüber hinaus nahe bei derjenigen Komponente einer Komplementarität im Sinne Bohrs liegt, die hier «Unvereinbarkeit» genannt wurde. Und es könnte darüber hinaus sein, daß – anders als man sich das in diesem Falle in der Kopenhagener Schule gedacht hatte – die Quantentheorie noch keine universelle Theorie ist, sondern *zusammen* mit der klassischen Physik in einer noch unbekannten Theorie so aufgehen wird, daß von dieser Theorie her gesehen das Verhältnis von klassischer Mechanik und Quantenmechanik nicht nur durch Inkommensurabilität, sondern eben durch Komplementarität gekennzeichnet ist. Es ist fast unglaublich, daß die philosophischen Vertreter der Inkommensurabilität von Theorien diese Möglichkeit, auch als eine allgemeine, nicht gesehen haben – ja, daß Bohr und Heisenberg in diesem vieldiskutierten Kontext weder von ihnen noch von irgend jemandem erwähnt werden. Aber vielleicht muß hierfür der Blick wieder mehr auf das philosophisch etwas unpopulär gewordene Thema der Einheit der Wissenschaften gelenkt werden.

IV. C. F. von Weizsäcker:
Die Einheit der Physik als transzendentale Aufgabe

Sowohl Bohr als auch Heisenberg haben verschiedentlich geäußert, daß für sie die Einheit der Physik ein erstrebenswertes, allerdings vielleicht nie vollständig erreichbares Erkenntnisziel ist.[21] In einem sehr weitgehenden Sinn sucht C. F. von Weizsäcker diese Einheit zu verstehen, und trotz der ambitiösen Version, die er ihr gibt, ist er von ihrer Erreichbarkeit überzeugt. «[Die] Einheit der Physik begreiflich zu machen», – so formuliert Weizsäcker es selbst – «ist die Aufgabe, welche die Physik unserer Zeit der Philosophie stellt. Wir können die Aufgabe als zu schwer abweisen, wir können sie aber nicht auf eine kleinere Aufgabe reduzieren.»[22] Indem hier von der Physik unserer Zeit die Rede ist, soll natürlich nicht bestritten werden, daß das Problem der Einheit des Wissens immer schon ein philosophisches Problem ersten Ranges gewesen ist. Vielmehr klingt in dieser Formulierung die Vermutung an, daß in unserem Jahrhundert die Physik sich eine Chance, größer als je zuvor, erkämpft hat, ihre begriffliche Einheit zu vollenden. Und diese Chance ist in Weizsäckers Augen die Quantentheorie. Wir wollen am Schluß verstehen, wie man zu dieser Meinung kommen kann.

Natürlich gibt es da zunächst einmal die Entwicklung der Physik seit Galilei, die in ihrer ganzen zeitlichen Erstreckung gezeigt hat, daß die Physik ein auf Einheit ihrer Begriffe und Theorien angelegtes Unternehmen ist. Schon ohne die Quantentheorie und ohne eine spezifische

Vorstellung davon, was Einheit der Physik letzten Endes sein wird, legt ihre Geschichte die Auffassung nahe, «daß der Fortschritt der Physik uns immer umfassenderen und darum wohl auch elementareren Prämissen nähert».[23] Es rückt daher in den Bereich der Möglichkeit, daß «das umfassendere System Phänomene [verknüpft], die im engeren unverbunden nebeneinander stehen; das umfassendere System ist so dem Ideal der Einheit der Physik näher».[24] Auch zieht Weizsäcker die im vorigen Abschnitt erläuterte Auffassung seines Lehrers Heisenberg heran, daß es auf einer gröberen Skala um eine Entwicklung von abgeschlossener Theorie zu abgeschlossener Theorie geht. Und ohne daß dies bisher hinreichend scharf gefaßt worden wäre, scheint eine abgeschlossene Theorie bereits eine durch eine besonders hohe Geschlossenheit, innere Kohärenz oder – so ein Ausdruck von Heisenberg – Kompaktheit ausgezeichnete Einheit zu besitzen.

Aber all dies ist noch nicht die Pointe Weizsäckers. Es macht sie höchstens plausibel: Wenn nämlich der Fortschritt der Physik mit der Zeit zu immer universaleren Gesetzen führt *und wenn* immer mehr bis dahin nur empirisch gerechtfertigte Gesetze sich aus immer weniger Gesetzen von hoher Universalität durch Hinzunahme kontingenter Bedingungen ableiten lassen, so daß also die jeweils «letzten» Gesetze immer weniger kontingenten Einschränkungen unterliegen, dann liegt die Vermutung nahe, daß die Fundamentalgesetze einer endgültig letzten Theorie, *wenn* sie existiert, nicht mehr sinnvoll empirisch bedingt werden können, sondern nur noch die *Vorbedingungen aller möglichen Erfahrung* formulieren. Weizsäckers darüber hinausgehende Vermutung, daß die Einheit der Physik sich eines Tages tatsächlich auf diese Weise ergeben wird, kann als das vielleicht heute fällige philosophische Erbe aus der gemeinsamen Entwicklung von neuzeitlichem Empirismus und Apriorismus bezeichnet werden. Die Vermutung übernimmt von Kant den transzendentalen Gedanken, daß eine Begründung von Erfahrungswissenschaft überhaupt in dem Aufweis der Vorbedingungen möglicher Erfahrung zu liegen hat. Sie berücksichtigt jedoch zugleich den Empirismus, ja sie vollendet ihn, der hierin nicht wirklich konsequent war, eigentlich erst, indem jener Aufweis nicht a priori, nicht unabhängig vom Fortschritt der Physik, sondern als deren Abschluß erfolgen soll. Durch diese Wendung kann man zugleich hoffen, die transzendentale Aufgabe, weit über Kants Absichten hinausgehend, auf die gesamte Physik auszudehnen: «Das Programm, das Kant für die klassische Physik formuliert hat, ist heute entweder unausführbar, oder es wird sich als ausgeführt erweisen, wenn aus einleuchtenden Behauptungen über die Bedingungen der Möglichkeit von Erfahrung genau die inhaltlich eindeutig bestimmte einheitliche Physik konstruiert sein wird, der die heutige Entwicklung so offensichtlich zustrebt. Ich will es ganz scharf sagen: Eine solche Theorie müßte die spezielle mathematische

Struktur der Lorentzgruppe und der Quantenmechanik, die Existenz und Anzahl, die Massen und Wechselwirkungskonstanten der sogenannten Elementarteilchen und damit letzten Endes die Energieausbeute der Uranspaltung, jede Spektrallinie des Eisenspektrums und die Gesetze der Himmelsmechanik grundsätzlich zu deduzieren gestatten. Hier ist uns nicht erlaubt, bescheiden zu sein.»[25]

Wenn man nun, wie es hier geschieht, die philosophische Krönung der Physik an deren Ende verlegt, was kann man dann *jetzt* zur Förderung der transzendentalen Aufgabe tun? Weizsäcker hat dafür (und übrigens auch ganz allgemein) ein methodisches Prinzip formuliert, demzufolge man bei einem derartigen Unternehmen «möglichst weitgehenden Gebrauch von dem vorweg verständlichen Sinn derjenigen Begriffe machen [soll], ohne welche nicht einmal die Fragen formuliert werden könnten, die [jenes Unternehmen] beantworten soll».[26] Indem nun die transzendentale Aufgabe in der Aufsuchung der Bedingungen möglicher Erfahrung besteht und wir mithin dabei Gebrauch machen müssen von dem uns schon verständlichen Sinn des Begriffs der Erfahrung, haben wir uns zuerst nach diesem Sinn zu fragen. Nach Weizsäcker heißt Erfahrung jedenfalls, daß wir aus der Vergangenheit für die Zukunft lernen. Hier treffen wir mithin unmittelbar auf die fundamentale Zeitstruktur von Vergangenheit, Gegenwart und Zukunft – die Geschichtlichkeit der Zeit, wie Weizsäcker sie nennt[27] –, und es ist geradezu analytisch wahr, daß *so* definierte Erfahrung diese Struktur der Zeit zur Bedingung ihrer Möglichkeit hat. Es ist dieser Sachverhalt, von dem her sich verständlich machen läßt, daß gerade die *Quantentheorie* ein entscheidender Schritt gewesen sein dürfte in Richtung auf die Einheit der Physik im transzendentalen Sinne.[28]

Die Geschichtlichkeit der Zeit nämlich ist zugleich bestimmend für die Seins- und Wissensstruktur der Welt: Die Vergangenheit ist abgeschlossen und faktisch, sie enthält die Tatsachen, und in ihr findet sich, was im Prinzip jeweils hätte gewußt werden können. Aussagen über die Vergangenheit sind dementsprechend wahr oder falsch. Die Zukunft ist offen, sie ist der Bereich des jeweils Möglichen, grundsätzlich nur mit Wahrscheinlichkeit Bekannten, das in der Gegenwart – der Nahtstelle von Vergangenheit und Zukunft – phänomenal wirklich (oder: wahrgenommen) wird. Nimmt man nun diese Bereicherung der Geschichtlichkeit der Zeit – die Wahrheitswertigkeit des Vergangenen und die Wahrscheinlichkeit des Zukünftigen – als neuen Standpunkt an und fragt sich von da aus, wo diese Struktur wissenschaftliche Gestalt angenommen hat, so lautet die Antwort: in der Quantentheorie, und zwar in ihrer Kopenhagener Deutung. Für die klassische Physik, versehen mit einem fundamentalistischen Anspruch, ist wesentlich gewesen, im Prinzip *ohne* den Begriff der Wahrscheinlichkeit und durchweg mit einer zweiwertigen Logik auszukommen. Erst für die Quantentheorie hat sich gezeigt, daß – wiederum auf fundamentaler Ebene – der Wahrscheinlichkeitsbegriff in einem präzisierbaren Sinn unentbehrlich ist in seiner Verwendung für *Voraussagen,* also für kontingente, auf die jeweilige Zukunft bezogene Aussagen über den Ausfall möglicher Messungen. Weiterhin sind nach der Kopenhagener Deutung die einzigen anderen kontingenten Aussagen, die in der Quantenmechanik vorkommen, solche, die das Ergebnis *vollzogener* Messungen konstatieren. Mithin finden wir in der Quantenmechanik genau jene Doppelstruktur von Faktizität des Vergangenen und Wahrscheinlichkeit des Zukünftigen in streng mathematisierter Form wieder. Um den fundamentalen, die Bedingungen möglicher Erfahrung berührenden Charakter dieser Verhältnisse zum Ausdruck zu bringen, will Weizsäcker die gemeinsame Struktur von Geschichtlichkeit der Zeit und Quantentheorie im Rahmen einer *Logik zeitlicher Aussagen* behandelt wissen. In Übereinstimmung mit der Kopenhagener Deutung, daß in der Beschreibung einer Messung die klassische Physik beteiligt werden *muß,* würde diese Logik für perfektische, auf die Vergangenheit bezogene Aussagen mit der klassischen Logik übereinstimmen. Für futurische Aussagen aber wäre sie von vornherein eine Logik nur modaler oder probabilistischer Bewertungen der jeweiligen Voraussagen. Die Wahrscheinlichkeitsaussagen sind dabei präsentische Aussagen für den Ausfall einer in die Zukunft datierten Messung. Dementsprechend genügen sie selbst ebenfalls der klassischen Logik. Nur die eigentlichen, durch Wahrscheinlichkeiten (anstelle von Wahrheitswerten) bewerteten Aussagen verhalten sich abweichend. Dabei ist zu beachten, daß keine Theorie, auch keine Logik, angibt, welchen Gesetzen sie *nicht* genügt. Wir kennen die Abweichungen der Quantenlogik in Gestalt des quantentheoretischen *Indeterminismus.* Der Indeterminismus selbst ist kein Teil der Logik. Nach der Quantentheorie ist er auch gar nicht als Gesetz einer solchen formulierbar. Er besagt, daß der Orthoverband der Unterräume eines Hilbertraumes keine die Orthoverbandsstruktur respektierende Wahrheitsbewertung gestattet. Dementsprechend sieht Weizsäcker diesen Indeterminismus nicht einmal als eine der Vorbedingungen möglicher Erfahrung an. Aber man kann sinnvoll nach der stärksten Logik futurischer Aussagen fragen, die mit ihm *verträglich* ist. Und diese Logik, das besagt der Indeterminismus, kann nicht die klassische Logik sein.

Die fragliche Logik ist heute nicht bekannt. Wir treffen hier ebenso auf offene Fragen, wie sie sich durch unsere Überlegungen zu Bohrs und Heisenbergs Begriffen der Komplementarität und abgeschlossenen Theorie ergeben hatten. Zugleich zeigt sich aber, daß ihre Lösung vielleicht nicht unabhängig voneinander möglich ist. Denn auch jene Begriffe verwiesen uns schließlich auf Fragen der Einheit der Physik – bedeutungsvolle Fragen, die zeigen, daß der Kopenhagener Geist lebt und mehr Beachtung verdient, als er in letzter Zeit erfahren hat.

ANHANG

ANMERKUNGEN UND LITERATUR

GERNOT BÖHME:
EINLEITUNG

Anmerkungen

1 Zu dieser Einschätzung der Lage vgl. meine beiden Arbeiten: Die Aktualität der Naturphilosophie, in: Zt. f. Didaktik der Philosophie 7 (1985), 199–206; Bedingungen gegenwärtiger Naturphilosophie, in: O. *Schwemmer* (Hrsg.): Über Natur, Frankfurt 1987, 123–133.
2 *Joël, K.:* Der Ursprung der Naturphilosophie aus dem Geist der Mystik, Basel 1913.
3 Siehe dazu meinen Aufsatz: Die kognitive Ausdifferenzierung der Naturwissenschaft. Newtons mathematische Naturphilosophie, in: *G. Böhme, W. v. d. Daele, W. Krohn:* Experimentelle Philosophie, Frankfurt 1977, 237–263.
4 *Liebig, G.:* Über das Studium der Naturwissenschaften und über den Zustand der Chemie in Preußen, Braunschweig 1840.
5 *Büchner, L.:* Sechs Vorlesungen über die Darwin'sche Theorie von der Verwandlung der Arten (...), Leipzig 1872, 400f. Eine ausführlichere Würdigung bei: *G. Böhme:* Ludwig Büchner, in: Katalog der Georg Büchner Ausstellung, Darmstadt, 2.8. 1987–27.9. 1987, Frankfurt/M. 1987, 384–388.
6 *Bohm, D.:* Die implizite Ordnung. Grundlagen eines dynamischen Holismus, München 1985. Zur Diskussion siehe *M. Heindler, Fr. Moser* (Hrsg.): Ganzheitsphysik (Grazer Gespräche 1986), Graz TU 1987.
7 Hier ist an die Arbeit von Prigogine zu denken. Beispielsweise *I. Prigogine, E. Stengers:* Dialog mit der Natur, München 1981.
8 So *G. Bateson:* Geist und Natur. Eine notwendige Einheit, Frankfurt, ⁴1984.
9 Terminus geprägt von *K. M. Meyer-Abich.*

ANDREAS GRAESER:
DIE VORSOKRATIKER

Anmerkungen

1 Soweit nicht anders angegeben, werden die Texte der Vorsokratiker nach der einschlägigen Sammlung von *Diels-Kranz* (1972) zitiert.
2 Frg. 910 in der Sammlung von *F. Nauck,* Tragicorum Graecorum Fragmenta, Leipzig ²1889.
3 Ioannes Stobaeus, hrsg. v. *C. Wachsmuth* und *O. Hense,* Berlin ²1958, Bd. I, 28,9, Z. 26.
4 Frg. 24,3 in der Sammlung von *E. Diehl,* Anthologia Lyrica Graeca, fasc. 1, Berlin und Leipzig ³1949; dazu siehe *G. Vlastos:* Equality and Justice in Early Greek Philosophy, in: *Furley/Allen* (1970).

5 Der Begriff «Isonomia» spielte eine zentrale Rolle im politischen Denken, vgl. G. *Vlastos:* Isonomia politike, in: Isonomia. Studien zur Gleichheitsvorstellung im griechischen Denken, hrsg. v. *J. Mau* und *E. G. Schmidt,* Amsterdam ²1971, 1–35, und *L. McKinney:* The Concept of Isonomia in Greek Medicine, a. a. O. 79–88.

6 *Graeser, A.:* Ein Bild von der Welt – die Kosmos-Idee in der frühen Philosophie, in: Universitas 41 (1986), 33–43.

7 *Patzig, G.:* Die frühgriechische Philosophie und die moderne Naturwissenschaft, in: Neue deutsche Hefte 72 (1969), 305.

Literatur

1. Ausgaben

Diels, H.: Die Fragmente der Vorsokratiker, griech./deutsch, Nachdr. d. 6. Aufl., hrsg. v. *W. Kranz,* Dublin/Zürich 1972.

Capelle, W.: Die Vorsokratiker. Die Fragmente und Quellenberichte. Übersetzt und eingeleitet, Stuttgart 1963. Hippocrates, with an english transl. by *W. H. S. Jones* and *E. T. Withington,* 4 Bde., Cambridge, Mass./London 1923–1931.

Mansfeld, J.: Die Vorsokratiker, Stuttgart 1983.

Stückelberger, A.: Antike Atomphysik. Texte zur antiken Atomlehre und zu ihrer Wiederaufnahme in der Neuzeit, München 1979.

2. Sammelbände

Furley, D. J., Allen, R. E. (Hrsg.): Studies in the Presocratic Philosophy, 2 Bde., London 1970, 1975.

Mourelatos, A. P. D. (Hrsg.): The Presocratics, New York 1974.

Classen, C. J. (Hrsg.): Sophistik, Darmstadt 1976.

Kröber, G. (Hrsg.): Wissenschaft und Weltanschauung in der Antike. Von den Anfängen bis Aristoteles, Berlin (DDR) 1966.

Flashar, H. (Hrsg.): Antike Medizin, Darmstadt 1971.

3. Studien

Barnes, J.: The Presocratic Philosophers, London ²1982.

Burkert, W.: Lore and Science in Ancient Pythagoreanism, Cambridge, Mass. 1972.

–,–: Die orientalisierende Epoche in der griechischen Religion und Literatur, Heidelberg 1984.

Furley, D.: The Greek Comologists, Bd. 1, Cambridge 1987.

Heinimann, F.: Nomos und Physis. Herkunft und Bedeutung einer Antithese im griechischen Denken des 5. Jahrhunderts, Basel ²1965.

Jaeger, W.: Die Theologie der frühen griechischen Denker, Stuttgart ²1964.

Kerferd, G.: The Sophistic Movement, Cambridge 1981.

Röd, W.: Die Philosophie der Antike 1, München ²1987.

Solmsen, F.: Nature as Craftsman in Greek Thought, in: Journal of the History of Ideas 24 (1963) 473–496.

Theiler, W.: Zur Geschichte der teleologischen Naturbetrachtung bis auf Aristoteles, Berlin ²1965.

EKKEHARD MARTENS:
PLATON

Anmerkungen

1 *Schadewaldt, W.:* Die Anfänge der Philosophie bei den Griechen. Die Vorsokratiker und ihre Voraussetzungen, Frankfurt/M. 1978, 204.
2 *Ehrenburg, V.:* Aristophanes und das Volk von Athen. Eine Soziologie der altattischen Komödie, Zürich/Stuttgart 1968, 85. Das klassische Athen war vor allem mit Problemen der Landverteilung und des Weizenimports beschäftigt; siehe hierzu: *M. Austin, P. Vidal-Naquet:* Gesellschaft und Wirtschaft im alten Griechenland, München 1984, 91 ff.
3 *Gaiser, K.:* Platons ungeschriebene Lehre, Stuttgart 1963, 107–110.
4 *Gaiser, K.:* a.a.O., 41–43.
5 Siehe zum folgenden: *G. Böhme:* Symmetrie: Ein Anfang mit Platon, in: Symmetrie. Katalog der Ausstellung Mathildenhöhe, Darmstadt 1986, 9–16.
6 *Böhme, G.:* a.a.O.
7 *Gaiser, K.:* a.a.O., 173–201.
8 *Snell, B.:* Die Auffassung des Menschen bei Homer, in: ders.: Die Entdeckung des Geistes, Hamburg ³1955, 25 f.
9 Siehe *Meyer-Abich, K. M.:* Geschichte der Natur in praktischer Absicht, in: E. Rudolph, E. Stöve (Hrsg.): Geschichtsbewußtsein und Rationalität, Stuttgart 1982, 168–172.
Für Anregungen und Kritik zum vorliegenden Artikel danke ich Klaus Michael Meyer-Abich und Gernot Böhme herzlich.

Literatur

1. Ausgaben
Platon: Sämtliche Werke, Bd. 1–6, in der Übersetzung von Friedrich Schleiermacher, hrsg. von *W. F. Otto, E. Grassi, G. Plamböck*, Reinbek 1958–1960; Apologie: Bd. 1; Phaidon: Bd. 3; Timaios: Bd. 5; Gesetze: Bd. 6 (Zitate im Text nach dieser Ausgabe; siehe auch die zweisprachige Ausgabe bei der Wissenschaftlichen Buchgesellschaft, Darmstadt 1970–1983, und einzelne Ausgaben bei Meiner und Reclam).
Vorsokratiker: Diels, H.: Die Fragmente der Vorsokratiker, griechisch und deutsch, hrsg. von *W. Kranz*, 2 Bde., Dublin/Zürich ¹²1966 (= DK).

2. Einführende Gesamtdarstellungen
Friedländer, P.: Platon, Berlin ³1964 (Bd. 1–2), ²1960 (Bd. 3).
Gauß, H.: Philosophischer Handkommentar zu den Dialogen Platos, Bd. I/1–III/2 und Register, Bern 1952–1967.
Gigon, O.: Platon, Bern 1950.
Martin, G.: Platon in Selbstzeugnissen und Dokumenten, Reinbek 1969.
Mittelstraß, J.: Platon, in: O. Höffe (Hrsg.): Klassiker der Philosophie, Bd. I, München 1981, 38–62 (Bibliographie 459–465).
Patzig, G.: Platon, in: N. Hoerster (Hrsg.): Klassiker des philosophischen Denkens, Bd. 1, München 1982, 9–52.

3. Naturphilosophie

Böhme, G.: Zeit und Zahl. Studien zur Zeittheorie bei Platon, Aristoteles, Leibniz und Kant, Frankfurt/M. 1974.

–,–: Platons Theorie der exakten Wissenschaften, in: ders.: Alternativen der Wissenschaft, Frankfurt/M. 1980, 81–100.

–,–: Symmetrie: Ein Anfang mit Platon, in: Symmetrie, Katalog der Ausstellung Mathildenhöhe, Darmstadt 1986, 9–16.

Cornford, F.M.: Plato's Cosmology. The Timaeus of Plato, transl. with a Running Commentary, London 1935.

Detel, W.: Bemerkungen zum Platonismus bei Galilei, in: Neue Hefte für Philosophie, Heft 15/16: Aktualität der Antike, Göttingen 1979, 130–155.

Forschner, M.: Natur als sittliche Norm in der Antike, in: W. Eckermann, J. Kuropka (Hrsg.): Der Mensch in der Natur, Vechta 1986, 9–24.

Friedländer, P.: Platon als Atomphysiker. Atom-Aufbau und Atom-Zertrümmerung in Platons Timaios, in: ders.: Platon, Bd. 1, Berlin ³1964, 260–275.

Gadamer, H.-G.: Idee und Wirklichkeit in Platos Timaios, Heidelberg 1974.

Gloy, K.: Studien zur Platonischen Naturphilosophie in Platons Timaios, Würzburg 1986.

Görgemanns, H.: Beiträge zur Interpretation der platonischen Nomoi, München 1960.

Heinimann, F.: Nomos und Physis. Herkunft und Bedeutung einer Antithese im griechischen Denken des 5. Jahrhunderts, Darmstadt 1965 (zuerst 1945).

Kanitscheider, B.: Kosmologie. Geschichte und Systematik in philosophischer Perspektive, Stuttgart 1984 (zu Platon 54–63).

Mannsperger, D.: Physis bei Platon, Berlin 1969.

Martens, E. (Hrsg.): Platon, Parmenides. Griech./deutsch, mit einem Nachwort, Stuttgart 1987.

Meyer-Abich, K.M.: Eikos Logos. Platons Theorie der Naturwissenschaft, in: E. Scheibe, G. Süßmann (Hrsg.): Einheit und Vielheit. Festschrift für C. F. v. Weizsäcker zum 60. Geb., Göttingen 1973, 20–44.

–,–: Geschichte der Natur in praktischer Absicht, in: E. Rudolph, E. Stöve (Hrsg.): Geschichtsbewußtsein und Rationalität, Stuttgart 1982, 105–175

–,–: Wege zum Frieden mit der Natur. Praktische Naturphilosophie für die Umweltpolitik, München 1984 (zu Platon insbes. 110–113).

Mittelstraß, J.: Die Rettung der Phänomene. Ursprung und Geschichte eines antiken Forschungsprinzips, Berlin 1962.

Müller, G.: Studien zu den platonischen Nomoi, München 1969 (zuerst 1951).

Ritter, C.: Platons Stellung zu den Aufgaben der Naturwissenschaft, Heidelberg 1919.

Sachs, E.: Die fünf Platonischen Körper. Zur Geschichte der Mathematik und der Elementenlehre Platons und der Pyathagoreer, Berlin 1917.

Spaemann, R., Löw, R.: Die Frage Wozu? Geschichte und Wiederentdeckung des teleologischen Denkens, München/Zürich 1981.

Taylor, A.E.: A Commentary on Plato's Timaeus, Oxford 1928.

Theiler, W.: Zur Geschichte der teleologischen Naturbetrachtung bis auf Aristoteles, Berlin 1965 (zuerst 1925).

Weizsäcker, C.F.v. Die Tragweite der Wissenschaft, 1. Bd.: Schöpfung und Weltentstehung. Die Geschichte zweier Begriffe, Stuttgart 1964 (zum Timaios 62–73).

–,–: Platonische Naturwissenschaft im Laufe der Geschichte, in: ders.: Die Einheit der Natur, München 1971, 319–345.

Witte, B.: Der EIKOS LOGOS in Platons Timaios. Beitrag zur Wissenschaftsmethode und Erkenntnistheorie des späten Platon, in: Archiv für Geschichte der Philosophie 46 (1964), 1–16.

INGRID CRAEMER-RUEGENBERG: ARISTOTELES

Anmerkungen

1 Corpus Hippocraticum (hrsg. von *Kapferer*), Stuttgart/Leipzig 1934–1938.
2 Vgl. dazu *Warnke, C.*, Die Geburt der wissenschaftlichen Medizin aus der Weltanschauung der Antike, in: *G. Kröber* (Hrsg.): Wissenschaft und Weltanschauung in der Antike, Berlin (DVW) 1966, 173–179, bes. 225–227.
3 Eine genauere Untersuchung zeigt, daß Aristoteles einen Begriff von chemischer Verbindung hat, so daß hier noch ein Unterschied zum Übergang zwischen Aggregatzuständen formulierbar ist. Siehe dazu *G. Böhme:* Aristoteles' Chemie: eine Stoffwechselchemie, in: *ders.:* Alternativen der Wissenschaft, Frankfurt 1980.

Literatur

1. Standardausgabe
Aristoteles Opera. Ex recensio I. Bekkeri. Edidit *Academia Regis Borussica,* 5 Bde., Berlin 1831–1870; Nachdruck 1955 ff. Nach dieser Ausgabe wird mit Seiten-, Kolumnen- und Zeilenzählung zitiert.
Aristoteles. Werke in deutscher Übersetzung (hrsg. von *H. Flashar*), Berlin.

2. Leicht zugängliche Einzelausgaben und Übersetzungen
a) *Scriptorum Classicorum Bibliotheca Oxoniensis*
Aristotelis De Anima, *W. D. Ross,* Oxford 1956; De Caelo, *D. J. Allan,* Oxford 1936; Physica, *W. D. Ross,* Oxford 1950; Metaphysica, *W. Jaeger,* Oxford 1957.
b) *Sonstige, teils zweisprachige Ausgaben, Übersetzungen*
Apostle, H. G.: Aristotle's Physics, transl. with comm. and glossary, London 1969.
Aubert, H. u. *Wimmer, F.:* Aristoteles, Thierkunde, Text m. Übersetz. u. Erkl. u. Index, 2 Bde., Leipzig 1868.
Forster, E. S.: Aristotle, Movement of animals, Progression of animals, with an English translation, London ²1968.
Forster, E. S.: Aristotle, On sophistical refutations, On coming-to-be and passing-away, London 3. Nachdruck 1978.
Gigon, O.: Vom Himmel, Von der Seele, Von der Dichtkunst, eingel. u. neu übertragen, Zürich 1950.
Joachim, H. H.: On coming to be and passing away, revised text with introd. and comm., Oxford 1922.
Lee, H. D. P.: Aristotle's Meteorologica, with an Engl. transl., London 1952.
Louis, P.: Aristote, Les parties des animaux, texte établi et trad., Paris 1956.
–,–: Aristote, De la génération des animaux, texte établi et trad., Paris 1961.
–,–: Aristote, Histoire des animaux, texte établi et trad., 3 Bde., Paris 1964–1969.
–,–: Aristote, Marche des animaux, Mouvement des animaux. Index des traités biologiques, texte établi et trad., Paris 1973.

Mugnier, R.: Aristote, Petits traités d'histoire naturelle, texte établi et trad., Paris 1953.
Ross, W. D.: Aristotle's Physics, a revised text with introd. and comm., Oxford 1936, repr. 1955.
—,—: Aristotle's Parva naturalia, a revised text with introd. and comm., Oxford 1955.
Strohm, H.: Aristoteles, Metereologie. Über die Welt, übers. u. komm., Berlin-Darmstadt ²1972.
Theiler, W.: Aristoteles, Über die Seele, übers. mit Erläuterungen, Berlin-Darmstadt 1959.
Wagner, H.: Aristoteles, Physikvorlesung, übers. mit Erläuterungen, Berlin-Darmstadt ²1972.

3. Bibliographie
Seeck, G. A.: Bibliographie zur Naturphilosophie des Aristoteles, in: Die Naturphilosophie des Aristoteles, hrsg. von *G. A. Seeck,* Wege der Forschung CCXXV, Darmstadt 1975, 404–410.

4. Biographien
Düring, I.: Aristoteles, in: *Pauly-Wissowa:* Real-Enzyklopädie, Suppl. XI, Stuttgart 1968, Sp. 159–336.
Jaeger, W.: Aristoteles. Grundlegung einer Geschichte seiner Entwicklung, Berlin ²1955.

5. Schriften zur Naturphilosophie
Craemer-Ruegenberg, I.: Die Naturphilosophie des Aristoteles, Freiburg i. Br. 1980.
Sambursky, S.: Das physikalische Weltbild der Antike, Zürich-Stuttgart 1965.
Seeck, G. A. (Hrsg.): Die Naturphilosophie des Aristoteles, Darmstadt 1975.
Wieland, W.: Die aristotelische Physik, Göttingen 1962.

ENNO RUDOLPH:
THEOPHRAST

Anmerkungen

1 cf. *Zeller, E.:* 806 ff.
2 *Ueberweg, F.:* 474.
3 *Ueberweg, F.:* ebd.
4 siehe Literatur.
5 cf. *Gaiser, K.:* 56.
6 siehe Literatur
7 *Steinmetz, P.:* (1964), 12 u. passim.
8 *Steinmetz, P.:* (1964), 150.
9 *Heidegger, M.:* 369.
10 cf. *Gaiser, K.:* 22.

Literatur

a) Werkausgaben
Theophrasti Eresii opera quae supersunt omnia. Ex rec. *F. Wimmer,* Leipzig 1854–1862/Paris ²1866/ND Frankfurt a. M. 1964.

Metaphysics. With translation, commentary and introduction by *W. D. Ross* and *F. H. Fobes*, Oxford 1929, ND Hildesheim/Zürich/New York 1982.

De lapidibus, ed. with introd., transl. and comm. by *D. E. Eichholz*, Oxford 1965.

De igne. A post-Aristotelian view of the nature of fire, ed. with introd., transl. and comm. by *V. Coutant*, Assen 1971.

De ventis, ed. with introd., transl. and comm. by *V. Coutant* and *V. L. Eichenlaub*, Notre Dame 1975.

b) Sekundärliteratur

Gaiser, K.: Theophrast in Assos, Heidelberg 1985.

Heidegger, M.: Vom Wesen und Begriff der Φύσις. Aristoteles Physik B,1, in: ders.: Wegmarken, Frankfurt am Main 1967.

Krämer, H.-J.: Zum Standort der Metaphysik Theophrasts, in: Zetesis, Festschrift für E. de Strycker, Antwerpen/Utrecht 1973.

Steinmetz, P.: Die Physik des Theophrastos von Eresos, Berlin/Zürich 1964.

–,–: Ansatzpunkte der Elementenlehre Theophrasts im Werk des Aristoteles, in: Naturphilosophie bei Aristoteles und Theophrast, hg. v. *I. Düring*, Heidelberg 1969.

Theophrastus of Eresus on his Life and Work, ed. *W. W. Fortenbaugh*, New Brunswick (USA)/Oxford (UK) 1985.

Ueberweg, F.: Grundriß der Geschichte der Philosophie: Die Philosophie der Antike 3. Ältere Akademie, Aristoteles, Peripatos, hg. v. *H. Flashar*, Basel/Stuttgart 1983 (abgek. Ueberweg).

Zeller, E.: Die Philosophie der Griechen in ihrer geschichtlichen Entwicklung II, 2, Leipzig 1921.

Aristoteles wird wie üblich zitiert nach der Seitenzählung der Ausgabe der Preußischen Akademie der Wissenschaft (ed. *Bekker, I.*).

PAUL HOSSFELD:
ALBERTUS MAGNUS

Anmerkungen

1 *Kübel, W.:* Albertus Magnus, in: Lexikon des Mittelalters, Bd. I; *P. Simon:* Albert der Große, in: Theologische Realenzyklopädie, Bd. II.
2 *Scheeben, H. Chr.:* Albertus Magnus, Köln ²1955, 124–125.
3 *Albertus Magnus:* Politica. Ed. Paris. 8, 803/804.
4 Zur Echtheitsfrage: *P. Hoßfeld:* Zum Euklidkommentar des A. M., in: Archivum Fratrum Praedicatorum LII (1982), 115 ff.
5 *Hoßfeld, P.:* A.M. als Naturphilosoph und Naturwissenschaftler, Albertus-Magnus-Institut Bonn, 1983, 76–96.
6 Physica Buch 2, Trak. 2, Kap. 19: ‹Noster autem Boethius›.
7 De anima. Ed. Colon. 7,1, S. 227,4–8.
8 De caelo et mundo. Ed. Colon. 5,1, S. 201,37 ff.: 20400 Meilen Erdumfang durch 3½ gleich 927 Meilen. Roger Bacon (gest. um 1292) hat 6491!
9 Aristotelesausgabe von I. Bekker: 201a 10–11. Lateinisch (aus dem Griechischen) nach der Translatio vetus: potentia existentis entelechia, secundum quod huiusmodi. Lateinisch (aus dem Griechischen über das Syrische) nach der Translatio Arabico-Latina des Michael Scotus (?): perfectio eius, quod est in potentia, secundum quod est tale. A. M., Physica 3,1,4.

10 Physica 4,1,10; Metaphysica 10,2,4; Ed. Colon. 16, S. 446,13.
11 *Hartmann, N.:* Philosophie der Natur, Berlin 1950, 145 f., 161 f., 216 ff.
12 So widersprüchlich steht es bei Albertus. Bei Aristoteles selbst löst sich der Widerspruch, weil Zeit nicht an sich, sondern nur mitfolgend teilbar und damit auch nur mitfolgend ein Kontinuum ist. Siehe *G. Böhme:* Zeit und Zahl, Frankfurt 1974, 175 ff.
13 Meteora 3,2,19. Ed. Paris. 4,637 a. Quellennachweis: *P. Hoßfeld:* Senecas Naturales Quaestiones als Quelle der Meteora des A. M. Arch. Fratr. Praedic. L (1980), S. 72 nr. 76.
14 De natura loci 3,2; Ed. Colon. 5,2 S. 36,12–15.

Literatur

Gesamtausgabe
Unkritische und unvollständige Gesamtausgaben der Werke des A. M.: Lyon 1651 und Paris 1890–99.
Kritische Gesamtausgabe: Editio Coloniensis *(B. Geyer – W. Kübel),* Münster i. W. 1951 ff.; bis 1986 15 Bde. bzw. Halbbde., darunter folgende naturphilosophische Werke: Ed. Colon. 4,1 Physica, pars 1 libri 1–4, ed. *P. Hoßfeld.* – Ed. Colon. 5,1 De caelo et mundo, ed. *P. Hoßfeld.* – Ed. Colon. 5,2 De natura loci, De causis proprietatum elementorum, De generatione et corruptione, ed. *P. Hoßfeld.*

Einzelausgaben
Meyer, E. – Jessen, C.: De vegetabilibus libri VII, Berlin 1867. *Stadler, H.:* De animalibus libri XXVI (nach dem Autograph), 2 Bde. Münster 1916. 1920.
Fries, A. M.: Albertus Magnus. Ausgewählte Texte (lt.-dt.), Darmstadt 1981.

Übersetzungen
Fries, A. M.: Ausgewählte Texte, Darmstadt 1981. *P. Hoßfeld:* Studien zur Physik des A. M., in: Miscellanea Mediaevalia 18 (1986), 1–42, mit ausführlichen Übersetzungstexten zum örtlichen Raum, zur Zeit und zum Vakuum.
–,–: A. M. Über die Bewegung im allgemeinen, und: Das Unendliche gemäß der Physik des A. M., A. M.-Institut Bonn, 1986 (mit Bibliographie).

Gesamtdarstellungen
Craemer-Ruegenberg, J.: A. M., Beck'sche Schwarze Reihe 501, München 1980.
Hoßfeld, P.: A. M. als Naturphilosoph und Naturwissenschaftler. A. M.-Institut Bonn, 1983; mit Beilage: Die Physik des A. M. (Teil I, die Bücher 1–4), Quellen und Charakter.

Bibliographien
Schöpfer, J. (A. M.-Institut) in: A. M., Doctor Universalis, 1280/1980. Mainz 1980, 495–508.

Biographien
Scheeben, H. Chr.: Albert der Große. Zur Chronologie seines Lebens, Vechta 1931.
Kübel, W.: Albertus Magnus, in: Lexikon des Mittelalters I, München/Zürich 1980.
Simon, P.: Albert der Große, in: Theologische Realenzyklopädie II, Berlin/New York.
Weisheipl, J. A., OP: Albert der Große, Leben und Werk, in: *M. Entrich OP* (Hrsg.): Albertus Magnus, Sein Leben und seine Bedeutung, Graz/Wien/Köln 1982.

WOLFGANG BREIDERT: SPÄTSCHOLASTIK

Anmerkungen

1 *Flasch, K.:* Das philosophische Denken im Mittelalter, Stuttgart 1986, 489.
2 *Buridan, J.:* Quaestiones super octo physicorum libros (1509), Nachdr. Frankfurt a.M. 1964, f. CXIIII ra (VIII, q.5).
3 *Buridan, J.:* Quaestiones super libros quattuor de caelo et mundo, ed. *E.A. Moody,* Cambridge/Mass. 1942, 179 (II, q.12).
4 *Maier, A.:* Ausgehendes Mittelalter II, Rom 1967, 475.
5 *Maier, A.:* Studien zur Naturphilosophie der Spätscholastik II, Rom 1951, 180.
6 *Buridan, J.:* Phys. (s. Anm.2), f. CXX rb (VIII, q.12).
7 Vgl. *Wolff, M.:* Geschichte der Impetustheorie, Frankfurt a.M., Suhrkamp, 1978, 225.
8 *Breidert, W.:* Das aristotelische Kontinuum in der Scholastik, Münster ²1979, 64.
9 *Blumenberg, H.:* Der Prozeß der theoretischen Neugierde, Frankfurt a.M. 1973, 152 ff.
10 *Aristoteles:* Metaphysik X, 1 (1053a 25ff.).
11 A.a.O. (14–18).
12 A.a.O. (1052b 32ff.).
13 *Buridan, J.:* In Metaphysicam Aristotelis Quaestiones (1518), ed. *J. Badius,* Nachdr. Frankfurt a.M. 1964, f. 60 v (X, 1).
14 *Maier, A.:* Studien zur Naturphilosophie der Spätscholastik I, Rom 1949, 117; III, Rom 1952, 318 u. 339.
15 *Maier, A.:* Studien zur Naturphilosophie der Spätscholastik II, Rom 1951, 97f.
16 *Oresme, N.:* Nicole Oresme and the Medieval Geometry of Qualities and Motions (Tractatus de configurationibus), ed. *M. Clagett,* Madison etc. 1968, 168f. (I, 2).
17 A.a.O., 160 («in similitudine»), 404 («comparate imaginantur»).
18 *Oresme, N.:* Le livre du ciel et du monde, f. 38b sqq. Dazu: *Fellmann, F.:* Scholastik und kosmologische Reform, Münster 1971, 24.

Literatur

1. Edierte Schriften

Buridan, J.: Quaestiones super libros quattuor de caelo et mundo, ed. *E.A. Moody,* Cambridge/Mass. 1942.
Buridan, J.: Quaestiones super octo physicorum libros (1509), Nachdr. Frankfurt a.M. 1964.
Oresme, N.: Le livre du ciel et du monde, ed. *A.D. Menut,* Madison/Wisc., Univ. of Wisconsin Press, 1968.
–,–: Nicole Oresme and the Medieval Geometry of Qualities and Motions. A treatise on the uniformity and difformity of intensities known as Tractatus de configurationibus qualitatum et motuum, ed. *M. Clagett,* Madison/Wisc., Univ. of Wisconsin Press, 1968.
–,–: The Quaestiones super de celo, ed. *C. Kren,* Ph. D. Dissertation, Univ. of Wisconsin, 1968.
–,–: Nicole Oresme and the Kinematics of Circular Motion: Tractatus de commen-

surabilitate vel incommensurabilitate motuum celi, ed. *E. Grant*, Madison/Wisc., Univ. of Wisconsin Press, 1971.

–,–: De proportionibus proportionum/Ad pauca recipientes, ed. *E. Grant*, Madison/Wisconsin 1965.

–,–: Quaestiones super geometriam Euclidis, ed. *H. L. L. Busard*, Leiden 1961 (Janus, Suppl. III).

2. *Bibliographien*

Faral, E.: Jean Buridan, Notes sur les manuscrits, les éditions et le contenu de ses oeuvres, in: Archives d'histoires doctrinale et litteraire du moyen-âge, 15 (1946), 1–53.

Weitere bibliographische Hinweise finden sich in den Oresme-Ausgaben von *Clagett, Grant* und *Menut.*

3. Monographien
a) zu Oresme

Borchert, E.: Die Lehre von der Bewegung bei Nicolaus Oresme, Münster 1934 (BGPhThMA, Bd. 31).

Pedersen, O.: Nicole Oresme og hans naturfilosofiske system. En undersøgelse af hans skrift «Le Livre du Ciel et du Monde», Kopenhagen, Munksgaard, 1956.

b) *zur spätscholastischen Naturphilosophie*

Maier, A.: Studien zur Naturphilosophie der Spätscholastik, Bde. I–V, Rom 1949–1958.

Maier, A.: Ausgehendes Mittelalter, Bde. I–II, Rom 1964–1967.

Clagett, M.: The Science of Mechanics in the Middle Ages, Madison/Wisc. 1959.

Fellmann, F.: Scholastik und kosmologische Reform, Münster, Aschendorff, 1971 (BGPhThMA, N. F. Bd. 6).

Blumenberg, H.: Der Prozeß der theoretischen Neugierde, Frankfurt a. M. 1973.

Moody, E. A.: Studies in Medieval Philosophy, Science and Logic, Collected Papers, Berkeley 1975.

Wolff, M.: Geschichte der Impetustheorie. Untersuchungen zur klassischen Mechanik, Frankfurt a. M. 1978.

Grant, E.: Much ado about nothing. Theories of space and vacuum from the Middle Ages to the Scientific Revolution, Cambridge/Mass., Cambridge Univ. Press, 1981.

HEINRICH SCHIPPERGES:
PARACELSUS

Literatur

Werke

Theophrast von Hohenheim, gen. Paracelsus, Sämtliche Werke. 1. Abt. Medizinische, naturwissenschaftliche und philosophische Schriften (Hrsg. *K. Sudhoff*), 14 Bde. 1922–1933; 2. Abt. Theologische und religionsphilosophische Schriften (Hrsg. *K. Goldammer*), Bde. 4 ff., 1955 ff.

Zitiert wird mit römischer Bandzahl und arabischer Seitenzahl nach der Ausgabe von K. Sudhoff (1923–1933). Die Texte wurden gelegentlich zum besseren Verständnis modernisiert, ohne daß die originäre Diktion aufgegeben wurde.

Paracelsus Studienausgabe, 5 Bde. (hrsg. von *W.-E. Peuckert*) Basel/Darmstadt 1965 ff.

Sekundärliteratur
Achelis, J. D.: Die Überwindung der Alchemie in der Paracelsischen Medizin, Sitz. Ber. Heidelberger Akad. Wissensch. (1942), Heidelberg 1943.
Daems, W. F.: «Sal-Merkur-Sulfur» bei Paracelsus und das «Buch der Heiligen Dreifaltigkeit», Nova Acta Paracelsica (1982), 189–207.
Debus, A. G.: The English Paracelsians, London 1965.
–,–: The Chemical Philosophy. Paracelsian Science and Medicine in the Sixteenth and Seventeenth Centuries, 2 Vols., New York 1977.
Eis, G.: Vor und nach Paracelsus. Untersuchungen über Hohenheims Traditionsverbundenheit und Nachrichten über seine Anhänger, Stuttgart 1955.
Erastus, Th.: De medicina nova Philippi Paracelsi, 2 Vols., Basel 1572.
Faivre, A. und *Zimmermann, Chr.* (Hrsg.): Epochen der Naturmystik. Hermetische Tradition im wissenschaftlichen Fortschritt, Berlin 1979.
Fischer, H.: Die kosmologische Anthropologie des Paracelsus als Grundlage seiner Medizin, in: Verhandl. Naturforsch. Ges. Basel 52 (1940/41), 267–317.
Freudenberg, F.: Paracelsus und Fludd. Die beiden großen Okkultisten und Ärzte des 15. und 16. Jahrhunderts. Mit einer Auswahl aus ihren okkulten Schriften, Berlin ²1921.
Goltz, D.: Die Paracelsisten und die Sprache, Sudhoffs Arch. Gesch. Med. Naturw. 56 (1972), 337–352.
Joël, K.: Der Ursprung der Naturphilosophie aus dem Geiste der Mystik, Basel 1913.
Kämmerer, E. W.: Das Leib-Seele-Geist-Problem bei Paracelsus und einigen Autoren des 17. Jahrhunderts (Kosmosophie Bd. III), Wiesbaden 1971.
Multhauf, R. P.: Medical Chemistry and «the Paracelsians», Bull. Hist. Med. 28 (1954), 101–126.
Pagel, W.: Paracelsus. An Introduction to Philosophical Medicine in the Era of the Renaissance, Basel 1982.
–,–: Das medizinische Weltbild des Paracelsus. Seine Zusammenhänge mit Neuplatonismus und Gnosis, Wiesbaden 1962.
–,–: The Smiling Spleen. Paracelsianism in Storm and Stress, Basel/New York 1984.
Rattansi, P. M.: Paracelsus and the Puritan Revolution, Ambix 11 (1963), 24–32.
Schipperges, H.: Paracelsus. Der Mensch im Licht der Natur, Stuttgart 1974.
Schipperges, H.: Magia et Scientia bei Paracelsus, Sudhoffs Arch. 60 (1976), 76–92.
–,–: Vom Licht der Natur im Weltbild des Paracelsus, Scheidewege 6 (1976), 30–48.
–,–: Kosmos Anthropos. Entwürfe zu einer Philosophie des Leibes, Stuttgart 1981.
Sudhoff, K.: Bibliographia Paracelsica. Besprechung der unter Hohenheims Namen 1527–1893 erschienenen Druckschriften, Berlin 1894.
–,–: Versuch einer Kritik der Echtheit der paracelsischen Schriften. I. Teil: Die unter Hohenheims Namen erschienenen Druckschriften, Berlin 1894; II. Teil: Paracelsische Handschriften, Berlin 1899.
Webster, C.: From Paracelsus to Newton. Magic and the Making of Modern Science, London 1982.
Weimann, K. H.: Paracelsus-Bibliographie 1932–1960. Mit einem Verzeichnis neu entdeckter Paracelsus-Handschriften (1900 bis 1960), Wiesbaden 1963.

HARTMUT BÖHME: GIORDANO BRUNO

Anmerkung

1 Zitatnachweise erfolgen durch Abkürzungen: K = Kuhlenbeck-Ausgabe, revidierte Übersetzungen; A = Aschermittwochsmahl; U = Von der Ursache (...); It = Opere Italiane. Römische Ziffern = Bandnummer, arabische Ziffern = Seitenzahl.

Literatur

1. Werkausgaben

Jordani Bruni Nolani Opera latine conscripta. Hrsg. v. *F. Fiorentino* u. a. 3 Bde., Neapel u. Florenz 1879–91.

Giordano Bruno: Opere Italiane. Hrsg. v. *G. Gentile*. 3 Bde., Bari 1925 [3.Aufl. hg. v. *G. Aquilecchia*, Florenz 1958].

2. Übersetzungen

Giordano Bruno: Ges. Werke. Hrsg. v. *L. Kuhlenbeck*, 5 Bde., Jena 1904–1909.

Von der Ursache, dem Prinzip und dem Einen, übers. v. *A. Lasson*, Einl. v. *W. Beierwaltes*, 5.Aufl. v. *P. R. Blum*, Hamburg 1977. – Dass.: übers. v. *Ph. Rippel*, Nachw. v. *A. Schmidt*, Stuttgart 1986.

Das Aschermittwochsmahl, übers. v. *F. Fellmann*, eingl. v. *H. Blumenberg*, Frankfurt/M. 1969.

3. Forschungsliteratur

Bloch, E.: Das Materialismusproblem, seine Geschichte und Substanz, Frankfurt/M. 1972, 479–546.

Blum, P.R.: Aristoteles bei Giordano Bruno. Studien zur philosophischen Rezeption, München 1980.

Blumenberg, H.: Aspekte der Epochenschwelle. Cusaner und Nolaner, 1966, erw. 2.Aufl. Frankfurt/M. 1976. – Die Genesis der kopernikanischen Welt, Frankfurt/M. 1975, 416–452.

Brockmeier, J.: Die Naturtheorie Giordano Brunos. Frankfurt a. M./New York 1980.

Cassirer, E.: Das Erkenntnisproblem in der Philosophie und Wissenschaft der neueren Zeit I, ³1922, 277–313. – Individuum und Kosmos in der Philosophie der Renaissance, Leipzig/Berlin 1927.

Clemens, F.J.: Giordano Bruno und Nicolaus von Cusa, Bonn 1847.

Fellmann, F.: Mythos und Moral bei Giordano Bruno, in: Terror und Spiel. Probleme der Mythenrezeption, München 1971.

Kirchhoff, J.: Giordano Bruno, Reinbek bei Hamburg 1980.

Koyré, A.: Von der geschlossenen Welt zum unendlichen Universum, Frankfurt/M. 1969.

Lange, F.A.: Geschichte des Materialismus. Hrsg. v. *A. Schmidt*, Bd. I, Frankfurt/M. 1974, 188–203.

Lasswitz, K.: Geschichte der Atomistik vom Mittelalter bis zu Newton, Bd. I., Hamburg/Leipzig 1890, 359–401.

Mahnke, D.: Unendliche Sphäre und Allmittelpunkt. Beiträge zur Genealogie der mathematischen Mystik, Halle/Saale 1937.

Michel, P.-H.: La cosmologie de Giordano Bruno, Paris 1962.

Namer, E.: Les Aspects de Dieu dans la philosophie de Giordano Bruno, Paris 1926.
Schmidt, H.-U.: Zum Problem der Heros bei Giordano Bruno, Bonn 1968.
Stern, F. B.: Giordano Bruno – Vision einer Weltsicht, Meisenheim am Glan 1977.
Védrine, H.: La conception de la nature chez Giordano Bruno, Paris 1967.
Yates, F. A.: John Florio. The Life of an Italian in Shakespeare's England, Cambridge 1934. – Giordano Bruno and the Hermetic Tradition, London/Chicago 1964. – The Art of Memory, London 1966.

M. CARRIER / J. MITTELSTRASS:
JOHANNES KEPLER

Anmerkungen

1 Vgl. *Kuhn, T. S.:* Die Kopernikanische Revolution, Braunschweig/Wiesbaden 1981 (engl. Cambridge Mass. 1957), 56–59.
2. Vgl. *Kuhn, T. S.:* 1981, 60–65; ferner *Krafft, F.:* Keplers Beitrag zur Himmelsphysik, in: *ders., K. Meyer, B. Sticker* (Hrsg.): Internationales Kepler-Symposium, Weil der Stadt 1971, Hildesheim 1973, 55–139, hier: 60–61.
3 Vgl. *Kuhn, T. S.:* 1981, 79; *Krafft, F.:* Nicolaus Copernicus and Johannes Kepler: New Astronomy from Old Astronomy, in: *A. Beer, P. Beer:* Kepler. Four Hundred Years, Oxford etc. 1975, 287–306, hier: 292–293.
4 Vgl. *Mittelstraß, J.:* Die Rettung der Phänomene. Ursprung und Geschichte eines antiken Forschungsprinzips, Berlin 1962.
5 Vgl. *Mittelstraß, J.:* Wissenschaftstheoretische Elemente der Keplerschen Astronomie, in: *Krafft, Meyer, Sticker* 1973, 3–27, hier: 5.
6 Für einen Abriß der Entdeckungsgeschichte vgl. *Mittelstraß, J., Mainzer, K.:* Kepler, Johannes, in: *J. Mittelstraß* (Hrsg.): Enzyklopädie Philosophie und Wissenschaftstheorie II, Mannheim/Wien/Zürich 1984, 383–390, hier: 383–385.
7 *Kepler, J.:* Neue Astronomie, übers. u. eingel. von *M. Caspar,* München/Berlin 1929, 220 (Astronomia Nova, hrsg. v. *M. Caspar,* in: Johannes Kepler. Gesammelte Werke [im folgenden KGW] III, 235–236); *Dijksterhuis, E. J.:* Die Mechanisierung des Weltbildes, Berlin/Göttingen/Heidelberg 1956, 343.
8 Astronomia Nova, 245 (KGW III, 263).
9 Ebd., 345 (KGW III, 366–367).
10 Ebd., 250 (KGW III, 268).
11 *Caspar, M.:* Einleitung zur Astronomia Nova, in: Astronomia Nova, *51; *Aiton, E. J.:* Infinitesimals and the Area Law, in: *Krafft, Meyer, Sticker* 1973, 285–305, hier: 304; *Hoyer, U.:* Über die Unvereinbarkeit der drei Keplerschen Gesetze mit der Aristotelischen Mechanik, Centaurus 20 (1976), 196–209, hier: 197.
12 Epitome Astronomiae Copernicanae, hrsg. v. *M. Caspar,* KGW VII, 377.
13 Ebd., 378.
14 *Kepler, J.:* Weltharmonik, übers. und eingel. v. *M. Caspar,* München 1939, Darmstadt 1967, 291 (Harmonice Mundi, hrsg. v. *M. Caspar,* KGW VI, 302).
15 *Koyré, A.:* Galileo Studies, Hassocks 1978 (franz. Paris 1939), 134.
16 Vgl. *Krafft, F.:* 1973, 80.
17 Vgl. *Koyré, A.:* 1978, 134; *Krafft, F.:* 1973, 81.
18 Vgl. *Mittelstraß, J.:* Impetustheorie, in: ders. (Hrsg.): Enzyklopädie Philosophie und Wissenschaftstheorie II, Mannheim/Wien/Zürich 1984, 212–213.
19 *Kepler, J.:* Brief an Fabricius vom 26.1.1605, KGW XV, 241.

20 Vgl. auch Astronomia Nova, 26 (KGW III, 25).
21 Ebd., 25 (KGW III, 25).
22 Vgl. *Krafft, F.*: 1973, 84–87; *Freudenthal, G.*: Theory of Matter and Cosmology in William Gilbert's *De Magnete*, Isis 74 (1983), 22–37, hier: 23–24, 30–33.
23 *Kepler, J.*: Einwände gegen Aristoteles, in: N. Kopernikus, Erster Entwurf seines Weltsystems sowie eine Auseinandersetzung Johannes Keplers mit Aristoteles über die Bewegung der Erde (hrsg. v. *F. Rossmann*) Darmstadt 1986 (München 1948), 78–90, hier: 89.
24 Astronomia Nova, 26–27 (KGW III, 25–27); Epitome, KGW VII, 319.
25 Vgl. KGW XV, 241.
26 Vgl. *Koyré, A.*: 1978, 149; *Dijksterhuis, E.J.*: 1956, 349–350.
27 *Kepler, J.*: Brief an Fabricius vom 10.11.1608, KGW XVI, 196.
28 Astronomia Nova, 27–28 (KGW III, 27–28); *Koyré, A.*: 1978, 147–148.
29 Astronomia Nova, 223–227 (KGW III, 239–244); Epitome, KGW VII, 299–300.
30 Astronomia Nova, 226 (KGW III, 243).
31 Epitome, KGW VII, 290, 298.
32 Astronomia Nova, 227–228 (KGW III, 244).
33 Epitome, KGW VII, 301.
34 Astronomia Nova, 228 (KGW III, 244–245).
35 Kepler spricht später von 25 bis 26 Tagen (Epitome, KGW VII, 290) oder 12 bis 14 Tagen (Epitome, KGW VII, 298). Tatsächlich beträgt die Rotationsdauer am Sonnenäquator etwa 25 Tage.
36 Astronomia Nova, 221 (KGW III, 237); Epitome, KGW VII, 332.
37 Für diesen Erhaltungssatz vgl. Astronomia Nova, 223–224 (KGW III, 240).
38 Epitome, KGW VII, 305.
39 Ebd., 376–377.
40 Ebd., 336–337.
41 Vgl. ebd., 337, 366; *Hoyer, U.*: 1976, 201.
42 Epitome, KGW VII, 300–301.
43 Ebd., 329–330, 339–340.
44 Ebd., 337–338, 365–375; *Hoyer, U.*: 1976, 200–202.
45 Astronomia Nova, 239 (KGW III, 256), *Gingerich, O.*: The Origins of Kepler's Third Law, in: *Beer, A., Beer, P.*: 1975, 595–601, hier: 598.
46 Epitome, KGW VII, 306.
47 Vgl. *Gingerich, O.*: 1975, 599; *Hoyer, U.*: 1976, 205.
48 Epitome, KGW VII, 307.
49 Ebd., 281–282.
50 Ebd., 307.
51 Ebd., 283–284.
52 Ebd., 306–307.
53 Zum folgenden vgl. *Mittelstraß, J.*: 1973, 13–15.
54 *Kepler, J.*: Weltgeheimnis, übers. u. eingel. v. *M. Caspar*, Augsburg 1923, 129 (Mysterium Cosmographicum, hrsg. v. *M. Caspar*, KGW VIII, 113).
55 Epitome, KGW VII, 302.
56 *Kepler, J.*: Brief an Herwart von Hohenburg vom 10.12.1605, KGW XV, 146.
57 Epitome, KGW VII, 298, 316; Harmonice Mundi, 260 (KGW VI, 269).
58 Epitome, KGW VII, 298–299.
59 Harmonice Mundi, 256–263 (KGW VI, 265–273).
60 *Caspar, M.*: 1929, *54.
61 Epitome, KGW VII, 298–299.
62 Zum folgenden vgl. *Mittelstraß, J.*: 1973, 5–13.

Anmerkungen und Literatur 409

63 Epitome, KGW VII, 257.
64 Ebd., 381.
65 Astronomia Nova, 225 (KGW III, 241-242); Epitome, KGW VII, 333; Einwände, 83.
66 Mysterium Cosmographicum, 48-49 (KGW VIII, 46-48); Epitome, KGW VII, 268, 273.
67 Mysterium Cosmographicum, 48 (KGW VIII, 47).
68 Harmonice Mundi, 281 (KGW VI, 291).
69 Mysterium Cosmographicum, 49 (KGW VIII, 47).
70 Epitome, KGW VII, 258; Einwände, 80-81.
71 Einwände, 81.
72 Epitome, KGW VII, 267, 272.
73 Mysterium Cosmographicum, 31 (KGW VIII, 33).
74 Epitome, KGW VII, 319.
75 *Caspar, M.:* Entstehungsgeschichte der Harmonice Mundi, in: Harmonice Mundi, 21*.
76 Harmonice Mundi, 87 (KGW VI, 93).
77 Ebd., 290-291 (KGW VI, 301).
78 Ebd., 300 (KGW VI, 308).
79 Ebd., 301-303 (KGW VI, 312-315).
80 Ebd., 304 (KGW VI, 316).
81 Ebd., 310 (KGW VI, 323).
82 Ebd., 310 (KGW VI, 323).
83 Ebd., 315 (KGW VI, 328).
84 Ebd., 311 (KGW VI, 324).
85 Ebd., 317, 348-349 (KGW VI, 330, 360-361); Epitome, KGW VII, 275.
86 Epitome, KGW VII, 316.
87 Ebd., 338.

Literatur

Werke
Prodromus dissertationum cosmographicarum, continens Mysterium Cosmographicum (...), Tübingen 1596, Frankfurt ²1621 (hrsg. v. *M. Caspar*) München 1938 (Gesammelte Werke I, 3-145), VIII, 7-128) (dt. Mysterium Cosmographicum. Das Weltgeheimnis, hrsg. v. *M. Caspar,* Augsburg 1923, München/Berlin 1936).
Astronomia Nova (...), Heidelberg 1609, hrsg. v. *M. Caspar,* München 1937 (Gesammelte Werke III) (dt. Neue Astronomie, hrsg. v. *M. Caspar,* München/Berlin 1929).
Epitome Astronomiae Copernicanae (...), I-III, Linz 1618, IV, Linz 1620, V-VII, Frankfurt 1621, hrsg. v. *M. Caspar,* München 1953 (Gesammelte Werke VII) (engl. Epitome of Copernican Astronomy, Books IV and V, Annapolis 1939 [repr. New York 1969]).
Harmonices Mundi libri V, Linz 1619, hrsg. v. *M. Caspar,* München 1940 (Gesammelte Werke VI) (dt. Weltharmonik, hrsg. v. *M. Caspar,* München/Berlin 1939 [repr. Darmstadt 1967, München 1973]).

Bibliographien
Rothenfelder, L., Caspar, M.: Bibliographia Kepleriana. Ein Führer durch das gedruckte Schrifttum von Johannes Kepler, München 1936, hrsg. von *M. List,* München ²1968.
Totok, W.: Handbuch der Geschichte der Philosophie III, Frankfurt 1980, 388-395.

Mittelstraß, J., Mainzer, K.: Bibliographie zum Artikel Johannes Kepler, in: J. Mittelstraß (Hrsg.): Enzyklopädie Philosophie und Wissenschaftstheorie II, Mannheim/Wien/Zürich 1984, 388–390.

Biographien
Baumgardt, C.: Johannes Kepler. Leben und Briefe, hrsg. v. H. Minkowski, Wiesbaden 1953.
Caspar, M.: Johannes Kepler, Stuttgart ³1958.
Gerlach, W., List, M.: Johannes Kepler. Leben und Werk, München ²1980.
Hemleben, J.: Johannes Kepler in Selbstzeugnissen und Bilddokumenten, Reinbek 1977.

Monographien
Beer, A., Beer, P. (Hrsg.): Kepler. Four Hundred Years. Proceedings of Conference Held in Honour of Johannes Kepler (Vistas in Astronomy 18), Oxford etc. 1975.
Cassirer, E.: Das Erkenntnisproblem in der Philosophie und Wissenschaft der neueren Zeit I, Darmstadt 1974, 328–377.
Doebel, G.: Johannes Kepler. Er veränderte das Weltbild, Graz/Wien/Köln 1983.
Gerlach, W.: Johannes Kepler und die Copernicanische Wende, Leipzig 1973.
Gingerich, O.: Johannes Kepler, in: Dictionary of Scientific Biography VII, hrsg. von Ch. C. Gillispie, New York 1973, 289–312.
Koestler, A.: The Sleepwalkers. A History of Man's Changing Vision of the Universe, New York 1959, 225–422 (dt. Die Nachtwandler, Bern/Stuttgart/Wien 1959, 225–428).
Koyré, A.: The Astronomical Revolution. Copernicus, Kepler, Borelli, Ithaca/Paris/London 1973, 117–464.
Krafft, F., Meyer, K., Sticker, B. (Hrsg.): Internationales Kepler-Symposium Weil der Stadt 1971. Referate und Diskussionen, Hildesheim 1973.
Mittelstraß, J.: Die Rettung der Phänomene. Ursprung und Geschichte eines antiken Forschungsprinzips, Berlin 1962, 197–221.
Schmidt, J.: Johannes Kepler. Sein Leben in Bildern und eigenen Berichten, Linz 1970.

GERNOT BÖHME:
JAKOB BÖHME

Anmerkungen

1 *Solms-Rödelheim, G. Graf zu:* Die Grundvorstellungen Jacob Böhmes und ihre Terminologie, Diss. phil., München 1960.
2 Für den Unterschied von materialischer und ewiger Natur siehe *E.-H. Lemper,* 160 ff.
3 Alle Böhmezitate nach Band und Seitenzahl der Ausgabe von 1730, Nachdruck 1955.
4 VII, 34.
5 *Schmitz, H.:* System der Philosophie, Bd. II, Der Leib, Bonn 1965, § 87.
6 *Popp, K. R.:* Jacob Böhme und Isaac Newton, Diss. phil., Leipzig 1935.
7 Newton, I., Über die Gravitation (...), hrsg. u. erl. von *G. Böhme,* Frankfurt 1988.

Literatur

1. Ausgaben

Böhme, J.: Sämtliche Schriften. Faksimile-Neudruck der Ausgabe von 1730 *(G. Gichtel),* neu hrsg. v. *W.-E. Peuckert,* Stuttgart 1955 ff. (Heute für wissenschaftliche Zwecke maßgebliche Ausgabe, enthält auch die Biographie von Abraham von Frankenberg, außerdem nützliche Register).

Jakob Böhme's sämtliche Werke in sieben Bänden, hrsg. von *K. W. Schiebler* (Leipzig 1831–1847), Nachdruck Leipzig 1922.

Böhme, J.: Die Urschriften, hrsg. v. *W. Buddecke,* 1963 u. 1966. Im Auftrage der Akd. d. Wiss. zu Göttingen hrsg., Sämtliche Urschriften. Einzelausgaben im Aulis-Verlag.

2. Bibliographien

Buddecke, W.: Die Jakob Böhme-Ausgaben. Ein beschreibendes Verzeichnis, 2 Bde., Göttingen 1937 u. 1957.

In: *Wehr, G.* s. u.

3. Biographien und Gesamtdarstellungen

Grunsky, H.: Jacob Böhme, Stuttgart ²1984.

Hankamer, P.: Jakob Böhme, Gestalt und Gestaltung, 1924, 2. Aufl., Hildesheim 1960.

Koyré, A.: La philosophie de J. Boehme, Paris 1929.

Lemper, E.-H.: Jacob Böhme, Leben und Werk, Berlin (Ost) 1976.

Peuckert, W.-E.: Das Leben Jakob Böhmes, Jena ²1924, in: Bd. 10 der Sämtlichen Schriften, Stuttgart 1961.

Tesch, H.: Jakob Böhme. Mystiker und Philosoph, Lindau 1976.

Wehr, G.: Jakob Böhme in Selbstzeugnissen und Bilddokumenten, Reinbek 1971.

4. Arbeiten zur Naturphilosophie J. Böhmes

Böhme, G.: Die Signaturenlehre bei Paracelsus und Jacob Böhme, in: ders.: Natur, Leib, Sprache, Rotterdamse Filosofische Studies, Delft 1986.

Hauck, W.-A.: Das Geheimnis des Lebens. Naturanschauung und Gottesauffassung Fr. Chr. Oetingers. Heidelberg 1977 (darin das Kapitel: Oetinger und Jakob Böhme).

Kayser, W.: Böhmes Natursprachenlehre und ihre Grundlagen, in: Euphorion 31 (1930), 521–562.

Lemper, E.-H.: Das Naturbild Jacob Böhmes, a. a. O., 158–164.

Metzke, E.: Von Steinen und Erde und vom Grimm der Natur in der Philosophie Jacob Böhmes, in: ders.: Coincidentia Oppositorum, Gesammelte Studien zur Philosophiegeschichte, Witten 1961.

WERNER KUTSCHMANN: ISAAC NEWTON

Anmerkungen

1. *Westfall, R. S.:* The Foundations of Newton's Philosophy of Nature, Brit. Journ. for the Hist. Sc. Vol. I no. 2 (1962), 172.
2. *Cohen, I. B., Roller, D. H. D.:* Opticks, by I. Newton, ⁴1730, New York 1979 (im folg. zitiert als «Opticks»), 405.
3. *Cohen, I. B., Schofield, R. B.:* Isaac Newton's Papers & Letters on Natural Philosophy, Cambridge (Mass.) ²1978, VI.
4. *Koyré, A., Cohen, I. B., Whitman, A.:* Isaac Newton's Philosophiae naturalis principia mathematica, The Third Edition (1726), 2 Bde., Cambridge (Engl.) 1972 (im folg. zitiert als «Principia»), 46.
5. Opticks, 397.
6. Principia, 760.
7. Opticks, 405.
8. Principia, 49.
9. *Hall, A. R., Hall, M. B.:* Unpublished Scientific Papers of Isaac Newton, Cambridge (Engl.), Cambridge Univ. Press, 1962, 103; Opticks, 370.
10. Principia, 51 f.; *Newton, I.:* Mathematische Prinzipien der Naturlehre, übers. von *J. Ph. Wolfers*, 1872, Nachdruck: Darmstadt 1963 (im folg. zitiert als «Prinzipien») 29 f.
11. Prinzipien, 380.
12. *Thackray, A.:* Atoms and Powers. An Essay on Newtonian Matter-Theory and the Development of Chemistry, Cambridge (Mass.) 1970, 53 ff.
13. Opticks, 281 ff.
14. Opticks, 399.
15. Opticks, 397; Übersetzung zit. nach *A. Koyré:* Von der geschlossenen Welt zum unendlichen Universum, 1969; dt. Übers. Frankfurt 1980, 195.
16. Prinzipien, Vorrede zur zweiten Ausgabe von *R. Cotes,* 12.
17. Opticks, 401.
18. Principia, 764 f.; Übersetzung zit. nach *A. Koyré* (s. Anm. 15), 210.
19. Prinzipien, 396.
20. Opticks, 404.
21. *Koyré, A.* (s. Anm. 15), 211 ff.; die Leibniz-Clarke-Kontroverse liegt vollständig dokumentiert vor in *G. H. Alexander:* The Leibniz-Clarke correspondence, Manchester 1956.

Literatur

1. Wissenschaftliche Standardausgaben des naturphilosophischen Werks

Horsley, S.: Isaaci Newtoni opera quae exstant omnia, 5 Bde., London 1779–85; photograph. Nachdruck Stuttgart, Fromman-Holzboog, 1964. – Bd. 2–3: Philosophiae naturalis principia mathematica, De mundi systemate, Theoria lunae, Lectiones opticae; Bd. 4: Briefe aus den «Philosophical Transactions» über ‹Light and Colours›, Brief an Boyle über den Äther, Briefe an Bentley, De problematis Bernoullianis, Commercium epistolicum.

Koyré, A., Cohen, I. B., Whitman, A.: Isaac Newton's Philosophiae naturalis principia

mathematica, The Third Edition (1726), With Variant Readings, 2 Bde., Cambridge (England) und Cambridge (Mass.), Cambridge Univ. Press, 1972.
Cohen, I. B., Roller, D. H. D.: Opticks or A Treatise of the Reflections, Refractions, Inflections & Colours of Light by I. Newton, based on the 4th ed. (1730), New York, Dover, 1979.
Turnbull, H. W., Scott, J. F., Hall, A. R.: The Correspondence of I. Newton, 7 Bde., Cambridge (England), Cambridge Univ. Press, 1959–77.
Hall, A. R., Hall, M. B.: Unpublished Scientific Papers of Isaac Newton, Cambridge (Engl.), Cambridge Univ. Press, 1962.
Cohen, I. B., Schofield, R. E.: Isaac Newton's Papers & Letters on Natural Philosophy, Cambridge (Mass.), Harvard Univ. Press, 1978.

2. *Leicht zugängliche Ausgaben und Übersetzungen*
Newton, I.: Mathematical Principles of Natural Philosophy, translated by *A. Motte,* 1729, revised by *F. Cajori,* Berkeley, California University Press, 1934.
–,–: Mathematische Prinzipien der Naturlehre, übers. von *J. Ph. Wolfers,* Berlin 1872; Nachdruck Darmstadt, Wiss. Buchgesellschaft, 1963.
–,–: Mathematische Grundlagen der Naturphilosophie, ausg., übers., eingel. u. hrsg. von *E. Dellian,* Hamburg 1988.
–,–: Optik oder Abhandlung über Spiegelungen, Brechungen, Beugungen und Farben des Lichts, übers. von *W. Abendroth,* Leipzig 1898, Neuausgabe Braunschweig, Vieweg, 1983.
–,–: Über die Gravitation (...), übers. von *G. Böhme,* Frankfurt, Klostermann, 1988.

3. *Bibliographien*
Macomber, H. P.: A Descriptive Catalogue of the Grace K. Babson Collection of the Works of Sir Isaac Newton, New York, Herbert Reichner, 1950; plus a supplement: Babson Park Park (Mass.) 1955.
Wallis, P., Wallis, R.: Newton and Newtoniana, 1672–1975, Folkestone 1977.

4. *Biographien*
Brewster, D.: Memoirs of the Life, Writings, and Discoveries of I. Newton, 2 Bde., Edinburgh, ²1860; Nachdruck: New York, Johnson, 1965.
Manuel, F. E.: A Portrait of Isaac Newton, Cambridge (Mass.), University Press, 1968.
Wawilow, S. I.: Isaac Newton, Übers. a.d. Russischen, Berlin, Akademie Verlag, 1951.
Westfall, R. S.: Never at rest. A Biography of I. Newton, Cambridge (Mass.), Cambridge Univ. Press, 1980.

5. *Monographien und Aufsätze*
Cohen, I. B.: Franklin and Newton, an Inquiry into Speculative Newtonian Experimental Science and Franklin's Work in Electricity as an Example Thereof, Philadelphia 1956, American Philosophical Society 1956.
–,–: The Newtonian Revolution, Cambridge (Mass.), Cambridge Univ. Press, 1980.
Dobbs, B. J. T.: The Foundations of Newton's Alchemy, or «The Hunting of the Greene Lyon», Cambridge (Mass.), Cambridge Univ. Press, 1975.
Freudenthal, G.: Atom und Individuum im Zeitalter Newtons, Frankfurt 1982.
Koyré, A.: Newtonian Studies, Chicago, The University of Chicago Press, 1965.
–,–: Von der geschlossenen Welt zum unendlichen Universum, Übers. a.d. Engl. (1969), Frankfurt a. M. 1980.

Kutschmann, W.: Die Newtonsche Kraft – Metamorphose eines wissenschaftlichen Begriffs, Wiesbaden 1983.
Rosenberger, F.: Isaac Newton und seine physikalischen Principien. Ein Hauptstück aus der Entwicklungsgeschichte der modernen Physik, 1895; Nachdr.: Darmstadt 1987.
Thackray, A.: Atoms and Powers. An Essay on Newtonian Matter-Theory and the Development of Chemistry, Cambridge (Mass.), Cambridge Univ. Press, 1970.
Westfall, R. S.: The Foundations of Newton's Philosophy of Nature, Brit. Journ. for the Hist. of Science, Vol. I, no. 2 (1962), 171–182.
–,–: Force in Newton's Physics, London and New York, 1971.

HERBERT BREGER:
GOTTFRIED WILHELM LEIBNIZ

Anmerkungen

Die Leibniz-Zitate sind mit Ausnahme von Anmerkung 7 übersetzt worden.
1 *Leibniz, G. W.:* Philosophische Schriften, Hrsg. von *C. I. Gerhardt,* Bd. 3, 606.
2 A. a. O. Bd. 6, 607 (= Monadologie, § 7).
3 A. a. O. 618 (= Monadologie, § 69).
4 *Leibniz, G. W.:* Mathematische Schriften, Hrsg. von *C. I. Gerhardt,* Bd. 6, 449.
5 *Leibniz, G. W.:* Philosophische Schriften, Bd. 7, 265.
6 A. a. O. 65, 125, 200.
7 A. a. O. 89.
8 Briefwechsel zwischen Leibniz und Christian Wolff, Hrsg. von *C. I. Gerhardt,* Halle 1860, Reprint: Hildesheim 1963, 139.
9 *Leibniz, G. W.:* Mathematische Schriften, Bd. 6, 235.
10 *Leibniz, G. W.:* Philosophische Schriften, Bd. 3, 45.
11 *Leibniz, G. W.:* Nachgelassene Schriften physikalischen, mechanischen und technischen Inhalts, Hrsg. von *E. Gerland,* Leipzig 1906, 114.
12 *Lavater, J. C.:* Physiognomische Fragmente, 1. Versuch, Leipzig und Winterthur 1775, 45.
13 Zitiert nach *D. Mahnke:* Leibniz und Goethe, Erfurt 1924, 15 f.
14 Schelling, zitiert nach *H. H. Holz:* Schelling über Leibniz, Deutsche Zeitschrift für Philosophie 2, 1954, 759.
15 *Bloch, E.:* Das Materialismusproblem (= Bd. 7 der Gesamtausgabe), Frankfurt 1972, 59.

Literatur

1. Wissenschaftliche Standardausgaben
Leibniz, G. W.: Die philosophischen Schriften, Hrsg. von *C. I. Gerhardt,* 7 Bde., Berlin 1875–1890; Reprint: Hildesheim 1978.
–,–: Die mathematischen Schriften, Hrsg. von *C. I. Gerhardt,* Band 6, Halle 1860; Reprint: Hildesheim 1962.
–,–: Sämtliche Schriften und Briefe. Akademie-Ausgabe. Berlin 1923 ff. Reihe II (Philosophische Briefe), Reihe III (Mathem.-naturwiss. Briefe), Reihe VI (Philos. Schriften).

2. *Übersetzungen*
Leibniz, G. W.: Hauptschriften zur Grundlegung der Philosophie, 2 Bde., Hamburg ³1966.
–,–: Specimen Dynamicum (lat./dt.), Hamburg 1982.
–,–: Neue Abhandlungen über den menschlichen Verstand, Hamburg 1971.
–,–: Vernunftprinzipien der Natur und der Gnade. Monadologie, Hamburg 1956, Nachdruck: 1969.

3. *Bibliographien*
Primärliteratur:
Ravier, E.: Bibliographie des œuvres de Leibniz, Paris 1937; Reprint: Hildesheim 1966.
Sekundärliteratur:
Müller, K., Heinekamp, A.: Leibniz-Bibliographie, Frankfurt/M. ²1984.
Jährliche Nachträge in der Zeitschrift «Studia Leibnitiana».

4. *Biographien*
Müller, K., Krönert, G.: Leben und Werk von Leibniz. Eine Chronik, Frankfurt/M. 1969.
Aiton, E. J.: Leibniz. A Biography, Bristol und Boston 1985.

5. *Sekundärliteratur zur Naturphilosophie*
Gueroult, M.: Leibniz. Dynamique et Métaphysique, Paris ²1967.
Heinekamp, A. (Hrsg.): Leibniz' Dynamica (Sonderheft 13 der Studia Leibnitiana), Stuttgart 1984.
Kneser, A.: Das Prinzip der kleinsten Wirkung von Leibniz bis zur Gegenwart, Leipzig und Berlin 1928.
Okruhlik, K., Brown, J. R. (Hrsg.): The Natural Philosophy of Leibniz, Dordrecht 1985.
Schneider, M.: Leibniz über Geist und Maschine. Philosophisches Jahrbuch 92 (1985), 335–352.
Stammel, H.: Der Kraftbegriff in Leibniz' Physik, Diss., Mannheim 1982.

GEREON WOLTERS:
IMMANUEL KANT

Anmerkungen

1 *Gause, F.:* Geschichte der Stadt Königsberg in Preußen, Vol. II, Köln/Graz 1968, 113.
2 *Mittelstraß, J.:* Neuzeit und Aufklärung. Studien zur Entstehung der neuzeitlichen Wissenschaft und Philosophie, Berlin/New York 1970, 121 ff.
3 *Rothschuh, K. E.:* Konzepte der Medizin in Vergangenheit und Gegenwart, Stuttgart 1978, 291 ff.
4 *Waschkies, H.-J.:* Physik und Physikotheologie des jungen Kant (Die Vorgeschichte seiner Allgemeinen Naturgeschichte und Theorie des Himmels), Amsterdam 1987, § 7.
5 Vgl. *Ritter, J., Gründer, K.* (Hrsg.): Historisches Wörterbuch der Philosophie, Vol. VI, Basel/Darmstadt 1984, Stichworte ‹Natur I› *(F. P. Hager)* und ‹natura naturans/natura naturata› *(K. Hedwig);* ferner *Mittelstraß, J.:* Das Wirken der

Natur. Materialien zur Geschichte des Naturbegriffs, in: *F. Rapp* (Hrsg.): Naturverständnis und Naturbeherrschung. Philosophiegeschichtliche Entwicklung und gegenwärtiger Kontext, München 1981, 36–69.

6 Bei Kant-Zitaten verweisen die Buchstaben A bzw. B auf die Paginierung der ersten bzw. zweiten Auflage der jeweiligen Originalausgabe, römische Ziffern auf den entsprechenden Band der Akademie-Ausgabe. Der Text der Zitate folgt den Originalausgaben.

7 Vgl. auch für das folgende: *H.-J. Waschkies*, a.a.O., § 21.

8 *Martin, G.:* Immanuel Kant. Ontologie und Wissenschaftstheorie, Berlin ⁴1969, § 11, S. 78.

9 *Plaass, P.:* Kants Theorie der Naturwissenschaft. Eine Untersuchung zur Vorrede von Kants «Metaphysischen Anfangsgründen der Naturwissenschaft», Göttingen 1965, 45.

10 *Kambartel, F.:* Erfahrung und Struktur. Bausteine zu einer Kritik des Empirismus und Formalismus, Frankfurt 1968, 143.

11 *Böhme, G.:* Philosophieren mit Kant. Zur Rekonstruktion der Kantischen Erkenntnis- und Wissenschaftstheorie, Frankfurt 1986, 113 ff.

12 *Wolters, G.:* Basis und Deduktion. Studien zur Entstehung und Bedeutung der Theorie der axiomatischen Methode bei Johann Heinrich Lambert (1728–1777), Berlin/New York 1980, Kap. 2.

13 *Butts, R. E.:* The Methodological Structure of Kant's Metaphysics of Science, in: ders. (Hrsg.), Kant's Philosophy of Physical Science. Metaphysische Anfangsgründe der Naturwissenschaft 1786–1986, Dordrecht 1986, 163–199.

14 Vgl. *Carrier, M.:* Kants Theorie der Materie und ihre Wirkung auf die zeitgenössische Chemie, in: Kant-Studien 80 (1989) (im Druck).

15 Vgl. *Butts*, a.a.O., 190.

16 *Wahsner, R.:* Das Aktive und das Passive. Zur erkenntnistheoretischen Begründung der Physik durch den Atomismus – dargestellt an Newton und Kant, Berlin (DDR), 1981, 97.

17 *Wahsner*, a.a.O., 104 ff.

18 *Weizsäcker, C.F.:* Die Einheit der Natur. Studien, München 1971 u.ö.

19 *Böhme, G.* (Hrsg.): Protophysik. Für und wider eine konstruktive Wissenschaftstheorie der Physik, Frankfurt 1976. *Janich, P.* (Hrsg.): Protophysik heute, Philosophia Naturalis 22 (1985), Heft 1.

20 Vgl. *Kaulbach, F.:* Immanuel Kant, Berlin 1969, 321 ff.

21 *Kaulbach, F.:* a.a.O., 324 f.

22 *Böhme, H., Böhme, G.:* Das Andere der Vernunft. Zur Entwicklung von Rationalitätsstrukturen am Beispiel Kants, Frankfurt 1983, Kap. 2.

23 *Böhme, H., Böhme, G.,* a.a.O., 141.

Literatur

1. Standardausgaben

Die naturphilosophischen Schriften Kants findet man in den Ausgaben der Werke Kants, z.B.:

Werke in sechs Bänden, hrsg. v. *W. Weischedel*, Frankfurt, Darmstadt 1956–1960 (repr. Darmstadt ⁵1983).

Davon seitenidentische Taschenbuchausgaben: Werke in zehn Bänden, Darmstadt 1968 (repr. 1983); Werke in zwölf Bänden (+Register), Frankfurt 1968, 1984.

Gesammelte Schriften, hrsg. v.d. Preußischen Akademie der Wissenschaften Berlin 1902–1923 (repr. 1969–1972).

Davon Taschenbuchausgabe: Kants Werke. Akademie-Textausgabe, I–IX (+ 2 Anmerkungsbände), Berlin 1968.

2. Bibliographien

Adickes, E.: German Kantian Bibliography, I–III, Boston 1895–1896.

Kopper, J., Malter, R.: Kant-Bibliographie 1964–1969, in: Proceedings of the Third International Kant Congress [...] 1970, Dordrecht 1972, 3–46.

Ab 1969 fortlaufende Bibliographie in der Zeitschrift «Kant-Studien».

3. Biographien

Immanuel Kant. Sein Leben in Darstellungen von Zeitgenossen. Die Biographien von L. E. Borowski, R. B. Jachmann und A. Ch. Wasianski, hrsg. v. F. Groß, Berlin 1912 (repr. Darmstadt 1980).

Cassirer, E.: Kants Leben und Lehre, Berlin 1918.

Gulyga, A.: Immanuel Kant, Frankfurt 1981.

Ritzel, W.: Immanuel Kant. Zur Person, Bonn 1975.

Ritzel, W.: Immanuel Kant. Eine Biographie, Berlin/New York 1985.

Schulz, U.: Immanuel Kant in Selbstzeugnissen und Bilddokumenten, Reinbek 1965 u. ö.

Vorländer, K.: Immanuel Kants Leben, Leipzig 1911; hrsg. v. R. Malter, Hamburg ³1974.

Vorländer, K.: Immanuel Kant. Der Mann und das Werk, I–II, Leipzig 1924; in 1 Bd. hrsg. v. R. Malter, Hamburg ²1977.

4. Monographien

Böhme, G.: Philosophieren mit Kant. Zur Rekonstruktion der Kantischen Erkenntnis- und Wissenschaftstheorie, Frankfurt 1986.

Böhme, H., Böhme, G.: Das Andere der Vernunft. Zur Entwicklung von Rationalitätsstrukturen am Beispiel Kants, Frankfurt 1983.

Brittan, G. G., Jr.: Kant's Theory of Science, Princeton N.J. 1978.

Buchdahl, G.: Metaphysics and the Philosophy of Science. The Classical Origins: Descartes to Kant, Oxford 1969.

Butts, R.: Kant and the Double Government Methodology. Supersensibility and Method in Kant's Philosophy of Science, Dordrecht/Boston/London 1984.

Butts, R. (Hrsg.): Kant's Philosophy of Physical Science, Dordrecht 1986.

Carrier, M.: Kants Theorie der Materie und ihre Wirkung auf die zeitgenössische Chemie, in: Kant-Studien 80 (1989) (im Druck).

Gloy, K.: Die Kantische Theorie der Naturwissenschaft. Eine Strukturanalyse ihrer Möglichkeit, ihres Umfangs und ihrer Grenzen, Berlin/New York 1976.

Hoppe, H.: Kants Theorie der Physik, Frankfurt 1969.

Kaulbach, F.: Immanuel Kant, Berlin, 1969.

Löw, R.: Philosophie des Lebendigen. Der Begriff des Organischen bei Kant, sein Grund und seine Aktualität, Frankfurt 1980.

Martin, G.: Immanuel Kant. Ontologie und Wissenschaftstheorie, Berlin ⁴1969.

Plaas, P.: Kants Theorie der Naturwissenschaft, Göttingen 1965.

Schäfer, L.: Kants Metaphysik der Natur, Berlin 1966.

Vuillemin, J.: Physique et métaphysique Kantiennes, Paris 1955.

Wahsner, R.: Das Aktive und das Passive. Zur erkenntnistheoretischen Begründung der Physik durch den Atomismus – dargestellt an Newton und Kant, Berlin (DDR) 1981.

Waschkies, H.-J.: Physik und Physikotheologie des jungen Kant (Die Vorgeschichte seiner Allgemeinen Naturgeschichte und Theorie des Himmels), Amsterdam 1987.

Wood, A. (Hrsg.): Self and Nature in Kant's Philosophy, Ithaca N.Y. 1984.
Zumback, C.: The Transcendental Science: Kant's Conception of Biological Methodology, Den Haag 1984.

WOLF V. ENGELHARDT/DOROTHEA KUHN: JOHANN WOLFGANG GOETHE

Anmerkungen

LA = Leopoldina-Ausgabe, vgl. Anm. 3. – WA = Weimarer Ausgabe. – HA = Hamburger Ausgabe, Werke. – HA Br = Hamburger Ausgabe, Briefe. – JGG = Jahrbuch der Goethe-Gesellschaft.

1 LA I 9,90. HA 13,25.
2 *Hegel, G. W. F.:* Enzyklopädie, Einleitung zur Naturphilosophie.
3 *Goethe, J. W. v.:* Die Schriften zur Naturwissenschaft (...) Im Auftrag der Deutschen Akademie der Naturforscher Leopoldina. – Erste Abteilung I: Texte, Bd. 1–11, Weimar 1947–1970. – Zweite Abteilung II: Ergänzungen und Erläuterungen. Bisher erschienen: II 3 (Farbenlehre); II 4 (Farbenlehre); II 6 (Geschichte der Farbenlehre); II 9A (Morphologie); II 9B (Morphologie); im Druck: II 7 (Geologie). – Die Erläuterungsbände enthalten neben dem Kommentar zu den Texten Materialien (im Nachlaß überlieferte Notizen, Vorarbeiten, Literaturvermerke und -auszüge, Skizzen und Entwürfe) sowie Zeugnisse (Goethes und seiner Zeitgenossen Äußerungen zu seinen naturwissenschaftlichen Studien).
4 LA I 9,97. HA 13,31.
5 LA I 10,337f. HA 13,167.
6 LA I 9, 67. HA 13,107.
7 LA I 9, 16.
8 Dichtung und Wahrheit I. Teil, Schluß des 1. Buches, HA 9,44.
9 Von deutscher Baukunst, HA 12,12.
10 LA I 10, 1.
11 Faust, 1. Teil, Verse 382f. und 447f.
12 An Sömmerring 28. August 1794, LA II 9B, 86.
13 LA II 9A, 369.
14 LA I 9, 79–83.
15 LA I 9, 90–94. HA 13,25–29.
16 LA I 11,71.
17 *Hegel, G. W. F.:* Enzyklopädie, § 246, Zusatz.
18 An Chr. G. Voigt 20./21. Juni 1798.
19 An Schelling 27. September 1800. HA Br 2,408.
20 An Schiller 19. Februar 1802. HA Br 2,429.
21 An W. v. Humboldt 22. August 1806. LA II 4, 80f.
22 LA I 10, 130.
23 *v. Engelhardt, W.:* Goethes «Harzreise im Winter 1777», JGG 104 (1987) 192–211.
24 An Charlotte v. Stein 3. Oktober 1779. HA Br 1,276.
25 An Herzog Ernst v. Gotha 27. Dezember 1780. HA Br 1,337.
26 *Prescher, H.:* Goethes Sammlungen zur Mineralogie, Geologie und Paläontologie, Berlin 1978.
27 *Werner, A. G.:* Von den äußerlichen Kennzeichen der Fossilien, Leipzig 1774. Neudruck (A. V. Carozzi, Hrsg.): Amsterdam 1965.

28 LA I 11, 1f. HA 13,251f.
29 An Merck 11.Oktober 1780. HA Br 1,329.
30 An Merck November 1782. HA Br 1,411.
31 An Charlotte v. Stein 7. Dezember 1781.
32 LA I 11, 9f.
33 LA I 11, 10–14. HA 13,253–258.
34 LA I 11, 19–26.
35 Goethes Zeichnungen: LA I 1, Tafeln IV, V, VI, IX; LA I 2, Tafeln XXV, XXIX. Zeichnungen von Kraus: LA I 2, Tafeln VII–XXIV, XXVI–XXVIII.
36 LA I 11, 14–18.
37 LA I 9,13. HA 13,63.
38 An Jacobi 9. Juni 1785. HA Br 476.
39 LA I 8, 241. HA 13,280.
40 LA I 11, 114f.
41 LA I 8, 58f. HA 13,268.
42 LA I 11, 216.
43 LA I 8, 285.
44 Faust 2. Teil, Verse 7851–7872.
45 So bezeichnet es Rupprecht Matthaei, der dieses Zitat in der Leopoldina-Ausgabe den Farbenlehre-Bänden voranstellte; vgl. LA I 3, vor S. 1, und II 3,159f. HA Br 1,91.
46 Italienische Reise, WA I 32, 289f. und LA II 3,42.
47 LA II 3,42.
48 Annalen zu 1790. LA II 3,44 und an F. H. Jacobi 1. Juni 1791. LA II 3,45. HA Br 2,139.
49 Von Riemer später bezeichnet als: Der Versuch als Vermittler von Objekt und Subjekt, LA I 3,285–295. – An Schiller 12. Januar 1798, LA I 3,303. HA 13,10–20.
50 Xenion, LA I 3,152.
51 LA I 3,51.
52 Zur Farbenlehre. Konfession des Verfassers. LA I 6,428f.
53 LA I 3,437.
54 Zur Farbenlehre. Didaktischer Teil, LA I 4,71. HA 13,367f.
55 Ebd. 210f. HA 13,482.
56 Neuere Einleitung, LA I 8,186.
57 Ebd. 187.
58 An die Fürstin Gallitzin 6. Februar 1797 und Annalen zu 1790, LA II 3, XII. HA Br 2,255f.
59 Faust, 2. Teil, Vers 4679–4727.
60 LA I 11,244. HA 13,305.
61 LA II 9A, M 163.
62 An Schiller 12. November 1796, LA II 9B,90. Vgl. *Kuhn, D.:* Typus und Metamorphose, Marbach 1988.
63 Vgl. Anm. 56. – Versuch über die Gestalt der Tiere, LA I 10,76; die Übereinstimmung mit § 175 der Farbenlehre ist auffallend; vgl. oben bei Anm. 54.
64 Von Schiller 12. und 19. Januar 1798, LA I 3,304 und 309f.
65 Allgemeine Einleitung in die vergleichende Anatomie, LA I 9,121. – Weiter unten: Sehen mit den Augen des Geistes, ebd. 138. HA 13,172.
66 An den Verleger Unger 18. Mai 1795, LA II 9A,445f.
67 An Zelter 5. Oktober 1828.
68 An Chr. G. Voigt 21. April 1816 und an W. v. Humboldt 22. August 1806; vgl. auch Anm. 21.

69 In der Leopoldina-Ausgabe erschienen in den Bänden I 8 und I 9 zum ersten Mal seit dem Erstdruck diese Hefte als Ganzes wieder im Druck.
70 LA I 10,386. HA 13,232. Vgl. *Kuhn, D.:* Empirische und ideelle Wirklichkeit, Köln/Graz/Wien 1967.
71 Anschauender Begriff, vgl. Anm. 25. – Gegenständliches Denken, LA I 9,308; HA 13,38. – Zarte Empirie, vgl. Anm. 67.
72 An Loder 22. Juni 1831.

Literatur

Wissenschaftliche Ausgaben
Goethes Werke, Weimarer Sophienausgabe, Abt. I bis IV.
–,–: Die Schriften zur Naturwissenschaft, Leopoldina-Ausgabe. Siehe Anm. 3.

Leicht zugängliche Ausgabe
Goethe, J. W. v.: Hamburger Ausgabe, Werke, Bd. 1–14; Briefe, Bd. 1–4.
–,–: Schriften zur Naturwissenschaft. Auswahl, Stuttgart 1977.

Bibliographien
Schmidt, G.: Goethe und die Naturwissenschaften. Eine Bibliographie, Halle 1949.
Pyritz, H. u. a.: Goethe Bibliographie, Heidelberg 1965 ff. – Weitergeführt in den Jahrbüchern der Goethe-Gesellschaft.

Monographien
Bollacher, M.: Der junge Goethe und Spinoza, Tübingen 1969.
Hildebrand, K.: Goethes Naturerkenntnis, Hamburg 1947.
Kleinschnieder, M.: Goethes Naturstudien, Bonn 1971.
Nisbet, H. B.: Goethe and the scientific tradition, London 1972.
Schöne, A.: Goethes Farbentheologie, München 1987.
Spinner, H.: Goethes Typusbegriff, Zürich 1933.
Troll, W. und *Wolf, K. L.:* Goethes morphologischer Auftrag, Tübingen ³1950.
Weinhandl, F.: Die Metaphysik Goethes, Berlin 1932. Neudr. Darmstadt 1965.

WOLFDIETRICH SCHMIED-KOWARZIK: FRIEDRICH WILHELM JOSEPH SCHELLING

Anmerkung

1 Alle Zitate von Schelling werden im Text mit Band und Seitenzahl nach der Ausgabe: «F. W. J. v. Schellings sämtliche Werke», Stuttgart und Augsburg 1856 ff., und zwar wie allgemein üblich in durchlaufenden Bandnummern von I bis XIV zitiert. Die Hervorhebungen stammen, soweit sie zur Betonung des Aussagezusammenhangs im Zitat übernommen werden, aus dem Original.

Literatur

1. Werkausgaben, Briefe, Bibliographien

Friedrich Wilhelm Joseph v. Schellings sämtliche Werke, hrsg. v. *K. F. A. Schelling*, 1. Abt. Bd. I–X; 2. Abt. Bd. I–IV. Stuttgart und Augsburg 1856–1861 (üblicherweise zitiert als Bd. I–XIV).
Bd. II: Ideen zu einer Philosophie der Natur (1797). Von der Weltseele (1798).
Bd. III: Erster Entwurf eines Systems der Naturphilosophie (1799). – Einleitung zu dem Entwurf eines Systems der Naturphilosophie (1799).
Bd. IV: Allgemeine Deduktion des dynamischen Prozesses (1800). – Über den wahren Begriff der Naturphilosophie (1801).
Bd. V: Vorlesungen über die Methode des akademischen Studiums (1802).
Bd. VI: System der gesamten Philosophie und der Naturphilosophie insbesondere (1804).
Bd. VII: Darlegung des wahren Verhältnisses der Naturphilosophie zur verbesserten Fichteschen Lehre (1806). – Aphorismen zur Einleitung in die Naturphilosophie (1805). – Aphorismen über die Naturphilosophie (1806). – Über das Verhältnis der bildenden Künste zu der Natur (1807).
Bd. X: Zur Geschichte der neueren Philosophie (1827). – Darstellung des Naturprozesses (1843/44).
Schellings Werke. Nach der Originalausgabe in neuer Anordnung, hrsg. v. *M. Schröter*, 6 Hauptbde., 6 Erg. Bde., München 1927.
Schelling, F. W. J. v.: Die Weltalter. Fragmente, in den Urfassungen von 1811 und 1813, hrsg. v. *M. Schröter* (Münchner Jubiläumsdruck, Nachlaßband), München 1946.
–,–: Ausgewählte Schriften, in 6 Bdn., hrsg. v. *M. Frank* (Fotomechanischer Nachdruck in Auswahl), Frankfurt a. M. 1985 (Naturphilosoph. Schriften in Bd. 1–4).
–,–: Historisch-kritische Ausgabe im Auftrage der Bayerischen Akademie der Wissenschaften, hrsg. v. *H. M. Baumgartner, W. G. Jacobs, H. Krings* u. *H. Zeltner*, Stuttgart 1976ff. (bisher erschienen I–IV).
Plitt, G. L. (Hrsg.): Aus Schellings Leben in Briefen, 3 Bde., Leipzig 1869/70.
Sandkühler, H. J.: Friedrich Wilhelm Joseph Schelling, Stuttgart 1970.
Schneeberger, G.: Friedrich Wilhelm Joseph Schelling. Eine Bibliographie, Bern 1954.

2. Grundlegende Darstellungen

Fischer, K.: Schellings Leben, Werke und Lehre (Geschichte der neueren Philosophie, Bd. 7), Heidelberg 1923.
Frank, M.: Der unendliche Mangel an Sein, Frankfurt a. M. 1975.
Fuhrmans, H.: Schellings Abhandlung über das Wesen der menschlichen Freiheit (1809), hrsg. v. H. Feick, Tübingen 1971.
Jaspers, K.: Schelling. Größe und Verhängnis, München 1955.
Schulz, W.: Die Vollendung des deutschen Idealismus in der Spätphilosophie Schellings, Stuttgart 1955.
Tilliette, X.: Schelling. Une philosophie en devenir, 2 Bde., Paris 1970.

3. Sammelbände (mit Bezügen zur Naturphilosophie)

Verhandlungen der Schelling-Tagung in Bad Ragaz vom 22.–25. Sept. 1954, Studia philosophica Vol. XIV, Basel 1954.
Koktanek, A. M. (Hrsg.): Schelling-Studien. Festgabe f. M. Schröter zum 85. Geburtstag, München/Wien 1965.
Frank, M., Kurz, G. (Hrsg.): Materialien zu Schellings philosophischen Anfängen, Frankfurt/M. 1975.

Atti del Convegno internazionale di studio: Il concetto di natura. Schelling e la «Critica del giudizio», Urbino 1975, Studi Urbinati 1977.
Dietzsch, S. (Hrsg.): Natur, Kunst, Mythos. Beiträge zur Philosophie F.W.J.Schellings, Berlin (Ost) 1978.
Hasler, L. (Hrsg.): Schelling. Seine Bedeutung für eine Philosophie der Natur und der Geschichte, Stuttgart-Bad Cannstadt 1981.
Sandkühler, H.J. (Hrsg.): Natur und geschichtlicher Prozeß. Studien zur Naturphilosophie F.W.J.Schellings, Frankfurt a.M. 1985.
Heckmann, R., Krings, H., Meyer, R. W. (Hrsg.): Natur und Subjektivität. Zur Auseinandersetzung mit der Naturphilosophie des jungen Schelling, Stuttgart-Bad Cannstadt 1985.

4. Zur Naturphilosophie
(sofern nicht in den obigen Sammelbänden)

Bloch, E.: Das Materialismusproblem, seine Geschichte und Substanz, Bloch Gesamtausgabe, Bd. 7, Frankfurt a.M. 1972.
Ewers, M.: Philosophie des Organismus in teleologischer und dialektischer Sicht, Münster 1986.
Förster, W.: Zur Naturphilosophie Schellings, in: *H. Hörz* u.a.: Naturphilosophie – von der Spekulation zur Wissenschaft, Berlin 1969.
Habermas, J.: Dialektischer Idealismus im Übergang zum Materialismus, in: *J. Habermas*, Theorie und Praxis, Neuwied u. Berlin 1963.
Hartkopf, W.: Studien zur Entwicklung der modernen Dialektik, Bd. I: Die Dialektik in Schellings Ansätzen zu einer Naturphilosophie, Meisenheim a. Glan 1972.
Heuser-Keßler, M.-L.: Die Produktivität der Natur, Schellings Naturphilosophie und das neue Paradigma der Selbstorganisation in den Naturwissenschaften, Berlin 1986.
Mende, E.: Der Einfluß von Schellings Prinzip auf Biologie und Physik der Romantik, in: Philosophia Naturalis 15 (1974/75).
Moiso, F.: Die Hegelsche Theorie der Physik und die Chemie in ihrer Beziehung zu Schellings Naturphilosophie, in: Hegels Philosophie der Natur, hrsg. v. *R.-P. Horstmann* u. *M.J. Petry*, Stuttgart 1986.
Rothschuh, K.E.: Schellings Konzept einer naturphilosophischen Medizin, in: Konzepte der Medizin, Stuttgart 1978.
Ruben, P.: Zur Kritik der romantischen Naturphilosophie F.W.J.Schellings, in: *ders.*, Dialektik und Arbeit der Philosophie, Köln 1978.
Schmied-Kowarzik, W.: Das dialektische Verhältnis des Menschen zur Natur, Freiburg/München 1984.
Sobotka, M.: Der Einfluß von Schellings Einleitung zu den Ideen zu einer Philosophie der Natur auf Hegels erste Druckschriften, in: Wissenschaftliche Zeitschrift der Friedrich-Schiller-Universität Jena (1978).
Wieland, W.: Schellings Lehre von der Zeit. Grundlagen und Voraussetzungen der Weltalterphilosophie, Heidelberg 1956.
Wild, Ch.: Reflexion und Erfahrung. Eine Interpretation der Früh- und Spätphilosophie Schellings, Freiburg/München 1968.

HEINZ KIMMERLE:
GEORG WILHELM FRIEDRICH HEGEL

Anmerkungen

1 *Hegel, G. W. F.:* Dissertatio Philosophica de Orbitis Planetarum, übers., eingel. u. kommentiert von *W. Neuser,* Weinheim 1986, 139.
2 -,-: Naturphilosophie. Die Vorlesungen von 1819/1820, in Verbindung mit *K. H. Ilting,* hrsg. v. *M. Gies,* Neapel 1982, IXf.
3 -,-: Frühe Schriften, Theorie-Werkausgabe, Band I., Frankfurt a. M. 1971, 422.
4 -,-: Jenaer Kritische Schriften, Gesammelte Werke, hrsg. im Auftrag der Deutschen Forschungsgemeinschaft, Band 4, Hamburg 1968, 265–276, bes. 271 u. 274.
5 -,-: Dissertatio Philosophica, a. a. O., 74.
6 -,-: Jenaer Kritische Schriften, a. a. O., 464.
7 -,-: Phänomenologie des Geistes, Gesammelte Werke, a. a. O., Band 9, Hamburg 1978, 134.
8 -,-: Wissenschaft der Logik, hrsg. v. *G. Lasson,* Band 2, Hamburg 1966, 504 f.
9 Ebd., 371.
10 *Hegel, G. W. F.:* Enzyklopädie der philosophischen Wissenschaften im Grundrisse, hrsg. v. *F. Nicolin* u. *O. Pöggeler,* Hamburg ^{6}1959, 204 f.
11 Ebd., 317.
12 Ebd., 340.
13 Ebd., 448 f.
14 *Hegel, G. W. F.:* Naturphilosophie, a. a. O., XV.
15 Ebd., 11.
16 *Hegel, G. W. F.:* Jenaer Systementwürfe I, Gesammelte Werke, a. a. O., Band 6, Hamburg 1976, 50.

Literatur

Ausgaben
G. W. F. Hegels Werke. Hrsg. durch einen Verein von Freunden des Verewigten, Band I–XIX, Berlin/Leipzig 1832–1887.
Sämtliche Werke. Jubiläumsausgabe in zwanzig Bänden, hrsg. von *H. Glockner,* Stuttgart 1927 ff.
Werke in zwanzig Bänden. Theorie-Werkausgabe, Frankfurt a. M. 1969 ff.
Gesammelte Werke. In Verbindung mit der Deutschen Forschungsgemeinschaft, hrsg. von der Rheinisch-Westfälischen Akademie der Wissenschaften, Band 4 ff., Hamburg 1968 ff.
Vorlesungen. Naturphilosophie. Band I: Die Vorlesung von 1819/1820, in Verbindung mit *K. H. Ilting,* hrsg. von *M. Gies,* Neapel 1982.
Düsing, K., Kimmerle, H. (Hrsg.): Jenaer Systementwürfe I, Hamburg 1986.
Horstmann, R. P. (Hrsg.): Jenaer Systementwürfe II, Hamburg 1982.
-,- : Jenaer Systementwürfe III, Hamburg 1986.
Hoffmeister, J. (Hrsg.): Phänomenologie des Geistes, Hamburg ^{6}1952.
Lasson, G. (Hrsg.): Wissenschaft der Logik, 2 Bde, Leipzig ^{2}1932–1934.
Nicolin, F., Pöggeler, O. (Hrsg.): Enzyklopädie der philosophischen Wissenschaften im Grundrisse, Hamburg ^{7}1969.

Petry, M.J. (Hrsg.): Hegel's Philosophy of Nature, transl. and with a commentary, 3 Bde., London/New York 1970.
Neuser, W. (Hrsg.): Dissertatio Philosophica de Orbitis Planetarum, übers., eingel. u. kommentiert, Weinheim 1986.
Briefe von und an Hegel, Band 1–3, hrsg. von *J. Hoffmeister,* Band 4 (2 Teilbände), hrsg. v. *F. Nicolin,* Hamburg 1952 ff.

Bibliographien
Croce, B.: Lebendiges und Totes in Hegels Philosophie. Mit einer Hegel-Bibliographie, Heidelberg 1909, 177–228.
Nicolin, F., Pöggeler, O. (Hrsg.): Hegel-Studien, Bonn 1961 ff.
Steinhauer, K.: Hegel. Eine internationale Bibliographie, München 1977.

Biographien und Gesamtdarstellungen
Fischer, K.: Hegels Leben, Werke und Lehre, 2 Bde., Heidelberg 1901 (Nachdruck Darmstadt 1963).
Gulyga, A.: Georg Wilhelm Friedrich Hegel, Leipzig/Frankfurt a. M. 1974.
Haering, Th. L.: Hegel. Sein Wollen und sein Werk, 2 Bde., Leipzig/Berlin 1929–1938 (Nachdruck Aalen 1963).
Hartmann, N.: Die Philosophie des deutschen Idealismus, Bd. 2: Hegel. Berlin/Leipzig 1929, ²1960.
Haym, R.: Hegel und seine Zeit, Berlin 1857 (Nachdruck Hildesheim/Darmstadt 1962).
Hösle, V.: Hegels System, 2 Bde., Hamburg 1987.
Inwood, M.: Hegel, London 1983.
Kroner, R.: Von Kant bis Hegel, Bd. 2: Hegel, Tübingen 1924, ²1961.
Rosenkranz, K.: Georg Wilhelm Friedrich Hegels Leben, Berlin 1844 (Nachdruck Darmstadt 1969).
Taylor, Ch.: Hegel, Cambridge 1975.
Wiedmann, F.: Hegel in Selbstzeugnissen und Bilddokumenten, Reinbek 1965.

Arbeiten zur Naturphilosophie
Bonsiepen, W.: Zu Hegels Auseinandersetzung mit Schellings Naturphilosophie in der ‹Phänomenologie des Geistes›, in: Schelling. Seine Bedeutung für eine Philosophie der Natur und der Geschichte, hrsg. von *L. Hasler,* Stuttgart/Bad Cannstatt 1981, 167–172.
Closs, O.: Kepler und Newton und das Problem der Gravitation in der Kantischen, Schellingschen und Hegelschen Naturphilosophie, Heidelberg 1908.
Breidbach, O.: Das Organische in Hegels Denken. Studie zur Naturphilosophie und Biologie um 1800, Würzburg 1982.
Düsing, K.: Spekulation und Reflexion. Zur Zusammenarbeit Schellings und Hegels in Jena, in: Hegel-Studien 5 (1969), 95–128.
Engelhardt, D. von: Grundzüge der wissenschaftlichen Naturforschung um 1800 und Hegels spekulative Naturerkenntnis, in: Philosophia naturalis 13 (1976), 290–315.
Grimmlinger, F.: Zur Methode der Naturphilosophie bei Hegel, in: Wiener Jahrbuch für Philosophie 3 (1970), 38–68.
Haering, Th. L.: Hegel und die moderne Naturwissenschaft, in: Philosophische Hefte 3 (1931), 71–82.
Harris, H. S.: Hegel's Development. Night thoughts (Jena 1801–1806), Oxford 1983.
Hösle, V.: Hegels ‹Naturphilosophie› und Platons ‹Timaios› – ein Strukturvergleich, in: Philosophia naturalis 21 (1984), 64–100.

Horstmann, R. P. u. Petry, M. J. (Hrsg.): Hegels Philosophie der Natur. Beziehungen zwischen empirischer und spekulativer Naturerkenntnis, Stuttgart 1986.
Kimmerle, H.: Hegels Naturphilosophie in Jena, in: Hegel-Studien, Beiheft 20, hrsg. von D. Henrich u. K. Düsing, Bonn 1980, 207–215.
–;–: Das Problem der Abgeschlossenheit des Denkens. Hegels «System der Philosophie» in den Jahren 1800–1804, Bonn 1970, ²1982.
–,–: Intelligenz ist nicht Geist. Die Natürlichkeit des Menschen in den Schriften Schellings und Hegels von 1800–1802, in: Natur und Subjektivität. Zur Auseinandersetzung mit der Naturphilosophie des jungen Schelling, hrsg. von *R. Heckmann, H. Krings, R. W. Meyer.* Stuttgart/Bad Cannstatt 1985, 157–181.
Moretto, A.: Hegel e la «Matematica dell'infinito», Trento 1984.
Nadler, K.: Die Entwicklung des Naturbegriffs in Hegels Philosophie, in: Zeitschrift für deutsche Geisteswissenschaft 1 (1938), 129–142.
Neuser, W.: Dokumente einer Entwicklung – Zu Hegels Naturphilosophie, in: Dialektik 8 (1984), 245–257.
–,–: Hegel's Approach to Euclid's Theorem of Parallels, in: Explorations in Knowledge 3 (1985), 35–39.
Petry, M. J.: Hegel's Criticism of Newton, in: CLIO 13 (1984), 331–348.
–,–: Hegel's Philosophy of Nature, with special reference to its «mechanics», Oxford 1969 (Diss. phil.).
–,–: (Hrsg.): Hegel und die Naturwissenschaften, Stuttgart/Bad Cannstatt 1986.
Wandschneider, D.: Raum, Zeit, Relativität. Grundbestimmungen der Physik in der Hegelschen Naturphilosophie, Frankfurt a. M. 1982.

HELMUT FLEISCHER:
FRIEDRICH ENGELS

Literatur

1. Philosophische Hauptschriften von Engels
(Nach der Ausgabe Marx Engels Werke [MEW], Berlin, Dietz, 1956 f.)

Die literarischen und philosophischen Frühschriften sind im Ergänzungsband II der MEW-Ausgabe enthalten (im Text zitiert MEW E-Bd. II).
Umrisse zu einer Kritik der Nationalökonomie (1844), in: MEW Bd. 1, 499–524.
Eugen Dührings Umwälzung der Wissenschaft (1877/78 «Anti-Dühring») MEW Bd. 20, 1–303.
Dialektik der Natur (1873–1883), in: MEW Bd. 20, 305–570.
Ludwig Feuerbach und der Ausgang der klassischen deutschen Philosophie (1886), in: MEW Bd. 21, 259–307.

2. Biographisches
Mayer, G.: Friedrich Engels, 2 Bde., Haag 1934.
Cornu, A.: Karl Marx und Friedrich Engels, 4 Bde., Berlin (Ost) 1962–68.
Friedrich Engels. Dokumente seines Lebens. Zusammengestellt von *M. Kliem*, Frankfurt 1977.
Friedrich Engels 1820–1970. Referate. Diskussionen. Dokumente. (Beiträge einer internationalen wissenschaftlichen Konferenz in Wuppertal, Mai 1970, Redaktion *H. Pelger*) Hannover 1971 (Die naturtheoretische Arbeit von Engels ist in diesen Texten nicht gewürdigt).

3. Texte zur Interpretation und Wirkungsgeschichte
Liedman, S.-E.: Das Spiel der Gegensätze. Friedrich Engels' Philosophie und die Wissenschaften des 19. Jahrhunderts, Schwedische Originalausgabe 1977, dt.: Frankfurt/New York 1986.
Textbasis für die Konzeption einer Allgemein- und Naturdialektik im sowjetischen Marxismus sind Lenins «Philosophische Hefte» aus den Jahren 1914/15, als Bd. 38 in der Werkausgabe des Dietz-Verlags Berlin (Ost) erschienen. Engels' «Anti-Dühring» fungierte weithin als Leitfaden bei der Aktivierung Hegelscher Gedankengänge.
Die sowjetmarxistische Schulgestalt «materialistischer Dialektik» präsentierte sich zuletzt in einem Gemeinschaftswerk (Leitung *P. N. Fedoseev*); Materialističeskaja dialektika. Kratkij očerk teorii (Materialistische Dialektik. Kurzer Abriß der Theorie), Moskau, ²1985.
Eine «klassische» Debatte über Sinn und Möglichkeit einer «Dialektik der Natur» wurde 1961 in Paris ausgetragen. Das Protokoll wurde 1962 deutsch als Bd. 116 der Edition Suhrkamp veröffentlicht: Existentialismus und Marxismus. Eine Kontroverse zwischen Sartre, Garaudy, Hyppolite, Vigier und Orcel. Der Herausgeber, *A. Schmidt,* hat einen Aufsatz «Zum Verhältnis von Geschichte und Natur im dialektischen Materialismus» (103–155) beigefügt.
Schmidt, A.: Der Begriff der Natur in der Lehre von Marx, Frankfurt 1962 (Enthält eine Kritik an Engels' Naturdialektik).
Fischer, E.: Bemerkungen zur Ausarbeitung der ‹Dialektik der Natur› durch Friedrich Engels, in: Deutsche Zeitschrift für Philosophie (DDR) 11 (1978).

ERNEST WOLF-GAZO:
ALFRED NORTH WHITEHEAD

Literatur

Hauptwerke
On mathematical Concepts of the Material World, in: Philosophical Transactions of the Royal Society, London, Series A, Vol. 205 (1906), 465–525.
Principia Mathematica (mit *B. Russell*), Vol. 1, Cambridge Univ. Press, 1910 (dt. Principia mathematica. Vorwort und Einleitungen, Frankfurt 1986.
An Introduction to Mathematics, Oxford, Univ. Press, 1911 (repr. 1981; dt. Einführung in die Mathematik, München/Bern 1958).
The Organisation of Thought, Educational and Scientific (1917), repr. Westport, Conn., 1975.
An Enquiry Concerning the Principles of Natural Knowledge (1919), repr. Cambridge ²1955.
The Concept of Nature (1920), repr. Cambridge 1971.
The Principle of Relativity, with Applications to Physical Science, Cambridge 1922.
Process and Reality. An Essay in Cosmology. Corrected Edition (zit. als PR), hrsg. v. *D. R. Griffin, R. G. David, D. W. Sherburne,* New York 1978 (dt. Prozeß und Realität. Entwurf einer Kosmologie, Frankfurt a. M. 1979, ²1984).
Science and the Modern World (1925; zit. als SMW) repr. New York 1981 (dt. Wissenschaft und die Moderne Welt, Zürich 1949, Frankfurt a. M. 1984).
Adventures of Ideas (1933), repr. New York 1975 (dt. Abenteuer der Ideen, Frankfurt a. M. 1971).

Essays in Science and Philosophy (1947), repr. New York, Phil. Library, 1968 (dt. Philosophie und Mathematik, Wien 1949).

Bibliographien
Process Studies. Zeitschrift, die sich der Arbeit Whiteheads widmet, mit bibliographischer Rundschau neuerer Untersuchungen über Whitehead.
Lowe, V., Baldwin, R. C.: Bibliography of the Writings of A. N. Whitehead, in: The Philosophy of A. N. Whitehead, hrsg. v. *P. A. Schilpp*, 1941; repr. La Salle, Open Court, 1971.
Lucas, G.: The Genesis of Modern Process Thought – A Bibliographical Outline, Metuchen, N. J. 1983.
Woodbrige, B. A. (Hrsg.): A. N. Whitehead. A Primary-Secondary Bibliography, Bowling Green, 1977.
Wolf-Gazo, E.: Bio-Bibliographie, in: Whitehead und der Prozeßbegriff, Freiburg/München 1984, 454–462.
–,–: Whitehead-Bibliographie, in: Whitehead, Einführung in seine Kosmologie, Freiburg/München 1980.

Ausgewählte Monographien, Abhandlungen und Sammelbände
Bergmann, H.: Der Physiker Whitehead, in: *Kreatur,* 1928, 356–363.
Christian, W. A.: An Interpretation of Whitehead's Metaphysics, New Haven, Yale 1959.
Cobb Jr., J. B., Birch, Ch.: The Liberation of Life – From the Cell to the Community, Cambridge Univ. Press, 1981.
Cobb Jr., J. B., Griffin, D. R. (Hrsg.): Mind in Nature – Essays on the Interface of Science and Philosophy, Washington, D. C., Univ. Press of America, 1977.
Code, M.: Order and Organism – Steps to a Whiteheadian Philosophy of Mathematics and the Natural Sciences, Albany, N. Y. 1985.
Emmet, D.: Whitehead's Philosophy of Organism (1932), repr. London 1966.
Earley, J. E.: Self-Organization and Agency: In Chemistry and in Process Philosophy, in: *Process Studies,* Vol. 11, No. 4, 1974, 32–47.
Fetz, R. L.: Whitehead – Prozeßdenken und Substanzmetaphysik, Freiburg/München 1981.
Folse, H.: The Copenhagen Interpretation and Whitehead's Philosophy of Organism, in: *Tulane Studies* in Philosophy, Vol. 23, 1974, 32–47.
Ford, L. S.: The Emergence of Whitehead's Metaphysics. Albany, N. Y., 1985.
Griffin, D. R. (Hrsg.): Physics and the ultimate Significance of Time – Bohm, Prigogine, and Process Philosophy, 1986.
Hammerschmidt, W.: Whitehead's Philosophy of Time (1947), repr. New York 1975.
Holz, H., Wolf-Gazo, E. (Hrsg.): Whitehead und der Prozeßbegriff – Beiträge zur Philosophie A. N. Whiteheads auf dem Ersten Internationalen Whitehead-Symposion in Bonn 1981, Freiburg/München 1984 (siehe bes. Teil III: Naturphilosophie und Erkenntnistheorie).
Koyré, A.: From the Closed World to the Open Universe, Baltimore 1968.
Leclerc, I.: Whithead's Metaphysics (1958), repr. Bloomington, Indiana Univ. Press, 1978.
–,–: The Nature of Physical Existence, London 1972.
–,–: The Philosophy of Nature, Washington, D. C., Catholic Univ. Press, 1986.
Lewis, C. I.: The Categories of Natural Knowledge, in: *Collected Papers of C. I. Lewis,* Stanford Univ. Press, 1972.

Lowe, V.: Understanding Whitehead, Baltimore, Johns Hopkins Univ. Press, 1962.
–,–: Whitehead – The Man and His Work, Vol. I, Baltimore, Johns Hopkins Univ. Press, 1985.
Lucas, G. (Hrsg.): Hegel and Whitehead – Contemporary Perspectives on Systematic Philosophy, Albany, N.Y. 1986 (bes. über «Nature and Mind»).
Martin, R.: Whitehead's Categoreal Scheme and Other Papers, The Hague 1974.
Nobo, J. L.: Whitehead's Philosophy of Solidarity and Extension, Albany, N.Y. 1986.
Shimony, A.: Quantum Physics and the Philosophy of Whitehead, in: Philosophy in America, ed. *Max Black,* Ithaca, Cornell Univ. Press, 240–261.
Rapp, F., Wiehl, R. (Hrsg.): Whitehead's Metaphysik der Kreativität, Freiburg/München 1986.
Rust, A.: Die organismische Kosmologie von Alfred N. Whitehead (Diss. Zürich), Frankfurt 1987.
Palter, R. M.: Whitehead's Philosophy of Science, Chicago Univ. Press, 1960.
Welten, W.: Whitehead, Einstein, et la relativité: L'uniformité de l'espace-temps, in: Gregorianum, Vol. 61, 1980, 77–95.
Wiehl, R.: Zeit und Zeitlosigkeit in der Philosophie A. N. Whiteheads, in: Natur und Geschichte K. Löwith zum 70. Geburtstag, Hrsg. *M. Riedel,* Stuttgart 373–405.
Wolf-Gazo, E. (Hrsg.): Whitehead – Einführung in seine Kosmologie, Freiburg/München 1980.
–,– (Hrsg.): Whitehead and Other Philosophers. *Special Issue of Process Studies,* Vol. 14, No. 4, 1985.
–,–: Epochen und Kategorien, Zur Whiteheadschen Epochentheorie der Zeit, in: Zeitbegriffe, Hrsg.: *G. Heinemann,* Freiburg/München 1986, 79–94.
–,–: Das erfassende Subjekt – Eine Untersuchung zu A. N. Whiteheads Philosophie des Organismus, Freiburg/München 1989.
–,– (Hrsg.): Process in Context-Essays in Post-Whiteheadian Perspectives, Bern/Frankfurt/New York 1988.

KLAUS MICHAEL MEYER-ABICH:
DER HOLISMUS IM 20. JAHRHUNDERT

Anmerkungen

1 Phn, 98c–99a.
2 Galilei, Dialog, 189.
3 Abhandlung über die Methode, V. § 14.
4 1971, 164.
5 Die Schriften von A. Meyer-Abich werden im folgenden nach den im Literaturverzeichnis angegebenen Kürzeln zitiert.
6 A. Meyer-Abich 1950, 53.
7 Vgl. K. M. Meyer-Abich 1984.

Literatur

Bohr, N.: Licht und Leben, Naturwissenschaften 21 (1933).
–,–: Can quantum mechanical description of physical reality be considered complete?, Physical Review (1935).

Boutroux, E.: Die Kontingenz der Naturgesetze, Jena 1911.
–,– : Über den Begriff des Naturgesetzes in der Wissenschaft und in der Philosophie der Gegenwart, Jena 1907.
Driesch, H.: Die mathematisch-mechanische Betrachtung morphologischer Probleme der Biologie, Jena 1981.
–,– : Die Biologie als selbständige Grundwissenschaft, Leipzig 1893.
–,– : Die Philosophie des Organischen, Leipzig 1909.
–,– : Ordnungslehre, Jena 1912.
–,– : Wirklichkeitslehre, Leipzig 1917.
–,– : Die Maschine und der Organismus, Leipzig 1935.
Ewers, M.: Philosophie des Organismus in teleologischer und dialektischer Sicht, Münster 1986.
Galilei, G.: Dialog über die beiden hauptsächlichsten Weltsysteme, das Ptolemäische und das Kopernikanische, übers. v. E. Strauss, Leipzig 1891.
Haldane, J. S.: Mechanism, Life and Personality – An Examination of the Mechanistic Theory of Life and Mind, London 1913.
–,– : Die philosophischen Grundlagen der Biologie, Berlin 1932.
Helmholtz, H. v.: Über das Ziel und die Fortschritte der Naturwissenschaft – Eröffnungsrede für die Naturforscherversammlung in Innsbruck im Jahre 1869, in: Philosophische Vorträge und Aufsätze, Eingeleitet ... von *H. Hörz* und *S. Wollgast,* Berlin 1971, 153–185.
Meyer-Abich, A.: Ideen und Ideale der biologischen Erkenntnis. Beiträge zur Theorie und Geschichte der biologischen Ideologien (IuI), Leipzig 1934.
–,– : Krisenepochen und Wendepunkte des biologischen Denkens (KuW), Jena 1935.
–,– : Naturphilosophie auf neuen Wegen (NnW), Stuttgart 1948.
–,– (Hrsg.): Biologie der Goethezeit, Stuttgart 1949.
–,– : Zur Logik der Unbestimmtheitsbeziehungen, in: *W. Heinrich* (Hrsg.): Die Ganzheit in Philosophie und Wissenschaft – O. Spann zum 70. Geburtstag, Wien 1950, 47–76.
–,– : Geistesgeschichtliche Grundlagen der Biologie, Stuttgart 1963.
Meyer-Abich, K. M.: Wege zum Frieden mit der Natur – Praktische Naturphilosophie für die Umweltpolitik, München 1984.
Roux, W.: Die Entwicklungsmechanik, ein neuer Zweig der biologischen Wissenschaft, Leipzig 1905.
Smuts, J. Chr.: Holism and Evolution, London 1926, dt.: Die holistische Welt, Berlin 1938.
Uexküll, J. v.: Bausteine zu einer biologischen Weltanschauung, München 1913.
–,– : Theoretische Biologie, Berlin 1920.
–,– : Die Lebenslehre, Potsdam 1930.

GÜNTHER SCHIWY:
PIERRE TEILHARD DE CHARDIN

Anmerkungen

1 *Teilhard de Chardin, P.:* Die Entstehung des Menschen, München 1961, 11.
2 *Monod, J.:* Zufall und Notwendigkeit, München 1975, 151.
3 *Teilhard de Chardin, P.:* Der Mensch im Kosmos, München, 1959, 23.
3a –,– : Lettres intimes à Auguste Valensin ..., Paris 1974, 32.

4 *Ders.:* Le coeur de la matière, Paris 1976, 33.
5 *Bergson, H.:* Schöpferische Entwicklung, Jena 1912, 270.
6 *Teilhard de Chardin, P.:* Der Mensch im Kosmos, München 1959, 42.
7 *Ebd.,* 15f.
8 *Ebd.,* 22.
9 *Ebd.,* 20f.
10 *Ebd.,* 71.
11 *Teilhard de Chardin, P.:* Das Auftreten des Menschen, Olten ²1965, 325.
12 *Ders.:* Die lebendige Macht der Evolution, Olten 1967, 26.
13 *Ders.:* Der Mensch im Kosmos, München 1959, 312.
14 Vgl. *Haas, A.:* Teilhard de Chardin-Lexikon, Freiburg 1971, 133–148, mit den genauen Zitatnachweisen.
15 *Teilhard de Chardin, P.:* Der Mensch im Kosmos, München 1959, 274f.
16 *Ebd.,* 281.
17 *Ders.:* Die Entstehung des Menschen, München 1961, 126.
18 *Ebd.*
19 *Ebd.,* 127.
20 Brief vom 11.April 1953, zit. bei *Cuénot, C.:* Pierre Teilhard de Chardin. Leben und Werk, Olten/Freiburg 1966, 450f.
21 *Teilhard de Chardin, P.:* Der Mensch im Kosmos, München 1959, 149.
22 *Monod, J.:* Zufall und Notwendigkeit, München 1975, 10f.
23 Zitiert nach *Schiwy, G.:* Der französische Strukturalismus, Reinbek ⁹1985, 209.
24 *Dürr, H.-P.:* Physik und Transzendenz. Die großen Physiker unseres Jahrhunderts über ihre Begegnung mit dem Wunderbaren. Mit Beiträgen von David Bohm, Niels Bohr, Max Born, Arthur Eddington, Albert Einstein, Werner Heisenberg, James Jeans, Pascual Jordan, Wolfgang Pauli, Max Planck, Erwin Schrödinger, Carl Friedrich von Weizsäcker, München 1986.
25 *Prigogine, I., Stengers, I.:* Dialog mit der Natur – neue Wege naturwissenschaftlichen Denkens, München ⁴1983.
26 *Altner, G.* (Hrsg.): Die Welt als offenes System. Eine Kontroverse um das Werk von Ilya Prigogine, Frankfurt 1984.
27 *Ebd.,* 167 (G.Altner).

Literatur

1. Naturphilosophische Schriften Teilhards
Œuvres. Editions du Seuil, Paris; dt. Werke, Walter, Olten/Freiburg (außer Band I, VIII u. XII):
I. Le Phénomène Humain, 1955; dt. Der Mensch im Kosmos, München 1959.
II. L'Apparition de l'Homme, 1956; dt. Das Auftreten des Menschen, 1964.
III. La Vision du Passé, 1957; dt. Die Schau in die Vergangenheit, 1965.
IV. Le Milieu Divin, 1957; dt. Der göttliche Bereich, 1965; Das göttliche Milieu, 1969.
V. L'Avenir de l'Homme, 1959; dt. Die Zukunft des Menschen, 1963.
VI. L'Energie Humaine, 1962; dt. Die menschliche Energie (auch Teile von VII), 1966.
VII. L'Activation de l'Energie, 1963; dt. Die lebendige Macht der Evolution, 1967.
VIII. La Place de l'homme dans la Nature, 1956; dt. Die Entstehung des Menschen, München 1961.
IX. Science et Christ, 1965; dt. Wissenschaft und Christus, 1970.
X. Comment je crois, 1969; dt. Mein Glaube, 1972.

XI. Les Directions de l'Avenir, 1973; dt. 177–223: Mein Weltbild, 1973.
XII. Ecrits du Temps de la Guerre, 1976; dt. Frühe Schriften, Freiburg/München 1968 (unvollständig).
XIII. Le Cœur de la Matière, 1976.
Außer der Reihe:
Hymne de l'univers, 1961; dt. Lobgesang des Alls, 1964 (ohne die Pensées choisies).
Tagebücher, hrsg. u. übers. von *N.* u. *K. Schmitz-Moormann*, Olten/Freiburg 1974 ff.: Band 1–3 (26. August 1915–25. Februar 1920. Die deutsche Ausgabe ist zuverlässiger als die französische).

2. Leicht zugängliche Ausgaben
Das Tor in die Zukunft. Ausgewählte Texte zu Fragen der Zeit, hrsg. u. erläutert von G. *Schiwy,* München 1984 (Taschenbuchausgabe München 1987).
Das Teilhard de Chardin Lesebuch, ausgewählt von G. *Schiwy,* Olten/Freiburg 1987.
Brief an Frauen, hrsg. u. erläutert von G. *Schiwy,* Freiburg 1988.

3. Bibliographien
Andraca Molina, A. de: Bibliographie Générale des Œuvres, Articles, etc. sur Pierre Teilhard de Chardin, parus jusqu'à 1982, Santiago 1983.
Ferner jährliche Bibliographien im «Archivum Historicum Societatis Jesu», Rom.

4. Biographien
Cuénot, C.: Pierre Teilhard de Chardin. Leben und Werk, Olten 1966 (mit Bibliographie).
Hemleben, J.: Pierre Teilhard de Chardin in Selbstzeugnissen und Bilddokumenten, Reinbek 1966.
Schiwy, G.: Teilhard de Chardin. Sein Leben und seine Zeit, 2 Bde., München 1981.

5. Monographien zur Naturphilosophie
Barthélemy-Madaule, M.: Bergson und Teilhard. Die Anfänge einer neuen Welterkenntnis, Olten 1970.
–,–: La Personne et le drame humain chez Teilhard de Chardin, Paris 1967.
Becker, T.: Geist und Materie in den ersten Schriften Teilhard de Chardins, Freiburg 1987.
Broch, T.: Das Problem der Freiheit im Werk von Pierre Teilhard de Chardin, Mainz 1977.
Feneberg, R.: Die Phänomenologie bei Teilhard de Chardin. Eine Untersuchung der hermeneutischen Voraussetzungen ihrer Interpretation, Meisenheim am Glan 1968.
Gläßer, A.: Konvergenz – Die Struktur der Weltsumme Pierre Teilhards de Chardin, Kevelaer 1970.
Gosztonyi, A.: Der Mensch und die Evolution. Teilhard de Chardins philosophische Anthropologie, München 1968.
Haas, A.: Teilhard de Chardin-Lexikon, Freiburg 1971.
Müller, A.: Das naturphilosophische Werk Teilhard de Chardins, Freiburg 1964.
Portmann, A.: Der Pfeil des Humanen. Über Teilhard de Chardin, Freiburg/München 1960.
Rideau, E.: La pensée du Père Teilhard de Chardin, Paris 1965.
Schmitz-Moormann, K.: Das Weltbild Teilhard de Chardins I. Physik-Ultraphysik-Metaphysik. Untersuchungen zur Terminologie Teilhard des Chardins, Köln/Opladen 1966.

–,– (Hrsg.): Teilhard de Chardin in der Diskussion, Darmstadt 1986.
Terra, H. de (Hrsg.): Perspektiven Teilhard de Chardins, München 1966.
Wrede, M.: Die Einheit von Materie und Geist bei Teilhard de Chardin, Limburg 1964.

BURGHART SCHMIDT: ERNST BLOCH

Anmerkungen

1 *Bloch, E.:* Das Materialismusproblem. Seine Geschichte und Substanz, Frankfurt a.M. 1972, 177f.
2 Vgl. *ders.:* Das Prinzip Hoffnung, Frankfurt a.M. 1959, 802ff.; Das Materialismusproblem, a.a.O., Kap. 39.
3 Vgl. *ders.:* Das Prinzip Hoffnung, a.a.O., 779ff.
4 Vgl. *ders.:* Das Prinzip Hoffnung, a.a.O., 786.
5 Vgl. *ders.:* Das Materialismusproblem, a.a.O., 372ff., 425ff.
   Vgl. dazu *M. Böl:* Der Materialismus bei den Griechen, Göppingen 1980, 191.
6 Vgl. *ders.:* Tübinger Einleitung in die Philosophie, Frankfurt a.M. 1970, 243ff.
7 Vgl. *ders.:* Tübinger Einleitung in die Philosophie, a.a.O. Kap. 29; vgl. Bloch zum Mach-Husserl-Verhältnis in *Ernst Bloch:* Briefe 1903–1975, hrsg. v. *K. Bloch* u.a., Frankfurt a.M. 1985, 19ff. u. darin die Briefe an Lukács, hrsg. v. *A. Münster, H. Jekle.*
8 Vgl. *ders.:* Das Materialismusproblem, a.a.O., 466ff., Das Prinzip Hoffnung, a.a.O., 807.
9 Vgl. *ders.:* Das Materialismusproblem, a.a.O., Kap. 38, 44.
10 Vgl. *ders.:* Das Prinzip Hoffnung, a.a.O., 807ff.
11 Vgl. *ders.:* Das Materialismusproblem, a.a.O., 435f.

Literatur

1. Ausgaben
Bloch, E.: Geist der Utopie, München 1918; Faksimile, Frankfurt a.M. 1971.
–,–: Kampf, nicht Krieg. Politische Schriften 1917–1919, Hrsg. M. Korol, Frankfurt a.M. 1985.
–,–: Erbschaft dieser Zeit, Zürich 1935, überarb. Ausgabe Frankfurt a.M. 1962, bes. 289–296.
–,–: Das Prinzip Hoffnung, Berlin 1954, 1955, 1958, Frankfurt a.M. 1959, bes. 729–819.
–,–: Das Materialismusproblem. Seine Geschichte und Substanz, Frankfurt a.M. 1971, bes. Kap. 38 zur modernen Physik und Kap. 39 über die Auseinandersetzung mit der Naturdialektik von Friedrich Engels.
–,–: Experimentum Mundi. Frage, Kategorien des Herausbringens, Praxis, Frankfurt a.M. 1975, bes. 83–115.
–,–: Tübinger Einleitung in die Philosophie, Frankfurt a.M. 1970, Kap. 15 zur Zeit-Raum-Problematik und Kapitel 24 zur Unausgemachtheit von Allem-und-Nichts im Zukunftshorizont.
–,–: Tendenz-Latenz-Utopie, Frankfurt a.M. 1978, bes. die drei letzten Kapitel des Teils II.

2. Biographien und Bibliographien

Zudeick, P.: Der Hintern des Teufels. Ernst Bloch, Leben und Werk, Bühl/Moos 1985.
Fortlaufende Bibliographie seit 1980 im Ernst-Bloch-Almanach, Ludwigshafen/Rh.

3. Monographien und Aufsätze zu Blochs Naturphilosophie

Habermas, J.: Ernst Bloch – ein marxistischer Schelling, in: *ders.:* Theorie und Praxis, Darmstadt/Neuwied, 1963, ²1967, 336–351.
Schmidt, A.: Der Begriff der Natur in der Lehre von Marx, Frankfurt a.M. 1962, ²1971. Besonders Kapitel IV.
Daxner, M., Bloch, J., Schmidt, B. (Hrsg.): Andere Ansichten der Natur, Münster 1981.
Schmidt, B. (Hrsg.): Seminar zur Philosophie Ernst Blochs, Frankfurt a.M. 1983, Aufs. Zur Aktualität einer Naturpolitik des Sozialismus in Blochscher Perspektive.
Schmidt, B.: Ernst Bloch, Stuttgart 1985, Teil III.
In den genannten Titeln zu Ernst Blochs Naturphilosophie finden sich weitere Literaturhinweise.

BERNULF KANITSCHEIDER: ALBERT EINSTEIN

Anmerkungen

1 *Einstein, A.:* Autobiographisches, in: *P.A. Schilpp:* Albert Einstein als Philosoph und Naturforscher, Stuttgart 1955, 17.
2 Die Avogadro-Zahl ist die Zahl der Moleküle/Mol. Ein Mol ist diejenige Menge eines Stoffes, die so viel Gramm enthält, wie das Molekulargewicht des Stoffes beträgt,
z.B. 1 Mol $H_2 = 2$ g H_2, 1 Mol $O_2 = 32$ g O_2.
3 *Einstein, A.:* Über die von der molekularkinetischen Theorie der Wärme geforderte Bewegung von in ruhenden Flüssigkeiten suspendierten Teilchen, Annalen der Physik, 17 (1905), 549–560.
4 *Popper, K., Eccles, J.:* Das Ich und sein Gehirn, Zürich 1984, 28 ff.
5 *Perrin, J.:* Die Brownsche Bewegung und die wahre Existenz der Moleküle, Kolloid-Chemische Beihefte 1, 67 (1910), 221–300, Zitat 298.
6 *Ostwald, W.:* Grundriß der allgemeinen Chemie, ⁴1909, IV.
7 *Einstein, A.:* Theoretische Bemerkungen über die Brownsche Bewegung, Ztschr. f. Elektro-Chemie 13 (1907), 41 f.
8 —,—: Zum gegenwärtigen Stand des Strahlungsproblems, Phys. Ztschr. 10 (1909), 185–193.
9 *Einstein, A., Podolsky, P., Rosen, N.:* Can quantum mechanical description of reality be considered complete?, Phys. Rev. 47 (1935) 777–780.
10 Vgl. dazu *H. Primas:* Verschränkte Systeme und Komplementarität, in: *B. Kanitscheider* (Hrsg.): Moderne Naturphilosophie, Würzburg 1983, 243–260.
11 Der Anomaliecharakter der Befunde ist vor allem durch Philip Lenard erkannt worden (*P. Lenard:* Annalen der Physik 8 (1902), 149).
12 Plancks eigene Erklärung seiner Spektralgleichung, die er kurz nach deren Entdeckung vorgeschlagen hat, beruht auf einer inkonsistenten Prämissenmenge, weil seine Annahme, daß die Energie des Resonators nur ganzzahlige Vielfache

von hv annehmen kann, unvereinbar mit der Maxwell-Theorie ist, die er bei der Begründung auch voraussetzt (*Kuhn, W., Stöckler, M.:* Deduktionen und Interpretationen. Erklärungen der Planckschen Strahlungsformel in physikinterner wissenschaftstheoretischer und didaktischer Perspektive, unveröff. Manuskript).

13 *Planck, M.:* Die Quantenhypothese, Dokumente der Naturwissenschaften, hrsg. v. A. Hermann, Bd. 12, München 1969, 10.

14 Die Wiensche Formel lautet: $u(\nu, T) = \frac{8\pi}{c^3} e^{\frac{-h\nu}{kT}}$, sie gilt für $\frac{h\nu}{kT} \gg 1$, während das Strahlungsgesetz von Lord Rayleigh und James Jeans die Form $u(\nu, T) = \frac{8\pi\nu^2}{c^3} kT$ hat, es gilt für $\frac{h\nu}{kT} \ll 1$.

Dies waren die beiden Grenzfälle des gesuchten «wahren» Strahlungsgesetzes von Planck:

$$u(\nu, T) = \frac{8\pi\nu^2}{c^3} \cdot \frac{h\nu}{e^{\frac{h\nu}{kT}} - 1}$$

15 *Einstein, A.:* Über einen die Erzeugung und Verwandlung des Lichtes betreffenden heuristischen Gesichtspunkt, Annalen der Physik, 17 (1905) 132–148.

16 *Ders.:* Über einen die Erzeugung und Verwandlung des Lichtes betreffenden heuristischen Gesichtspunkt, in: Dok. d. Naturwiss., hrsg. v. A. Hermann, Bd. 7, Stuttgart 1965, 26.

17 Für eine genaue Analyse vgl. *B. Kanitscheider:* Das Weltbild Albert Einsteins, München 1988, IV,2.

18 Brief Einsteins an Besso vom 12.12. 1951, in: A. Einstein: Michele Besso, Correspondance, hrsg. u. komment. v. P. Speciali, Paris 1972, 453.

19 *Sambursky, S.:* Naturerkenntnis und Weltbild, Zürich-München 1977, 83.

20 *Einstein, A.:* Quantentheorie der Strahlung, Physik. Zeitschr. 18 (1917) 121–128.

21 Geht man von der Vorstellung aus, daß Photonen Teilchen sind, die sich als Energiepakete hv ohne Zerstreuung fortbewegen, muß man sich die Ausbreitung des Lichtes auf einer Kugelfläche als das Ergebnis der Wechselwirkung einer großen Zahl von Photonen denken. Jedes einzelne Photon hat dabei eine feste Richtung; da aber keine Richtung ausgezeichnet ist, erzeugt die Ausbreitung einer großen Zahl von Photonen auf der Phänomenebene den Eindruck, als sei die Kugelfläche stetig mit Energie belegt. Weil der Elementarprozeß der Emission immer *gerichtet* ist und nur das Zusammenwirken vieler Photonen eine *ungerichtete* Kugelwelle erzeugt, hat man für den gerichteten Elementarvorgang die Metapher «Nadelstrahlung» eingeführt.

22 *Einstein, A.:* Bietet die Feldtheorie Möglichkeiten für die Lösung des Quantenproblems?, Sitz. Ber. Preuß. Akad. Wiss., Berlin 1923, Bd. 23, 359.

23 *Ders.:* Briefe an Maurice Solovine, Berlin 1960, 118. Die wissenschaftstheoretische Bedeutung dieses Briefes hat zuerst *G. Holton* entdeckt. Vgl. seinen Aufsatz: Einsteins Methoden zur Theorienbildung, in: *R. U. Sexl, P. C. Aichelburg* (Hrsg.): Albert Einstein, sein Einfluß auf Physik, Philosophie und Politik, Braunschweig 1979, 111–139.

24 *Einstein, A.:* Briefe an Maurice Solovine, a.a.O., 20.

25 *Ders.:* Autobiographisches, in: *P.A. Schilpp* (Hrsg.): a.a.O., 8.

26 *Ders.:* Induktion und Deduktion in der Physik, Berliner Tageblatt vom 25.12. 1919.

27 *Holton, G.:* Thematic origins of scientific thought: From Kepler to Einstein,

Cambridge 1973. – Holton gibt folgende Definition für ein Thema: «A thematic position or methodological theme is a guiding theme in the pursuit of scientific work, such as the preference for seeking to express the laws of physics whenever possible in terms of constancies, or extrema or impotency (...), a.a.O., 28.
28 Ders.: Einsteins Methoden zur Theorienbildung, in: R. U. Sext, P. C. Aichelburg (Hrsg.): Albert Einstein, a.a.O., 111.
29 Einstein, A.: Autobiographisches, a.a.O., 28.
30 Kaufmann, W.: Die Konstitution des Elektrons, Ann. Phys. 19 (1906), 487–553.
31 Einstein, A.: Über das Relativitätsprinzip und die aus demselben gezogenen Folgerungen, in: Jahrbuch der Radioaktivität und Elektronik 4 (1907) 439.
32 Abraham, M.: Dynamik des Elektrons, in: Göttinger Nachrichten, H. 1, (1902), 20.
33 Bucherer, A. H.: Messungen an Becquerel-Strahlen. Die experimentelle Bestätigung der Lorentz-Einsteinschen Theorie, Phys. Zeitschrift 9 (1908), 755–762.
34 Einstein, A.: Zur Elektrodynamik bewegter Körper, Ann. Phys. 17 (1905), 891.
35 Damals glaubte man noch, daß die heute als Koordinatensingularität erkannte Stelle $r = 2GM/c^2$ physikalischer Natur sei.
36 Einstein, A.: On a stationary system with spherical symmetry consisting of many gravitating masses, Ann. Math. 40 (1939), 922–936.
37 Oppenheimer, J. R., Snyder, H.: On continued gravitational contraction, Phys. Rev. 56 (1939), 455–459.

Literatur

1. Wissenschaftliche Standardausgaben des naturphilosophischen Werkes
Einsteins philosophische Auffassungen finden sich in folgenden Werken:
Einstein, A.: Über die spezielle und die allgemeine Relativitätstheorie, gemeinverständlich, Braunschweig ^{21}1969.
Stachel, I. (Hrsg.): The Collected Papers of Albert Einstein, Vol. 1: The early years 1879–1902, Princeton 1987.
Einstein, A.: Intellektuelle Autobiographie, in: P. A. Schilpp (Hrsg.): Albert Einstein als Philosoph und Naturforscher, Stuttgart 1954, 1. Bemerkungen zu den in diesem Bande vereinigten Arbeiten, ebda., 493.
–,–: Mein Weltbild, hrsg. v. C. Seelig, Frankfurt/M. 1965.
–,–: Physik und Realität, Franklin Institute Journal, 221. Band (1936), No. 3, 313–347.
–,–: Über den gegenwärtigen Stand der Feld-Theorie, in: E. Honegger (Hrsg.): Festschrift für Aurel Stodola, Zürich 1929.
–,–: Remarks on Bertrand Russell's theory of knowledge, in: The Philosophy of Bertrand Russell (P. A. Schilpp, Hrsg.), New York 1944, 277–291.
–,–: Théorie de relativité. Société française de philosophie. Bulletin, 22. Bd., 97 ff.
–,–: Briefe an Maurice Solovine, Paris 1956.
Einstein, A., Born H. u. M.: Briefwechsel 1916–1955, München 1969.
Einstein, A. u. Besso, M.: Correspondance 1903–1955, Paris 1972.
Shankland, R. S.: Conversations with Albert Einstein, American Journal of Physics 31 (1963), 47–57.

2. Leicht zugängliche Ausgaben
Einstein, A.: Über die spezielle und die allgemeine Relativitätstheorie, gemeinverständlich, Braunschweig 1969.
–,–: Grundzüge der Relativitätstheorie, Braunschweig 1955.

3. Bibliographien
Shields, M. C., Dukas, H.: Bibliographie von Schriften Einsteins, in: Albert Einstein als Philosoph und Naturforscher, hrsg. v. *P.A. Schilpp,* Stuttgart 1954, 513 f.
Seelig, C.: Albert Einstein. Eine dokumentarische Biographie, Zürich/Stuttgart/Wien 1954, 263 f.

4. Biographien
Moszkovski, A.: Einstein. Einblicke in seine Gedankenwelt, Hamburg-Berlin 1920.
Clark, W. R.: Albert Einstein, München 1972.
Frank, Ph.: Einstein. Sein Leben und seine Zeit, München/Leipzig/Freiburg 1949.
Seelig, C.: Albert Einstein: Eine dokumentarische Biographie, Zürich/Stuttgart/Wien 1954.
Pais, A.: Subtle is the Lord ..., Oxford 1982.

5. Monographien und Aufsätze zur Naturphilosophie Einsteins
Weyl, H.: Raum, Zeit, Materie, Berlin ⁵1923.
Reichenbach, H.: Philosophie der Raum-Zeit-Lehre, Braunschweig 1977.
–,–: Die philosophische Bedeutung der Relativitätstheorie, in: *P.A. Schilpp* (Hrsg.): Albert Einstein als Philosoph und Naturforscher, 188–207.
Gödel, K.: Eine Bemerkung über die Beziehungen zwischen der Relativitätstheorie und der idealistischen Philosophie, in: *P.A. Schilpp* (Hrsg.): Albert Einstein als Philosoph und Naturforscher, 406–412.
Kanitscheider, B.: Einsteins Behandlung theoretischer Größen, in: *P.C.Aichelburg, R. U. Sexl* (Hrsg.): Albert Einstein. Sein Einfluß auf Physik, Philosophie und Politik, Braunschweig 1979, 141–164.
–,–: Kosmologie. Geschichte und Systematik in philosophischer Perspektive, Stuttgart 1984.
Howard, D.: Einstein on locality and separability. Studies in History and Philosophy of Science 16 (1985) 1–31.
Hönl, H.: Zur Geschichte des Machschen Prinzipes, Wiss. Zt. der Friedrich Schiller-Universität Jena, Mathem.-Nat. Reihe, H. 1, Jg. 15 (1966), 25.

ERHARD SCHEIBE:
DIE KOPENHAGENER SCHULE

Anmerkungen

1 *Meyen, K. v., u. a.:* 1985; *French, A. P.,* 1985.
2 *Hund, F.:* 1967; *Jammer, M.* 1966.
3 *Bohr, N.:* 1939, 20.
4 *Bohr, N.: 1966, 5.*
5 *Heisenberg, W.:* 1959, 36.
6 *Heisenberg, W.:* 1984 ff., Bd. II, 240.
7 *Schrödinger, E.:* 1935, § 1.
8 *Einstein, A., u. a.:* 1935.
9 *Bohr, N.:* 1935, 700.
10 *Meyer-Abich, K. M.:* 1965; *Holton, G.:* 1970; *Scheibe, E.:* 1973, Ch.I; *Folse, H.J.:* 1985.
11 *Heisenberg, W.:* 1984 ff., Bd. I, 179.

12 Ebd., 178 f.
13 Heisenberg, W.: 1959, 84.
14 Heisenberg, W.: 1969, 135.
15 Heisenberg, W.: 1959, 84.
16 Bohr, N.: 1961, 70.
17 Ebd., 110.
18 Heisenberg, W.: 1959, 27.
19 Folse, H.J.: 1985, 96.
20 Kuhn, Th.: 1962; Feyerabend, P.: 1978 u. 1981; Lakatos, I., Musgrave, A. (Hrsg.): 1970.
21 Bohr, N.: 1958, 68 ff.; 1966, 8 ff., 17 ff.; Heisenberg, W.: 1984 ff., Bd. I, 161 ff.; 1971, 306 ff.; Mac Kinnon, E.: 1980.
22 Weizsäcker, C.F.v.: 1971, 192.
23 Ebd., 194.
24 Ebd., 135.
25 Ebd., 192.
26 Ebd., 195.
27 Weizsäcker, C.F.v.: 1948, I. Vorlesung.
28 Weizsäcker, C.F.v.: 1985, passim.

Literatur

1. Originalliteratur

Bohr, N.: Collected Works, Amsterdam, North-Holland, Bd. 1 ff., ab 1972.

–,–: Atomic Theory and the Description of Nature, Cambridge 1961; dt.: Atomtheorie und Naturbeschreibung, Berlin 1931.

–,–: Atomphysik und menschliche Erkenntnis, Braunschweig 1958; Bd. II: ebd. 1966.

–,–: Can Quantum-Mechanical Description of Physical Reality Be Considered Complete?, Phys. Rev. 48 (1935), 696–702.

–,–: The Causality Problem in Atomic Physics, in: New Theories in Physics, Int. Inst. of Intell, Co-oper, Paris 1939.

Heisenberg, W.: Gesammelte Werke, Hrsg. H.-P. Dürr, H. Rechenberg, Abtlg. C. Allgemeinverständliche Schriften, Bde. 1 ff., ab 1984.

–,–: Die physikalischen Prinzipien der Quantentheorie, Stuttgart 1930; ²Mannheim, B I, 1958.

–,–: Physik und Philosophie, Stuttgart 1959.

–,–: Der Teil und das Ganze, München 1969.

–,–: Schritte über Grenzen, München 1971.

–,–: Tradition in der Wissenschaft, München 1977.

Weizsäcker, C.F.v.: Die Geschichte der Natur, Zürich, 1948; Göttingen 1956.

–,–: Die Einheit der Natur, München 1971.

–,–: Aufbau der Physik. München 1985.

2. Sekundärliteratur

French, A.P., Kennedy, P.J. (Hrsg.): Niels Bohr. A Centenary Volume, Cambridge, Mass. 1985.

Meyen, K.v., u.a. (Hrsg.): Niels Bohr 1885–1962. Der Kopenhagener Geist in der Physik, Braunschweig 1985.

Lakatos, I., Musgrave, A. (Hrsg.): Criticism and the Growth of Knowledge, Cambridge 1970.

Einstein, A., Podolsky, B., Rosen, N.: Can Quantummechanical Description Of Physical Reality Be Considered Complete?, Phys. Rev. 47 (1935), 777–780.

Feyerabend, P.: Ausgewählte Schriften, 2 Bde., Braunschweig, Vieweg, 1978 u. 1981.
Folse, H.J.: The Philosophy of Niels Bohr. The Framework of Complementarity, Amsterdam, North-Holland, 1985.
Holton, G.: The Roots of Complementarity, Daedalus 99 (1970), 1015–1055.
Hund, F.: Geschichte der Quantentheorie, Mannheim, B I, 1967.
Jammer, M.: The Conceptual Development of Quantum Mechanics, New York, McGraw-Hill, 1966.
Kuhn, Th.: The Structure of Scientific Revolutions, Chicago, The University of Chicago Press, ²1969.
Mac Kinnon, E.: Niels Bohr on the Unity of Science, PSA 1980, Bd.2, Hrsg. P.D.Asquith u. R.N.Giere, Philos. of Sci. Assoc. East Lansing, Mich., 1981, 224–244.
Meyer-Abich, K.M.: Korrespondenz, Individualität und Komplementarität, Wiesbaden 1965.
Scheibe, E.: The Logical Analysis of Quantum Mechanics, Oxford 1973.
Schrödinger, E.: Discussion of Probability Relations Between Separated Systems, Proc. Cambridge Phil. Soc. 31 (1935), 555–563.
Schür, M.: Die Einheit des Wirklichen. Carl Friedrich von Weizsäckers Denkweg, Pfullingen 1986.

PERSONENREGISTER

Abonycer 80
Abraham, M. 370, 371
Adam von Bodenstein 114
Adorno, T.W. 311, 312, 345
Agricola, G. 84/85
Agrippa von Nettesheim, H.C. 100
Albert von Sachsen 95
Albertus Magnus (Albertus de Lauging, Albertus Theutonicus, Albertus Coloniensis) 59, 74–85, 343
d'Alembert, J. le Rond 185, 200
Alexander, S. 311
Alexander d. Gr. 45
Alexander von Aphrodisias 78
Alexander von Hales 78
Alfarabi 82
Alkmaion von Kroton 19
Alpetragius 80
Alsted, J.H. 115
Altner, G. 343
Amyntas III. (maked. König) 45
Anaxagoras 13, 20, 21, 23, 25, 27, 31–33, 34, 38, 40, 42, 44, 132, 314, 316, 327
Anaximander 13, 16, 18, 19, 25, 46, 233
Anaximenes 19, 20, 25, 46
Andreas Caesalpinus 85
Anselm v. Canterbury 22
Antiphon 28
Apollonios 138
Archelaos 27
Archimedes 140
Aristarch von Samos 139
Aristophanes 32
Aristoteles 14–16, 26–28, 38, 43, 45–62, 64, 66–74, 77–84, 86, 89, 90, 93, 97, 98, 118, 121, 129, 131, 138, 141, 157, 187, 198, 248, 302, 314, 316, 318, 323, 324, 327, 343, 348, 378
Averroes (Ibn Ruschd) 78, 81, 82, 85
Avicenna (Ibn Sina) 78, 82, 85, 87, 90, 346

Baader, F. von 169, 241, 270, 348, 350
Bacon, R. 95
Baer, K.E. von 262
Baglivi 317
Bailly, J.S. 185
Barrow, I. 173
Bataille, G. 128
Bateson, G. 312
Batsch 238
Benjamin, W. 345
Bentley, R. 183, 303
Bergmann, T. 271
Bergson, H. 332, 341
Berkeley, G. 174, 178, 304, 306
Bernoulli, Johann u. Jakob 189, 200
Berthollet, C.L. 270
Besso, M. 366
Bloch, E. 121, 127, 134, 201, 256, 262, 345–356
Bloch, Karola 345
Bloch v. Stritzky, Else 345
Blondel, M. 332
Blum, H.F. 334
Blum, P.R. 118
Blumenberg, H. 93, 121, 131, 134
Böhme, G. 39, 213, 308
Böhme, J. 116, 158–170, 343, 350
Boethius, A.M.T.S. 22, 78
Bohm, D. 312
Bohr, N. 328, 369, 372, 374–377, 379, 380, 382–384, 386, 387, 389, 392
Boltzmann, L. 360, 363
Bonnet, C. 200
Boole, G. 300
Born, N. 372
Boscovich, R. 205
Boule, M. 332
Boutroux, E. 325
Boyle, R. 150, 173
Bradwardine, T. 95
Brahe, T. 137, 151
Brand, H. 189
Brecht, B. 345
Broad, C.D. 311

Brockmeier, J. 121
Broglie, L.V. de 375
Brown, R. 271, 360, 361
Bruno, Giordano 117–135, 154, 248, 316, 348, 350
Bucherer, A. 370
Büchner, L. 9
Buffon, G.L.L. 231
Bunge, M. 357
Burdach, K.F. 262
Buridan, J. 86, 90–93, 95–97

Calcidius 43
Capra, F. 309, 312
Carnap, R. 374
Carrel, A. 334
Carus, C.G. 262
Cassirer, E. 120
Châtelet, G. Marquise de 200
Chevenix 271
Christian, W. 311
Christus 128, 160, 166, 332
Chrysipp 366
Chymophilus 114
Cicero 43
Clairaut, A.C. 185
Clarke, S. 198, 207
Clemens, F.J. 118
Cobb, J.B. 310
Colberg 114
Coleridge, S.T. 308
Collingwood, R.G. 311
Colpe, C. 124
Cotta con Cottendorf, J.F. Frhr. 239
Cusanus 118, 128
Cuvier, G. 239

Dante Alighieri 120
Darwin, C. 9, 44, 285, 286, 293, 337, 338, 341
Davisson, C.J. 375
Deleuze, G. 124
Demokrit 20, 21, 130, 132, 207, 304, 366
Descartes, R. 170, 173, 177, 179–181, 187, 189, 191, 193, 195–198, 200, 260, 292, 303, 307, 308, 312, 316, 326, 332
Digby 173
Digges, T. 153
Diogenes von Apollonia 20, 26, 28
Diogenes Laertios 29, 34
(Pseudo)Dionysius Areopagita 77

Drake, S. 91
Driesch, H. 318
Dühring, E. 287
Dumbleton, J. 95

Ebreo, L. 125
Eddington, A. 337
Ehrenberg, R. 262
Eigen, M. 342
Einstein, A. 179, 201, 311, 328, 351, 353, 357–373, 375, 378, 379
Eleaten 46, 49, 54
Emmet, D. 302, 306, 311
Empedokles 13, 18, 20, 21, 23, 25, 26, 28, 33, 46, 132
Engels, F. 166, 201, 279–297, 347, 348, 355
Epikur 130, 207, 366
Erastus, T. 99
Ernst, B. 304
Escher, M.C. 304
Eudoxos von Knidos 31, 42
Euklid 39, 77, 78
Euler, L. 185, 199, 200
Euripides 14, 28

Fellmann, F. 120
Fermat, P. de 194
Feuerbach, L. 134, 282, 287, 289
Feyerabend, P. 354, 374
Fichte, J.G. 169, 226, 241, 245–247, 255, 259–261, 266, 267
Ficino, M. 120, 125
Flamsteed, J. 174
Foucault, M. 128, 343
Franciscus de Marchia 90, 91
Frankenberg, A. von 158, 163
Freud, S. 338, 351
Friedrich II. (preuß. König) 76, 200
Friedrich Wilhelm I. (preuß. König) 203

Gaiser, K. 37, 61, 64, 65
Galen 26, 105
Galilei, G. 43, 44, 86, 97, 127, 131, 152, 173, 189, 197, 316, 338, 389
Gassendi, P. 173, 179, 303
Gerhard von Brüssel 95, 96
Germer, L. 375
Gibbs 360
Gies, M. 275, 276
Gilbert, W. 85, 142, 143, 147

Personenregister

Glanville 173
Goethe, J.W. von 8, 134, 200, 220–241, 261, 318, 323, 324, 348, 350
Gogh, V. van 299
Gotter, P. 241
Grassmann, H. 300
s'Gravesande 200
Gregor IX. (Papst) 76
Grosseteste, R. 78, 84
Guattari, F. 124

Habermas, J. 347
Haeckel, E. 9, 287, 318, 333
Haldane, J.S. 318, 320, 326
Halley, E. 174
Hallwach, W. 364
Hamilton, W.R. 185, 200
Hartmann, N. 82
Hartshorne, C. 302, 307, 311
Hawking, St. 372
Hegel, G.W.F. 22, 121, 166, 169, 220, 226, 227, 238, 241, 244, 247, 255, 256, 261, 263–278, 282, 285, 286, 288, 292, 294–296, 303, 341, 346–348, 351, 352, 354
Heidegger, M. 341, 352, 374
Heine, H. 134
Heinrich III. (frz. König) 117
Heisenberg, W. 44, 351, 353, 372, 375, 378, 383–390, 392
Helmholtz, H.L.F. von 9, 317, 326
Helmont, J.B. van 115
Heraklit 15, 18–21, 24, 26, 27, 28, 43, 46, 131
Herder, J.G. 200, 231, 238
Hering, Th. 350, 354
Hermias von Atarneus 64
Herschel, W. 293
Hertz, H. 364
Hesiod 36
Hipparch 138
Hippokrates 26, 27, 33
Hobbes, T. 173
Hölderlin, J.C.F. 123, 241
Holton, G. 369, 372
Holz, H. 309
Homer 29, 31, 36, 39, 41
Hooke, R. 174
Huggins, W. 293
Humbert von Romans 74
Humboldt, A. Frhr. von 226, 330

Humboldt, W. Frhr. von 226, 227
Husserl, E. 320, 324, 326, 341, 350
Huxley, J. 334, 337
Huygens, C. 182, 187, 195

Ibn Sina: siehe Avicenna
Innozenz IV. (Papst) 76

Jacobi, F.H. 134
Jacobi, M. 231, 238, 348
Joël, K. 7
Johann Friedrich (hannoverscher Herzog) 187, 189

Kallikles 28
Kanitscheider, B. 44
Kant, I. 8, 41, 44, 186, 200, 203–219, 225, 226, 228, 244–246, 250, 251, 288, 292, 293, 305, 349, 351, 369, 390
Karl August (Herzog von Sachsen-Weimar) 228, 229
Kaufmann, W. 370, 371
Kepler, J. 43, 44, 137–157, 173, 267, 317
Kierkegaard, S. 122, 144
Kieser, D.G. 239
Knebel 238, 239
Knutzen, M. 205
Kober, T. 161
Köhler, W. 304
König, S. 200
Körner 225
Kopernikus, N. 97, 121, 124, 131, 132, 139, 153, 140, 142, 151
Koyré, A. 121, 169, 309
Kracauer, S. 345
Krämer, H.-J. 61
Kraus, G.M. 230
Külpe, O. 345
Kuhlenbeck, L. 134
Kuhn, T. 171, 311, 325, 353, 374
Kurlbaum, F. 364

Lagrange, J.L. 185, 200, 363
Lamarck, J.B.A. de 341
Lambert, J.H. 213
La Mettrie, J.O. de 203
Lange, F.A. 121
Langer, S.K. 302, 311
Laplace, P.S. Marquis de 208, 293
Lasswitz, K. 121
Lavater, J.C. 200

Lavoisier, A. L. 271
Law, W. 170
Leclerc, J. 302, 303, 311
Leeuwenhoek, A. 190
Leibniz, G. W. 164, 173, 174, 182, 184, 185, 187–203, 207, 244, 248, 300, 301, 304, 305, 318, 332
Lenard, Ph. 365
Le Roy, E. 333
Lessing, G. E. 134
Leukipp 20, 132, 207
Lewis, C. I. 302
Lichtenberg, G. Ch. 271
Liebig, J. von 9
Linné, C. von 224
Lipps, Th. 345
Locke, J. 174, 190, 304, 305, 354
Loder 238
Lovejoy, A. O. 124
Lowe, V. 299, 302, 311
De Luc 271
Lucas, G. 305
Lukács, G. 289, 345, 348, 351
Lukrez 28, 120, 121, 131, 207
Lullus, R. 120
Lummer, O. 364

Mach, E. 178, 179, 216, 353, 360
Mahnke, D. 118
Maier, A. 95
Maimonides, M. 59
Marcuse, H. 311, 312
Margenau, H. 357
Mariotte, E. 189
Marx, K. 279, 281, 283–287, 289–291, 296, 297, 341, 347, 349
Mästlin, M. 137
Materialisten 28, 207
Maupertius, P. M. de 185, 200
Maximilian II. (König v. Bayern) 241
Maxwell, J. C. 301, 317, 360, 362, 371
Mayer, J. R. 201
Melissos 23, 26, 46
Mengs, R. 233
Merck, J. H. 230
Merleau-Ponty, M. 262, 341
Meyer-Abich, A. 262, 300, 320, 324, 325, 328
Meyer-Abich, K. M. 44
Michelet, K. L. 275
Monod, J. 331, 342

Moore, G. E. 311
More, H. 169, 170, 173, 179
Mortier, J. 342
Müller, J. 9
Musil, R. 125

Namer, E. 120
Needham, J. 312
Nero 78
Neuser, W. 267
Newman, J. H. 334
Newton, I. 8, 60, 89, 131, 144, 170–186, 190, 193, 198–201, 205–208, 211, 213, 214, 216–218, 234, 267, 300, 302–304, 308, 310–312, 332, 360, 363, 366, 385
Nietzsche, F. 28, 112, 341
Nikolaus von Autrecourt 86
Nikolaus von Kues 132
Nikomachos 45
Northrop, F. S. C. 302
Novalis 308

Oersted, H. C. 262
Oeser, A. F. 233
Oeser, F. 233
Oetinger, C. 169, 216
Oken, L. 262, 318
Oppenheimer, J. R. 372
Oresme, Nicole 86, 95–98
Osborn, F. 334
Osiander 131
Ostwald, W. 9, 318, 360, 362
Ovid 125

Pagel, W. 100, 116
Papin, D. 200
Paracelsus (Theophrastus Bombastus von Hohenheim) 99–116, 158, 161
Parmenides 22–24, 46
Pascal, B. 187, 332
Pauli, W. 372
Peano, G. 300
Peirce, C. S. 305
Penrose 372
Perikles 33
Peripatetiker 78, 81, 117
Perrin, J. 362
Petrarca, F. 86, 120
Petrus Lombardus 77
Petrus Peregrinus 85
Peuckert, W.-E. 160

Philipp II. (Makedonien) 45, 83
Philolaos 21
Philoponus 90
Pico della Mirandola, G. 100
Pindar 16
Planck, M. 311, 364
Platon 14, 15, 22, 23, 27, 29–46, 64, 66, 67, 69–71, 73, 79, 120, 121, 125, 126, 131, 153, 157, 162, 248, 299, 302, 304, 306, 310, 314, 316, 318, 323–325, 327, 332, 355
Plessner, H. 262
Plotin 22, 28, 120, 125, 126
Plutarch 142
Poincaré, H. 361, 362
Polybos 26
Porphyrius 81
Prantl, K. 81
Priestley, J. 271
Prigogine, I. 309, 312, 343
Pringsheim, E. 364
Proklos 43
Protagoras 31–33, 40
Ptolemäus 78, 80
Pythagoras 44
Pythagoreer 29, 44, 46

Quine, W. V. Q. 302, 311, 357

Ranke-Graves, R. 126
Rapp, F. 304, 305
Reichenbach, H. 357
Remus Qietanus 148
Rickert, H. 345, 352
Riedesel, Gebr. von 241
Ritter, J. W. 262, 270, 318
Roland von Cremona 78
Roux, W. 318
Rubens, H. 364
Rudolf II. (dt. Kaiser) 117, 137
Russell, B. 299–301, 311

Saint-Hilaire, E. G. de 239
Sartre, J.-P. 341, 346
Saussure, H. B. de 331, 351
Scaliger, J. C. 149
Schadewaldt, W. 29
Scheffler, I. 357
Scheler, M. 307, 351, 353
Schelling, F. W. 8, 9, 127, 134, 169, 200, 201, 219, 225–227, 239, 241–262, 266, 267, 269, 270, 282, 308, 309, 318, 343, 348, 349, 350
Schiller, F. von 225, 227, 228, 234, 237–239, 241
Schilpp, P. A. 302
Schlegel, C. 241
Schlegel, F. 226, 241
Schlick, M. 357
Schmidt, A. 349
Schmidt, B. 347, 348
Schmidt, H.-U. 120, 121
Schopenhauer, A. 227, 228, 350, 351
Schoppe, K. 118
Schrödinger, E. 334, 353, 378, 379
Schütz (= Michael Toxites) 114
Schwalbe, G. 332
Seneca 78, 83
Shakespeare, W. 224
Simmel, G. 345
Simpson, G. G. 334
Smart, J. J. C. 357
Smuts, J. C. 320
Snyder, H. 372
Sokrates 29, 31–35, 40, 42, 83, 117, 314
Solon 18
Solovine, M. 367
Sophie Charlotte (preuß. Königin) 189
Spallanzani, L. 271
Spengler, O. 341
Speusippos 45
Spinoza, B. de 24, 28, 134, 224, 227, 231, 244, 246, 248, 348, 350
Stahl, G. E. 205
Stalin, J. 288, 297
Steffens, H. 227, 262, 270, 318
Steiner, H. 103
Steinmetz, P. 61, 65
Stengers, I. 309
Stern, F. B. 134
Stoiker 28, 29, 43
Sudhoff, K. 100
Sueß, E. 339
Suppes, P. 357
Swineshead, R. 95
Sylvius (Franciscus de la Boë) 115

Tansillo, L. 120
Teilhard de Chardin, P. 331–343
Tesch, H. 169
Thales 25, 46, 233
Theätet 31, 39

Themistius 78
Theophrast 61–73
Thomas von Aquin 22, 59
Thompson, J.J. 300
Thorpe, W.H. 312
Thukydides 32
Tizian 125
Toynbee, A.J. 341
Trommsdorff, 271

Uexküll, J. von 327

Valensin, A. 332
Védrine, H. 121
Virchow, R. 9
Voigt, J.K.W. 229, 230
Volta, A. 271
Voltaire, F.M. 185, 200
Vorsokratiker 13–29, 46, 120, 343

Wade, E.W. 300
Wallenstein 137
Wallis, J. 174
Walther, B. 161
Weber, M. 345
Wehrli, F. 61
Weigel, E. 187
Weigel, V. 114, 161

Weill, K. 345
Weiss, P. 302, 311
Weizsäcker, C.F. von 44, 60, 216, 375, 389, 390–392
Weizsäcker, V. von 262
Wells, H.G. 334
Werner, A.G. 229–232, 271
Weyl, H. 201, 357
Whitehead, A.N. 299–312, 343
Wiehl, R. 304, 305
Wigner, E. 357
Wilhelm von Ockham 89
Winder, M. 100
Winterl 271
Wittgenstein, L. 300
Wolff, C. 199, 200, 202, 205
Wolff, M. 91
Wolf-Gazo, E. 302, 304, 307
Wordsworth, W. 308
Wren, Ch. 174

Xenokrates 64
Xenophanes 15, 22, 24, 28, 31

Yates, F.A. 120

Zeller, E. 61, 65
Zenon 23, 46, 54

SACHREGISTER

Absolute, das 122, 256
aemulatio 128–130
Ähnlichkeit 125, 128–131
Aktaion-Mythos 124–127
Akzidenzien 68, 336
Alchemie (Alchimia) 100, 109, 115f., 120, 133, 161, 169, 175
All s. Universum
Allianztechnik s. Naturallianz
Analogie (analogia) 106, 125, 128f., 131, 335–337
Angst 123, 135
Animismus 44, 84, 134, 149–151
Anschauung, intellektuelle 127, 212, 214, 246 s.a. «Sehen»
– sinnliche 161, 220–227, 235, 238, 261, 267, 275

Anthropogenese 336
Anthropologische Wende 112
Anthropozentrismus 195, 279
Anziehungskraft 143–146, 181
Arcana 104, 115
arché, Pl. archai (Anfang, Prinzip, Urgrund) 25, 62, 65–67
Aristotelismus 118
ars memoriae 120
Astronomie, ptolemaiische 97, 138f., 139
– kopernikanische 121, 131, 137–140, 151, 154
Astrum 107f.
Äther 123, 131, 176, 181f., 269
Atheismus 24, 28, 134, 241
Atom 20f., 179–183, 193, 207f., 210,

Sachregister

216, 285, 353, 358–363, 366 s. a. Teilchen, Körper (unteilbarer, einfacher)
Atomismus 26, 46, 120, 179–183, 192, 200, 214–216, 226 f., 253, 308, 313, 317, 321, 353, 358–362, 366
Atommodell, Bohrsches 375
– Rutherfordsches 375
Attraktion u. Repulsion 21, 128, 208, 213–216, 226, 250 f.

Beweger, unbewegter (erster, göttlicher) 57–59, 67–72, 80, 128, 184
Bewegung 29, 31 f., 37 f., 40–43, 48 f., 51–58, 67–73, 79–82, 87–89, 93, 96, 123, 141–149, 152–155, 177–181, 196–201, 214 f., 268–270, 293
– absolute 178, 199, 201, 214
Bewegungsgesetze, dialektische 288, 293–296
Bewußtsein 255, 270, 274, 306 f., 317, 320, 336, 338
Bifurkation 303
Biologismus 336
Biosphäre 321, 325, 339
Böse, das 164 f.
Brownsche Bewegung 360 f.

Chaos 184, 207 f., 230, 324
Chemismus 270–273
chorismos 69, 71, 73
coincidentia oppositorum s. Einheit der Gegensätze
Compton-Effekt 366, 382 f.
convenientia 128, 130 f.
Corpus Hippocraticum 26, 46

Darwinismus 287, 293
Demiurg 29, 36 f., 41, 88, 162, 302, 310
Determinismus 305, 333, 352, 366, 373
deus sive natura 28
Dezentrierung 338
Dialektik 43, 276, 287–297
– des Geistes 335–337
– der Natur 166, 279, 281, 288–292, 296, 347 f., 355
– materialistische 288
– objektive 294
– subjektive 294 f.
Differential-Integralrechnung 187–190, 196
docta ignorantia 122

Dualismus von Teilchen und Welle 375
Dynamik 29, 40, 165 f., 189, 197 f., 215
Dynamismus 109, 134, 179–183, 200 f., 205, 208, 214–216, 226 f., 250–254, 305, 309, 369, 382

Endokosmos 103, 113
Einbildungskraft s. Imagination
eidos 15, 42, 69, 323
Eine, das 120, 125–134
Einheit 28, 54, 93, 121, 127, 142, 164, 220, 224–226, 267–273, 276, 305, 320, 328, 336, 376
– absolute 256, 267
– der Gegensätze 126, 132, 276 s. a. coincidentia oppositorum
– der Natur 26, 220, 227, 248, 373
– der Physik 375, 389–392
– der Substanz 123
Einheit – Vielheit 37, 41 f., 126, 131, 134, 193, 195, 224, 238, 268 f., 309
Einstein-Rosen-Podolski-Paradoxon 10, 328, 364 f.
Einzelne, das 128, 220, 305 f.
Einzelnes – Ganzes 240, 247, 321, 328
Elektrodynamik 317, 371, 375, 387 f.
Elementarteilchen, Theorie der 388
s. a. Teilchen
Elementenlehre 19–22, 64
Emanatismus 120, 178
Emblematik 120 f.
Empirie 85, 176, 185, 218, 238–240, 257–259, 277, 281, 316, 390
energeia 67–70
Energie 305, 336, 382 s. a. energeia, Kräfte
– kinetische 93, 197
– radiale 341
– tangentiale 341
ens
– astrale 107
– Dei 111
– naturale 109 f.
– spirituale 110 f.
– veneni 107–109
Entelechie 71 f., 134, 200, 318, 323
Entienlehre 107–111
Entmythologisierung 120
Entropie 341
Entstehen s. Werden

Epikureismus 28
Epizykeltheorie 97, 138 f.
Erdrotation 86, 97 f., 129, 143 f., 157
Erfahrung 22, 35, 104, 163, 234–236, 257 f., 270, 306 f., 334 f., 390 f.
s. a. Naturerfahrung
Erhaltung der Energie 197, 201, 293 f.
– des Impulses 197
– der Kraft 197 f.
Erhaltungssatz 180 f., 382
Erkenntnis 37, 44, 48, 103, 122–127, 174 f., 218, 255, 307, 328, 369
– a priori 212 f., 218
– ideal, mechanistisches 317 f., 323–325
– lehre, Brunosche 122–131, 133
– subjekt 122, 126, 210 f., 219, 247
Erlanger Schule 216
Eros 124–129
Erste Philosophie 14, 48 f.
Evolution (-stheorie) 26, 44, 227, 249 f., 254 f., 305, 332–343
Existentialismus 331
Experiment 87, 90, 97 f., 186, 256–259, 292, 367
Extrapolation 337
Exzentertheorie 138

Fall- und Wurfbewegung 89–92, 141–144, 173
Farbenlehre, Goethesche 9, 233–236
Feldbegriff 365
Fernwirkung 176, 182
Finalismus 333
Finalursache 50, 71, 73, 84, 157
s. a. Gerichtetheit, Teleologie
Fixsterne 51, 59, 79 f., 132, 208, 269
Form 50, 53, 130, 157, 302, 336
– ursache 84
Frankfurter Schule 311
Freiheit 43, 245, 256, 274, 305, 341, 372
Furor 124

Ganze, das 34, 39, 55, 127 f., 142, 154, 193, 220, 222, 224, 227, 230, 276, 321 f., 327 f., 336 f. s. a. Ganzheitlichkeit, Holismus
– der Natur 114, 220, 226–228, 232–234, 251, 308, 322
Ganzheitlichkeit 10, 24, 134, 201, 256, 329, 331, 333 f., 336 f., 342 s. a. Ganze (das), Holismus
Gegensätze 18 f., 23, 71 f., 166, 269, 276, 289, 295 s. a. coincidentia oppositorum
Geist 21, 28, 44, 150 f., 182, 190, 220, 253, 260, 265, 268 f., 273 f., 306, 332, 339
– absoluter 275
– objektiver 10, 169
– philosophie 264, 268–270, 273–275
Genealogie 13, 130
Gerichtetheit (der Evolution) 340 f. s. a. Finalursache, Orthogenese, Teleologie
Geschichte und Natur 261, 283–285
Geschichtlichkeit der Zeit 60, 391 f.
Geschwindigkeit 87, 90–93, 96, 197
Gesundheit 19, 27, 40
Gleichberechtigung der Kräfte (isonomia) 19
Gleichgewicht der Kräfte 40, 269
Gleichheit von Ursache und Wirkung 197, 201
Gnosis 100, 106, 120
Gott 24, 36, 40, 43, 68–70, 73, 80, 88, 97 f., 104, 106, 112 f., 118, 128, 132, 153 f., 157, 161 f., 164, 166–168, 175, 177 f., 182–185, 190 f., 193, 196, 198 f., 207 f., 218, 222, 303, 310 f., 324 s. a. Beweger
Gottesbeweis, ontologischer 22, 41
– physikotheologischer 206 f.
Göttliche, das 24–26, 57, 59, 122, 125–128, 134, 231, 236
Gravitation 89, 91 f., 128, 133, 139, 141–144, 176, 193, 205, 208, 216, 270
Gravitationstheorie, Einsteinsche 370, 388
– Keplersche 141–144
– Newtonsche 173, 176, 180–183, 388
Grundelemente 10, 13, 18, 20 f., 37–40, 55, 79, 106 f., 141, 163, 270

Handeln 31–37, 255, 267
Harmonie 19, 21, 42 f., 187, 190, 194 f., 200, 267, 305, 322, 373
s. a. Weltharmonik
– kosmische 37, 152–157
Heilkunde s. Medizin, Krankheitslehre
Heilung 33, 110 f.

Sachregister

Heliozentrismus s. Astronomie (Kopernikanische)
hermetische Tradition 116, 118–120, 233
Hermetismus 100, 114–116, 120, 130, 175
Heros/heroisch 122, 124–126
Hilbertraum-Formalismus 376, 378 f.
Himmel, erster 57, 59
Himmelsmechanik, aristotelische 57–59
– Newtonsche 179–183, 317
Himmelsphysik, Keplersche 141–144, 151 f., 157
Holismus 10, 134, 201, 313–329, 364
s. a. Ganze (das), Ganzheitlichkeit
Holobiose 323
Humanismus 84, 343
Humoralpathologie 105
hyle s. Materie
Hylozoismus 44, 120
Hyperphysik 336

Iatrochemie 115
– dynamik 205
– mechanik 317
Ich 133, 210, 246–248, 260, 270
Idealismus, deutscher 7, 9, 169
Idee(n) 35, 38, 44, 69, 215, 225, 238, 247, 259, 264, 267–275, 286, 323
– des Ganzen 220–222, 226–228
– welt 36–38, 41–43, 46, 66
Identität 24, 195, 267–269, 305
– absolute 269
– objektive 305
Imagination 127, 222 f., 232, 234
Impetusphysik 86, 91 f., 96, 142–144, 152
Imprese 121
Impuls 93, 382, 384
Indeterminismus 378
Individualität 190, 200–202, 227, 273, 321 f., 339
Individuum 217, 271, 273 f., 321 f., 339
Industrielle Revolution 285
Infinitesimalkalkül 171
Intensitäten 95 f.
Interferenzversuch 382 f.
Intuition 331 f., 336 f., 342

Kabbala 120, 161, 175
Kategorien, aristotelische 52
– Einsteinsche 367–372
– Kantische 212, 305, 369
Kausalität 84, 212, 318–320, 352, 371
s. a. Finalursache, Wirkursache
Keplersche Gesetze 139–141, 144–149, 152
– Wende 139, 151 f.
kinesis 67–72, 88
Komplementarität 375, 380–384, 392
Komplexität 336–340
Kontinuität 54, 196–198, 215, 371
Kontinuum 54 f., 127, 198
Kopenhagener Schule 374–392
Kopernikanische Reform 120, 131
– Wende 112, 127, 139, 151, 210
Körper 33, 35, 37, 40 f., 49, 51, 54–57, 81, 88 f., 96, 128–130, 142, 150, 180–182, 191, 196, 200, 240, 250, 316
– unteilbare (einfache) 20, 38, 50 f., 54–56, 58
Korpuskel 179 f., 182, 215, 226
s. a. Atomismus
Korrespondenzprinzip, Bohrsches 386
Kosmogonie 36, 183, 208, 336, 341
Kosmologie 29, 32, 36 f., 66, 98, 120 f., 129, 133, 138 f., 151, 183, 301 f.
Kosmos 21, 29, 31, 34, 36, 38, 41–44, 70, 72, 93, 97 f., 107, 132, 153, 208 f., 302, 314, 316, 324, 332, 340
– Anthropos 103, 112
Kräfte 18, 21, 23, 81, 87 f., 91 f., 96, 144, 148 f., 151, 157, 168, 177, 179–182, 195–201, 215 f., 251, 267, 305, 317
s. a. Energie
– magnetische 142 f., 147, 152
Krankheit 25, 27, 46, 105, 110 f.
– slehre 105, 107, 110
Kreisbewegung 42, 54, 58, 80, 82, 89, 93, 95 f., 128, 199, 290
Kugel 22, 26, 51, 79, 196, 152, 154
– schalen 51, 79, 81 f., 132

Leere s. Vakuum
Leib 10, 56, 100, 103 f., 112 f., 132, 205, 218 f., 274, 339
– metaphorik 130
– Philosophie 11, 110
– Seele-Beziehung 113, 191, 200–202, 307
Leibniz-Clarke-Kontroverse 207
Licht 146, 149, 154, 165, 173 f., 179 f., 182, 194, 233–236, 250, 364–367, 375

Licht, absolutes 269
- der Natur 100, 104–106, 112 f., 174
- spektrales 173 f.
- begriff, Schellingscher 252 f.
- metaphysik 122
- quanten 362–367, 375
- theorie 363–367
Liebe 25, 28, 122, 125 f., 261, 340
Logik des Seins 23 f.
logos 35
«logos spermatikos» 349

magia naturalis 100
Magnettheorie der Gravitation 142–144
Makrokosmos – Mikrokosmos 26, 46, 100, 105, 109 f., 112 f., 115
Manichäismus 120
Marxismus 279, 346, 348
Materialismus 134, 289, 333, 350–353
- dialektischer 201, 283–297
materia prima 38, 53, 130
Materie 28, 32 f., 38 f., 48, 50, 55 f., 67 f., 128–131, 157, 176 f., 179 f., 190–192, 196, 199, 201, 205, 214–216, 226, 249–254, 268, 269, 273, 293, 303, 314, 323 f., 332, 336, 350, 353, 358, 367, 372, 375 s. a. Stoff
Materiebegriff, Schellingscher 250 f.
Materie-Theorie 134, 200, 366 f., 370 f.
Matrix 107, 130 f.
Maxwell-Theorie 365
Mechanik 209, 212, 269, 272 f., 303, 316–318
- klassische 8, 185, 213, 353, 375, 377, 382, 384–386, 388
- statistische 358–363
Mechanisierung 60
Mechanismus 149–151, 193–195, 200, 203, 219, 226, 250, 260, 272 f., 308, 314, 316–318, 324–327, 329 s. a. Weltbild (mechanistisches)
Medizin 14, 18, 26 f., 45 f., 111, 116
Mertonsches Gesetz (Regel) 92, 96
Mesokosmos 103
Metamorphose 122, 125, 132, 134, 336
Metaphorik 122, 126, 219, 349 f., 353 f.
Metaphysik 65 f., 118, 210 f., 267, 306, 333–336
- aristotelische 48 f., 62, 67, 69, 308
- cusanische 128

- der Erfahrung 304, 307
- induktive 9
- der Natur 123, 210 f., 213 f.
«milieu divin» 332
Minimum und Maximum 124, 126 f., 338
Möglichkeit 51 f., 54, 56–58, 71 f., 81, 130, 218 s. a. Potentialität, Potenz
Monade 127, 134, 189–192, 195 f., 198–201, 227, 285
Monadologie 120, 308
Monismus 10, 120, 134, 333
Morphologie, Goethesche 236–240
Musik 154–156
Mutter (Materie als Mater) 130 f.
Mystik 116, 118, 120, 126, 160–162, 332
Mythos 13, 24 f., 36, 120

Natur
- als Künstlerin 25 f., 134
- als Sprache 166–168
- alismus 24
- allianz 127, 256, 262, 347, 355
- anschauung, Goethesche 227–240
- begriff, Engelscher 289–294
- begriff, Kantischer 205–211, 217 f.
- begriff, Newtonscher 177, 211
- beherrschung 219
- entfremdung 10 f., 127, 255–261
- erfahrung 35, 161, 164, 168 f. s. a. Erfahrung
- erfahrung, Böhmesche 163 f.
- erkenntnis 8, 49, 122, 126–133, 176, 186, 211, 228, 237–240, 245–247, 257
- geschichte 209, 283–285, 290 f., 332
- gesetz 87, 152, 175, 192, 195, 207, 284, 378
- körper 48–50, 55–58, 106, 210
- metaphorik 282, 296
- philosophie und «gutes Leben» 31–34, 43
- philosophie, ionische 46
- ordnung 19, 105–107, 112, 157, 206, 220
- prinzipien, aristotelische 49 f.
- sprache 163, 166–168
- subjekt 201, 348 f.
- wesen 289 f.
- wissenschaft 7–12, 27, 40, 43 f., 87, 92, 186, 201, 207, 213, 216, 244 f.,

257–262, 277, 291 f., 313 f., 326, 334, 356
– theorie 51, 60–62, 65, 86, 97, 134
– zerstörung 11, 31, 206, 219, 356
natura 13, 165
– naturans (Natur als Produktivität) 135, 206, 217, 247–258, 348–351
– naturata (Natur als Produkt) 206, 248–254
– naturans – natura naturata 14, 127 f., 206, 209, 348–351
Neodarwinismus 341
Neolamarckismus 341
Neopythagoräismus 183
Neuplatonismus 100, 115, 120, 133, 183
Newtonsche Axiome 181
Nicht-Identität 22, 192
Nicht-Sein 22, 72 f.
Noosphäre 339–341
Notwendigkeit 153 f.

Objekt, zeitloses 305–307
– erkenntnis 246, 258
Objektivität 271–275
Ökologie 31, 201, 209, 254, 259, 262, 309, 327
Ontologie 23, 36, 39, 62, 179, 357, 376
Ordnung 14, 18, 21, 25, 34, 37, 39 f., 43, 111, 123, 128, 154, 183, 195, 224, 230, 302
Oresmesche Regel 92
Organismus/Organisches 56 f., 60, 84, 103, 129–131, 193, 201, 205, 211, 217–220, 227, 250, 253–255, 268–270, 272 f., 286, 303, 309, 321 f., 327, 339
Organismusbegriff, Schellingscher 253–255
Ort 54, 60, 81 f., 89, 131 f., 142, 384
– absoluter 178
– natürlicher 49, 58, 89–91, 97, 141 f.
– sbewegung 21, 52, 128
– sraum 81 f.
Orthogenese 341 s. a. Finalursache, Gerichtetheit, Teleologie

Panentheismus 25
Panpsychismus 336
Pantheismus 25, 132, 134
Pantokrator 177, 184, 303, 310

Paracelsismus 100, 114
Pathogenese 110 f.
Patriarchalismus 130 f.
Person 339
Phänomenologie 73, 333–338, 341
phantazomena («Anschein») 39
Philosophie
– des Absoluten 267–269
– experimentelle 121, 174, 182–185
– des Geistes 242, 255–257, 260, 269, 273–275
– des Organismus 300–304
phye 16
Physik
– aristotelische 49–56, 62, 64, 67, 72, 81, 93, 139–142
– himmlische und irdische 97, 151 f., 176
– klassische 171, 175–183, 186, 200 f., 213, 320, 376–392
– otheologie 162, 206–208
physis 13–16, 21–34, 37–43, 57, 62, 66–73, 127, 165
Plancksches Strahlungsgesetz 362, 364, 367
Plancksches Wirkungsquantum 376
Platonische Körper 39, 152, 156 f.
Pluralität der Welten 98, 129, 132
Positivismus 276, 333
Potentialität – Aktualität 303, 336
s. a. Möglichkeit
Potenz/Vermögen 81, 250–255, 269 f., 273 s. a. Möglichkeit
Prästabilierte Harmonie 190 f., 196
«Prehension» («Erfassung») 304–308
Prehensionstheorie 306–308
Prinzip
– s. arche
– des Besten 195–197
– der extremalen Wirkung 194 f.
– der Identität des Ununterscheidbaren 192
– der kleinsten Wirkung 200
– des zureichenden Grundes 194 f.
– Paracelsisches 100, 109 f.
prota 62, 66 f.
Protophysik 216
Psyche 335 f., 388
«Punkt Omega» 340
Pythagoräismus 120

Qual (Böhmes Qualitätsbegriff) 163, 165 f.
Qualität 52, 95 f., 252
– sinnliche 163, 165 f., 168 f.
Quanten
– feldtheorie 185, 371
– gesetze 371, 383
– mechanik 263, 327, 357, 363–367, 371–392
– objekt 377–380
– phänomen 376–382
– theoretischer Indeterminismus 392 f.
– theorie 186, 328, 367, 374–392
Quantität 52, 89, 251 f.

Raum 14, 38, 60, 88 f., 107, 123–126, 131–133, 177–179, 183 f., 198 f., 201, 210, 212, 214 f., 251, 268 f., 303
– absoluter 178 f., 183, 199, 201, 214 f.
– absoluter – relativer 214 f.
– unendlicher 123, 126, 131–133, 178
– -Zeit-Einheit, vierdimensionale 83
Realität s. Wirklichkeit
Relativitätstheorie 186, 201, 257, 263, 374
– Allgemeine 179, 370 f.
– Spezielle 370 f., 385, 388
Renaissance 7, 84, 100, 121, 134, 150, 244
res cogitans – res extensa 177, 191, 303, 332
Romantik 7 f., 127, 134, 169, 219, 228, 241, 261, 308, 348
Rotation (-sbewegung) s. Kreisbewegung

Schönheit 39, 44, 120, 125 f., 162, 195, 200
Schöpfung 24, 36, 79, 88, 96, 106 f., 130, 153, 156, 166–168, 196, 208, 224, 310, 322 f.
Scholastik 88, 93, 95, 106, 118, 187, 193
Schrödingergleichung 377 f., 380
scientia 105
Seele 33–35, 40–42, 56–58, 79, 100, 149–151, 157, 190, 193, 200, 205, 274, 314 s.a. Weltseele
«Sehen» 122, 126 f., 335 f. s.a. Anschauung (intellektuelle)
Seiendes 23 f., 36, 52–54, 68, 71 f., 81, 120, 127, 276

Sein 16, 22–24, 38, 67–73, 81, 125–127, 248, 256, 272
– göttliches 24, 67
– Können 52–57
– sprinzipien 48, 66, 69, 73
Selbstbewußtsein 84 f., 121, 341
Selbstorganisation 249, 255, 262, 271, 366
Signatur s. Zeichen
Simplifikation 324–327
Singularitätenproblem 372
Sinnenwelt 41–43, 46, 66, 314, 358
Sonnenrotation 145, 150, 154
Spätscholastik 86–98
speculum naturae (Spiegel der Natur) 122, 133
Spekulation 7, 24, 127, 185, 250, 263, 266–268, 272, 277, 288, 343
Spin 379
Spiritualismus 333
Sprache 129 f., 166–168, 337 f.
«starting points» 348
Stoa 28
Stoff 21, 48, 67, 110, 180, 250 s.a. Materie
– ursache 50, 84
Strukturalismus 331, 338, 343
Subjekt 121–125, 132, 199, 245, 249, 253
Subjektivität 132, 210, 260, 271–273, 349
sublunar 51, 55–58, 97, 138
Substantialität 52
Substanz 28, 52 f., 57, 68, 121, 189, 274, 302, 308, 336
– unkörperliche 48, 57
– begriff, Whiteheadscher 302
– philosophie 245
Sympathie/sympathetisch 28, 127 f., 219
synaphe 66, 70–73
Synthese 332, 337, 339, 340
synthetische Sätze a priori 212
System
– der absoluten Philosophie 242–244, 255 f.
– offenes 305, 343
– der Philosophie (Hegel) 264, 267–272

Technik 10 f., 316 f., 329, 340, 347, 356
Teilchen 20 f., 34, 179–183, 207 f., 328 s.a. Atom, Körper (unteilbarer, einfacher)
Teilchenbegriff 365, 384

Sachregister

Teleologie 71–73, 217f., 271–273, 352
s. a. Finalursache, Gerichtetheit
Theorie
- abgeschlossene 275, 279, 384–390, 392
- mechanistische s. Weltbild (mechanistisches)
- nkonstruktion, Einsteinsche 367–372
- nicht-abgeschlossene 388
Thermodynamik 357, 360f., 388
Tod 19, 35, 51, 123–126, 128, 130
Trägheit 89, 141–144, 180
- sgesetz 181 s. a. Newtonsche Axiome
- skraft 91, 178f.
- sprinzip 132, 144
Transzendentalphilosophie 211, 241–248, 260, 267

Umweltkrise 10–12, 31, 135, 206, 219, 262, 313, 326, 354
Unbestimmtheitsrelation, Heisenbergsche 353, 377
Unendliche, das 54f., 118, 124, 128
Unendlichkeit 44, 122f., 128f., 131–133, 183, 208 s. a. Raum, Universum
- sspekulation 121
Universaldialektik 297
Universum 37, 51, 60, 71, 121, 123, 127, 132, 153f., 179f., 192, 195, 220
- unendliches 60, 122f., 129, 131–133, 153
Unsterblichkeit der Seele 33, 35
Urphänomen 235f., 240
Ursache 33f., 49f. s. a. Finalursache, Kausalität
- erste 36, 48, 174, 177
Utopie 346f., 350, 355

Vakuum 81, 123, 129, 131, 179f., 215f., 316
Veränderung 19–23, 48, 52–54, 67, 80–82, 88f., 322
Vergehen 16, 22f., 29, 33f., 41, 51f., 58, 79, 88
Vernunft 34, 38, 42, 44, 79, 151, 218, 256
- gegenstände (noeta) 66
- göttliche 36, 153
- reine 267
Verstand 211f., 225, 234f., 238
- esbegriff, der reine 212

Verwandtschaft 120, 127, 131, 261
s. a. Ähnlichkeit
Verwirklichung 51–58, 81
Vielheit 22f., 38, 132 s. a. Einheit-Vielheit
vis impressa 181
- motrix 144–149
Vitalismus 202, 318, 324f.
Vollkommenheit 22, 195, 208

Wachstum/Wuchs 13, 15, 16, 19, 20, 23, 51, 52
Wachstumssymbolik 13, 20
Wahrheit 22f., 33, 35f., 78, 98, 122, 124f., 233, 267, 275, 310
Wahrnehmungsgegenstände (aistheta) 66
Wahrscheinlichkeitsbegriff 352, 367, 371, 391f.
Wandel s. Veränderung
Welle 367, 382f.
Welt 18, 21, 23, 27, 29, 37, 59, 70, 79–81, 84, 88, 107, 109, 127, 179, 183–185, 217, 260, 305, 310, 322f., 373
- harmonik 141, 152–157
- ordnung 15, 21, 175, 183f., 207
- seele 37, 123, 128f., 314, 323
Weltbild 46
- geozentrisches s. Weltbild (ptolemaiisch-aristotelisches)
- heliozentrisches, s. Astronomie (Kopernikanische)
- mechanistisches 9, 60, 149, 175, 187, 189, 193f., 197, 203, 303f., 312f., 316, 363
- ptolemaiisch-aristotelisches 57–60, 83, 118, 121, 124, 139
Werden 16, 19, 22f., 29, 33f., 38, 40f., 51–53, 55, 58, 79, 88, 128, 251, 269, 293, 305
Wesen 15, 42, 68, 87, 104, 167, 225
- squalitäten 18f., 39, 55f., 79
Whiteheadsche Kategorientafel 305f., 310
Wiensche Gesetz 364
Wirklichkeit 13f., 16, 22–25, 28, 69, 108, 190, 238, 253, 260, 289, 322, 361, 376
Wirkursache 50, 84, 157 s. a. Kausalität
Wissen 48, 103f., 128, 132f., 255, 270

Zeichen 103–107, 110, 158, 163, 167f.
Zeit 14, 18, 37, 53–55, 58, 60, 67, 82, 88f., 107f., 122, 132, 156, 177–179, 184, 198f., 212, 268f., 303, 309, 355

– absolute 178, 201
Zivilisation 10, 109
Zufall 352, 366f., 371
Zustandsreduktion 380
Zweiweltenlehre 14, 35

VERZEICHNIS DER PORTRÄTS

Anaximander (The Portraits of the Greeks, G. Richter, Hrsg., Bd. 9, London 1965) *Seite 17*
Platon (R. Boehringer, Platon. Bildnisse und Nachweise, Breslau 1935) *Seite 30*
Aristoteles (Archiv Gerstenberg, Frankfurt a. M.) *Seite 47*
Theophrast (Süddeutscher Verlag, München) *Seite 63*
Albertus Magnus. Kupferstich von Nicolas de Larmessin, 1682, *Seite 75*
Nicole Oresme (Juschkewitsch, A. P., Geschichte der Mathematik im Mittelalter, Basel 1966, S. 400) *Seite 94*
Paracelsus (Süddeutscher Verlag, München) *Seite 102*
Giordano Bruno (Süddeutscher Verlag, München) *Seite 119*
Johannes Kepler (Süddeutscher Verlag, München) *Seite 136*
Jacob Böhme (Süddeutscher Verlag, München) *Seite 159*
Isaac Newton (Deutsches Museum, München) *Seite 172*
Gottfried Wilhelm Leibniz (Niedersächsische Landesbibliothek, Göttingen) *Seite 188*
Immanuel Kant. Porträt von J. B. Becker (Foto: Werner Neumeister, München) *Seite 204*
Johann Wolfgang Goethe. Öl auf Leinwand von Johann Joseph Schmeller, 1826/27 (Freies Deutsches Hochstift, Frankfurter Goethe-Museum, Frankfurt a. M.) *Seite 221*
Friedrich Wilhelm Joseph Schelling. Foto um 1850 (Schellings Werke, Manfred Schröter, München 1965) *Seite 243*
Georg Wilhelm Friedrich Hegel. Stich von L. Sichling nach einem Aquarell von L. L. Sebbers (Archiv H. F. Fulda) *Seite 265*
Friedrich Engels (Archiv des Karl-Marx-Hauses, Trier) *Seite 280*
Alfred North Whitehead (Suhrkamp Verlag, Frankfurt a. M.) *Seite 298*
Adolf Meyer-Abich (Archiv Klaus Michael Meyer-Abich, Hamburg) *Seite 315*
Jan Christiaan Smuts (Süddeutscher Verlag, München) *Seite 319*
Pierre Teilhard de Chardin (Archiv Günther Schiwy, München) *Seite 330*
Ernst Bloch (Süddeutscher Verlag, München) *Seite 344*
Albert Einstein (Süddeutscher Verlag, München) *Seite 359*
Niels Bohr (Süddeutscher Verlag, München) *Seite 381*

DIE AUTOREN

BÖHME, GERNOT, geb. 1937. Studium der Philosophie, Physik und Mathematik in Göttingen und Hamburg; Promotion 1965 in Hamburg; Habilitation im Fach Philosophie 1972 in München; 1965-69 Wiss. Ass. in Hamburg und Heidelberg; 1970-77 Wiss. Mitarbeiter am Max-Planck-Institut zur Erforschung der Lebensbedingungen der wissenschaftlich-technischen Welt in Starnberg; seit 1978 Professor für Philosophie an der TH Darmstadt. *Wichtigste Veröffentlichungen:* Über die Zeitmodi, 1966. Zeit und Zahl, 1973. Alternativen der Wissenschaft, 1980. Das Andere der Vernunft (mit H. Böhme), 2. Aufl. 1985. Soziale Naturwissenschaft (hrsg. mit E. Schramm), 1985. Philosophieren mit Kant, 1986. I. Newton, Über die Gravitation ... (übersetzt und erläutert), 1988. Der Typ Sokrates, 1988.

BÖHME, HARTMUT, geb. 1944. Studium der Germanistik, Philosophie und ev. Theologie 1963-69; 1973 Dr. phil.; seit 1977 Professor für Neuere Deutsche Literatur an der Universität Hamburg. *Veröffentlichungen:* Anomie und Entfremdung. Literatursoziologische Untersuchungen zum Werk R. Musils, 1974. Zus. mit Jan Berg u. a.: Sozialgeschichte der deutschen Literatur von 1918 bis zur Gegenwart, 1981. Zus. mit G. Böhme: Das Andere der Vernunft, 2. Aufl. 1985. Natur und Subjekt. Versuche zur Geschichte der Verdrängung, 1988. Albrecht Dürer: Melencolia I. Im Labyrinth der Deutung, 1988. Als Hg. Kulturgeschichte des Wassers, 1988.

BREGER, HERBERT, geb. 1946. Studium der Mathematik und Physik in Berlin und Heidelberg; Promotion in Soziologie in Hannover; seit 1977 wissenschaftlicher Angestellter am Leibniz-Archiv, Hannover; Lehrtätigkeit in Oldenburg und Darmstadt in Geschichte der Mathematik und Philosophie. *Veröffentlichungen:* Die Natur als arbeitende Maschine, 1982. Aufsätze zu Geschichte und Philosophie der Naturwissenschaft und Mathematik der frühen Neuzeit und der Gegenwart.

BREIDERT, WOLFGANG, geb. 1937. Studium der Mathematik und Physik in Göttingen, München und Gießen (Staatsexamen); Promotion zum Dr. phil. (Philosophie) in Bochum; 1963-1973 Assistent in Gießen, Bochum und Münster; seit 1973 Akademischer Oberrat am Institut für Philosophie der Universität Karlsruhe. *Veröffentlichungen u. a.:* Das aristotelische Kontinuum in der Scholastik ²1979. Übersetzungen und Herausgabe mehrerer Schriften Berkeleys (1969, 1979, 1980, 1987). Zeitschriftenbeiträge zur Philosophie- und Mathematikgeschichte.

CARRIER, MARTIN, geb. 1955. 1975-1981 Studium der Physik, Philosophie und Pädagogik in Münster; 1984 Promotion zum Dr. phil. in Münster; ab 1984 wissenschaftlicher Mitarbeiter am Lehrstuhl von Prof. J. Mittelstraß. *Veröffentlichungen u. a.:* Wissenschaftsgeschichte, rationale Rekonstruktion und die Begründung von Methodologien, Zeitschrift für allgemeine Wissenschaftstheorie 17 (1986), 201-228. Die begriffliche Entwicklung der Affinitätstheorie im 18. Jahrhundert. Newtons Traum – und was daraus wurde, Archive for History of Exact Sciences 36 (1986), 327-389. Empirische Wissenschaft und methodologische Normen, in: J. Klein/H. D. Erlinger (Hrsg.), Wahrheit, Richtigkeit und Exaktheit (Siegener Studien 40), Essen 1986, 40-63.

Die Autoren

CRAEMER-RUEGENBERG, INGRID, geb. 1940, ist Professorin für Philosophie an der Universität zu Köln. In zahlreichen Buch- und Aufsatz-Veröffentlichungen hat sie sich mit der Philosophie der Antike (Aristoteles, Plotin) und des Mittelalters (Thomas von Aquin, Albertus Magnus u.a.) befaßt. Ihr Interesse gilt insbesondere Fragen der Ethik und auch der Naturphilosophie. Hierzu hat sie sich in Büchern und Aufsätzen auch mit modernen Problemen und Positionen auseinandergesetzt.

ENGELHARDT, WOLF VON, geb. 1910. Studium der Naturwissenschaften in Halle, Berlin und Göttingen; Promotion 1935; nach Tätigkeiten als Universitätsassistent und in der Erdölindustrie seit 1957 o. Professor der Mineralogie und Petrographie an der Universität Tübingen; seit 1978 emeritiert. *Veröffentlichungen:* Mineralogisch-geologische Arbeiten. Aufsätze zur Wissenschaftsgeschichte, insbesondere der Geologie. Theorie der Geowissenschaft, mit J. Zimmermann 1982. Mitherausgeber der Leopoldina-Ausgabe von Goethes Schriften zur Naturwissenschaft. Bearbeiter von Goethes geologischen Schriften in der Goethe-Edition des Deutschen Klassiker Verlages.

FLEISCHER, HELMUT, geb. 1927, studierte Philosophie, Geschichte und Psychologie und ist Professor für Philosophie an der Technischen Hochschule Darmstadt. *Veröffentlichungen u.a.:* Marxismus und Geschichte, Frankfurt 1969. Marx und Engels. Die philosophischen Grundlinien ihres Denkens, Freiburg 1970. Sozialphilosophische Studien (Auswahl von Aufsätzen), Berlin 1973. Ethik ohne Imperativ, Frankfurt a.M. 1987.

GRAESER, ANDREAS, geb. 1942. Studium der klassischen Philologie und Philosophie in Gießen (Dr. phil. 1967), Bern, Frankfurt a.M. und Princeton, N.J. (M.A. 1969; Ph.D. 1970); nach Assistenz und Oberassistenz seit 1970 o. Professor für Philosophie an der Universität Bern; Mitglied des Institute for Advanced Study, Princeton, N.J. (1974); Lehrstuhlvertretung Universität Zürich (1978/9); Gastprofessor Universität Freiburg i.Ue. (1983–1985); Visiting Professor an der University of Texas-at-Austin (1986). *Veröffentlichungen u.a.:* Plotinus and the Stoics (1973). Geschichte der Philosophie Bd.II (1983). Kommentar zu Hegels Einleitung in die Phänomenologie des Geistes (1988). Weitere Arbeiten zur Philosophiegeschichte, Hermeneutik, Ästhetik.

HOSSFELD, PAUL, geb. 1925. Studium kath. Theologie, der Philosophie, Psychologie und Geschichte in Bonn; Studienreferendar, Studienassessor (a.D.); seit 1958 Mitglied des Albertus-Magnus-Instituts Bonn, das die kritische Ausgabe der Werke des Albertus Magnus besorgt. *Eigene Editionen:* Editio Coloniensis Band IV,1, Band V,1 und Band V,2. (Band IV,2 in Vorbereitung). Rund einhundert Zeitschriftenaufsätze und kleinere Monographien, davon mehr als zwanzig über Albertus Magnus (Naturphilosophie und Naturwissenschaft).

KANITSCHEIDER, BERNULF, geb. 1939. 1964 Promotion, 1970 Habilitation, ab 1964 Assistent am Philosophischen Institut der Universität Innsbruck. Seit 1974 Professor für Philosophie der Naturwissenschaften am Zentrum für Philosophie und Grundlagen der Wissenschaft der Universität Gießen. *Buchveröffentlichungen:* Geometrie und Wirklichkeit, Berlin 1971. Philosophisch-historische Grundlagen der physikalischen Kosmologie, Stuttgart 1974. Vom absoluten Raum zur dynamischen Geometrie, Mannheim 1976. Philosophie und moderne Physik, Darmstadt 1979. Wissenschaftstheorie der Naturwissenschaft, Berlin 1981. Kosmologie. Geschichte und Systematik in philosophischer Perspektive, Stuttgart 1984. (Hg.), Moderne Naturphilosophie, Würzburg 1984. Das Weltbild Albert Einsteins, München 1988

Die Autoren

KIMMERLE, HEINZ, geb. 1930. Professor für Philosophie an der Erasmus Universität Rotterdam; Studium der Philosophie, Theologie und Neueren Literaturwissenschaft in Tübingen und Bonn; Promotion 1957 in Heidelberg über die Hermeneutik Schleiermachers; Habilitation 1971 in Bochum; Mitarbeiter des Hegel Archivs bis 1976. *Veröffentlichungen:* F.D.E. Schleiermacher: Hermeneutik, Heidelberg 1959. G.W.F. Hegel: Das System der spekulativen Philosophie (hrsg. zus. mit K. Düsing), Hamburg 1975, Neuauflage 1986. Die Zukunftsbedeutung der Hoffnung. Auseinandersetzung mit Ernst Blochs „Prinzip Hoffnung", Bonn 1966. Entwurf einer Philosophie des Wir, Bochum 1983. Derrida zur Einführung, Hamburg 1988.

KUHN, DOROTHEA, geb. 1923. Studium der Naturwissenschaften in Halle/Saale und Mainz, 1951 Promotion mit botanischem Thema; ergänzende philologische Studien in Tübingen; 1970 Habilitation für Geschichte der Naturwissenschaften; Lehrtätigkeit in Tübingen und Heidelberg; 1970 Mitglied der Deutschen Akademie der Naturforscher (Leopoldina). *Veröffentlichungen u. a.:* Seit 1952 Herausgeberin der naturwissenschaftlichen, besonders morphologischen Schriften Goethes in verschiedenen Ausgaben; historisch-kritische Edition in der Leopoldina-Ausgabe. Empirische und ideelle Wirklichkeit, 1967. Goethe und Cotta, Briefwechsel, 1979/1983. Typus und Metamorphose, 1988.

KUTSCHMANN, WERNER, geb. 1948. Studium der Physik und Mathematik in Freiburg und München, Diplom 1974; Studium der Philosophie und Wissenschaftsgeschichte in München, Paris und Darmstadt, Promotion 1985; Hochschulassistent seit 1987; Mitglied im Redaktionsbeirat der «fundamenta scientiae», Straßburg/Paris. *Veröffentlichungen:* Die Newtonsche Kraft, Sonderheft Studia Leibnitiana 12, Wiesbaden 1983. Der Naturwissenschaftler und sein Körper, Frankfurt/Main 1986.

MARTENS, EKKEHARD, geb. 1943. Studium der Fächer Philosophie, Latein, Griechisch und Pädagogik in Frankfurt, Tübingen und Hamburg; Stipendiat am Starnberger Max-Planck-Institut zur Erforschung der Lebensbedingungen der wiss.-techn. Welt (C.F.v.Weizsäcker); Schuldienst; Promotion über Platons Philosophie 1972; Assistent für Philosophie an der PH Münster 1972–78; 1977 Habilitation für Philosophiedidaktik am Fachbereich für Erziehungswissenschaft an der Universität Hamburg; dort seit 1978 Prof. für Didaktik der Philosophie und Alten Sprachen. *Veröffentlichungen u.a.:* Das selbstbezügliche Wissen in Platons «Charmides», 1973. Dialogisch-pragmatische Philosophiedidaktik, 1979. Einführung in die Didaktik der Philosophie, 1983. *Herausgeber:* (zus. mit Th. Macho u.a.) Zeitschrift für Didaktik der Philosophie, 1979 ff. Materialien für den Sekundarbereich II/Philosophie, 1975 ff. Texte der Philosophie des Pragmatismus, 1975. (Zus. mit H. Schnädelbach) Philosophie – ein Grundkurs, 1985. *Übersetzungen:* Platon, Charmides, 1977. Platon, Theätet, 1981. Platon, Parmenides, 1987.

MEYER-ABICH, KLAUS MICHAEL, geb. 1936. Studium der Physik und Philosophie in Hamburg, Göttingen, Bloomington Ind. und Berkeley Ca. 1964 Promotion bei Carl Friedrich von Weizsäcker, 1970–1972 Mitarbeiter am Max-Planck-Institut zur Erforschung der Lebensbedingungen der wissenschaftlich-technischen Welt in Starnberg. 1972 o. Professor für Naturphilosophie an der Universität Essen. 1984–1987 Senator für Wissenschaft und Forschung der Freien und Hansestadt Hamburg. 1987 Theodor-Heuss-Preis. *Veröffentlichungen u.a.:* Korrespondenz, Individualität und Komplementarität. Eine Studie zur Geistesgeschichte der Quantentheorie in den Beiträgen Niels Bohrs, Wiesbaden 1965. (Hg.) Physik, Philosophie und Politik. Festschrift für Carl Friedrich von Weizsäcker, München 1982. Geschichte der Natur, in praktischer Absicht, in: E. Rudolph, E. Stöve (Hg.): Geschichtsbewußtsein und Rationalität, Stuttgart 1982, 105–175. Wege zum Frieden mit der Natur – Praktische Naturphilosophie für die Umweltpolitik, München 1984, ND 1986. Zusammen mit B. Schefold: Die Grenzen der Atomwirtschaft – Die Zukunft von Energie, Wirtschaft und Gesellschaft, München 1986. Wissenschaft für die Zukunft – Holistisches Denken in ökologischer und gesellschaftlicher Verantwortung, München 1988.

MITTELSTRASS, JÜRGEN, geb. 1936. 1956–1961 Studium der Philosophie, der ev. Theologie und Germanistik in Erlangen, Hamburg und Bonn; Promotion 1961; Postgraduiertenstudium in Oxford 1961/1962; Habilitation 1968; seit 1970 o. Professor der Philosophie in Konstanz. *Veröffentlichungen u.a.:* Die Rettung der Phänomene. Ursprung und Geschichte eines antiken Forschungsprinzips, 1962. Neuzeit und Aufklärung. Studien zur Entstehung der neuzeitlichen Wissenschaft und Philosophie, 1970. Das praktische Fundament der Wissenschaft und die Aufgabe der Philosophie, 1972. Die Möglichkeit von Wissenschaft, 1974. Zus. mit P. Janich und F. Kambartel Wissenschaftstheorie als Wissenschaftskritik, 1974. Wissenschaft als Lebensform, 1982. Fortschritt und Eliten. Analysen zur Rationalität in der Industriegesellschaft, 1984.

RUDOLPH, ENNO, geb. 1945. Studium der Philosophie und Evangelischen Theologie in Münster und Heidelberg; Promotion zum Dr. theol. 1974; Habilitation 1978 in Heidelberg; von 1974–1977 wissenschaftlicher Assistent, seither wissenschaftlicher Referent an der Forschungsstätte der Evangelischen Studiengemeinschaft Heidelberg und seit 1983 Privatdozent an der Universität Heidelberg. *Wichtigste Veröffentlichungen:* Skepsis bei Kant, 1978. Zeit und Gott bei Aristoteles, 1987. Leibniz: Specimen Dynamicum, hrsg., übers. und kommentiert (m. anderen) 1982. (Hg): Zeit, Bewegung, Handlung, Studien zur Zeittheorie des Aristoteles, 1988.

SCHEIBE, ERHARD, geb. 1927. Studium der Mathematik und Physik mit Abschluß Promotion in Göttingen; Stipendiat am Max-Planck-Institut für Physik bis 1957; Assistent am Philosophischen Seminar der Universität Hamburg; Habilitation daselbst 1963; 1964 ordentlicher Professor der Philosophie in Göttingen, seit 1983 in Heidelberg. Mitglied der Göttinger Akademie der Wissenschaften, der Akademie der Wissenschaften und der Literatur in Mainz und der Académie Internationale de Philosophie des Sciences in Brüssel. Hauptsächliches Lehr- und Forschungsgebiet Wissenschaftstheorie, insbesondere philosophische Begründung von Mathematik und Physik. *Buchveröffentlichungen:* Die kontingenten Aussagen in der Physik, 1964. The Logical Analysis of Quantum Mechanics, 1973.

SCHIPPERGES, HEINRICH, geb. 1918. Studium der Philosophie und Medizin; 1951 med. Promotion; 1952 phil. Promotion; 1958 Habilitation in Bonn; 1960 Facharzt für Neurologie und Psychiatrie; 1961 bis 1986 Direktor des Instituts für Geschichte der Medizin in Heidelberg. *Veröffentlichungen:* Lebendige Heilkunde, 1962. Die Entienlehre des Paracelsus, 1988. 50 weitere Monographien; über 700 Beiträge in Zeitschriften und Sammelbänden.

SCHIWY, GÜNTHER, geb. 1932. Dr. phil., studierte Philosophie, Theologie und Literatursoziologie in München, Frankfurt und Paris. Arbeitet als Verlagslektor und Schriftsteller in München. *Veröffentlichungen u.a.:* Der französische Strukturalismus, ⁹1985. Poststrukturalismus und Neue Philosophen, ²1986. Teilhard de Chardin. Sein

Leben und seine Zeit, 1981. Das Teilhard de Chardin Lesebuch, 1987. Der Geist des Neuen Zeitalters, ³1988.

SCHMIDT, BURGHART, geb. 1942. Studium der Biologie, Chemie, Physik, dann Philosophie und Kunstgeschichte an der Universität Tübingen 1962–1970; wissenschaftlicher Mitarbeiter von Ernst Bloch, dort 1968–1977 als Editor seiner Gesamtausgabe, im folgenden sein wissenschaftlicher Nachlaßverwalter. Lehrtätigkeit am Leibniz-Kolleg der Universität Tübingen 1971 und an der Gesamthochschule Wuppertal in Philosophie 1971–1975; seit 1976 an der Universität Hannover; Promotion in Philosophie Universität Tübingen 1981; Habilitation für Sozialphilosophie an der Universität Hannover 1984; Ernennung zum Honorarprofessor dort 1985; 1986–1988 als Gastprofessor Leiter des Instituts für Gegenwartskunst/Akademie der bildenden Künste in Wien; seit 1986 Präsident der Ernst Bloch-Gesellschaft/Ludwigshafen Rh. *Veröffentlichungen:* Das Widerstandsargument in der Erkenntnistheorie. Ein Angriff auf die Automatisierung des Wissens, 1985. Postmoderne – Strategien des Vergessens, 1986. Ernst Bloch, 1985. Kritik der reinen Utopie. Eine sozialphilosophische Untersuchung, 1988.

SCHMIED-KOWARZIK, WOLFDIETRICH, geb. 1939. Studium der Philosophie, Ethnologie und Pädagogik in Wien; Promotion 1963; Assistent in Bonn, Habilitation 1970; seit 1971 Professor für Philosophie und Pädagogik an der Gesamthochschule Kassel. *Wichtigste Veröffentlichungen:* Sinn und Existenz in der Spätphilosophie Schellings, 1963. Prolegomena zur Grundlegung der Pädagogik, 2 Bde. (gem. mit D. Benner), 1967/69. Bruchstücke zur Dialektik der Philosophie, 1974. Dialektische Pädagogik, 1974. Die Dialektik der gesellschaftlichen Praxis, 1981. Das dialektische Verhältnis des Menschen zur Natur, 1984. Marx und die Naturfrage (gem. mit H. Immler), 1984. Kritische Theorie und revolutionäre Praxis, 1988. *Wichtigste Editionen:* Grundfragen der Ethnologie (gem. mit J. Stagl), 1981. Objektivationen des Geistigen, 1985. Der Philosoph Franz Rosenzweig, 2 Bde., 1988.

WOLF-GAZO, ERNEST, geb. 1947. Philosophiestudium an den Universitäten Colorado, George Washington (Washington, D.C.) und Bonn; B.A. an der G.W.U. 1969; Promotion zum Dr. phil. 1974 in Bonn; Habilitation für Philosophie 1984 in Münster; seit 1984 Privatdozent in Münster; Gastprofessor in Leuven (Belgien) 1984/85; postdoctoral Fellow in Yale 1985/86; Gastprofessor in Ankara (Türkei) 1987/88, sowie in Málaga (Spanien) 1988/89. *Veröffentlichungen u.a.:* Analytical Ethics and Ethos, 1974. (Hg.) Whitehead, 1980. Whitehead and Other Philosophers, 1985. (Hg.) Process in Context, 1988. Das erfassende Subjekt, 1989. Einführung in die amerikanische Philosophie, 1989. Whitehead and European Philosophy, 1990.

WOLTERS, GEREON, geb. 1944. Studium der Mathematik und Philosophie in Innsbruck, Kiel und Tübingen; Promotion (1977) und Habilitation (1985) in Konstanz; seit 1988 dort Professor für Philosophie. *Wichtigste Veröffentlichungen:* Basis und Deduktion. Studien zur Entstehung und Bedeutung der Theorie der axiomatischen Methode bei J.H. Lambert (1728–1777), 1980. Mach I, Mach II, Einstein und die Relativitätstheorie. Eine Fälschung und ihre Folgen, 1987.

```
3629510  V45514      L69392
     ISBN        WGN       DM
N3406336132    T11000   58,00
                 K&V
KLASSIKER DER NATURPHILOSO
PHIE              040990
```